世界传世藏书

【图文珍藏版】

中外未解之谜

王书利⊙主编

第三册

线装书局

第四章　地理未解之谜

第一节　美丽的奇景

黄土的原籍

中国的黄土高原海拔约为 1000～1500 米,高原上的黄土主要是一种未固结、无层理的粉沙。厚厚的黄土完全填平了这里先期形成的地形,土层厚度达 30～50 米,最厚的地方甚至超过了 200 米。黄土富含钙质结核及易溶盐,石英、云母、长石、电气石、角闪石、绿帘石等许多细粒矿物是黄土的主要成分,约占 70%,余下的部分则是黏土矿物。黄土高原上的黄土到底来自何处呢?

黄土高原

地质学家为了解释这些问题,综合运用地层、古生物、古气候、物质成分与结构及年代学等领域的知识进行研究,提出了 20 多种黄土形成的假说。现在影响较大的有 4 种学说,它们是水成说、残积成说、风成说及多成因说。这四种学说的主要分歧点是黄土物质的来源及黄土本身的属性等问题。

大多数学者都赞同这四种观点。现代学者以大量的事实为基础,分析了黄土物质的基本特点后,得出结论说中国大面积的沙漠可能是黄土源,并且认为搬运黄土物质的主要动力是风力。黄土高原形成的过程是地质历史中一种综合的地质作用过程,存在着物源的形成、搬运、分选及堆积成土这三个不同的阶段。

地质学家认为,在第三纪末或第四纪初的后半期时,今天的黄土高原所在地气候潮湿多雨,河流及湖盆众多,各种流水地质作用盛行。在河水的作用下,低洼盆地中堆积了基岩山区中大量的洪积、冲积、湖积、坡积及冰积物,松散沙砾及土状混合堆积变得越来越厚,黄土物质因此有了生长的基础。

在大约距今 120 万年前的第四纪后半期,气候发生变化。中国西北部地区在西伯利亚——蒙古高压气流的影响下,冷空气长驱直入,并受祁连山的影响分为两支:一支转向东南,构成西北风进入鄂尔多斯地区;另一支向西南,构成东北风进入塔里木盆地和柴达木盆地。与此同时,来自蒙古的西风及西伯利亚的西北风分别进入中国新疆东北地区的准噶尔盆地。堆积在基岩山区的部分堆积物及盆地中的松散物质被强大的风力重新扬起,随风漂流、搬运、分选,然后分别沉积下来。日复一日,年复一年,各种堆积物越来越多,今天西北地区的砾漠、沙漠和巨厚的黄土堆积也就逐渐形成了。

另外三种关于黄土形成的假说,影响并不太大。水成说认为,流水作用使得黄土由不远的物源区搬迁堆积而成;残积说则认为基岩风化就地成土,导致了黄土的形成;而多成因说则认为黄土是上述几种因素共同作用而形成的。

时至今日,尽管四种假说都有一定的道理,但在学术界风成说还是占有绝对的优势。但是若要否定水成说、残积说等假说,也没有足够的证据。近几年,多成因说又重新抬头,向风成说提出了挑战,并且它也似乎比其他假说更为合理。孰是孰非,还很难分辨。究竟黄土高原之谜何时才能揭开呢? 这只能寄希望于科学家的研究了。

撒哈拉沙漠

撒哈拉沙漠位于非洲北部,面积超过 900 万平方公里,约占非洲总面积 32%。

撒哈拉大沙漠地区远在公元前 6000 ~ 公元前 3000 年的远古时期曾是肥沃的平原。早期居民们曾经在那片绿洲上创造出了非洲最古老和值得骄傲的灿烂文化。其中,壁画就是最显著的证据。

科学家用放射性碳 14 测定年代的方法测出,这些壁画在大约距今 7400 ~ 14500 年的时候被创作出来。科学家们还发现,这些壁画风格不同,说明是在不同的年代被刻画在岩壁上的。这说明了,那时候撒哈拉地区的人们

撒哈拉沙漠

在这里长期地生活繁衍。也就是说,那时候的撒哈拉地区正处在有水、有草、人兴畜旺的草原时代。

科学家们经过研究和分析,认为撒哈拉地区由草原退化为沙漠经历了一个漫长的过程。撒哈拉地区先是气候发生突然的变化,导致降雨量急剧减少。这些少量的雨水,流进了内陆盆地,可是由于雨水流量不多,也就滞留在这里。流水所带的泥沙在盆地里慢慢淤积,盆地增高以后这些水就开始向四周泛滥,慢慢地形成了沼泽。

经过漫长的时间,沼泽里的水分在太阳的照射下慢慢就变干了,沙丘开始出现在撒哈拉的大地上。这时候,撒哈拉地区的气候恶化得更加严重,风沙也越来越猛烈。撒哈拉地区也就慢慢变成了沙漠地带。

由于自然条件发生急剧的变化，到公元前 1000 年时，所有的壁画创作几乎都停止了，撒哈拉地区的史前文化也随之彻底衰落了。其原因，有的学者认为，这可能由于气候干旱、饥荒和疾病一起造成的。可是，有些学者认为，大约在 1 万年前，最后一次冰河退去，气候逐渐转为干旱，雨量减少，草原地区由于缺水植物开始枯萎、动物向有水的地区逃生，撒哈拉成为浩瀚无垠的沙漠。撒哈拉变成沙漠，难道真的如科学家推测的那样吗？还需要更多的证据。

彩色沙漠

美国亚利桑那州的中北部，科罗拉多河大峡谷东岸有一片长约 240 公里、宽 24～80 公里、面积约 1.9 万平方公里的沙漠。那里的沙子不仅有黄色的，而且还呈现出粉红色、金黄色、紫红色、蓝色和白色，令人眼花缭乱。

沙漠东部遍布彩色沙丘，有的形似驼峰，有的像金字塔，还有数以千计的"石柱"屹立在沙地中，长的超过 30 米，粗的直径达到 4 米，色彩艳如玛瑙。这个吸引了世界各地游客的沙漠就是著名的彩色沙漠。据说，彩色沙漠的奇异景致最早是由来此探险的一群西班牙探险家发现的，他们惊诧于这里的岩石呈现出的宛如七色彩虹一般多彩、明快的色调，于是给这片沙漠取名为"彩色沙漠"。

这里最吸引人的景色要数由 2.5 亿年前的树木演化沉积而成的彩色岩石。在零星散落的彩色岩林中，有一处景致很特别，那就是长 2 公里、名为"蓝色弥撒"的环形路两侧山坡的迷人景色。由于当地空气干燥，雨量稀少，风化的沙石所含的矿物没有起化学变化，其本来的色泽在阳光照耀下，使沙漠呈现出蓝色、紫水晶色、黄褐色、红色、淡绿色和灰色，五彩纷呈，形成世界上罕见的自然景观。在热气蒸腾下，沙漠会产生各种颜色的烟雾，在半空中飘荡。蓝峰是彩色沙漠中的最高岩峰，因为常有蓝色的雾霭笼罩而得名。从峰顶向下俯视，蓝紫色的山丘高矮起伏，营造出一种身处外星球的奇异梦幻的色调。

为什么这一片沙漠是彩色的呢？科学家作出这样的推测。在远古时代，亚利桑那州不是现在的连绵沙漠，而是平整葱郁的陆地，有许多恐龙在这里游荡觅食。后来，陆地被洪水淹没，树木被连根拔起，最终被掩埋在淤泥、泥沼和火山灰底下。在以后的漫长岁月中，树木渐渐腐朽，然后又在化学反应的作用下，最终演化成了岩石。随着大自然的风吹、日晒和雨淋，不断地有岩石被从地层深处剥离，变成沙子一样的白色晶体。一片片白色的岩石晶体在阳光的照耀下，折射出从黄色、紫色到红色、橙色的炫目色彩，形成了这片与众不同的彩色沙漠。

陨石坑秘密

陨石坑是太阳系里的小行星脱离运行轨道，撞上另一个星球而产生的冲击坑。
当重达几吨甚至上百吨的陨石以超高速撞向地球时，可以产生高达数百万个大气压的冲击波压力。如此巨大的冲击波会将地面撞出圆形或椭圆形的凹地——陨石坑。与此同时,冲击波以超音速前进,产生1500℃以上的高温,不仅使地表岩石中的物质迅速熔化、气化、变形、变质,而且能引起陨石中的成矿元素迁移、富集,形成矿床。

地球上发生的陨石撞击事件,除了形成陨石坑和一些矿床外,还可能隐藏着更大的秘密。人们发现6500万年前,在地球史上白垩纪和第三纪之间形成的沉积岩层中,铱和其他重金属元素出奇的丰富。铱并不是地壳的造岩元素,而是典型的陨石元素。与这个异常现象相联系的,是这一时期动物种属的大量灭绝。雄霸地球长达1.6亿年的巨型爬行动物恐龙,就是在这个时期惨遭灭种之灾。

位于墨西哥尤卡坦半岛的契克苏勒伯陨石坑,直径有198公里。科学家认为,这个陨石坑是6500万年前一颗直径为10～13公里的小天体撞出来的。科学家们认为,正是这颗巨大的陨石撞击了地球,产生了强烈的冲击波和冲击压力,造成灰尘和烟雾遮天蔽日。地球长期被黑暗笼罩,植物的光合作用停止,动物的食物链遭到破坏,最后导致恐龙灭绝。也有人认为是巨大的陨石撞击地球后,大气发生了变化,臭氧层遭到破坏,大量紫外线穿"洞"而入,直射地面,使大地生灵遭到毁灭性的破坏,恐龙因此而灭亡。

科学家们发现,在南极大陆极点附近的冰下有一个直径240公里、深800米的陨石坑。大约70万年前,一颗小行星就是在这里击中了地球,结果导致地轴方向和地球自转速度发生了改变。美国科学家从卫星照片上发现,在浩瀚的撒哈拉大沙漠里有一个直径4公里的多边形陨石坑。在强劲的风沙侵蚀下,陨石坑边缘已被严重磨损。科学家根据陨石坑形成的时代分析,测量出了风沙对岩石的磨蚀速率。因此,陨石坑又为风沙地貌学研究提供了有价值的资料。

陨石坑里藏着许多的秘密等待着我们继续去研究和了解。

神秘天坑

天坑通常有着巨大的容积,由陡峭和岩壁圈起来,深陷成井状或者桶状轮廓的地表特征。天坑一般在厚度特别大、地下水位特别深的可溶性岩层中。天坑一般从地面通往地下,平均宽度与深度均大于100米,底部与地下河相连接(或者地下河道曾经存在,但已迁移)。

世界上的天坑主要分布在中国、俄罗斯、墨西哥、斯洛文尼亚等地。近年来,中国西南各省屡次发现天坑。当科学工作者揭开这些天坑的面纱时,一个个奇异的天坑轰动了世界。

世界上最大的天坑位于中国重庆市奉节县荆竹乡小寨村,口部最大直径626米,坑底最大直径522米,垂直高度666.2米,总容积11934.8万立方米,是世界上深度和容积最大的岩溶漏斗。天坑口四面绝壁,如斧劈刀削,宏伟壮观。

小寨天坑中的洞穴群更是奇绝险峻,近年来各国探险家曾多次进行探险考察,但目前,仍未完全了解天坑中许多洞穴的情况。天坑内不仅有众多暗河,还有四通八达的密洞。而这些河岸到底有多少大量珍奇的动植物?谁也不知道。小寨天坑是构成地球第四纪演化史的重要例证,更是长江三峡成因的"活化石",被誉为"天下第一坑",属当今世界洞穴奇观之一。

分布在中国西南云贵高原东坡的乐业天坑群是世界最大的天坑群,目前已发现的近20座天坑几乎囊括了各种类型的天坑,是一座"天坑博物馆"和"世界岩溶圣地"。乐业天坑群的形成时间,据专家推测,它们形成于300~400万年前的新生代第四纪。从调查的情况看,乐业天坑群在形成过程中遭遇了剧烈的地壳抬升运动。

在天坑底部,灌木丛生,原始森林里青苔遍布,雾气里似明非明,宛若地宫仙境。经初步考察,目前已发现大石围天坑底部有在恐龙时代生长的国家一级保护植物——桫椤;地面上的蕨类植物长得很茂盛,有的叶片比人还高大。这里的许多植物群类是现在教科书上没有的。曾参与考察的植物学家发现,大石围天坑底部原始森林内的植物种类多达上千种,大部分迥异于天坑外的植物。此外,大石围原始森林里还有冷杉、血泪藤树等珍贵植物,并有许多中药材和高大的乔木。在地下河,人们发现了盲鱼和一些虾、蟹。暗河中的盲鱼形似鲶鱼,因暗河里无光,鱼的眼睛逐渐退化而成为盲鱼。

好望角风暴

好望角是非洲大陆西南端非常著名的岬角,一年365天当中,这里至少有一百多天狂风怒号,海浪滔天。即使在最平静的日子里,海浪也有2米高,起风的时候,浪高6米以上,有时甚至高达15米。因此,许多人称好望角为"船员的坟墓"。

好望角

好望角是葡萄牙航海家迪亚士发现的。1487年7月,32岁的航海家迪亚士率3艘探险船沿非洲西海岸南下。当船队到达南纬33°时,突然遇上了风暴,他们在海上漂泊了13个昼夜后,风暴终于停息了,迪亚士决定向东航行,可连续行驶了几天仍未发现非洲西海岸的影子。迪亚士凭借自己丰富的航海经验推断,船队已在风暴中绕过了非洲的最南端。于是,船队改变航向朝正北航行,返航途经一个伸入海中的海角时,不料风暴再次降临,船队在风浪中经过两天奋力拼搏,终于绕过骇人的海角,驶进风平浪静的非洲西海岸。眺望着令人生畏的海角,迪亚士感慨万千,于是将它命名为"风暴角"。

有关"好望角"一名的由来有着多种说法。一种常见的说法为:迪亚士等人经历了千辛万苦于1488年12月回到里斯本，国王约翰二世亲自接见了他，并向他询问了这次探险的经历。迪亚士如实地向国王讲述了历经磨难以及发现"风暴角"的经过。国王认为"风暴角"的名字不吉利，既然风暴角位于通往印度的航线上，看到了"风暴角"便看到了希望，于是就将"风暴角"改名为"好望角"。

另一种说法是：达·伽马自印度满载而归后，当时的葡萄牙国王才将"风暴角"改为"好望角"，以示绕过此海角就带来了好运。

新航路开通后，欧洲的船队源源不断地从东往西来，海上的东西之脉从此相通，人们甚至称它为"美丽之角"。然而，由于地理位置特殊，这一海域几乎终年大风大浪，几百年来，这里的风暴和一二十米高的大浪打沉了无数的船只。经过多年的研究，科学家最终将造成好望角附近海域风浪大的原因归纳为"西风带说"和"海流说"两种。

有些人认为，好望角附近海域风浪大是由于西风造成的。好望角位于非洲大陆的西南端，它像一个箭头突入大西洋和印度洋的汇合处，因为它正好处在盛行西风带上，这里终年西风劲吹，风暴频繁，十一级大风可谓家常便饭，大风激起了巨浪，经过的船只就处在危险之中了。

"西风带说"的理论固然吸引人，但它不能解释在不刮西风的时候，为什么海浪还是如此之大。一年365天，并非天天刮西风，刮西风时海浪可能被风激得很高，但不刮西风时，海浪还是那么大，那又该如何解释呢？针对这一点，美国一位科学家提出了另一种学说——"海流说"。南半球自古就有"水半球"之称，好望角所处的南纬40°至南极圈是一个围绕地球一周的大水圈，广阔的海区无疑是好望角巨浪生成的另一原因。这位科学家分析了多起在好望角附近海域发生的海难事故后发现，每次发生事故时，海浪总是从西南扑向东北，而遇难船只的行驶方向是从东北向西南，也就是说，船行的方向正好与海浪袭来的方向相反，船是顶浪行驶的。该科学家还实地调查了当地的海流情况，他发现好望角附近水下的海流与船只行驶的方向是相同的，换句话说，海底的海流推动船只顶着海浪前进，几股力量的共同作用造成船毁人亡。

然而，"海流说"也存在着不足，比如，海水是流动的，很难断定在一年365天中，海流的方向也保持恒定。然而，无论是什么日子，船一到好望角附近的海面，马上就陷入危险的境地，这又是为什么？科学家们很难自圆其说。直到现在，好望角附近的海面仍在无情地吞没来往的船只。

火山口上的冰川

冰川与火山，是完全不能共存的两种地理现象。然而在旅游胜地冰岛却有这样一个"冰与火之地"。

冰岛东南部的瓦特纳冰川，是仅次于南极冰川和格陵兰冰川的世界第三大冰川。冰川面积约8400平方公里，海拔约1500米，冰层平均厚度超过900米，部分冰层的厚度超过了 1000 米。然而，正是在这个巨大的冰原中却分布着多处熔岩流、火山口和热湖。

瓦特纳冰川下最大的一个火山口便是格里姆火山口。格里姆火山口内的热湖深 488 米，表面被 200 米厚的冰所覆盖，但来自底下的热量使部分冰融化了。冰变成水后占据了更大的空间。在格里姆火山口，不断增大的水量最终会冲破冰层。这种猛烈的喷涌会使水流带走阻挡它的一切，包括高达 20 米的冰块，于是形成火山喷冰的奇特景观。最大的一次喷发持续了十多天，每秒喷出的冰块约有 420 立方米，最多时可达 2000 立方米。20 世纪以来，格里姆火山每隔 5～10 年便爆发一次。火山喷发的火焰与冰川移动的冰块便构成了瓦特纳冰川变幻莫测的经典景观。

从地质学的角度来说，冰岛是新近形成的，形成的过程还在进行中。它屹立在 6400 米厚的玄武岩上。过去两千多万年以来，由于大陆漂移，使欧洲及北美洲慢慢背向移动，造成大西洋海岭上一处很深的裂缝，形成冰岛的玄武岩便是从这个"热点"涌出来的。在上次冰河时期的 200 万年间，冰岛上的火山表被厚逾 1600 米的冰川凿开。冰期在约一万年前才告结束。

于是有人认为，火山的爆发造就了连绵不断的山脉，再经过很长的地质时间，火山熄灭了，然后经过第四纪冰川运动，火山口便出现了很多冰川。还有人认为，在一万多年前的最近一次冰河期，地面基本上被冰层覆盖，气候转暖后，高山上的一些冰雪还保留着。这些高山就包括了一些死火山，有的死火山口有数公里高，所以那里就成了残留冰川的集中地。

冰岛上冰火交织的奇异景观究竟是如何形成的？在什么时候形成的？这些问题还需要科学家的进一步研究。

莫赫陡崖

莫赫陡崖由灰岩构成，高达两百多米，是爱尔兰最险峻的地貌。它的峭壁成锯齿状，像六角形手风琴似的陡峭岩石在宽阔的大西洋中若隐若现，沿着克莱尔郡海岸延伸 8000 米。这一带的峭壁正在一点点崩溃，偶尔，峭壁上会有一段岩壁坠落到海里，激荡起无数朵浪花。悬崖的灰岩基底是在 3 亿年前由无数小型海洋生物的骨骼堆叠而成。近几百年以来，越来越多的砂岩和页岩沉积在海里，多次大陆推移把沉积物逐渐推上莫赫陡崖的表层。

倾盆大雨过后，雨水不会从岩石表面溜掉，而是漏进石缝向下流。雨水不断侵蚀着岩石，形成无数隧道和海蚀洞。

在这片灰岩上，交错的裂缝组成格子图案，上千种植物奇迹般地在这一小块土壤中扎根生长，温和潮湿的气候和岩石的庇护，使它们苗壮成长。

如此奇异的悬崖是怎样形成的呢？这里的植物又是如何在这片悬崖上生存下来的呢？目前为止，人们还不清楚其和谐生态环境的形成原因。

亚平宁的水晶石笋

亚平宁山脉呈巨弧形,从西北部靠近滨海阿尔卑斯山脉的卡迪波纳山口起,一直延伸远至西西里岛西边埃加迪群岛,总长约 1400 公里,宽度为 40 ~ 200 公里。亚平宁山脉大体可分为北、中、南三段。北段由砂岩组成,森林茂密。中段起自佩鲁贾—安科纳一线以南,地势崎岖,为山脉最宽、最高的部分,主要由石灰岩组成,最高点大科尔诺山海拔2914 米,山坡有良好的放牧地。南段由花岗岩、片麻岩与云母片岩组成。覆盖有栗、栎、山毛榉与松等植被。山脉东坡平缓,西坡较陡。山脉系由一系列山地和丘陵组成的年轻褶皱带,地壳极不稳定,多火山和地震,时有山崩。维苏威火山和埃特纳火山最有名。亚平宁山脉的河流都很短,最长的特韦雷河长 405 公里。湖泊小而分散,最大的湖特拉西梅诺湖面积 128 平方公里。

1971 年,一批洞穴学家在意大利安科纳弗拉沙西峡谷一带探索,不料在亚平宁山脉下面找到一连串规模宏大的地下穴室和走廊,全长 13 公里,是 20 世纪洞穴学上的一大发现。洞穴学家们手持光线微弱的手电筒,沿曲折的地下长廊摸索前进,涉水走过一个个深及膝盖的清水池和泥浆潭后,他们发现周围石笋林立,好像一根根华丽的水晶柱。前面不远处,阴冷而潮湿的洞穴网错综复杂,恍如大理石的巨型石柱使人眼花缭乱,又如冰雪覆盖的精美石帘,令人目不暇接。百万年侵蚀而成的奇特景观,逐一展现眼前。

巍然屹立的"巨人柱"是这里最引人注目的景观,那是一根巨大的石灰岩柱,表面凹凸不平,蚀刻很深。"巨人柱"对面是极为壮观的"尼亚加拉瀑布",钟乳石重重垂挂,果真可以让人联想到飞珠溅玉、水声如雷的尼亚加拉瀑布,更深处的"蜡烛穴"内,石笋从浅水池面冒出,闪闪发亮。

这些水晶般的石笋究竟是如何形成的?又是怎样的鬼斧神工造就了这份神秘和美丽?人们至今没有找到满意的答案。

水晶洞的形成

2004 年,墨西哥奇瓦瓦奈卡矿的矿工意外地发现一个石洞。当这些矿工准备进入洞中探险时,却发现洞中的环境无比险恶,最后不得不退了出来。原来,水晶洞下面 1600米处就是岩浆,在岩浆的加热下,富含矿物质的地下水从数百万年前开始渗透整个洞穴。在这个水晶洞中,温度高达 50℃,湿度高达 95% 以上。这种温度和湿度对于人类来说都是致命的。后来,人们穿上了一种特殊的冷却服进入洞中考察,终于见到了洞中的奇观。这些半透明的巨型水晶长度达 11 米,重达 55 吨。晶体的形状千奇百怪,令人叹为观止,全

水晶洞

部为半透明的金色和银色。

这些巨大的水晶是如何形成的呢？

地质学家研究后发现，奈加山脉形成于 2600 万年前的火山活动。在巨人水晶洞里，充满了高温的无水石膏，这是一种水分含量很少的石膏。无水石膏在 58℃ 以上的温度时是稳定的，但如果温度低于 58℃ 就会分解成石膏。当奈加山下面的岩浆冷却下来的时候，水晶洞里的温度就开始下降到 58℃ 以下，这时无水石膏就开始分解，水中的硫酸盐和钙的含量逐渐增加。经过几百万年的沉淀后，最终形成了巨大的半透明石膏水晶。科学家们认为，要形成奈加洞穴中这样巨大的水晶，洞里的温度就必须保持在 58℃ 左右上百万年的时间。因为如果温度下降得过快，形成的水晶会很小。

巨人之路

在英国北爱尔兰的安特里姆平原边缘的岬角，沿着海岸的悬崖的山脚下，大约由 3.7 万多根六棱体、五棱体或四棱体的石柱组成的贾恩茨考斯韦角从大海中伸出来，从峭壁延伸至海面。这些石柱的形状很规则，看起来好像是人工凿成的一样。大量的玄武岩柱石排列在一起，形成壮观的玄武岩石柱林，被称为"巨人之路"。

在爱尔兰的民间传说中，"巨人之路"是由爱尔兰巨人芬·麦库尔建造的。当然，关于巨人芬·麦库尔建造"巨人之路"，只是一个美丽的传说。这道通向大海的巨大天然阶梯之谜，引起科学家们的极大兴趣。

现代地质学家们通过研究发现，"巨人之路"实际上是由一种天然的玄武岩形成的。白垩纪末期，北大西洋开始持续地分裂和扩张，大西洋中脊就是分裂和扩张的中心，也是分离的板块边界。上地幔的岩浆从大西洋中脊的裂谷中上涌，覆盖了大片地域，熔岩层层相叠。一股股玄武岩熔岩从地壳的裂隙涌出，像河流一样流向大海，遇到海水后迅速冷却，变成固态的玄武岩。岩浆在凝固过程中发生了爆裂，而且收缩力非常平均，于是就形成了规则的柱状体，这些柱状体通常为六棱柱。这种过程有点像河流干涸后，河底的淤泥在阳光的暴晒下龟裂时的情景。玄武岩熔岩石柱的主要特点是裂缝直上直下地伸展，水流可以从顶部通到底部，结果就形成了独特的玄武岩柱网络。所有的玄武岩柱并列在一起，其间仅有极细小的裂缝。由于火山熔岩是在不同时期分五六次溢出的，因此峭壁形成了多层次的结构。

受大冰期的冰川侵蚀及大西洋海浪的冲刷，冷却的火山熔岩逐渐被塑造出高低参差的奇特景观。每根玄武岩石柱其实是由若干块六边形石块叠合在一起组成的。波浪沿着石块间的断层线把暴露的部分逐渐侵蚀掉，石柱在不同高度处被截断，导致巨人之路呈现出台阶式外貌的雏形。经过千万年的侵蚀、风化，最终，玄武岩石堤的阶梯状样貌就形成了。

赤道巨足

厄瓜多尔首都基多，位于国境北部，海拔 2852 米，是世界上距离赤道最近的首都。因地势高峻，所以气候宜人，四季如春，是理想的避暑胜地。基多原为古老的印第安人城市，是印加帝国北部疆土的首都，城市建设与自然环境巧妙地融为一体。1982 年 10 月 26 日，西班牙著名画家拉斐尔慕名来到这个旅游胜地，并当场挥笔画了两幅赤道风景画。其中一幅画的是火山喷发后的壮丽景观，炽热的白色熔岩凝结、硬化成岩石，岩石恰如一只浇铸而成的巨足，不偏不倚正好踩在赤道上。

这幅画在马德里公开展出后，在观众中引起强烈的反响和震动。人们对该画所表现的情景显示出浓厚的兴趣，都想知道这是出于画家的丰富想象力呢，还是大自然的真实写照。拉斐尔向公众明确表示，这是一幅完全忠实于客观自然界的作品，他还当即把这幅画的创作过程如实地讲给大家听。他说，不久前他和朋友去厄瓜多尔旅行，当他们乘坐的飞机飞到厄瓜多尔最大的城市和港口瓜亚基尔时，眼前突然出现了一幅令人惊奇和赞叹不已的奇观，一只人类巨足和一头巨型兽类出现在赤道线上，顿时把他看得目瞪口呆。他的朋友连忙从他手中夺过照相机，对准地面拍了好几张照片。他边说边拿出根据朋友当时拍摄的照片制成的幻灯片，放映给大家看。银幕上清晰地显示出一只人类巨足和一头巨兽的形象，在场的人对此无不感到惊讶。

此后，有不少人怀着强烈的好奇心和浓厚的兴趣来到厄瓜多尔，他们想要亲眼目睹拉斐尔画中神秘的巨足和巨兽。但他们走遍了附近的峡谷、平地和古代遗址，却没有看到拉斐尔所见到的东西。事后听当地人讲，这种奇特景象只有在高空中才能看到。人在地面上时，由于地球呈球形，地形呈倾斜状态，从而无法看到这种奇观。

那么，这种奇观是怎么出现的呢？对于这个问题，科学界有着不同的看法。

一种看法认为，基多地处赤道，地壳活动频繁，有可能是在一次火山爆发后，喷出的岩浆在硬化过程中凑巧形成了"赤道巨足"，也就是说这是大自然的杰作；另一种看法是，那些花岗岩经过长年累月的风化、侵蚀，从而形成了这一奇特的地貌；还有一部分人认为，那是古代印第安人在已有的自然形状上再创造，加工、雕刻成了目前的模样，目的是为了做出标记，让人们知道这里是地球的平分线。他们的理由是，早在好多个世纪以前，基多就已成为古代印加帝国的政治、宗教中心。印加人自古就崇拜太阳神，自诩是太阳的子孙，到处建起了金碧辉煌的太阳神庙，庙内供奉着太阳神。他们还把每年 6 月的最后一星期定为庆祝太阳节的日子，将 6 月 24 日作为新年的开始。这一天，人们穿着五彩缤纷的节日盛装，手捧美酒佳肴，排着望不到尽头的队伍，沿着山坡向太阳神庙里的圣坛走去，举行隆重的太阳祭典礼。因此，他们认为巨足、巨兽是古代印第安人在大自然恩赐的石块上进行再创造的结果。

究竟是何种原因造成了"赤道巨足"？直到目前，人们还无法确定，只有等待后人的进一步研究了。

东非大裂谷命运

东非大裂谷是 3000 万年前的地壳板块运动造成的,是世界大陆上最大的断裂带,从卫星照片上看去犹如一道巨大的伤疤。当乘飞机越过浩瀚的印度洋进入东非大陆的赤道上空时,从机窗向下俯视,地面上有一条硕大无朋的"刀痕"呈现在眼前,顿时让人产生一种惊异而神奇的感觉,这就是著名的"东非大裂谷",亦称"东非大峡谷"或"东非大地沟"。这条长度相当于地球周长 1/6 的大裂谷,气势宏伟,景色壮观,是世界上最大的裂谷带,有人形象地将其称为"地球表皮上的一条大伤痕"。

东非大裂谷

东非大裂谷长约 6500 多公里,宽 50~80 公里,底部是一条宽带状的低地,夹嵌在两侧高原之间,仿佛是一条干涸了的巨大河谷,在群山中延伸。东非大裂谷分成东西两个带:东部从赞比西河起,经马拉维湖、埃西亚湖、图尔卡纳湖,穿过埃塞俄比亚的小湖泊群,到阿萨尔湖、红海、亚喀巴湾,一直延伸到死海和加利利海;西部从坦噶尼喀湖、基伍湖,一直到蒙巴托湖以北逐渐消失。裂谷底部是一片开阔的原野,20 多个狭长的湖泊,有如一串串晶莹的蓝宝石,散落在谷地。中部的纳瓦沙湖和纳库鲁湖是鸟类等动物的栖息之地,也是肯尼亚重要的游览区和野生动物保护区,其中的纳瓦沙湖湖面海拔 1900 米,是裂谷内最高的湖。南部马加迪湖产天然碱,是肯尼亚重要矿产资源。北部图尔卡纳湖是人类发祥地之一,曾在此发现过 260 万年前古人类头盖骨化石。

英国地理学家约翰·乔治曾在 1893 年对裂谷进行 5 个星期的实地调查。他设想:东非裂谷不是像美国的大峡谷那样由河流冲刷而成,而是因为地壳下沉,形成了一个两边峭壁相夹的沟谷凹地。这在地貌上称"地堑"。大陆漂移说和板块构造说的创立者及拥护者竞相把东非大裂谷作为支持他们理论的有力证据。根据 20 世纪 60 年代美国"双子星"号宇宙飞船的测量,裂谷北段的红海扩张速度达每年 2 厘米;在非洲大陆上,裂谷每年加宽几毫米至几十毫米。1978 年 11 月 6 日,地处吉布提的阿法尔三角区地表突然破裂,阿尔杜科巴火山在几分钟内突然喷发,并把非洲大陆同阿拉伯半岛又分隔开 1.2 米。一些科学家指出,红海和亚丁湾就是这种扩张运动的产物。他们还预言,如果照这种速度继续下去,再过 2 亿年光景,东非大裂谷就会被彻底撕裂开,产生新的大洋,就像当年的大西洋一样。

但是,反对板块理论的人则认为这些都是危言耸听。他们认为大陆和大洋的相对位置无论过去和将来都不会有重大改变,地壳活动主要是作上下的垂直运动,裂谷不过是目前的沉降区而已。在它接受了巨厚的沉积之后,将来也可能转向上升运动,隆起成高山而不是沉降为大洋。

2005年9月,埃塞俄比亚北部某地的地面突然下沉3米,迅速向两侧裂开,裂开的大洞足以将数头骆驼和数只山羊吞没。在接下来三周时间,这个地方发生了160次地震,形成一个宽7.62米、长约547.18米的大裂缝。英格兰利兹大学地球物理学家蒂姆·赖特使用卫星雷达数据,将这一裂缝的形成过程准确地拼合起来。

据赖特估计,在未来100万年左右,裂缝将继续扩大,届时非洲之角将从非洲大陆完全脱离,形成地球上第八大洲——东非洲。赖特说,这种地质过程始终都在发生,不过,地面裂开通常只发生在海底,那个区域人们很难看到。他说:"这是我们首次利用现代仪器直接观察这一极其重要的地质过程。"

这一发现轰动了科学界。2006年,来自英国、法国、意大利和美国的考察队纷纷前来阿法尔。经过分析和研究,他们预言一个新的大陆将会在100万年间形成,东非大裂谷将会比现在长10倍,东非的好望角将从非洲大陆上分离出去。对此,美国地质学家辛迪·艾宾格表示:"许多人认为剧烈的地质现象只发生在遥远的古代,但是我们现在可以看见它们正在发生。"

东非大裂谷未来的命运究竟如何?人类只有拭目以待。

科尔卡峡谷

科尔卡大峡谷全长90公里,深3400米,这里既有悬崖峭壁,也有秀美的山水。常常被云雾笼罩的山峰,屹立于谷地之上,海拔达3200米。在峡谷里,每天的气温变化很大,从早晚的1℃~2℃到中午的25℃。峡谷附近屹立着许多锥形火山,顶部为圆形火山口,这样的景象常常能让人想起月球的表面。火山谷长64公里,谷内共有86座死火山渣堆,最高可达300米,有些四周是茫茫田野,有些则堆满了凝固的黑色熔岩。

在火山谷与太平洋之间,有一条布满沙石的酷热沟谷,名为托罗穆埃尔托沟谷,无数白色巨砾散布谷内。不少石砾上刻有几何图形、太阳、蛇、驼羊以及头戴怪盔的人。有人猜测巨砾可能是火山隆起留下的。那么,这些图案和符号是谁的杰作?

关于这个问题,人们提出了各种设想。有人认为一千多年前,某些游牧部族从山区向海岸迁移,曾在这里长期居住,并留下了丰富多样的石刻图画。还有人推测,头戴怪盔的人很有可能是外星人。难道在一千多年前就曾有人见到过外星人?人们至今都不能确定。

科尔卡大峡谷中不仅有奇特的景观,而且还生活着170种飞禽,其中山鹰是最大的飞

科尔卡峡谷

禽,它们每只翅膀的长度都有1米多,被认为是世界上最大的飞禽。此外,这里还生活着南美驼羊和多种安第斯山动物。驼羊已经被人们看作是南美洲的标志性动物,它也是南美四种骆驼形动物中最有名的一种,早在一千多年前被驯化,一般肩高1.2米,体重70~140公斤。它长着长长的脖颈、美丽的大眼睛和色泽亮丽的毛绒,皮毛具有极高的经济价值,所以被誉为"安第斯山脉上走动的黄金"。

科尔卡大峡谷的土壤贫瘠,耐旱喜温的仙人掌是这里的代表性植物,共有二十多种。此外,峡谷对面的山坡上还生长着一些长刺的蒲雅属植物,高约1.2米,主干很粗,利刃般的叶子向四面八方伸出,叶子边缘有弯钩,可以防止动物吞吃。

来到科尔卡峡谷,你不仅可以感受到大自然的美景,而且还会被这里的人文气息所感染。峡谷的乡镇里建有许多殖民式的房屋,你可以与当地居民一起过传统节日。丰富多样的手工艺品是这里的最大特色,彩色的边缘绣花、白铁制成的物件和木雕等等,都非常漂亮、精致。科尔卡峡谷是一处美丽的深渊,一个令人无法解释的自然之谜!或许正是这份神秘使它在世人眼中变得更加神奇、更加妖娆。

阿苏伊尔幽谷

阿苏伊尔幽谷位于阿尔及利亚的朱尔朱拉山,是一个风景秀丽的游览胜地。那漫山遍野的鲜花、灌木、雪松、橡树和山樱桃等植物,以它们各自的独特风采吸引了一批又一批的游人前来欣赏这俏丽多姿的山色。在朱尔朱拉山的峡谷当中,有一个十分著名的峡谷,名字叫"阿苏伊尔幽谷",是非洲最深的一个大峡谷。

1947年,阿尔及利亚和一些外国专家组成了一支联合探险队,来到阿苏伊尔幽谷,准备探明它到底有多深。他们挑选了一个身强力壮、又有丰富经验的探险队员,第一个去尝试一下。这个探险队员系好保险绳,顺着陡峭的山崖一步一步地滑了下去。

时间一分一秒地过去了,保险绳上的标记也在100米、300米、500米地往下移动着。这时候,这个探险队员还在一步步地向着谷底摸索着。等到他下到505米的时候,还是没有看见谷底。忽然,这个探险队员觉得身体越来越不舒服,担心再往下走会发生危险,于是,他拉了拉保险绳,上边的探险队员赶紧把他拉了上来。就这样,这次探险活动也就结束了。人们对阿苏伊尔幽谷的秘密还是一无所知。

1982年,阿苏伊尔幽谷又来了一支考察队,他们决心一定下到超过505米的那个深度。只见一个队员系好保险绳,慢慢地朝着谷底滑了下去。当他下到810米深的时候,说什么也不敢再往下走了,只好爬了上来。这时候,另一位队员已经系好保险绳,他十分镇静地朝着谷底看了看,然后一米一米地沿着刀削斧凿般的峭壁滑了下去。不过,这位队员最终下到821米的深度时也返回了。

由此一来,821米这个深度就成了阿苏伊尔幽谷探险家们所创造下的最高纪录了。至于阿苏伊尔幽谷究竟有多深,那神秘的谷底到底有些什么东西,一直到现在也没能解开这个谜。

人们对朱尔朱拉山阿苏伊尔幽谷的这些谜团还没有解开，山上的一些奇异现象又为朱尔朱拉山蒙上了一层神秘的色彩。

原来，人们发现：在朱尔朱拉山，每当雨季来临之际。当倾盆大雨汇集成大水流，沿着地面冲出去几十米以后，就会奇怪地消失在山谷里面，然后在千米之下的地方再重新流淌出来。那么，朱尔朱拉山水流的这种奇怪的现象到底是怎么回事呢？许多科学家纷纷来到这里考察和研究。其中一位洞穴专家提出自己的见解，这种现象说明在朱尔朱拉山的深处有一个巨大的水潭，而当雨水沿着峡谷流入这个水潭里面汇集到一块儿的时候，就会急速地奔流出来。这样，就形成了山下的急流。

不过，许多科学家都不同意这位专家的这种观点。他们认为：如果流出几十米远的水都可以流到千米外的那个深水潭，那么整个朱尔朱拉山简直就是一座千疮百孔的漏斗山了。如果真的是那样的话，人们就应该能够看到那许许多多一直通往山底的峡谷。

就这样，科学家们各说各的道理，很难有一个统一的结论。看起来，人们如果想要揭开朱尔朱拉山的这些谜团，只能靠进一步的考察了。

巴哈马大蓝洞

美国佛罗里达半岛外的罗萨尼拉沙洲与海地岛之间有一处群岛，叫巴哈马群岛，这个群岛由30个较大的岛、600多个珊瑚岛和2000多个岩礁共同组成，全长1200公里，最宽处达600多公里，其陆地面积约14万平方公里。

巴哈马群岛中最大的岛屿叫安德罗斯岛，该岛的面积有4300多平方公里，巴哈马大蓝洞就位于这个岛上。岛上的巴哈马人称蓝洞为喷水洞或沸腾洞。涨潮的时候，洞口出现一个巨大的漩涡，能把任何东西都吸入洞内；落潮时，从洞内喷出的水团，像覆盖在洞口的蘑菇。一些当地人始终坚信，一种半似章鱼半似鲨鱼的怪物就生活在蓝洞内，这种怪物不离开洞，饿了的时候，就把长触须伸到洞外，把捕捉到的食物拖入洞内，并吐出不需要的残余物。

巴哈马大蓝洞全部在水面之下，全长有800米，一直通向大海。洞内有许多小洞，各洞都有通道连接，各通道左穿右插，像迷宫一样。洞中布满形态各异的石笋和钟乳石，有的像鲜花树木，有的像飞禽走兽，有的像妖魔鬼怪。这里虽然终年得不到太阳的照射，但却充满了生机，洞壁上长满了各种各样的海绵，洞里生活着青花鱼等水生动物。

那么，为什么会在水下形成巴哈马大蓝洞呢？

原来，巴哈马群岛是石灰岩山脉的一部分，大冰河时期，地球上遍布冰川，海平面比现在的海平面要低许多。后来，石灰岩受到酸性雨水的淋蚀，进而形成许多坑洼，这些坑洼逐渐变大，最后成为洞穴。再以后，气候干燥，地下河渐渐枯竭，洞穴也随之干燥，于是从石灰岩中析出的硫酸氢盐和钙慢慢形成钟乳石和石笋，由于没有水作支撑，洞顶开始坍塌,很多洞窟从而形成穹形顶部。大冰河时期过后,地球气候转暖,冰块开始融化,海平面也逐渐升高到现在的高度。海水上涨,使一部分陆地沦为海洋,于是巴哈马群岛上的一些洞穴就变成了今天的水中洞穴。巴哈马大蓝洞就是这样形成的。

通常一般的海底洞穴形成后,便被淤泥等冲积物充塞掩埋。而巴哈马大蓝洞附近没有大的河流,沉积物少,而且水流较急,能将附近的沉积物迅速冲走而得以存留到现在。但巴哈马群岛至今仍在下沉,那它将来的命运又会如何呢?

珠穆朗玛峰崩裂

珠穆朗玛峰山体呈巨型金字塔状,威武雄壮昂首天外,"珠穆朗玛"在藏语中就是"女神"的意思。然而早在距今 1.5 亿年的二叠纪,现在的喜马拉雅地区还是烟波浩渺的古地中海的一部分,称为喜马拉雅古海。直到距今 5000 万年的第二纪始新世时期,印巴次大陆板块向北继续移动,与北部欧亚大陆板块碰撞抬升,印巴次大陆地壳俯冲到欧亚板块之下,并发生一系列复杂的构造运动,开始了长期稳定的上升,喜马拉雅古海消失了,代之而起的是地球上最年轻、雄伟和高大的喜马拉雅山脉。这个过程,地质学上称为喜马拉雅运动。它的最高峰珠穆朗玛峰在这次造山运动中耸立在喜马拉雅群峰之上。

珠穆朗玛峰

经地质学家们的测量,喜马拉雅山目前的高度为 8844.43 米。它在第四纪的 300 万年中约上升了 3000 米,平均 1 万年上升 10 米;而最近 1 万年,它却上升了 500 米,即一年上升 5 厘米,而且珠穆朗玛峰地区的上升运动并未停止,它还在以不易被人察觉的进度缓慢上升。

那么,珠穆朗玛峰将会如此无限制地不断增长吗? 如果不是,它又将于何时停止长高呢? 有些科学家认为,喜马拉雅山的增高犹如用岩石和泥土"叠罗汉"。当层层加码时,下面的岩石承受上面的压力逐渐变大,这必然存在一个极限,一旦达到一定极限,底下的岩石就要"粉身碎骨",高山也将山崩瓦解,毁于一旦。那么,这一极限究竟是多少呢?

从微观角度来看,岩石都是由岩石分子构成的,许许多多的岩石分子以一定的结构相互排列,它们之所以能够彼此合作,构成坚硬的岩石,是因为它们之间存在着电磁力,就像人们在"叠罗汉"时用自身的体力来支撑上面的重量一样。这里,"电磁力"和"体力"起着相同的作用。一旦上面的重量超过底下的人的体力,他就会站立不稳,最后终于支持不住,瘫倒在地了。同样的道理,当山的自身重量大于岩石分子之间的电磁力,也会造成坍塌瓦解的悲剧。于是,压在底下的岩石就将会遭到破坏,高山就会摇摇欲坠,岌岌可危,造成山崩地裂的后果。

由此可见,山越高,它自身的重量——也就是重力势能就越大,破坏岩石分子之间电磁力的能量也越大。科学家利用一些基本的物理常数,通过演算得知,地球上的高山极限约为1万米。由于地球上所有的山脉,包括最高的珠穆朗玛峰,都没能达到这一极限,因此,它们都将平安无事地矗立在地球表面的各个地方。

不断成长的珠穆朗玛峰能长到1万米吗?当它长到1万米时,真的会山崩地裂吗?我们只能拭目以待了。

神奇鸳鸯井

动物界有成双配对的现象,但大地上的吃水井成双配对却令人费解,在我国四川省发现的两口井则又是一个奇迹,这两口井互相依存,一正一反互换的情况在历史上还是十分罕见的,那么,是什么原因造成这样的现象呢?

四川省武胜县发现两口神奇的水井。它们相距四米,一清一浊,又被当地人称作鸳鸯井。两井位置等高,深度相当,且井中的水为同一源头所聚。但是,奇怪的是,这两口井却有着天壤之别。这里的谜吸引了无数充满好奇的人来观看,不少的科研人员也纷纷前来试图探究"鸳鸯怪井"隐藏的奥秘。

首先,两井中的水清浊不一。但两口井好像约好了似的,一年要变两次"魔术":端午节后,清浊互换,而且一个发出微臭的味道,一个却味道香甜;中秋节后,两眼井水又自动恢复原状。一年四季,两口井交替供人饮用。这种交替变换的"鸳鸯怪井",人们还闻所未闻。

这两眼井位于武胜县北飞龙镇木井村,井口方正,水面离地一米。其中一个叫上木井,另一个叫下木井。该村八十岁的老人张炳清说,两口井凿于何年已不得而知。他还唱了一首老歌谣——《木井》:"可观上下两口井,一条大路直穿心;井中清泉最可饮,能分春秋各二季;不知哪朝开的井,何人称为木井村;此井水丰不断流,润泽大地五谷生。"

据村民介绍,农历五月初五端午节以前,上木井里的水清澈,下木井的水浑浊。端午节后,两井开始"换班":上木井里的水变浑变臭,水面泛起一层金黄色的东西,如粪便,不能饮用;而下木井的井水则逐渐变清变甜,供居民饮用;到了中秋节,两井又再次"换位"。但不管它们怎么变换,总有一口井的水是清澈的、甘甜的。年年如此,从未错过日期。许多慕名而来的游客看毕大叹造物神奇。

其次,两井水面总会保持一致。居民提上木井的水时,下木井的水位会自然下降;反之,提下木井的水时,上木井的水位也会随之下降,随后恢复盈满。木井的水常年外溢,形成溪流,成了武胜县第二大水库——红星水库的源头之一。

再次,两口井虽然同源,但井水温度却并不一样,非常罕见,有人专门用温度计做过测试。但是这两口井温度差异因何如此之大的问题目前还没有弄清楚。

两井凿于何年已不得而知,但是鸳鸯井为何出现这些神奇的现象实在令人费解。有关地质学家初步分析后认为,两井地质结构存在裂隙,天热时,地下水进入上木井裂隙,地下硫化物随地下水浸入上木井,就有可能形成黄色漂浮物并导致上木井变浑浊。而天变冷时,地下水改变方向进入下木井裂隙,于是就出现了清浊互换。但居民取水时,两井水位会同时下降。这说明两眼井水相通。

那么,两井温度变化又怎么作解释呢? 古人是出于什么原因打造出这样神奇的鸳鸯井来的呢? 是出于巧合,还是他们在当时已经具备打出这样神奇的鸳鸯井的科学技术呢? 这鸳鸯井的真正奥秘到底在哪里呢? 希望相关人士早日揭开鸳鸯井之谜。

川藏神秘星形碉楼

数十座高高的碉楼与色彩斑斓的传统民居相映成趣,像是一把把金剑在落日余晖中闪耀。这样美丽迷人的星形碉楼,不得不让人无比神往,其中蕴含的许多谜团又让人充满了无限的遐想……

在我国四川与西藏地区,到处都有或者成群或者散落的无数碉楼,这些碉楼大多散落在田间地头、家门口和山坡灌木丛中的,大多数是呈方形,也有些是五角、六角、八角,甚至十三角的。四川有碉楼的三个地区:

今羌族居住地(大多数在阿坝藏族羌族自治州);

被称为"嘉绒"的地区(部分在阿坝州,部分在甘孜藏族自治州);

雅砻江流域:南起木里,北至道孚,东至康定,西至雅江,这是木雅人的传统居住地;

第四个地区位于西藏东南部的工布江达。

最高的星形碉楼在四川马尔康附近,在西藏工布江达,有八个角和十二个角的碉楼。碉楼大都高达三十多米,最高的甚至有五十米。每座都是杰作,结构没有瑕疵,角像刀刃一样直,墙壁牢固又光滑。经历了这么多风雨,甚至战争和地震的洗礼,它们仍然骄傲地耸立着。有的已倾斜,但绝不倒下;有的已坍塌了一半,废墟上布满了尘土,缠绕着野藤,甚至连树也欺压着它,最终沦为狐狸、老鼠的家园。然而,在人们眼里,它们将永远保存着自己的荣光、庄严和神秘。只要来到这里看到这些古碉楼,你一定想要知道碉楼背后那奇异、神秘的古老故事。

当地居民、政府、学者,甚至19世纪进入此地的西方探险家都知道,"民族走廊"上散落着一些古碉楼。但这些高大的古代星形、石砌碉楼尚未在地图上标志过,没人科学地测算过它们的始建年代,甚至也没人将其视为一种独特的建筑现象进行研究。或许是因为这些碉楼在当地人们的心里是十分普通的石头建筑,没有什么独特之处。

但是这些矗立在眼前的碉楼到底是谁建造的? 是什么时候建造的? 建造的目的又是什么呢? 就连这里的老辈人都说不清楚。因为仅存少数口述传说,没有书写历史,再加上当地人仍然保留着诸多互不相通的方言,却没有文字,因此,关于这些碉楼的各个方面都是难以解开的谜。

从中文典籍中仅能搜索到一些模糊且支离破碎的信息。据这些信息我们可以了解到，至少在一千八百年前，就有些部落已掌握了如何修建高层独立石碉楼的技术。据《后汉书》记载：那些高达四十米的碉楼是由居住在今西北部深山里的冉人和岷江上游的羌部落修建的。而住在西藏高原南部的"孟"部落也是高碉楼的建造者。但是仅凭此记载并不能证明这些碉楼的建造者就一定是羌部落人们修建的，只有多方面的共同验证吻合后，才能确定碉楼的修建者到底是谁。

碉楼

具有关研究人员推测，修建碉楼极有可能是出于战争的防御，或者是为了抵御外族的入侵。

也有人提出了不同的观点，他们人为建造这些碉楼，实际上是身份的象征，不同类型的碉楼对应了不同古代部族的祖地。

那么，碉楼的建造时间又是什么时候呢？有关的研究人员想将碉楼的一些破损部分收集样本进行研究，想以此来解开碉楼的修建年代之谜。但是，由于收集样本的工作复杂棘手，因为大部分碉楼的门都很高，若没有高梯往往无法获取样本。后来将收集的所有木片样本送往美国最著名的实验室进行碳14检测，其结果总是有一百五十年的误差。

从2000年至今，已检测了57座碉楼（39座星形的和18座方形的）、3座老屋和1座寺庙。其中，最古老的一座碉楼为星形碉楼，约有一千二百年历史，位于西藏工布江达，已检测的四川省4座较为古老的碉楼建于公元1030到1250年间，羌族村落的碉楼无法测出准确年代数据，因为其木样检测结果包括了很多不同的时代，这是因为村民们一直在使用和修缮这些碉楼。如果完好的加上破损的，西藏工布江达和四川的碉楼数可能有数千个。也正是这个原因，碉楼的年代推算也只是大概地估算，准确率极低。就此，碉楼的研究工作一度陷入了尴尬的境地，没有更好的方法来解开碉楼的建造年代之谜。

川藏地区的碉楼就像是一些历经沧桑巨变的老人，他们经历了无数的风风雨雨，一直坚持走到现在。但是，正是由于这位老人阅历太丰富了，因此，我们要想读懂他的"人生"是一件十分困难的事情。揭开川藏碉楼之谜，有待于更加完善的文字记载多加考证后，才能完成。

秦始皇陵内发现三十米的"高楼"

秦始皇陵就像是一个深埋在地下鲜为人知的谜，在这里蕴藏着许多文化、历史的精华。秦始皇陵墓的发掘，使不少沉睡在地下千年的谜团浮出水面，使后人们更加了解古代的一些文化、风俗以及历史事件。

秦始皇陵位于陕西省临潼区城东约五公里处的骊山北麓，是全国重点文物保护单位。1987 年，联合国教科文组织将秦陵（含兵马俑）列入世界文化遗产保护名录。1974 年春，在秦始皇陵坟丘东侧 1.5 公里处，当地农民打井，无意中挖出一个陶制武士头。后经国家有组织地发掘，终于发现了使全世界都为之震惊的秦始皇陵兵马俑。

随着现代发掘技术的不断进步，各项考古工作也在有序地展开，秦始皇陵墓的发掘工作也进入了令人惊喜的阶段。在对秦始皇陵墓不断发掘的基础上，科研人员利用"秦陵遥感与地球物理综合探查技术"，发现了秦始皇帝陵的封土下埋藏着高出地面三十米的台阶式墙状夯土台建筑，这是中国古代墓葬史上的特例。经过仔细地研究发现，这是一栋三十米的"高楼"。

据观察结果得出的资料分析，这栋"高楼"分布在秦陵地宫之上、

封土堆下的墓地周围，是一组环绕墓地周边、上部高出秦代地表三十米左右、体量巨大、夯层厚约 6 厘米~8 厘米的台阶式墙状夯土台，东西夯土台的中间部位各留有一处缺口，与墓道重合，夯土台围就的内部即墓室上部是用粗夯土填充的。

台阶式墙状夯土台上窄下宽，内外均呈台阶状；夯土台顶部内侧东西长 124 米，南北宽 107 米；夯土台顶部外侧东西长 168 米，南北宽 142 米；其南墙顶宽 16 米，北墙顶宽 19 米，东西墙顶宽 22 米；南、东、西、北墙（南墙尚未勘探）的外侧均为九级台阶，外侧台阶高 3 米，宽 2 米；东墙、北墙内侧现已发现六级台阶，南墙西墙尚不清楚。

这栋"高楼"建筑的夯土基础的一部分在墓地外，一部分伸进墓地内，伸进墓地的夯土可能紧贴墓壁建造，接近墓室部分可能使用了大量的青砖和石材。在东、西、北墙外侧的上部台阶上发现了大量的瓦片，瓦片堆积凌乱，靠近顶面的台阶上瓦片较多，中下部台阶上的瓦片也有零星地发现。但是，在台阶式墙状建筑的顶面几乎没有见到瓦片，顶面及各级台阶上也没有发现红烧土和木炭遗迹。

据推测高台建筑应在秦始皇死前已建成，只是在堆筑封土前被拆毁，封土覆盖的时间可能在埋葬秦始皇之后。最后的封土是夯筑而成的，只不过夯层的厚度在 40 厘米~70 厘米间，比"高楼"粗糙得多。

那么秦始皇当年修建这座三十米高的高楼到底是出于什么原因呢？有关科学家认为，秦始皇是一位性格比较怪异的人，他经常会做出与常人不一样的举动，他十分尊崇神仙鬼怪等迷信，因此，这座高楼极有可能是秦始皇为了死后自己的灵魂能够随便出入陵墓而建造的。但这种说法仅仅是从秦始皇具有迷信思想的一方面出发来推测的，并没有什么科学依据。

但是，目前秦始皇陵的考古研究一直充满着谜团与争议。有关研究专家对以上观点提出了质疑。他们认为，将目前遥感探得的建筑结构称为"高楼"的提法不够严谨。在类

似秦始皇陵的遥感考古工作中,建筑学的参与十分必要,只有以严谨的建筑科学理论作依据,遥感测得的数据才能转化为有价值的历史事实。由于遥感技术的运用在我国还属于初期,如何运用遥感结果得出科学结论需要十分谨慎。在没有确凿证据之前,就推测是否为帝王灵魂出游的"天路",不仅没有学术研究价值,更可能误导研究。

那么,究竟秦始皇陵墓内有没有这么一座三十米高的大楼呢?正反双方的争论都看似有一定的道理,但是目前还不能得出一个合理的答案。相信,随着考古技术的不断进步以及完善,秦始皇陵墓"高楼"之谜终将水落石出。

泰山名胜的来历之谜

泰山是我国的"五岳"之首,有"天下第一山"之美誉,又称东岳,中国最美的、令人震撼的十大名山之一。泰山位于山东省中部,自然景观雄伟高大,有数千年精神文化的渗透和渲染以及人文景观的烘托,著名风景名胜有天柱峰、日观峰、百丈崖、仙人桥、望人松、龙潭飞瀑、云桥飞瀑、三潭飞瀑等。数千年来,先后有十二位皇帝来泰山封禅。孔子留下了"登泰山而小天下"的赞叹,杜甫则留下了"会当凌绝顶,一览众山小"的千古绝唱。

盘古开天东岳为首,天下名山无数,历代帝王和芸芸众生,何以独尊东岳泰山呢?这还要从开天辟地的盘古说起。传说,在很早很早以前,世界初成,天地刚分。有一个叫盘古的人,生长在天地之间,天空每日升高一丈,大地每日厚一丈,盘古也每日长高一丈。如此日复一日,年复一年,他就这样顶天立地生活着。

经过了漫长的一万八千年,天极高,地极厚,盘古也长得极高,他呼吸的气化成了风,他呼吸的声音化成了雷鸣,他的眼睛一眨一眨的,闪出道道蓝光,这就是闪电,他高兴时天空就变得艳阳晴和,他生气时天空就变得阴雨连绵。后来盘古慢慢地衰老了,最后终于溘然长逝。刹那间巨人倒地,他的头变成了东岳,腹部变成了中岳,左臂变成了南岳,右臂变成了北岳,两脚变成了西岳,眼睛变成了日月,毛发变成了草木,汗水变成了江河。因为盘古开天辟地,造就了世界,后人尊其为人类的祖先,他的头部变成了泰山。所以,泰山就被称为至高无上的"天下第一山",成了五岳之首。

泰山上有很多名胜古迹,来历颇为复杂,比如回马岭的由来,至今莫衷一是。不过,细细考察一番有关历史,倒也颇有意思。回马岭位于泰山登山中路的中段,壶天阁之上,中天门之下,海拔800米,古名石关、瑞仙岩。这里山重水复,峰回路转,景色十分优美。现有石坊一座,匾额刻有"回马岭"三字,东西崖勒刻清乾隆帝爱新觉罗·弘历《回马岭》诗三首,是泰山风景区著名景点。关于这"回马岭"之名的来历,历来众说纷纭,至今仍是一个难解之谜。

而"宋真宗赵恒回马"说流传最广,与清乾隆在公元1748年登泰山时在此赋诗题刻有关:"瞳日照紫芙蕖,石登盘行路转徐,传是真宗回马处,当年来为奠天书。"至今摩崖石刻仍保存完好。可是,从历史记录来看,宋真宗赵恒来泰山封禅并不是骑马上山的。也有人认为,"回马岭"之名是唐玄宗于公元725年骑马登泰山时,至此山势高峻陡拔,马不能上而得名。还有人认为,东汉光武帝刘秀于公元56年登泰山时,在此回马,遗名"回马岭"。

另外,关于"虫二"的来历,争论也挺多。有一个故事,说的是乾隆和臣子们逛泰山,看到"虫二"两个字。乾隆不明白,走出六十步,方才琢磨出这是"风月无边",忙对刘墉、和珅说了。刘墉听闻,说他早琢磨出来了,并在脚边写了"风月无边"四个字。乾隆不信,走回去六十步,果然见刘墉所书墨迹未干。由此留下一话把儿,说"刘墉的学问比乾隆大六十步"。

还有人说,关于"虫二"的来历是这样的:据传,清代光绪年间,莒县有个大财主,名刘殿锡,字廷桂,常常来泰山游山玩水。后来看上了一位名靛云的尼姑,三番两次向她求爱,一次又一次碰了壁。他快快不乐,奋笔写下"虫二"两字,刻在斗母宫附近的岩壁上,至今犹存。有人问他是什么字,什么意思,他说:"看上去是两个字,实则是四个字,即'风月无边',双关语,是赠给斗母宫尼姑的!"说完扬长而去,再也不到斗母宫来了。

于是有人猜测,因为"风月"两字太露了,只能取其中间两字。意思即是繁体字"风"中的"虫",与"月"中的"二"。

泰山名胜的来历之谜,还有许多有待人们去猜测、开解,在这里,就不一一细说了。

姊妹湖之谜

在阿克陶县布伦口乡苏巴什的中巴公路旁,有两泓相连的湖泊,这就是著名的姊妹湖,又叫喀拉库勒湖。喀拉库勒湖畔,是柯尔克孜人的牧场。绿油油的草地上,头戴小花帽的柯尔克孜牧羊少女,穿梭在一群群牛羊之中。夕阳下,暮归的牧人赶着一群群牲畜来湖边饮水,沉沉的驼铃声也由远而近,传来叮咚的响声。

相传很久以前,帕米尔高原上并没有慕士塔格山、公格尔山和姊妹湖,而是平坦的大牧场。牧场上住着一对柯尔克孜夫妇,贤淑的妻子为老牧人生下一对美丽的女儿之后,就离开了人世。

老牧人精心照料着心爱的女儿。这一对姊妹聪明伶俐,但却瘦弱多病,老牧人为此时时坐卧不宁。一天夜里,老牧人突然做了一个梦,梦见一个神人告诉他,东方日出处有一座日月仙山,山上有一个日月宝镜,只要取到这个宝镜,让女儿照一照就会百病俱除,身体健康。为了能治好两个女儿的病,第二天,老牧人就告别了女儿,向日出方向走去。

老牧人走后,两个女儿每天都牧放着羊群,望着东方的小路,盼望着父亲归来。不知过了多久,两个女儿的头发都变白了,眼泪也哭干了,最后变成了两座大山。这就是姊妹峰,那山顶的皑皑白雪,是她们的白发;那山腰的条条冰川,是她们的道道泪水;那一座座小雪峰,是她们牧放的绵羊。

老牧人历尽艰险,终于取回了日月宝镜,当他看到自己心爱的女儿变成了雪山时,捧在手里的宝镜一下掉在了地上摔成了两半,并变成了两泓湖水,这就是姊妹湖。老人静静地站在女儿面前,不知过了多久,最后也变成了一座雪山,这就是被称为"冰山之父"的慕士塔格峰。

老人的愿望实现了,两个女儿永生了,而且将玉容永远映在父亲取回的宝镜之中。站在姊妹湖畔,你会发现姊妹峰的倒影,始终并肩在姊妹湖之中。

高原的明月,月色柔和而淡雅,为高原的山、高原的水涂抹了一层淡淡的乳白色;高原的风,轻柔凉爽,为平镜般的湖面,平添了层层波纹和道道银光。

喀拉库勒湖与布伦库勒湖相距不过十多公里,但奇怪的是,喀拉库勒湖面无任何水禽和水鸟,除了牧草外,湖中绝无任何生命。大自然是如何创造了这两个截然不同的生态湖泊的呢?

有人说,是因为西王母的仙气所致。因为这里还流传着另一个故事,那便是周穆王驾八骏车西巡,在这里与西王母相会的故事。春秋战国时期的《穆天子传》一书,详细记载了穆天子西巡的路线、行程及沿途的各种活动,其中周穆王会西王母于瑶池之上的故事,记得十分详细和有趣,而西王母的瑶池就在阿克陶的苏巴什。

这里是群山聚首之地,是天山和昆仑山及塔里木盆地的结合部,是西王母之邦的政治、经济中心,这里的瑶池是西王母之邦的遥遥万里疆域中,自然风光最优美的宝地,是西王母会集西域各部落首领议事和会见尊贵宾客的地方,神话小说中的各路神仙会聚瑶池的西天盛会或蟠桃会,也即是由此演绎而来。正是因为西王母的仙气,让姊妹湖变得这么神秘。

姊妹湖湖水澄澈碧蓝,但每当乌云遮天、电闪雷鸣时,顷刻之间,湖水便会变得墨黑乌亮,成为名副其实的黑水湖。每天早晨朝霞满天或傍晚夕阳西下时,姊妹湖便一片金红,随着天气变幻,姊妹湖像一对美丽的公主用最时髦、最漂亮的时装将自己打扮得美丽娇艳、令人赏心悦目,让人流连忘返。更令人称绝的是,一年四季,"冰山之父"慕士塔格峰和"冰山公主"公格尔峰、公格尔九别峰洁白晶莹的倒影以不同的身姿、体态,伫立湖中,更加增添了姊妹湖的魅力和神采。

岳阳楼之谜

岳阳楼耸立在湖南省岳阳市西门城头,紧靠洞庭湖畔。自古有"洞庭天下水,岳阳天下楼"之誉,与江西南昌的滕王阁、湖北武汉的黄鹤楼并称为"江南三大名楼"。北宋范仲淹脍炙人口的《岳阳楼记》更使岳阳楼著称于世。

关于岳阳楼,还有一个这样的传说:唐开元四年,张说被贬到岳州后,决定张榜招聘名工巧匠,在鲁肃阅兵台旧址修造"天下名楼"。一位从潭州来的青年木工李鲁班,手艺高强,擅长土木设计,被张说相中。张说限李鲁班在一个月内设计出一座三层、四角、五梯、六门、飞檐、斗拱的楼阁图纸。

谁知李鲁班摆弄了一个月的时间,设计出来的图纸只是一座过路小亭。张说很不满意,再限七天时间,要李鲁班拿出有气派的楼阁图纸。

岳阳楼

正当李鲁班一筹莫展时,一位白发老人走了过来,问清缘由,便把随身背的包袱打开,指着编有号码的木块说:"这些小玩意儿,你若喜欢,不妨拿去摆弄摆弄,或许会摆出一些名堂来。若是还差点什么,就到连升客栈来找我。"

李鲁班接过这些木块,摆了又拆,拆了又摆,果然构成了一座十分雄壮的楼型。工匠们十分高兴,都说是祖师爷显灵,向白发长者道谢。老人说自己是鲁班的徒弟,姓卢。后来,老者在湖边留下了写有"鲁班尺"三字的木尺,一阵风后不见了。工地上的人群纷纷跪下,向老者逝去的方向叩头不止。不久,一座新楼拔地而起,高耸于湖岸,气象万千。

但是,关于岳阳楼之谜,便不得不说一说范仲淹了。他的《岳阳楼记》里的"先天下之忧而忧,后天下之乐而乐",已是天下名句。既然范仲淹写出了《岳阳楼记》,他肯定是到过岳阳楼了,可是,近来有人对范仲淹究竟有没有到过岳阳楼,产生了怀疑。

早在宋朝,就有人对于范仲淹在写《岳阳楼记》之前是不是到过岳阳楼有了争论。南宋中期的朱熹写过一篇文章叫做《江陵府曲江游记》,同样是一个记。当时有一位名叫张栻的人,与朱熹一同被称为"江南三贤士",朱熹写这篇文章是应了张栻的邀请。朱熹在文章中讲道:"无以写其山川风景,朝暮四时之变,如范公之书岳阳也。"他的意思就是说,我现在写《曲江楼记》,我没有办法像范仲淹那样去走一趟,然后把那边的山川风景,朝暮四时之变都写出来。也就是说,范仲淹确实是到过岳阳楼的。

但又有人提出了反对意见,范仲淹被贬官到了郑州,郑州的百花州离岳阳楼有五百公里,范仲淹当时已是58岁的老人了,这么一个老人如果是为了写一篇文章,走一千里路,又要经过汉水和长江,这好像不太可能。

也有人说,范仲淹若是没有去过岳阳楼,哪里写得出这样的文章?里面有一个证据非常好,太湖、鄱阳湖和洞庭湖可是不一样的,太湖、鄱阳湖的湖水,是高于外面的长江水的,而洞庭湖的水面,当时是低于长江的。所以在范仲淹的《岳阳楼记》中"吞长江"表明了这个湖是低于长江,所以长江的水过来后洞庭湖便把它吞了,如果范仲淹没有去过洞庭湖就写不出这个"吞"字。

但是,还有人说,这只能说明范仲淹去过岳阳楼,并不能证明他在写记的时候到过岳阳楼。因为众说纷纭,这个谜也就无法解开了。

龙游石窟之谜

龙游石窟是我国古代最高水平的地下人工建筑群之一,也是世界地下空间开发利用的一大奇观,集人文、艺术、文化、工程技术于一体,因此,1992年,世人传说中的"无底塘"在四个当地的农民的隆隆水泵声中"水落石出"。关于这些石窟的断代成因和用途更是众说纷纭,成为难以破解的千古之谜,也被当地人称之为"世界第九大奇迹"。

目前,被人们开发的,共有五大谜窟。一号谜窟:它是七个谜窟中最小的一个,地面面积约300平方米,呈近正方形,地面平整,矩形方池在进口处下方。因支撑面小,只有一根擎柱。窟顶分高低两层,相差约50厘米,就像擎柱顶着大梁而把一间大厅一分为二一样。该洞窟进口处与竹林禅寺仅一墙之隔。离窟口不远处有一鱼、马、鸟三种动物雕刻图,这是在已抽干的七个谜窟中唯一的图像雕刻。

二号谜窟:二号谜窟比一号谜窟大3倍,其地面面积约900平方米,也近正方形,靠北边尚有小部分未完工,因窟顶支撑面大,有四根立柱,其中三根鱼尾形立柱尖头朝北,靠东一根尖头朝东,矩形方池南壁中部。

三号谜窟:三号谜窟比二号谜窟大,地面面积约1200平方米,但高低相差悬殊,窟顶呈45度斜面从南延伸到北壁,地面几乎也呈45度斜坡伸到北端,给人以深邃阴森的感觉。该谜窟呈长方形,但东北角尚有很大一部分未挖掘,因而呈缺角矩形,是掘凿者有意不挖除,还是因故停止挖掘留下,仍是个不解之谜。

四号谜窟:这是工程最大的一个谜窟,进口先为一平台,右侧为陡峭石壁,左侧是盘壁而下的石阶,石阶与前几个谜窟一样是锯齿状。原阶距长达3米,从窟口到窟底深达20余米,阶道达50米以上,窟底较平整,面积约2 000平方米,三根擎柱呈三角形分布,矩形方池在窟底中部。

五号谜窟:该谜窟规模较小,地面面积仅700平方米左右,该谜窟进口处有大量的土石未排出,梯道也埋在土石堆下。该窟呈矩形,三根擎柱呈南北向排列,矩形水池在东北角。

也有人说,龙游石窟没有谜。龙游石窟曾经深藏水底,当地人称其为深水潭。从石窟陈列馆展示的图文、录像资料中了解到,关于石窟形成之谜,说法有多种。囤兵、囤粮、祭祀、采石……使人产生丰富的遐想。

有人说,龙游石窟只是个废弃的地下采石场,并没有那么多的谜团。那一律的凿纹,与绍兴柯岩和吼山、温岭长屿硐天的痕迹大同小异。

那么,龙游石窟为什么要向山中、地下采石,而不是露天开采呢?地质学家告诉我们,山体内部的石头,往往比山壳上的要松脆些,这对原始采石来说比较容易。

又有人问,石窟里为何有那么多厅、柱呢?也因为石质松脆,所以古人要在各采石区之间保留石壁,在厅中留几根石柱,以支撑山体,以至形成几个厅互不相通的格局。

至于厅壁为什么能那么薄?这并不需要什么高科技手段,经验丰富的采石工凭借敲击声就可以判断自己和对方的距离,煤矿营救不也常常借助敲击声吗?

还有人问,石料运向了哪里?紧邻石窟的衢江江阔水深,水运四通八达,还怕消耗不了小小的地下采石场吗？再看今日苏州规模浩大的采石场，吃掉了多少座石山，一千年后，谁能查知这些石料运向了哪里，难道这也可以归入千古之谜？

有人说石窟是用来屯兵的。遥想石窟的开凿，历时数年至数十年不等，而兵家胜负，瞬息万变，哪一个将军想屯兵，能先花那么些年去建造一个石窟？石窟形成后的千百年间，也许屯过粮、兵，也许曾用于祭祀，甚至住人，但这些都不能称之为谜。唯一能称之为谜的一处"石刻"，也许是山体自然的裂缝，也许是古人有意或无意而为之，但真有必要深究吗？

有人问，这么说来，难道是有人在故弄玄虚，凭空为世上添一个"谜"？于是，这个谜，究竟是不是谜，也成了一个无法解释的谜。

天山上的巨石脸谱

天山是亚洲中部的一条大山脉，横贯中国新疆的中部，西端伸入中亚。长约 2500 公里，宽约 250 千米～300 千米，平均海拔约 5000 米。最高峰是托木尔峰，海拔为 7435.3 米，汗腾格里峰海拔 6995 米，博格达峰的海拔 5445 米。新疆的三条大河——锡尔河、楚河和伊犁河都发源于此山。

2008 年，考古人员在新疆天山西部的一处高山牧场，也就是温泉县吐日根河与另一天然冲沟的交界处进行文物普查时，发现了一个雕刻"脸谱"的巨大冰川漂砾石。漂砾石高 3 米，宽 3.5 米，正西面因冰川磨蚀深凹下去，形成一个巨大的天然"神龛"，龛内呈白色，与龛外黑白对比分明。

"脸谱"就雕刻在白色凹陷的岩壁上，一共有十几张。每张脸谱的直径都在 20 厘米～30 厘米，共同的特征是圆形脸、招风耳、阔嘴，圆眼空洞地望着前方……有的还很明显的刻有夸张的头饰及发饰。有脸谱的这一侧朝着一处深涧，巨石南侧有白色花岗岩砾石围砌的、呈半圆形的石圈。

根据巨石周边半圆形的石圈和形态怪异、色彩对比强烈的诡异脸谱。考古学家认为这是一处萨满教的祭祀遗址，巨石上的人脸极有可能是萨满巫师作法时佩戴的面具。他们推测公元前后，在巫师带领下，生活在当地的族群在高地上祈神。作法时，巫师和追随者都戴着面具起舞，有人随后将这些具有特殊意义的面具雕刻在这巨大的冰川漂砾石上。

后来考古人员又在温泉县一处山丘岩画中发现"脸谱"，其中有一块巨石上雕刻的是两张上下排列的脸谱，这两张脸谱也是圆脸、阔嘴。而在另一块岩面上却没雕刻出圆形的脸，只有用深窝圆孔代表的眼、口、鼻。在这张人脸下面刻着一个将太阳托起的人。专家说从这些脸谱上的颜色和雕刻方法中可以看出，它们与山丘岩画是在一个时代创作的。人的面部都是朝向东方的，这应该是对太阳神崇拜的古老民族留下的。

虽然目前这些脸谱的雕刻时间、雕刻民族、雕刻目的都还在研究之中，但它无疑将是为我们打开北方原始游牧民族生活、精神、文化、宗教信仰等一系列谜题的一把钥匙。

沙漠孤舟——统万城

统万城是匈奴人建造的唯一城池，距今已经有一千六百多年的历史。史料记载统万城，8世纪"大风积沙"、9世纪"堆沙高及城堞"、10世纪"深在沙漠之中"……但是现在其城墙依旧耸立于沙漠之中。据说统万城过去草被丰茂，成片的大树遮天蔽日，蒙古地区及宁夏外族人时常藏在森林伺机暗杀大夏族士兵，守城将领顾虑安全下令将树木全部焚烧，从此，统万城就被沙漠侵毁。

统万城也被人们称为白城子，是由于它的城墙为白色而得名。统万城位于中国陕西省靖边县红墩界乡北端和内蒙古乌审旗南纳林河乡的交界处，毛乌素沙漠的边缘无定河北岸流沙之中。始建于东晋，迄今已有近一百六百多年的历史。

统万城遗址

据史料记载，十六国中叶，中国北方游牧民族匈奴铁弗部刘卫辰为魏所败，其子刘勃勃南逃投后秦，后秦王姚兴命其为安北将军，镇朔方。刘勃勃兵权在握当即与后秦反目，于东晋义熙三年（公元407年）称大单于，大夏天王，年号龙升，国号大夏。不久南下攻取秦属岭北诸城，西吞南凉，成为十六国之一。夏凤翔元年（东晋义熙九年，公元413年）勃勃改姓赫连，命叱干阿利调秦岭以北十万人筑都城。并豪言："朕方统一天下，君临万邦，可以统万为名。"统万城名由此而来。但是在公元431年，大夏国为北魏所灭，据说统万城"雉堞虽久，崇墉若新"。

在史料中也有关于统万城的记载。如《晋书》中有一篇《统万城铭》说："崇台霄峙，秀阙云亭，千榭连隅，万阁接屏……温室嵯峨，层城参差，楹涧雕兽，节镂龙螭。莹以宝璞，饰以珍奇……"《北史》上记载云："城高十仞，基厚三十步，上广十步，宫城五仞，其坚可以砺刀斧。台榭高大，飞阁相连，皆雕镂图画，被以绮绣，饰以丹青，穷极文采。"可见统万城当时之繁华。

时至今日，统万城虽经风沙磨蚀，但其昔日风采依然清晰可辨。统万城城垣有东西南北四门，东门名招魏，西门名服凉，南门名朝宋，北门名平朔。城垣高出地面2米~10米。东城周长2566米，西城周长2470米，西城西南角墩台高耸，高31米。城内有皇城，内营造有亭台楼阁，雕梁画栋，富丽堂皇。

据史料记载，统万城修筑时，"临广泽而带清流"，水草丰美，传说赫连勃勃来到这里，就被这美丽的景色迷住了，赞叹道："美哉斯阜，临光泽而带清流。吾行地多矣……未见若斯之美。"于是,耗巨资,征民夫,历时六年,建立了统万城。

建造统万城的方法是"蒸土以筑都城"。但对"蒸土"的具体做法有很多的观点。一种看法认为是将所有的土都先蒸熟以杀死草籽、虫卵,至今墙上不长草;再用米汤石灰搅拌,一层一层夯实。第二种看法认为是"以水沤制",即把筑城的土闷入水中;然后在阳光之下曝晒,半干之时进行夯筑,这样土质不会松软或成为粉状,在夯打过程中"水闷之土"即可成为黏结在一起的块状。第三种看法认为是用烧热的水来和土,然后再加上夯筑的力量,夯筑的土黏结后更结实。第四种认为是在土中加生石灰和水、成熟石灰并放出水蒸气被称为"蒸土"。传说筑成后都会用铁锥刺土法检验其硬度,凡刺进一寸,便杀筑者;凡刺不进去便杀刺者。

统万城虽经千百年的风沙侵蚀,却依然坚硬无比,同时也留给后世很多的迷惑。匈奴是一个游牧民族,他们习惯了在马背上驰骋,随水草而居,且居无定所,其机动性使得当时的大汉王朝对匈奴毫无办法。按照常理来说,他们应该不屑于也不习惯筑城,而且游牧的性质也使得他们筑城毫无意义。就连匈奴和大汉对峙数百年,都从来没有留下城池的记录。

但是,统万城的存在打破了人们的一般观点,匈奴人不仅筑城,还修建得如此坚固。而且在夏国被灭了以后,统万城先后做过北魏、西魏、东魏长隋唐的重镇。北宋初,党项人李继迁占据统万城称西夏。宋淳化五年(公元994年),因西夏军队常以统万城为依托侵扰北宋,宋太宗下令毁掉统万城,迁走城内居民。此时,统万城才逐渐走出历史。

但是匈奴人为何不惜血本建造这么一座牢不可破的城池呢? 即使说匈奴人与中原兵戎相见,他们得到了大量的人力和财力要依照中原形式建造城池,但也应该选择在自己国土纵深的地方建设国都啊。经历了西汉和东汉,匈奴人已经领教了汉民族的军事力量与文化渗透力量,汉武帝曾经使用匈奴的战术,奇兵快马,横扫北部草原和大漠,将匈奴人追逐到至今的贝加尔湖以北的地方。虽然后来匈奴和汉民族的冲突渐渐和解,但是匈奴人居然选择了一个离汉族很近的地方修筑了迄今为止的唯一的一座城池,这是为什么呢? 城池再坚固,也无法经得住长期围困和攻打。"统万城"建在边境,匈奴人究竟有什么深谋远虑呢? 这真是让人百思不得其解。

统万城经历了历史沧桑,至今却仍屹立于沙漠之中,两千年的风雨洗磨依旧没有将这座古城摧毁,不得不说是一个奇迹。虽然当初匈奴首领统一天下的设想成为泡沫,但是它是我国古代匈奴人留给历史唯一的一座都城遗迹,有着不可替代的历史地位。它是匈奴人的文明历程和一个消失的民族留给历史的特殊见证。统万城像一座历史丰碑,永远向人们叙述着发生在这里的古老而神秘的故事。

武夷山悬棺葬

在福建武夷山峭拔高耸的悬崖绝壁之上,散落着数千具距今约4000多年的船形"悬棺"。至今还有无数的谜团困扰着人们。

早在几千年前，武夷山就由古人生活在那里并且形成了世界罕见的"古闽族"文化和其后的"闽越族"文化。而"架壑船棺"、"虹桥板"就是反映这一时期的最突出特征。有文字记载，武夷山曾经"悬棺数千"，那时，悬棺可能遍布武夷山。武夷山的"船棺"因形似船只而得名，在《武夷山志》中记载有的"船长二丈许，中阔首尾渐狭，类梭形，传为圆木刳成，且具棹楫，然遥望之弗能详也。"也有小的"长丈余，阔三尺"（《武夷山志》）。一具船棺只盛一具尸骨。但是"大王峰有四船相覆，以盛仙函，共二十余。"此外，"金鸡洞内有贮香一船，"这具船棺灌木盛满香料却没有尸骨。有的是用"楠木刳成"，有的则"嗅之微有香气，咸莫辨其为何木也"（《名胜

武夷山悬棺

记》）。这些船棺制作都十分精细。考古学家发现在船棺槽底部紧靠柩身档板处和盖顶两侧靠近后隔板处，分别凿了长方形孔，上下两孔相对，考古工作者认为是象征船桅杆的插孔。但是三四千年前的武夷族先人们就已经使用船帆了吗？更重要的是为什么这些棺木要仿造船形呢？有人认为武夷族为越人的一支，是习于水性生活的，这种葬俗就是他们水居生活的具体反映。

武夷山悬棺葬作为有着悠久历史的葬仪，围绕它的秘密数不胜数。

第一，武夷山悬棺葬的主人是何种族？

武夷山悬棺葬一直被认为是"古闽族"的"杰作"。而"古闽族"又是如何起源，其种族又是什么？有人说"闽人是中原后裔"，是按传统理论中原华夏是全中国人的摇篮而来，即"南中国人是从北中国人迁徙而来"。但是现在古人类学家通过对人类血清和基因的测定认为"南中国人"的来源路线是非洲—印尼—华南的基本脉络，而古闽人又是从何而来呢？有学者根据船的造型认为古闽人是从海洋而来。但其种族在福建省博物馆《武夷山白岩崖洞墓清理简报》中并未提及，有人说是南方蒙古利亚种（黄种），还有人说接近于马来人种。

马来人是蒙古人五六千年前通过亚洲腹地进入中南半岛后形成的一个以较矮小、皮肤棕黑为特征的人种。一些专家提出，马来人与东南部分土著居民有密切的联系。在《山海经》中就有许多关于中国南方有黑色人种的记载："不死民，其人为黑"；"雨师妾，其人为黑色"；"厌火国，兽身黑色"；"苏民国，其人为黑"；"黑齿国，人为黑"。据说在武夷山一号船棺中曾发现两个分别为棕、黑色的鹅卵石。《山海经》载"南山（武夷山）有羽

民国"，郭璞注"卵生"。人类卵生的神话，是马来文化的突出特征，中国的卵生神话也来自棕黑人种。这两个卵石大概就卵生神话的体现。而棕、黑二色，可能用来表达自己的特征（肤色）。有人说这两块卵石可能是用来表述武夷族与棕黑人种的联系的关键所在。但是"古闽人"是否属于马来人种，则还需要专家们通过进一步研究才能确定。

第二，"悬棺"目的何在？

有人认为是为了表达对死者的尊敬，保护尊者的遗体不受野兽的侵扰，以保佑亡灵平安无恙；有的认为是部落酋长为了显示身份、显示势力、显示与众不同的一种方式；有的认为是古闽人对山川的崇拜，让死者的亡灵能够升入天堂；有的认为悬棺葬仪可能与附带祭祀鬼神巫术有关，仙舟可以载着死者直接进入天国；有的认为和鸟的图腾有关，只有在这高高的洞穴中，死去的人才能找到真正的归宿；还有的认为这是穴居与水上生活融合的具体体现，他们希望死者在死后可以像活人一样继续生活。

第三，"悬棺"是如何放进山洞里的？

所有放置船棺的洞穴，上到峰顶，下至崖谷，都至少有数十米之遥，而所处的峭壁大多直上直下，现在的人们根本就无法攀援。武夷族先人是用什么方法将船棺放进岩洞之中的呢？

据武夷民间传说："有仙人乘舟渡月而来，将至地，为女子所睹，仙人化白鹤去，船留于此"。宋《太平广记》记武夷："或风雨之夕，闻人马箫管之声，及明，则有棺椁在悬崖之上。"当然这都是传说。有人根据明代记载，认为可能是从岩顶将棺木悬吊垂下至洞穴后，将棺枢移入的。但是4000多年前的古人还未使用辘轳等机械，船棺仅长就约5米，形体质量都十分庞大，难以控制，有的岩石突出，会将船棺撞毁，何况有的山峰根本就无法攀登。

也有人说武夷山有许多关于架栈道的记载，那么有没有可能是利用铺设栈道将船棺移进去呢？但是武夷山悬崖多是单独成峰，突兀峭拔，无缓坡可供架设。还有人提出可以用搭设台架的方法升置船棺。因在广西有这样的记载："土酋威尊无上，殚民之力，筑土为台，运棺其中，事后台卸土撤，而棺乃独立岩际。"暂且不说搭设三五十米高的台子需要耗费多大人力物力，仅四曲大藏峰之金鸡洞，下临巨潭（据云，深约40米），水流环绕，又该如何搭建呢？

有学者提出"可能使用提升式的方法"。但是从山顶到山谷常有100米～200米之高，又如何操纵呢？在古代有限的技术下，仅用绳子是不可能完成这么浩大的工作的。还有学者提出先有人钻进洞里，再有数人合力将船棺拉紧洞中。但是这种说法无法说通的是武夷山的山洞有的仅能容一具棺木，有的甚至只能容下半个棺木，这样的洞穴又能容下几人呢？按其重量来说两个人是做不到将它拉进洞里面的。

明代文人张于垒考察武夷后曾提出："当是尔时溪流浩荡与峰等，船搁石隙，及蓬莱清浅，顿尔相失……"但是这种地貌变迁过程至少要千万年之久，怎么可能在几千年内就完成呢?

第四,武夷山悬棺葬为何影响这样广泛?

学术界公认武夷山悬棺葬是悬棺葬俗的发源地,随着武夷人的迁徙、文化交流,这种葬俗竟然广泛传播到十多个省区。其影响一路溯长江而上最后到陕西,另一路顺江河而下向湖广延伸至越南泰国,再一路飘零过海散入新马泰苏门答腊等东南亚诸岛。

武夷悬棺葬可以追溯到夏禹时代,但它又延续到什么时代呢? 有人说是西周,有人说是秦汉时期,有人说是汉朝以后仍有悬棺葬仪的出现。在历史文献中有许多关于悬棺葬仪的记载:清朝许赞曾的《东还纪程》记载:"楠木洞,石缝中有船,俗称仙人所居沉香船也。"唐朝张鷟的《朝野佥载》中记载:"五溪蛮,父母死,临江高山半肋,凿龛以葬之。"贵州安顺《安顺府续志》记载:"人死,用棺以窑藏,挂于岩上。"《云岭南纪蛮》云:"凌云有岑氏祖墓,亦在半山石岩间"。

悬棺葬在四川分布最广。三峡有所谓"兵书宝剑匣";会无县有峭岩"多仙人葬,莫测其来"(《水经注·江水篇》);在龙河两岸,随处可见"凿岩为穴,置棺以葬"的岩棺;在小三峡一带则又可见以栈悬棺;而珙县境内现存的悬棺之多可谓全国之最。近年,文物部门在武夷山附近的松溪县又发现藏着几百具明清时代棺木的"棺木洞"。

葬仪是一个民族最具代表性、最为传统的风俗之一,但是为何武夷悬棺葬影响了这么多的民族,波及的范围又是如此之广呢?

武夷山悬棺葬具有极重要的研究价值,它在我国的历史文化中占有重要的地位,需要从当时的环境、文化、地理多方面进行考虑,或许随着人们研究的不断深入武夷山的谜团得到解决。

护珠塔为何斜而不倒

谈起比萨斜塔尽人皆知,但是,我们是否还知道,中国也有一个斜塔,那么,中国的斜塔为何斜而不倒呢? 这是一个非常值得研究的问题。

毫无疑问,比萨斜塔是世界上最著名的斜塔,但在其他国家或地区也有斜塔,只不过没有比萨斜塔那么有名罢了。我国也有一座斜而不倒的塔——护珠塔。护珠塔位于我国上海市松江区佘山镇天马山境内,塔位于天马山的中峰之右,砖木结构,7 层八角形,残高 19 米。近看护珠塔,只见塔的底层已有三分之一的块砖没有了,整个斜塔仅靠三分之二不到的底层砖墙支撑着。塔的顶部早已没有,各层腰檐木结构的痕迹,还是隐约可见。塔旁写着危险的警告牌。走进塔内,空无一物,抬头仰望,极目苍天,加上山顶风大,好像危塔马上就要从头顶倒下来似的,令人胆寒。

因塔严重倾斜,故俗称斜塔。1982 年勘查结果,塔身向东南倾斜 6°5 2′5 2″。据《人民日报》报道:此塔比意大利的比萨斜塔斜 1°多。有人认为它比世界著名的意大利比萨斜塔,倾斜得还要厉害,是世界第一斜塔。当然,这个说法没有被世界公认,但说它是中国第一斜塔,恐怕没有人反对。

塔始建年代,据清嘉庆《松江府志》七十五卷寺观,圆智教寺一条记:"寺后护珠宝塔,宋元丰二年(公元1079年)横云里人许文全建。"又据《干山志》卷十古迹记载:中阳塔即干山圆智寺砖塔,在"圆智寺二门内,左砖塔四级高可三寻,宋元丰时,横云山人许令字文全建。"又记"宝光塔在干山之半,高七级,登览者极江海之观,干山杂志宋绍兴丁丑招抚使周文达奉高宗所赐五色佛舍利藏于中,时现宝光故名"。

护珠塔

塔因长年无人管理,损坏严重。据清人诸嗣郢的《明斋小识》记:乾隆五十三年(公元1788年)寺里演戏祭神,燃放爆竹,火星飞至塔顶,因而起火,烧去塔心木及扶梯、楼板等,塔梯、腰檐、平座也都毁坏,仅剩砖砌塔身。二百年来,塔虽倾斜,却始终屹立于天马山巅,斜而不倒。

至于护珠塔真正斜而不倒的原因,许多人们对此回答不一,众说纷纭。

第一种说法是当地传说:塔是向东南倾侧的,而在塔的东南面有一株古银杏树,它是"松郡九峰"之一辰山仙人彭素云在五百年前种植的。树的枝叶皆西向,后来树虽枯死,但它依靠神力,对护珠塔遥向支撑,所以使塔不倒。这是一个美丽的神话,仅是人们的良好愿望,当然不足为信。

第二种说法也是从传说而来,认为镇塔之宝被人挖走后,宝塔开始倾斜。几百年前一个漆黑的夜晚,几个神秘人来到护珠塔脚下。他们用镐在塔底刨个不停,一阵忙碌后,他们好像找到了什么。于是只要到了夜晚,护珠塔脚下就会经常出现挖宝人,终于有一天,护珠塔塔底被挖了一个大洞。

于是一种恐怖的说法开始流传,护珠塔的镇塔之宝被人挖走了,护珠塔就要倒了。根据这个传说,有人推断传说中被挖走的镇塔之宝很有可能是舍利子。

但这颗舍利子真的是在塔底被偷的吗?按照江南古塔的结构,五色舍利珠应该藏在塔叉顶部,塔砖结构有一个天宫,天宫里有一个银匣藏在里面,然后盖顶时把它封起来。有记载"乾隆五十三年,护珠塔经历了一场火灾,塔顶全部烧毁,木结构荡然无存"。据传说,护珠塔之所以会发生那次大火,也是与塔藏着舍利子有关。

因此,有人据此推判,可能是舍利子保护了护珠塔,使其不致于倒下。曾经有传说说塔里埋藏了舍利子后,人们都来朝圣,所以很长一段时间香火非常旺盛,到了乾隆年间,朝拜时焰火掉在塔心里,就造成了火灾。难道天宫里的舍利子也被烧化了吗?但是舍利子是佛教修行高僧火化后的结晶,再厉害的火焰也不能把它熔化。

第三种说法是根据古代建筑技术来解释的,认为是古代造塔技术的高超所致。古代用糯米汁拌以桐油石灰,来粘合砖块。这种粘合剂的强度不亚于现代的水泥砂浆,据说用这种粘合剂来建筑时,时间愈久愈坚固。在考古发掘中,常发现古代的坟墓,是用糯米汁拌以石灰等作为粘合剂的,现在发掘古墓时,还要花很大的力量才能把它拆除。护珠塔用这种优良的粘合剂,加上古代砌砖技艺的精湛,使护珠塔能够浑然一体,塔砖不至于一块块塌落下来。

第四种说法是认为后人为了觅宝拆砖导致了塔体倾斜的。传说有人在砖缝中发现元丰钱币,一个盗宝贼听说塔里有宝贝,就拼命往里凿,结果在砖缝里发现一个唐代的通宝元宝,拿回家给妻子摸了摸,当时他的妻子正养不出儿子,结果他家里后来得了子。一传十,十传百,人们纷纷拆砖觅宝,使底层砖身西北角逐渐拆毁,形成一个约两米直径的大窟窿,因此有人认为塔倾斜日趋严重是由于这些钱币造成的。但是这样的折处的情况下,护珠塔为何仍旧耸立于此不倒呢?

第五种说法是认为塔基建在山坡上,土层软硬不均造成了塔斜而不倒。据有关专家考察,天马山护珠塔是建造在沉陷不匀的地基上,东南方向土质较弱,西北方向土质较强。于是塔就向东南方向倾斜。但浙江一带多东南风,护珠塔造在天马山顶,四周空旷,所受风力更强,在塔的倾斜力与风力相平衡时,护珠塔能迎风挺立,斜而不倒。

第六种说法认为是特殊的建筑结构,使塔倾而不倒。虽然护珠塔倾斜的真正原因被找到,但人们更关心的是,这座斜塔会不会突然倒塌呢? 建筑力学专家认为,意大利的比萨斜塔高 54 米,全都用白色大理石建造而成,距今已有六百多年历史。

按理说,比萨斜塔很容易倒塌,但从一开始建造时,就采取了各种保护措施,因此一直到现在保持斜而不倒的姿态。但是护珠塔的倾斜角度要比比萨斜塔斜很多,而且以前从没进行过任何保护措施,并且经历了各种天灾人祸的威胁,从这点上看,护珠塔能够现在倾而不倒,也应该算得上是一个奇迹。那么到底是什么原因使护珠塔倾而不倒? 对于这一点,建筑专家提出护珠塔的建筑结构很特殊。护珠塔的塔身是一个八角形结构。塔门的设计是每隔一个面开一个门。

而且每层的门不开在同一个方向的墙面上,这样就使每个没开门的墙面像四条腿一样支撑着每一层塔身。每层墙面之间既相连又不承受一层的压力,使塔身受力十分均匀。同时因为使用十分牢固的石灰糯米等材料,即使遇上较强的台风、地震等外力作用,某些墙面断裂塔身也不会轻易倒塌。虽然因为地层原因护珠塔发生倾斜,但是仍可以保持斜而不倒的姿态。

从乾隆年间至今二百多年中,无数次的狂风暴雨,把山下的房屋都吹掀了。1954 年刮十二级台风,吹倒了塔下的大殿。1984 年黄海地震,上海市区的房屋也受到摇摆震动,但是护珠塔突兀地挺立在天马山巅,犹如一把利剑,直刺青天,迎风屹立,岿然不动。看来,护珠塔的确不同凡响。

牛河梁遗址和女娲有关

1979 年至 1985 年,考古学家先后在辽宁西部的喀喇沁左翼蒙古族自治县东山嘴村,以及凌源、建平两县交界处的牛河梁村发现大型祭坛、女神庙和积石冢(小金字塔)遗址,出土了许多令人震惊的文物。据考证,这些遗址距今已有 5500 年。

在我国古代流传最广的一个神话就是"女娲补天"。传说在洪荒时代,水神共工和火神祝融因故吵架而大打出手,最后祝融打败了共工,水神共工因打输而羞愤地朝西方的不周山撞去,哪知那不周山是撑天的柱子,不周山崩裂了,支撑天地之间的大柱折断了,天倒下了半边,出现了一个大窟窿,地也陷成一道道大裂纹,山林烧起了大火,洪水从地底下喷涌出来,龙蛇猛兽也出来吞食人类。人类面临着空前大灾难。女娲目睹人类遭到如此奇祸,感到

牛河梁遗址

无比痛苦,于是决心补天,以终止这场灾难。她选用各种各样的五色石子,架起火将它们熔化成浆,用这种石浆将残缺的天窟窿填好,随后又斩下一只大龟的四脚,当作四根柱子把倒塌的半边天支起来。女娲还擒杀了残害人民的黑龙,刹住了龙蛇的嚣张气焰。最后为了堵住洪水,女娲还收集了大量芦草,把它们烧成灰,埋塞向四处铺开的洪流。经过女娲一番辛劳整治,苍天总算补上了,地填平了,水止住了,龙蛇猛兽敛迹了,人们又重新过着安乐的生活。但是这场特大的灾祸毕竟留下了痕迹。从此天还是有些向西北倾斜,因此太阳、月亮和众星辰都很自然地归向西方,又因为地向东南倾斜,所以一切江河都往那里汇流。当天空出现彩虹的时候,就是女娲的补天神石的彩光。

虽然女娲补天是个传说,但是很多人都相信有历史的原型。那么,女娲真的存在吗?有人说牛河梁遗址与女娲有关。

牛河梁遗址位于中国辽宁省凌源、喀左、建平三市、县交界处,因其山下的牤牛河而得名,属于红山文化晚期遗存,是全国重点文物保护单位,曾被评为"中国 20 世纪 100 项考古大发现"之一。

牛河梁遗址是距今约 5000 多年的大型祭坛、女神庙和积石冢群址,其布局和性质与北京的天坛、太庙和十三陵相似。5000 年前,这里存在着一个具有国家雏形的原始文明社会。这一重大发现把中国古代史的研究从黄河流域扩大到燕山以北的西辽河流域,并将中华文明史提前了 1000 多年。这一考古新成果对中国上古时代社会发展史、思想史、宗教史、建筑史、美术史的研究产生了巨大影响。

在遗址出土的文物中,有一尊完整的与真人一样大的泥塑女神头像最为珍贵。她的

面部为朱红色,两颧突起,圆额头,扁鼻梁,尖下巴,是典型的蒙古利亚人种,与现代华北人的脸型近似。与女神像同时出土的还有六个大小不同的残体泥塑女性裸体群像。这6个塑像有的有圆润的肩膀,完整的手臂,最小的泥塑和真人大体相近。出土的大鼻、大耳竟等于真人的3倍。

牛河梁神庙出土的这些彩塑神像可与西方的维纳斯相媲美。人们在已经出土的女神像上臂塑件空腔内发现了肢骨,因遭火焚多成灰渣,专家推测有可能是人骨。

有学者从中亚曾有在人头骨涂泥成像的崇拜形式推测,这座女神像有可能是以现实中的人物为依据塑造出来的。那么,女神像就不单单是艺术造型了,而是中华祖先5000年前的形象。

那么,牛河梁女神像是否和传说中的"女娲氏"有关呢?据古籍记载,女娲的第一大功劳就是"抟黄土做"。而牛河梁女神带有肢骨的塑件,与古籍记载有惊人的相似。

有专家据此推测,牛河梁女神庙可能就是当时的原始古国对女娲的一种回忆、崇拜,而古代传说中最高统治者的祭祀方式——"郊"、"燎"等也可能在此举行。

在距离牛河梁女神庙1000米的地方,有一座小山,据考证,这座小山全部是用人工夯筑起来的,地上部分夯土堆直径近40米,高16米,外包巨石;内石圈直径为60米,外石圈直径约为100米。夯土层次分明,估计总土方量在数十万立方米以上。据专家说,在发现小山的初期,山上到处散布着带有红山文化特征的"之"字纹彩陶片以及冶铜坩埚片。而小山顶部是炼铜遗址,有1500个炼红铜的坩埚,每一坩埚约有1尺多高,锅口约有30厘米,像现代人用的水桶一般大小。

牛河梁女神庙遗址出土的泥塑

小土山的形状是圆锥形,小抹顶。人们在小山周围还发现了30多座积石冢群址,整个积石冢群都是圆锥形,大抹顶。和古埃及金字塔的布局是一样的,古埃及也是以大金字塔为中心,周围是小金字塔群。故考古专家将其称为中国的"金字塔"。

登上山顶,人们发现女神庙遗址与"金字塔"在一条南北线上,而东西两侧的积石冢群址与"金字塔"等距离地排列在一条线上,这种布局使人明显地感受到"金字塔"的中心地位。

那么,这座"金字塔"似的建筑到底是做什么用的呢?有人认为可能是辽西原始文明古国用以祭天的坛;也有人认为是王者的陵墓;还有人推测与神话传说中的女娲有关。传说女娲补天时"乃炼五色石以补苍天"。因此,后人将彩色异常的石头称为"女娲石"。

而牛河梁大金字塔顶炼红铜的遗址,与此神话传说中女娲炼五色石极相吻合。

考古工作者还在小金字塔群中发现了大批玉器。还在一座积石冢中出土一具完整的男性骨架。他的头部两侧戴有两个大玉环,双手各握一玉龟,一雌一雄,相配成对。有学者认为玉龟可能是当时的氏族部落集团的图腾崇拜物或保护神。但奇怪的是这两只玉龟均无头无尾无足,浑然一体。它们象征着什么?而古籍记载,女娲补天时"断龟足以立四极"。这无头无尾的玉龟不也是和神话传说相契合吗?

有谁会想想到,人们竟然在5000多年后会在牛河梁遗址找到了和女娲神话有关的遗迹。若要解开这些谜团,还需人们的进一步探索。

闽南"仙字潭摩崖石刻"是谁留下的

我国闽南仙字潭河道曲折,云雾缭绕,草木苍郁,潭水清澈可鉴,卵石游鱼历历可数。在仙字潭的崖壁上刻的字符神奇莫测,这到底是谁的杰作呢?

在我国福建省漳州市华安县沙建镇许田村,九龙江支流的汰溪下游,距漳州市区34公里的地方,这里两山夹峙,溪流弯曲成潭,北岸峭壁林立,岩壁上散布着几组古怪苍老、似字又有别于传统观念上的文字,似画又过于抽象变形的文化符号,由于年代久远,深奥难懂,讹传为神仙所书,故名"仙字潭"。

仙字潭摩崖石刻共有6处,自东往西长30多米。除一处汉字"营头至九龙山南安县界"外,其他5处共36个符号,最大的长0.74米、宽0.35米,最小的长0.13米、宽0.1米。所刻文字多者一二十,少者仅一二字。这些字排列无序,笔划不整,深浅不一,既像图画,又像文字,有的如王者坐地,有的仿佛武士争斗,有的若舞女蹁跹,有的如兽面狰狞,有的像俘虏被执,有的似人首落地,千奇百怪,其意难以索解。

据说,闽南的这个奇特的"仙字潭"里面包涵着古中国东南的历史和社会情况,谁破译了这些密码,谁就能揭开这片土地的秘密。

自20世纪初以来,仙字潭即引起中外学者的广泛关注,但由于其本身的奥秘,学者们仁者见仁,智者见智,并未形成统一的看法,争论的焦点集中在对仙字潭文字的释读、石刻的年代以及文字的族属等问题上。

据初步考证,对这些摩崖石刻有不同解释,一种意见认为,是类似甲骨文或商周青铜器铭文,并试释读其中一些文字;另一种意见认为,是古代土著民族活动的记事岩画,内容大致为描写部落酋长庆功宴乐的场面,记录战绩,以示武勇。

对仙字潭石刻的年代也是众说纷纭。有的把年代最晚定在隋唐;有的认为其最早不过晚商,下限在春秋晚期;也有的认为可能在商周之间,距今约二三千年。关于石刻年代论述得比较具体的是福建岩刻字流行的时代,应当是在楚灭越时,大约是在战国晚期;至于这种"古越文"产生的时代,可能在战国初期,甚至上推到春秋时期为最晚,应比隋唐早,但不晚于西汉初期,即不晚于武帝强令东越、闽越北迁江淮之时,公元前110年左右。

这些石刻究竟属于那个民族的文化遗存也有争论。一种认为是古代"七闽"部落的遗迹，一种认为是古代番族、吴族、越族之间一次战争的记功石刻，一种认为是畲族先民遗下的文字。此外，还有蓝雷族说。其中古越族说，从地域及历史背景、石刻文字形态结构、内容进行分析所得结论显得较为成熟。这些石刻吸引了古今许多名人学者。《漳州府志》载，唐朝就有人持其拓本到洛阳求教于韩愈。此外，华安境内还散布着蛇形、动物、蹄印、星宿等多种岩画。

闽南的仙字潭摩崖石刻在今天仍是一个众说纷纭的谜，相信不用多久，我们将揭开仙字潭摩崖石刻的这层神奇的"仙衣"。

红崖天书是一道"伐燕诏檄"吗

红崖古迹，原名"红岩碑"，位于贵州省关岭布依族苗族自治县城东约 15 公里晒甲山半山。清道光《永宁州志》载："晒甲山即红岩后一山也，崔巍百丈……俗传武侯南征晒甲于此"。又称"红岩山"。红崖天书自古以来都备受人们的关注。

红崖天书

在距黄果树瀑布约 7 公里的红崖山的半山上，有一块巨大的浅红色绝壁，壁长 100 米，高达 30 多米，石壁上有 20 多个深红色的形似古文的符号，仔细看之，似篆非篆，若隶非隶，非镌非刻，横不成列，竖不成行，大者如斗，小者如升，且均透出一种古朴苍劲的韵味。这些神秘的符号被称为"红崖天书"。自明代嘉靖年间起，许多文人雅士曾来此地吟诗作赋，对它进行研究。先后有拓本、摹本、缩刻本等问世，并被收入全国性的碑刻著录。对红崖天书的由来，有三种代表性的说法：一说是三国时诸葛亮南征时留下的遗迹，故又名"诸葛碑"；二说是殷高宗伐鬼方时的纪功碑；三说是蜀汉时彝族首领济火协助诸葛亮南征有功，此碑就是用古彝族文字书写的济火纪功碑。关于崖壁上符号的释义，也众说纷纭，但都百思不得其解，至今仍是一个谜。

近年，学者林国恩对"红崖天书"有了全新诠释。学术界人士普遍认为，林国恩对这个千古之谜的破译，与其历史背景、文字结构、图像寓意相吻合，具有可信度和说服力。这一成果包括考证要点和译文两方面。考证要点是：确认清代瞿鸿锡摹本为真迹摹本；文字为汉字系统；全书应自右至左直排阅读；全书图文并茂，一字一图，局部如此，整体亦如此。从内容分析，"红崖天书"成书约在 1406 年，是明初建文皇帝所颁的一道讨伐燕王朱棣篡位的"伐燕诏檄"。全文直译为：燕反之心，迫朕逊国。叛逆残忍，金川门破。杀戮尸横，罄竹难书，大明日月无光，成囚杀之地。须降伏燕魔，作阶下囚，丙戌（年）甲天下之凤凰(御制)。

尽管林国恩的破译有根有据,但也有人反对,认为清光绪二十七年(1901年),永宁州团首罗光堂为了晋级想要拓印一大批红崖天书,好送给顶头上司,便命令工匠用桐油拌石灰涂凸字面,使字变成阳文进行拓印,之后又命令工匠用锤钻将桐油石灰铲平,让人参照还残留的某些笔划,随意乱刻上一些似文似图的字。红崖天书的本来面目给彻底破坏了。此后,许许多多的官员和文人便依照着自己的想法和猜测,模拟出了各种各样的红崖天书。红崖天书的真迹或许早已不见,现在的红崖天书不过是残留的笔迹,各种猜测都有可能是真的。

目前关于"红崖天书"没有详细的古文字资料,年代又比较久远,所以现在的研究只能处于猜测阶段。可以说,哪一种说法都似乎有道理,但哪一种说法都站不住脚。也有人提出另一种观点,认为"红崖天书"可能属于某个少数民族的,不是用来记述某件大事,而是用来歌颂神灵或记述一些民族活动的。不管怎样,没有了红崖天书的真迹,一切猜测只能是猜测。

残粒园不是苏州最小的园林

苏州古典园林的历史可上溯至公元前6世纪春秋时吴王的园囿,私家园林最早见于记载的是东晋的辟疆园,历代造园兴盛,名园众多。明清时期,苏州成为中国最繁华的地区之一,私家园林遍布古城内外,达到二百余处,现在保存尚好的有数万处,因此使苏州素有"人间天堂"的美誉。残粒园就是其中一座小型园林。

残粒园位于苏州市内装驾桥巷34号,建于清末,面积只有140多平方米。其名字来源于唐代诗人李商隐的"红豆啄残鹦鹉粒"。残粒园一直被公认为是苏州最小的园林。残粒园原为扬州一盐商所有,但是后来几经转卖,在20世纪20年代由画家吴待秋买下,并由东园更名为残粒园,现在为吴门宅院。残粒园位于整个住宅的东侧。虽然残粒园面积很小,但是却是独具匠心,别具风格。,

从北向的"锦窠"入园,迎面有湖石峰为屏障。园中央以水池为中心,池岸全部湖石迭砌,以石矶挑于池面,东南墙角和池岸边,各立石峰与入门处的石峰相呼应。在墙的周围种植着桂花、蔷薇等植物,就连墙壁也爬满藤萝,使得整个园林都掩映在一片绿色中。园西依山墙叠黄石山,山顶有括苍亭。亭内设坐榻、壁柜、博古架和鹅颈椅,此亭是全园的最高点,登高远眺,可观全园。由于残粒园布置得十分得体,因此,素有"以小见大"的美称。

但是有人对残粒园是苏州最小的园林提出质疑。据吴氏后人说,率先提出残粒园是苏州最小园林的古建专家刘敦桢氏在走访残粒园时,由于时间紧张,他只看了这座宅院的园林部分,而没有看住宅全貌,因此他就误认为残粒园是苏州最小的园林了。

从整个住宅出发,这个宅院的范围确实很大。在园林西侧有一座可以出入的花厅。

花厅的背面是一株有几百年历史的广玉兰树。在花厅的前厅,还有一座假山,假山内叠石成一个小小的石穴,称为"小天池",因与泉眼相连,四季都有泉水冒出。往花厅西有一座庭院,种植着牡丹。它的前面是玉兰厅,原是吴待秋作画之处。

有人经过调查后认为,当年此园取名为"残粒园"确有小巧玲珑之意,但是就借此说残粒园是苏州最小的园林还是有些武断。而划分残粒园大小的关键在于与住宅界限的问题,如果将厅堂及其他庭院都划入园林部分,那么残粒园的面积就不是最小的了,但如果不将厅堂及其他庭院划入园林,那自然是苏州最小的园林了。由于苏州的私家宅园往往是园林和住宅相连,所以很难明确划分出明确的界限。因此,对残粒园是否是苏州最小的园林的说法也就无法正确地判断了,意见也就无法得到统一。

"二十四仙桥"之谜

扬州二十四桥是唐朝江南的胜景之一,是昔日扬州禁苑繁华、风流盛事的象征。晚唐著名诗人杜牧在《寄扬州韩绰判官》中把二十四桥描绘得美轮美奂,这首诗的问世,使二十四桥一举成名,但也给后人留下了一个千古之谜。

杜牧在《寄扬州韩绰判官》诗中写道:"青山隐隐水迢迢,秋尽江南草未凋。二十四桥明月夜,玉人何处教吹箫?"还有唐代诗人韦庄的《过扬州》诗最后两句也对二十四桥有过描述:"二十四桥空寂寂,绿杨摧折旧官河。"此外在其他诗文中再也找不到二十四桥的踪迹。五代时,由于战乱,扬州沦为一片废墟,而作为扬州繁华的结晶——二十四桥,也为人们所淡忘。

扬州二十四桥

再后来,"二十四桥在什么地方"也就成了一宗疑案。南宋的王象之在《舆地记胜》中说:二十四桥。隋置,并以城门坊市为名。后韩令坤省筑州城,分布阡陌,别立桥梁。所谓二十四桥者,或存或亡,不可得而考。"

宋代科学家沈括曾经对二十四桥循着名字一一查找,在《补笔谈》中写道:"最西浊河茶园桥,次东大明桥,入西水门有九典桥,次东正当帅牙南门,有下马桥,又东作坊桥。桥东河转向南,有洗马桥、次南桥、又南阿师桥、周家桥、小市桥、广济桥、新桥、开明桥、顾家桥、通泗桥、太平桥、利国桥。出南水门有万岁桥、青园桥。自驿桥北河流东出,有参佐桥,次东水门东出有山光桥,又自牙门下马桥直南……"沈括在上面所列桥的名称凑成二十四桥之数,但是下马桥系明显重复,浊河下无"桥"字,亦难定为桥名,而极负盛名的禅智寺桥未列入其中,这不能不算是沈括的疏忽。

二十四桥历来纷争不已,关于它的说法也不尽相同。

第一种说法是认为二十四桥是一座桥。自宋代以来,二十四桥的几种说法已逐渐形成。其中能够确指是一座桥的,首推大词家姜夔。他在淳熙三年(1176)冬至日来扬州,写下《扬州慢·淮左名都》的诗,其中写道:"二十四桥仍在,波心荡,冷月无声。念桥边红药,年年知为谁生?"这种写法,似乎是一座桥了。宋代还有几位诗人,他们描写的二十四桥,亦可认为是指一座桥。

第二种说法是认为二十四桥是二十四座桥。据《一统志》载,隋朝时曾置二十四桥于扬州,唐朝时仍可见到那二十四座桥,分布在当时扬州最繁华的街道上。,

有说,唐代末年的战乱,使桥全部倾毁了,但这只是猜测。又据说,到了明朝,二十四桥已全部毁坏,故明代程文德有"二十四桥都不见"的诗句。后来便有人认为"二十四桥"出现在文学作品中,不必太拘泥于现实。

第三种说法是认为二十四桥仅仅是泛指、代指。我国向来就有对数字概念采取含蓄、朦胧、夸张的方式来表达,尤其在诗词中为说明事物的不凡、感情的激越,常常使用夸张数字,并不采取绝对数字。譬如"白发三千丈"、"飞流直下三千尺"、"山道十八弯"、"三百六十行"等,并非确数。那么杜牧的二十四桥是否也用了这样的手法来泛指扬州桥梁之多呢?这也是一种推测,是一种猜想的说法。

第四种说法认为二十四桥只是排序编号。有人认为,二十四桥是扬州城里排序编号为第二十四座的桥。依据是诗歌中常出现把桥编号的句子,如杜甫:"不识南塘路,今知第五桥";张乔《寄扬州故人》:"月明记得相寻处,城锁东风十五桥"等。还有,宋代文人姜夔不仅在《扬州慢》中写过二十四桥外,还在《咏芍药》中写下这样的句子:"红桥二十四,总是行云处。"那么,二十四是不是红桥的编号呢?他在《过垂虹》中有"曲终过尽松陵路,回首烟波十五桥。"尽管姜夔没有在数字前加"第"的字样,但使读者隐隐感觉到,编号说似乎存在过。或许在唐宋时期,扬州有很多桥,桥名不够用,只好用编号来代替。就像现在的城市小区内有几号楼一样。应该说这也是一种猜测,仅仅从古人的诗句来确定编号说法,显然没有足够的说服力。

第五种是一种传说。据明代齐东野人所撰《隋炀帝艳史》载:在一个月中天的夜晚,隋炀帝偕同萧后及十六院夫人等,至新造的一座桥梁上赏月,命朱贵儿吹紫竹箫,箫声飘飘有云之响,当时桥未定名,萧后请炀帝命名,因同游者二十四人,故名二十四桥。这种趣谈常为人乐道,其实是作者从杜牧诗中的明月、玉人、吹箫等字面而牵强附会出来的,不足为信。

二十四桥到底坐落于何处?到底是一座桥,不是二十四座桥?目前还没有得出一个唯一的答案,只是百家争鸣、众说纷纭。因此,二十四桥也就成了一个难解的谜。

苏州的"七塔八幢"是什么

苏州坐落于长江三角洲地区的地理中心,太湖之滨,长江南岸的入海口处,京杭大运河、京沪铁路和多条高速公路贯穿全境。苏州也是中国首批国家历史文化名城,全国重点风景旅游城市,还是四个全国重点环境保护城市之一。

苏州建城于公元前514年,吴王夫差的父亲阖闾命伍子胥建阖闾城,苏州又有姑苏、吴都、吴中、东吴、吴门和平江等多个古称和别称。苏州自有文字记载以来的历史已有四千多年,是全国首批二十四个历史文化名城之一。隋文帝开皇九年(公元589年)始定名为苏州,以城西南的姑苏山得名,沿称至今。从六朝起,在苏州古城就开始建造大批寺庙,据清同治《苏州府志》记载,所属长、元、吴三县,就有寺庙260多所。这些寺庙许多都是规模宏大,寺内还建有众多的佛塔,风格迥异,将苏州装扮成一座"宝塔之城"。在古代苏州一直有"七塔八幢"之说,但是关于其具体内容却说法不一,让人迷惑。

1. 关于"七塔"

有文字记载说最早的七塔是建造在一起的,但毁于后来的战火中。据据明王鏊《姑苏志》记载:妙湛寺在长洲县东(今十梓街东段),宋初开宝年间建造七塔,至建炎年间,毁于兵火……今呼为"七塔寺",地名七塔寺前巷。但在南宋的《平江图》中的妙湛寺内仅有一塔,人们猜测可能是战后重建的。后来,在苏州城内又有历代所建造的七塔。据据清顾震涛所著《吴门表隐》所载:一在临顿路白塔子桥东堍,名白塔;二在孟子堂东(可能在今宫巷附近);三在朱长巷东口塔弄,名虹塔,清乾隆二年倾圮;四在司狱司衙署内(地点待考),塔内原有宋熙宁年间葛蕃记碑;五在宫巷南口,名雄塔,宋嘉祐五年建,旧有石刻建塔纪年,人于其下摇动,塔上铃铎齐鸣,乾隆五十七年倾圮;六在濂溪坊(今干将路中段),名雌塔,宋靖康初建;第七,妙湛寺塔。但在天灾人祸中,这七塔早已不见踪影了。

还有一说认为七塔是北寺、瑞光、双塔、白塔和北寺塔后的大同塔、专诸巷口王祖师殿后的石塔,但是后面的三座也不存在了。今日所说的"七塔"则是指经过整修过的上方、灵岩、瑞光、双塔、虎丘和北寺塔。

2. 八幢

"幢"与塔比较,其规制比较小,是砖砌石筑,层层供佛,但实际上是古代的藏经楼。苏州"八幢"在《吴门表隐》记载:一在孔忖使巷内,名方塔;二在装驾桥南堍宝幢寺内,久废;三在洙泗巷南口;四在石塘桥北小桥头(今北寺附近);五在桃花坞石幢弄底;六在因果巷内。而另外两处不详。此外,"八幢"还有一说:西美巷况公祠大殿天井内一座;松鹤板场一座(今干将路西段);濂溪坊甫桥东一座(今干将路中段);思婆巷口一座(可能在今大郎桥巷);恤孤局前一座(今金门内);石塘桥北小桥头,同样有两处也不详。而这六幢也有一部分不存在了。

时至今日,仍然没有人知道"七塔八幢"具体指代的是哪些古建筑,而由于许多古建筑在历史中湮灭了,"七塔八幢"也就更加难以寻觅。

天涯海角在何方

在古代,古人认为世界是天圆地方的,"天涯海角"的意思是世界的尽头,代表遥远的地方,所以常被帝王当做流放地,很多犯错的官员都曾被流放到"天涯海角"。

在古籍中,有很多关于"天涯海角"的记载,如徐陵《武皇帝作相时与岭南酋豪书》:"天涯藐藐,地角悠悠了,阴谋诡计面无由,但以情企。"宋朝张世南的《游宦记闻》卷六:"今之远宦及远服贾者,皆曰天涯海角。"唐朝的吕岩《绝句》:"天涯海角人求我,行到天涯不见人。"唐代王勃在《杜少府之任蜀州》诗中有"海内存知己,天涯若比邻。"白居易也曾在《春生》诗中作"春生何处暗周游,海角天涯遍始休"的著名诗句。但是"天涯海角"究竟是指什么地方呢?

"天涯海角"原意是指偏远的地方,但是后来天涯海角似乎成了"专属之地"。而现今认为"天涯海角"就是位于海南三亚市崖县,那是一对高十多米,长六十多米青灰色巨石,两石分别刻有"天涯"和"海角"字样,意为天之边缘,海之尽头。关于"天涯"和"海角"这两块大石头有一个美丽的传说,传说一对热恋的男女分别来自两个有世仇的家族,他们的爱情遭到各自族人的反对,于是被迫逃到此地双双跳进大海,化成两块巨石,永远相对。后人为纪念他们的坚贞爱情,刻下"天涯""海角"的字样,后来男女恋爱常以"天涯海角永远相随"来表明自己的心迹。1980 年第三期的《人民画报》介绍海南风光时曾说:"相传海边石上'天涯'两字为北宋文学家苏东坡贬谪海南时所题,现已被辟为'天涯海角'游览区。"在宁山《地理知识》1980 年第一期中也说"由于崖县在古代交通闭塞……宋代著名的文学家苏轼曾经被流放到这里,现在这里还保留着苏公祠,祠内有苏东坡的石刻像和数块墨迹碑等。"在那里,不仅有"天涯"、"海角",还有刻着"南天一柱"的巨石。但是为何将崖县定为"天涯海角"呢? 自古以来就困扰着史学家。许多学者都不认同崖县的"天涯"二字是苏东坡所题。据《宋史·苏轼传》和《苏东坡全集》,苏东坡于绍圣四年旧历七月三十日从惠州抵达儋州,经居三年,于元符三年(1100 年)旧历六月离开海南北上,次年卒于常州,但是没有任何资料证明苏轼曾经被流放到崖县,并在崖县曾经刻书"天涯"二字,所以有人认为崖县苏公祠说应该是张冠李戴,崖县只有唐李德裕祠,而无苏公祠。据《琼州志》记载,苏东坡在海南岛的遗迹和祠堂有儋县桃榔庵、载酒亭、东坡坐石、海口府城苏公祠等,故苏公祠在海口。张云石在《崖县"天涯"石刻非东坡手迹》认为苏东坡现存四千多首诗中没有一首是写崖州的,因而"天涯"非为苏东坡手迹。郭沫若曾去"天涯"刻石实地查考,指出"相传为苏东坡所书,但字体殊不类"。

一种说法是清代康熙盛世时期,曾进行了第一次全国性版图《皇舆全览图》的测绘活动,位于海南岛南端崖县成为这次测绘中国陆地版图南极点的标志。负责主持测绘的钦差官员们在此处剖石刻碑镌书"海判南天"四个大字,"以为标志,并须永久保存"。清代雍正年间,崖州知府程哲在此镌刻了"天涯"二字。1938 年,琼崖守备司令王毅在另一块巨石上题刻"海角"二字,从此以后,这里就被人们称之为"天涯海角"了。

但也有人认为"天涯海角"不应单指崖县一处。据据周去非《岭外代答》卷一记载:钦州(今广西灵山)有天涯亭,廉州(今广西合浦)有海角亭。"钦远于廉,则天涯之名甚于海角之可悲矣。"这些记载可以证明早在宋代就已经有"天涯亭"和"海角亭",并一直保存到明清时候,其"天涯海角"的命名比海南崖县的刻石要早七十多年。

谈起"天涯海角",很多人都认为它就在海南崖县,但是在我国漫长的历史中,所有地理的定义在各个时期都会有所不同,也许被称为"天涯海角"的地方不止这两个地方吧。

香格里拉是传说中的地方吗

美丽的香格里拉一直都是世外桃源的象征,但是香格里拉的真正所在地到底在哪里是人们一直争论的话题,真可谓百家争鸣。

"香格里拉"一词,是 1933 年美国小说家詹姆斯·希尔顿在小说《失去的地平线》中所描绘的一块永恒、和平、宁静的土地。但是,目前关于香格里拉到底在哪里的问题,存在有许多不同的版本。而迪庆却惟妙惟肖地拥有着詹姆斯·希尔顿书中描写的一切。

迪庆的香格里拉在我国云南省的中甸。中甸位于云南省西北部,连绵起伏的群山之中,著名的梅里雪山脚下,属于迪庆藏族自治州。早在 1997 年 9 月,云南省就向外界宣布,香格里拉就在迪庆藏族自治州的中甸。这里有希尔顿小说书中所描绘的景象:有雄奇壮丽的峡谷、金字塔般的雪峰、明镜样的高原湖泊、碧毯似的辽阔草甸、金碧辉煌的喇嘛庙、安静苍凉的古城……还有人与人之间的和平相处,多种民族、多种宗教的并存,人与大自然的和谐共生,无不显示出一个远在东方崇山峻岭之中的永恒、和平、宁静的"香格里拉"。

还有人认为,香格里拉位于云南省西北部云贵高原与青藏高原的连接部位的丽江市,且找到足以说服人们的有力佐证。理由是被西方学者誉为"纳西学之父"的美籍奥地利植物学家、人类学家、探险家约瑟夫·洛克,旅居丽江长达二十七年之久,以毕生精力研究纳西族的东区文化,丽江的文化、地理、动植物,且写成巨著《中国西南古纳西王国》一书,书中用较多篇幅记录了希尔顿笔下的"香格里拉"。而且称丽江的"香格里拉"比中甸和怒江地区更像希尔顿笔下的"蓝月亮的山谷",蓝蓝的湖泊,宽阔的草甸。这里的雄古村还有参差错落的农舍,葱茏的翠竹,成荫的栎李,一派田园景色。在雄古村中还保存有清代光绪三十四年的石碑一方,上面"香各(格)里拉"的字迹仍十分清晰,足以说明香格里拉在丽江。丽江境内的玉龙雪山,巍巍雪峰绵绵三十五公里,积雪终年不化。雪山中的峡、湖泊、草甸、雪峰,无一不流露出"香格里拉"的风采。

也有人称香格里拉在云南省西北部的怒江州贡山县丙中洛。地处滇藏交界处、汹涌奔腾的怒江大峡深处的丙中洛,境内层峦叠嶂、江河纵横,大大小小的雪峰绵亘,一片冰雪世界。一座高达 5128 米的"卡娃卡拉"峰,直插云天,呈圆锥的银色金字塔雪峰,神圣而平和,被列为藏区十大神山之首。山高谷低,纵横幽深,险恶异常的怒江大峡谷群峰突兀,山岭叠翠,江流曲折,惊涛裂岸,一派雄浑气象。《消失的地平线》书中曾写到"香格里拉有金矿,盛产黄金"。丙中洛就是一个盛产黄金的地方,自古这里就有"群山蕴宝,众水流金"之说。丙中洛的境内居住着傈僳族、怒族、独龙族、藏族、白族等民族,他们分别信奉藏传佛教、基督教,所以现在还有典型的喇嘛院、别具一格的欧式基督教堂的存在。多民族、多宗教的并存,正是"香格里拉"的一个重要内容。

另一种传说是香格里拉是在印度和巴基斯坦交界处的克什米尔地区。这里位于喜马拉雅山西南,四周是银装素裹、冰河悬柱的冰峰雪山,中间却是气候宜人、青葱碧绿,处处是五彩缤纷的梦幻般的雪中绿洲。同样,这里空气清新,民风淳朴而又与世隔绝。因此也有人相信,香格里拉就在克什米尔的某个地方。遗憾的是此地连年战乱,阻挡了人们前去探寻的脚步。

美丽而神秘的香格里拉到底在哪里呢? 以上的说法到底那种才是正确的呢? 我们期待着这个象征着世外桃源的香格里拉之谜早日解开。

桃花源在哪里

陶渊明的一篇《桃花源记》中所描绘的幽静典雅的桃花源成为人们向往的境地,但是,桃花源到底在哪里? 这是无数寻求世外桃源的人们所提出的疑问。

东晋诗人陶渊明曾做过这么一首诗,名叫《桃花源记》,其中有这样的描述:晋太原中,武陵人,捕鱼为业,缘溪行,忘路之远近。忽逢桃花林,夹岸数百步,中无杂树,芳草鲜美,落英缤纷,渔人甚异之;复前行,欲穷其林,林尽水源,便得一山,山有小口,仿佛若有光,便舍船从口入,初极狭,方通人。复行数十步,豁然开朗,上地平旷,屋舍俨然,有良田美池,桑竹之属,阡陌交通,鸡犬相闻。其中往来种作,男女衣著,悉如外人;黄发垂髫,并怡然自乐。

陶渊明在他的这篇清新、飘逸、光彩而恬淡的《桃花源记》中,憧憬了一个自由、安乐的理想社会,那"芳草鲜美,落英缤纷"的桃源风光尤其令人神往和称羡。正如文中有的人听说之后立即动身前往寻找,但无功而返。一千多年来,有人指责这桃花源是不存在的"乌托邦","桃花源"究竟是纯属虚构,还是有它真实的原型?

首先,有人认为,湖南桃源县西南十五公里的水溪是陶渊明笔下的桃花源。唐代开始在此建有寺观。宋代更加兴盛,并建造了渔人遇仙的"延请楼"。元末毁于火。明代景泰六年(1455 年),又在此建造了殿宇,明代末年又毁于大火。直到清代光绪十八年(1892 年),又重修了"渊明祠",并顺着山势以陶渊明的诗文命名建造了观、祠、亭、洲,诸如"桃花观"、"集贤祠"、"蹑风亭"、"探月亭"、"水源亭"、"缆船洲"等。

对于桃花源是否真实存在的问题,刘自齐先生认为,"《桃花源记》所描绘的那幅没有压迫、没有剥削、人人劳动、平等自由的美好的社会生活图景,并非作者的凭空虚构,也不是幻想的再创造,而是切切实实、当时居住在武陵地区的苗族社会的写真"。

其次,有人认为,桃花源在武陵地区的苗家社会里存在。《苗族简史》中有这样的记载:武陵地区的苗族人民开始了"铁犁牛耕的农业生产方式,出现了自耕农的私有制,创造了父系氏族初期的物质条件。但由于生产力还比较低,所能提供的剩余生产品极少,因此,还产生不了突出的富户和显贵人物",呈现出了没有阶级压迫、阶级剥削的社会现象:"相命肆农耕,日入从所憩……"如此世外仙境一般的苗家社会,初当作"异闻"传播。除了陶渊明有所闻,并见之于他的诗篇外,还有一个东晋文人刘敬叔也在他的《异苑》中记述道:"元嘉初,武陵蛮人射鹿,逐入石穴,才容人。其人入穴,见其旁有梯,因上梯,豁然开朗,桑果蔚然。"这简直就是"桃花源"的另一个版本,不同之处在于遇到"桃花源"的人一位是渔家,一位是猎户罢了。武陵地区苗族人民素有对桃树的崇拜以及见客人"便邀还家,设酒杀鸡作食"的习俗等等,这些特点恰恰与陶渊明笔下所描绘的相吻合,因此,桃花源是指武陵地区的苗家社会也是极有可能的。

此外,还有人认为桃花源在江苏连云港市的宿城。在《桃花源记》中曾经提到过武陵人。江苏连云港市的宿城至今保留有武陵古邑的地名,然而在今天的连云港还有一个叫做武陵的地方,即武陵郡,赣榆县沙河城子村。清咸丰元年以前,宿城一直地处五羊湖的东岸,由水路顺山麓向南,直至海边山尽处,有一小径通入宿城山凹。宿城山凹,三面环山,一面向海,除了翻越虎口岭,与外界无路可通。这样一个僻在"东海隅"天然巧成的"坞壁"堡垒,中间却是一片坦荡美丽的川原,山畔竺篁摇曳,地名大竹园。东面临海处,有一座半身浮浸于海中的峻峭的山峦,状如大船,故称船山。山脚转弯处,也有一条经过拓宽的石峡,逶迤通向高公岛。这样的世外乐土,陶渊明在来到郁洲以前,早就闻名。陶渊明在写入桃花源的情景时说道:"复前行,欲穷其林,林尽水源,便得一山,山有小口,仿佛若有光,便舍船从口入,初极狭,方通人。复行数十步,豁然开朗,土地平旷,屋舍严然,有良田美池,桑竹之属",这足以使我们产生有趣的联想了。

然而,也有相关资料表明,陶渊明曾经来过这里。陶渊明在著名的《饮酒诗》里唱道:"在昔曾远游,直至东海隅。"根据《晋书·地理志》的记载,郁洲山于晋世应称东海,当时的海州称临朐,隶属于东海郡。所以,陶渊明所说的"直至东海隅"的"远游",正是处于东海一角的宿城高公岛之行。隆安三年(399 年),农民孙恩起义于海上。隆安五年,第三次登陆,从水路攻京口(镇江),直指建康,(南京),攻克广陵(扬州)。后浮海至郁洲,打败了镇守在高公岛的东晋将领高雅之。高公岛即因高雅之而名。最后,起义军又为东晋镇军刘牢之所败。由陶渊明的诗《始作镇军参军经曲阿(丹阳)作》得知,陶渊明从隆安四年开始任镇军刘牢之的参军,他"往来海上",高公岛战争期间,必亲赴战场,"登降千里余"。然而,他"目倦川途异,必念山泽居",身在宦途,也只是"暂与园田疏",依然时刻怀念他的田园生涯。最后还是要"终返班生庐"——返回他退隐的居处。

怀着这种心境去做刘牢之的镇军参军,当然有觅求桃花源的心愿,看到高公岛云山武陵郡中这秀丽的渔村,夹岸的桃林,鲜美的芳草,一径通幽的石峡"小口",他也必然会像作品中的渔人一样"舍船从口入",去游历那"良田美池"、"桑竹垂阴"的宿城山凹。

清末两江总督陶澎自称陶渊明的后裔,也是研究陶渊明的专家,他曾著有《陶靖节先生年谱考异》一书。并于道光十六年(公元1836年)亲自向道光帝旻宁讲述了高公岛、宿城一带"鸡犬桑麻"的"太平景象"。后来,陶澍在宿城法起寺旁建起了"晋镇军参军陶靖节先生祠堂",绕以长28尺、广20尺的西回廊,长32尺、宽25尺的东回廊,对照《五柳先生传》一文,仿陶渊明故居的特点,在门前植五株柳树,并栽植桃花,使陶祠"倚天照海,朱霞蔼霄,云台倍觉鲜明"。陶澍还为陶祠书额:"羲皇丘人",对联是:"此间亦有南山,看云归欲夕,鸟倦知还,风景何殊栗里;在昔曾游东海,忆芳草缘溪,林花夹岸,烟村别出桃源。"此外,"晋镇军参军陶靖节先生祠堂"隶书刻石的匾额现在还依然存在。

艺术源于生活又高于生活,那么陶渊明笔下的桃花源到底是不是源于生活呢? 如果真的是按照现实的美景原型成文的,那么真正的桃花源所在地又是哪里呢? 这就成为了一个难解的地理之谜。

第二节 神秘的岛屿

会消失的幽灵岛

在茫茫无际的大海上,有一些神秘莫测的岛屿。它们有时会突然消失不见,之后又会突然出现。为了寻找这些岛屿,无数的航海家和科学家付出了艰辛的努力和巨大的代价。然而它们仍然像幽灵一样时隐时现,既令人恐惧,又引人探索。

1831年7月10日,一艘意大利船途经西西里岛附近时,船长发现前方海面的海水突然沸腾起来,他和船员们看到一股直径大约200米、高20多米的水柱喷涌而出,刹那间变成了一根500多米高的烟柱,船员们看得目瞪口呆。8天后他们返航时,竟然发现一个新的小岛出现在眼前,并在随后10多天里不断扩张。但正当人们忙于绘制海图、测量面积、给小岛命名时,小岛却突然开始缩小,两个月后竟完全消失了。

1933年4月,法国考察船"拉纳桑"号在南海进行水文测量时,船员们突然看见了一个无名小岛,岛上草木丰茂,郁郁苍苍。然而船员们都说之前从未见过这个小岛。半个月后,当他们再返回这里测量时,却又不见了小岛的踪影。对这个忽隐忽现的小岛,大家都无法解释,只好在航海日志上注明:这是一次"集体幻觉"。三年后,一艘前往菲律宾装运货物的法国帆船,在南海上也遇到了同样的情况。

幽灵岛在世界各地的海域都有发生。这些幽灵岛真的是人们的幻觉吗? 如果不是,它又为什么在海水中突然出现又突然消失呢? 岛上为何会有植物生存呢? 这一切都令人难以想象,科学家们对此也提出种种不同的解释。

法国有科学家认为,有些岛屿是由于撒哈拉沙漠之下有巨大的暗流流入大洋,暗流携带的大量泥沙在海底不断堆积增高,最终露出海面形成的。这种岛屿都是临时性的,因为岛屿的出现必然会堵塞暗河水的流动,而被堵塞的水势会越来越汹涌,到了一定程度,流水就会冲垮沙岛,并最终将其推到大洋的远处。这样,它们就会时而出现,时而消失了。

美国海洋地质学家亨利·高罗尔教授则认为,幽灵岛的基础是花岗岩,并非泥沙。它形成的年代久远,岛上有茂盛的植物和动物群,汹涌的暗流是冲不垮的。

那么幽灵岛为什么会突然消失呢?他解释说,幽灵岛出现的海域是地震活动频繁的地区,海底强烈的海啸和地震使它们葬身海底。高罗尔教授还认为,如果太平洋西北部的海底板块产生强烈的大地震使之分裂的话,日本本岛、九州也会遭遇和幽灵岛同样的命运,最终将沉没于大海之中。

多数地质学家说它们是海底火山喷发形成的。他们认为,海洋的底部有许多活火山,火山喷发时的熔岩和碎屑物质在海底冷却、凝固并堆积起来,堆积到一定高度,便会露出海面形成岛屿。而小岛之所以会消失,是因为火山岩浆在喷出熔岩后,基底与海底基岩的连接不够坚固,在海流的不断冲刷下,新岛屿自根部折断,然后就沉入了大海。有的学者则认为,可能在海底又发生了一次猛烈的爆炸,使形成不久的岛屿被摧毁。还有学者认为,是火山活动引起地壳在同一地点下沉,使小岛最终陷入海水中。

还有学者认为,这些小岛是由聚集在浅滩和暗礁上的积冰构成的,这些积冰终将融化于大海。冰会不断地凝结又不断地融化,这就是这些岛屿为什么会突然出现又突然消失的原因所在。

以上观点虽然各有道理,但都不能说明为什么有些小岛会在同一地点反复出现又消失,而邻近的海域却没有异常现象发生。这个难以解开的谜团,等待着更多的人前去探索。

燃烧的火炬岛

加拿大北部的帕尔斯奇湖北边,有个面积仅一平方公里的圆形小岛,当地人称之为"火炬岛"。

关于这个岛的名字还有一个神奇的传说,相传当年为人类盗得火种的英雄普罗米修斯准备返回天宫时,顺手把保存过火种的火炬扔进了北冰洋,然而火炬并没有沉下去,而是慢慢形成了一个小岛。天长日久,这个小岛上的火便渐渐熄灭了。但是,奇怪的是,踏上这个小岛的人经常会莫名其妙地自燃。

早在17世纪50年代,有几位不听当地人劝阻的荷兰人,企图去小岛上寻找宝藏。结果,踏上小岛的一个人突然自燃,最后被活活烧死了。

火炬岛

1974 年,加拿大普森量理工大学的伊尔福德教授带着一个考察组在火炬岛附近进行调查。很快,他通过相关仪器获得一份数据,通过细致的分析,伊尔福德认为,火炬岛上的人体自燃之谜是一种电学或光学现象。但是考察组的另一位专家哈皮瓦利教授却提出了恰恰相反的意见:如果是一种电学或光学现象,岛上的树木为什么不会自燃,飞禽走兽为什么不会自燃。哈皮瓦利推断是,某种易燃物质可能隐藏在岛上的某个地段,人一旦进入该地段后,便会着火燃烧。

在这次考察中,考察组的每个成员上岛之前,为了防止发生意外,都穿上了特制的绝缘耐高温服,上岛时也没发现异常现象。谁知两个小时后,莱克夫人突然说身上不舒服,心里发热,腹部发烧,伊尔福德立刻叫大家迅速从原路撤回。走在回去的路上,莱克夫人突然惊叫起来。只见阵阵烟雾从她的口中鼻孔中喷出来,接着便是一股皮肉烧焦的味道。最后,莱克夫人化成灰烬,而那套耐高温的衣服完好无损。

几年后,布鲁斯特就这种人体的燃烧现象公布了他的解释。布鲁斯特是加拿大物理学院的教授。他认为,这种现象历来就有,它是人体内部构造异常产生的,是人体的自燃,与外界条件毫无关系。虽然目前还不能明确指出是什么原因导致了自燃,但可以断定与人的生活习惯有关。但布鲁斯特的演说立即遭到伊尔福德等人的强烈反对。他们认为,火炬岛上人体的燃烧一定是外界因素引起的。

在伊尔福德之后,又相继有 6 个考察队前往火炬岛,但都无功而返,而且每次都有人丧生。当地政府只好下令禁止任何人以科学考察的名义进入火炬岛。如此一来,就连好奇的探险家们也难以接近这座神秘的小岛了。

真的是普罗米修斯的传说赋予了它神奇的力量吗?还是有其他不为人知的秘密呢?我们只能期待着日后有机会可以揭开这个神秘现象了。

让人长高的马提尼克岛

加勒比海上有一个名叫马提尼克的小岛,这里不仅风光宜人,更奇特的是它是一个能让人长高的岛!

1948 年之后的 10 年内,这个小岛上的成年居民都长高了几厘米。目前,这里的成年男子平均身高达 1.90 米,成年女子平均身高也超过 1.74 米。身高不到 1.80 米的青年男子,则会被同伴们耻笑为"矮子"。所以,这个小岛也被称为"巨人岛"。

其他地方的成年人来小岛上居住一段时间后也会很快再长高。一个来岛上考察的巴西动物学家,已是 40 岁的成年人了,但当他 3 个月之后离开该岛时,长高了 4 厘米。64 岁的法国科学家格莱华博士和他 57 岁的助手理连博士,在小岛上生活了两年之后,也分别增高了 8.25 厘米和 6.6 厘米。小岛这种神奇的力量吸引了无数的旅游者前往,特别是那些希望长高的矮个子游客。他们在这个岛上住上一段时间之后,都会如愿以偿地再长高几厘米。

而且，这个小岛不仅仅是个"巨人岛"，岛上的动植物也比其他地方的要大上好几倍，岛上的老鼠竟然长得像其他地方的猫一样大。

这个神奇的小岛也吸引了许多科学家不远千里来到这里，进行长期的探测和考察。他们先后提出了多种假说和猜测，试图对这个小岛的神奇功能做出合理的解释。

有的科学家认为，小岛能让人长高的根源是这里的地心引力小。他们的依据是，前苏联曾经有两名宇航员在国际空间站居留半年之后，每人都长高了3厘米。科学家对此分析认为，是失重和引力减少造成的结果。

不过，这种说法有很大的漏洞，因为地球上引力小的地方肯定不只这一个，为什么没有听说其他地方发生过这种奇怪的事情呢？

有些科学家认为，小岛上埋藏着大量的放射性矿物。这种放射性物质能使人体内部的机能发生某种特别的变化，从而使人身体增高。

这种说法也遭到了一些科学家的反对，因为如果放射性物质作用于人体会使人长高，为什么长年生活和工作在放射性物质旁边的人没有长高呢？

还有人猜测说，1948年，可能有一只飞碟或是其他天外来物坠落在该岛的比利山区，UFO发出的这种辐射光使该岛生物迅速增长。

这种说法无异于凭空捏造，因为小岛上根本没有发现有飞碟或其他天外来物的残骸，而且UFO是不是真的存在本身就是一个谜。

"巨人岛"的神奇力量究竟是怎么产生的呢？是不是会永远存在呢？只有等待进一步的研究探索来揭秘了。

螃蟹密布的岛

在巴西马腊尼昂州圣路易斯市海岸外的大西洋中，有一个无人居住的神秘小岛，由于岛上螃蟹密布，人们称它为"螃蟹岛"。

螃蟹岛上有一个奇怪的现象——每当夜幕降临，岛上经常出现一些奇特的强光，红光闪烁，分外迷人。但这些光是从哪里发出的呢？人们至今也未解开这个谜。

在这个孤零零的海岛上，孳生着各种蚊子。令人不解的是，它们在白天也很活跃，成群结队地袭击动物和人。来这儿捉螃蟹的渔民不得不想尽办法来驱散这些可怕的蚊子。

螃蟹岛的地质构成也非常奇特。岛的四周全是密实的胶泥，气味恶臭。这种恶臭的胶泥是怎样形成的？为什么在这种胶泥中会繁殖出如此众多的螃蟹？这又是一个谜。由于胶泥深厚、柔软，上岛来的捕蟹者必须脱掉衣服，快速地匍匐前进，绝不能停留在一个地方，否则会深陷泥潭，不能自拔。为了安全，他们往往每6~8人一组，集体行动。捕蟹者都要有一种特殊的本领：把手伸进蟹洞，抓出螃蟹举到眼前，马上辨出雌雄。为了使生态不受影响，他们总是把雌蟹留下，只把雄蟹带走。上岛捕蟹是很辛苦的，但却收获颇丰，每条小船来岛上一次，可以捉到1500~2000只大螃蟹。

在这个海岛上,最动人的场面是螃蟹的"恋爱舞会"。螃蟹交尾有固定的时间,它们总是选在满月时。交尾仪式一开始,雌雄双方先是翩翩起舞,数不清的螃蟹在月光下一起踏着整齐的步伐,气氛十分热烈。"舞会"上尽管没有欢声笑语,可是观看者却能感到这里"歌舞正酣"。众螃蟹交尾后,便纷纷钻进洞内,消失在富含碘的胶泥中。

神秘的螃蟹岛至今尚有许多谜等待着人们去破解。

诡异的橡树岛

1795 年,三位年轻的猎人驾着船来到加拿大的橡树岛。他们一下船,便深入到岛上的橡树林中寻找猎物。然而他们在密密匝匝的橡树林中穿行,结果并没有找到野兽,却发现了一棵大树。这棵大树长得十分古怪。

这棵大树生长在距离地面 3 米多高的地方,树干上有根粗壮的树枝几乎被锯断,残树枝的上半部还留有几处深深的刀痕。后来三位猎人又发现,这树枝的正下方,地面有明显的下陷,并且还有被埋过的痕迹。三位猎人感到十分惊奇,于是立即测量下陷的部位,发现它呈圆形状,直径约 4 米。这一发现使他们立刻想到,可能是海盗在这儿埋下了宝藏。三位猎手非常兴奋,立即开船返程,准备好一整套挖掘工具,再次来到橡树岛。可是,他们顺着下陷的圆形部位挖地 9 米深后,出现三层木板,根本没有什么所谓的宝藏,于是只好悻悻地离开了。

十年之后,一位年轻的医生也踏上了橡树岛。对岛上有宝藏的传说产生浓厚兴趣。他还特意组织了一支探宝队,动用大量的人力和机械,经过苦苦挖掘,终于挖到距离地面27 米的地方。挖掘过程中,让人感到奇怪的是,这中间每隔 3 米就有一层木板,直到 27 米深时,人们才发现那里躺着一块十分特殊的大石头,上面刻着许多稀奇古怪的象形文字。面对这些象形文字,没有人能看得懂。探宝队成员没灰心,坚信大石头下面一定能够挖出宝藏。于是探宝队决定趁冬季来临之前抓紧挖掘,可是到第二天就遇到了困难,深洞中,突然灌进了足足 15 米深的水,根本无法工作。探宝队并没有因此而泄气,他们在第一个深坑旁边再挖一个洞,挖到 30 米深后,再挖一条地道通向原先那个坑,此时,大水立即涌进新坑,最终使这项工程不得不中止下来。

后来,陆续有很多寻宝者来到岛上,挖了许许多多的大坑,将这一带挖得面目全非,看上去就像一个原子弹试验基地。尽管人们想尽各种方法,作出了巨大的努力,可谁也无法克服守护宝藏秘密的人设下的障碍。

橡树岛的地下究竟埋有什么宝藏? 是谁埋下的? 藏宝者也对那些宝藏施下了咒语吗?

可怕的死神岛

加拿大东部的北大西洋上有一座令船员们心惊胆战的小岛,名叫塞布尔岛,"塞布尔"一词在法语中的意思是"沙",意即"沙岛"。这个名称最初是由法国船员们取的。

据地质史学家们考证,在过去的几千年中,该岛由于海浪的猛烈冲蚀,使得它的面积和位置不断发生变化。最早这座岛是由沙质沉积物堆积而成的一座长 120 公里、宽 16 公里的沙洲。在最近二百多年中,该岛已向东漂移了 20 公里,长度也减少了将近大半。现在东西长 40 公里,宽度却不到 2 公里,外形酷似狭长的月牙。全岛一片细沙,十分荒凉可怕,没有高大的树木,只有一些沙滩小草和矮小的灌木。

由于该岛位于从欧洲通往美国和加拿大的重要航线附近。历史上有很多船舶在此岛附近的海域遇难,最近几年,船只沉没的事件又开始频频发生。从一些国家绘制的航海地图上可以看出,这座岛的四周密布着各种沉船符号,初步估计先后遇难的船舶不下 500 艘,其中有古代的帆船,也有近代的轮船,在此丧生人数总计在 5000 以上。因此,一些船员怀着恐惧的心情称它为"死神岛"。

有关"死神岛"的许多离奇古怪的传说在西方广泛流传,令人听而生畏。"死神岛"给船员们带来的巨大灾难促使科学家去努力探索它的奥秘。为了解释船舶在这里沉没的原因,许多学者提出种种假设和论断。例如有的认为,由于"死神岛"附近海域常常掀起威力无比的巨浪,能够击沉猝不及防的船舶;有的认为,"死神岛"的磁场迥异于其邻近海面,并且变幻无常,这样就会使航行于"死神岛"附近海域的船舶上的导航罗盘等仪器失灵。然而,更令人称奇的要数巴罗莫角,这个锥形半岛被人们称为"死亡之角"。

该岛的锥形底部连接着湖岸,大约有 3 公里长。这里人迹罕至。直到 20 世纪初,因纽特人亚科逊父子前往帕尔斯奇湖西北部捕捉北极熊才来到这里。当时小亚科逊首先看见巴罗莫角,又看见一头北极熊从冰上爬到岛上。小亚科逊非常高兴,抢先向小岛跑去,父亲看见儿子跑过去,也紧紧跟在后面向岛上跑去。哪知小亚科逊刚一上岛便大声叫喊,叫父亲不要上岛。亚科逊感到很纳闷,不知道发生了什么事情,但他从儿子的语气中听到了恐惧和危险。他以为岛上有凶猛的野兽或者有土著居民,所以不敢贸然上岛。他等了许久,仍不见儿子出来,便跑回去搬救兵。不一会儿,亚科逊就找来 6 个身强力壮的中青年人,只有一个叫巴罗莫的没有上岛,其余人全部上岛去寻找小亚科逊了,只是上岛找人的人全找得没了影儿,从此消失了。

巴罗莫独自一人回去,他遭到了包括死者家属在内的所有人的指责和唾骂。从此人们将这个死亡之角称为"巴罗莫角"。再也没有谁敢去那个岛了。

几十年过去了,在 1934 年 7 月的一天,有几个手拿枪支的法裔加拿大人,立志要勇闯夺命岛,他们又一次登上巴罗莫角,准备探寻个究竟。他们在因纽特人的注目下上了岛,随后听到几声惨叫,这几个法裔加拿大人像变戏法一样被蒸发掉了。

这一场悲剧,引起了帕尔斯奇湖地区土著移民的极度恐慌,有些人干脆迁往他乡去了。没有搬走的那些人发现,只要不进入巴罗莫角就不会有危险。

1980 年 4 月,美国著名的探险家组织对该地区进行磁场实地鉴定,认为这里存在大量磁场,进入该地区的人必死无疑。只是这样的结论是否正确,有待科学进一步证实。

自转的旋转岛

西印度群岛中有一个无人小岛,岛上是一片片沼泽地。可别小瞧了这个貌不惊人的小岛,它有一种十分特别的本领:它可以像地球自转那样旋转自己的身体,而且也是每24小时旋转一周,方向从不改变。

这个会旋转的岛屿是20世纪60年代初被发现的。当时,一艘名叫"参捷"号的英国货轮途经此处,货轮突然发生主机失灵事故,被越刮越大的海风吹向了一座无人的荒岛。这座荒岛就是旋转岛。

这座小岛上覆盖着茂密的植物和随处可见的沼泽泥潭。岛的面积很小,卡得那船长命令舵手驾船绕岛航行一周,结果只用了半个小时。确认安全后,他们抛锚登岛,在岛上巡视一番,没有发现什么珍禽异兽怪木。于是,船长在一棵树干上刻下自己的名字、登岛时间和他们的船名,便带着船员们一起回到了原来登岛的地点。

这时,一位细心的船员突然发现,抛锚的船自己移动了位置,而且距离最初停船的地方好几十米远。他感到有些奇怪,便大叫起来。陆续回到船上的水手们也随之发现了这件奇怪的事,他们都大为惊异。于是他们检查刚才抛锚的地方,铁锚仍然十分牢固地钩在海底,没有被拖走的迹象。

到底是哪里出现了问题呢?船长和船员们左思右想。后来,他们终于想明白了,原来不是船在移动,而是小岛在移动。听说小岛自转的事后,人们都大感不解,包括科学家在内的许多人闻讯前去岛上察看,结果一致认为是小岛本身在旋转。

小岛为什么会自行旋转?有人推测,这座岛是一座浮在海上的冰山。海潮起起落落,小岛便随着潮水而旋转。但是这种推测不能说明为什么它的自转如此有规律,而且浮在海上的冰山很多,为什么别的冰山岛就没有发生如此奇怪的事呢?

目前仍有不少科学家在继续关注这个小岛,希望能早日解开它自转的秘密。

太平洋"墓岛"

太平洋上的文明古迹源远流长,东部有复活节岛,西部则有墓岛。这个墓岛其实是一个叫泰蒙的小岛延伸出去的一片珊瑚礁浅滩,浅滩上巨大的玄武石柱纵横交错,垒起一座座4米多高的建筑物,岛上大大小小的这类建筑共有89座。远远看去,怪石林立,让人望而生畏。

据说,这些像海神庙一样的建筑是波纳佩历代酋长的墓,所以这里才被人们称之为"墓岛"。波纳佩人则称之为"南马特尔遗迹"。但是没有人能够解释这些建筑是如何建成的。而且南马特尔遗迹似乎充满了神异力量,侵扰它的人大多会离奇死亡。难道这里真有神灵的诅咒吗?

来自欧美的学者的调查显示,用于修建古墓的100万根玄武岩石柱都是从北岸的采石场运到墓地来的。但是这些石柱是如何运到这里的,让建筑专家们十分困惑。

根据估算,如果每天按1000名壮劳力计算,仅从事开采石柱的毛坯就需要耗时655年,而将石柱加工成五边形或六边形的石棱柱又需花掉300年的时间,再加上路上运输和最终砌成建筑物的时间,合起来至少需要1500年。

美国一个调查小组曾用碳14测年法对这些建筑物的建造年代进行了测定。结果证实,它们只有八百多年的历史。另外,一些从事世界历史研究的学者根据波纳佩岛的历史背景指出,13世纪初是萨乌鲁鲁王朝统治波纳佩岛的时期。以此推断,环绕该岛的南马特尔遗迹是作为萨乌鲁鲁王朝的军事要塞而修建的。但萨乌鲁鲁王朝创始于11世纪,只经历了二百多年的繁荣就灭亡了。而在这么短的时间内就完成了这么浩大的工程,则更令人费解了。

根据以上结论,我们可以推测,光凭借人力,这项工程是无法完成的。那么如何解释现存的这些古墓呢?

从事地质研究的学者试图利用玄武岩的成因来说明这些建筑的修建问题,即玄武岩是岩浆冷却后的火成岩。但石柱的表面有铁器加工过的痕迹,这就排除了自然成形的说法。另外一种说法认为石棱柱原是岩浆冷却凝固而成的自然体,石陵柱呈现出的五角、六角形则是人工加工而成的。

但是这些都只是研究者们的推测,至于这些建筑究竟是何时修建的,又是如何修建的? 始终没有人能给出一个令人信服的答案和解释。

关于墓岛一直有许多神秘的传说,而发生的一些离奇事件则为它增添了更多恐怖的色彩。

20世纪70年代,日本的海洋生物学家白井祥平决定去墓岛上做一次详细的调查。他并没有向当地人透露他的想法,只带着3名助手偷偷驾船驶向墓岛。一路上风平浪静,就在他们从一座古墓的外侧绕进内侧时,忽然阴风四起,气温骤降,刚才万里无云的天空不知何时已冒出一块黑云并疾速向四周扩展,接着电闪雷鸣,大雨劈头盖脸地浇了下来。骤变的天气让他们想起了当地人的警告,他们迅速调转船头驶出了墓地。就在他们驶离墓地的一刹那,立刻风消云散,天气晴好如初。

当白井祥平去请教哈特莱酋长,叙说了他们在墓地的离奇遭遇。酋长放声大笑,连声说这是死者对他们擅闯墓地的警告。而白井祥平再追问死者用的是什么机关时,酋长却马上变了脸色,起身谢客。

据当地人说,这些古墓的来历以及其中的秘密机关不是通过文字的记录来传授的,而是靠口授,口授的内容只有酋长和酋长的继承人才知道。受传授者一旦向外人泄露这些内容,将会遭到诅咒,死神就会降临到泄密者和窃密者的头上。

在日本占领波纳佩岛期间,一位日本教授利用占领者的权势,威逼当时的酋长说出了古墓的秘密,结果这位泄密的酋长突遭雷击身亡。获悉秘密的教授正准备出书将秘密公之于世的时候,也暴死在写字桌旁。而继续整理他遗稿的人在接受委托后,也突然离奇死亡。

还有一些利欲熏心、以盗取古墓文物为目的的盗墓者也遭到了同样的下场。在德国统治波纳佩岛时,一位名叫伯格的德国军官对南马特尔遗迹产生极大的兴趣。他用暴力从酋长的口中逼出了古墓的秘密,企图进行武装掘墓。伯格下令掘墓后不到一天就突然暴死。后来,德国的一位考古学家不信真的有什么亡灵的诅咒,再次来此发掘文物,结果还未来得及动手,也暴死在岛上。

这一切离奇死亡的事件都无法用常理来解释,如果仅用亡灵的诅咒来解释的话,显然也是无法让人接受的。

台湾岛成因

宝岛台湾是中国的第一大岛,关于台湾岛的成因却没有一个准确的答案。学术界对此持有三种不同的说法。

一种说法是,台湾地层与大陆属于同一结构,在地质年代新生代的第四纪前即距今100万年前后,它本是大陆的一部分,同大陆连接在一起。第四纪后因地层变动,局部陆地下沉,出现了台湾海峡,使台湾成了海岛。

有人还从研究台湾的史前文化来证明上述见解的正确性。人们在台东长滨乡八仙洞发现了旧石器时代的文化遗址,那里出土的石制品有六千余件,与大陆(特别是南部地区)出土的旧石器时代的石制品,无论在制作技术或基本类型上,都没有多大的差别。

此外,人们在淡水河流域还发现,那里出土的赤褐色粗砂陶器与福建金门县出土的黑色和红色陶器在刻纹等方面很相近,可能属于同一类型。这些说明两边曾以陆地相连。支持这种看法的人,还从台湾古代动物化石方面来加以证明,有人在台湾西部发现了许多大型哺乳类动物,如象、犀牛、野牛、野鹿、剑虎等的化石,这说明早在距今100万年左右,有大批动物从大陆迁移到原属大陆的台湾。也有人在考察野生植物后指出,台湾野生植物和大陆上的野生植物相比,大多相同或相近。

第二种说法是,台湾是东亚岛弧中的一个环节,它的形成与东亚岛弧的形成、发展有着密切的关系。所谓东亚岛弧即指东亚大陆架与太平洋西部海沟之间的岛弧。东亚岛弧的形成,以东亚褶皱山系的出现为标志。在地壳运动中,东亚大陆架一方面受到来自大陆方向的强大挤压力,另一方面又受到巨大而坚硬的太平洋板块的阻抗,于是在它前沿形成了一系列东北—西南方向排列的山脉,就是东亚褶皱山系,当它露出海面时,便构成了东亚岛弧。单就台湾来讲,是由于地壳运动的结果,产生褶皱、隆降而奠定了其地质基础。

第三种说法是,认为在地质年代新生代的第四纪以前台湾同大陆是分开的,第四纪以后有过合在一起的时候。这是因为，第四纪更新世前期即距今 100 万年左右，由于地壳上升的变动和地球上气候变冷的影响，沿海地区出现了陆地面积扩大的情况，那时候台湾海峡的海水可能几乎退干，成了陆地，于是出现了台湾同大陆连成一片的局面。后来到了更新世后期，地球上气候转暖，海水上升，陆地减少，台湾海峡再次出现，台湾同大陆又被隔开。以后又再相连、相隔，如此经过了多次反复。自然相隔的时间很长，而相连的时间也不很短。台湾的大型哺乳动物就是在两地相连时从大陆进入台湾的，而人类史前文化，也是在两地相连时一部分人从大陆带进台湾的。

这三种说法，到底哪一种正确？也许，这个问题更难回答，因为这三种推断听起来都很有道理，作为未解之谜尚待探索。

石岛形成

西沙群岛有一个由珊瑚等生物砂岩组成的小岛，人们称它为石岛。石岛南北长 380 米，东西宽 260 米，面积仅 0.06 平方公里。西沙群岛各个岛屿的海拔高度一般是 5 ~ 6 米，最高不超过 10 米，而石岛中央的海拔高度为 15.2 米，像金字塔一样耸立在西沙群岛之中。那么，这座奇特的"金字塔"是怎样形成的呢？

西沙群岛由十几个砂岛组成，最大的永兴岛面积为 1.65 平方公里，其他岛屿面积都不到 1 平方公里，它们都是由松散的珊瑚、贝壳等生物砂堆聚而成。每当海底珊瑚向上生长到海平面位置时，就会被海浪削平，使珊瑚礁顶部形成一个平坦的台面，称为礁坪。礁坪上有少量珊瑚和藻类植物生长，更多的是被风浪击碎的珊瑚、贝壳等的碎屑，有的是砾石，有的是砂。波浪和风把礁坪上的这些生物砂砾堆积起来，便形成了砂岛。这些砂岛外缘有一环形砂堤，中央为一洼地，多数已干涸，少量为泄湖。而石岛却不然，它由坚硬的层状生物砂岩构成。根据科学测定，西沙群岛的永兴岛等岛屿年龄一般不超过 6000年，而石岛比它们老得多，年龄在 12000 ~ 24000 年之间。

一般层状砂岩是底部年老，上部年轻。石岛比较奇特，它的底部年轻，为 14000 ~ 17000 年，越往上越老，"金字塔"最高点最老，为 22000 年，整个岛好像被人倒置过来似的。因而有的学者推测，在石岛附近原来有一个由珊瑚等生物砂岩组成的较大的岛，它不断被风化、剥蚀，顶部较新的生物砂岩被剥蚀下来后，堆积成石岛的顶部，这样，石岛的年龄便出现倒置现象。果真如此的话，那么，那个被破坏的岛应比石岛更大，位置也应比石岛高，但目前还找不到证明这个大岛存在过的任何证据。

有的学者则认为"石岛年龄倒置"是雨水冲蚀造成的。组成石岛的生物砂岩是生物骨骼碎粒，化学成分是碳酸钙。石岛上层的生物砂岩遭到雨水冲蚀，一部分碳酸钙被溶解，随雨水渗到石岛底层沉淀下来，生长为新的年轻的方解石结晶，它们与原来的生物砂岩的年龄一平均，便使整层岩石的年龄变年轻了，而相对上部生物砂岩年龄来说，便形成了年龄倒置的现象。

上述说法究竟孰是孰非，尚无定论，还需要科学家进一步研究、探索。

塞浦路斯岛形成

塞浦路斯岛是地中海的第二大岛。20世纪60年代末期，地质学家们在该岛的西南部特鲁多斯山区发现了层状的火成岩，其中，有黑色的巨大的枕状玄武岩，它们是地幔熔岩从洋底喷发形成的舌状熔岩流冷凝而成的；有墙状或柱状的直立岩，它们是熔浆沿洋底裂隙向上灌注而形成的。加拿大地质学家威尔逊和伊思·加斯等人认为，这些岩石是被大洋底部地壳运动推动力抬升出海面，成为塞浦路斯岛的一部分的。如果这种说法成立，这一发现就为科学家们提供了研究洋底地壳的宝贵场所。

20世纪30年代以来，人们采用人工地震法和天然地震法等方法来研究大洋地壳，得出三点结论：大洋地壳远比大陆地壳薄，只有5～8公里厚，而大陆地壳则厚达30～70公里；大洋地壳的年龄一般不超过2亿年，大陆上的岩石则有37亿～40亿年的历史；大洋地壳可以分为四层，表面一层由未固结的沉积物组成，下面三层的性质根据地震波的传播速度，确定为相当致密的火成岩。但由于地球物理资料有多解性，大洋地壳的下面三层也可以认为是变质岩和沉积岩等其他岩石。正当地球物理学家和地质学家们无法做出判断的时候，塞浦路斯岛上的发现，证实了大洋地壳的性质。

问题在于塞浦路斯岛是地中海的一个岛屿，地中海是一个收缩了的大洋，它的底部地壳的性质与目前太平洋、大西洋等的底部地壳有什么不同？学者们尚不十分清楚，况且目前太平洋和大西洋的底部地壳性质也略有不同，所以还不能认为塞浦路斯岛上一部分岩石的性质就代表了目前大洋底部地壳的性质。地中海北岸分布着横贯欧洲的阿尔卑斯山脉，它的构造也是东西向的。一些学者认为塞浦路斯岛可能原本是阿尔卑斯山脉的一部分，后来分离出来成为一个小岛。尽管如此，塞浦路斯岛上特鲁多斯山区岩石的分层性质与目前大洋底部地壳用地球物理方法测得的结果，有一部分惊人的一致。这难道是偶然的巧合吗？

南海诸岛是否沉没

在中国辽阔的南海海域，星罗棋布地分布着200多个礁、滩、暗沙和岛屿，这就是有名的西沙、南沙、东沙、中沙珊瑚礁区，统称"南海四沙"。近来却有人提出，这些美丽的明珠也许会沉没，由此引发了众多人士对此问题的探索。

要弄清南海诸岛的沉浮问题，首先应了解它们是怎么形成的。1亿年前，地理状况与今天有着很大的区别。当时亚欧板块十分广阔，南海诸岛就属于它。那时，南海还不是海洋，而是河流纵横、层峦叠嶂的陆地。在距今7000万～8000万年前，由于太平洋板块向西俯冲，亚欧板块和澳大利亚板块相互碰撞，这块古老的陆地在猛烈的撞击下四分五裂，海水也随之浸入，一个比较浅的陆表海环境就此形成了。在距今6700万年进入第三纪以后,这里分裂的地形得到了改变,海洋消失,又重新成为了陆地。不过此时的地形已经变成丘陵、平原相间,湖泊众多,而不再是山峦起伏、层峦叠嶂了。到距今 3000 万年前后,随着构造活动的加剧,这块陆地沿东北—西南向裂开,海水大规模自南而北浸入,今天的南海就初步形成了。

南海四沙礁区如今有 50 多个岛屿,其中大部分都是在末次冰期阶段形成的。在距今 1.5 万~1.8 万年时,岛屿的规模和数量与今日相比要大得多,后来许多岛屿都因冰后期海平面上升而被淹没了。因此,珊瑚礁便成了南海诸岛中大部分岛屿的物质来源。在风、浪、流的相互作用下,岛屿在礁面上堆积而成,属于沉积作用的产物。以往,由于弄错了南海诸岛中一些岛屿沉积物的成因,因此有人根据这些岛屿的海拔高度,推断出近 10000 年以来南海诸岛始终在上升。甚至有人认为,南海诸岛以每年 1 厘米的速度在上升。

科学家们经过认真考察后,认为事实刚好相反,南海诸岛其实一直都处在沉降状态。而且根据目前所获得的资料分析,南海诸岛沉降的速度随着不同的地质历史时期的更迭而改变。从总体上看,沉降速度随着时间的推移变得越来越快。人们还发现,南沙和西沙的珊瑚礁台地都是顶面小、基座大,呈宝塔形逐步缩小的规律,这同时表明了礁岛的一个特点,即珊瑚礁总体上是一种海浸礁。现今岛屿沉积物的下部都沉浸在水下,而这些沉积物本来形成于冰期,如果真像某些人认为的那样岛屿处于上升阶段,就应该裸露在水面上。

更有说服力的是,西沙的石岛全部沉积物都是风成的。这些沉积物是在陆地环境时形成的,在海平面上升和沉降的复合作用下,这些风成沉积物的底界越沉越深,以致最终沉浸在水下 18.68 米处。如果将海平面上升幅度和沉降速度看作同等重要的因素来计算,那么现在南海诸岛的沉降速率应该在每 1000 年 12 厘米以上。因此,如果今后海平面不出现大的下降,那么,南海诸岛的岛屿面积不仅不会增加,反而逐渐缩小。

目前,就人们找到的证据而言,南海诸岛应该是在下沉。然而这不是最后的结论。对于科学探索者来说,南海诸岛究竟是上升还是下降仍然是一个谜。

第三节　奇异的山峰

珠穆朗玛峰变矮之谜

在我们的课本中,曾经写有这样一句话:珠穆朗玛峰是世界最高峰,每年以 0.01 米的速度"长高"。但是实际上,珠穆朗玛峰是在逐年变矮,那么是什么原因导致珠穆朗玛峰变矮的呢?

珠穆朗玛峰简称珠峰，又意译作圣母峰，尼泊尔称为萨加马塔峰，位于中华人民共和国和尼泊尔交界的喜马拉雅山山脉之上，终年积雪。是亚洲和地球第一高峰（太阳系最高峰是海拔 27000 米的火星奥林匹斯山）。珠穆朗玛峰一向是被誉为地球第三极的高峰，高 8848.13 米，在小学地理课本里也早就有关于珠穆朗玛峰的标准描述："珠穆朗玛峰由于处于印度板块与欧亚板块的碰撞地带，每年依然以 1 厘米的速度'长高'"，但是令人惊讶的是，据科学家

珠穆朗玛峰

监测，事实并不是这样的，珠穆朗玛峰的高度目前正在逐年下降，在过去的 33 年里，它的高度下降得惊人。

据记载，早在 1966 年，中国第一次成功测量珠峰的雪面高程值为 8849.75 米。1975 年，科学家测出珠峰峰顶雪面的高度为 8849.05 米，减去当时测量得到的峰顶 0.92 米的雪深，最终得出珠峰高度为 8848.13 米。我们目前对珠穆朗玛峰高度的描述，一直沿用的是当年监测出的高度 8848.13 米。

随着测量技术的不断进步与完善，我们的测量手段和技术也越来越精准。过去 30 余年里，中国科学家利用天文、重力、激光测距、GPS 等先进的技术手段，对珠峰的高程值进行了先后五次越来越精确的测量。1992 年，科学家所测得的珠峰雪面高程的最终计算值是 8849.04 米，而 1999 年第五次观测的结果则下降为 8848.45 米。1999 年的观测值和 1966 年相比少了 1.3 米，所有的这些测量资料显示，珠穆朗玛峰的确是在逐年变矮。

那么，珠穆朗玛峰变矮的原因是什么呢？被誉为亚洲和地球第一高峰的珠峰怎么会变矮呢？这个问题引来了许多科学家们的关注，他们期待早日找到珠穆朗玛峰变矮的原因。

有的地质学家认为，珠峰变矮的原因可能是印度板块和欧亚板块的运动发生了变化导致的。由于印度板块仍在向北推进，仍然是形成青藏高原及其周围地区强烈变形的主要动力来源。而且珠峰地区在印欧板块推动下的整体抬升过程中呈波浪式的起伏，上升的速率并不是均匀恒定的。虽然科学家得出了珠峰地区上升的速率不固定的结论，但却恰恰说明了珠峰抬升的趋势没变。

也有人提出异议，他们认为珠穆朗玛峰变矮的原因不是板块间挤压造成的，而是由于气候变化导致的。珠峰顶部在短期内降低如此剧烈，肯定不是地壳运动的结果，只能从冰川对气候的响应去解释。他们提出，由于全球气温上升，加速了珠峰顶部的积雪由雪到冰转化的过程，冰川的密实化过程加快，从而导致冰面的降低，实际上，从 1992 年开

始的珠峰顶部急剧降低时期正好对应于气候急剧变暖时期。但是全球气温总体来说从1966年到1975年是冷期,20世纪70年代到1992年之间既有冷期又有暖期,所以按照每一年的气温与珠峰下降幅度一一对应有困难。想得到更确切的结论,必须有珠峰每年冰雪层的厚度变化和气温变化的详细数据,完整地取得这些数据目前还有困难。

还有人提出冰雪密实可能是导致珠峰变矮的罪魁祸首。"密实化"是指一个积雪转变为冰层的过程,它有两种物理机制,一种是在气温高的情况下,雪在白天化成水,晚间气温降低,再变成冰;另一种就是雪层不断变厚,底层雪在不断增加的压力之下变成冰。如果气温升高,雪变成冰的速度就会相当快。但是珠峰峰顶常年温度都在零摄氏度以下,所以绝对不可能是降雪先溶解成水再冻成冰。珠峰顶部积雪的密实过程无疑是第二种密实过程。虽然珠峰顶的积雪不会融化成水,但气温升高仍可以加速密实化过程,而变成冰后冰层的厚度相对于原来雪层的厚度是减薄的。假如从前20年的积雪才能变成冰,温度升高后密实速度加快,现在可能只需10年或者5年雪就会变成冰。可是一个"密实化"却并不能彻底揭开珠峰"变矮"之谜。科研人员指出其实积雪密实过程中有很多细节说不清楚。比如温度升高时,到底有多少雪融水的残余就无法观测计算,一点没有融化的干雪和略有融化的湿雪压实过程也并不一样。气温升高后,雪片晶体之间有一点轻微的融水残余都会加速密实化过程,但就珠峰顶上总体积雪来说是不会发生融水的。

那么,珠穆朗玛峰上的积雪厚度到底是多厚呢?科学家们也对此纷纷探讨。1975年我国科学家测量珠峰峰顶的雪深是0.92米,可是意大利登山队用测杆观测到的雪深数据是2.5米。据此,相关研究人员认为使用普通的办法是不能测得雪的真正厚度的,更不要说冰的厚度。他们提出珠峰顶部冰雪厚度要远大于2.5米,可能在10米到几十米之间。经过研究,得知珠峰顶部以岩面为主,如果将雷达放置在冰雪层上,向下发射电波,可以检测出冰雪层的确切厚度,但由于条件限制,从来没有人将雷达背上珠峰进行测量。此外在峰顶的冰雪层上用冰钻钻至底部,也可测出冰雪层的确切值,但也没人做过此类测量,所以珠峰顶部的冰雪层的具体厚度依然是个谜。

那么,珠穆朗玛峰变矮会不会是珠峰顶部冰雪层有物质损失造成的呢?可是是什么物质损失了呢?又是什么原因造成了这种物质的损失呢?对此,有关的研究人员提出了自己的假设:由于珠峰顶部不是一整条冰川,长期的气候演变,使珠峰顶部冰雪形成了一个相对稳定的层面,近三十几年气候变暖,这一层面经过密实化后降低得比较快。珠峰顶部出现降雪后,大风吹雪的情况会经常出现,特别到了风季,风速每秒高达到三四十米,所以降雪难于在珠峰顶部积累。只有天气稍好、风速较小时,才会有一点积累,大部分降雪还是会被风都吹走。这或许能解释峰顶物质流失的问题,但是这种说法仅仅是一种假设,并没有找到真正的科学证据来证明这种假设的正确性。

目前,对于珠穆朗玛峰的高度变矮的问题的研究还在继续进行着,解开珠穆朗玛峰变矮的原因还有待于科学家们的进一步研究。

迷雾环绕的丹霞山

丹霞山是我国著名的风景名胜区,风光迷人。丹霞山由红色沙砾岩构成,以赤壁丹崖为特色,地质学上以丹霞山为名,将同类地貌命名为"丹霞地貌"。丹霞山使之成为世界上同类特殊地貌的命名地和同类风景名山的典型代表,但同时也隐藏着许多美丽的谜团,至今无人解开。

丹霞山位于广东省韶关市境内仁化县,是广东四大名山之一(其余三座名山是罗浮山、西樵山、鼎湖山),也是国家级重点风景名胜区,国家地质地貌自然保护区,被誉为"中国红石公园"。在距今 1.4 亿年至7000 万年间,丹霞山区是一个大型内陆盆地,受喜马拉雅造山运动影响,四周山地强烈隆起,盆地内接受大量碎屑沉积,形成了

丹霞山

巨厚的红色地层;在距今 7000 年前后,地壳上升而逐渐受侵蚀。距今 600 万年以来,盆地又发生多次间歇上升,平均大约每万年上升 1 米,同时流水下切侵蚀,丹霞红层被切割成一片红色山群,也就是现在的丹霞山区。丹霞山海拔 408 米,远看似染红霞,近看则色彩斑斓,许多悬崖峭壁,挺拔秀丽,风景旖旎。故有人赞叹:"桂林山水甲天下,不及广东一丹霞"。丹霞山隐藏着许多的秘密,其中有七大谜团至今无人能解。

1. 丹霞山之名的由来

丹霞和丹霞地貌虽然闻名于世,但是丹霞山这一名字究竟起源于何时呢? 在《山海经》、《淮南子》、《水经注》中都没有关于"丹霞山"的记载。虽然在《山海经·南次三经》中记载"……又东五百里,曰丹穴山,其上多金玉,丹水出焉,而南流注于渤海。"但是丹霞山并不是江河的源头,流经丹霞山的锦江更不是注入渤海,可见,丹霞山和丹舟山是两个地方。

最早记录丹霞山这一地带的,是北宋重和元年(公元 1118 年)邓嘉猷《广东通志·山川略》中的《锦江岩记略》,有"仁化南隅有崖岩,在缥缈间,石纹四时改易,五色俱备……故名锦石岩"的记载。后来,北宋蒙天民的《锦石岩龙王灵感记》、明朝王宾的《重修锦石岩》等都是以"锦石岩"命名此地的,并未见过用丹霞山为地名的。古文中记载"丹霞山"这一名字则是在清顺治二年(公元 1646 年)李永茂买下丹霞山前后。李永茂的弟弟李充茂作的《丹霞山记》:"……丹霞山之名,不自今日始也,自伯子(李永茂)至,而人人知有丹霞焉。"这是最早记录"丹霞山"这个名字的古文。但是李充茂对丹霞山名字起于何时,没有准确界定。根据李充茂的记载,在他们来到丹霞山前,已经有了丹霞山的山名。

但在清同治十二年(公元1873年)的《仁化县志》中《丹霞山水总序》又说:"……传说丹霞山为'烧木佛地',李公(李永茂)不忍更改其名。"这里所说的"烧木佛"是说当时邓州丹霞山天然禅师在惠林寺遇天寒,就焚烧木头佛像来取暖的故事。而李永茂的故乡就在邓州丹霞山。于是,李永茂就用邓州的"丹霞山"来命名仁化的"丹霞山"。也就是说,丹霞山的名字是李永茂所取的。

这与李永茂的弟弟李充茂的记载持相反的观点,有关单位还曾经调查过李永茂的家乡邓州是否有丹霞山,调查结果显示,邓州没有丹霞山。所以,李永茂命名丹霞山这一说法的依据并不充足。

那么,丹霞山的称谓究竟开始于什么时候呢?最早出现"丹霞"二字的是明朝伦以琼的《锦石岩》诗第二首,开句有"水尽岩崖见,丹霞碧汉间"的诗句。在明崇祯七年(公元1634年),诗人殉家行有诗刻在锦石岩梦觉关的石壁上,诗中有"丹霞烟留处,黄粱秀未曾"的句子。此时,距离李永茂买下丹霞山只有12年。但有人说以上两处诗名中出现的"丹霞"并不能作为地名解,而只能当作是"红色的云霞"解。如果是这样的话,那么明天启七年(公元1628年)凌云写的《宿丹霞》,则是将丹霞山当作了地名。其时间还是在李永茂买下丹霞山之前。

因此,丹霞山这个名字大概出现在李永茂买丹霞山之前的明代,但是究竟出现于何时,因何而得名,还是一个谜团。

2. 燕岩神钟之谜

在丹霞山的大石山风景区,有一座山寨叫燕岩,海拔603米,是丹霞山的第二高峰。燕岩山山势雄伟,悬崖峭壁巍峨险峻。在燕岩山山腰险峻处,有一处叫做"燕岩庙"的寺庙。据说,从前这座庙香火鼎盛,香客四时不绝,暮鼓晨钟,曾响萦岩头、河富一带的村庄原野。

关于燕岩神庙还有一个美丽的传说。传说天神派下一对仙女姐妹来此地的西竺岩、燕岩塑造菩萨像,她们约好,谁最先完工谁就陪王母娘娘去瑶池仙境。姐姐选择了低矮易上的西竺岩,妹妹只好攀上燕岩庙,由于燕岩庙是一块清幽之地,妹妹很快就将菩萨的塑像建造好了。后来,妹妹一边铸造神钟,一边学起鸡叫来,急得姐姐仓促间马虎了事减了工序,结果,燕岩庙的菩萨造得比天竺庙的要好看些,而且燕岩的菩萨还会唱歌。以后有了"燕岩庙的菩萨会唱歌,燕岩庙的神钟会应和"的传说。据说,当年燕岩山下,每当夜深人静的时候,就真的有呜咽凄婉的唱和。

据说,燕岩神庙的那口神钟十分神奇。传说它能自动发声似呜咽一般。据当地人回忆,该钟油黑铮亮、非铜非铁,钟顶有几个孔洞,互相通连,与悬挂神钟的钟蒂(钟座)又相衔接,和别处寺庙的钟不一样。有人猜测可能就是这几个不一样孔洞,与钟身、钟蒂构成一个气流回旋的谐振腔体,在一定风向贯穿下铿然发声。而燕岩庙座落于在半山绝壁之中,岩洞与山谷相对,四时风大气流湍急,这口神钟挂在庙前,自然吞风引气、呜咽做声。

但是在后来,燕岩岩庙被废弃,僧尼也都陆续还俗出走。1987年,这口神钟被人收走了,燕岩神庙"菩萨神钟相唱和"的谜底,也因为没有了实物变成了一个永久的谜团。

3. 龙蟠虎卧之谜

丹霞山锦石岩下的悬崖峭壁上,在高约50米的地方,刻着苍劲的四个大字:"龙蟠虎卧",每个字五尺见方,阴刻行书,字体雄浑有力,是清代韶州人邹宗尧所书。在绝壁腾空的悬崖上誊字刻石,现在人都没有办法,当时的工匠是在地上搭台还是从半山的锦石岩垂篮操作,就不得而知了。而这"龙蟠虎卧"又有什么深意呢?

有人认为邹宗尧刻写这几个大字的初衷大概是因为锦石岩连通四个岩洞内壁的"龙鳞片石"。这些锦石岩随四季变换颜色,真若一条藏头匿尾的长龙蟠踞在锦石岩的岩洞中,这也成为古往今来令人称绝的景观。尤其是后来被发现的翔龙湖,它就像一条飞龙缠绕在山峰下。翔龙湖也是到目前为止,全国水面图形近似于翔龙的唯一景观。"蟠龙"隐藏在丹霞山中,这引起了人们无限的遐想,是印证了古人独到先知的眼光,抑或古人早就曾在丹霞山看到了什么?悟出了什么?

虽然"蟠龙"出现,但是虎踪却很难寻。丹霞山内虽然有白虎岭、伏虎岩、老虎寨等地名,但其形态却与虎的形状相距甚远。后来,探险者们在丹霞山密密的丛林中寻找到了阳元石、阴元石、天仙桥、连理枝、守寨爷爷和天然禅师墓庐,却没有找到类似老虎形态的石头。不过,丹霞山无人涉足之处还很多,古人或许曾见过的"卧虎",只不过隐藏于我们还未踏入的地区。

随着丹霞山进一步的开发和探索,我们相信,总有一天"龙蟠虎卧"的涵义会被完全地破译出来。

4. 丹霞山悬棺之谜

据《仁化县志》记载:仁化县地处岭南,古代居民属于"百越族"。春秋时期,仁化县隶属百越,战国时期,隶属扬越。秦始皇时期属陆梁。在秦始皇三十三年(公元前214年),包括仁化的粤北地区才隶属秦帝国的南海郡。秦朝灭亡以后,百越族的首领赵佗占据岭南桂林郡、南海郡、象郡三郡,建立南越国,自称南越王,并在仁化的城口镇构筑关隘"古秦城",以北拒汉武。直到公元前111年,南越国才归顺汉朝。因此,在汉代以前,丹霞山一直是百越族的领地。

按照百越族的习俗,为了防止死者的尸体被野兽侵袭,他们采用的是悬棺葬仪。就是将死者的棺木放在人迹罕至的高崖绝壁凿洞中。而丹霞山就是百越族悬棺葬的首选宝地。

据当地人说,大石山、丹霞山、韶石山中都有关于高岩峭壁"墓洞"的传说。传说一些洞口曾出过朽棺木板,洞内有骨头、瓦罐……但是时到今日,人们也没有发现丹霞山悬棺的踪迹。

百越族归汉以后,百越文化也逐渐融于楚、汉文化的大流之中,改悬棺为土葬了。因此,丹霞山的悬棺葬仪已经绝迹。而丹霞山所处之地多雨,悬棺多被腐蚀,再加上人为的破坏,即使有幸存下来的悬棺,也藏于丹霞山险峻之处。百越族的悬棺今在何处,留给人们的是一声永远的慨叹。

5. 丹霞山藏宝之谜

在丹霞山广泛流传着许多关于宝藏的传说:"金银有三挑,不用锄头不用锹,就怕火来烧","崖是有红光,金碗响叮当,馋死发财郎"……

这些传说让人们纷纷猜测丹霞山藏着巨大的宝藏。有人说在某一个岩洞内藏着古代盗匪抢来的宝藏,有人说在战乱时期某地主在丹霞山藏了无数珠宝……引得许多人前来丹霞山寻宝,但都是失望而归。

丹霞山有宝藏并非是无根据之说。丹霞山自唐宋被开发以来,经历了六个朝代。在战乱时期,丹霞山以其崖高路险,易守难攻或成为地方官家富户的避难所,或成为兵匪盘踞的营地。在这些错综复杂的斗争中,有人在丹霞山藏宝也是极有可能的。

虽然人们并未在丹霞山发现任何宝藏,但是探险者却发现了国家重点保护植物白桂木、银钟花、绿毛红豆、巴戟和秀丽椎。1998年,人们还在翔龙湖找到了国宝级的活化石——桫椤木。从这些方面来看,丹霞山确实藏有珍宝。

6. 金童玉女之谜

在丹霞山还有一个美丽的传说:玉女和金童相恋,他们在'仙人洞'苦修了千万年,本可以成仙,不想糊涂的玉帝听信了谗言,一道金牌又令他们在凡间清守戒律。他们想不通,从此不再修行打坐,干脆逃出洞外,躺在锦江边永远诉说着绵绵情话。

当人们站在仁化县城的高岗或楼顶上远眺时,就可以看到"玉女拦江",她秀美的身姿实在令人叫绝。就在玉女拦江对岸,从长老峰、海螺峰、宝珠峰直到僧帽峰,一线山脉轮廓清朗,活脱脱一个"金童仰卧"的图像:长老峰是头颅,依次是颈、胸、腹、腿,最后僧帽峰俨然成了金童的脚掌,线条流畅,形象逼真。他和玉女头挨着头,依偎着柔软如带的锦江,正述说着没完没了的悄悄话……

但是"仙人洞"又在何处呢?在仁化董塘镇的懒树下村,有一个石灰岩大溶洞,这被人们称之为"仙人洞"。据说曾有人爬进过,辗转一天,才从仁化镇的新东村大坑底洞口爬出。后来,又有人进入,言及洞中景况,石笋钟乳琳琅满目,进洞门即有两条蟠龙,张牙舞爪,稍进依次有八仙厅、地下河、银河滩、松木石、大蟒石、玉帝殿、金童玉女……还有一处白色透明的水晶宫。但在20世纪70年代,"仙人洞"一带开了个石场,洞口就在长年的开炮采石中崩塌了,以后又被石渣废土填埋,几经沧桑,山势地貌已面目全非,当年的勘查者也已不辨方位,这处地下迷宫就此埋灭了,仙人洞也成了一个谜团。

美丽的丹霞山,它的谜团何时才能被解开呢?

鸟吊山为什么会变为"鸟的地狱"

美好的传说,加上造物之手创造的奇观,给鸟吊山上类似百鸟朝凤的神奇鸟会,增添了不少颇具人文色彩的奇情妙趣。鸟吊山为什么会成为鸟儿的地狱成了一个千古之谜。

在云南西部，大理北边有一座神奇的山，这座神奇的山坐落在云南西部洱源县境内，位于洱源县城西南约二十公里。每年农历八九月间，各种鸟类成群结队，盘旋于凤翔、灵鹫诸峰，多至数万只。当地人在山坡上燃起篝火，鸟儿就会被火光吸引，着魔似地在火堆周围飞翔、盘旋，甚至冲进火堆。即使人们用网捕捉，用竹竿扑打，鸟儿也不会飞走。这座山就是鸟吊山。

据统计，全国现已发现的鸟类有1170多种，而云南就有770多种，其中有的属于世界稀有品种。这些鸟类，有的是常年以云岭为家的留鸟，有的是适时来访的候鸟，还有南北迁徙途经云南的旅鸟。据科学工作者们的考察，旅鸟从北至南经过云南的路线主要有二：东面由四川盆地溯金沙江河谷而上，沿乌蒙山脉向南飞；西边是由青藏高原顺横断山脉南下，沿哀牢山红河河谷南迁。滇西洱源县的鸟吊山，就是其中著名的中途站之一。

关于鸟吊山，还有一个非常凄美的传说：凤羽坝，四面山岑环抱，是个柳叶形的长条坝子，自古以来，就是个美丽富饶的地方。住在这里的乡亲，手勤脚快，肯下苦力，因此，庄稼茂盛，特产富庶，大家都过着吃饱穿暖的好生活。可是后来，坝子里出了个恶毒的赵土司，仗着官府势力压榨百姓，把百姓的牛羊统统归为己有。弄得百姓叫苦连天，走投无路。

这时，坝子东边天马山脚下，住着一对小两口，男的叫春生，女的叫桂花。他俩眼看着大家被逼得无法活了，心里非常气愤，便挨门串户把人们喊到一起，商议对付赵土司的对策。后来，他们一直赞同把赵土司家的粮房打开把自己的粮食拿回来。大家定下主意，即刻带上扁担、镰刀，一窝蜂地冲进赵土司的家。百姓们人多势众，打开了粮房，挑的挑，背的背，就把粮食拿了回来。

赵土司事先哪料到会出这事，一时抵挡不住，只急得像热锅上的蚂蚁团团转。等到大家走散了，他便调集兵马，跑到四乡去捉拿百姓，把男女百姓一串串拴了回来。桂花也被拴来了。赵土司一眼看见她生得美貌，叫人把她放了，喊入内房，威逼她做自己的小老婆，并口口声声地说："和我成了家，何愁没吃没穿！"桂花吐了他一脸口水，骂道："乌鸦梦想配凤凰。"赵土司恼羞成怒，就叫人把她关进了土牢。

等到第三天半夜，春生手拿一把闪闪发光的刀，悄悄摸进了赵土司的牢房，救出了桂花，连夜向别处逃去。

赵土司哪能把到嘴边的肉丢掉，马上派人追赶。一直追到坝子东边的天马山上。把春生和桂花层层包围了起来。春生顽强拼斗，但因寡不敌众，眼看陷入绝境，小两口便双双吊死在天马山上。赵土司一见，还不甘心，叫人用干柴烈火烧了这对夫妻的尸体。霎时烈火熊熊，火花四溅，从劈劈啪啪的爆炸声里，突然飞出一对金凤凰，拍打着翅膀飞过凤羽坝子，一直往罗坪山山顶飞去。

这对金凤凰飞到罗坪山山顶，不幸碰上了一场大风雪，又冻死在山上。金凤凰死后，又化作两朵彩云,雌凤凰化作一朵彩云飞向北方,雄凤凰化作一朵彩云飘向南方。两朵彩云飞呀飞,飘呀飘,每到阴历七八月间的夜晚,悠悠伸长,又连结在罗坪山顶上。一到彩云结合,千禽百鸟便从很远的地方飞来,凭吊这对死去的金凤凰。这个山头便被称作鸟吊山。

《南诏野史》亦说:"(唐)高宗显庆二年,凤鸣于浪穹罗浮山,乃改名为凤羽山。"这时节,当地居民,从四面八方的村寨赶来,上山猎鸟;青年们亦邀朋呼伴,借机唱曲对歌,观看"百鸟朝凤"奇景。满山人群,如同过节。待夜雾弥漫,月色暗淡,人们点燃成百个火堆,顿时火光四射,鲜红的火焰飘扬天际,雾气呈现五光十色。群鸟先后破雾冲下,扑向火光,猎者张网以待,有的人一夜可捕数百只。从捕获的品种看,多非本地所产,如大雁、灰鹤、鹭鸶等等,多数不识其名。大者如羊,小者似蝶。近些年来为保护鸟类,此捕鸟行为已被禁止。前人对此捕鸟多有惋惜,有《凤山鸟吊》诗云:"凤德哀时谩群辉,应怜羽族不知机。鸟为吊山山吊鸟,火光透处是重围。"

早在我国北魏时期,郦道元老先生就将人间胜景百鸟聚会写进了他的传世名著《水经注》中:"……有叶榆县(今云南大理市),县以北八十里有鸟吊山,众鸟千百,为群其会……俗言凤凰死于此,故众鸟来吊,因名鸟吊。"

后来,我国明代大旅行家、地理学家徐霞客,曾专程来凤羽考察,并将考察所得录入到他那赫赫有名的《徐霞客游记》里。

凤山鸟吊的现象,史志多有记载。道光《浪穹县志》"凤山微异"条载:"每岁七八月,众鸟千百为群,翔集此山,奇毛异羽,灿烂岩谷,多非滇产,莫可指名。亦一异事。土人伺夜燃火取之,内有无嗉者,以为哀凤不食也。频年示禁,卒不能止。"北魏郦道元的《水经注》,是 6 世纪以前,我国最全面、最系统的综合性地理著作,其中就记有:叶榆县"西北八十里,有吊鸟山,众鸟千百为群共会,鸣呼啁晰,每岁七八月至,十六七日则上,……雄雀来吊,夜燃火而取之,其无嗉不食,似特悲者,以为义鸟,则不取也。俗言:凤凰死于此山,故众鸟来吊,因名吊鸟。"看来,一千四百多年前,洱源的鸟吊山,就已知名于世。

1958 年秋天,鸟吊山旁山坡上一幢房屋失火,恰好是五月有雾的夜晚,扑救不及,熊熊火光吸引了许多鸟儿飞来,在火光附近徘徊飞翔,人们这下才知道原来此地是一处可以烧火打雀的山。从此之后,年年秋季都有人来此打鸟。据说"文革"期间曾有一夜打死的鸟类用麻袋装,整整装了七辆手扶拖拉机的历史记录。

候鸟在长途迁徙过程中,有许多休息站,鸟吊山是其中之一。那么鸟儿为什么会在鸟吊山出现这样的现象呢? 有关生物学专家曾经对鸟吊山的这一奇怪的现象进行过深入的研究,有人提出鸟类迁徙飞行是以地面山川流、海岸线或空中的月亮、星辰为导航标志。迁徙鸟类大多数是白天觅食休息,夜间飞行。月明星稀、天气晴朗之时,飞行高度高,飞行速度也较快。当阴雨天或大雾弥漫之时,飞行高度降低,飞行速度减慢。特别是大雾弥漫的夜间鸟类因迷失方向,便有趋光习性,它们会朝着光源飞行。云南秋季常受季风控制,滇东受东南季风,滇西受西南季风影响,它们分别从印度洋和北部湾带来大量水汽,遇到高大山体,气流抬升,气温下降,夜间多在山腰山顶地带冷凝成雾,持续到次日清晨方散去。在这种情况下,鸟类就会迷失方向,如果有光源出现,它们便会急不可待地飞向前去。此时它们很容易被人们燃起的火引诱捕捉。

尽管答案好像很明确了,但是像鸟吊山这样气候的地方肯定还有不少,那么为什么其他地方却没有这样的情况发生呢?看来,以上的说法并不能完全用来解释鸟吊山是鸟儿地狱的原因。其真实原因还有待于人们的进一步研究。

"恐龙山"为何盛产恐龙蛋

西峡盆地是世界罕见的恐龙蛋化石群。1993 年,我国河南西部南阳的西峡县出土了五千多枚恐龙蛋。而在这以前,人类总共才发现了五百多枚恐龙蛋化石,为何恐龙"钟情"于西峡盆地呢?

自 1993 年在河南西峡县发现恐龙蛋以来,迄今为止已经出土了三万多枚恐龙蛋化石。而如今这一数字又将被翻新。专家推测,在西峡一处约五万平方公里的山地,可能蕴藏着 15 万枚恐龙蛋化石,种类达到二十多种。此外,还有大量的恐龙骨化石和古生物化石。因此,西峡县将是世界上最大的恐龙化石聚集的地区,这片山地被称为"恐龙山"也是当之无愧的了。

2008 年,西峡县阳城乡赵营村的村民修路的时候,在公路沿线发现西峡独有的恐龙蛋化石——"西峡巨型长形蛋"。这些"西峡巨型长形蛋"单枚蛋长 37 厘米至 50 厘米,成圆圈状围成一窝,每窝在 26 枚至 40 枚之间。而在公路沿线两公里范围内就发现有二十多窝这样的恐龙蛋化石。同时发现的还有树枝蛋、戈壁棱柱形蛋等十多种恐龙蛋化石。专家推算,仅仅在赵营村,"西峡巨型长形蛋"的蕴藏量可能不少于五千枚,加上其他种类的恐龙蛋化石,总蕴藏量将超过两万枚。

从西峡出土的恐龙蛋化石来看,这些恐龙蛋分布面积很大,在西峡县的各个地方几乎都能发现恐龙活动的遗迹。另外,恐龙蛋的埋藏相当集中,原始状态保存的都较为完整,且数量之多,举世罕见。

学术界普遍认为西峡盆地是我国迄今发现的年代最早的恐龙蛋化石地,时代大约为中生代白垩纪早期,距今一亿年左右。从现场观察,化石埋藏层倾角约 50 度,这可能是受新构造运动的影响所致。

西峡县为什么会有这么多的恐龙蛋化石呢?"恐龙山"又有着怎样的地理条件,来吸引数量如此之多的恐龙来此产蛋呢?专家推测可能是由于西峡山气候温和,雨量适中的条件适合恐龙的生存,且西峡山内的河流众多,也就不缺少水源这一重要条件。另外,由于恐龙不会孵蛋,它只能靠阳光的温暖来让它孵化恐龙蛋。因此恐龙一般都会寻找阳光充足,又接近水源的地方进行繁殖,而西峡就是适合恐龙繁殖的场所。也有人说化石埋藏层倾角约 50 度,并不是造山运动形成的。而是恐龙产蛋的地方原本就是坡面,它们是为了让蛋受到更充足的阳光照射。西峡是个盆地,它境内的山地和山岭起伏的坡度都很大,其自然坡度为 33°(西峡县最高海拔是 2212.5 米,最低海拔是海拔 181 米),也就是说西峡的坡面也是吸引恐龙来产蛋的原因,但这只是一种猜测。

那么又为什么会有这么多种类和数量的恐龙蛋呢?专家说恐龙是爬行动物,而现在的不少爬行动物会像海龟一样专门去一个地方产蛋,然后再去别的地方生活。恐龙中的某些种类也是这样的,它们的产蛋地都是环境比较适宜的西峡,所以到了繁殖季节,恐龙们会从各个地方赶来产蛋,日积月累,就形成了壮观的恐龙蛋化石集聚区。而"恐龙山"则可能被恐龙们认为是西峡中最黄金的产蛋地带,这就是为什么专家说"恐龙山"有大约十五万枚的恐龙蛋的原因了。

五岳是指哪几座山

"岳"在春秋前原是掌管大山的官吏职称,尧时分掌四方外事的部落首领就叫"岳"。后来把主管四岳的官吏与岳官驻地的大山名称统一起来了,便出现了代表四方大山的"四岳"。据道教典范《洞天记》记载"黄帝画野分州,乃封五岳。"但是这五岳是哪五座大山却一直众说纷纭。

五岳是指我国的五大名山,通常人们都认为五岳就是指东岳泰山(山东,海拔 1532.7 米)、南岳衡山(湖南,海拔 1300.2 米)、西岳华山(陕西,海拔 2154.9 米)、北岳恒山(山西,海拔 2016.1 米)、中岳嵩山(河南,海拔 1491.7 米)。但是这只是传统的说法,五岳究竟是哪五座山峰,历来争议颇多。

"五岳独尊"——泰山

《尚书》中只有东西南北四岳之称,而无中岳之称。在《史记·五帝本纪》中记载,尧巡守四岳之地,询问四岳之官时只提到了东岳泰山,其他三岳却没有记载。但在《史记·封禅书》中又有关于其他三岳的记载:"岁二月,东巡狩,至于岱宗;五月巡狩至南岳,南岳,衡山也;八月巡狩至西岳,西岳,华山也;十一月巡狩至北岳,北岳,恒山也,皆如岱宗之礼。"在此之后,太史公司马迁又加了一句:"中岳,嵩高也","昔三代之君皆在河洛之间,故嵩山为中岳,而四岳各如其方。"此时,五岳的概念才较为明确地出现。

最初提出五岳的见于《周礼·大宗伯》和《大司乐》,但是并未指出五岳是哪五座山。

《史记》将五岳定义为：泰山、华山、恒山、衡山、嵩山。但《尔雅》上记载五岳是河南华，河西岳，河东岱，河北恒，江南衡。就是指黄河南面的华山，西面的岳山（今陕西陇县西南），泰山，恒山，衡山为五岳。《周礼·大司乐》上记载的五岳也是这五座山。但是另一种说法也出现在《尔雅》中：泰山为东岳，华山为西岳，霍山为南岳，恒山为北岳，嵩山为中岳。霍山在安徽霍山县，又叫天柱山。注《周礼·大宗伯》则据《尔雅》的这一说，以泰、华、霍、恒、嵩为五岳。为何两本古籍中都会有矛盾的说法呢？

邵晋涵在《尔雅正义》中解释说："冀州之霍山，与泰、衡、华、恒，唐虞之五岳也；华、岳、泰、恒、衡，周之五岳也；泰、衡、华、恒、嵩山，汉初相承之五岳也，泰、华、霍、恒、嵩，武帝所定之五岳也。"鹗《求古录札记》则认为："岱（泰山）、衡、华、恒、霍太（霍太山在今山西霍县东南三十里），唐虞夏之五岳也；岱（泰山）、衡、华、恒、嵩，殷之五岳也；岱（泰山）、衡、华、恒、吴岳，周之五岳也。"

但顾颉刚在《汉代学术史略》中认为秦始皇时还没有"五岳"的概念。秦始皇统一中国后，以崤山为界。将其东边定五座名山：太室、恒山、泰山、会稽、湘山；将其西边定七座名山：华山、薄山、岳山、岐山、吴山、鸿冢、渎山。而今的"五岳"分散于东西。《史记·封禅书》中记载："天下名山八而三在蛮夷，五在中国（中原）。中国（中原）：华山（今陕西）、首山（今山西）、太室（今河南）、泰山（今山东）、东莱（今山东）。"这些地方都是皇帝常游的地方，但是这些地方并没有按汉代疆域的实际情况来划分，所以汉武帝就重新对五岳进行了定义：以太室为中岳，泰山为东岳，安徽的霍山为南岳，华山为西岳，恒山为北岳，以来显示国土的强大。但是安徽的位置离汉代的疆域还有一段距离，汉武帝为此又将湖南的衡山定为五岳之一。

由于史书的记载不同，至今对五岳的争论也没有停止过。看来，这一问题还有待进一步研究。

天门山六大古谜

天门山是张家界永定区海拔最高的山，距城区仅8公里，因自然奇观天门洞而得名。天门山古称嵩梁山，又名云梦山、方壶山，是张家界最早载入史册的名山，主峰1518.6米，1992年7月被批准为国家森林公园。

天门山位于湖南省张家界，距城区仅8公里。天门山的历史文化积淀很深厚，因此天门山一直被当地人民奉为圣山、神山，更誉为"湘西第一神山"和"武陵之魂"。然而，越是著名的风景越是拥有数不清的谜团，也正是这些谜团造就了天门山的神秘和传奇，其中最让人百思不得其解的是天门山六大古谜。

1. 天门洞开之谜

天门山名字的由来就是源于天门洞。据说公元263年，天门山的千米峭壁上突然崩塌出一个巨大的穿山石洞，如同传说中通往天庭的南天门，当时的皇帝认为这是吉兆，就把这座山封为了天门山。

天门洞是世界最高海拔的天然穿山溶洞,它南北对穿,门高131.5米,宽57米,深60米。关于天门洞的成因,地质学家认为是溶洞被雨水溶蚀,产生小的溶洞,这些小溶洞后来又连接在一起,因为无法承受溶洞上面石体的重量,最后崩塌,形成天门洞。但是天门洞如果真是溶洞被溶蚀所致,那么天门的石壁,包括天门洞的地面,就不可能是很平坦的状态,而是应该有明显的溶洞迸裂之后的坑洼,岩石不可能平展地崩出洞外。所以,"天门洞开"的成因仍然是个谜。

2. 天门转向之谜

七八十年前,站在张家界市区河边的南码头可以清晰地看见雄奇壮观的天门洞,而今天在原地只能举目见山而不见洞了,如果还想要观看天门洞就要到四公里之外的大庸桥。传说天门洞所转到的方向都是"风水"极好的地方,这也更为天门洞蒙上了一层神秘的色彩,也被人赋予为吉祥的象征。

3. 天门翻水之谜

天门洞的左侧是光滑的绝壁,在干旱的季节里,一股洪水能忽然凭空狂涌,从万丈绝壁怒泄而下,啸声如雷,地动山摇,极为壮观,这就是"天门翻水"奇观。而在平时,即使下过滂沱大雨,也不会出现水从峭壁上流下的现象。天门翻水造成的瀑布比委内瑞拉的安赫尔瀑布的1054米的落差还要大400米,但是这样的奇观要十几年甚至几十年才发生一次,每次持续的时间也非常的短暂。

而天门翻水之所以被称为"谜",是因为瀑布都有源头,但是天门翻水的瀑布却找不到源头,每次翻水都是凭空从地下冒出一股水来。如果说是洪水,洪水一般发生在雨季,但是天门翻水都是发生在大旱季节,所以至今人们也没有找到天山翻水的真正原因。

4. 鬼谷显影之谜

鬼谷子是战国时期人,本名叫王诩,民间称为王善老祖。他是我国历史上的著名人物,"诸子百家"之一,是纵横家的鼻祖,也是位卓有成就的教育家。苏秦、张仪、孙膑、庞涓都是他的门生。这位奇才、怪才,曾经在天门山鬼谷洞内隐居修炼。据清朝道光时的《永定县志》记载,此洞内为幽深的石室,下有清泉流淌,鬼谷子曾经居此修习《易经》,石壁上还保存着甲子篆文。后有勇闯鬼谷洞的探险家曾偶然间用相机拍下了洞内石壁上一个酷似古代老人的头像,其面容清癯,头挽高髻,下巴微翘,五官清晰,与世间广为流传的鬼谷子头像有异曲同工之妙。又有人再去探洞时,曾特意在此处拍摄照片,冲洗出来却是一片空白。这一次"鬼谷显影",是偶然巧合,还是上天有意的安排?

5. 野拂藏宝之谜

野拂,是明末农民起义军领袖李自成手下的大将李过,其出家后法号为"野拂",他曾经追随李自成南征北讨,战功显赫。抗清失败后,李自成败退出京城的时候,曾经将国库中的金银财宝掠夺一空,意图日后东山再起。后与野拂一同隐居在湖南石门的夹山寺。

李自成圆寂以后,野拂登上了天门山出家,以伺机起兵。然而随着时间的推移,东山再起变得不可能,野拂渐渐绝望了。传说野拂在临死前将这些宝藏分散埋藏在了天门山上几个隐秘的地点。数百年来,在巨大利益的诱惑下,不知有多少人进山寻宝,但是都空手而归。这些财宝究竟被藏在哪里,谁也不知道。那么,是否被野拂花掉了,还是这些财宝都用来赈济当时的穷苦人民了,又或许他留给了其他反清的组织?总之,野拂临死也没有对那些财宝的用途和下落做出交代。

6. 天门瑞兽之谜

在中国古代的神话传说里,独角瑞兽被描述为身有双翼,瞪目怒吼,神态威猛,名曰辟邪,是为人驱除邪魔,带来幸福平安的神兽。也有人说它是能吐玉书的圣兽,更有说它能在日月飞翔,是天上的星宿,代表着神灵的不容亵渎。在天门山当地人的心目中,天门山顶的独角瑞兽能驱魔辟邪,庇护一方水土,还能给人带来好运,有幸目睹它的人能百毒不侵,家和财旺。然而,这不仅仅是一种传说,有记载表明,有人看到过天门山的瑞兽。

在上个世纪七八十年代,曾有人偶然在天门山的原始森林看到独角兽出没,这种动物长得非常接近中国古代流传下来的瑞兽图形,身形与老虎类似,带着红彤彤的颜色,头顶的正中间有一只弯弯的独角。这头独角兽非常警觉,发现有人看到它,立刻掉转身体钻入树林深处去了,发现它的人没带相机,也不敢追进森林搜寻踪迹,而它在天门山顶的出现则更加渲染了天门山千变万化、离奇诡异、神秘出尘的气氛,与天门山的终年云雾缭绕恰成神意仙境,从而成为天门山的又一亘古之谜。

庐山出现过第四纪冰川

庐山位于九江以南,星子县以西。耸峙于长江中下游平原与鄱阳湖畔。自东北向西南延伸约25公里,宽约15公里。东西两侧为大断裂,山体多峭壁悬崖,相对高度1,200~1,400米。主峰汉阳峰海拔:1,474米,山势雄伟。传周代有匡氏兄弟七人上山修道,结庐为舍,因名庐山,又称匡山、匡庐。

1931年,李四光教授在庐山发现一些第四纪冰川的沉积物,后来他又进行了几次考察,最后认为这些沉积物是冰川作用的结果。后来李四光教授在一篇学术演讲《扬子江流域之第四纪冰期》中论证庐山出现过第四纪冰川:他认为庐山平底谷、王家坡U形谷、悬谷、冰斗和冰窖,雪坡和粒雪盆地具有明显的冰山地貌特征,庐山北坡的全部地区在冰期形成了一个巨大

庐山

的粒雪场。另一方面，从冰川堆积出发，他说庐山上下都堆积了大量的泥砾，庐山平底谷、王家坡U形谷、悬谷等山谷都布满了红色黏土及巨大的砾石，有的泥砾层甚至分布在分水岭上。在这些砾石中，有的直径长达1米~2米，被风化较小，砾石夹杂着黏土组成长丘，成扇状分布于庐山和鄱阳湖之间的平缓地带。而泥砾中的黏土颗粒细腻均匀，有的砾石表面甚至有很清晰的擦痕，几乎很难辨认出是残积物，泥砾堆积距离庐山最远的达六千米之远，这不是流水能够形成的。但是假若用冰川来解释上面的情况，则都可以解释得通。

但当时国际上认为在第三纪以来，中国的气候过于干燥，缺乏形成冰川的足够降水量。因此李四光的观点没有得到当时其他学者的认同。英籍学者巴尔博根据对山西太谷第四纪地层的研究认为，华北地区在第四纪时只有暖流、干湿气候的变化，并没有冰期发生过。他还认为长丘是侵蚀形态而非堆积形态，砾石的圆形是边棱已被风化的结果。1935年，中国科学家也分别对长江流域和珠江流域的新生代地层进行考察，考察结果也否定了庐山曾有过冰川。

但是李四光一直在努力寻找冰川证据，1936年，他在黄河也发现了冰川遗迹，更加证明庐山有过冰川时期。经过多次调查，他在著成的《冰期之庐山》中不仅进一步肯定庐山的冰川地形和冰碛泥砾，也提到了在玉屏峰以南所发现的纹泥和白石嘴附近的羊背石。

但是在20世纪60年代，反对庐山出现过冰川的人列出理由：其一，"冰碛物"不一定是冰川堆积，其他地质作用如山洪、泥流都可以形成；其二，地形方面，庐山没有粒雪盆地，王家谷等地都不是粒雪盆地，而且山北"冰川"遗迹遍布，何以在山南绝迹？其三，庐山地区尚未发现喜寒动植物群，只有热带亚热带的。

而赞同李四光观点的人虽然逐条驳斥，但并没有拿出更多的有力证据来证明。"不识庐山真面目，只缘身在此山中。"也许，总有一天我们会找到所有问题的答案。

天下奇秀——武当山

武当山是著名的山岳风景旅游胜地。胜景有箭镞林立的七十二峰、绝壁深悬的三十岩、激湍飞流的二十涧、云腾雾蒸的十一洞、玄妙奇特的十石九台等。武当山不仅以自然风景闻名天下，它独有的宏伟壮丽的古建筑更是世界罕见。那些古代建筑风格和特色令人叫绝，同时也奇得叫人费解。

武当山又名太和山，仙室山，古有"太岳"、"玄岳"、"大岳"之称，位于湖北省西北部丹江口市境内，是我国著名的道教圣地之一。其面积古称"方圆八百里"，实测有300多平方公里。东接历史名城襄樊市，西靠汽车城十堰市，南依原始森林神农架林区，北临大型人工淡水湖丹江口水库。武当山不仅风景秀丽，而且还拥有悠久的人文历史，因此武当山被誉为"亘古无双胜境，天下第一仙山"。武当山同时也是国家重点风景名胜区，武当山古建筑群被列入《世界文化遗产名录》。武当山还是武术之乡，它孕育了道家武术流派——武当拳、武当太极剑。秀丽的武当山，除了美丽的风景外还有许多神秘的谜团。

1. 金殿之谜

武当山古建筑群规模宏大，气势雄伟，据统计，从唐朝至清朝共建造庙宇五百多座，历代皇帝都把武当山道场作为皇家家庙来修建。明朝永乐年间，大建武当，史上有"北建故宫，南建武当"之说，一共建成9宫、9观、36庵堂、

武当山

72岩庙、39桥、12亭等33座道教建筑群，面积达160万平方米。明嘉靖三十一年（1552年）又进行扩建，形成"五里一庵十里宫，丹墙翠瓦望玲珑。楼台隐映金银气，林岫回环画镜中"的建筑奇观，现存较完好的古建筑有129处，庙房1182间。这些林立的古建筑如同一幅美丽的山水画，有着许多的谜团。

位于武当山天柱峰顶端的大岳太和宫，俗称金顶，其建筑分布在海拔1500米上下约两公里长的建筑线上，它包括金殿、紫金城、朝圣拜殿、皇经堂、天云楼、三天门、九连蹬等现存建筑和遗址87500多平方米。其中金殿建造于明朝，高5.54米，全部是用铜铸鎏金仿木构建筑。金殿外围四周，在千仞危岩之上，建有紫禁城。它又名红城、皇城，因金殿在上而得名。始建于明永乐十七年（1419年）。城墙高达数米，周长1.5公里，呈椭圆形环绕天柱峰巅，由每块重达五千公斤的条石筑成。从里面看墙体向外倒，从外面看墙体向里斜。这种视觉上的差异，古人是怎么做到的呢？这真是让人百思不得其解。而且这条墙体没有浇铸任何混凝土和钢筋，数百年来这座墙体一直坚固无比。更令人费解的是在公元1412年动工时，当时的人们是用什么工具将这五千多公斤重的条石运上千仞危岩呢？这真是一个谜团啊。

金顶上的金殿建于1416年，高5米多，宽也5米多，殿面宽与进深均为三间，四周立柱十二根，构成重檐底殿式屋顶。地面以上紫色石纹墁地，殿内供塑真武大帝坐像。左侍金童捧册，右侍玉女端宝；水火二将，执旗捧剑拱卫两厢。金殿遍体鎏金，无论瓦作、木作构件，结构严谨，合缝精密，虽经五百多年的严寒酷暑，至今仍辉煌如初。来金殿游玩的人都会看到金殿内长明不灭的神灯。据说即使殿外狂风大作，殿内神灯的火苗仍不会摇动。大殿自建成到2006年的590年间，神灯从来没有熄灭过。有专家做过考察，认为整个金殿在修建之初就充分考虑了大殿热胀冷缩的系数，铜殿在焊接上技艺高超，毫无铸凿痕迹，三面密不透风，殿内空气不能形成对流，风到殿口又被反弹回去，所以殿外狂风暴雨，殿内神灯仍可不闪不摇。神灯的供油系统，在大殿的夹墙内，信士捐赠的油料倒

进去以后,一次可容千余斤,可供神灯十余年长燃不灭。

在金殿的屋脊上装饰着许多的鎏金的铜龙、凤、马、鱼、狮等。在这些鎏金饰物中,有一匹金马,它全身发黑,传说每到夏季它会吐出雾气,飘向空中化为紫霞,同时还有马长嘶的声音,人称"海马吐雾"。有专家解释说由于金马内部是空的,里面充满了湿度较高的气体,当雷雨到来之前,武当山变得闷热,冷热空气交替剧烈,外加日光暴晒,金马体内的空气受热膨胀,就从金马的口中吐出来,但是热气一遇到外面的冷空气,就会凝结成水雾,看上去就像海马吐雾一样。金马的长嘶声,是因为上下交替的气流与马口相互摩擦而产生的。

金殿的另一种景观也让人拍案叫绝。每年夏季雷雨季节,武当山就会出现雷击金殿的奇观。当雷电划破长空,如利剑直劈金殿。刹那间,金光万道,直射云霄,其景惊心动魄,神奇壮观。有人解释说"雷火炼殿"也是一种自然现象。武当山山峦众多,受热不匀,气候多变,金殿其实充当的是导电体,很多带电积雨云都朝金殿运动。当达到一定距离时,云顶与金顶上的尖角之间形成了巨大的电位差,使空气电离,拉成弧线,即闪电。同时强大的电弧使周围的空气剧烈膨胀而爆炸。于是电弧发生变形而成了火球,并发出惊天动地雷鸣,即"雷火炼殿"。但是无法解释的是雷火炼殿之前,金殿除鎏金部件外,一些生了锈的铜铸件、铁栏杆、一经雷火,瞬间变得金光闪闪,如同被用除锈剂擦拭过一般。究竟为何,还有待人们进一步研究。

2. 飞蚁朝顶

在武当山有两道动物奇观:雀不漫顶和飞蚁朝顶。据明代《太和山志》记载,武当山有种奇怪的鸟,有着褐色的羽毛、金色的嘴、青色的脚和红色的爪,它能叫出"宫、商"和鼓瑟的音,所以人们称之为武当山音乐鸟。但是这种鸟无论怎么飞都不会飞过金顶,似乎金顶之上就是它的禁区。因此这种现象被人们称作是"雀不漫顶"。而与"雀不漫顶"相反的是"飞蚁朝顶"。

据说当秋天来临时,就有许多飞蚁排成一条黑色的长龙围绕着金顶飞翔,时刻还变换着动作。"飞蚁朝顶"几乎每年都会发生,其数量无法计算。据专家考证,"飞蚁朝顶"与武当山的气候和建筑有关。由于武当山"七十二峰朝金顶"的独特地理特点,使得地层水分蒸发沿着山体上升,形成了一个由众多低小山峰向最高峰天柱峰金顶聚拢的水蒸气流场,由于水蒸气上升形成引力,飞蚁们也便会随着引力从四面八方向天柱峰聚集,这是地形和气象的作用。但是为何上升气流只带来了飞蚁而很少有其他种类的昆虫呢?这个谜团还有待进一步研究。

3. 龙头伸岩

南岩宫又名独阳岩、紫霄岩,是道教所称真武得道飞升的"圣境"。南岩峰岭奇峭,林木苍翠,上接碧霄,下临绝涧。南岩宫的主建筑"太乙真庆宫",全部用石头做成,镶嵌在悬崖绝壁之上。石殿旁有一个龙首石,又称龙头香,龙头伸出绝壁3米,上宽约40厘米,高约 2 厘米,凌空翘首,惊险无比。龙头上设有一个香炉,龙头正好朝向金殿。过去常有人登上龙首烧香求神,也因此常发生跌下深谷丧生的惨事。到清代康熙年间,在此立了一个"南岩禁止龙头香碑"的石碑,人们就不能再去敬龙头香了。

龙首石位置之险要堪称一绝,尤其当云雾缭绕时,石龙时隐时现,仿佛在仙山琼阁中飘荡。数百年来,人们纷纷猜测古人们是用什么办法将巨石抬到悬崖上,在半悬的空中又是如何雕刻这活灵活现的石龙的?

石龙向外伸出 3 米之多,其重量约有 19.5 吨,古人是如何将巨石抬到悬崖上呢? 有学者认为是两种办法:一是用绳子和绞车从悬崖下绞上来,二是在岩石上修筑一半路,在悬崖上再雕凿一半的栈道,总宽应有 12 米,人能行走,方能抬过来。但这些只是推测而已。

石龙的雕塑者也一直是个谜,直到 1981 年考古学家在石殿脊背上的悬崖峭壁中发现一些字样:"永乐十年四川石匠、高手吴天林……"人们才得知是四川石匠吴天林带着众多的人建造出来的。

4. 金顶隐像

有人发现太和山顶有一个天人合一的隐性玄武神像,从天空中下看紫禁城似龟甲的边沿、巨龟在天上游荡,一股彩云缠绕在龟身,仿佛是银蛇纠合巨龟,狮子峰苍峦突出昂立云端,似巨龟之头翘首天穹,呈现出一幅天地人合一的玄武神像。当天空晴朗无云时,眺望太和山顶,你会发现金殿坐于龟背之上。这种隐像在武当山紫霄宫中也存在,有人说武当山紫霄宫建筑群与其周围的山势地形是根据人体坐像故意安排而成的,建筑和山势构成坐像的头上戴冠,嘴边胡须,手合腹前,远看与真武大帝十分相似。武当山上隐像在历史上没有遗留下任何的资料,直到 2000 年才被人发现。没有人知道在古代,石匠们是怎么规划设计出这么神奇的景象来的。

5. 武当神木如何飞来

在武当山紫霄大殿中,供奉着玉皇大帝、真武祖师、金童、玉女、执旗捧剑护法灵官等道教众神,但是令人们费解的是,在这些众神之中,竟然还供奉着一根极其平常的杉木,更奇怪的是它被供奉在大殿左侧中央这个重要的位置上,这让人们百思不得其解。

关于这个杉木还有一个传说。据说明初有一片森林,林中的树王是一个"精灵",它一直想让人们发现它的特殊材质,但是工匠们每年却都没有选用它,这棵树王就悲愤而死了。玉帝可怜它的非凡才干,就指路武当,说那里正在修建玉虚大殿,可以去试一试。但是当树王来到武当以后,才发现玉虚大殿早已竣工,它一急就昏了过去,一头栽倒在紫霄殿前的月台上。此时,道长正在举行大殿落成仪式,忽见空中飞来一杉,知是有神降临,于是忙率道众就地叩拜,并将飞来杉奉到太殿供万人瞻仰。

当然这只是一种传说。在明洪熙年间武当山道士任自垣编撰的《大岳太和山志》其第十三卷中记曰:"神留巨木,敕命隆平侯张信,驸马都尉沐昕,兴建武当宫观材木采买十万有奇。"

　　也就是说,武当山各宫观用材是经武昌从全国调运的。因为虽然武当山在明朝也是松杉茂密,但由于是"神山",草木皆不敢动。志书还记载,在永乐十一年十一月十日,当明朝官员运输棺木经过黄鹤楼时,看见一巨木立于江中,只露出一点头。众人大惊,派人去探寻,发现水深五丈五尺,而木头却长四丈,悬于水中。众人将其用绳子锁在船舶上,船竟然不费力地走着,于是人们就认为这是上天给武当山预备的木料,后来朝廷下令将它定为玉虚宫之梁,受万代敬仰。但是后来玉虚宫毁于战火,只剩下这么一截"神木",就被供奉在大殿左侧中央这个重要位置。

　　上面两种解释都是传说,武当山为何供应"神木"也许将是一个永远的谜团吧。

　　武当山神奇的谜团留给世人无尽的遐想,作为中华民族的一块瑰宝,令人永远神往!

蒙顶山上的"人脸"

　　北纬30度是一条神秘纬度线,蒙顶山就在此纬度线附近。同样,有人在蒙顶山的卫星图上发现了一个神秘的"人脸"。

　　蒙顶山位于四川雅安县,北纬30°6′,而在北纬30度有很多神秘莫测的东西,蒙顶山也不例外。有人在浏览卫星地图时发现:在卫星地图上,蒙顶山的阴面呈现出一幅奇特的图案。图案长10公里,高4公里,左边是一只麒麟,右边是一个带着羽毛头冠的武士,整个图案几乎覆盖了整个蒙顶山的阴面。从空中看去,这副图案就像罗马武士的上半身,有手、鼻子、眼睛、帽子,还有一个冠,另外还有一个看

蒙顶山

上去像麒麟坐骑的动物。这些人类的五官和图画究竟是怎么形成的呢?是人工开掘的?还是外星文明的产物?它会不会和北纬30度的这些谜团有联系?

　　一种猜测是人工开掘的。蒙顶山在茶文化中具有独特的地位,早在西汉时期,"茶祖"吴理真就在这里种植茶叶。那么会不会是古人为了祭祀茶神等原因人工开掘制造的呢?但是这个图形面积有几十平方公里,就算人工开掘的话,如此巨大的工程量也不现实。那又是什么原因呢?另一种看法是卫星地图的某种误差造成的。但地质专家觉得卫星地图上显示的那个神秘图形应该是真实存在的,因为雅安地区是中国三个方向的地质构造带的交点。所以雅安区的地质构造非常的复杂,也具备了出现特殊的地貌的基础条件,但是还需要科学调查才能下结论。第三种看法是有人说蒙顶山有个陨石坑,那么这个陨石坑会不会与神秘图形有关联呢?但据地质专家考察,这个地带并没有陨石坑形成的地形地貌条件。

最后，经过认真考察，卫星图上的这个神秘图案在雅安山是真实存在的，人们先后发现了神秘图案的头等。在蒙顶山上有一个整个山脊上唯一没被树木挡住的缺口，就能看到神秘图案的头发。专家称奇特图案是长年雨水冲刷形成的。麒麟和人像身体的线条都可以用地质构造自然形成的巧合来解释。由于蒙顶山主要是容易被流水侵蚀的沙砾岩地层，所以地质专家假设，那些图案上看起来像是头发的褶皱，应该是长年的雨水冲刷形成的冲沟。这么一大片很深的冲沟呈现一种辐射状的排列，理论上，在它的下面应该有一条河流，由这些冲沟流下来的雨水汇集而成。能否找到那条河流，将是揭开头发部位奇特地形成因的关键所在。而事实上，有关研究人员真的在山梁中发现一条蜿蜒流过的小河。因此，"麒麟武士"的"头发"是下雨后水流冲刷形成的可能性非常大。据名山县当地的气象专家介绍，雅安地形非常独特，它背靠青藏高原，前边是四川盆地，印度洋来的大量暖湿气流，进入雅安境内后受到青藏高原的阻挡，被迫爬升，当爬升到约1500米高度的时候，暖湿气流内的水气碰撞增大，形成雨滴落下，所以云非常多，雨非常多。而蒙顶山上的雨日更多，一年可达300多天，在这么巨大的降水量下，形成图像上的众多冲沟自然不成问题。但也有人指出冲出这么规则的图案似乎也太"巧"了。

还有人认为是神秘的力量形成了蒙顶山的"人脸"，形状。究竟如何，还有待专家们的进一步研究考察。

第四节　怪异的江河湖海

五彩湖为什么水色美丽斑斓

五彩湖宛如人间的一道五色彩虹，把大自然装点得更加美丽动人，在浩海茫茫的大自然中竟然有如此奇观，实在叫人对自然奇观称赞不已。那么，是什么造就了如此美丽的五彩湖呢？

在我国，有许多美丽的五彩湖，这些五彩湖的神奇之处吸引了许多旅游观光者以及气象、地质学家好奇的眼球。

沿藏新公路西进，从拉孜往西走210公里，在21道班再向北走约130公里，翻过一个山口，眼前豁然开朗，闯入你视野的是一个开阔的直径约有40公里的山间小平原。对面山下，在晃晃的云气中，若隐若现，犹如山脚的一条白色条带，飘飘荡荡与白云相连，这一幕幕变幻着的壮观景象都来自五彩湖。若是红日高照，阳光灿烂，景色便更加迷人。远看五彩湖，色彩分明，白、黄、红、绿、蓝，层带清楚，越到近处越明显，偶尔白云缭绕，仿佛仙境一般。

那么，是什么造就了如此美丽的五彩湖呢？有关人员认为，形成五彩湖的原因可能是由于阳光透过林梢洒向湖面,湖水明澈如镜,倒映出林梢的绚丽色彩;加上湖底的石灰岩层次高低不同,有深有浅,本身颜色有别;再加上水里的水藻,反射上来,就形成了极为丰富的色彩。

有人认为,西藏高原是世界上最高的高原——青藏高原的一部分。高原上植被稀少,人烟寥寥。太阳辐射强度大,大气格外清新,能见度十分高,天晴干旱日多;天空又总是蔚蓝色的,故从40公里远处就能清楚地看到五彩湖,在酷阳强烈曝晒下的湖面,水蒸气上升;尤其是湖畔的石膏和盐层,在耀眼的阳光反射下,远看五彩湖就像笼罩在白色的云雾之中。

还有人认为,以上这种奇特的五彩湖景观,完全可以从西藏的地质、地貌、地层等地理状况去解释。青藏高原过去是大海,欧亚板块和印度板块多次激烈地碰撞后,隆升和断陷了该地区,形成内陆的构造湖。因此,在湖畔周围不仅有代表第三纪的红土层,还有代表第四纪的黄色土和因长期干旱强烈蒸发后的石膏和盐层;由于板块碰撞大地变形后断裂和构造凹陷形成的构造湖,又产生因水深浅的绿色和蓝色,于是就形成了美丽的五彩湖。

此外,四川西北部的岷山,绵亘千里,雪山和森林之间,镶嵌着许多秀丽的"明珠"。有的湖泊,湖水泛映出红、橙、黄、绿、蓝等五种色彩,十分绚丽,仿佛是个童话世界。

岷山北坡南坪的九寨沟,被两边雪山和原始森林夹峙着,那雪水汇成的清溪,顺着台阶般的岩沟,层迭流泻,时而奔腾飞溅,时而汩汩流淌,把九寨沟108处断崖洼地连成了一长串彩色明珠和一道道瀑布。108个湖泊有大有小,最大的长七公里,宽三百米。湖水都很清澈,雪峰和翠林的倒影,交相掩映,大小游鱼,历历可数。

岷山南坡松潘黄龙寺风景区的五彩湖,就更奇特了。从山腰到山麓,有一条宽几米、长七公里多的岩沟,溪水沿着山坡蜿蜒而下,在阳光映照下,仿佛一条金黄色的彩带在漂动,两端都有成串明珠般的五彩湖。湖床是乳色和米黄色的石灰岩,宛如精美玲珑的玉石雕刻。它们形状千姿百态,有的像葫芦,有的像壶、盆、钟、鼎,有的像莲瓣、菱角,水色五彩纷呈,滢红、漾绿、泼墨、拖黄,艳丽如锦。人们用手捧水,又变得五色而透明了。

五彩湖,水色变幻多端。从山腰俯瞰,仿佛一个色彩斑斓的水晶宫。水面上,有的地方显露出海蓝色,有的地方呈现着翠绿色,有的地方辉映成橙黄色。人们以石击水,那荡漾起的涟漪,反射出粉红色和雪青双色波光,向四周扩散开去,宛如一道道美丽的彩虹。

五彩湖到底成因如何呢? 哪个原因是其形成的最根本原因呢? 期待着科研人员对五彩湖进行进一步研究,早日解开五彩湖形成之谜。

壮观的岩浆湖

世界上有一种奇怪的湖泊,湖泊里没有水,只有热腾腾、红彤彤的岩浆。

在刚果(金)的东部,有一座著名的尼腊贡戈火山,山势十分雄伟,海拔高度为3470

米。"尼腊贡戈"在当地语言中是"不要去那里"的意思。在最近一百多年间,尼腊贡戈火山曾经喷发过多次,每次喷发总要流出大量炽热的岩浆,沿着山坡流得很远,结果把漫山遍野的森林烧了个精光。后来,火山停止了喷发,在火山顶上留下一个深深的火山口。尼腊贡戈火山口样子很像一口巨大的锅,从"锅沿"到"锅底"有好几百米深。四周是呈圆形的悬崖陡壁,悬崖下面就是那个沸腾着的岩浆湖。岩浆湖长 100 米、宽 300 米,通红炽热的熔浆在湖中翻滚着,仿佛是一炉沸腾的钢水,非常壮观。

1948 年和 1953 年,一位意大利探险家冒着被岩浆吞没的危险,两次走进地下"魔窟"。他发现,这片稀奇的岩浆湖并不是一天到晚总是翻滚沸腾着,它也有平静的时候。这时,湖面上相当安静,火红的岩浆表面渐渐冷却,结成一层厚厚的黑壳。可是,平静的时间并不是很长。过不了多久,湖面上开始喷涌出火红的岩浆,喷涌的范围越来越大,很快就掀开表面的全部硬壳。与此同时,岩浆湖上腾起浓密的烟雾,响起隆隆的吼声。这时,原来凝结的岩壳消失了,重新被熔化成岩浆,整个岩浆湖变得像一炉熔化的铁水。随后,岩浆湖又慢慢恢复了原来的平静。

那么,岩浆湖到底是怎么产生的呢?

原来,地壳下面存在着大量的炽热岩浆。火山喷发时,岩浆会从地下冲到地面上。但是,不是所有的岩浆都能形成岩浆湖。地壳下面的岩浆成分有很大的差异,有的岩浆含二氧化硅成分多,岩浆特别黏稠,一从地下涌出来,很快就会凝固,这种岩浆是无法形成岩浆湖的。只有含二氧化硅成分很少的岩浆才能形成岩浆湖。这种岩浆湖底下有连通地下深处的火山通道,燃烧得滚烫的岩浆可以源源不断涌流出来,补充"湖水",形成岩浆湖奇观。

无法解释的沥青湖

沥青就是我们俗称的柏油,是石油提炼过程中的副产品,主要由碳氢化合物组成,也含有少量的氧、硫或氮的化合物。沥青的黏结性、抗水性和防腐性良好,常用于铺筑路面,也可以作为防水和防腐材料。世界上有一个罕见的"沥青湖",它的"湖水"是一种黏稠度很大的天然沥青。

这个湖位于美洲加勒比海的特立尼达岛上,名叫"彼奇湖"。湖中心不断涌出天然气和天然沥青,因此它又被称为"沥青湖",是世界上最大的天然沥青产地。沥青湖湖面漆黑闪亮,整个湖就像一个黑色的大漆盆。它的面积只有 0.36 平方公里,湖底却深不可测,沥青就是从那里源源不断地涌出来的。沥青湖究

沥青湖

竟有多深呢？有人曾想探索它的奥秘，在湖心钻探到 90～100 米的深处，从那里取出来的仍然是沥青，因而目前尚无法确定其深度。

当地人用又厚又宽的木板平铺在湖面上，开着掘土机和大卡车去开采沥青。奇怪的是每次开采后留下的大坑，不到几个星期就会被新涌上的沥青浆填平。沥青湖在 1595 年被人发现，至今人们已开采了四百多年。尽管人们不停地采挖，湖面却没有降低多少，就像一个取之不尽、用之不竭的"聚宝盆"。这个宝湖给特立尼达和多巴哥带来了无穷无尽的财富，成为特立尼达和多巴哥重要的创汇来源之一。

沥青湖的沥青质地优良，稳定性和黏合力都很强。用这里的沥青铺成的路面经久耐用，酷暑不软，严冬不裂，而且在车灯下会呈现闪光的银灰色，特别适合车辆夜间行驶。许多国家的道路工程所需的沥青都来自这个岛国。

这个天然沥青湖究竟是如何形成的呢？在特立尼达和多巴哥民间曾流传着这样一个充满神奇色彩的传说。相传数百年前，在这里生活的印第安人视蜂鸟为他们祖先的灵魂，将蜂鸟供为神灵，任何人不能伤害它们，更不允许捕杀。一次，一个剽悍的土著印第安部落——查伊马部落打败了入侵之敌后，举行盛大的庆功宴会，席上有人将猎来的蜂鸟做成菜肴供大家品尝。不料这一触犯神灵的举动招来灭顶大祸，天神当即下令将整个村庄和部落埋于地下，不久这里就开始不断喷出黑色沥青，形成了沥青湖。当然，这只是流传在民间的神话传说而已。

科学界对天然沥青湖的形成有着不同的看法。有的地理学家认为，沥青湖是由于地震造成陆沉，地下的石油、天然气溢出，与地面上的物质化合，久而久之才形成的。有的地质学家认为，这里原来是一座死火山，沥青湖是石油和天然气在地底下长期与软泥流等物质混合，涌到死火山口后形成的。

上下两层的湖

在美国阿拉斯加半岛北部伸向北极圈内的巴罗角上，有一个奇妙的湖，叫努沃克湖，当地人习惯叫它为双层湖。顾名思义，此湖为双层。一池湖水分上下两层，上层是淡水，下层是咸水，其界限很分明，从不混淆，也不相互融合。两层水分别生长着迥然不同的生物体，上层淡水区生长着适应淡水的动植物，下层是适应海水的海洋类动植物。

整个努沃克湖长约 180 米、深约 6 米，水层的分界线在距离湖面 2 米处。由于这里受北极冷空气的影响，努沃克湖一年之中的大部分时间都处在冰雪覆盖之下，上层两米多厚的淡水层常常冻结为一个巨大的冰块。

据科学家经过多次实地勘探研究，他们认为这个湖是由一条把海和陆地隔断的海湾形成的。冬季这里普降大雪，春天雪水融化，成为大量的淡水，这些淡水流入湖中，而每当海上起风暴时，海水就会被风吹起灌入湖中。由于淡水比海水轻，海水自然就沉积在湖的下面。

位于乌兹别克斯坦与哈萨克斯坦之间的咸海的海中也有一个双层湖。这个双层湖在咸海海面以下 300~500 米处。湖水与白垩纪沉积层混合在一起,并与天山山脉之间有暗河相通,湖水从没枯竭过。

在巴伦支海的基丁岛上也有与努沃克湖相同的湖,这个湖的水层结构更为奇异。湖水成分可分为五层:第一层是淡水,生活着普通的淡水鱼,它们种类繁多;第二层是含有微量盐类的水,栖居着节肢动物和甲壳动物,如水母、虾、蟹等;第三层是咸水,栖息着海鱼、海葵和海星;第四层水呈红色,就好像新鲜的樱桃汁,是整个湖中水色最美丽的一层,这层水里生活着许多紫细菌,它们以湖底产生的硫化氢气体作为自己的养料;第五层水是由湖中各种生物的尸体残骸混合泥土而成,除了燃气性细菌外,几乎没有生物的踪迹。由于湖中五层水层次分明,故又有"五层湖"之称。

那么,这个湖泊的水为什么保持有明显的分界线呢?湖里为什么又生活着海洋生物呢?

科学家经过长期观测和大量的研究后,得出这样的解释:这个湖位于北极圈内,淡水是冰雪融化而来的。由于淡水较轻,因此处在最上层,而湖面一年到头结着冰,挡住风的吹拂,湖水就很难溶合起来。又因为这个湖距离海洋很近,由于地壳的升降原因,海岸线也随之变迁,小片的海水便被封闭起来,变成今天这样的湖泊,因此湖里栖息有各种海洋生物。

无法解释的的的喀喀湖

的的喀喀湖位于玻利维亚和秘鲁两国交界的科亚奥高原上,其中 2/5 在秘鲁境内,被称为"高原明珠"。湖区面积 8330 平方公里,海拔 3812 米,平均水深 100 米,最深处可达 256 米,是世界海拔 2000 米以上面积最大的淡水湖。

的的喀喀湖形成于古地质时期的第三纪,在强烈的地壳运动中,随着科迪勒拉山系隆起及巨大的构造断裂,在东科迪勒拉山脉和西科迪勒拉山脉之间,形成了一条西北至东南走向的构造盆地,的的喀喀湖就位于该构造中。经过第四纪冰川作用,湖区更加绚丽多姿。湖中大片倔强的香蒲冲破湖水,傲然挺立在湖面上,一望无际的香蒲丛中有纵横交错的水道。

生活在湖上的乌鲁斯人常常单人划着用香蒲编织成的一种名叫"托托拉"的小船航行在湖光山色之中,这种船两头尖翘,轻巧灵便,成为了的的喀喀湖上的独特风貌。然而,最令人称奇的还是乌鲁斯人用香蒲草编扎的漂流岛。

漂流岛是以多层芦苇扎在一起建成的,就像一只大草船,通常一座浮岛的寿命有十多年,但由于底部浸在湖中,朽烂得快,必须不断地在漂流岛表层添加芦苇,借此延续使用年限。因为厚厚的香蒲草草堆铺在一起时浮力很大,乌鲁斯人就在上面用香蒲草盖起简陋的小屋。在漂流岛上不大的天地里,他们世世代代生活下去,将用蒲草制物的手艺口口相授。

如今,仍有一些人居住在这些漂流岛上。其中最大的一个漂流岛上还有学校、邮局和商店。

的的喀喀湖不同于世界上许多高山咸水湖,而是一个淡水湖,适宜于生物饮用。因此,湖中鱼虾众多,岛上水鸟云集。其中一种名为"波科"的鸭,翅膀的颜色五彩缤纷,头呈墨绿色,而面颊却雪白,像是淘气的小孩给自己脸上涂了厚厚的一层白粉,格外讨人喜欢。此外,较浅的湖底生活着罕见的大青蛙,身长达 30 厘米,有灰色、绿色和黑色等多种,约有上千万只。

的的喀喀湖区还是南美印第安文化的发祥地之一。湖中的太阳岛和月亮岛至今仍保存着被当地印第安人视为圣物的宫殿、庙宇、金字塔等古建筑。

在湖的东南 21 公里处还有著名的蒂亚瓦拉科文化遗址。在那里可以看到许多巨大的石像和石柱,其中最著名的古迹是雨神"维提科恰"的石塑像和闻名于世的"太阳门"。"太阳门"号称是世界考古最伟大发现之一,因门楣上刻有太阳神形象而得名。凡是看到过"太阳门"的人,无不为它的宏伟壮观惊叹不已。它不仅是个庞然大物。而且上面还雕刻着极其精美的图案。在"太阳门"的石门楣中央,刻着一个谜一般的人像,据说是代表太阳神。

神秘莫测的乔治湖

澳大利亚新南威尔士州的东南部有一个美丽的淡水湖,它就是乔治湖。乔治湖是一个神奇的湖泊,它经常干涸无水,但隔一段时间之后,却又突然变成一个清澈的湖泊。水满时,湖长约 26 公里,宽 11 公里,湖水平均深度 2 米左右,像一个平原水库。

据研究者说,该湖每隔十多年便开始一个干旱周期,从干旱到水盈大约要 3 ~ 5 年的时间,干涸时间和丰水时间基本相当,约各占 5 ~ 6 年。而乔治湖的奇特之处并不仅仅在于它有规律地时隐时现,而在于它既没有入湖的水源河流,也没有流出的水路。因此有人把乔治湖称为"鬼湖"。

乔治湖

据当地导游介绍,有湖水的时候湖中有大量的鱼,但当湖水退尽时,湖底什么都不存在了。那么多的水与湖中的鱼究竟到哪里去了呢? 而当它有水的时候鱼与其他生物又是从哪里来的呢? 至今还没有人能给出合理的解释。

对此,研究者们做出了种种推测。有的人认为它的消失和再现可能与星球运行有关,但这种说法目前还缺乏足够的证据。

还有人认为,它是时令湖,水源主要是雨水,如果当年雨量少,水分大量蒸发,湖水就会干涸,因而它时隐时现。

但是这并不能解释湖水为什么会呈周期性的变化,也不能解释湖中的鱼群是如何消失又是如何出现的。

另外有人认为,乔治湖是个漏湖,这个地区的地球板块有自动开启和关闭的"特异功能"。这固然可以解释湖水为什么会在短时间内消失,也能解释湖中的鱼也随之无影无踪的原因,但这只是一种猜想,并未得到证实。

这个神秘莫测的"鬼湖",究竟为什么会时隐时现呢?期待着研究者们能早日给出答案。

杀人的莫努湖

1984年8月16日的清晨,一位叫福勃赫·吉恩的年轻牧师和他的同伴驾驶着一辆卡车经过喀麦隆共和国境内的莫努湖时,看到路边停着一辆摩托车,车上坐着一个人仿佛睡着了一样。

汽车在距离摩托车不远的地方停下,吉恩和同伴走下车向摩托车走去,当他们走近摩托车时,发现车上的人已经死了。就在吉恩转身向汽车走时,觉得自己的身子发了软,两腿没有一点力气。当时吉恩和同伴闻到一种像汽车电池液一样的奇怪气味。吉恩的同伴很快倒下了,而吉恩却设法逃进附近的村子里。

到上午10点半,当局调查得知,截至目前已经有37人在这条路上丢掉了性命。很明显,神秘的化学气体是导致那些人死亡的罪魁祸首。这股化学气体呈云状,包围着200米长那一段路面。虽然还没有进行尸体解剖,但巴斯医生断定人死于窒息,皮肤有一定程度的化学灼伤。使这些人丧失生命的云状气体来自附近的莫努湖。当地村民说,就在前一天晚上,他们听到从湖里传来轰隆轰隆的爆炸声。当局去湖里采集水样,他们注意到湖里的水呈棕红色,表明昔日平静的湖水被搅动过。

是什么引起这股云雾的?西格德森是位火山学家,他认为在湖里最深的水中依然保持一定浓度的碳酸氢盐,只要有微妙的化学反应就会使莫努湖发生强烈的分层。当一些物质扰乱了这种分层,深水中的碳酸盐朝着水面上升。这种压力的突然变化,释放出大量的二氧化碳,就像我们通常打开苏打水瓶盖一样,这一爆发可以形成5米高的波浪,能把岸边的植物冲倒。使人窒息死亡的云状气体就是高密度的二氧化碳气体,这股气体被风带到路上并一直停留在离地面很近的地方。西格德森说,很明显在黎明前的这段时间里,由于天黑使村民看不见这一云状物,同时这股云雾中含有硝酸,这就使人们天亮时能看见它,也能解释死者皮肤上的灼伤。但即使这样,西格德森还是说:"灼伤仍然完全是个谜。"

冰雪覆盖的不冻湖

南极位于地球的最南端,提到它时,就想到冷和人迹罕至的冰雪世界。在南极,放眼望去,银光闪烁、皑皑白雪。南极的面积是1400万平方公里,它几乎被冰雪所覆盖,最厚处达到好几公里。当气温降到零下五六十摄氏度时,这里的一切都失去活力,丧失原有的功能。在这里,石油像沥青一样凝固成黑色的固体,煤油由于达不到燃烧点而变成非燃物。然而,有趣的是,这里还存在着一个"不冻湖"。

这个"不冻湖"面积达2500多平方公里,科学家们发现湖水遭到严重污染,并有间歇泉涌出水面。科学家们还对这个湖的周围进行了周密考察,发现它附近不存在类似于火山活动等地质现象。为此,科学家们对于这个"不冻湖"出现在酷寒地带感到不可思议。

为了揭开"不冻湖"的谜底,前苏联考察队走进南极,他们利用电波器在他们居住处又发现了9个"不冻湖"。这9个"不冻湖"都藏在厚达3000米的冰层下,这一新的发现使得对"不冻湖"的研究有了新的进展。接着他们对这一"不冻湖"的形成原因进行了科学的研究、分析和推测,提出许多见解。有的科学家说这是气压和温度在特殊条件下交织在一起的结果。

持这种观点的科学家指出:3000多米冰层产生的压力可达到278个大气压,在这种强大的压力下,大地释放的热量比普通状态下所释放的热量多,而且冰在零下2摄氏度左右仍会融化。另外,冰层还像个大"地毯"紧紧包裹着"不冻湖",防止它们的热量散发,使得大地所释放的热量得以积存,这样在南极大陆的凹部就可以使大量的冰得以融化,变为"湖水"。

另一些科学家则坚持认为:南极冰层下极有可能活动着外星人,他们可能把这里当着秘密基地,这些"不冻湖"是他们活动场所散发的热能将冰融化而产生的。

还有的科学家指出:这是"温水湖",水下面很有可能存在大温泉,是大温泉的水温将冰给融化了。这一观点立刻遭来反驳,他们说如果这里有温泉不断流入湖里,为什么湖上的冰冠没有一点融化的迹象呢?为了解释这一问题,人们在冰层上架起了钻机,取出了冰下的样品,发现湖底的水完全是凉的,这就说明在湖下并不存在温泉,湖水不是由于温泉而热起来的。

还有一些科学家推测:湖水是由太阳晒热的。他们做出这样的解释,这个四周被冰山包围的"不冻湖"实际上是一潭死水,很容易把热量聚集到一起。这里的冰层起到了透镜的作用,这种透镜可以使太阳光线聚焦,成为湖上的一个巨大的热源。当阳光照在四周的冰山上时,有一部分热量折射到这个聚焦镜上,久而久之,就形成了冰川上的"不冻湖"。但同时也有人提出这样的疑问,太阳为什么不会把湖上的冰融化呢?如果湖上的冰起到透镜作用,那么,为什么在其他的地方没有出现这种现象呢?围绕"不冻湖"的各种推论、猜测纷纷提出,谁也不能说服谁,到现在为止还没有哪一位科学家能拿出使人信服、令人满意的结论。这冰山上的"不冰湖"的确太神秘了,它难住了许多科学家。尽管如此,科学家们正一步一步地走进"不冻湖",力争早日揭开这层神秘的面纱,使它还原的本来面貌。

多种生物共生的贝加尔湖

贝加尔湖是世界第七大湖,面积为 3.15 万平方公里,平均深度 730 米。它是全世界最大的淡水湖,淡水存贮占全世界总量的 1/5。在西伯利亚人眼中,它是一片神圣不可侵犯的"荣耀之海"。

贝加尔湖

整个湖区以及附近生存着 600 多种植物和 1200 多种动物,其中 2/3 是地球上其他地方很少有的特种生物,有些生物极为珍贵,只在几万年甚至几亿年前的古老地层里才有与其类似的化石。还有相当一部分生物更为奇特,它们的近亲或同类只有热带或亚热带的个别地方才有。例如,有种藓虫类动物,它的近亲只生活在印度的湖泊里;长臂虾,北美洲的湖泊里才能见到它的同类。

可是,令科学家迷惑不解的是,许多海洋生物居然能生活在贝加尔湖中。如奥木尔鱼、鲨鱼、海豹、海螺等。不仅如此,贝加尔湖湖底长着浓密的海绵,海绵中还生活着外形奇特的龙虾。这些海洋生物需要咸水,它们为什么跑到淡水中生存呢? 对此,科学家们作出种种推测。

最初,一些科学家结合一些科学的推测,认为在贝加尔湖形成初期和大海相连,海洋生物是从海洋进入贝加尔湖。维列夏金是前苏联科学家,他说根据地质和古生物方面的材料推测,中生代侏罗纪时贝加尔湖以东地区曾有过一个浩瀚大海。后来由于地壳变动,海水退去,留下一个内陆湖泊——贝加尔湖。随着雨水、河水不断加入,咸水变淡,而现在的"海洋生物"就是当时海水退走时遗留下来的。

20 世纪 50 年代初,为了获取贝加尔湖的"年龄",人们在贝加尔湖打了几个很深的钻井。在取上来的岩芯样品中,没有发现中生代时期的沉积层,只有新生代时期的沉积岩层。其他的一些材料也证明,贝加尔湖地区长时间以来一直是陆地,贝加尔湖也是地壳断裂活动中形成的断层湖,从而否定了湖中海洋生物是海退遗种的说法。

那么,湖中的"海洋生物"到底从何而来呢? 它们又是怎样进入湖中的呢?

波森维湖成因

波森维湖是加纳境内唯一的内陆湖泊,它的形状就像是用圆规画出来的一样圆,因而被认为是世界上最圆的湖泊。更离奇的是,湖底呈一个极其规则的圆锥形盆状。正圆形湖面的圆心垂直投影正好落在标准圆锥盆形湖底的锥顶尖上。因此在湖面中心测量,可测得湖水深七十多米,这是波森维湖的最深处。从湖中心渐渐向湖岸测量过去,可以发现湖泊水深在均匀地递减,越靠近湖岸湖水越浅;离湖中心相同距离的湖面各点处,可测得相同的水深。波森维湖的独特构造就如同一个巨人用巨大的圆锥敲击地面而形成的。

人们在惊叹世界真奇妙之余,不禁要问,是谁造就了这个如此规则的"圆锥湖"呢?在我们人类的文字史料或口传史料中,根本不存在任何关于"圆锥湖"的只言片语。这湖泊究竟是如何形成的? 圆锥形湖盆是我们史前祖先人工开凿,还是大自然鬼斧神工的杰作? 人们一直在对其成因进行多方面的考察和研究。

一种推测是史前人类挖掘的,但是要在岩石中开凿一个直径为7000米、深70多米的尺寸非常精确的圆锥形湖盆,即使运用现代的施工技术来完成这项工程也是困难重重,史前人类怎么能办到? 更何况挖掘出几亿立方米土石方造湖又是出于何种目的呢? 对此没有人能做出满意的回答。

有科学家提出陨石撞击假说认为,地球还处在没有大气层保护的早期,从宇宙中飞来一颗巨大的陨石,它的撞击和爆炸造就了今天的波森维湖。可是要炸成如此巨大的湖盆,陨石该多大呢? 据计算,陨石的直径至少3000米以上。而且撞击刹那间的速度起码超过每秒2万米。这样的陨石撞击必然在湖周围留下明显的遗迹,事实上,波森维湖附近,甚至全世界都找不到如此尺寸的庞然大物,在湖边丛林里也没有陨石爆炸后的碎块存在。

有科学家提出地壳运动假说认为,地球上的湖泊一般都是由地壳运动造成的,波森维湖也不例外。地壳运动能引起断裂、凹陷,从而形成裂谷、洼地,积水成湖,这类湖泊的湖底基本成带状构造,沿裂隙分布。只有当地壳运动造成裂口而地下熔岩喷涌而出时,才可能出现呈圆锥形的火山口。当火山停止喷发,熔岩冷却凝固成盆底,然后积水成湖。不过世界上火山口湖确实不少,可是形成如此规则的圆锥盆形湖底的唯有波森维湖,而且地质学家通过考察研究认为,这一地区从来没有过火山爆发的历史,火山爆发造就"圆锥湖"的假说难以服众。

虽然科学家提出的波森维湖成因的各种假说各有一定的道理,但都没有令人完全信服的证据。然而,更多的科学家还是认为,波森维湖很可能是宇宙小天体的撞击,或是火山爆发以及其他地质灾害所致,是由一场远古时期的灾难所造的。

太湖成因

美丽的太湖位于风景如画的江苏无锡,古称震泽,是中国长江中下游五大淡水湖之一,水面达2400平方公里,自古就被誉为"包孕吴越"的美称。然而,就是这样一个兼具秀丽风景和浩渺壮阔气派的饮誉中外的太湖,关于它的成因,直到今天还争论不休。

早在上世纪初,中国地理学家丁文江与外国学者海登施姆就认为,是大江淤积导致了太湖的形成。他们指出,在5000年前江阴为海岸,江阴以东、如皋以南、海宁以北,即包括太湖地区在内都是长江淤积的范围,这是最初对太湖成因所作的理论上的描述。

发展到上世纪30年代,由于在湖区地下发现有湖相、海相沉积物等,所以学术界对太湖的形成有了较成熟和系统的看法。著名的地理学家竺可桢与汪湖桢等提出了泻湖成因论,泻湖论在以后又不断被充实进新的内容。华东师范大学海口地理研究所的陈吉余教授等在总结前人研究的基础上,发展和完善了泻湖论。该论点主要依据太湖平原存在着海相沉积来推断,认为因长江带来的大量泥沙逐渐在下游堆积,使当时的长江三角洲不断向大海伸展,从而形成了沙嘴。以后沙嘴又逐渐环绕着古太湖的东北岸延伸并转向东南,与钱塘江北岸的沙嘴相接,将古太湖围成一个泻湖。后来又因为泥沙的不断淤积,这个泻湖逐渐成为与海洋完全隔离的大小湖泊,太湖则是这些分散杂陈的湖群的主体,又经以后的不断淡化而成为今日的太湖。

近年来,随着对太湖地区地质、地貌、水文、考古和文献资料等方面的不断研究,尤其是几十处距今5000～6000年前的新石器时代遗址,以至汉、唐、宋文化遗物的发现,许多研究者对泻湖论中所存的问题提出了质疑。认为在海水深入古陆地的过程中,虽然是一边冲蚀,一边沉积,但这种情况对于整个古陆地来说是不平衡的,有的地方虽有泻湖地貌的沉积,但它不具整体意义。因此,泻湖论虽然可以解释太湖平原的地形和地质上的海湖沉积,但难以解释何以在太湖平原腹地泥炭层之下以及今日湖底普遍有新石器遗址与古生物化石的存在,同时这也与全新世陆相层的分布范围不符。许多人因此提出,太湖平原大部原为陆地,所以古代居民能够在上面聚居生存。

据推测,大约在6000～10000年前,太湖地区是一片低平的平原,人们曾经在这里生活和居住过。由于地势较低,终于积水成湖,人们还没有来得及搬走他们的家当,就被洪水淹没了。

至于太湖这片洼地的形成,他们认为和这里的地壳运动有关。太湖地区可能一直是一个地壳不断下沉的地带,由于地势低洼,从四面八方汇来的流水不能及时排出去,自然就形成了湖泊。

太湖的"平原淹没说"还没有得到更多的传播和响应,另一种成因说又突然出现了。最近,一批年轻的地质工作者们,用全新的观点来解释了太湖的形成。

他们大胆地假设,可能是在遥远的古代,曾有一颗巨大无比的陨石,从天外飞来,正好落在太湖的位置上。也就是说,偌大的太湖竟然是陨石砸出来的! 他们估计,这颗陨石对地壳造成的强大冲击力,其能量可能达到几十亿吨的黄色炸药爆炸产生的能量,或者等于10万颗在日本广岛上空爆炸的原子弹的能量。

提出"陨石冲击"假说的年轻人列出了如下几个方面的证据:

第一,从太湖外部轮廓看,它的东北部向内凹进,湖岸破碎得非常严重;而西南部则向外凸出,湖岩非常整齐,大约像一个平滑的圆弧,与国外一些大陆上遗留下来的陨石坑外形十分相似。

第二,研究者在调查中发现,太湖周围的岩石岩层断裂有惊人的规律性。在太湖的东北部,岩层有不少被拉开的断裂,而西南部岩层的断裂多为挤压形成。这种地层断裂异常情况只有在受到一种来自东北方向的巨大冲击时才会出现。

第三,研究者还发现,成分十分复杂的角砾存在于太湖四周,在显微镜下观察这些岩石,其中还可以看到被冲击力作用产生的变质现象。另外,他们还在太湖附近找到了不少宇宙尘埃和熔融玻璃,这些物质只有在陨石冲击下才会产生。

由以上的证据,他们推断,这颗陨石是从东北方向俯冲下来的。由于太湖西南部正好对着陨石前下方,冲击力最大,所以产生放射性断裂,而东北部受到拉张力的作用,形成与撞击方向垂直的断裂。由于陨石巨大的冲击力,造成岩石破碎,形成成分混杂的角砾岩和岩石的冲击变质现象。

可见,目前对太湖的成因还没有形成统一的认识,但所有这些不同的观点,都有助于推动人们作进一步的调查和研究。随着不断的深入探究,相信人们最终一定能揭开扑朔迷离的太湖成因之谜。

"魔鬼水域"鄱阳湖

秀丽辽阔的鄱阳湖像一颗天然珍珠镶嵌在江西省的北部。然而,这个风景秀丽的湖泊却有着一个恐怖的称呼——魔鬼水域。

鄱阳湖

"魔鬼水域"实指鄱阳湖的老爷庙水域。这里仿佛是吞噬生命的地狱入口,过往船只无故沉底,就连负责打捞沉船的工作人员也接二连三地失踪,即使好不容易逃出,也会变得不是精神崩溃就是意识模糊。人们很难从生还者的口中探知老爷庙深深的湖底到底发生了什么。

1945年4月16日,装载着大量中国宝物的日本运输船"神户丸"号在老爷庙离奇沉没。之后,日本方面立即派专业的打捞人员潜入鄱阳湖一带进行搜救。然而,在费了九牛二虎之力后,日方仅救出一名名叫山下堤昭的船员。日方试图通过该船员弄清"神户丸"号的沉没原因。遗憾的是,山下堤昭竟被吓得失去了理智,完全疯了。日方的打捞工作没有取得丝毫进展,"神户丸"号安静地沉睡在了鄱阳湖的湖底。

抗战胜利后,国民党方面也曾派人打捞"神户丸"号,由于听说了日方在打捞该船时的离奇遭遇,国民党政府特地邀请了当时享有盛誉的打捞专家爱德华·波尔,并由波尔亲自带队负责具体工作。结果,波尔不仅未能让"神户丸"号重见天日,还损失了若干队员。

波尔心有余悸地告诉人们,自己在水底看到了一道长而耀眼的白光,这道白光仿佛死神的影子在湖底迅速翻滚,不等他反应过来,就卷走了他的队员。波尔不知道这道白光到底为何物,他再也没能和那些被卷走的队员取得联系。

鄱阳湖的湖底迷雾重重,继"神户丸"号和波尔的打捞队之后,仍有不少悲剧在此发生:1985年8月3日,15艘船只神秘地在老爷庙水域消失。2005年5月,安徽省的一艘运沙船进入老爷庙水域后,突遭狂风恶浪,船体瞬间断裂下沉,之后便片物不存……

就在人们对发生在老爷庙水域的一系列恐怖事件百思不得其解时,各种猜测出现了。这些揣测让原本神秘的老爷庙水域变得更加恐怖离奇。

当地的老人认为,在老爷庙的湖底潜藏着极其可怖的怪兽,正是由于怪兽作祟,湖上才会突起风暴,害人性命。至于怪兽的模样,当地人也说得头头是道。传说,这头怪兽形似白龙,浑身上下长满了眼睛,每当它出没之际,湖面上就会电闪雷鸣,黑云翻滚,场面十分可怕。

科学家们认为老爷庙一带的水文情况比人们想象得复杂,而紊乱的水流又会形成巨大的漩涡,这些漩涡足以将船只和潜水人员吞噬。与此同时,在老爷庙水域,还有相当地方遍布着石灰岩,这种特殊的地质构造很容易形成地下电磁场。每逢雷雨天气,地下电磁场的异常活跃不仅极有可能诱发雷电击沉船只,还会让人思维混乱。

此外,老爷庙水域还是少有的大风区,最大风速可达每小时200公里。如此大的风力可以轻而易举地将过往船只打入水底。

尽管科学家们尽可能地为老爷庙"魔鬼"称号的缘由做了解释,但还是没有人能回答爱德华·波尔当年看到的那道翻滚的白光究竟是什么。如果是简单的漩涡,经验丰富的波尔不会认不出来,而波尔带队下水时老爷庙也没有风暴发生。在老爷庙幽深的湖底仍有未解之谜待人探索。

印度人骨湖

印度喜马拉雅山区有个路普康湖,也叫"人骨湖"。1942年,一队森林巡逻兵在海拔1.6万英尺高的路普康湖偶然发现了一个大型墓穴,有两百多具尸骨散布其中。这一发现随即吸引了全世界的目光,人们都对这一古老的惨剧感到震惊。

此后的时间里,惨剧发生的原因一直让世界各国的科学家们十分头痛。人们提出各种各样的说法,试图解开这个谜团。

由德国海德尔堡大学的文化人类学者威廉·萨克斯带领的各国科学家们经过长途跋涉,来到这个高山湖泊,试图解开"人骨湖"之谜。经过不懈的努力,萨克斯终于找到了一个最具有说服力的解释，能够解开萦绕人们心中长达60多年的谜团。

通过对尸体进行深入研究，科学家们发现，导致这些人死亡的原因竟是历史上最致命的一次大规模的冰雹袭击。这些遇难者的头骨上都遭受过致命打击，而种种迹象表明，这种致命打击极有可能来自一场大规模的冰雹袭击。研究小组成员之一的普拉莫德·乔格里卡博士称："我们对自己的发现感到很吃惊。这些尸体在冰层下面保存得完整无缺，我们可以看到这些人的头发和指甲，甚至还能看到他们衣服的残片。"

研究人员发现，在这场灾难中，很多人因头骨破裂而死亡。自然人类学者苏巴斯·沃里姆贝博士说："我们发现很多人的头骨上面都有很深的裂缝，但这并不是由于山崩或雪崩造成的，而是由一种如板球大小的圆形钝器打击所导致的。"沃里姆贝说："因为这些遇难者都是头骨受伤，而不是身体其他部位的骨骼受伤，所以我们可以肯定，一定是从上面落下来什么东西导致他们死亡，我们认为这是一场大规模冰雹的袭击。"

更神奇的是，科学家们还发现在喜马拉雅地区妇女之间传唱的一首古老的歌曲也描绘了类似的场景。这首歌曲说的是，一位被激怒的女神向惹恼自己的人类降下了"如铁一般坚硬"的冰雹的故事。因此，科学家们断定，一场大规模的冰雹极有可能就是这次惨案的元凶。

科学家在人骨湖附近找到了玻璃手镯、指环、长矛、皮靴子和竹手杖等遗物，这说明死者中包括多名女性。很多人都试图搞清楚这些遇难者的身份。

通过对遇难者 DNA 样本的研究，科学家发现这些遇难者之间具有很紧密的血缘关系。同时，由于这些遇难者骨骼较大，身体条件较好，因此，科学家们认为他们是一群从平原来此的印度朝圣者，而不是山地居民。通过对遇难者骨骼样本进行分析，科学家发现这些人的死亡时间大约在公元850年，这比原来推测的时间要早400年左右。

另外，据专家推测，在这一地区大约还有六百多具尸体仍旧被冰雪覆盖着，没有被挖掘出来。他们是谁？他们因何而死？至今还没有确切的答案。

金沙江为何拐弯

我国的地理奇观数不胜数，这些奇观体现了大自然的无比神奇之处，金沙江在虎跳峡大拐弯又是中国地理的一大奇观。

金沙江是中国长江上游的名称，一般是指青海玉树县巴塘河口到四川宜宾市岷江口之间的长江上游，而宜宾以下的才被正式称作长江。金沙江全长2308千米，流域面积34万平方千米，落差达3300米。金沙江古称丽水，以盛产金沙而得名。

金沙江和怒江、澜沧江等大河在青藏高原的东北部发源，然后几乎彼此平行地一齐向南流淌，在青藏高原东侧切成几列深邃的平行河谷。而在河谷之间，就是一条条大致平行的高山，这就是我国有名的横断山脉。在这三条河流中，金沙江最靠东边。起初，金沙江也是由北向南流的，江面一直平缓宽阔，江面宽达五百米，水流缓慢。可是当流经云南省境内的石鼓村北时，江流突然折转向东，而后又转向北，在只有几千米的距离内，差不多来了一个180°的大拐弯。金沙江流过石鼓村以后，坡度骤然加大，江水在只有几十米宽的深谷中呼啸奔腾。就好像大量的水突然从高处跌落进细细的管子里，江水蓄积已久的势能在这里得不到释放，只好在悬崖壁上来回碰撞，水流一下子变得奔涌澎湃，激起高达六米的巨浪。江两岸，一边是玉龙雪山，一边是哈巴雪山，从江底到峰顶

金沙江

落差三千多米，形成世界上最壮丽的峡谷。这段峡谷就是大名鼎鼎的"虎跳峡"。

那么，金沙江为何要在此拐弯呢？千百年来，万里长江第一弯曾使许多到过这里的旅行者迷惑不解，就是世世代代居住在江边的居民们也弄不清这到底是怎样形成的。多年来，这个问题吸引了无数的科学家和地质学家们来此进行实地考察和研究，期望得到答案。

经过相关研究人员对金沙江的河流形态进行研究后，有人提出了一种比较流行的看法，即从前金沙江并没有今天的大拐弯，而是和怒江、澜沧江等一起并肩南流。就在金沙江与它的伙伴们一起南流的时候，在它东边不远的地方，还有一条河流由西向东不停地流淌着，科研人员给这条河流起了个名字叫做"古长江"。急湍的古长江水不断地侵蚀着脚下的岩石，也不断地向西伸展着。时间一长，终于有一天，古长江与古金沙江相遇了。古长江地势比起古金沙江要低得多，于是滔滔的金沙江水受到古长江谷地的吸引，自然掉头向东。于是，金沙江就成了长江的一部分。这种现象，在地貌学上有一个名词，叫"河流袭夺"。

尽管这种说法不少人表示支持，但是，也有人提出了异议。他们认为，这里根本就没有发生过古长江与古金沙江相互连通的河流袭夺事件。今天的金沙江之所以会发生这样奇怪的拐弯，只不过与当地地壳断裂有关。可是，金沙江的大拐弯是发生在几十万年以前甚至更早的地质现象，谁也没有亲眼看见过金沙江是如何因地壳断裂而突然转向的。另外，年代又距离我们那么遥远，不管袭夺也好，还是沿着一条断裂带流淌也好，当时留下来的遗迹，已经被无情的风雨侵蚀得面目全非了。

以上的两种观点看似各有道理，但是几经沧桑巨变，金沙江又怎么能耐得住岁月的磨砺呢？无论如何，金沙江在虎跳峡拐弯也正是大自然这位巨星级工匠师经过精心设计打造出的地理奇观，也正是如此，人们才更加对大自然的神奇充满了敬畏感。

南海魔鬼三角

人类对海洋的了解仍然十分地有限，也对海洋的许多神秘现象无法解释。南海，是

我国的领海。这里也有一个类似百慕大的"魔鬼三角"。

　　1975 年,有美国学者提出地球上存在着十二个"魔鬼三角"区:百慕大、日本本州南部、夏威夷至美国大陆间的海域、地中海及葡萄牙沿岸、阿富汗、非洲东南部海域、澳大利亚四部海岸、新西兰北部海域、中南美洲东部、东南太平洋东部,在南极北极各一个。这些魔鬼区域呈直等距离分布,因此地球被分成二十个等边三角形,"魔鬼三角区"就在三角形的结合点上。而且南、北半球的"魔鬼三角区"均位于纬度 30 度线上;以精确的 72 度经度间隔均匀环绕地球分布;以相同的角度向东倾斜。但是几年以后,这个理论就遭到了挑战:因为人们在不属于十二个"结点"的南海也发现了"魔鬼三角区"。

　　南海是我国三大边缘海之一,北接中国广东、广西,东面和南面分别隔菲律宾群岛和大巽他群岛,与太平洋、印度洋为邻,西临中南半岛和马来半岛,为面积三百五十万平方公里的深海盆。南海的"魔鬼三角"的顶点是:西为香港、东为台湾、南为菲律宾吕宋岛,面积约十万平方千米。

　　这片水域之所以被称为"魔鬼三角",是因为这里发生了许多莫名其妙的沉船事件。

　　1979 年 5 月,菲律宾货船"海松号"正安全地行驶在南海海域,一切都显得十分正常,但是就在这时,马尼拉南港"海岸防卫队"无线电控制室内,突然收到一个紧急讯号,"海松号"在台湾以南、吕宋岛以北海域遇险,接着便失去联系。事后,有关方面进行了大规模地搜索,但是毫无结果,上千吨重的"海松号"以及 25 名船员就此失踪。1979 年 12 月 16 日,由菲律宾马尼拉驶往台湾的"安古陵明号"货轮也在这片海域神秘地失踪了。1980 年 2 月 16 日,当东方航运的"东方明尼克号"改良式货轮航行到香港和马拉尼附近时,东方航运公司马尼拉办事处的通讯控制室中,接到了这艘货轮发出的求救信号后,就与之失去了联系,船上三十名船员全部失踪。

　　不到十个月的时间里,就有三艘船先后离奇沉没。人们发现在南海失踪的船只和"百慕大魔鬼三角"有许多的相似之处:其一,事出突然,都没有预兆;其二,失踪的船只没有留下任何的痕迹,就连碎片也找不到;其三,船员也都失踪无影,连尸体都打捞不上来。

　　而南海这片魔鬼三角区并不是在现代才被发现,早在七百多年前,南宋周去非所著《岭外代答》一书中就有记载:"海南四郡之西南,其大海曰交趾海,中有三合流,波头喷涌,而分流为三,其一南流,通道于诸藩国之海也;其一北流,广东、福建、浙江之海也;其一东流,入于无济。苟入无风,舟不可出,必瓦解于三流之中。"大意是南海中的交趾海域有东、南、北三股合流,海上无风,也会波浪翻滚,船只无法前行,结果往往酿成灾难。这种说法是否正确,目前还没有定论。但是魔鬼三角区的谜团却吸引了专家们的兴趣。

　　有人从星象变化影响出发,认为当太阳、地球和月球三体成一线时,或者月球、地球与一个强宇宙射电源星体成一线时,能对地球产生各种物理效应,会引起地球局部地区瞬间的引力增大,南海"魔鬼三角区"正处在这个"引力点"上,是巨大的引力导致船毁人亡。

还有人说南海地形本身就很危险,那里不仅岛屿众多,而且海底地形复杂,险象环生,这也可能造成船只沉没。

也有人说在南海存在一个"外星文明基地",失踪的船只和船员实际上是被外星人"劫持了",才出现生不见人,死不见尸的离奇现象。

当然也有人认为南海的"魔鬼三角"并不神秘,他们从洋流因素出发。在南海海域,有沿岸流、南海环流、南海暖流以及从巴士海峡进来的黑潮分支,加以台风和季风交替引起的海洋涡旋、上升流频繁出现,具有形成海难的基础条件。如果这么解释的话,南海"魔鬼三角区"并没有什么神秘可言。

此外,还有人提出磁场说、海啸说等,不一而足。但各种观点都有漏洞,南海的"魔鬼三角"为何如此可怕,还有待科学界进一步研究。

北京平谷地下古暗河流淌了15亿年吗

北京是一座历史悠久的古城,在这里有着数不清的历史秘密和地理迷局。

有人说北京平谷发现了一条长为1500米的暗河。河水最深处3米,最浅处1米,暗河流经的地方点缀着众多的形态各异的石花、钟乳石和石笋,据说这条暗河已经流淌了15亿年。

北京平谷的村民在摩驼山抓獾时无意间发现了一个石洞,石洞中的山洞之间都是互通的。经过专家的勘探和测量推测,摩驼山的腹中很可能隐藏着一个长度在1500米左右的地下暗河。

专家说从这里的地理以及地质构造整体分析来看,整个背面的水很可能是以暗河的形式流入到金海湖的。而且从水文条件看,这里也有溶洞景观,并且也听到过水声。所以,地下存在暗河的可能性非常大。但是专家没有说这条暗河已经流淌了15亿年。

那么,暗河流淌15亿年的说法究竟从何而来?据介绍,15亿年的说法来自"京东大溶洞"。在京东大溶洞的相关介绍上,说京东大溶洞发育于中元古界长城系高于庄组白云岩地层,距今大约15亿年,由此号称"天下第一古洞"。而京东大溶洞到摩驼山大约只有不到10公里的路程,也正是京东大溶洞的关系,所以当地人认为摩驼山也应该有15亿年的历史。因为"京东大溶洞"和摩驼山是一个山系,自然如果有暗河存在也就流淌了15亿年。

但是有人提出异议,认为"京东大溶洞"的一些介绍并不够客观。岩石年龄和溶洞的年龄根本是两回事,中国以及世界上所有的溶洞绝大部分都是在新生代的第四纪即距今200万年以后形成,大于100万年的不多;形成于15亿年前的溶洞是根本不存在的。

既然"京东大溶洞"15亿年的历史并不客观,那么,摩驼山腹中的地下暗河流淌了15亿年的说法似乎就更加蹊跷,从常理上来说,整个地球的形成距今也只有四十六亿年,而华北底层虽然较老,但最多也只到18亿年左右。要形成溶洞,至少要在碳酸岩的条件下形成,碳酸岩的主要成分是碳酸钙,容易溶解。岩溶、洞溶都是在这种环境下才能形成。而平谷在北京的东边,它的底层有寒武系的地层、奥陶系地层,都是很年轻的地层,大约距今4亿年到6亿年之间。要形成溶洞,那就比地层要年轻得多了。从这一常识来看,要形成那么久远的暗河是不太可能的,但并不代表这条暗河不存在。

长江为何又称"九江"

长江是中国第一大河,古名又称"九江"。流经西藏、四川、云南、湖北、湖南、江西、安徽、江苏等省区,在上海汇入东海,流域共有742个市县,总人口近4亿,总面积180余万平方千米,有雅砻江、岷江、沱江、嘉陵江、乌江、湘江、汉江、赣江、青弋江和黄浦江等支流。

长江

长江是亚洲、中国第一长河,全长6,300千米;它发源于青藏高原唐古拉山脉,是世界第三长河,仅次于尼罗河与亚马孙河。水量也是世界第三。2001年,中国科学家测出长江的准确长度是6211.31千米。但是在古代长江并不叫长江,而是被称为"九江",一直到唐朝还有人称之为"九江"。那么长江为何称为九江呢?

一种观点认为长江之所以称为"九江",是因为在两湖找出九条支流,以说明所谓的"江流九派",所以称长江为"九江"。但也有人反对这种说法,在《禹贡》一书载"九江孔殷,沱潜既道,云土梦作义",其九江中包括了在四川境内的支流和湖北境内的云梦,所以他们说"九江"并不是单指两湖和江西的九条支流。

另一种观点认为是长江上游的九大支流:岷江、大渡河、金沙江、沱江、嘉陵江、黔江、湘江、汉水、赣江汇合成了长江,所以长江称为"九江"。但在《增补幼学故事群芳》中却记载:"江之发源岷山,总括汉泗沅沣。"接下去作者还引郭景纯《江赋》中的句子:"郭景纯江赋云,总括汉泗,兼包淮湘,并吞沅沣,汲引沮漳。"这样看来,长江为何古代称为九江又模糊了。

长江流经青海省、西藏自治区、四川省、云南省、湖北省、湖南省、江西省、安徽省、江苏省和上海市十个省、区、市,流域面积180多万平方千米,占全国面积的1/5,为何在古代长江称为九江呢?这还真是个谜团。

关于长江的源头自古也有两种说法:一种是"江河同源于一山",即长江和黄河都发源于巴颜喀拉山,长江发源于南麓,黄河发源于北麓。另一种是长江发源于可可西里山。源流有两支:南支木鲁乌苏河,北支楚玛尔河。1976年夏和1978年夏,长江流域规划办公室先后两次组织江源调查队,深入江源地区进行了详细地实地考察,查清了江源水系和源头情况。长江上源位于昆仑山和唐古拉山之间,这里河流众多,较大的有楚玛尔河、沱沱河和当曲三条。其中无论流域面积或水量都是当曲最大,根据"河源唯远"的原则,确定了沱沱河为正源。南源当曲,北源楚玛尔河。江源地区,海拔六千米以上的雪山就有四十多座。气温低,四季如冬。年降水量 200 毫米 ~ 400 毫米,且以降雪为主。7 月份的平均气温低于 0℃,只有白天在太阳的强烈辐射之下,气温才能达到 0℃ 以上,冰雪融水形成的涓涓细流就成为长江的最初水源。但是也有人提出不同的意见,应如何确定长江的源头,也许每个人都有不同的标准,那么答案也就不同了。

黄果树瀑布是如何形成的

黄果树瀑布从断崖顶端凌空飞流而下,倾入崖下的犀牛潭中,势如翻江倒海。瀑布对岸高崖上的观瀑亭上有对联曰:"白水如棉不用弓弹花自散,虹霞似锦何须梭织天生成",这是对黄果树瀑布的真实写照。

黄果树瀑布位于贵州省安顺市镇宁布依族苗族自治县境内的白水河上,它以当地一种常见的植物"黄果树"而得名。黄果树瀑布宽 30 米,落差 66 米,流量达每秒 2000 多立方米。黄果树瀑布以奇气势雄伟、连环密布的瀑布群而闻名于世,并享有"中华第一瀑"的美赞,也是世界著名的大瀑布之一。

据测量,黄果树瀑布实际高度为 77.8 米,其中主瀑高 67 米;瀑布宽 101 米,其中主瀑顶宽 83.3 米,分布着 18 个瀑布,形成一个庞大的瀑布"家族",被世界吉尼斯总部评为世界上最大的瀑布群,列入世界吉尼斯纪录。其中,黄果树大瀑布是黄果树瀑布群中最为壮观的瀑布,是世界上唯一可以从上、下、前、后、左、右六个方位观赏的瀑布,也是世界上有水帘洞自然贯通且能从洞内外听、观、摸的瀑布。徐霞客曾赞叹道:"捣珠崩玉,飞沫反涌,如烟雾腾空,势甚雄伟;所谓'珠帘钩不卷,匹练挂遥峰',俱不足以拟其壮也,高峻数倍者有之,而从无此阔而大者。"

但是,黄果树瀑布如此壮观的景象是如何形成的呢?对于黄果树瀑布的成因,历来说法很多。有人认为它是喀斯特瀑布的典型,是由河床断陷而成的;有人则认为是喀斯特侵蚀断裂——落水洞式形成的。还有一种看法认为是由落水洞坍塌形成了黄果树瀑布。一些学者认为黄果树瀑布前的箱形峡谷,原为一落水溶洞,后来随着洞穴的发育,水流的侵蚀,使洞顶坍落,而形成瀑布。他们还说,一个瀑布的形成过程是与瀑布所在的河流的发育过程紧密相关的,故黄果树瀑布的形成过程应与白水河的演化历史结合相考虑。那么,黄果树瀑布的形成过程就可以分成七个阶段:前者斗期、后者斗期、老龙洞期、白水河期、黄果树伏流期、黄果树瀑布期和近代切割期。其形成时代大约从距今两千七百万年至一千万年的第三纪中新世开始,一直延续至今,经历了一个从地表到底下再回到地表的循环演变过程。

但也有人反对上面的说法。黄果树瀑布究竟是怎么形成的,看来还需要进一步研究。

为什么"水往高处流"

俗话说"人往高处走,水往低处流",这虽然是俗语,但却是客观的规律,水受到地球的引力自然会向低处流。但是,尽管这个规律适应于绝大多数的事物,也有一些超乎寻常的事情与此相悖。

近些年来,地球上出现了很多神奇的地方,如中国有著名的沈阳北郊"怪坡"。这些神秘地带不遵循客观规律玩起了"小把戏":树林向一个方向倾斜;物体倾斜落地;人行走而步履稳健。更神奇的是,物体可以自动向坡上运动,甚至出现了水往高处流的情况。这些地理现象明显违反了牛顿的引力定律,令人费解。实际上这些神秘现象是由一种"垂直转向"的心理幻觉造成的。

迷路、转向、搞错了东南西北的现象我们都很熟悉,它是我们凭感觉认为的方位和实际方位偏离时产生的一种幻觉。"垂直转向"是在一定的情况下,我们认为的垂直方向显著地偏离了实际的垂直方向即重力的方向。地球上的这些神秘地带的神奇现象,都是在一种"坡上坡"的环境之中,发生了"垂直转向"而产生的。

到一个新地方、新城市,我们常常有一种感觉,那就是搞不清方向,不知道东南西北,因此很容易迷路。好多人在新地方会觉得太阳不再从东边升起,西边落下。当然我们不能因为自己的感觉就说在这个地方的太阳和自己家中的不一样,只能说自己"方位转向"了。为什么我们会"转向"呢? 原来我们身体里没有像鸽子和企鹅那样的天然"指南针",不能靠地球磁场自动识别方位。因此日常生活中我们对方位的判断,完全靠周围景物的相对位置。天空上的太阳、月亮、星星,地面上的山川、村庄、田地、树木以及城市的街道、建筑都被我们用来判断方位。在我们熟悉的地方,我们认识周围的景物,知道我们的相对位置,所以不容易方位"转向",也不容易"迷路"。当我们到一个新城市,常常急于搞清东西南北方位,我们需要建立一个坐标系,把周围景物的相对位置搞清楚。但是我们不熟悉那里,不能靠它们的相对位置辨别方位,如果是阴天或晚上,看不到太阳,东西南北的坐标系就建不起来。这时候我们失去了坐标轴,就只能凭印象把头脑中的坐标轴加在新地方。当我们头脑中印象的坐标轴和实际偏离时,就出现了"方位转向"。

地球表面一点的垂直方向是地心和该点的连线方向,该点和重力的方向一致。真正的"下"是沿重力的方向,"上"就是和重力相反的方向。我们所说的"垂直转向"是指在一定的情况下,我们判断的垂直方向明显偏离了重力的方向。我们通常说:天为上,地为下,实际上并不准确。

平常,我们很少"垂直转向",而且它与"方位转向"有所不同。因为我们判断垂直方向的能力比判断方位的能力强得多。由于重力吸引,我们能感觉到上、下方向。然而,这种感觉并不是非常准确。另外我们绝大部分时候靠视觉，而并不是根据周围景物判断垂直方向。除了我们直立的身体，树木、建筑物都是垂直参照物。我们更信赖的是脚下的地平面，和它垂直的方向就是垂直方向。当周围的环境造成我们依据视觉判断的垂直方向和重力方向严重偏离，同时我们的感觉又不能够纠正时，就会发生"垂直转向"。"垂直转向"是造成地球上神秘地带的心理原因。但是造成这种"垂直转向"需要一定的地质、地貌环境。

科学家们通过一系列的实验研究推断出，神秘怪坡实际上是一种特殊的地貌组合，我们称之为"坡上坡"。它包括两个坡，即一个"大斜坡"上有另一个"小斜坡"，"大斜坡"与"小斜坡"坡向一致，"小斜坡"的坡度明显小于"大斜坡"。当这种地貌组合处于一定环境，"小斜坡"附近的人把"大斜坡"当成真正的地平面，从而产生错觉发生"垂直转向"，把"小斜坡"的坡顶当成坡底，从而使"小斜坡"的坡向颠倒了。因此我们所看到的现象是"水往高处流"。

解开怪坡之谜，"水往高处流"也便见怪不怪了。我们可以利用怪坡的怪现象创造出有利于人类生存和生活的新环境，从而为人类的发展开启一道新窗口。

湖泊是指陆地上洼地积水形成的、水域比较宽广、换流缓慢的水体。我国湖泊面积大于一平方公里的约有 2300 多个，也有说为 2848 个。江西的鄱阳湖、湖南的洞庭湖、江苏与浙江之间的太湖、江苏的洪泽湖、安徽的巢湖是我国五大淡水湖，其中面积最大的淡水湖是鄱阳湖。青海湖是我国最大的湖泊，面积有 1000 多平方公里。白头山上的天池（中国与朝鲜的界湖）是我国最深的湖泊，水深达 373 米。我国还有众多神奇的湖泊，它们许多的神奇现象至今仍无法解开。

水塘丢入石头会冒火

大千世界真是无奇不有，正是这千奇百怪的事物构成了大自然美丽动人的一面。本来水火是不相容的，但是地处云南的一个水塘居然一反大自然的法则，把一块石头扔进水塘竟然会出现令人不可思议的奇迹……

俗话说的好，"水火不相容"'但是地处云南省昆明市阿拉乡西邑村的一个小小的水塘却偏偏要证明水火也是可以相容的。

这个小水溏是在阿拉乡西邑村某建筑工地上发现的，该水塘和其他普通水塘没有什么区别，面积大概有四五十平方米，塘水混浊。但是唯一的区别也正是这个水塘引起人们极大好奇与关注的地方。起初有一个建筑工人不小心把一块石头掉进水塘里，随着石块"扑通"一声落入水中，随即在石块落入的地方冒出了点点火光，并且随着"扑扑"的炸裂声。冒出酌火花呈橘红色，有鸡蛋大小，一处火光存在的时间大约有 1 秒 ~2 秒，并随着涟漪荡开，逐渐向外延伸，最后，随着水面的平静而逐渐消失。在火光闪现的同时，水面上也冒出阵阵白烟，闻起来有股轻微的燃烧的味道。并且，水面搅得越混乱，出现的火光就越多,烟雾也越浓。

这个奇怪的消息一经传出,从此水塘这里聚集来了不少观看的人们,当然也引来了不少地质学家以及科研人员的关注,他们纷纷前来调查研究造成水塘遇石冒火、冒烟的原因。

经过对当地的建筑工人进行询问得知,这个坑挖起来已经有半年的时间了,一直没发现有什么异常。前不久下过几场大雨,这里就变成了一块水塘。起初在工地上挖掘的工人发现位于工地边上的这个水塘突然冒起了白光;由于不远处就是一个公墓,工人们都不敢上前去看。直到天亮后,才有胆子大的工人过去看个究竟,也没有发现什么异常。当工人们站在塘边正在议论时,一名工人不小心将塘边的土块踢下了水塘,没想到水面上突然冒起了火花,把众人都吓了一跳。随后,胆大的工人扔石头下去,也发现冒起火光,都觉得很奇怪。为了了解发生这样的状况到底是什么原因造成的,于是有的工人又将石头扔到了这个水塘附近的其他几个水塘去试试,但是其他的水塘并没有出现这样的怪事,即使是把石头扔进了距离那个怪异水塘仅有三四米的水塘里也并没有这种现象发生。

有关人员经过详细地研究,认为这种现象可能是磷遇空气时燃烧所产生的。尸体在腐烂的时候会产生磷,磷的燃点非常低,只有40摄氏度。水塘附近就是公墓,以前也极有可能就是坟场,时间一长磷就积累了下来,通过丢下石块的作用,磷产生自燃,就形成了火焰。因此极有可能就是磷火。但是附近有那么多的水塘,为什么只有这个水塘会出现这样的现象呢?这磷又是从哪里来的呢?这些问题还没有得到解决。

也有相关人员将手放进这个水塘里,但是把手放进去并没有什么异样的感觉,就跟在平常的水里的感觉一样。究竟产生这种现象的原因是什么呢?希望专家们早日揭开这个谜团。

阳朔湖泊的生死轮回

湖泊也有生死轮回吗?且每三十年做为一个轮回,即每三十年就失踪一次。这种现象让人百思不得其解。对湖泊生死轮回的研究将成为我们在研究湖泊工作方面的新课题。湖泊也会死而复生吗?这让人听起来感觉匪夷所思,但是这种会死而复生的湖泊的确是存在的。

俗话说:"桂林山水甲天下,阳朔山水甲桂林。"在我国广西阳朔县的美女峰下,有一个占地面积为三百亩的犀牛湖,湖面澄碧,鱼蟹游弋。

据村中老翁谈及,清朝同治戊辰(1868)年3月17日水涨一次,为时四天。民国29年(1940年)6月17日,水又暴涨。当天,天气晴朗,水突然由岩穴涌出来,顷刻之间,水涨到三尺深,没到三天,村落田间,一片汪洋,俨如泽国。当时,正值早稻成熟季节,发水之初,村中长老有经验者,知道洪水不会在短期内消退,急令村民抢割稻子。此事曾轰动一时,由各地闻讯来观洪水者,络绎不绝。

然而,1987年9月30日,湛蓝的湖水却突然全部消失,只留下了湖底的淤泥。人们大惊失色。据当地人回忆,此前一个月,犀牛湖附近地下曾发出"隆隆"之声,湖水水位同时也略有降低,但湖水仍保持两米左右的深度。在1987年9月29日一夜之间湖水突然变得荡然无存。犀牛湖约三十年失踪一次在阳朔县志中早已有过记载。

那么,湖水奇异的生死轮回现象的奥秘何在呢?据有关人士分析,目前有这样一种解释:桂林山水均由可溶性石灰岩组合而成溶柱、溶峰、溶洞、溶湖和地下暗河纵横交错,密布其间。犀牛湖位于群山环抱之中,是个溶湖,湖水来源于地面流水、天落水和地下水,河水的去路是通过湖底的溶孔流入暗河,另有一部分湖水自然蒸发而消失。每当暴雨之际,湖水夹带着大量泥沙堵塞了溶孔,经年累月积下的大量雨水长期被积压在山中的地下通道,不能顺利流入暗河里,水量越多,压力也越大,而暗河的排水条件受阻,这样,积水受到压力增大的影响,就会突然从洞口猛泄而造成喷泉的现象。而经过一段时间后,当排泄速度加快,而来水不足时,压力便渐趋正常,暗河也就处于正常的流量,泄出的水也就重新迅速归入暗河而向江河中流去。

据分析,水量的积聚,湖底溶孔的被堵,都有一个渐变的过程。同样道理,水的压力减轻和溶孔被疏通,也是渐变的,而这整个过程的完成,大约需要三十年。因此,犀牛湖水的消长也是大约三十年一次。当然这一现象要受到诸如气象、地面和地下水流及人为等因素的影响,其周期并不是绝对的。有人设想,若将湖底溶孔堵死,湖水或许将永不消失。

阳朔湖泊起死回生、周而复始的现象非常耐人寻味,到目前,科学家们还没有找到其大约三十年一轮回的真正原因。因此,阳朔湖泊生死成为了一个未解之谜,还有待于人们去探讨。

大明湖成因奥妙何在

自古称"济南山水甲齐鲁",而在趵突泉、大明湖、千佛山这济南,三大名胜中,大明湖是很突出的一处。那么大明湖的成因又是什么呢?

大明湖是山东省济南市三大名胜之一,是繁华都市中一处难得的天然湖泊,也是泉城重要的风景名胜。它位于市中心偏东北处、旧城区北部。现今湖面46公顷(690亩),公园面积86公顷(1290亩),湖面约占公园面积的53%,平均水深2米左右,最深处约4米。

大明湖景色优美秀丽,湖上鸢飞鱼跃,荷花满塘,画舫穿行,岸边杨柳荫浓,繁花似锦,游人如织,其间又点缀着各色亭、台、楼、阁,远山近水与晴空融为一色,犹如一幅巨大的彩色画卷。大明湖一年四季美景纷呈,尤以天高气爽的秋天最为宜人。春日,湖上暖风吹拂,柳丝轻摇,微波荡漾;夏日,湖中荷浪迷人,葱绿片片,嫣红点点;秋日,湖中芦花飞舞,水鸟翱翔;冬日,湖面虽暂失碧波,但银装素裹,分外妖娆。

大明湖水色澄碧,堤柳夹岸,莲荷叠翠,宁榭点缀其间,南面千佛山倒映湖中,形成一幅天然画卷,沿湖的亭台楼阁,水榭长廊参差有致,湖的南面有清宣统年间仿江南园林建造的遐园。遐园内曲桥流水,幽径回廊,假山亭台,十分雅致,被称为"济南第一庭

大明湖

园"。湖边假山上建有浩然亭,登临其上,大明湖的景色一览无余。湖对面北岸高台上有元代建的北格阁,依阁南望,远山近水,楼台烟树,皆成图画。清代书法家铁保留下的"四面荷花三面柳,一城山色半城湖"的名句,绘声绘色地道出了大明湖的佳绝之处。

济南市位于鲁中南山地北部与华北平原的交接带上,北面有黄河流过,南面紧接泰山的前山带。所以这座城市正好处在一个凹陷中,而大明湖正居于凹地的底部。济南自古便是富庶之地,名人荟萃,风物闻名遐迩,充满了厚重的历史美感,大明湖就集中体现了济南的这一魅力。湖畔的许园占据观赏湖景的极好位置,常有名人在此聚会。也正是在这个地方,清代刘鹗看到了千佛山在湖中的倒影,于是把大明湖湖山景色在《老残游记》中写得如此灵秀妩媚。

大明湖在历史上变化很大。北宋以后,由于人类活动频繁,生态有所恶化,古大明湖已逐渐埋塞,现在的大明湖是由古大明湖东西的一片水域,即历水陂演变而来的。在解放前,社会的动荡和贫困使大明湖黯然失色,失修的湖内多为杂乱的湖田,湖边为坍塌的泥岸,岸边道路泥泞不堪。新中国成立后,疏浚了湖底,用石头砌成湖岸,对环湖大道及各种建筑都进行了修整。此外,还添设了新景点、新设施,又恢复了"四面荷花三面柳"的风貌,这样,使这处著名的游览胜地重新焕发出青春的光彩。

大明湖如此多娇,引来无数文人骚客来此游览。那么,在济南市内是怎么形成这个美丽的湖泊的呢?是从什么时候开始逐渐形成现在这样美丽的湖泊的呢?

作为一处天然湖泊,大明湖水来源于城内珍珠泉、濯缨泉、芙蓉泉、王府池等诸泉,有"众泉汇流"之说。这种特殊的成因,在我国还不多见,大概只为济南这样的"泉城"所特有。古时候,济南被称为"泉城"——"齐多甘泉,甲于天下"!这个古来著名的泉城究竟有多少泉水?过去说它的城内外有了两个泉,其实远不止此数。据解放后实地调查,仅在济南市区就有天然泉水108处。诸泉汇聚于地势低下的城北,形成一片广大的水域。今天这片水域的许多部分已填塞成为市街,而大明湖是留下的最大水面。济南为何如此多泉,这同它的水文地质条件有关。

此外,还有许多科学家认为,大明湖的形成可能还与倾斜的岩层也许有关。济南地处石灰岩和岩浆岩这两种不同岩性的构造接触带上,这种地质构造恰好为泉水形成和出露提供了有利条件。济南的南面有绵延的小群山,如千佛山等都是由厚层的石灰构成的,岩层略向北倾。石灰岩层内大小溶洞和裂隙很多。山地降水渗入地下,积蓄在其中,积蓄的水多了就会顶着倾斜的岩层和裂隙向北流动,当流到济南北面时,遇到了组成北面丘陵的不透水岩浆岩的阻挡,便停滞下来,成为承压水,它一遇上面地层薄弱的部分,便冒出地面,成为大小的涌泉。而大明湖所在地正是济南北部最低洼处,众泉汇聚所以成为湖泊。这种观点看似也有一定的道理。

那么,大明湖的成因究竟是什么呢?我们所做的解释也仅仅是猜测,并没有找到更加合理的科学依据来证明这一点。因此,大明湖成因之谜还需要科学家们经过更加努力的研究后方能解开。

飞沙为何不落月牙泉

在敦煌市鸣沙山群环抱的一块绿色盆地中,有一泓碧水形如弯月,这就是月牙泉。历来清泉沙漠共难容,但是月牙泉却像一轮新月一样镶嵌在黄沙之中数千年,至今泉水清澈,味美甘甜。

月牙泉位于甘肃省河西走廊西端的敦煌市。敦煌是古代丝绸之路的名城重镇,在漫长的历史长河中,曾经创造了辉煌的历史。月牙泉因其形状酷似新月而得名,古称"沙井",又称"药泉",是著名的"敦煌八景"之一,得名为"明泉晓澈"。

月牙泉南北长约 100 米,东西宽约 25 米,泉水东深西浅,最深处约 5

月牙泉

米,有"沙漠第一泉"之称。月牙泉处于鸣沙山环抱之中,但水质甘冽,澄清如镜。而流沙与泉水之间仅数十米。遇烈风而泉不被流沙所掩没,地处戈壁而泉水不浊不涸。古人云"泉映月而无尘"、"亘古沙不填泉,泉不涸竭",这种奇特的景象被誉为"天下奇观"。泉内生长有眼子草和轮藻植物,南岸有茂密的芦苇。相传泉内生长有铁背鱼、七星草,专医疑难杂症,食之可长生不老,故又有"药泉"之称。据说,月牙泉早在汉代就已经是旅游胜地,唐代时期这里还有船只,泉边有庙宇。泉南岸原有一组别致的建筑群,从东向西计有娘娘殿、龙王宫、菩萨殿、药王洞、雷神台等百余间。各主要殿宇有彩塑百尊以上,所绘壁画数百幅。重要殿堂均悬置匾额、碑刻,如"第一泉"、"别有天地"、"半规泉"、"势接昆仑"、"掌握乾坤"等,古刹神庙常年香火旺盛。史载,汉元鼎四年(公元前 113 年),汉武帝得天马于渥洼池中,后人疑月牙泉即汉渥洼池,遂立一石碑曰"汉渥洼池"。"四面风沙飞野马,一潭之影幻游龙"。这更为月牙泉增添了无限的魅力。

对于月牙泉千百年遭遇强烈大风却不被风沙所掩埋的原因有许多的说法。有人认为,这一带可能是原党河河湾,是敦煌绿洲的一部分,由于沙丘移动,水道变化,遂成为单独的水体。因为地势低,渗流在地下的水不断向泉中补充,使之涓流不息,天旱不涸。这种解释似可看作是月牙泉没有消失的一个原因,但却无法说明因何飞沙不落月牙泉。还有人说是特殊的地质构造形成了月牙泉,但是如何"特殊"却没有说清楚。

关于月牙泉的形成还有很美丽的传说,一则传说唐文成公主进藏和亲,唐太宗送给她一面镜子,让她想家的时候只要拿出来一照,家人的容貌就会出现在镜子里。文成公主到了大漠以后,十分想家,便将镜子拿出来,但是谁知道镜子里除了文成公主的愁容外,什么都看不到。惆怅之际,文成公主就将镜子扔了。镜子在空中被雷雨击破,一半落在鸣沙山,形成"月牙泉",一半落在新疆,形成了"天池"。

还有一则传说是汉朝大将李广利征伐大宛国,取得天马回归。行至鸣沙山下,口渴难忍,李广利引刀刺山,不见泉涌,正在焦急之际,忽见观音驾到,手执净水瓶,倒出数滴仙水,念动咒语锁住沙龙,才形成了现在的月牙泉。

有关月牙泉的传说还有许多,人们在惊叹月牙泉神奇的同时,虽然无法解释其成因,但也许让月牙泉一直保持它的神秘是更好的选择。

"南海Ⅰ号"——水晶宫里古船帆影

800年前的南宋,一艘满载瓷器等中国货物的木质船,航行至距广东阳江海岸线20海里时突然沉没,原因不详。1987年在广东阳江海域被发现并将其命名为"南海Ⅰ号"。初步推算,"南海Ⅰ号"是尖头船,整艘船长30.4米、宽9.8米,船身(不算桅杆)高8米,排水量估计可达600吨,载重可能近800吨,是目前发现的最大的宋代船只。

专家从船头位置推测,当时这艘古船是从中国驶出,赴新加坡、印度等东南亚地区或中东地区进行海外贸易。令人惊奇的是,这艘沉没海底近千年的古船船体保存相当完好,船体的木质仍坚硬如新,敲起来当当作响。这艘沉船的出现对我国古代造船工艺、航海技术研究以及木质文物长久保存的科学规律研究,提供了最典型的标本。同时,它也将为复原海上丝绸之路的历史、陶瓷史提供极为难得的实物资料,甚至可以获得文献和陆上考古无法提供的信息。而对"南海Ⅰ号"的探摸,也是中国水下考古具有里程碑意义的发端。

中英探宝,"南海Ⅰ号"惊现身影

广东省阳江市东平镇大澳村,是一个小得在地图上找不到的地方。这里的海湾水域开阔,水深适宜,自古以来就是一处海船停泊的天然港口。多少年来,村里一直流传着一个关于海底宝藏的故事,也有人声称的确见过宝藏。

大澳村的黄海生，是一位有着 40 多年海上经验的船老大，如今虽已年逾古稀，但年轻时的一次经历，让他至今记忆犹新。小时候他常听老人们说，在离他们村不远处的那片大海下面有一处宝藏，但那片海域诡异无常、经常出事，是不能去的。年轻时的黄海生个性倔强，一天，在强烈的好奇心驱使下，他独自驾驶着渔船驶向了那片神秘的海域。

黄海生来到传说中的海域，并未发现有什么异常。他停船撒网，静静地等了十分钟，便开始收网。刚一往上拉他就感觉不对，网特别沉，心想是不是捕到了大鱼？他用力收网，但很快就拉不动了。黄海生想，渔网可能被什么东西绊住了。于是，他一头扎进海里，试图解开渔网，当潜到大约 20 米深的时候，黄海生看到了让他终生难忘的一幕，竟然是一艘体形庞大的船，船头船尾还有桅杆，都能看清楚。他的渔网就缠在那根桅杆上，上面密密层层不知缠了多少层渔网。巨大的海水压力不容黄海生过多停留，他使劲地扯下渔网，迅速向海面浮去。让黄海生意想不到的是，这次冒险经历，竟使他成了这艘古代沉船——"南海 I 号"的第一个目击者。

参加过"南海 I 号"调查的水下考古队员，对大澳村有人见过"南海 I 号"的事，都认为根本不可能。理由是"南海 I 号"被埋在淤泥之下。他们用现代化的仪器花了很长时间才找到，更何况这一带海水能见度很低，所谓看到了大船纯属臆想。也许渔民的说法有些夸张，也许黄海生并没有看到整条沉船，但他至少看到了桅杆，因为他的网确实就挂在上面。而且，据后来的调查，"南海 I 号"船头船尾各有一块巨大的凝结物露出淤泥，因此，黄海生见到这条大船的可能性还是很大的。

此后，直到 1987 年，这艘沉船才以一种偶然的方式再次进入人们的视野。

在荷兰海洋图书馆里，存放着数不清的航海日志、海事法庭的文书以及许多有关荷兰海运史的历史文献。1987 年，英国一家海洋探测公司在航海图书馆里查到了一艘古代商船的原始记录。资料显示，该船名为 YHRHYNS－BURG 号，属东印度公司，长 42 米，载有白银 6 箱，锡锭 385.5 吨，于 17 世纪在中国南海沉没。为了寻找这艘荷兰东印度公司未能归航的货船，英国海洋探测公司提出要和中国合作，共同打捞这艘沉船。

与法国、德国等许多欧洲国家一样，英国允许私人打捞沉船。他们只需要在发现沉船以后到有关部门办理必要手续，就可以得到政府预支的 25 万英镑经费，而沉船打捞之后所获得的利益，他们可分得 30% 作为回报。

向中方提出合作的，是一家专业从事商业打捞的海洋探测公司。1987 年 8 月份，经研究，中国救捞总公司同意了英方的申请，决定与他们合作，共同打捞这艘 YHRHYNS-BURG 号沉船。中方承接这一任务的是广东省救捞局。

就这样，在中国水下考古研究室正式成立之前，中国海域的沉船探测工作，意外地被英国人拉开了序幕。而让人们始料未及的是，他们竟然与"南海 I 号"相遇，并险些让它遭到被毁的厄运。

当时英国人租用了一条新加坡的打捞船。参加打捞的英方工作人员是完全没有考古专业背景的潜水员。当时,船上除了一台旁侧声呐仪,没带任何与水下考古有关的仪器和工具。在沉船打捞行业内,流传着这样一句话,打捞容易,搜寻难。尽管英方人员根据文献记载标出了沉船的准确位置,探测定位工作进行得依然很不顺利。英国人一面用旁侧声呐仪在海面上循环往复地扫描,一面在荧光屏前仔细地研判着由海底反馈的每一个可疑信号,只要一发现海底有突起物,他们就把船上的抓斗机放下去乱抓一通。

突!突!突!工作船不停地发出疲惫的声响,探测仪在漫无目的地扫来扫去,坐在荧光屏前的工作人员,不时地闪现出无计可施的眼神。十几天过去了,这条东印度公司的沉船,始终没有出现在人们的视线里。从英国人的脸上可以看出,他们对这次打捞已经不再抱什么希望。

就在他们极度失望的时候,荧光屏上忽然显示出一组可疑的信号,海床上发现了异物!为了确定可疑物体究竟是什么,救捞局的一名潜水员迅速潜到了水下。一根2米多长的桅杆,出现在了他的眼前,桅杆直立在布满淤泥的海床上,桅杆上密密实实地挂着一层又一层的渔网。

英国人听说发现了沉船,顿时兴奋起来,他们开始迫不及待地用抓斗机在海底乱抓,其中一次竟不偏不倚将沉船的桅杆抓断了。

英国人的行为很快被广东省救捞局制止了,因为按照合同的有关条文,这不是那条荷兰沉船。救捞局以最快的速度将南海发现沉船的事情上报了广东省文化厅,文化厅又上报了国家文物局。中英合作打捞工作就此停止。

据1987年参与合作打捞的救捞总监黄景先生回忆说,当时英国公司为了节省成本,缩短工期,采用了最简单的打捞方法。一条2000吨的驳船,一架100吨的吊机,发现海底可疑物体,就把1吨多重的抓斗放到海里去抓。东西抓上来之后,除了部分金属器件完整外,几百件瓷器一下子都烂成了碎片。

这次打捞出水的文物,主要有瓷器、铜器、锡器、镀金器和铁器等,一共247件。所有的出水文物都显示出我国宋代器物的典型特征,所有的文物都反映出同一个信息,这是一艘宋代的沉船!

而英国人意外碰到的这条船,正是黄海生见到的那艘古船。"南海Ⅰ号"就这样猝不及防地第二次出现在人们的视线里。

由于打捞没有按照考古发掘的程序进行,出水的文物和它们在水下的保存环境、堆积形态完全分离,致使这批珍贵资料的科学性大打折扣,让人们很难在水下考古的命题下去评价这次打捞活动的学术价值。出海远航的船只是一个单一性的社会,人们会把那个年代最必需的生活用品带上船,这种高度浓缩过的历史标本,将向人们揭示那个时代的海上贸易方式和船员生活方式,提供给人们地面上无从捕捉到的信息,能大量再现真实可信的历史细节。这或许就是水下考古的重要意义所在吧。

扬帆试海,出征深海牛刀小试

1987 年,就在英国人提出与中方合作打捞 YHRHYNSBURG 号沉船的时候,中国成立水下考古研究室的计划也正在实施中。

张威,1978 年考入北京大学考古系,经过四年的专业学习后,被分配到中国历史博物馆从事考古工作。在他工作的第五个年头,发生了一件令他的职业生涯出现重大转折的事情。

一天,中国历史博物馆馆长俞伟超教授找到张威,与他进行了一次重要谈话。俞先生询问了他一些情况之后郑重地告诉张威,中国历史博物馆要建立国家水下考古研究室,领导经过慎重考虑,希望张威能担当起这一重任,为中国考古事业的发展开辟一个全新的领域。这对充满挑战精神的张威来说,无疑是一个令人振奋的好消息。他欣然领命,并从那一天开始,为之不懈奋斗了 20 多年。

就在广东省救捞局与英国人开始合作打捞沉船的时候,张威和他的同伴杨林受国家文物局派遣正在荷兰参加北海沉船的发掘,接受实战性培训。这次学习历时两个月,共潜水 14 次,经历了水下清理发掘的全过程。中国水下考古的第一对潜伴,铆足了劲要把先进的水下考古技术带回祖国。

张威和杨林到达荷兰后的第一项任务就是学习潜水,每天都是超过 10 个小时的工作及训练,潜水训练只进行了一周,他们就初步掌握了轻装潜水最基本的要领。他俩的勤奋让荷兰的同行们赞叹不已。很快他们便参加了荷兰一艘代号为 Molengat 的沉船发掘工作。

这一年荷兰的气候有些异常,总是阴雨绵绵。虽然是夏季,深海处水温依然寒冷难当。他们与荷兰人一起,每天 4 点半起床,一切准备停当,已是 6 点。工作船出发后,大约航行一个多小时到达发掘现场。每天的潜水作业分为两班,第一次下潜到 9 点结束,每人水下工作时间合计一个小时。按照潜水安全规定,两次潜水之间必须保证 6 个小时的间隔。这样,他们需要在船上休息到下午 4 点,接着进行第二次水下作业。等到工作结束起锚返航时已接近黄昏,回到港口已经是晚上九、十点钟了。算起来每天在船上待至少 15 个小时。在海上发掘期间,除了坏天气不能出海,他们几乎天天如此。荷兰的学习生活让他们既兴奋又愉快:荷兰专家们科学而严谨的治学精神,给他们留下了深刻的印象。

1989 年底,张威、杨林作为中国水下考古第一批队员学成归国。而此时,国际上的现代水下考古学已历经 20 多年的发展,步入了它的黄金时代。

中国水下考古事业,是在国际水下考古事业蓬勃发展,全球商业打捞日益火热,我国水下文化遗产保护形势极为严峻的背景下催生出来的。张威等水下考古工作者任重而道远。

1987 年 11 月,中英合作打捞结束三个月后,中国水下考古协调小组召开了第二次会议。会议决定,对中英合作发现的南海沉船进行正式考古学调查。自此,中国水下考古进入计划实施阶段。

1988年4月,广东省潜水学校迎来了一群特殊的学员。他们不是普通的潜水爱好者,而是来自全国各个文博单位的考古工作者。在经过了一个半月的严格训练之后,九名学员全都拿到了两星级业余潜水合格证。这意味着,我国终于有了第一支水下考古的专业队伍。

两个月后,作为潜水训练的一次实习,这些水下考古队员进行了一场热身赛——对广东省吴川县沙角漩一处沉船遗址进行了调查。这次调查可谓是刀枪未备先上阵,所有的潜水设备,除了一套轻潜装具外,其余的气瓶、呼吸器、面罩、脚蹼、压铅等,全是从湛江潜水运动学校租借的。在当地渔民的帮助下,他们完成了中国水下考古的第一次探摸。这是一条长仅10余米的小船,残留的木质船板已遭严重蛀蚀,采集到的一段残破的铜质徽记表明,它是一艘外国制造的木船,但沉船的年代无法确定。

中国的水下考古事业带着热情和梦想,就这样艰难起步了。

19世纪30年代,因为潜水面罩的问世,靠着水面供气,人类向水底世界跨出了重大的一步。但是靠潜水面罩,人们只能潜入10米深的海水中。水深10米以下,压力就超过一个大气压,潜水面罩解决不了深水供气问题,并且这种原始的潜水装具既复杂又昂贵,潜水员都需要经过严格的专业训练才能胜任。考古工作者只能借助于潜水员的帮助,进行水下考古。

直到第二次世界大战以后,法国人发明了水肺,解决了10米以下的水下呼吸问题,潜水技术才得以简化。考古学者终于摆脱了对职业潜水员的依赖,可以亲自潜入水下,对沉船遗址进行考察、发掘。

1960年美国考古学家乔治·巴斯应邀对土耳其格里多亚角海域拜占庭时期沉船遗址进行调查和发掘。从此,陆地考古方法被引申到了水下遗址的发掘。这是水下考古学发展史上的一个里程碑。乔治·巴斯也因此被誉为现代水下考古之父。

后来,美国人在地中海找到了古罗马的多艘沉船,借此搞清了古罗马的海运航线。与此同时,许多欧洲国家也迅速加入了水下考古的队伍,使这一时期的港口史、航海史、海上贸易史、造船史等领域的学术研究得到了迅速发展。

中日联手,迎风搏浪再度出击

1987年,中国"南海Ⅰ号"沉船的发现,吸引了众多人的眼球。与我国文物部门商谈过合作的国家和国际商业组织就不下几十个。其中包括一些国际知名水下考古研究机构,如澳大利亚阿德莱德大学、美国得克萨斯大学、日本水下考古学研究所等。

如果说当时听到南海发现沉船的消息,中国考古工作者还只能当成一个故事,那么现在,潜入海底探摸,已经是他们自己的水下考古队伍能够做到的事了。但是,经费不足又成了最大问题。

搞水下考古所需费用可不是一个小数目。同样的发掘面积，水下发掘比地面考古要高出12倍。这对经费本来就十分紧张的国家历史博物馆来说，无疑是一个很大的负担。然而，面对"南海Ⅰ号"，这艘发现于南海主航道——海上丝绸之路上的古代沉船，考古发掘意味着什么，每个人都很清楚。

为了解决发掘经费，俞伟超教授奔走在日本和中国之间，经过一年多的积极努力，促成了中国与日本水下考古研究所的合作。由此大大减轻了中国水下考古研究中心的经费负担。

1989年11月，中日联合南海沉船水下考古调查队在广州正式成立，俞伟超教授担任队长，副队长是日方的田边昭三教授。张威、杨林、王军、刘童童、徐海滨、尚杰等六名中国考古工作者参加了调查。日方除了吉崎伸等五名考古队员外，朝日电视台还派出了一个摄制组跟踪报道。调查所用工作船穗救201、穗救205由广东省救捞局提供。这时，张威和杨林刚刚结束了在美国得克萨斯州大学海洋考古系为期半年的专业培训回国不久（从荷兰回国后，为了更系统地掌握水下考古学理论和技术，张威和杨林又被送到了美国，师从现代水下考古学之父乔治·巴斯博士）。

16日下午4点，全体队员登上了穗救201海轮，20分钟后，汽笛一声长啸，起锚出航，中国水下考古的大幕就此拉开。

大海是美丽的，但如果你真正有过一次在大海上航行的经历，感受到的就不仅仅是美丽了。

201号工作船刚刚驶出港口便迎面遇上了五六级大风。大海是广阔的，宽容的，可一旦发起怒来，却是疯狂的。当五六级大风把推力传递给海浪时，能量骤然上升，其所产生的冲力可以把万吨巨轮掀翻。即使在海风平静以后，不断推进的涌波也足以把船上的人摇晃得头晕目眩，呕吐不止。而今天的浪足有两米高。不停上下颠簸，左右摇摆的船身，早已超过了人们平衡能力的承受极限。

沉船位置的确定是水下考古要解决的首要问题。沉船定位要做两件事：一是要在完全没有地标地物的茫茫大海上，用声呐仪器对可疑区域进行地毯式扫描。二是通过GPS准确标示出沉船所在位置的精确读数。

在张威他们乘坐的201号船出发之前，另一艘工作船——205号，已经先期到达了沉船海域。船上的工作人员来自中国地质矿产部第二海洋地质调查大队，他们是来协助联合考古队工作的。由于海面风浪大，205号的扫测工作进行得十分艰难。张威他们出发时，沉船定位仍毫无消息。当晚，201号只好停泊在附近的沙角港等候。

在科学技术已经高度发达的今天，先进的设备可以帮助人们做很多的事情。目前可以帮助人们在海底进行探测的仪器主要有两类，一类是声波处理仪，一类是磁波处理仪。这次沉船扫测定位工作，地质调查大队采用了美国上世纪80年代的新产品——SMS-960型海底扫描系统。这是一种旁侧声呐仪器，使用计算机处理海底声学信息，能准确地绘制出海底平面图,扫描概率可达100%。

第二天上午,召开全体潜水人员会议。大家认真讨论着水下探摸的所有细节,每组队员下潜的顺序;担负的任务;每一对潜伴的相互配合,每一个步骤的衔接,潜水作业的时间;返回水面的速度、中途停留的时间等,都做了尽可能详尽的安排。所有这些细节,在每次潜水之前,都必须约定好,每人都必须严格按照事先的约定去做。因为个人的任何擅自行动都有可能带来水下作业秩序的混乱,甚至导致危险的发生。

俞伟超教授知道,与有着多年潜水经验的日方队员相比,中方队员拿到的只是潜水学校两星级的业余潜水合格证。他们毕竟是第一次在这样恶劣的海况下潜水,危险系数较大,这位老者不禁有些担心。尽管自己已经是三天三夜水米没沾牙了,他还是找来了每一位中国队员和他们一一谈话。俞教授轻缓的语调让队员们感到了他发自内心的关切,这使得在场每个人都十分感动。俞教授一再强调如果他们自己觉得有问题,可以选择不下水。但是,大家既然已经登上了这艘船,就不可能轻易言退,这一刻,他们别无选择。

地质调查大队经过三天的工作,扫测面积0.35平方公里,17日下午2点40分,终于确定了沉船的位置,抛下了定位浮标。

焦急等候的考古队员们,已经在海上颠簸了三天三夜。沉船遗址已经定位,201号可以驶往现场! 205号轮上传来的好消息,使队员们一下子兴奋了起来。尤其感到兴奋的是张威他们,因为这将是历史性的一刻,他和他的队友们将亲手翻开中国水下考古的第一页。他们将与在海底沉睡了800多年的沉船握手。

接到指令后,201号急速向工作现场驶去。此时海上风力至少有六七级,海浪一个接一个迎面扑来,浪峰不时地涌上船来,舐着甲板。他们顶着风浪连夜急驶,第二天早上8点,赶到了205号所在的下川岛,并于当天中午驶往预定海域。

风浪太大了,201号前后花费了三个多小时,两次抛锚定位,直到5点多才把船位泊好,而这时已经过了平潮的时间,当天的潜水作业只能作罢。

南海沉船遗址的位置,正当珠江入海口的西岸。由于河流沿岸被排入了大量的废水,造成了这一带海水的严重污染,涨潮时,外海海水涌向岸边,短时间内,能见度偶尔能达到20~30厘米,退潮时,岸边的浑水涌入海里,海底变得浑黑一片。而潮水涨落时所形成的暗流,更让人们难以想象它的巨大力量。一位有着多年潜水经验的考古队员曾经说,在能见度几乎为零的海底,只要你的手离开海底固定物两秒,就早已不在原地,甚至完全无法知道自己被暗流冲到了什么地方:

设想一下,即使是在陆地,如果身处一个完全陌生的环境里,伸手不见五指,要你完全凭感觉去寻找一件从未见过的东西,而周围可能危机四伏,其困难程度和面临的心理压力会是怎样的情形,然而,这却是每个考古队员必须渡过的关口。

19日上午,风力4级,浪高1米,海水表层能见度2.3米,海底能见度0米。水下探摸正式开始。9点15分,广东省救捞局的一名优秀职业潜水员首先入水,他曾参加过两年前那次中英合作打捞。28分钟后,水下电话里传来了好消息,发现沉船!在能见度为0米的海底,所谓发现并不是目击,而只是摸索到了。

第一个摸到了沉船的中国潜水员,为了确保第二个下潜的队员能找到目标,一直等候在原地。当日方队员潜到海底,找到中方队员,摸到沉船遗址的时候,那位潜水员在海底停留的时间已经超过了安全潜水的规定时限。他浮出水面后,立即被同伴送进减压舱进行治疗。这让所有在场的日本人都十分感动。

第二位下潜的是经验丰富的日方队员后藤,潜水时间15分钟,他在沉船遗址上设置了一条入水绳。这条相对固定的绳索,作用十分重要,它不仅是判断沉船位置的参照物,也是确保潜水队员能回到船上的标志物。在几乎是一片漆黑的海底,指南针和潜水表完全失去了作用,潜水队员唯一能判断出来的方向就是上下,因为他们吐出的气泡肯定是向上运动的。之后下潜的是两位日本队员,他们绘制了一幅遗址平面图,水下作业共15分钟。

轮到张威潜水了,他走到船边,面向大海,调整了一下自己紧绷的神经,整了整系在腰间的压铅,抻了抻充满空气的潜水背心,然后用手按住潜水眼镜,向前一个大跨步腾身跃入水中。海面溅起了一簇雪白的浪花。紧接着,他露出水面,用右手点了点自己的头顶,一切正常!这是潜水员入水后的规定动作,随即,他游向入水绳,与日方队员一起,向海底潜去。

水里一片昏黑,越向下光线越暗,接着就什么也看不见了。张威努力保持着镇定的情绪,他不想在日方队员面前示弱,尽管对方比他经验丰富得多。他不停地摆动着双腿,不久,就感到自己的脚蹼触到了海底。这里水深大约是24米,他明显感觉到海水的压力,鼻窦和耳膜很不舒服,潜水服就像绳索,紧紧地裹在身上。潜水背心的浮力,让他无法站稳。他按了一下腰间的按钮,排出了一部分空气,让自己处于中浮力状态(即压铅的重量等于自身的浮力),感到行动自如了许多。

海底昏黑一片,吐出的气泡像是赛跑,一个劲地往上冒。他们呼吸的声音被海水放得很大,凭感觉他知道日方队员就在身边,于是,他开始向前摸索。张威的手始终扶着海底,努力控制着身体的平衡。海底是一层结成硬壳的淤泥,似乎很平坦,没有什么突起物。他找到了水面浮标绳拖坠下来的沉块,这是搜索的定点标志,然后,继续向前搜寻。一圈,两圈,搜索的范围在逐渐扩大。

忽然,他感觉手碰到了一个凸起物,摸了摸,表面很粗糙,但不是礁石。他用自己的手臂量了量,大约高出海床30厘米。接着,他又摸到了一块硬物,像是一小片木板,感觉像是船板,这时他断定那块突起的东西应该就是沉船的凝结物。他不知道已经过了多长时间,抬起左手手腕,凑到脸上,睁大眼睛想看看潜水表,但是徒劳,表上的指针根本看不清楚。凭感觉他知道时间已经差不多了。于是,放掉了潜水背心里的全部气体,然后用手势告诉潜伴,该出水了。张威顺着潜水绳浮出了水面,带回了那块船板。张威在水下的这一系列动作十分顺畅,无懈可击。

下一组是杨林、王军结伴下潜。王军是在日本学习的潜水。毕竟这是他们第一次独立水下作业,心里多少都有些紧张,他们拉着手潜到了海底。依然是伸手不见五指,杨林感到同伴的手一直握得很紧。他们围着沉块做了几个圆周式搜索,没有新的发现。23分钟以后,他们浮出了水面。

之后下潜的队员还希望能有更大的发现,但是始终没有新的收获。零能见度下拍摄的照片,基本上是模糊一片。最后,日方的后藤收回了入水绳,调查工作就此结束。下午5点30分,201号返航。

这次调查共进行了5天,潜水九人次。由于能见度太低,试图给遗址拍照的计划最终落空,绘制的遗址图仅有1平方米左右。一位日方队员摸到的一小块刻花瓷片和张威摸到的那片船板,成了此次调查最重要的收获。

就是在这次调查中,这艘沉船被正式命名为"南海Ⅰ号"。

张威在他的《南海沉船的发现与预备调查》一文中这样写道:

——获得了"南海Ⅰ号"沉船的准确位置,这是中国的水下考古学领域,第一次应用声呐等现代科学技术与潜水探摸相结合的方法,成功地探测确定了古代沉船的准确位置。

——进一步确定了"南海Ⅰ号"沉船遗址的性质;初步了解到遗址表面现存状况为面积约1平方米、高约30厘米的凸起物,推测大部分船体可能已被泥沙掩埋。

——获得了沉船海域海况、气象等方面的第一手资料;明确了今后工作要解决的首要问题是如何克服海水透明度极差的困难。

一块瓷片,一片船板,面积约1平方米、高约30厘米的凝结物——这就是第一次调查的最大收获。

与英国人那次打捞相比,张威的运气实在不是太好。他们一直非常希望"南海Ⅰ号"的调查探摸能继续下去,但最终因经费问题而被迫搁浅,没想到此后一搁就是十几年。当他们再次来到南海,与沉船第二次握手时,已经是2001年的事了。

弱势无道,厉兵秣马养精蓄锐

"南海Ⅰ号"停止打捞的十年(1989~2001)间,国际性商业打捞机构正越来越多地进入我国海域,而英国人哈彻自1984年成功打捞哥德马尔森号后,更是把在中国南海的寻宝故事演绎到了登峰造极的地步。

1999年4月,为了在南海寻找一艘100多年前遇难的沉船,哈彻的打捞队连续勘探了一个多月。他们使用声波定位仪和磁强仪,一直在不停地扫描海床。这些装备在当时都是最先进的,每天一万美元的成本,已经让哈彻花掉几十万元。

5月10日晚,声波定位仪上显示出不规则的海床,但磁力计并没有显示出太大的异常,因此并没有引起探险者们的注意,因为他们在此前碰到过太多类似的情况,最终证明只是暗礁或废弃的小游艇,甚至只不过是只废锚而已。而刚好在此前不久,他们丢了一条小船,这件事分散了他们的注意力。直到 12 号他们才想到要重新核查 10 号晚上的发现。当潜水员潜入深达 30 多米的海底,他们首先看见了一个又一个直径达一米的铁环,然后发现了一处小山似的堆积,高 4 米,方圆足有 400 多平方米,竟然全是瓷器!他们可以清楚地辨别出这些瓷器有杯子、盘碟、碗、罐、花瓶等。哈彻喜出望外,他找到了自己想要的东西。

沉船的位置、船只的规模、船上的货物及众多遇难者的遗骸,为研究者提供了有力的证据。英国著名海难研究专家尼戈尔·匹克福得在认真查阅了大量历史文献之后,肯定地认为,那艘沉船就是 1822 年 1 月在中沙群岛触礁沉没的中国清代商船——泰星号。

泰星号是一艘长 50 米,宽 10 米,重 1000 多吨的巨型帆船,船长名叫游涛蔻。1822 年 1 月 14 日,泰星号从厦门港出发,驶往爪哇(今印尼)。也许是由于当时海盗在老航线上频繁出现,来往商船经常遭到抢劫,也可能是因为船上装载了太多的人,船长想尽早赶到爪哇,泰星号在航行期间,突然改变原来的航向,驶进了一条通往菲律宾的新航线。不幸的是,当船驶到中沙群岛时,船体不慎触礁,船身入水,在 1 小时后迅速沉没。

泰星号遇难时,船上载有 2000 多名乘客和船员。乘客中有商人、学生,还有大批外出谋生的中国劳工,他们当中有很多是举家移居的。遇难者年龄最大的是年过七旬的老人,最小的仅仅 6 岁。作为压舱石,船上同时装载着上百万件中国瓷器。

泰星号离港时,还有另外一艘小型的帆船与它同行。在泰星号发出求助信号后,小帆船的船员立即上前营救,但是仅仅救出了 18 名乘客。因为担心自己的船会超重沉没,小帆船未敢进一步施救。

两天后,一艘满载鸦片由印度去往印尼的印第安那号(Indiana)英国货轮,途经泰星号遇难海域。船长是前海军上尉詹姆斯,他率领船员冒着生命危险,又救出 180 名在海上漂流了两天的幸存者。2000 名乘客,最后只有 198 人死里逃生,其余人全部葬身海底。此次海事遇难者比后来的泰坦尼克号还要多 200 人,泰星号也因此被人们称作"东方的泰坦尼克"。

泰星号是一艘客货混装的商船,船底部装满那个时期在欧洲十分畅销的中国德化窑的瓷器,达 100 万件之多。令人愤怒的是,为了在收藏市场上谋取更多的经济利益,哈彻竟将其中的 60 多万件打碎,把剩下的 35.6 万件运往德国交给了内戈尔拍卖行。即便如此,这么大数量的瓷器仅凭当时欧洲的文物市场还是无法全部消化,于是拍卖行在世界范围内寻找买家。据说,这场持续了 9 天的拍卖会最终的总成交额高达 3000 多万美元。

就在哈彻打捞泰星号的时候,中国正式颁布实施《中华人民共和国水下文物保护条例》已有十年。该条例规定,对于遗存于中国领海内以及依照中国法律由中国管辖的其他海域内的文物,无论其起源于中国或外国,均属中国所有;对于遗存于中国领海以外的其他海域以及公海区域内的起源于中国的文物,中国享有辨认器物物主的权利。

对于哈彻的非道义行为,张威和我国有关方面的专家向国际组织提出了抗议,并要求他遵守 1982 年制定的联合国海洋公约,与文物的来源国——中国共同协商这批文物的处理办法。张威气愤地认为,哈彻已经不是第一次这样做了。虽然尚不清楚瓷器被打捞的确切地点到底是哪国的领海抑或公海,但是,这一行为的非道义性是不言而喻的。

游弋在我国南海的捞宝者一次次不道德行为,深深地刺痛着中国考古工作者的心。而此时,对于中国水下考古工作者来说,要想战胜对手,就必须使自己变得更强大。

早在 1989 年 12 月,中日合作调查结束一个月以后,在澳大利亚阿德莱德大学的帮助下,中国水下考古队的队员们再一次接受了更加严格的职业培训。这次训练又增加了几名新学员,他们是来自福建的栗建安、林果、吴春明。培训内容包括潜水、水下考古理论、水下考古调查、水下发掘技术、水下绘图、摄影以及计算机应用等。第二年 2 月,全体学员又在福建连江定海进行了为期三个月的实习。参加培训的 11 名学员都拿到了两星级国际潜水证书。

这之后的十几年里,他们一直没有停歇。连续在福建连江县定海,海南文昌县宝陵港,山东蓬莱虚里、长岛,广东新会县官冲乡,福建长乐县大祉乡,以及长江三峡进行了多个水下考古项目,战线长达数千公里,范围涉及渤海、黄海、东海、南海四大海区。其中从 1991 年 9 月到 1997 年 6 月,对辽宁绥中县三道岗元代沉船的连续发掘是最重要的一个项目。这次发掘被评为 1997 年中国十大考古发现之一。它是我国首次凭自己的力量实现的一项正规水下考古工作。2001 年,《绥中三道岗元代沉船》出版,这是中国水下考古的第一份报告。

曾有一位年轻的英国学者问中国著名考古学家俞伟超教授,水下考古的经费开支极大,中国还那么穷,你们为什么现在就要搞水下考古呢?俞先生回答,中国的水域那么辽阔,自古以来,通过海上,东边和朝鲜半岛及日本列岛发生联系,南边与南洋群岛发生联系,往西通过印度洋又和欧洲发生联系,我们不搞水下考古行吗?

拨开淤泥,八百年后初显真容

20 世纪 80 年代的两次国际合作打捞,都只是触摸到了"南海 I 号"沉船的冰山一角,人们却始终没有见到"南海 I 号"的庐山真面目。这里的海底一片浑黑,对于潜入海底探摸的潜水员来说,无异于是瞎子摸象。人们无缘看到这艘大船的全貌,也许是天意,冥冥之中,它在等待着什么人吧。

2000 年,由香港政府和迪斯尼公司投资兴建的香港迪斯尼乐园,经多方论证正式进入实施阶段。迪斯尼乐园的建设中有一个 126 公顷的填海工程。工程施工之前,按照有关法律规定,考古管理部门需要对海底先进行考古调查和探测。张威一行,应邀参加了迪斯尼乐园的水下考古调查,同行的还有水下考古队员张松。

在香港工作期间,张松认识了香港几位爱好潜水的发烧友。这些潜水爱好者对国内的水下考古十分关心。当他们得知"南海Ⅰ号"的传奇经历后,更是表现出极大的兴趣。后来,张松在其中穿针引线,最终促成了对"南海Ⅰ号"进行再次调查。调查所需经费150万元,由香港中国水下考古研究探索协会会长陈来发先生筹集。时隔10多年之后,张威和他的队员们再次来到南海,寻找那艘他们曾经触摸到的沉船。这是张威和他的队员们对"南海Ⅰ号"的第二次调查了。

中国水下考古队自1987年筹建至今,历兵秣马准备了14年。经过这些年的历练,这支队伍已经日臻成熟。而队长张威,这支队伍的灵魂人物,时下已升任中国历史博物馆水下考古研究中心主任。与十几年前相比,水下考古队的阵容已经壮大了许多。1997年水下考古研究中心依靠自己的力量培训的第二批队员张勇、张松、张万兴、朱滨等人,也加入了"南海Ⅰ号"水下考古队伍。

2001年4月18日,来自中国历史博物馆、广东省考古研究所、福建省福州市考古队的17名队员,集结到了阳江市东平镇闸坡港。同来的还有曾两次参加过"南海Ⅰ号"探测的广东省救捞局的潜水员。

当天下午,在香港潜水协会会长陈来发先生的带领下,一艘潜水工作船缓缓驶入阳江市闸坡港,随船一起来的还有五位香港的潜水志愿者。他们将和水下考古队员一起,参加"南海Ⅰ号"的海底搜寻工作。这艘工作船由渔船改装,长20多米,可乘载40人,船上配备了先进的卫星导航定位系统和声呐搜寻系统。它将是这次海底探测的唯一工作船。

然而事情的进展,远没有想象的那么顺利。"南海Ⅰ号"仍然像一个羞答答的新娘子,迟迟不肯掀起自己的面纱。

调查从一开始就不停地遇到麻烦。先是香港驶来的工作船海关手续一直没有办妥,接着22号又发生了一场4.6级地震,震中就在阳江。地震以后,阳江海面刮起了7级大风,浪高2~3米,无法出海。

第五天,海面风浪刚刚有所减弱,已经等待了好几天的考古队员们,早上6点便驾船出航了。然而,出师不利,当船到达预定海域打开声呐仪时,信号却怎么也调试不出来。他们只好换上了另一台备用的仪器。等所有的连线都接好,准备扫描时,声呐仪的主机又忽然烧坏了。从出海的港口到工作地点,要航行两个多小时,刚刚出来,总不能就这样回去。于是,有人想出了一个办法,让工作船拖着锚钩在海底拖钩,一旦钩到可疑的突起物,就派人潜水探摸。但这一天的搜寻最终还是一无所获。

接着又是连续两个风雨天气。

28日,天公作美,风停雨住,考古队第二次出海,这一天船身少有的平稳。上午,声呐仪扫描,发现了多个疑点。中午时分,经过商量,打算对其中可能性最大的一个疑点进行潜水探摸。

广东省考古所的崔勇首先在可疑点上投下了五个指示浮标。然后,考古队员十个人分成五组，分头下水探摸。几十分钟后，各组队员相继出水，探摸的结果仍然是一无所获。仪器中显示的突起物，有的是露出海床的礁石，有的是船上丢下的废弃物。

工作船每天牵引着声呐仪的拖鱼在划定的海区内，循环往复不停地扫描，只要荧光屏上一出现可疑物体，他们就抛下浮标，结伴下潜，反复探摸。20 多天下来，探摸的可疑地点加起来已经有几十处了，可布满淤泥的海底平坦得几乎可以跑马，没有发现任何与沉船有关的可疑线索。他们百思不得其解，1987 年，英国人明明从这艘船上打捞到 200 多件文物，甚至还抓断了船上的桅杆，为什么连续搜寻 20 多天，始终见不到沉船的踪影呢。有的队员开始怀疑，这样的地方难道会有沉船？

大家开始焦虑不安，筹集来的经费已经支持不了几天了。队员们七嘴八舌，分析着可能出现的问题。是英国人提供的数据有问题还是自己扫测的覆盖率不够，有什么地方漏掉了？抑或这么多年过去，船体已经腐烂被海流冲走？或者中日合作调查找到的那一处露出海床的凝结物只是一块礁石，根本就不是沉船？

这一个工作季眼看就要结束了，探测定位工作依然毫无结果，每个人都很担心，如果这个工作季他们找不到"南海Ⅰ号"的沉船地点，以后是否还有机会对"南海Ⅰ号"进行调查，都很难说了。

崔勇是一个潜水技术十分成熟的老队员，他那不温不火的性格，总让人想起"沉着"二字。他一直在考虑，是不是英国人记录的数据有问题。1987 年中英合作打捞，他是参加那次合作的唯一一位文物部门的代表。他知道按照那次合作的协议，广东省救捞局应该也存有一份关于那次打捞工作的档案。对！应该找来看看。崔勇到广东省救捞局借来了当年的工作档案，仔细翻阅了所有记录。他发现，工作日志上有这样的记载，那次调查在最后起锚返航之前，船的位置曾经挪动过。怪不得沉船位置的坐标点，救捞局的记录与英国人的记录相差那么大！崔勇意识到，问题很可能出在这里，应该修正一下扫测范围的坐标。

队长张威也在心里盘算着，下一步到底怎么办。撤回？还是继续寻找？这天晚上，他和同伴下象棋，老是心不在焉，几招臭棋搞得同伴没有了兴致。张威心里在想，调查经费已经所剩不多，继续寻找，如果还是找不到怎么办？就此打道回府？那就很有可能从此再也无缘见到这艘沉船了，更何况这也不符合他的性格！想到这里，他忽然将棋子往桌上啪地一拍，说了一声，上浅地层！

这次"南海Ⅰ号"调查原计划为 30 天，20 多天已经过去了，剩下的几天里，究竟能否有奇迹出现，谁也没有把握。但张威决定作最后一搏。

他请来了广东省海洋研究所的专家助阵，他们带着浅地层探测仪，加入了寻找"南海Ⅰ号"的队伍。

5 月 13 日，除一位留守人员外，所有的队员都出海了。9 时许，工作船到达探测海域。为了确保探测定位的准确性，之前，他们设法接收到了用以修正 GPS 测量误差的差分信号,这样可以把定位误差控制在1米以内。

进入预定的测线后,浅地层仪的记录纸上竟一片漆黑,他们只好将拖鱼吊上船来检查,原来是接线出现短路,修好了拖鱼,继续探测。扫测了一上午,终于找到了两处可疑点。

下午2时许,崔勇在其中的一个疑点处投下了浮标,然后,与李滨一起潜入了海底。水下的能见度是这几天最差的,崔勇和李滨谁也看不见谁,凭着对方呼噜噜的气泡声,他们才能感觉到潜伴的位置和举动。崔勇尽量让自己的动作轻缓,呼吸保持平稳,因为这样海底的淤泥不会泛起,气瓶里的空气也可以用得时间长些。

潜到海底后,崔勇很快找到了浮标拖坠的沉块,循着沉块继续搜索。在离开沉块不到5米的地方,他隐约看到了一块黑糊糊的东西,于是便游了过去。这时,李滨也跟了上去。距离越来越近了,当崔勇用手触摸到那个黑东西的时候,心中不禁一阵兴奋,凝结物,没错,这是只有沉船上才会有的一种凝结物。崔勇用自己的手臂量了量,仅仅高出海底大约30厘米。循着这块凝结物,他们继续搜寻,在相距不到10米的地方,又找到了第二块凝物,这块稍大一点,高出海床约60~70厘米。找到了!终于找到了!凭着多年潜水探摸的经验,崔勇和李滨十分肯定,这就是他们要找的"南海Ⅰ号"!

为了更有把握,张威又派孙键、张松、鄂杰、朱滨两组队员下水,对崔勇和李滨的发现作进一步确认。

也难怪考古队20多天的扫测始终没能发现沉船,近几年这一带渔民采用一种新的拖网方式进行捕鱼,海床被拖网刮来刮去,变成了一马平川,"南海Ⅰ号"已经深陷在1米多厚的海底淤泥之下,只有两块凝结物露出水面,高度才几十厘米,面积不过一两个平方米。

在茫茫大海寻找这样的目标,是名副其实的大海捞针。他们与"南海Ⅰ号"差点擦肩而过!但幸运的是,终于在最后一刻再次相遇了!

这次调查,他们对"南海Ⅰ号"的认识,从一块凝结物,1平方米,扩大到两块凝结物,大约几十个平方米。而最重要的收获是完成了对"南海Ⅰ号"的精确定位,获得了一套关于"南海Ⅰ号"以及周围海底环境的完整准确的物探资料。

阔别14年,他们终于实现了与它的第二次握手。张松在谈起这次寻找"南海Ⅰ号"的经历时,不止一次的发出感慨,运气,这次找到"南海Ⅰ号"真是靠的运气!

整体打捞,水晶宫里古船帆影

广东省阳江市海陵岛的大角湾,是一片沙质海岸。阳光下,沙滩闪着点点银光。岸边鳞次栉比的建筑群中,有一幢普通的小楼,门前一个不大的木船模型,使这座小楼显得多少有些特别。让人隐约感到这里可能聚集了一群和大海有着密切关系的人。

走进大厅,右侧是一个不足100平方米的陈列室,大大小小的玻璃柜里,收藏着"南海Ⅰ号"出水的瓷器。这些产品,全部是宋代产自沿海各省不同窑口的瓷器,有福建德化的白瓷、江西景德镇青白瓷，还有浙江龙泉窑的青瓷。其中几件龙泉窑的青瓷小盘，色彩青翠如玉，釉面莹润剔透。陈列室墙角几套不同型号的潜水装具，向人们透露出这栋小楼主人的身份。这里就是中国水下考古研究中心的潜水培训基地，楼顶赫然竖立着几个红色大字——探海楼。

探海楼，中国水下考古研究中心的南海基地。把基地建在这里，是俞伟超先生经过多次考察定下来的。因为这里形若牛角的海湾深深地嵌入陆地，水域十分宽阔，适合潜水训练。水下考古队的第二批学员，就是在这里从游泳开始学起，最后潜入大海深处的。

站在探海楼前向南望去，有一处长近 10 公里的银色海滩，当地渔民叫它十里银滩，是这一带最长的沙滩。从这片海面向北，大约航行四五十海里，便是"南海 I 号"沉没的地点。

从 2001 年以后，水下考古队先后对"南海 I 号"又进行了多次调查和试掘。尽管这里的海底漆黑一片，船身又深陷在淤泥下，几经周折，考古队最终还是揭去了掩盖在沉船上的一层层面纱。

2002 年春季，广东南海海面风浪一直很大，浪高经常在 2 米以上。他们常常是船开出去了，还没到目的地就不得不掉头返航，因而发掘工作总是时断时续。

抽泥机伴着海浪声轰轰作响，海底淤泥不断地被抽走，沉船表层不时有文物被打捞出水，瓷器、钱币、银锭、金银饰品、漆器、动物骨骼……随着抽泥进度不断推进，在两块凝结物之间，形成了一个直径四五米的泥坑。他们已经越来越接近沉船了。

沉船的保存情况，多少有些出乎考古队员们的意料。每个队员都清楚地摸到了船的两舷和船舱内码放整齐的瓷器，虽经过七八百年的海水浸泡，船体结构仍然坚固，甚至有整体移动的可能。对考古队来说，与船上装载的瓷器相比，船只本身的研究价值显得更为重要，因为有关早期造船史的资料不仅仅在中国，在世界上也是非常少见的。

沉船所在的海域，水深 22 ~ 25 米。按照安全潜水的规定，每人每天最多只能潜水两次，每次最长只能停留 45 分钟，两次的间隔时间至少 6 个小时。然而海上天气变化无常，不期而至的大雨狂风，经常使发掘工作中断，每天的潮涨潮落，又限制考古队员只能在短暂的乎潮期工作。所有这些，都制约着"南海 I 号"水下考古工作的进度。

能不能整体打捞？一次，张松在和广东省考古所的李岩、曹劲两人聊天时，提出了这样一个大胆的设想。他们经过一番热烈的讨论，竟真的做出了一个整体打捞的方案。于是一份全面保护、整体打捞"南海 I 号"的项目建议书，由曹劲执笔完成后，送到了省文化厅领导的办公桌上。

他们的建议受到文化厅领导的高度重视，2003 年下半年，文化厅起草的一份《关于广东海上丝绸之路博物馆立项的申请书》递交到了广东省发改委。很快，发改委给文化厅复函，同意立项。同时省政府拨出 1.5 亿的专项经费，用于"南海 I 号"的发掘和保护。

在征求多方意见之后，一个详尽的整体打捞工程实施方案和海上丝绸之路博物馆建设方案完成了,这时已是 2004 年 3 月。

从 2005 年底开始,十里银滩本来绿树成荫的坡地,忽然变成了一片繁忙的建筑工地。两台金黄色大型吊车矗立在海边,巨大的吊臂不停地转来转去,机器轰鸣中,工人们在紧张地施工。正在建设中的就是广东省重点工程——广东海上丝绸之路博物馆。

博物馆的主体建筑由五个椭圆形舱体构成。中部最大的一个舱体是专门保存"南海 I 号"的水晶宫。

水晶宫好比一个巨型的玻璃缸,水深 12 米,水质、温度及其环境都与沉船所在的海底完全一样。沉睡了 800 多年的"南海 I 号"整体打捞出水后,将平移到玻璃缸内进行清理发掘。这就意味着,观众不仅可以近距离看到这艘 13 世纪的帆船,甚至可以看到考古队员如何通过科学的发掘揭开这艘沉船的一个个谜团。

2006 年 6 月,国家文物局召集的专家论证会上,到会专家对广东省提交的"南海 I 号"整体打捞方案进行了热烈的讨论,并最后通过。专家们给予方案这样的评价:方案指导思想正确,施工工艺先进,资料齐全,数据可靠,结构完整,设计合理。

经过连续几个工作季的抽泥等水下作业,"南海 I 号"终于缓缓地撩开了自己的面纱,带着历史的沉淀,清晰地呈现在大家面前。

沉船的两端是两块很大的凝结物,凝结物高出海底淤泥层。在船体中部,有一个方形的木制底座,应该是桅杆的基座。桅杆已经没有了,两面的船舷虽然已经破损,但木质还算结实,他们探摸到了船舱,沉船满载着瓷器,一摞一摞码放得很整齐。

接下来的工作将是把"南海 I 号"打捞出水。按照广东省救捞局制订的方案,一个巨大的钢质沉箱将是吊装这艘沉船的容器;两艘万吨级起重打捞工程船——华天龙号和南天龙号,是打捞工程的两个大力士;一艘平板式全潜舶将把"南海 I 号"托出水面,并平移到十里银滩的水晶宫内;打捞的全过程需要 209 个工作日。

沉船打捞的前期准备工作需要 60 天,这期间包括旧设备的改造,新设备的组装,沉箱及特制工具的制作等。而沉船现场打捞,还需要 149 个工作日。

沉箱是钢质的,五面密封,底部敞开。华天龙的巨大吊臂,把沉箱罩在沉船上。沉船的周围淤泥,由水下考古队事先做好考古发掘。若干条高压气袋,将用前面牵引,后面推进的方法,从沉箱的底部横穿而过,牢牢固定在沉箱上。然后是给气袋充气,直至气袋之间完全密封。接着,华天龙和南天龙将一起把它整体吊起,离开海床。一艘全潜舶将沉入海底,把沉船托起,浮出水面,最后全潜舶会被一艘 3200 吨的拖轮拖到十里银滩。到那时,广东海上丝绸之路博物馆已经建成,并且已经给"南海 I 号"预留好了进口。一座全钢架椭圆形的水晶宫,将成为"南海 I 号"未来的新家。

2007 年 12 月 22 日 11 时 30 分左右,深藏于海底 800 余年的古沉船"南海 I 号"在万众瞩目下成功整体打捞出水。对它的成功打捞,开创了世界先例,是中国水下考古的一个重大创新,是中国水下考古技术跨进世界先进行列的一个标志。中国水下考古工作者为此努力了 20 年。

装载着"南海Ⅰ号"的沉箱于 2007 年 12 月 27 日凌晨 1 时 18 分完全登陆。此后,沉箱端坐在 16 个气囊上,在两根钢缆的牵引下缓慢滑行。至 30 日下午 3 时 35 分,沉箱整体进入"水晶宫"预定位置。自此,在海底沉睡了 800 多年后,"南海Ⅰ号"将永久地在这里"安家"。

昨日重现,谜团待解再现辉煌

大约从唐代开始,中国的瓷器,作为最受欢迎的产品,从陆路和海路被源源不断地运往东西方各个国家。在 20 世纪初发掘的中亚一些国家的古代遗址中,就常有中国浙江龙泉窑的青瓷片出土。有位阿拉伯人在他的书中,形容中国唐代的瓷器透明如玻璃,里面加了酒,从外面可以看到。当时的中亚西亚地区,人们只会烧制外面挂了一层薄釉的陶器,中国瓷器当然会令他们感到十分新奇。

宋元时期,是中国瓷器生产和外销的黄金时代。南北各地名窑辈出。浙江、福建、江西、广东等地区窑业更是兴旺发达,出现了龙泉窑、景德镇窑、泉州窑、德化窑等一批享誉世界的名窑。它们的产品受到了来华商人的欢迎,每年的出口量难以统计。20 世纪 70 年代,朝鲜新安县发现了一艘南宋时期的沉船,一次出水龙泉窑瓷器 15000 多件。而已经出水的"南海Ⅰ号",至少也有 80000 件。

瓷器的外销不仅给商人也给国库带来丰厚的利润,朝廷因此采取鼓励政策,在沿海各大港口设立了管理进出口事务的市舶司。对能超额完成税金的官员,给予加官晋爵的奖励。

古代旅行家,元代文人汪大渊,海外旅行归来后曾著有《岛夷志略》一书。据书中记载,在宋代以前,中国瓷器没有输出的时候,居住在东南亚一带的原始居民,吃饭时蕉叶以为盘,葵叶以为碗,还有的以竹编、椰壳为器。即使在中亚的发达地区,也多是以木器、金属器作为饮食器具。这或许也说明了,为什么"南海Ⅰ号"沉船出水的绝大多数都是盘子、碗、罐等日常使用的餐具。中国瓷器改变了他们的进餐方式,深刻影响了他们的饮食文化。在一个相当大的范围内,甚至影响了那里人们的社会生活,一定程度上影响了世界文明的进程。

在所有的出水文物中,除了瓷器,还有一条银质腰带,表面镏金,是由无数小的金属环扣连接而成,两头装有钩扣,制作精美,它的形制和工艺特征,都与我国以往出土的腰带明显不同,应该不是出自中国的产品。从它的珍贵程度看,很可能是船主人的用品。也就是说,这艘船的主人很可能是一位外国商人。

这不禁让人浮想联翩,这位佩着银质镀金腰带的船长是何等人物? 在 800 多年前的中国,他看到了什么? 在那个可怕的沉船之日,他曾面对怎样的恐怖瞬间?

让我们在想象中回到当时的历史时空去寻踪觅迹吧。在公元 10 世纪到 13 世纪的 400 年里,中国商船靠着先进的水罗盘导航,可以横渡印度洋到达非洲的西海岸,最远可以航行到波斯湾的尽头。

繁荣的海上贸易造就了一批世界级的港口。泉州，就是当时享誉世界的东方第一大港。在这座城市里，居住着来自中亚、西亚、东非以及欧洲等地各种肤色的商人。每天都有大批的瓷器、丝绸、茶叶、漆器、铁器等货物通过水路，陆路从全国各地汇集到这里。每年驻泊在这里的大船成百上千艘，小船不计其数。

海面上商船樯桅相连、风帆垂天，气象壮观。岸边，一行行的仓库沿着海边排列着，高大的铁门时而关闭，时而敞开，每天都有大批的货物从这里装船上路。

夏天，赤道的东南季风盛行的时候，一队队商船，从印度洋甚至更远的地方驶来，他们有的是返航的中国商人，有的是来做生意的外国人。船上满载着印度和东南亚的丰厚物产，顺水扬帆穿过马六甲海峡来到泉州。

冬天，当海上送来强劲的西北风时，他们又鼓起风帆，把在全世界最畅销的中国商品运往西方。

"南海 I 号"这艘满载着中国瓷器的商船，主人是一位来自西方的商人，他是 800 多年前的某个夏天来到泉州的。泉州港的货物吞吐量巨大，往来于海上丝绸之路的商人们，无论装载了多少船货，都可以很快在这里找到买主。同时，在这座城市几乎可以采购到他们需要的所有商品。

老船长泊好了船，卸下船上的货物，就近找了家商馆住下了。

泉州城里，到处长满了刺桐树。街道两旁商馆、店铺、酒肆，还有各式宗教建筑高低错落，鳞次栉比。到处可见各色手工作坊，生产金属制品、瓷器、丝绸、纸张等。有些作坊生意兴旺，规模较大，有工匠近千人。

每天，各路商家起得比太阳还早。天还没亮，街上已是车水马龙，人们在街边的熟食摊上随便吃些东西，就开始忙碌起自己的生意。等到太阳升起的时候，街上已经是人声鼎沸，水泄不通了。成千上万的货车、马车像潮水一般涌向城里。马蹄声、叫卖声和各种敲击的声音，混成一片。

天色渐黑，喧闹了一天的街市，仍然安静不下来。为了招揽生意，各店铺点起油灯和火把，街道上火光通明，店铺里讨价还价仍在继续。直到深夜，人群才渐渐散去。

老船长没用多长时间，就把自己带来的象牙、犀角、胡椒和各种宝石售卖一空，看看渐渐鼓起来的腰包，他露出了心满意足的笑容。

老船长每日里穿梭在泉州城的大街小巷，选购着各色商品。这些年，中国的瓷器在西方人当中，成了一种非常时尚的日用品，它坚实轻薄的质地，玉石一般的釉色，比他们原来使用的锡釉陶器漂亮得多，也方便得多。还有中国的丝绸，五颜六色，金光闪闪，是老爷太太们的最爱……

采购来的货物，渐渐地堆满了船舱。瓷器，装在船舱的最下面，一摞一摞紧紧地顶着船板，瓷器与瓷器之间，还撒上了很多茶叶。它们就像是压舱石，装在底舱可以让船行驶得更稳。丝绸都用防水的布包裹着,装在船舱的最上面。不知不觉,几个月的光景过去了,船已经装得满满的。

冬季来临的时候,老船长乘着北风踏上了回乡的航程。五六百海里的船路,在当时的帆船时代大约要走八九天。这天他的船已经驶过了广州港,前面就要到达七星洋(今西沙群岛)。这时,海上忽然起风了,一阵紧似一阵,天上阴云翻滚着,像是在追赶着船只,一步步地压过来。船长是位久经风浪的老水手,凭经验他预感到暴风雨就要来临。看了看船的位置,北面是川山岛,南面是海陵岛,于是他定了定神,紧了紧腰间的银质腰带,调整了一下风帆的方向,朝海陵岛急驶而去。

暴风雨实在来得太快,他没走多远,海面上便狂风大作,海风卷着暴雨吼叫着,劈头盖脸向他们扑来,小船几次被没顶的大浪吞没,几次又从浪里钻了出来。船长紧紧地把着尾舵,努力控制着船身。忽然,咔嚓一声巨响,船上的桅杆被拦腰折断了。没有了桅杆,也就没有风帆的动力,木船再也无法前进了。这艘只有20多米的小船,终究经不起巨浪的反复拍打,开始破裂进水,接着失去平衡,一切努力都已无济于事。接着又一个巨浪打来……

海水吞没了真相,暴风雨终结了一切。老船长和他的船永远留在了南中国海。一躺就是800多年。

他的银质镀金腰带已锈迹斑驳,新的历史时代却更加繁荣、忙碌了。800年后,他的船被重新命名为"南海Ⅰ号",即将在梦幻般的水晶宫里迎接人们的观赏以及专家们的揭秘。

十里银滩上,广东海上丝路博物馆的水晶宫中,"南海Ⅰ号"已被打捞出水,安置在这现代化的建筑里。

"南海Ⅰ号"整体打捞的项目建议书中曾这样写道:在解决了文物保护问题的前提下,适时将商业机制引进"南海Ⅰ号"的后续开发,在大众心中营造出以科研为先导,保护为核心,综合利用为最高目的的持续发展新形象,升华出和平、发展、科学、勇敢的主题思想,将是广东海上丝绸之路博物馆的中心任务。

在那里,水下考古工作者们将亲手揭开关于这艘沉船背后的一个个谜团,遥想当年鲜为人知的商旅故事,重拾那段沉睡海底的昨日辉煌!

人们期待着!

西沙探秘——见证千年远洋航迹

西沙群岛,西距海南岛约180海里。它的东面是东沙群岛,南面是中沙群岛和南沙群岛,统称为南海诸岛,它们组成了中国南疆的蓝色国土。

西沙群岛,从东北向西南方向伸展。在长250公里、宽约150公里的海域里,由45座岛、洲、礁、沙滩组成。西沙群岛岛屿,东面为宣德群岛,由北岛、石岛和永兴岛等7个岛屿组成;西面是永乐群岛,由金银、中建、珊瑚等8个岛屿组成。

西沙群岛自古以来就是中国的领土,也是海上丝绸之路的重要环节,虽然当年海上丝绸之路千帆过尽的壮观已不可见,但今天人们仍然可以通过考古发现一窥当年西沙的风采。

按照在海面上下的位置,岛礁一般可分为五类:

岛:是露出海面、海拔较高、四面环水的陆地。岛的形成时间较长,不易为大潮、巨浪所淹没,面积较大,植被较茂盛。我国渔民称作峙。

西沙群岛

沙洲:是已经露出海面的陆地,一般不被海潮淹没,只是台风和大潮时才被淹没。沙洲的外形不稳定,面积较小,由于受潮水冲刷,植物很少生长。

暗礁:也称礁、屿,较岛、洲为小。暗礁是接近海面的珊瑚礁体。涨潮时多数被淹没,退潮时多数可露出水面。我国渔民称之为线、沙、铲等等。

暗沙:是淹没在水下的较浅的珊瑚沙层或珊瑚礁滩,海水最低潮时也露出水面,也可以说它是水下的珊瑚沙洲。我国渔民把暗沙称为线排、沙排。

暗滩:也称滩,是隐伏在水面以下较深处的珊瑚礁滩地。暗滩由海底突起,滩面呈广阔平坦的台状,偶有礁墩向上隆起,甚至上升到海面附近。

扬帆西沙,寻觅昔日海上丝路

1998年12月18日上午10时许,国家文物局副局长张柏将一面蓝白相间的队旗交到了张威手中。同一时间,12名训练有素的水下考古队员,乘着两条满载着潜水装备和水下考古器材的工作船,在海南省琼海市潭门港起锚出航,航向直指西沙群岛。桅杆上飘扬着一面旗帜——"西沙·中国水下考古"。

这支队伍此次出海,是要对西沙群岛水下文化遗存进行一次大面积的普查。这是国家文物局规划的南海诸岛考古项目之一,也是中国国家博物馆水下考古研究中心继辽宁绥中三道岗元代沉船的发掘取得重要收获之后,又一个重大的水下考古项目。

经过十年的历练,中国的水下考古队伍已经日臻成熟。但是,以往的工作都是近海作业,这次西沙水下考古调查,他们将远离海岸,远海航行,这对他们无疑又是一次考验。

在之前刚刚结束的动员大会上,张柏特别强调了这次西沙群岛的水下考古是经国务院审批的项目,具有与以往考古项目不同的政治意义,这使队员们更加感到了肩上责任的重大。此时中国水下考古的主要任务是重现消失已久的海上丝绸之路,而寻觅西沙群岛的水下遗物尤其是沉船遗址,是再现海上丝绸之路的一个重要途径。

地处热带的南海，号称三高一多——高温、高湿、高盐、多热带风暴。这里一年只刮两场风，一场是冬季的西北风，从12月到来年2月，一场是夏季的东南风，从6月到9月，虽有间歇，但接踵而来的台风，刮得更凶猛。只有在每年的两次转风季节，海面才能显得平静些。而12月，西沙水下考古队出海工作的时段，显然不是最好季节。

其实中国对西沙群岛的水下考古调查不止这一次。在1998年这次出征之前，1996年的一次调查，至今让所有参加者难忘。那一年的四五月间，辽宁绥中三道岗元代沉船的发掘工作还没有最后结束，利用工作间歇，水下考古工作队来到了西沙。那次出海，着实让他们领教了一次什么叫怒海狂涛，什么叫险里逃生。

1996年5月14日，作业船照例一大早就从永兴岛出航了。永兴岛，是西沙群岛最大的一处岛屿，也是西沙区政府的驻地，岛上驻扎着海军某部的舰队。永兴岛的供给由陆地定时送来。这里的淡水和蔬菜也是定量供应的。听说是水下考古队来了，岛上的解放军尽可能给予了帮助。

接近中午时分，他们从永兴岛到达了当天要调查的北礁。由于北礁的礁门太浅，在进入岛内的湖时，把一只螺旋桨撞弯了。抛锚以后，船员简单地修理了一下。

在北礁停留的几天里，几乎天天下雨，调查工作一直在雨中进行。虽然是转风期，但这一年的海风比哪年都多，从潭门港出发那天，船一出港，就碰上大风，所有的人都被摇得头晕目眩。

5月18日中午，忽然接到天气预报，说东南方向160海里处，有热带风暴在浪花礁一带海域形成，阵风达10级。听到这条消息时，西沙的调查已经结束，他们的船刚刚离开北礁走在返回琼海市潭门港的路上。从北礁到潭门港180海里，他们知道，在大风到来之前，要想赶到潭门港，无论如何是不可能的。而西沙这一带，真正能够躲避十级大风的只有琛航岛。他们所在位置距离琛航岛约70海里，但驶往琛航岛显然是在走回头路。在180海里与70海里之间，考古队只有选择琛航岛，全速前进。

中午1点，台风前锋虽然还没有来到，海浪已经3米多高了，海上风雨交加。船老大命令，所有人不许上甲板，都待在船舱里。船老大吴忠亮虽然才28岁，但是已经有10多年的航海经验，"放心，一定会把你们安全送到。"他安慰大家。虽然他对这里天气和岛礁非常熟悉，但此时心里仍然捏了一把汗。

渔船任由海浪把它忽而抬到浪尖，忽而又抛入浪底。船板被敲打得啪啪响，船身一会上下颠簸，一会左右摇晃，那只负了伤的螺旋桨带动着渔船与风浪奋力搏斗。

船舱里鸦雀无声，他们睡觉的甲板上都是水，铺位也被涌进的海浪打湿了。躺在床上的人一会儿骨碌碌全都被抛到左边，一会儿又全都倒到右边。站着的人怀里紧紧地抱着一根柱子，手里抽着的烟已经被捏得变了形。没有人说话，每一个人都在忙不迭地呕吐。忽然不知道谁说了一句，"看来得准备遗嘱了。"声音沉闷，听起来不像是开玩笑。这时有人喊了一声，"货舱电线起火了！"正躺在床上的广东省考古所所长古运泉一骨碌爬了起来，冲向底舱，他是这次调查的领队。看见底舱里的电线火苗呼呼呼一个劲地往上蹿，电线下面是一大堆易燃易爆物品，古运泉没有多想，咕咚一声，跳下了底舱……似乎已经是无法避免的事故，终于被排除了。经过漫长的 5 个小时，他们到达了鸭公岛，这里距琛航岛还有 10 海里的样子。这时风浪已渐小，当大家松了一口气的时候，忽然感到刚才浑身绷紧的肌肉，此时有些酸疼，实在是太累了。

类似这样的海上历险，一次次锻炼着水下考古队员们的临场应变能力和心理素质，为后来工作的开展打下了坚实基础，为 1998 年的这次西沙群岛水下文化遗存普查工作积累了实战经验。

初访永乐，华光礁下斩获沉船

西沙群岛的岛屿分为东西两群，东面一群是宣德群岛。西面一群是永乐群岛，几个大小不同的环礁呈南北向一字排开。水下考古队这次调查的重点是永乐群岛北面的北礁、中部的永乐环礁和南面的华光礁。

出发那天，天气阴沉，两条载着 10 多名队员的渔船刚刚驶出港口，海面上忽然狂风大作，掀起两米多高的海浪，渔船在剧烈的颠簸中向着西沙群岛的北礁驶去。这次出海，并不是南海最适宜工作的季节，因为这时候，南海的东北季风终日不停，1998 年的风力又特别大，每天都有六七级。

海风实在是太大了，船到北礁后，在一个个巨浪的冲击下，几次试图靠岸均告失败。队员们已经感到阵阵眩晕、恶心。在船长和向导的建议下，队长张威决定放弃原定计划，继续向南航行，到琛航岛避风。

琛航岛在西沙群岛中部的永乐环礁上。永乐环礁是一个圆形的大礁盘，礁盘的四周围着一群大大小小的岛屿，把中间围成了一个湖泊，海洋学家叫它潟湖。湖南面的琛航岛上有一条人工的大坝，可以挡住东北向的大风，是船舶在茫茫大海中避风的一个好去处。肆虐的海浪在这个人工的海湾里一下子温柔了许多，他们到达时，已经有很多渔船停泊在这里了。

在琛航岛避风时，他们在岛的周围做了些调查。队员王亦平在琛航岛自由搜寻，潜水 20 分钟。赵嘉斌、张松、崔勇、孙键等 7 人，则在琛航岛北面的石屿岛自由搜寻，潜水共 818 分钟，找到了一处沉船遗址，三处文物散落地点，调查初战告捷。

等待的日子总是显得很漫长，已经在大海上颠簸了 5 天，经过烈日的灼烤和大风的洗礼，队员们的脸上已经没有了在家时的润泽，显得黯黑、干涩，这是大海赠送给他们的礼物。好在琛航岛上有两处淡水，虽不能饮用，但至少让他们的生活用水奢侈了很多。

这些天，队长张威的心情多少有些焦急。考古队每次出海，都要经过很长时间的准备，包括：调查、发掘方案的制订和审批；设备、仪器、材料的租借和购置，这次的两艘工作船是向海南省琼海市潭门港租用的；人员的集结培训，这次除了十几名水下考古队员以外，还聘请了六名广东省救捞局经验丰富的潜水员，担负辅助工作等等。所有这些人力、物力和经费的耗费是可以想见的。每一次出海作业，都是一次考验。在保证队员安全无事故的前提下，必须圆满完成预定的任务，这让张威任何时候都不敢有丝毫懈怠。

12月23日，疯狂了几天的海风终于歇了一口气。张威决定，利用短暂的大风间隙，先对最南面的华光礁进行调查。一大早，两艘工作船乘着风浪，向南面的华光礁驶去。

华光礁，是西沙群岛中的大环礁，渔民叫它大筐，在西沙群岛的南面，露出水面的礁石围成了一个椭圆形，礁石围成的湖水深20米左右，东西有16海里，南北5海里，像是大海当中的一个天然湖泊。环礁的南侧，有两条，开阔水道，可供500吨级以上的船舶进出，为过往的船只提供了一处天然的避风港。

但是，在华光礁内外分布着数十个大小不等的暗礁带，随着每天的潮涨潮落，这些礁石时而露出，时而隐没，有的礁石距水面只有十几厘米，它们就像一个个潜伏的鱼雷，时时威胁着过往的船只。所以在这一带海底凡有暗礁的地方，都可见散落的沉船遗物。

对于水下考古调查，附近的渔民就是最好的向导。这些船老大祖祖辈辈生活在这片大海上，他们熟悉这里的每一块礁石，每一寸海浪。华光礁有沉船的消息，就是渔民提供的。根据渔民反映的情况，考古人员分析华光礁内可能存在不少沉船遗址。

西沙群岛海域的海底，表面是一层厚厚的珊瑚礁板结层，这使旁侧声呐仪的穿透性受到影响。加上沉船遗址一般都分布在暗礁密布的地方，大多都很浅，无法行船，所以，调查只能采用人工潜水搜寻的方法。

拖拽目视搜寻和自由潜水搜寻相结合，是人工搜寻最常用的方法。具体做法是，先使用拖拽目视搜寻法，进行大范围的普遍搜索，找出沉船的可疑地点，然后，对已经确定的可疑地点进行自由潜水搜寻，弄清每一处遗存的分布范围，堆积形态和包含物。例如沉船的遗骸、散落的货物等。实践证明，这种方法在这一带海底是行之有效的。

四艘小艇，在海面上以一定的水平间距往返行驶，小艇的后面，翻卷起一行白色的浪花。水里被拖拽的队员，双手握着船尾的牵引绳，头埋在海水里，透过潜水镜，仔细巡视着海底每一处可疑的迹象。小艇电机的震动和尾部推进器因高速旋转而掀起的海浪，使被拖拽队员的身体不停地随波晃动，不能自主。

看似简单的工作，却充满危险。被拖拽的队员必须时刻握紧牵引绳，在注意力高度集中注视着海底的同时，还要注意与小艇保持足够的距离，如果与小艇的尾部靠得太近，或发生尼龙绳缠绕，都有可能带来危险。

按照事先的约定，被拖拽的队员一旦发现可疑地点，就放开缆绳，举手示意，小艇就会停下返回疑点处，对发现的遗迹进行记录和标注。

当天下午4时许，被拖在小艇后面的李滨，忽然放开缆绳，把手臂高高扬起。队员们一阵兴奋，有了重要发现！

李滨发现的这处遗址，在华光礁礁盘内侧，1996年由渔民首先发现，继而有不法分子光顾，随后又发生了哄抢。后来，海南省有关部门开展了打击活动，才使盗掘行为有所收敛。

　　第一次见到水下情况时，队员们开始的兴奋一下子变成了一种说不出来的滋味，痛心、惋惜，还带着几分无可奈何。遗址现场令人触目惊心，数千平方米的范围内，散落着大堆大堆的瓷器残片，到处可见残破的瓶口、碗底、碟片、熏黑的船板，水下爆破形成的三个大坑宛如巨大的伤疤。从瓷器崭新的碴口推断，显然是近期内破坏所致。

　　东西最多的地方离水面高度只有两三米。粗粗一看，就能分辨出有青瓷、白瓷、青花瓷，都是最常见的碗、盘、粉盒等日用品。遗址中很多地方已经被掩埋在厚厚的珊瑚沙下。这给了考古队员们很大希望，他们认为，珊瑚沙下一定还有落水的瓷器。经过连夜讨论，考古队决定对遗址进行抢救性发掘。他们把这处遗址命名为"华光礁Ⅰ号"。

　　西沙水域的海潮是不规则的半日潮，礁盘内海流循环往复，几乎没有高乎潮与低平潮的短暂间歇。由于遗址低潮时水深只有1米多，海水又总是不停地涌动，人在水中几乎无法站稳，而且透过海水观察水下情况，判断存在一定误差，这些都大大影响了工作效率。

　　他们经过几次实验发现，在高平潮水位稍深的时候，使用水面供气，潜入水下工作，效果反而比较好。

　　他们首先沿着遗址的纵轴布置了一条长38米的基线，基线缆绳红白相间十分醒目。然后，在基线的西南侧堆积最密集的中心位置，布置一个1米×1米的采集探方，编号C1。

　　采集探方是一个可拆卸的不锈钢框架，称作硬探方。探方框架内，用绳子布满了20厘米×20厘米的方格。标本的采集，只选择釉色、器型、花纹具有时代特征的代表性瓷器。采集办法为，基线两侧5米以内的完整器物进行不重复采集，C1内的遗物，全部采集，并绘制探方图。试掘探方选在基线东北侧，与采集探方南北对应，是一个5米×5米的标准探方，用红白相间的绳子围成，也就是软探方，编号T1。清理工作由八人同时进行，他们分作两组，一组用抽泥机抽取细碎的珊瑚沙，另一组将抽泥机抽不走的大块珊瑚和杂物搬离发掘地点。参加发掘的队员，由广东省救捞局的专业潜水员和考古队员搭配组成。

　　遗址表层的珊瑚板结层大约有二三十厘米，揭开板结层，便是结构松散的珊瑚沙，里面掺杂着一些瓷器的碎片。撬开板结层，清理掉珊瑚沙，是第一步要完成的工作。

　　考古队员们最初使用的是高压水枪冲刷法，这是水下考古常用的方法，具体做法是，用高压水枪喷出的高压水流冲刷掉遗址表面的覆盖物，露出遗迹和遗物。这种方法的优点是，水压可根据需要调节，有利于遗址内包含物的保护。但是，经过试用，这种方法不适合西沙一带的发掘。因为，清理过程中需要水下有一定流速，以便把冲刷起来的沉积物带走。但西沙海域的潮差较小，水流速度很低，被冲刷起来的沉积物总是又回落到了遗址上。

　　为了解决这个问题，他们给高压水枪的水管上又接了一根管子，利用高压水流在空管内产生的压力差,将冲刷起来的沉积物吸进并带走。经过试验,这个办法还是不行。一是水下高度差太小,难以产生足够的势能;二是高压水枪压力不够,加上珊瑚沙的颗粒太大,还是带不走。后来他们把用于潜水供气的空气压缩机的气管接到了水枪上,由于加大了压力,珊瑚沙的搬运问题终于解决了。

清除掉珊瑚沙,一摞一摞的瓷器开始呈现在眼前,像是被人倾倒在这里的一样,都朝着一个方向倾斜着:有的仍然成捆绑扎,散落的瓷器上竹篾捆扎的痕迹仍然清晰可见。在堆积的底层,他们发现了船舱的木板,是这艘沉船解体以后留下的残骸。

西沙海域海水的能见度虽然非常好,但是,终日不停歇的西北风,使海面的涌浪一个接着一个,连续不断,这使得队员在水下很难保持身体的稳定和平衡,摄影成了一件非常困难的事情。但在巨大涌浪的晃动中,徐海滨、李滨两位水下摄影师却仍然拍下了图像清晰的照片,没有和风浪搏斗的经验是难以做到的。

据队员们初步研究认定,"华光礁I号"是南宋时期的一艘海上贸易沉船。它是从福建的泉州港出发的。采购的商品有来自闽江上游支流松溪窑的民用青花瓷器,晋江瓷灶窑的粗瓷器,还有泉州德化窑的青白瓷器。这些产品都是由所在地区的内河水运而来。

当时,各地出产的瓷器大多通过水运汇集到泉州港。因为水运不仅廉价,只相当于陆路运输费的四分之一,而且还可以减少破损率。为了尽量缩短航行路线,这艘商船离开了海岸向远海驶去。

当时,正值冬季,在没有机械驱动的帆船时代,西北季风是驶往东南亚的唯一动力。海上的季风是把双刃剑,它既可以让航行的船只鼓满风帆,乘风破浪一路向前,也可以掀起巨浪狂涛,把船只掀翻,沉入海底。这艘商船出海时,风浪就有点大,但他们还是离港了,帆船一路穿大浪,过险滩,就在接近西沙群岛的时候,风浪忽然更大了。

西沙群岛,又称七星洋,是这条航线上最险恶的路段,经常可以看到船只在这里和狂风巨浪搏斗,也经常可以听到船只在这里遇险沉没的消息。为此泉州人造船的时候,在船龙骨的断面上,特意做一个保寿孔,保寿孔的上面是七个小孔,里面放置7枚钱币,下面是一个大孔,里面放置一面铜镜。他们认为,有了这个保寿孔,就可以保佑船只安全闯过七星洋。

就在快要驶出西沙群岛的最后一刻,这艘商船还是不幸沉没。究竟是怎么沉的,没有人知道。

"华光礁I号"的沉没地点,在环礁内侧的西北面。散落的遗物距礁盘内缘大约50米。这里的珊瑚丛在低潮时完全露出水面,高潮时隐没于水下10～30米处,非常不容易发现。船只沉没地点离礁盘可供泊船的深水区大约还差两三百米的样子。根据调查的情况分析,沉船虽然在礁盘的里面,但不大可能是自己驶入的。因为,华光礁的三个水道,北面一处非常狭窄,高潮时水深不过10余厘米,大船根本无法通行。南面的两处,水道蜿蜒曲折,在北风盛行的冬季,没有机械动力的木帆船,要想顶风通过这里的水道是难以想象的。

而且在清理沉船堆积的底部时，发现沉船只有木质船体的底部残存在水下，未见任何上层甲板的遗物，所有的文物分布非常集中。如果船只是在礁盘内被风浪击碎沉没在此，不可能不留下一点痕迹，但是在发掘时，礁盘内浅水区并未发现散落的船只遗骸和船货。由此判断，商船不可能是在礁盘内失事后被吹入现在的沉没地点，最大的可能是被某种外力送入这一浅水区的。

西沙的冬天，终日不停的大风通常在六级左右，阵风可达七八级，海面涌浪波长达4~5米。此时如果船靠近礁盘航行，容易出现因驾驶失误或操控失灵，而被巨浪托起抬入礁盘内珊瑚密布的浅水区，造成触礁搁浅，导致船破裂倾覆沉没。

已经肢解的船只，早已不知去向，整船的货物倾倒在海底，它们没能摆上人们的餐桌，却在海底沉睡了600多年，任凭海浪冲刷，也没能把它们带走，也许它们是想向人们讲述什么。沉船无语，它们留下的一个个惊心动魄的故事，在那个重农轻商的年代，从来不曾入史官的正册。而今天，当水下考古队把那段逝去的文明重新捞起的时候，它们便成了中国海上贸易辉煌历史的讲述者。

揭开面纱，器物见证远洋航迹

"华光礁Ⅰ号"，一艘沉船，一段尘封的历史。对它的发掘证明了早在唐宋时期我国就有居民在西沙附近生产和生活。因此其意义非同寻常。

经国家有关部门批准，2007年3月15日~5月8日，西沙考古工作队在西沙群岛对"华光礁Ⅰ号"沉船遗址和北礁沉船遗址，再次开展了抢救性发掘和水下考古调查工作。

此次"华光礁Ⅰ号"沉船遗址的发掘，完全遵循考古工作规程和水下考古国际规范。项目实行领队负责制，在探查了解遗存分布状况后，以中心凝结物为中心，布置了50个探方，每个探方4平方米，总发掘面积约370平方米。发掘工作中，主要依靠人力搬运作业，辅助空气负压设备等进行淤沙清理。在扰乱层揭露完成后，发现了船体和南宋瓷器、铁器、朱砂等遗物。船体上部目前仍有多处大型的凝结物叠压，经过50多天的工作，绝大部分遗物提取完毕，凝结物保持原始状态，发掘现场回填保存。发掘直至船体，水深3米余。所有出水文物按照探方单位予以编号记录、绘图、摄影，扰乱层出水的器物一律按照采集编号处理，出水文物得到了必要的前期清洗处理。

此次发掘，总工作时间为55天，总潜水时间约30万分钟。出水文物近万件，陶、瓷器占绝大部分，陶瓷产地主要为福建和江西景德镇。陶瓷产品按照釉色分类主要有青白釉、青釉、褐釉和黑釉几种，器型主要为碗、盘、碟、盒、壶、盏、瓶、罐、瓮等。装饰手法和纹样丰富，器物种类较1998至1999年有新的发现，并不乏精品。这些是来自大海的珍贵文物，是不幸遇难的古人留给后世的文化遗产。

"华光礁Ⅰ号"沉船遗址的抢救性发掘工作是中国水下考古有史以来筹备最好、实施最严谨的一次水下考古发掘实践，也是中国第一次对远海沉船进行全方位勘验。现在初步认定"华光礁 I 号"沉船为南宋时期所造,船排水量大约在 60 吨以上。不仅如此,这次水下考古的成功还是一个里程碑,我们看到了中国人可以依靠自己的力量,完成迄今为止规模最大的一次远海沉船全方位发掘,这也标志着中国水下考古从近海走向远海。中国第一次在远海发现、发掘的沉船的神秘面纱,经考古队员一次次水下探秘,渐渐揭开了盖头。

在"华光礁 I 号"发掘期间,考古队还分别对华光礁、玉琢礁、北礁等 10 处新发现沉船遗址进行了考古调查。

北礁是一处环礁,虽然面积比华光礁小得多,但却是历年调查发现沉船遗物最多的区域。20 世纪 70 年代的两次调查,北礁的出水遗物从南朝的青瓷到清代的青花瓷,时代纵贯 1500 年,瓷器产地包括了福建、江西、浙江、广东等生产外销瓷的所有省份。这里还经常发现铜钱,动辄数十公斤,遗存可谓丰富。80 年代以来,不断有渔民报告说北礁经常打捞出瓷器,多的时候一次能捞出数百件乃至上千件。1996 年以后,更有不少违法分子前来盗捞。

北礁的搜寻结果是在大约一个足球场大的范围里。共发现了 8 处文物遗存。其中 3 处地点发现了沉船残骸。考古队员除了瓷器之外还发现了铅锭、银锭、炮弹头和象牙,以及古代的锚——碇石。但是遗存的绝大部分都是瓷器,其釉色、器型十分驳杂,时代属于南宋、明、清等不同时期。多产自闽南的瓷窑址。

这 10 处新发现的沉船遗址是:

1. 华光礁

华光礁 II 号(明青花瓷),

华光礁 III 号(宋青白瓷),

华光礁 IV 号遗址(宋青白瓷);

2. 玉琢礁

玉琢礁 I 号(宋青白瓷),

玉琢礁 II 号遗址(明青花瓷),

玉琢礁 III 号遗址(年代不详,石碇、象牙);

3. 北礁

北礁 VI 号沉船遗址(明代,大量钱币),

北礁 VII 号沉船遗址(明代,出青花、龙泉瓷器,已被盗掘),

北礁 VIII 号沉船遗址(出石碇,年代不详),

北礁 IX 沉船遗址(曾出龙泉、青花瓷器,已被盗掘)。

这些发掘的精美器物,是古老文明的见证。遥想当年,中国的瓷器沿着海上丝绸之路,源源不断地运往欧洲、美洲和世界各地。它带着东方大国科学、文化和艺术的神秘之光,照亮了欧洲,让世界历史闪烁出了东方文明的熠熠光辉。

瓷器，这种在中国人看来非常普通的日常用品，让欧洲人迷惑了整整一个多世纪。

欧洲人最初把中国的瓷器叫做 porcelain。据说这个词在亚里士多德时代，是贝壳的意思。当时关于中国瓷器的传闻，近乎荒唐。他们认为中国的瓷器是把蛋壳和贝壳磨成粉，然后和以水，再塑造成型，之后埋到地底下，100 年后再挖出来，便可以销售了。

欧洲两位 16 世纪的人文学者，曾经为中国瓷器展开过热烈的讨论，他们认为，中国的瓷器就是罗马时代一种极负盛名的带有香味的传奇物品——没药瓶。中国瓷器的原料是来自于地层下某种液态的凝结体。

而商人们为了炫耀他们从东方带回的这些传奇物品，更是添油加醋地说，中国的瓷器具有验毒的神奇力量，把毒药放在瓷器里，瓷器会忽然裂开。这种观念在 16 世纪的欧洲曾风行一时。

为了制造出精美的瓷器，欧洲人进行了长达一个多世纪的实验。首先成功的是德国的一位炼金术士，他在 1710 年揭开了中国瓷器之谜，烧出了欧洲第一件碧玉瓷。10 年后，英国人学会了这项技术。但是，他们研制出的瓷器被称为炻器，与中国的瓷器仍然无法比拟。又过了几十年，高岭土在法国利摩日被发现，他们也学会了烧制一种釉质非常稀薄的软质瓷。又过了将近 200 年，中国的瓷器才逐渐退出欧洲市场。

据专家考证，世界陶瓷业的发展可分为两大源流、三大体系。两大源流是，中国与西亚。三大体系是：东亚；西亚、北非、欧洲；美洲。中国的陶瓷并不是最古老的，但它所取得的辉煌成就和它对世界产生的影响，却是举世无双的。在美洲，直到中世纪晚期还使用着粗笨的陶器。在东亚的日本与朝鲜，陶瓷业的产生和发展直接源于中国；在西亚，8世纪中国陶瓷器的输入，对当地的伊斯兰陶瓷产生了巨大的影响。

南沙探秘——寻觅海上丝绸之路

南海，国际通称南中国海。古人据其潮汐现象，称南海为涨海，又因其地处热带而谓之炎海。域跨南北两半球的南海，总面积约为 356 万平方公里，在我国四大领海中位列榜首。

在位于南海西部、距海南岛东南 180 多海里的万顷碧波之中，散布着一片岛屿，宛如一颗颗珍珠，镶嵌在碧玉盘上，那就是令人向往而又充满神秘色彩的南沙群岛。古人称其为九乳螺洲，而渔民则叫之为东海。南沙群岛资源丰饶，物产丰富。在其约 50 多万平方公里的海域上，散布有许多岛、洲、礁、滩。经中国地名委员会授权公布，计有岛屿 11座、沙洲 6 座。

南沙群岛的许多岛礁及其海域，分布有我国历代的文物和沉船遗迹。因为自古以来，南沙群岛是中国与中南半岛、南洋群岛和印度洋沿岸地区进行商贸往来，相互交往的海道要冲。

特别是汉代以来，海上丝绸之路航道屡有变化，但南海始终扼航道之要冲。在唐宋时期,海上丝绸之路在南海航道上新开辟了东、西两条航线,而南海又是新航线的必经之路。

南海因海上丝路而受益颇丰,当时中国的丝绸运往国外,国外的香料、宝石等货物从海上运往中国。唐宋时期,商船从广州起运,途经海南岛,再经南海到达波斯湾、红海,也经此可到达东南亚、南亚、西亚,最远到达东非、北非和地中海沿岸国家。

南沙海域是海上丝绸之路的必经之地。南沙群岛及其海域都曾打捞出许多唐宋瓷器,有青釉、龙泉青釉等。这些考古发现都是南海在这一时期在海上丝路地位和作用的历史见证。

伴随着大量的航海活动,中国古代有相当多的船舶及其物品沉没海洋,形成了无以计数的水下文化遗产,这些沉没在海洋的遗物成为海上丝绸之路线状分布的一处处遗珍,是中国与周边国家、民族友好往来和文化交流的历史见证。

近年来,丰富的考古发现和大量的文物标本,为自古以来兴旺发达的海上丝绸之路提供了最有力的佐证。

海上丝路,传承千年东西文明

轻薄华美的中国丝绸制品很早就为域外所知,并被西方各国视为珍品而竞相追求。

汉朝时期,一条以长安(今西安)为出发点,经河西走廊、新疆到达中亚以西直至欧洲的陆上东西方贸易商路应运而生,出口西去的货物主要是丝绸,这就是连绵千年赫赫有名的陆上丝绸之路。

与此同时,我们的祖先又开辟了另一条以广州(古番禺)为起点的海上丝绸之路。这条由珠江口向西,通往东南亚、南亚的航线,是最古老的南海航线。

陆路的主要工具是马和骆驼,牲畜负载有限,费用巨大。此外沿途自然条件艰险,安全没有保障。所以,当航海技术发展起来以后,海路在中西商贸交通中所起的作用越来越重要。

在西方殖民主义者东来以前,海上丝绸之路一直是东西方文化交流的主渠道。海上丝绸之路相互交流的不仅是物质文化,也包括精神文化。

唐宋时期,海上丝绸之路出现了空前的繁荣景象,南海航线更为兴旺发达。当时主要从广州,还有泉州、宁波、扬州等地出发,途经南沙群岛,经过南海,到达波斯湾、红海,远至西亚、北非一些国家。

海上丝绸之路出口的商品,不仅是丝绸,最大宗的货物还是陶瓷器。笨重易损的陶瓷器,陆路运送不便,利于海上运输。

贸易往来是双向的。中国传统的大宗出口商品运销海外,换得域外各国货物入华,其中最主要的是香料。因此,海上丝绸之路又有陶瓷之路、香药之路的别称。

元明时期,形势险要的南沙群岛仍是南海航道的要冲。根据明朝郑和七下西洋的航线示意图,每次都由南京出发经福建、台湾海峡、南海至越南南部,南沙群岛正是这条主航路的必经之地。

在这条海路上，精神文化交流的成果也是灿然夺目的。西汉以来，沿海上丝绸之路乘船来华贸易的古波斯人在海南休整、补给物品和淡水，或遇台风避难滞留以及其他原因，在南海留下了清晰的伊斯兰文化足迹；印度的佛教、印度教，西亚的犹太教、伊斯兰教，欧洲的天主教和基督教先后传入中国，印度、阿拉伯的星历学对中国产生过一定影响。两千多年的中国文化影响，在东亚北至日本、南抵越南的范围内，形成了一个具有强大生命力的汉文化圈，中国的磁针导航术、绘画、纸币等传至国外。

随着航海技术的进步，船舶离开中国内地时，大多选择从南海中部直穿而过，这比沿岸航行更加便捷快速。但是，南沙群岛有许多珊瑚礁构成的暗礁，船只从暗礁之间的狭道通过时，稍有不慎便会触礁沉没。古代南沙被称为七洲洋，风浪以及海底错综复杂的暗礁，对古代航船来说可谓是危机四伏，造成了许多不幸的古代沉船长眠在海底。

这里曾经挡住了多少航船的去路，无人知晓。台风、暗礁等自然灾害，使那些漂泊的商船，古人制造的物品——大到庙宇石柱，小到瓷器钱币，连带着商人和水手发家致富的梦想憧憬，一起沉睡海底千年。

水下考古——重现流逝的蓝色文明

海上丝路的南海航线，早已被流逝的时光和汹涌的波涛冲刷得无踪无影，但水下考古专家坚信，航海贸易发展与古代沉船遗址之间有必然的联系。

水下考古专家认为，目前中国水下考古的主要任务是重现久已消失的海上丝绸之路的历史面貌，而寻觅南沙群岛的水下遗物尤其是沉船遗址，是研究海上丝绸之路的一个重要途径。

海南潭门镇是一个渔村，这里的渔民祖祖辈辈在南沙群岛捕鱼作业，他们不断地带回南沙海底大量的文物信息。这些古代沉船遗物在渔民们眼里司空见惯，随捡随丢。只是受到考古人员的嘱托后，才顺便带回一些文物。

其实，南沙群岛的水下文物早已引起了考古人员的关注。

从 20 世纪 70 年代起，我国考古工作者就已在南沙群岛进行过文物调查，发现了一批重要的历史文物资料。

1974 年 3 月至 5 月，广东省博物馆和海南行政区文化局组织人员，对南沙群岛进行文物调查。考古工作者在甘泉岛发现一处唐宋居住遗址。在其他岛上共收集到 50 多件陶瓷器和铁锅残片，几枚宋、明代铜币，发现古代渔民修建的砖墙小庙 1 座，就地取材用珊瑚石垒砌的小庙多达 13 座，庙内有佛像和供器。这表明，至少从唐宋以来的千余年间，我国先民就一直在南沙群岛居住和生产。

1975 年，考古工作者在南沙北礁调查时发现了数量众多的唐、宋、元、明、清各代的陶瓷器，一次就采集文物标本 1278 件。在珊瑚岛外礁盘水下，发现一批石雕器物和建筑构件，应是古代沉船遗留下的物证。特别重要的是，他们在北礁发现了南朝的青瓷罐和青瓷杯,中国人航海线路经过南沙群岛的时间因此从唐代提前到了南朝。另外还在沉船遗物中发现大量未使用过的铜钱,这很可能是郑和下西洋时中国船队遗留下来的。

20 世纪 70 年代中期,琼海 D145 号渔船的渔民在北礁东北角外的礁盘边缘发现一艘沉船。广东的考古工作者在此打捞出汉至明代的铜钱七八十种,计 403.2 公斤,还有铜锭、铜镜、铅块等文物,由此推测沉船为明代郑和下西洋时船队中的一艘。

1996 年,经国家文物局批准,由海南省文化广播体育厅牵头,组成了省文物保护管理办公室、省博物馆、中国历史博物馆水下考古研究室、广东省文物考古研究所等单位的 14 名专业人员参加的文物普查队,于当年 4 月至 5 月对南沙群岛进行了全面的文物普查和水下考古调查。

该活动历时近 1 个月,航程约 850 海里(约 1572 公里),对其所属的 18 座岛、4 座沙洲、4 座环礁进行了细致的地上和水下文物普查。其中,在 15 座岛、3 座沙洲的陆上采集 1300 余件文物标本;水下考古调查 8 处文物遗迹点,打捞起近 500 件文物标本。

这次文物普查行动,标志着中国水下考古工作已经从近海走向了远海。

两年后,水下考古工作者再次对南沙群岛进行了水下考古调查和发掘。

遗憾的是,由于周边一些国家觊觎南沙群岛,致使中国无法对南沙进行全面调查……

谁在盗捞南沙海底沉没的宝藏

1. 迈克·哈彻

在国际海洋考古学界,迈克·哈彻的名字,已经等同于灾难。

他惯于毁宝提价,从来都不说清楚打捞的地点。对于"哥德马尔森号",他拒绝回答详细位置,而古航海日志显示,这艘中国商船是在香港西南海域触礁沉没;对于"泰星号",他自称在赤道南部两度,爪哇北部,苏门答腊东部和新加坡南部之间的某处海底,但事实上,他的船队如幽灵般在香港海域勘探了一个多月。

生于 1940 年,黄头发、赤红脸、长得五大三粗的迈克·哈彻,从不掩饰对财富的狂热。他在孤儿院中长大,喜欢阅读寻宝发财的书,希望有一天也能找到大笔宝藏。这些书影响了他的一生。

1970 年,30 岁的哈彻跑到了澳大利亚,成立了一家海洋商业打捞公司,打捞二战期间被击沉的商船和军舰。一个偶然的机会,哈彻遇上了生命中的第一艘古船——载有 2.2 万件中国明代瓷器的南沙沉船。他试探着把瓷器卖给收藏家,结果让他大吃一惊,数百万美元!

自此,哈彻决定改变业务方向——寻找南沙古沉船。渐渐的,哈彻成名了。他成了最出色的海洋探险家、当代最成功的寻宝人。

巨大的财富诱惑,是所有海上寻宝人的第一原动力。迈克·哈彻开出高价,引诱同他一样做着捞宝梦的人替自己卖命,考古专业的高才生、技术纯熟的潜水员、海难事故的研究者、东方海域的知情人。此外，他还携带着小型武器。

1984年，迈克·哈彻潜心研究曾经的海上马车夫——荷兰。在荷兰东印度公司尘封的档案馆里，"哥德马尔森号"吸引了哈彻的目光。1752年冬，"哥德马尔森号"商船满载着瓷器和黄金，从中国广州驶往荷兰首都阿姆斯特丹。这艘船在航行了16天后触礁沉没。

哈彻在南沙海域探测到了这艘沉船。23.9万件青花瓷器，125块金锭，总重达45公斤，还有两门刻有东印度公司缩写VOC的青铜铸炮……打捞出水的文物让哈彻眼花缭乱。哈彻将它们悄悄拉到公海，隐匿一年后，拿出无人认领的沉船允许拍卖的国际公约许可，将沉宝交给荷兰的嘉士德拍卖行。此举换回了2000多万美元的回报，使他成为最富有的捞宝家。

1986年4月，阿姆斯特丹，嘉士德中国文物专场拍卖会开幕。一次拍卖会上出现23.9万件之多的中国文物，这样的盛况，在欧洲收藏史上前所未有。中国驻荷兰使馆急电国内，请示此事。

国家文物局文物处的杨林紧急受命。他翻遍了国际海洋公约、世界各国海洋法，却找不出任何一条能制止此事的法律依据。无奈，国家文物局只好派出了两位陶瓷专家耿宝昌、冯先铭，前去阿姆斯特丹一探究竟。但他们只带了3万美元。

拍卖行把优先竞拍的待遇给了中国人——1号牌。可是，在整整3天的拍卖中，中国人连一次举牌的机会都没有得到——每一件瓷器的起拍价格，都在估价的100倍以上，3万美元形同废纸，20多万件珍贵的中国文物花落旁家……

1999年，哈彻重金聘请的考古人员，在荷兰人詹姆斯·哈斯伯格所写的《东印度航行指南》上，发现了惊人的秘密宝藏。1822年1月14日，"泰星号"船上载有2000多名乘客和船员，压舱的是100多万件福建德化的瓷器。船驶到中沙群岛时，触礁沉没。

哈彻立即顺藤摸瓜，在发黄的资料中，大致锁定了"泰星号"的沉没位置。哈彻带上自己的船队，悄无声息地潜入中国的南沙水域。

开始的头一个月里，搜寻并不顺利。直到1999年5月10日晚上，声波定位仪才显示出不规则的海床，可是磁力计却没有太大异常。

转折是在两天后，5月12日，潜水员潜入深达30多米的海底，看见了一个又一个的直径达1米的铁环，然后发现了一处小山似的堆积物，方圆足有400多平方米，竟然全是瓷器！

哈彻大喜过望，请来了英国著名海难研究专家尼戈尔·匹克福做鉴定。他证明这就是"泰星号"！这百万件瓷器全部出自康熙年间的中国四大窑系，几乎件件都是精品。

哈彻毫不犹豫地下令打捞，结果多达百万件清代康熙年间的瓷器出水。捞宝船队上的人都露出垂涎的目光，但哈彻却命令，砸碎它！对哈彻来说，世界文物收藏市场上，永远是物以稀为贵。哈彻走了，浩劫留下，百万件瓷器中，60多万件被砸得粉碎。

这些精品没有在海难中毁坏,大部分却在重现于世后被砸碎。那剩下的36.5万件绝佳瓷器,被哈彻偷偷拖出了南沙,运到德国待价而沽。随后持续了9天的拍卖会,为哈彻带来的是整整3000万美元的横财。

不过,哈彻并非一直顺利。2007年初,他吃上了国际官司——日本、新加坡、澳大利亚的1.5万名投资者状告哈彻骗走他们4000万美元的投资。原来,2006年,一名澳大利亚人、一名新西兰人和哈彻合伙,成立了哈彻信托投资基金会。他们四处宣称又发现一处巨大的海底沉宝,吸引了大批投资者,仅在日本就有1.3万人把血汗钱送进了哈彻的口袋。但这么长时间过去了,哈彻毫无动静。

背着4000万美元债务的哈彻的最新表态是,他准备在南沙开发新的捞宝项目。这一声明,引起了海洋考古专家深深的担忧。假如哈彻真的发现了又一个巨大的宝藏,为了填补这4000万美元的漏洞,他会变得更加肆无忌惮。南沙将无法平静。

2. 费尔·格雷科

2003年8月,纽约格恩西拍卖行接受一家名为牧马寻宝公司的委托,准备公开拍卖一大批汉唐陶瓷、明代花瓶等中国珍宝,底价总计1500万美元。就在拍卖槌即将敲下的那一刻,菲律宾国家博物馆突然喝停,理由是牧马寻宝涉嫌非法打捞与走私。中国文物怎么会在纽约拍卖,又为何被菲律宾政府喝停?这背后是一个海盗式捞宝故事,费尔·格雷科就是那个海盗。

费尔·格雷科是美国海军陆战队的老兵,曾参加越战。1972年,当他离开越南时,身上的大背囊里装满了《南沙古贸易调查报告》、《东南亚考古现状》、《中国古董》等书籍。回国后,一个偶然的机会,格雷科前往非洲马达加斯加寻宝。没想到首次下海就捞到了金块,格雷科发现寻宝才是财富之路。

由于熟悉亚洲文化,格雷科认定南沙海域内沉没的中国古船是一个有待开发的巨大宝库。他立即回到亚洲,瞄准了菲律宾、印尼及越南附近海域。他先在菲律宾住了至少10年。其间,格雷科在香港成立了名为牧马寻宝的公司,筹措寻宝资金、招募文物行家。另一边,他千方百计与菲律宾国家博物馆负责人攀上交情,了解该国捞宝手续底细。暗中,格雷科已经招募了数百名菲律宾渔民中的潜水高手,招集他们打捞海底沉船上的瓶瓶罐罐。

在后来接受《洛杉矶时报》采访时,格雷科表示,在20年的海底寻宝行动中,具体情况从不为外人所知。而且大多数国家都还没意识到水下文物的价值,一旦它们知道价值,那他们就没法干了。

而对拍卖行,格雷科谎称,他的海底寻宝行动是完全合法的,获得了菲律宾国家博物馆和有关方面的特许,直至被喝停的那一刻。

据菲律宾《调查者报》报道,格雷科海底捞宝的巅峰期始于1997年,一直持续到2002年。其间,他在南沙海域先后发现了16艘海底沉船,捞起了约2.3万件古董。令人吃惊的是,数量如此之多、价值如此之高的文物,竟然悉数被格雷科悄然运回美国。

美国《国家地理杂志》摄影师、海底探险家埃莫里·克里斯托夫和《纽约时报》考古专家曾造访格雷科位于洛杉矶市郊的住所,花园里赫然立着几个高度超过两个成人的巨型花瓶;6座被怀疑来自明太祖墓前的石雕,摆在花瓶两侧;精美的瓷碗、陶碟要么被随意摆在地上,要么一叠一叠地堆放在一起……

更深的黑幕随之也被揭开,菲律宾国家博物馆否认曾向格雷科颁发过任何捞宝及文物出口的证件。2004年,菲律宾司法部要求美国引渡格雷科,并签发了逮捕证。

由于美国政府拒绝配合,格雷科并没有受到上述指控的影响。在委托拍卖流产后,他决定改在互联网上拍卖,通过电邮与买家交易。国际考古学家对此愤怒不已,因为不知究竟有多少珍贵文物就这样从格雷科手中消失,从此彻底破坏了考古价值。

澳大利亚考古学家布莱恩·霍曼揭露了格雷科手中古董可能的真实来源。

从2000年开始,格雷科先后多次同霍曼联系。格雷科曾向霍曼展示其捞宝录像。霍曼认为,从海像和水下环境来看,专家初步断定那应该是中国所属的南沙水域。他展示的中国文物,从所附珊瑚虫及其他附生物的痕迹来看,也能断定应该是中沙或者西沙水域。

但2006年1月底,拥有印度尼西亚永久居留权的格雷科,被印尼政府通缉,因为他涉嫌大量走私国家级文物。2006年2月,格雷科连人带船在阿联酋迪拜被扣押,船上所有文物被没收,他本人也被拘禁180天。2007年年底,格雷科终于回到美国。他毫无悔过之意,向媒体辩解认为,他不是寻宝者,不是考古学家,也不是出口商,他只是海底沉宝的保管员。他很自豪成为它们的守护者!

3. 吕克·海曼斯

和职业寻宝人不同,比利时人吕克·海曼斯是一个金融投资家。南沙是他的一个商业领域,印尼人是他的合作伙伴。只不过他们都没有料到会如此幸运,一艘满载宝藏、填补历史空白的中国古沉船,正在海底等着他们。

全程记录了海曼斯寻宝之旅的一家水下摄影公司,后来这样描述宝藏发现的时刻:2004年9月,爪哇海60米深的海底,那真是激动人心的一刻,14000串珍珠、4000块宝石、400件暗红色的蓝宝石和2200块石榴石,而这还只是其中的一部分……

2003年的一天,一位欧洲客户敲开了吕克·海曼斯的家门,告诉海曼斯最近有印尼人要打捞南沙附近的海底沉船。欧洲客户打算投资500万欧元,希望海曼斯能注册一家公司,所得收益双方五五分成。这是海曼斯第一次听说水下考古和南沙。考虑清楚后,海曼斯不再犹豫。不久,他就带着法国潜水专家丹尼尔·威斯奈凯尔,以及两艘比印尼海军军舰还先进的船只,来到了印尼的爪哇海面上。

2004年9月,海曼斯他们找到宝藏了! 这是一艘很大的沉船,70米长、15米宽。海洋考古专家判断,商船来自公元10世纪的中国,距今已有千年。

海曼斯在船队坐镇整整 19 个月,指挥潜水队先后下潜 2 万次,把将近 25 万件珍宝逐一打捞上来。不久,雅加达一间毫不起眼的小仓库里,出现了一幕奇观——地上堆放着成千上万件古色古香的瓷器;古埃及法密德王朝的七彩玻璃器皿随处可见……最令人称奇的是那些瓷器,碟子上的饰纹是龙、鹦鹉和其他异鸟;茶壶上的莲花图案清晰可见;青瓷上的釉完好无缺。海曼斯找来的德国陶瓷专家彼得·施瓦茨惊叹道:"这是中国官窑的瓷器!"

最让考古学家们惊叹的是,这艘沉船出自中国的五代十国时期。唐朝的强大,使得陆上丝绸之路成为主要贸易途径。直到唐朝衰落,北方战乱,海洋才成为中国贸易的新出口。海上丝绸之路从此兴盛。然而,当时正值战乱,历史学家对这时期海上贸易的情况所知甚少,几无记载。

"碗礁 I 号"——尽展千年绝美华瓷

中国福建省平潭市东海海域中有一座名称奇特的小岛——碗礁,它怎么会有这么奇怪的名字呢?原来,千百年来,这片海域曾是一条商船往来频繁的航道,但是这里却又暗礁众多、海流变化莫测,一些商船不幸触礁沉没于此。后来渔民经常在此处沉船中捞起一些瓷碗,所以便被人们称作碗礁。

2005 年 6 月下旬的一天,有渔民在碗礁附近捕鱼时意外捞出一些瓷器,上面的花纹精美古朴,后经考古调查,发现水下十几米处有一艘古沉船。随着考古工作的推进,专家认定这是一艘清康熙年间运送瓷器的船只。不久,国家文物局批准对这艘古沉船进行抢救性发掘,并将其命名为"碗礁 I 号"。

水下哄抢,碗礁下的一场浩劫

福建省平潭市屿头乡东金村,其实是一个很小的海岛渔村,站在高处,几乎可以望遍整座小岛。岛上的人祖祖辈辈靠打鱼为生,他们驾驶载着全家生计的小船,迎着一个个日出日落,伴着一次次潮涨潮退,辛勤劳作。

2005 年 6 月中旬的一天,屿头乡东金村一位姓林的渔民像往常一样驾驶着自己的小木船出海捕鱼。老林驶到碗礁附近,便撒下渔网,谁知渔网撒下后,网里捕到的鱼并不多,却捞上来好几件瓷碗。

在这一带,渔民捕鱼的时候捞到瓷器,实在不算是什么新鲜事。因为碗礁这个名称就是这么来的。按照这一带渔民世世代代的风俗,捞上来的东西还得扔回海里,否则会触怒海神,带来厄运。

不过,这次老林没有像祖辈们那样把这些瓷碗扔回海里。因为这些年他经常收看中央电视台的《鉴宝》节目,他隐约觉得自己捞上来的这些碗应该不是普通的瓷碗,而是电视上所说的古董。而且他也曾听说,乡里有人靠打捞古董发了大财。

为了弄清楚这片海底下究竟还有些什么,当天老林就花钱雇来了"水鬼"(渔民对民间潜水员的称呼）下海查看。"水鬼"潜入海底，竟然看到了一艘古船，船身半掩在淤泥之中，船上及周围堆满了大大小小的瓷器。老林非常惊喜，认为自己找到了发财之道，于是也不打鱼了，每天都到这里来打捞瓷器。

消息不胫而走：

"海里有艘古船，上面有好多古物呢，好多人都去捞了！"

"听说这些古碗好值钱呢，一个能卖上几百、上千块呢！"

碗礁一带的海面上，顿时热闹了起来。屿头乡的渔民们纷纷加入了捞宝的队伍。

6月24日晚，平潭市公安局屿头边防派出所接到群众报案："屿头乡东金村村民林某等人，在碗礁海域打捞沉船文物。"

接到报案，边防所干警立即展开了调查。在林某家中，他们查获了破损瓷碗7件、灯具11件、探测仪1个。

6月26日，屿头边防所将查获的7件文物送到平潭县科技文体局。两天之后，福建省文物管理委员会出具了一份正式的鉴定书：送鉴的物品，属于一般文物的1件，属于文物标本的5件，属于非文物的1件，均无重大价值。

此时，碗礁一带事态继续恶化。盗捞正在向更大的范围扩展。碗礁一带聚集了更多的船只，附近长乐、莆田等地的渔民也加入了捞宝大军。打捞出来的东西也越来越多，有瓷碗、大盘、花瓶、大罐等。已经有人开始从渔民手里收购瓷器。

高额的利润是最大的驱动力，很多人开始下更大的赌注。他们不惜花钱买来潜水服，雇来潜水员下海捞宝。甚至有人开始以股份制形式筹集资金，组成捞宝发展股份公司。

一时间，附近区县的潜水员齐聚屿头乡，有人甚至从广东、浙江、安徽、上海、山东等地远道赶来。这些人有的来自专业打捞公司，有的是潜水俱乐部的教练，还有一些是渔场里以捞鲍鱼、海参为生的捞海仔。据说这些潜水员在分红时，能得到一半的古物。

不时有文物贩子光顾岛上，以数百上千元不等的价格收购瓷器。

28、29日两天，事态发展到顶峰。这个往日宁静的小渔村成了传说中的黄金岛。各式渔船在海上穿梭往来，每条船上都配备有潜水设备，盗捞者们精神亢奋，日夜不停。文物开始大规模被打捞出水，成摞成摞的碗、盘、瓶、罐等，用各种容器盛着吊出水面，时时可以听到瓷器被哗啦啦打碎的声音，不断有被打碎的残器丢进海里。边防海警虽多次制止，但是，海警一来，盗捞者便一哄而散，海警一走，他们又从四处云集而来，事态一直难以控制。

一份上报给福建省文化厅的报告这样写道："沉船海域不仅出现了明抢暗偷、黑吃黑、非法武装盗抢的恶性事件，导致许多珍贵文物流失走私，更有甚者，出现了村民集资参与盗捞的现象。"

那些日子，在平潭的鱼市上基本上买不到鱼。所有的渔船都去捞宝了，没有人再愿意出海捕鱼。

6月30日，屿头乡政府感到了事态的严重性，他们发出了禁止在碗礁海域打捞沉船文物的通告。

就在这天上午，福建省博物院宣教部的宋蓬勃，接到一个电话。

这个神秘的匿名电话透露了一个惊人消息："平潭市水下发现一艘古代沉船，很多村民都在打捞其中的古瓷器，形势混乱！"

宋蓬勃马上意识到事情的严重性，他立即给福建省考古研究所所长栗建安发了一条短信报告情况。

宋蓬勃没有意识到，就是他接的这个电话和他发出的这个短信，抢救了"碗礁Ⅰ号"，抢救了大量有价值的文物。

栗建安，福建省考古研究所所长，研究员。中国水下考古队第一批学员，长期从事中国古陶瓷研究。接到短信时，他正带领着福州市考古队的队员，在福建东山县一处瓷窑遗址进行野外调查。看到短信内容，他当即转发给了林果。

林果，福州市考古队队长，副研究员。他和栗建安是同一期的学员。这些年他一直带着他的队员们，对福州沿海一带的沉船遗址进行地毯式排查，这是"十五"期间中国沿海水下考古调查的一个重要部分。项目由国家水下考古中心组队，张威任队长，成员来自全国各地，林果是该项目的执行队长。

2005年的调查，运气实在是不太好。扫测和探摸了几十处地点，收获却不大。最近一个多月的时间里，海上风浪一直不断，队员们无法出海作业。于是，林果请来了省考古所的栗建安，让一部分队员跟着他和栗所长去漳州的东山县进行地面瓷窑遗址的调查。

这些年来，水下考古出水最多的是当时销往国外的瓷器，就是通常所说的外销瓷。为了给这些瓷器一一找到娘家，并且排出一个时间表，他们一直想建立一个全国窑址的瓷器标本库。

收到栗建安短信的时候，林果正在东山县水下考古队临时驻地，忙着整理最近几天调查的图纸。看完短信，他脑子里迅速闪过一个念头，沉船！必须尽快把事情的真相弄清楚。

他一口气拨了好几个电话，省里、市里、文物处、文化局。一通电话打下来，得到的回答都是不知道短信所提之事。

林果想了想，把电话打到了事发地点——平潭市屿头乡文管所。文管所的回答让他怎么都没有想到，经有关部门鉴定，认为遗址没有重大价值，当地老百姓已经开始大规模地打捞了。

情况紧急！林果决定到现场走一趟。

7月1日，他对东山的工作简单安排了一下，便带着赵嘉斌、孙键、张勇、周春水等几名水下考古队员，携带着简易的潜水设备匆匆赶往屿头乡。

发生哄抢的地点,在屿头乡北侧的五洲群礁。群礁的中心,就是那个叫做碗礁的小岛。每逢涨潮,小岛的大部分都淹没在水里,仅露出顶部的一点点,只有退潮的时候,人们才能看到它的真面目。这一带明礁暗沙密布,被称为过往行船的雷区。古往今来,不知道有多少船只触礁沉没在它的脚下。

林果他们赶到那片海域时,眼前的情况简直让他们惊呆了。海面上机器轰鸣,来不及散去的浓烟笼罩其上,空气里充满了刺鼻的柴油味。几十条渔船横冲直撞,挤成了一团。已经抛锚的船只相互挤靠碰撞着,互不相让。还没抛锚的船在一堆泊船中间钻来钻去,想要找到更靠近沉船的地点。每条船上至少七八人,多则有20多人,一律配有潜水设备,船舷外乱七八糟的绳子绞缠在一起伸向海里,不停地有人出入水面。场面异常混乱,简直像是一场大海战。

看到这样的情景,林果他们没敢下水,直接去了边防所。来到边防所的大院,只见成筐成筐的瓷器,沿墙根一字排开,全部是青花。林果没顾上细看,先拨通了张威的电话:"前所未有啊,全是景德镇青花,你快来看看吧!"听完林果的汇报,张威几乎是在同一时间,把碗礁的情况向国家文物局领导做了汇报。

傍晚,平潭县副县长林心銮,带领县公安局、边防支队负责人赶到了屿头乡。他们到达沉船海域附近时,看到现场正有几艘渔船在打捞文物,因海底有人,为保障群众生命安全,他们采取喊话等方式劝阻群众停止打捞。

午夜12时许,在边防官兵的劝阻下,海上打捞的人终于全部离开现场。

在有关部门的介入下,加强了对盗捞的打击力度,事态得到控制。7月份开始,不断有倒卖碗礁瓷器的文物贩子被抓的消息传出。

屿头乡碗礁海域的瓷器盗捞及私贩活动逐渐由热变冷……

调兵遣将,全力抢救众志成城

林果带领自己的考古队赶到屿头乡后,开始了抢救性发掘工作。

按照文物部门的规定,在遗址遭到破坏盗掘时,可以先进行抢救性发掘,然后再补办由国家文物局颁发的发掘执照。

7月1日来的那天,林果就想下水,他急切地想知道这条船究竟有多大,这些人抢了这么多天,究竟拿走了多少? 剩下的是不是已经是残羹剩菜了? 船上除了瓷器还有些什么? 但是,无论怎样,安全是第一位的。看到现场乱成那个样子,他没敢轻举妄动。

第二天,林果他们驾着一艘从渔民那里租来的渔船,进入碗礁沉船地点,开始了前期的预备调查。

天公作美,晴天白云,海面也比往常平静了许多,水温28℃,流速30厘米/秒,能见度2米,这样理想的海况,是水下考古有史以来不多见的,队员们的情绪都显得有些激动。

这次调查发掘不同以往,沉船的位置是明确的。前两天他们还看见盗捞者土制的浮标漂在那里。在当地渔民的帮助下,他们很快在沉船地点抛下了第一个浮标。但是,第一对下潜的队员却没有找到沉船遗址。

茫茫大海，一望无际，没有任何地物地标可参照，即使有卫星定位系统提供的数据，要想准确地找到海底的某一个点，也并不容易。

林果把浮标的位置向左挪动了一段距离，派出了第二对潜水员，赵嘉斌和孙键，他们算是队里的老潜水员了，技术了得。很多新队员都对他们很是佩服。

入水后，他们用手点了点头顶，向船上报过平安以后，便游向入水绳，向海底潜去。借着水面的光线，最初的几米，他们几乎可以看得到对方的一举一动。这样的海况，这些年来实在是很少碰到。

大约两三分钟后，他们相继到达了海底。赵嘉斌伸手摸了摸海床，是泥沙，质地松软。

他们顺着浮标沉块指示的位置，慢慢向前摸索着。赵嘉斌先是发现了一支铁耙犁，这是盗掘者留下的。为了能够找到沉船，盗掘者在他们土制的浮标下面拴上一个铁耙犁，然后用耙犁的齿紧紧地钩住船舷。

赵嘉斌的心情更加急切了，他继续向前摸索，全是泥沙，摸着摸着，一抬头，他忽然感觉眼前出现一大片反光的东西，是瓷器！这是瓷器在水中折射出的一种特殊的光芒，和贝壳的反光完全不一样。赵嘉斌嘴里含着咬嘴，发出了一个含含糊糊的声音，他想告诉孙键。这时孙键已经拿下自己的咬嘴，激动得大声喊："是景德镇青花！太好啦，简直太好啦！"声音有些含糊不清，但他的同伴听得很清楚。一起潜水10多年了，他们之间的默契不需要更多的表达，一个手势，一点点声响，都能心领神会。此时，兴奋、激动是他们俩共同的感受。

7月4日这天，全体队员彻夜未眠，他们以最快速度将碗礁的调查情况，做了一份详细的报告。

7月5日，赵嘉斌、李滨带着调查报告和他们采集的瓷器标本，飞回北京，向文物局领导做了汇报。他们到达北京的时候，已是下班时间，文物局的领导一直在办公室里等候他们。

同样的报告，也送到了福建省文化厅。

7月7日，国家文物局下达正式通知，立即对"碗礁Ⅰ号"沉船进行抢救性发掘。

东山调查的队员已经全部转移到了碗礁，各省、市的水下考古队员也应招陆续集结到了碗礁，"碗礁Ⅰ号"水下考古发掘工作正式展开。

将近20年了，在长达18000多公里的漫长海岸线上，他们调查发现的沉船已经不计其数，经过正式发掘的沉船也已经有几十艘了，但是，保存情况都很不理想。出水完整的瓷器最多的时候，也不过几千件而已。现在根据初步探摸所掌握的情况，考古队长张威推测，碗礁Ⅰ号，至少将有上万件瓷器出水！

林果作为一名老队员，参加过辽宁一条南宋沉船的发掘。那次，一共出水了599件瓷器。可是,这些瓷器在海底的时候,全都是一个个铁疙瘩,表面凝结的铁锈有十多厘米厚。发掘和整理,耗费了他们太多的经费和时间。而今天的这个"碗礁Ⅰ号",一点凝结物都没有,船上的瓷器全部都像新的一样! 想一想都叫人很兴奋!

这些年,他们越来越频繁地听到国外沉船打捞的消息,荷兰的哥德堡号、印尼的黑石号、菲律宾的圣迭戈号、越南的金瓯号等等,都是整船整船的瓷器出水,让人羡慕。"碗礁Ⅰ号"的突然出现,他们能不震惊吗? 在水底下看到这么丰富的宝藏,心情确实很激动。

中国考古发掘的管理,实行领队负责制,领队由具有一定资质的考古专业人员担任。所有发掘项目需经国家文物局审批,并颁发发掘执照方能开展。

这次"碗礁Ⅰ号"水下考古发掘的总领队张威,已是著述颇丰的研究员。作为迄今为止中国所有重大水下考古项目的组织者和实施者,渤海、黄海、东海、南海沿岸都留下了他的足迹。一次次的实战锻炼,他已成长为一名经验丰富的指挥员。水下考古是一个充满危险的职业,从事这项职业的人要比常人面对更多的挑战。多年的工作经历,已经练就了他沉着自信的个性,处变不惊的良好心理素质,让他的队员们由衷的佩服。有人认为,有时人格魅力是因职业造就的,这也许不无道理。

中国国家博物馆水下考古研究中心是中国目前唯一的水下考古研究机构,本部的工作人员只有十几个人。天安门东侧,中国国家博物馆大楼的一间不大的房间,是他们的办公地点。满屋的桌子柜子,使房间显得有些拥挤。发掘结束之后,他们都在这里进行资料整理和研究。

除了本部的十几个人以外,其余水下考古人员均分散在各省市博物馆、考古所、文管会等部门。福建和广东受过训练的队员最多,是水下考古队伍的骨干力量。他们平时在各自的单位从事自己的工作,有任务时,便从各地集结到工作地点。每次发掘,都是一场全国大会战。

福州市考古队是水下考古队员比较集中的单位。他们的办公地点在原国民党政府一个海军将领的故居。这是一个不大的四合院,高墙大院的中间围着一个天井。侧面的一间办公室,整个一面墙都摆着柜子,一格一格的,里面满满地摆放着一卷卷的图纸。办公桌都靠着另一面墙摆着,桌上放着一台扫描仪。考古队调查的所有资料都在这间办公室里进行后期整理。

福州市考古队共有八名队员,其中四名是潜水队员。自小就喜欢鼓捣电器的朱滨,是队里的万能工程师,负责所有仪器设备的操作、维修和保养。张勇参加过"南海Ⅰ号"等多个项目的调查和发掘,如今已升任潜水长了。周春水,是第三期训练班的新学员,大家都叫他水哥,也多次参加过水下考古工作。

到此时,全国已经有44名经过严格职业培训的水下考古队员。这次参加"碗礁Ⅰ号"考古发掘的队员,最多时达到34人,是有史以来参加水下考古发掘人数最多的一次。副队长栗建安、林果,摄影师徐海滨、李滨,潜水监督孙键,队员赵嘉斌、邱玉胜、鄂杰都是最早一批队员,他们可以称得上是中国水下考古的元老了,是他们亲手翻开了中国水下考古的第一页。20 年来,他们转战南北,洒下了辛勤的汗水,至今仍坚持在水下考古工作的第一线。还有张勇、楼建龙等,也算是老队员了,每次重要的水下考古调查和发掘,他们都必到,丰富的经历,使他们成了这支队伍的骨干。其余队员都是 2005 年才培养出来的新生力量,他们的迅速成长,让我们看到了中国水下考古的未来和希望。

中国的水下考古队伍是一个团结和谐的集体。水下考古工作的复杂性和危险性决定了他们必须相互信任、相互配合,否则不可能应付我国复杂多变的海域环境,也无法取得水下考古 20 年未出现一起重大事故的良好记录。

镜头回放,泉州湾的宋代航船

半个多月的哄抢,已经把遗址破坏得很严重了,收拾残局成了考古队所要做的第一项工作。

"碗礁 I 号"是一艘 17 世纪的木质帆船,船头向着海岸,船尾翘起,向南倾斜沉落到海底。由于翘起的尾部高出海床,天长日久,船板朽坏,瓷器从船舱里散落出来,掉在了海床上。这就是渔民在这一带打鱼时,经常能捞出瓷碗的原因。

这里的海床是海底淤泥经过长时间的沉积形成的,由于海水重力的挤压,表面结成了厚厚的硬壳。为了打开这层硬壳,盗掘者们开始用斧头砍,用铁棒撬,用耙犁耙。最后实在弄不开,他们干脆拿来了炸药……

让这些考古队员痛惜的不仅仅是丢失和损坏的文物。一处保存如此理想的遗址,本来可以成为一份完整的考古资料,现在却已丢失了至少 50% 以上的信息,这给研究工作带来巨大的损失。因为沉船遗址上的点滴痕迹都可能为他们破解沉船之谜提供极其重要的线索,都可能带来意想不到的收获。

看到"碗礁 I 号"的情形,大家不禁想起 1974 年在泉州后渚港发掘的那条宋代沉船。

那是我国首次沉船遗址的大规模发掘。遗址的完整性为考古工作者提供了大量历史信息。

整条沉船深陷在厚约两米的海底淤泥当中,遗址面积大约 600 多平方米,泥深及股,发掘工作进行得十分艰难。考古工作者仍然按照田野考古规程,在遗址上布置了 24 个 5 米×5 米的探方,按部就班,小心清理。这次发掘,记录的田野发掘日记和各种原始资料有数万字之多。

当清理掉表层淤泥之后,沉船的整体身形渐渐显露出来。此外在舱内还发现了木条状的香料药物 2300 多公斤,贝壳 2000 多枚,木质墨书签牌 96 件。另外,还有瓷器、铁器、钱币、皮革制品等。清理工作进行得十分仔细,考古队员连淤泥中的荔枝核、橄榄核、杨梅核也一颗颗收集起来。

该船上平如衡,下侧如刃,两弦船板呈弧形,船口部外撇,形成了一条刚劲的弧线。12 条横隔板,把船身分为 13 个水密隔舱,一根纵向主干和若干条横肋组成的龙骨将整条船紧紧地连接为一个坚固的整体。船壳由三重木板构成,船甲板以上的部分,已不复存在,船头船尾也不同程度残损了。古船残存的部分,长24.4米,宽9.14米。

后来,文物工作者又根据残存船体进行了复原,结果显示这是一条长34米、宽11米、型深4米,排水量近400吨,载重量200吨的三桅远洋货船。

拨开淤泥,这条古老的沉船展现在他们面前的是一部无字史书,它让他们窥视到了尘封了数百年的海上贸易的繁荣。整条船就像一个巨大的信息库,他们对这条船的所有疑问,几乎都能找到答案。

那么这条船是什么时代的呢?

船上出水文物最具时代特征的是瓷器,根据瓷器的瓷质、釉色和花纹,考古学家准确判断出它们来自福建晋江瓷灶窑、泉州东门窑以及浙江龙泉窑,而且都表现出宋代瓷器的特点,可以证明这是一艘宋代沉船。

那这条船又是哪里制造的呢?

古船的多重壳板结构、水密隔舱和神秘的保寿孔都说明这是一艘典型的福船,产自福建,是中国古代四大船型之一。

13世纪曾经到过中国的意大利旅行家马可·波罗,在他的游记中对福船曾有过详细的记载。关于船身多重壳板的结构,他在游记里认为,这里(福建)的海船是用双重板造成的,航行一年以上需要修理,再覆盖一层板,以后的修理一直加到六层板,船就不能再使用了。

关于水密舱,他认为,一些吨位较大的船,舱壁多达13层,都是厚板造成,其目的在于预防意外事故。船舱一旦发生漏洞,立即将舱内货物转移。由于这种舱隔绝得十分严密,所以一舱进水,并不影响其他船舱,当漏洞修好以后,货物仍然可以搬回原处。欧洲人直到18世纪才从中国人这里学会了这种水密隔舱的技术。

这条船又是从哪里驶来的呢?

海洋生物学家为他们指点了迷津,船舱出水的贝壳,是盛产于西太平洋东南亚海域的水晶凤螺、篱凤螺、银口凹螺和色带乳玉螺等。而船体上附着的数不清的小船虫,主要生活在温带和热带海区,它们排出的幼虫,会在水温25℃时附着在船板上。于是,海洋学家断定,这艘船是从东南亚海域驶来,沉船时间在船虫排出幼虫的6~9月。

海洋学家与植物学家的考证殊途同归。专家们分析,沉船上发现的多种果核,很可能是船沿途靠岸买来自用的水果,其中荔枝、桃、李子的成熟期在6~7月,说明这条船是乘着东南风,驶于归途之中。而果核中的橄榄、杨梅的成熟期不在这个时间,估计可能是干果,它们是枯燥乏味的海上生活中最好的休闲食品。

另外,船上还发现了七枚大小不同的分属于三副中国象棋的棋子,以及一本宋版的小说残页,它们不仅为他们勾画了一幅船员们海上生活的生动图景,同时也暗示他们,这条船的主人是中国人。

而这艘船沉没的原因又是什么呢？

船上一共发现了504枚钱币,年代最晚的是南宋咸淳元宝(1265～1274)。历史学家认为,沉船事件应该发生在13世纪70年代,和当时泉州阿拉伯人与元朝政府之间的一场战争有关。当这艘船载着从东南亚贩来的香料药材返航归来的时候,恰巧遇上了这场战争,但是,船主为什么丢下2000多公斤的货物弃船而逃? 历史学家各执一词。很显然,这条沉船为他们认识那一时期的社会经济和历史,提供了鲜活资料。

险象环生,艰难的水下考古作业

两艘专业打捞船高耸着巨大的吊臂,停泊在碗礁一带的海面上,水下考古队继续着对"碗礁Ⅰ号"的发掘与修复。

考古队首先取下了渔民用铁耙自制的土法浮标,用喷了漆的大红浮标拖着铅坠,指示在沉船的准确位置上,GPS显示的经纬度,被标在了水下遗址的分布图上。

水下发掘刚开始的几天,水温适宜,接近两米的能见度,流速30厘米/秒,海流不急,不仅可以让水下考古工作者控制好身体的稳定性,从容地完成水下作业,而且30厘米/秒的流速刚好可以把发掘过程中泛起的泥沙冲走。这是10多年来难得一遇的水下作业环境,与当年"南海Ⅰ号"海域的水下环境相比,这样的海况已经让他们感到非常满意了。良好的作业环境一直维持了10多天。

为标定沉船位置,首先是固定好入水绳。入水绳设置在沉船的东、西两端,遗址基线布置在船只的纵轴上,两端分别与入水绳相连接。入水绳的作用是至关重要的。没有入水绳,潜水员就不能尽快下潜到沉船的位置,在流速太快、能见度极低的水下,没有参照物就没有方向感,这是很危险的。当年"南海Ⅰ号"调查时发生的一起走锚事件,就是因为入水绳移位,险些发生危险。

沉船周围的情景惨不忍睹。仅零碎的瓷片和残破瓷器,就有3000多件。看着那么多好端端的花瓶、大罐、盘子被打成好几块碎片,队员们的心情难以言表。

抽掉沉船周围的泥沙,让船身整体暴露出来,是发掘工作的第一步。

淤泥的抽取采用气升法。用空气压缩机将高压空气直接压入水下抽泥管,利用气压差原理,将淤泥提升到水面工作船上。为防止小件文物遗失,抽泥管的出口处设有过滤装置。

抽掉周围的泥沙,沉船的样子基本显现出来,船头朝向东偏北,甲板以上已荡然无存,船尾靠西的位置可清楚地看到炸药炸过之后留下的大洞。船身的中部被挖了一个更大的洞,长度达6.9米,横跨了六个舱位,部分隔舱板丢失或移位,船体右舷板破坏严重,未发现连续的船舷板。依据盗掘的面积和船舱的位置分析,被盗的文物不少于两万件,损失惊人!

正式发掘一开始,海底环境便开始恶化。碗礁一带海域地处闽江口东侧,当有内河污染水排入时,海水就会受到影响。加上因为盗掘者的破坏,原来海底长期沉积形成的一层硬壳被打破，水下作业人员稍一活动，下层稀软的淤泥就会不停地泛起，加上每天的潮起潮落，海底流速加快，能见度一下子就降到了50厘米左右。

几十厘米的能见度，给水下摄影师李滨出了一道难题。接片技术是近距离摄影必须掌握的常用手段。在水下流速很高的情况下，调整好姿态并保持不动，凝神屏气，按下快门，同一位置连续拍下几张照片，并保证这些照片经拼接后，丝毫不露痕迹，不是容易的事。

但摄影师李滨和考古队特聘队员张利城，依然努力用他们手中的照相机和摄像机，真实地记录下了遗址的保存情况。

水下作业使队员们都变成了独臂将军，因为他们不得不用另一只手牢牢地抓住一个固定物，不敢有瞬间的放松。只要放开基线两秒钟，就会找不到沉船的位置，10秒钟以后，就可能被冲出几十米远，不知道自己在什么地方。

布置探方进行得十分艰难，这时已经有队员开始挂彩。

这天，第一班轮到周春水潜水作业。入水前，潜水长张勇再次交代了一些应该注意的细节。

潜到沉船遗址处，眼前一片混浊。周春水打开了手中的强光灯，借着灯光，可以看到被折断的船板，看到泥沙抽掉以后，船舱里露出来的一摞一摞的瓷碗，一个、两个、三个……他摸到，船的东面至少还有六个船舱是基本完好的。

经过探摸，沉船东面的六个舱位里装满了瓷器。它们按从东向西顺序被编为，东1、东2……东6舱，出水文物的舱位、层次、码放方式等，都被一一详细地记录了下来。

沉船平面图的绘制，可以称之为一场多人参与的水下接力游戏。绘图板几乎贴到脸上才能看到，他们只能用手摸着测量，眼睛几乎帮不上什么忙，整条沉船的形象只能在脑子里勾画出一个大致模样。沉船两舷的船板已经残缺不全，平面图只能依靠几组船体与基线的二维坐标点连接勾画，缺损部分用虚线连接，一幅完整的沉船平面图就这样完成了。

一切都在摸索中进行，沉船的形态和保存情况只能凭着触觉和想象，在脑子里形成一个图像。记录、绘图只能回到工作船上以后再进行。而所有这一切都是在水流速度很快，身体难以控制的情况下进行的。

自负式潜水使用嘴部呼吸方式，空气由喉咙吸入，气瓶里的空气是经过脱水的高压气体，时间长了就会感觉口焦舌燥，很不舒服。同时，入水以后，视觉系统很快由昼视变为夜视，这些都会使初学潜水的人感到很不习惯。

在波涛汹涌的大海里，所有事物的性质和规律都发生了改变。

在水下声音是没有方向的，当危险袭来的时候，潜水员无法根据声音判断危险来自哪里。同时，在水下声音的传播速度加快了四倍，一点点声音都会发出震耳欲聋的声响，把人击昏。

颜色也依不同水深逐步失真,通常红色在 4.5 米、橙色在 8 米、黄色在 11 米、绿色在 20 米、蓝色在 30 米处会相继丧失色彩,变成一片灰蓝。所以,队员们在水下受伤流血,常常会浑然不觉。

自然光在水下因水体的折射和散射作用,波长会缩短,频率会加大,这会造成对物体大小、距离的错误判断。光线穿过的介质不同,散射率也会不同。潜水员在水下观察事物,需要透过空气、玻璃和海水三种物质,观察事物会严重失真。近距离观察时,物体大小仅相当于空气中的 3/4,而远距离观察时,又刚刚相反,物体的大小会被放大 30%,侧视时物体会变形。所有这些现象,能见度越低误差就越大。而这种失真现象不仅会引起潜水员因为不适应而产生心理上的不安、紧张甚至恐惧,更危险的是这会造成潜水员判断错误,妨碍身体和动作的协调性,降低紧急避险的能力。

试想一下,考古队员背着二三十公斤的潜具,在水下复杂而又陌生的环境里,不仅要保持头脑清醒,动作协调,以及和同伴的默契配合,完成抽泥、清理、测量、记录、统计、绘图、摄影等一系列工作,同时他们还必须控制空气瓶的用气量和每次的潜水时间。一旦遇到水下一片浑黑时,他们出水后,还要清楚准确地描述出水下探摸的每一个细节,所有这些,没有强健的体格和良好的心理素质,是无法胜任的。而作为水下考古发掘的指挥者和领导者,需要掌握更多的相关知识,具备更好的心理素质、更冷静的头脑,因为他们的每一个决策和指令不仅关系着调查和发掘工作的成败,还关系着每一个水下考古队员的生命安全。在潜水行业里,流传着这样一句话,任何一次没有事故的潜水,都是一次成功的潜水。

台风来袭,遗址居然再遭盗抢

按照张威的原定计划,沉船的发掘将采取全面揭露的方式。第一阶段的任务是把整个遗址表面及周围的淤泥全部清除掉,然后在探方的全面控制下,完成遗址的测量、记录、摄影、摄像等一系列信息采集工作。最后,再将文物提出水面。

然而,接下来发生的情况令考古队再次感到震惊。

经过将近 20 天的抽泥和清理,有一个保存比较好的舱位已经基本清理干净了,舱内整齐地排列着青花罐和五彩罐,罐与罐之间首尾相接,紧密接触。由于遗址的全面揭露尚未结束,拍照、测量和记录工作还没做,他们没有舍得把瓷器提取出来。

而这些天,气象台一再发出警报,台风海棠已经在太平洋生成,预计将在未来几天在福建一带登陆。

我国海域所在的西北太平洋,属于台风多发区域,每年在我国登陆的台风平均有七起。2005 年的台风尤其多于往年,先后有九起台风在我国南海生成,其中对福建造成影响的就有五起。

俗话说,山雨欲来风满楼。台风还没有来,海上的风浪已经一天比一天大了。水下作业变得愈加艰难,水下流速常常达到 60~70 厘米/秒,大大超过人体自主控制的极限,工作只能暂停。为防止台风可能造成的破坏,考古队对已经清理好的那个舱位进行了回填。

这次海棠登陆的过程时间特别漫长,它在台湾海面逗留了 28 小时之后,又在海上经过近 20 小时的曲折爬行,7 月 19 日下午在福建登陆。台风期间,沿海大部分县市风力达到 7 至 9 级,最大风力达 14 级,海面掀起了 13.5 米的巨浪。这次台风影响远及郑州。为防台风,浙江招回了上万只船舶。

台风期间福州、平潭一带,狂风暴雨大作,平潭海区最大浪高达五六米。这种天气一直持续了七八天才结束。

肆虐了一个星期的大风,终于歇了下来,新一轮的发掘又要开始了。经过几天的休整,队员的体力得到了很大的恢复。这天,一大早他们就乘船出海了。想起台风之前刚刚清理出来的那满满一舱的瓷器,大家七嘴八舌地议论了一路。

"清理那阵子正好是平潮期,能见度特好,专家打着灯看得特别清楚,整个一舱全是罐子,那叫一个爽。"说话的队员一口的京腔。

"那些罐子一对一对的,口顶着口,底顶着底,一点松动都没有,装船技术了得。专家将来提取的时候,还真得想点办法呢。"另一个队员说。

"都是景德镇青花,看样子是康熙中晚期的,釉面贼亮,青花翠蓝翠蓝的,太棒了!"这个队员显然来自东北。

一路上,大家都显得特别兴奋。

从码头到碗礁,有几十分钟的路程,说笑间,很快就到了沉船地点。

队员们登上打捞船,各自进入了工作岗位。今天头班有两组队员下水,他们穿戴好自己的潜水装备,张勇把两组队员的潜水顺序和水下工作的位置、内容、时间又交代了一遍,直到他觉得没有问题了,才下达了潜水的命令。

第一组队员很快顺利地潜到了海底。打开手中的强光灯,他们准备选择一个合适的位置,接着上一次的工作进度,继续抽泥。

电筒的光柱慢慢向前移动着。咦?基线怎么不见了呢?光柱继续向前移动,忽然,眼前的情景让他们目瞪口呆!那个本来装满瓷器的船舱,已经空空如也!怎么回事啊,那一舱青花瓷罐呢?怎么全没了啊?再仔细一看,船舷板、隔舱板,被撬得东一块,西一块,扔到了一边,基线已经被扯断,不知去向。

水下的队员,半天才回过神来,他们用水下无线通信设备,把发生的事情向船上做了汇报。

几乎所有的人都惊呆了。天!要知道,台风期间海上的风力至少有 10 级,海浪有几层楼那么高,这样的海况敢于出海,这不是在玩命吗!

当利润达到 200% 时,就有人敢拿生命作赌注!今天,水下考古的人,算是真的见识了什么叫要钱不要命!

队员们回想前些天的情况，确实觉得有点蹊跷，可能那时就有人动过他们的遗址。

碗礁遗址沉船长 13 米多，宽 3 米多，加上周围散落的瓷器，范围大约有 100 多平方米。能见度好的时候，即使打着灯，目力所及，也最多不过 1～2 米。前段时间抽泥的时候，遗址堆积情况本来就每天都有变化，更何况绝大多数时间，海底什么都看不见，他们基本上都是在摸索着工作，一些队员即使感觉到什么，终归只是心里有些疑惑，不敢确定。

这时，负责安全工作的林队，想起了前几天刚刚听说的一件事情。

7 月 13 日，8 点左右，屿头乡公安派出所的值班员林建接了一个电话。电话是一个当地渔民打来的，他说当天晚上，有一批碗礁打捞上来的文物会在松下码头附近的海域偷渡上岸。打电话的人没有说出自己姓名。又是不说姓名！说来也怪，已经好多次了，都是在非常关键的时刻，出现一个神秘的匿名人物，给相关的部门提供最准确、最及时的信息。

林建是一个有着九年兵龄的老战士了，凭直觉，他相信这个电话提供的情报是真实的。那晚他们兵分两路，在松下码头蹲守了 5 个多小时，最后人赃俱获。那次共缴获瓷器 15 件，6 个碗，9 个盘子，最大的一个盘子直径 38 厘米。全部是青花瓷。

几乎可以断定，这几件瓷器很可能就是这帮不法分子在海上风大浪急，考古队不得不回港避风的时候，趁黑潜入作业区盗捞的。

简直就是在和水下考古队明抢。他们不得不加快进度。林果说考古队感到最急迫的，是要把瓷器尽快打捞出水，以断绝盗捞者的觊觎之心。他们是在和盗捞分子抢时间。

情况严峻，为确保水下文物的安全，领队张威和副队长林果商量改变原定计划。新一轮发掘将采用分区分段发掘的方式，将沉船遗址分为几个区域，一个舱位一个舱位逐舱清理，并同时将文物提取出水。

为了加快速度，他们请来了职业潜水员协助进行工作。职业潜水员在考古队员的指导下，利用大型抽泥机，清理遗址周围 1 米以外的大面积淤泥。水下考古队人员利用小型抽泥机，完成遗址内淤泥的抽取和清理。新计划实施以后，很快在沉船的东、西两个区域又发现了几个未被破坏的舱位。

按照新的发掘计划，已经清理出来的瓷器开始大批被提取出水。

台风的反复骚扰，使他们的工作时断时续。每次台风过后，水下环境都会再一次恶化。台风到来之前，连续几天的大风，把海底的泥沙一次次卷起，海水被搅得一片混浊。潮差越来越大，平潮时间也越来越短。每次潮水之后，一时无法平静下来的大海，涌浪翻滚，暗流也越发变幻莫测，流速经常达到 50～60 厘米/秒，水下作业变得更为艰难了。水下考古队着实体验了一次什么是浊水考古。这种情况一直持续到发掘结束都未见好转。

而最让人感到痛心的是每次台风期间，都有盗掘分子光顾沉船海域，每次都能发现遗址被扰动过的痕迹。

8月29日，在第二次台风泰利到来之前，边防哨所又传来消息，一艘渔船在碗礁一带被连人带船一起抓获。当时，正值深夜，海面上伸手不见五指，如果不是有人提前报信，很难发现他们。这次，他们还没来得及下手，就被海警逮了个正着。

吾华之瓷，尽展千年贸易波折

"碗礁Ⅰ号"沉船的方向基本为东西向，船头向东，船尾向西，沉态倾斜，南高北低，倾斜角为41°，沉船船体残存的部分仅有13.5米，两舷之间的距离约为3米。船首、船尾早已不见，甲板以上因为露出海床，早已荡然无存。幸存的船身中部，可分辨出16个舱位，船的龙骨是盗捞者折断的。凸字形的断面露在外面，宽22厘米，高26厘米。根据龙骨尺寸算出沉船的复原长度为23米，宽4~5米，深2米左右，船的用料，受力部位使用硬质木料，其余部位用杉木。

这艘只有23米长的木质船，满载着瓷器。沉没前，它已经脱离了主航道，拼命向岸边行驶。沉船的周围没有发现暗礁，可能是行驶途中突遇风暴，使船体遭到破坏，船身失去平衡，最终沉没海底。沉没时，船身是左舷先着地。

这是一艘从事转口贸易的中国商船，它的航向可能是台湾，也可能是菲律宾，最远不会超过今天的印度尼西亚。发掘过半，林果做出了这样的推测。这不是一艘远洋船，23米长的小船是无法驶出马六甲海峡的。

相当长的一段时间里，海上商路尚未打通之前，居住在欧亚大陆之间的阿拉伯商人，通过陆路贸易商道，让欧洲的贵族，富商们用上了东方的香料、丝绸、瓷器，听到了关于东方人的神奇传说。

14世纪中期，奥斯曼帝国从拜占庭手里夺得了这片土地，从此切断了这条商路。于是，为了寻找印度的香料，欧洲人试图从海上出发，一直向东行驶，去往那个充满神秘传说的东方大国。

这个世纪的最后几年，葡萄牙人达伽玛，驾驶着他的四艘帆船，从西半球北面的伊比利亚半岛出发，一直向南行驶，绕过非洲南端的好望角，横穿印度洋，登上了印度西海岸。之后，他们继续向东，进入了马六甲海峡。

马六甲海峡是印度洋到西南太平洋之间的狭长海峡，全长约1080公里，最窄处只有37公里。可谓是真正的咽喉要道了。

当葡萄牙人的船队来到这里的时候，尽管还没见到中国的丝绸和瓷器，但他们已经意识到，这条长长的海峡对葡萄牙将会非常重要。于是，他们血洗了海峡最窄处的一处港口——马六甲港，并把自己的军队留在了那里。此后的100年里，葡萄牙人一直是这条欧亚海上通道的主人。

从南亚大陆的马来半岛到澳大利亚之间的东南太平洋，分布了非常多的岛屿。从中国南海去往印度洋，最便捷、经济的一条航道就是从沿岸出发，南行过西沙、南沙群岛，在接近赤道的地方，向东穿过马六甲，进入印度洋。否则就需要一直绕到南纬10度以外才行,中途还要经过无数暗礁。

自从中国人学会了离开海岸,依靠星象、罗盘进行远洋航行,中国的贸易商船一直在太平洋和印度洋的海面上自由往来。中国海商用自己的帆船,把瓷器、丝绸、茶叶和更多的商品,源源不断地运到东南亚、南亚、中亚、西亚以至非洲。这条古老的商道,被欧洲学者称为海上丝绸之路,被日本学者称为海上陶瓷之路。

马六甲城陷落的时候,他们的国王曾派信使向当时的明朝廷求援,明朝的皇帝却把这事当成了一个遥远的故事。接着发生的便是葡萄牙、号称海上马车夫的荷兰和有着日不落帝国之称的英国相继进入马六甲海峡,接力赛似的垄断了这条海上丝绸之路。先是葡萄牙人垄断这条航线100年;接着荷兰人取代了葡萄牙人,又是100年;最后英国人通过战争,打败了荷兰人,成了这条航线的新主人。从那以后,中国的商船被关在了马六甲海峡之内。在相当长的一段时间里,再也没有能够驶出中国的南海。

在那300年里,几个西方列强的商船游弋在中国的南海上。

葡萄牙人用给地方官行贿的方式,租借了澳门港,并且获得了与中国通商的特权。他们的商船一直深入到了浙江舟山的双屿港。

荷兰人远没有葡萄牙人那么幸运,他们要求通商的请求一再遭到朝廷的拒绝。为了打通去往中国南海的航线,他们把印度尼西亚变为了殖民地,把商馆设在巴达维亚(今雅加达),然后深入到中国的南海,以台湾为据点,在海上以各种方式招徕、引诱、驱赶,甚至劫持中国货船和他们进行贸易。他们用从美洲欧洲掠夺来的黄金、白银换取中国的瓷器和生丝。

他们必须用一切可能来增进对华贸易,首要是取得生丝,因为生丝利润优厚,大宗贩运能给他们带来更多的收入和繁荣。如果他们的船只无法直接同中国进行贸易,那么公司驻各地商馆就必须前往中国船只经常往来的地区,购买中国生丝。

这是17世纪初,荷兰东印度公司董事会发往巴达维亚的一项指令。

这是17世纪初荷兰东印度公司的一份订单:

黄油碟5万枚,碟5万枚,黑色壶1000个,大碟1000枚;大碗1000只及若干小碗,葡萄酒壶500个,小水壶500个,漂亮的大杯500个,小调味碟500枚,漂亮的水果碟2000枚,盐罐1000个,以及漂亮的、直径2.5英寸的碟200枚。

曾有过那么一个时代,在欧洲人的餐桌上,摆满了中国的大大小小各种瓷器。

然而中国的海上贸易,却走了一条十分艰难曲折的道路。从明代开国皇帝朱元璋,直到清朝的康、雍、乾三朝,基本上实行了闭关锁国的政策,在时紧时松的海禁政策之下,朝廷没收和毁坏了沿海居民远海航行的三桅大船,令片帆不得出海。

严苛的海禁,没有能阻挡中国对外海上贸易的繁荣,相反,欧洲人对中国瓷器的疯狂迷恋和巨大需求,造就了如王直、郑芝龙、郑成功等一批具有实力的私人海商集团和广州十三行的各路商业先驱,推动了沿海一带外销型瓷器手工业的发展。江西、浙江、福建、广东、云南等遍地开花的古代瓷窑遗址，向我们描绘了当时一个瓷器生产的繁荣时代。在中国的南海上，中国海商始终是对外贸易的主人。

在长达18000多公里的海岸线，300多万平方公里的蓝色国土上，据探查，至少有数以千计的商船，沉没在这条充满艰险和传奇的海上丝绸之路上。

碗礁一带是发现沉船遗址最多的地点之一。目前已经探知各个时代的沉船，少说也有七八条。

在那个海禁严苛的年代，绝大多数中小海商为了生计以死相抗争，他们和官府周旋，与风浪搏斗，坎坷商路充满凶险。到底有多少船只，未能逃过厄运，永远无声无息地沉没于海底，无人知道。

今天，中国水下考古队的到来惊醒了这艘沉睡了数百年的商船，也翻开了那一段尘封的历史。

发掘工作以前所未有的速度进行着，考古队员们没有时间停顿，因为每个人都承担了比往常多一倍的工作。当疲惫袭来的时候，他们看着手中那一件件被提取出水的瓷器，兴奋的心情立刻驱走了所有的疲劳。

经过清理，基本搞清楚了整条船上货物的装载情况。

沉船的东部是装载大型立体式瓷器的舱位。将军罐、青花罐、五彩罐、大型花觚、香炉等，都出在这里。舱内的瓷器摆放非常有规律。东四舱，主要装载的是青花罐和五彩罐，有两到三层，平行码放，罐与罐首尾相接。东七舱的瓷器分上下，下层是青花罐和五彩罐，上层是将军罐，装载时把将军罐横置，抵在两个隔舱板之间。

所有的碗、五彩杯、青花盘、葫芦瓶、青花杯等都出水在西部几个舱里。西一舱，以青花杯、五彩杯为主，一共五层，成摞平行码放，杯与杯之间填充了许多稻壳、麻绳段；西三、西六、西七几个舱内均发现了木桶，木桶内装着大盘、五彩杯以及葫芦形餐桌花瓶。在船舱里还发现了很多鹅卵石，应该是作压舱石用的。

沉船的周围也发现了很多瓷器。船的南侧船首处发现有青花罐和将军罐，中部发现了碗、盘、碟，船尾发现了大量碗、盘、碟、花瓶、罐、粉盒等。船的北侧却很少发现瓷器。由此，考古队员推测，船在沉没时向南发生了倾斜，大量瓷器被倾倒在船体南部的海底。根据这一现象分析，这艘船很可能存在超载现象，滚落在海底的瓷器应该就是装载在甲板上的超载货物。

"碗礁Ⅰ号"上的瓷器大体分为两类。一类是小型日常生活用瓷，其中的优等品胎质细腻，质地莹薄，釉色俱佳；另一类是观赏用瓷，制作更加精良，工艺更加考究。如一种葫芦形的插花瓶，同时使用了哥窑的冰裂纹、青花的釉下彩，以及单色酱釉多种工艺，这种集多种装饰手法于一身的产品，无疑在烧制技术上更加高超。其中还有被收藏界称做"翠毛蓝"、"宝石蓝"的瓷器，其釉色莹润、透明，色泽青翠娇艳清新明快，且浓淡相宜，层次分明，是这次出水瓷器中的精品。这些瓷器胎体坚致，器型周正，纹样绘制精美，代表了这一时期民窑产品的最高工艺水平。

"碗礁Ⅰ号"沉船遗迹、遗物的发现,对研究当时中国陶瓷器外销路线、方式和贸易体制,了解中国陶瓷在海外市场的消费组合和趋势,当地不同社会阶层对中国陶瓷器消费需求的状况,以及研究中国外销陶瓷对海外社会生活以及经济、文化的影响等,都有重要的历史价值和意义。同时,"碗礁Ⅰ号"沉船的发现也反映了当时景德镇瓷业生产和海上陶瓷之路贸易的繁荣盛况。

整个发掘工作一直持续了三个多月,但由于天气等原因,实际潜水发掘的工作天数却只有 48 天。这次发掘面积共 150 平方米,累计潜水 833 人次,潜水总时间 37000 分钟。这组数字意味着,考古队每天要潜水 17 人次,时间至少 770 分钟,每人每次潜水时间为 44 分钟。

"碗礁Ⅰ号"的发掘终于结束了。2005 年 10 月 28 日,当考古队员们收拾起行囊,登上回程的渡船时,复杂的心情油然而生。在这个小岛上,他们带走了整整几十大箱的瓷器和珍贵资料,留下了中国水下考古队一个个激奋人心的故事……

"碗礁Ⅰ号"考古人谜团

"碗礁Ⅰ号"沉船的发掘工作虽然结束了,令人意想不到的是,随着考古研究的深入,它的谜团却越来越多,种种猜测让真相更加扑朔迷离,却又扣人心弦。

谜团一,为何不同年代的器物同在一船?

专家介绍,目前"碗礁Ⅰ号"出水的瓷器,依照其制作工艺判断,绝大多数属于清康熙中期由景德镇民窑烧制的外销瓷。但令人不解的是,一些瓷器却明显是清康熙早期烧制的,为何同批货物中会有不同年代的瓷器?这需要专家进一步研究才能揭开谜底。

另外,这些瓷器都是采用高质量的高岭土烧制而成,其工艺水平并不亚于官窑烧制的瓷器。能用被称为御土、官土的高质量的高岭土烧制民窑瓷器,也许可以说明当时清政府为了出口贸易已经开放了对御土的使用权,其中出水的一件绘着和官窑相似龙纹的瓷器隐约印证了这一点。清代康熙时期,景德镇官窑的生产已改用"官搭民烧"的制度,即宫廷下达"样单",选择优秀的民窑搭烧,并派官监督,这种制度无疑促进了民窑技艺的发展和成熟。这时期的优秀民窑精品,除了不能题写皇帝年款外,其质量已与官窑瓷器相差不多。而且,民窑产品在装饰图案上比官窑瓷器更为活泼多样,更具时代特点。

谜团二,康熙瓷器上怎么会有简体字?

在大量的出水瓷器中,有许多难解之谜。如在一件瓷器上,绘有骑马狩猎的图案,从人物的发型上可以看出,骑马的男子为契丹人,这是首次发现在青花瓷器上出现契丹人物,但画面中骑着一匹花马、手持一只海东青的女子却身着汉族服装,难道她就是历史上的王昭君么?

更奇怪的是,在一个正面绘着梅花的小盘的背面,写着简体的"双龙"字样,这两个被深深烧入瓷器的文字是工匠的姓名还是装饰的图案呢?为什么在清康熙年间会出现简体的"龙"字？对此考古专家们一时难以解释，只表示小盘是标准的清康熙中期青花瓷器。

"碗礁Ⅰ号"康熙青花瓷器上出现简体字"双龙"的消息传出后，也有专家对此释疑。专家指出，简体字并非是在新中国成立后才出现的，在此之前，郁达夫、陈独秀以及更早时候的康有为、谭嗣同等人，都提倡将繁体字简化，其依据就是中国传统书法中的破体、俗体和小写，而这些字体早在汉代时就出现了，并且历代书法作品中也不鲜见。只是新中国成立后政府在全国推行简体字，人们才误认为简体字是在新中国成立后才出现的。

从书法中演变而来的简体字，在明清甚至更早的时候就在民间开始使用，当时简体和繁体并行，因此民间工匠在瓷器上使用简写的"双龙"也在情理之中，此前一些古代瓷器上也曾发现过以简体字作为标记的情况。简写的"双龙"在魏碑中就出现过，而"龙"字更在甲骨文、金文中已经有类似简体的写法。"双"字在古代民间也有像现在这样简体字的写法。过去的商人和工匠为了方便，经常使用类似现在简体字那样的小写，因此康熙瓷器上出现的"双龙"字样其实就是这两个字小写的样子，估计是制作者留下的招牌记号。

谜团三，"碗礁Ⅰ号"瓷船缘何沉没于此？

"碗礁Ⅰ号"因为什么原因沉没在这里也是大家颇感兴趣的一个问题。有专家认为沉没有两个可能。一是瓷器上船后从景德镇由水路运至长江出海，而后在驶往福州的途中沉没；另一种可能是景德镇瓷器从陆路运到福州口岸装船，而后在碗礁海域等待船队集结远行时遇难沉没。但是也有专家通过比照清代福建港口图后认为，这艘船还没有完全驶出福州港就沉没了。

也有人认为，"碗礁Ⅰ号"沉船沉没的位置，表明它很可能是出闽江口而南行的；船上的瓷器，也可能是自赣东南进入闽江水系，而后顺江而下出闽江口入海的。从地理位置上看，福建北部与江西接壤，是闽江水系的上游，与属长江流域的信江水系邻近。是距离最近的通道，而绕道其他路线（出长江口或宁波港）则路途遥远并不经济。同时这可能还是一条传统的景德镇瓷器外销的路线，在已经发现的宋元时期的沉船中，曾经有景德镇瓷器与闽江流域窑口的陶瓷器一同装载的现象（如韩国新安沉船内就有福建南平茶洋窑的黑釉器）；在西沙群岛的宋代沉船遗址中、在"南海Ⅰ号"沉船内，都有景德镇瓷器与福建陶瓷器共存的情况。因此"碗礁Ⅰ号"沉船，可能是因袭了传统的景德镇陶瓷器外销路线，沿闽江水路入海出洋的。

对于"碗礁Ⅰ号"究竟是因为什么原因而沉没，从船体本身还无法得出结论，因为海水的侵蚀会掩盖一些沉没的真相。其原因尚待专家的进一步研究来解释。

抚仙湖——沉睡的古城沉睡的谜

抚仙湖位于云南省玉溪市澄江、江川、华宁三县间，距昆明60多公里。湖面积216.6

平方公里,湖容积为206.18亿立方米,仅次于滇池和洱海,为云南省第三大湖。最深处为155米,是云南省第一深水湖泊。除东北长白山火山口湖——天池外,抚仙湖又是我国已知的第二深水湖泊。

　　唐樊绰所写《蛮书》,称抚仙湖为大池。《澄江府志》认为,量水川即唐书架水县(今澄江、江川一带),大池,抚仙湖也,后称罗伽湖。据《明史·地理志》记载,澄江府北有罗藏山(现名梁王山),南有抚仙湖,一名罗伽湖。得此名可能和宋、元时南诏、大理段氏在澄江设罗伽部有关。

颜回

　　抚仙湖名的来历与一个神话故事有关。相传玉皇大帝派了天上的石、肖二仙到人间巡查,来到滇中,只见一池碧水,波光粼粼,两位仙人顿时被湖光山色所迷,忘记回返,竟然化为两块并肩搭手的巨石,永久地伫立在湖边。过去湖东南方有两石并肩搭手倚立,据说就是石、肖二仙,在湖上驾舟遥望,还能若隐若现地看到两仙人在观赏,为留其迹,故名抚仙湖。

　　湖中西南部,原有两个小岛,名曰大孤山和小孤山。明代曾建有一座饮虹桥把两岛连接起来,明末时一场风雨把桥和小孤山荡尽,现仅存大孤山。整座岛呈椭圆形,面积约有半平方公里;岛上有岩洞,还有山峰,比湖面高40多米,面水的一侧多断岩,沿岛湖水水深莫测;岛中央旧有千岁松柏,为宋时大理国段氏所遗,但早已焚毁。

　　明时很多名人、学士以此岛为乐园,捐助钱银,兴建殿阁,逐渐出现了飞檐细雕的建筑群。至崇祯年间,岛上已具规模,计有殿八、阁五、亭三、堂一、庵一,还有一座铜塔,塔基广五尺,共13层,塔上有佛像、铃铎、匾额、对联,备极奇巧。孤山岛为当时澄江胜景。清朝江川令彭贤于康熙二十一年(1682)在《重修孤山寺记》中这样写道。"孤山向为迤东胜景,辟草攀萝,遂跻其巅,始由烂柯石,探南天洞,登弄珠岩,俯鱼乐国,众山献翠,两海环碧,颇如吾楚潇湘洞庭。"蜀人杨慎也曾到孤山饱览风光,留下了一些诗篇。当时游人、隐士所留大量诗词,碑记说明,孤山不仅是巍然形胜冠南州,而且是迁人骚客停留者不可胜记的地方。但清朝初年,战火四起,社会动乱,孤山的古建筑遭到了毁坏。清康熙十七年(1678)虽有澄江知府王贞宇重建孤山,也只修了座孤山寺,已不及当年之宏伟。到民国时期,只留下一座破庙了。如今,孤山已经获得新生,呈现着一派生机。

　　由于湖周围自然环境没有受到大的破坏,至今,抚仙湖仍然是云南省未受到污染的湖泊。诗人们形容为琉璃万顷,这是一点也不夸张的。它是云贵高原上一颗晶莹的明珠。波涛翻动时,白浪如朵朵睡莲竞相开放,又似串串银链滚动;无波时如明镜般一片澄清碧绿。远山近水,洲岛错落,使人心旷神怡,爽快清新。

如今,吸引人们目光的不仅仅是抚仙湖的绮丽风光,更有那湖下惊世的发现……

"石龙对石虎,黄金万万五,谁解其中谜,可得澄江半个府。"这是一首流传于抚仙湖畔的关于水下古城的古老民谣。

民谣世代流传,直到今天。难道美丽的抚仙湖下真的沉没着一座古城?如果真有,这片遗址是如何陷落于水中的?它达到了怎样的文明程度?在历史上,它又是谁?

突现建筑的印迹

揭开抚仙湖神秘面纱一角的是一个名叫耿卫的人。

耿卫,一个从小就在抚仙湖边长大的年轻人,一名潜水爱好者,因为天生水性极好,被当地人称做水鬼。1992 年,耿卫在抚仙湖潜水时的一个惊人发现,让抚仙湖显得更加疑云重重——他发现在湖底有大量的人工建筑遗迹,遗迹的规模之大令人称奇!难道这里真有传说中的水下古城?

据耿卫讲述,他第一次潜下去的时候就发现很多累积的大石料,包括石板、石条,上面有非常厚的青苔。出于潜水员特有的敏感,这个现象令他感到非常奇怪,因为通过他多年的潜水观察,抚仙湖底的地貌主要是以淤积的泥沙为主,怎么会在这个区域突然出现大量的散落石块呢?再接下来的发现更是让耿卫惊讶不已。耿卫发现,那些建筑都是高台式的,堆积的都是一些非常大的石块,非常规整,1.2 米×1.2 米,这种方方正正的石头随处可见。

这些石头是浑然天成,还是人工所建呢?好奇心驱使着耿卫决定探个究竟。在进行仔细的观察后他发现,这些石头人工雕琢痕迹非常明显。

在随后的几次探测中耿卫发现,这些静躺在水底的建筑石料上附着厚厚的青苔,说明这些水下建筑的年代非常久远,那么这些水下建筑是从哪里来的?又是怎么到水里来的呢?满腹狐疑的耿卫不由得想到了当地关于抚仙湖下古城遗址的种种神秘传说。

在云南澄江县,据当地人讲,乎日天气晴好、风平浪静的时候,站在附近的山上,偶尔可以看到抚仙湖水下古城的墙基显影,但是由于湖水太深,始终没有发现确凿的证据能够证明古城的存在。

难道这就是传说中的水下古城吗?这一切成了耿卫心中的一个不解的谜团。为了进一步探明真相,耿卫先后 38 次潜入该水域进行探测并拍摄了大量的水下录像,随后把相关的资料写成专题报告,向云南省有关部门和相关的专家做了通报。

耿卫在抚仙湖水下拍摄的录像公布不久,北京大学城市与环境学系教授、历史地理专家于希贤应邀来到抚仙湖,在看完水底拍摄的录像带后,对抚仙湖湖面进行了初步考察。他认为,从耿卫拍的录像上可以看到水底建筑有十分明显的人工制造痕迹,肯定不会是自然形成的。随后,当地报纸报道了抚仙湖水下古城的发现,在国内外引起轰动,神秘的抚仙湖立刻被世人瞩目。

触摸水下的秘密

虽然抚仙湖里的水底建筑是人工建筑已经得到专家的确认，但是这座古城的面貌却仍然笼着一层神秘的面纱，关于古城的一切也都在猜测之中。事实到底是怎样的？为了弄清这一切，有关部门决定进行抚仙湖水下考古以探究竟。

1. 抚仙湖第一次水下考古

2001年6月，中国首次湖泊水下考古在抚仙湖进行。

6月3日上午，一支由国家水下考古队员及考古学、建筑学、地质学等专家组成的庞大专业队伍，云集抚仙湖，整装待发，准备对众说纷纭的湖底千年古建筑遗址进行全面考察。这是中国考古史上的第一次湖泊水下考古，第一次水下古代建筑遗迹考古，也是第一次由机器人参与的考古。如此具有重大意义的考古活动，中央电视台对此做了全面报道。

来到抚仙湖考古现场的考古专家有中国社科院考古研究所所长刘庆柱、古建筑学会理事长杨鸿勋、云南博物馆馆长王仁湘、中国历史博物馆副馆长李季等。哈尔滨的专家徐新胜以声呐来探测水下地形，画出了抚仙湖水下三维地形图，帮助确定考古方位。

早晨的抚仙湖，微风习习，湖面波浪点点。当地气温在20℃左右。

8时08分抚仙湖水下考古活动开始，用于考古的潜水器——白色的"鱼鹰一号"下水。"鱼鹰一号"潜器重达14吨，考古人员在里面可以通过潜器上配备的先进水下探测系统和声呐系统进行探测。

8时18分，考古队员们离开考古船，潜入湖水。湖水温度较低，约14℃左右，考古队员下水后感到全身冰凉。

8时21分，队员们抵达水下10米深处的考古现场。由于前一天刚下过雨，湖水较浑浊，水底能见度只有2~3米，湖底布满了松软的淤泥和青苔。考古队员立即用不锈钢管搭建"探方"以建立坐标系统，并在不锈钢管上每隔20厘米就用红色的胶布做一个记号，以方便在水下辨识，同时用水下摄像机、防水绘图纸、特制的照明灯等水下专用器具对湖底进行测量。考古队员们两人一组进行工作，一人进行考古发掘工作，另一人负责安全工作。由于是在水下，他们基本处于失重状态，既要克服湖底的压力还要控制湖水的浮力，工作有不小的难度，因此配合默契是非常关键的。

8时48分，用于水下考古的小型水下机器人"金鱼一号"入水。该机器人是中国自己研制的，属于全封闭式水下机器人，通过"缆控"能深入到潜水员无法到达的水下100米深处，通过自身的编辑系统，将清晰的水底实况录像传回地面。

快9点钟时，水下考古队员通过潜器发现两块石材，上面隐隐约约有阴刻的花纹。有关人员希望能从石材上的花纹来判定其遗址的建筑风格与年代。两人在取样后，进行绘图照相，确定位置，并用绳索和气囊将之吊出水面。

9时18分，200多斤的石材终于浮出水面。然而令人失望的是，当70厘米长的石块送至考古专家面前时,专家们立即断定石上的花纹是天然形成的,不是人工雕刻的痕迹,但专家从石块边上的石灰砂浆和背部的痕迹,断定是人工开凿的建筑构件。专家从石灰岩水蚀的痕迹初步判定,该石件在水中至少存在了千年以上。

9 时 55 分,水下考古队员又发现了一只广口的平底陶釜。这是一个令人惊喜的发现,它为这个建筑遗址的年代确定了一个底线。专家表示,类似这种样式的陶釜在滇池、抚仙湖地区也曾出土过,年代从战国一直延续到汉魏。由于陶器一般不太可能在建筑废墟中保存完好,因而这个建筑遗址的年限应早于或与陶釜的年代相同。

考古人员又通过潜器,在水下发现一座长 30 米左右的石墙。该石墙高 1.5 米,最高处 4 米,平均宽 3 至 5 米。墙上的石块形状非常规则,石与石之间的缝隙清晰可见,石缝之间还有疑似石灰的黏合剂,墙体及脱落的石块明显有人为加工痕迹。他们认为,它有可能就是这座古城的一段城墙。在这里,考古人员还找到了一块大石板,一面长满青苔,另一面很光滑,专家认为是当时古城广场铺路的石板。

水下考古队测绘结果表明,抚仙湖底的这片古遗址南北长约 2000 米,东西向宽约 1200 米,总面积达 2.2 平方公里,规模极为宏大、壮观。这种大面积的水下古建筑遗址,不仅在中国,在世界上也十分罕见。

尽管古城的年代还需进一步确认,但是有一点可以肯定——抚仙湖底确实有一座陷落的建筑群落,且已经初具城市功能,因为具有不同级别的建筑群是判断是否构成城市的重要指标。

2. 抚仙湖第二次水下考古

2006 年 6 月 17 日,第二次抚仙湖水下探秘活动拉开帷幕。

此次探秘活动与第一次探秘活动不同。第一次探秘活动仅持续了两个多小时,参与专家又各抒己见,水下遗迹的身份依然扑朔迷离。此次探秘活动的突出亮点在于:活动持续时间长(共 7 天);公布近几年对水下古建筑的新发现,如斗兽式建筑、水下金字塔等遗迹;招募全国潜水爱好者参与此次活动,亲临水下古城。此次活动采用空中飞艇、水下拍摄、声呐探测扫描等特殊拍摄手段,挖掘并展示一个神秘的抚仙湖。

6 月 17 日清晨,考察艇披着霞光"走出"仓库。这条艇高 3.5 米,艇长约 8 米,宽 2.5 米,重量为 16 吨,是中国自行研制的深海探测打捞艇,装备有全球卫星定位系统、声呐探测系统和承重可达 2 吨的机械手及深水摄影设备,其装备在国际上属领先水平。

中午 12 时 40 分,考察母船悬挂着潜水器到达预定位置。

13 时 52 分,云南日报社两位年轻的女记者张长虹、朱丹登上潜水器。人们紧张而兴奋地目送潜水器从水面上消失。随着一声巨响,上舱盖关闭,考察艇上的成员进入了茫茫的水底世界。

起初,借着阳光能见度在 3 米左右,透过前窗镜,碧绿的、翡翠般的湖水映入眼帘。很快潜水器驶入 21 米深的湖底,水变得浑浊,能见度只有 2 米左右。潜水器在水中缓缓前行，半个多小时过去了，依然一无所获。正在焦躁不安之时，艇长杨景华首先从声呐上发现目标。顺着目标跟踪，在水深 15 米处发现一堵石墙，石墙长约 60 多米，高约 2 米，呈正南北走向，石料多为大青石和石灰石，石墙下有散落的石块，还有石块堆砌的街道。石料大小不一，有精加工的，也有粗加工的，最大的一块长约 1.5 米、宽约 0.7 米、厚约 0.3 米，一般的石头大小长宽各约 0.3 米、0.4 米。

经过 40 多米的平坦开阔区域，又发现大片呈正南北走向的建筑基址，这片区域不如前一个群落大，但石群加工更精细，体积更大，最大的一块长约 2.2 米、宽约 0.7 米、厚约 0.4 米，有的石块上还有细致的花纹……

在焦急等待了近 1 个小时后，人们收到了记者从水下发回的图像。高约 1.5 米、长约 20 余米，用完整石条砌筑的石墙，规模和功能分区不同的正方形房基，正南正北走向的交通干道，房基聚落之间有较大面积的平坦空地……尽管画面并不十分清晰，但每一块依稀有人工雕琢痕迹的石头都会引起大家的欢呼："这是一堵倒塌的墙。""这是人工雕琢的石猪槽。""这条石缝也许是排水沟。"神秘水下遗址带来无数遐想，人们都想从荧屏上看到惊人的发现。

16 时 41 分，潜水器结束近 3 个小时的水下考察，浮出水面，接着潜水器被吊回母舰。

抚仙湖底确实存在古遗址！人们为这个信息感到激动和兴奋，但在激动和兴奋的同时，也禁不住要问。古遗址的分布面积究竟有多大？古遗址究竟是什么？所有人都期待着再一次下潜。

6 月 19 日，于希贤教授从北京赶来，与记者再次下潜。

中午 12 时 30 分，于希贤教授和记者等四人登上潜水器。有了第一次下水的发现，这一次"直奔主题"。潜水器才潜到水下 6 米，声呐就发现了大面积的粉红色扇形目标。顺着目标驶去，很快，一堵堆砌整齐，呈正南北走向的巨大石墙呈现在他们眼前。于教授指着石头兴奋地说，从石头的数量、体积和石头散落的面积、规模，可以断定这是一个大型的古滇聚落遗址，建筑构造与滇中古长城埂相似，加工更为细腻。

在水中穿行了近两小时，舱内出现缺氧反应，豆大的汗珠顺着年过六旬的于教授脸上淌下。但他浑不在意，指着舱外说："这是高雅文化区。从这些堆砌整齐，有明显加工痕迹的石墙、石块、石街可以看出，这个时代有相当高的文化水准，主人对建筑石材的要求都很高。"

此时，由于距水面比较近，深水潜水器剧烈抖动起来，一会儿被抛向波峰，一会儿又被抛向波谷，于教授开始呕吐。走过了约 20 米的又一片开阔地带，一不留神，深水潜水器受到撞击，原来是潜水器自己撞在石墙上了。石墙堆砌十分整齐，石头有粗加工过的，也有天然石，都摆放零散；越过石墙，一片坍塌的石群呈现在面前。这片区域从规模、石量、体积、石头的加工程度都远远不如前两个区域。于教授幽默地说："这是平民区。"

于教授在深水遗址中选择了一块大约 40 厘米见方的石块，用机械手将石块夹住，这是来自古滇聚落群遗址的第一块实物。于教授连连说："这块石头确有人工所为的痕迹,它属于石灰石,与湖边石质不一样,且一面残存有黏合剂,有可能是从附近挖来修砌房屋的。让我带到北京去鉴定,也许通过这块石头的化验研究,我们就能测出古滇聚落群遗址的年代。"

下午 3 时多,潜水器浮出水面。回到考察母船,于教授兴奋地说,可以肯定,这是一座古滇聚落群或初具城市功能的水下古城。这个古滇聚落群的发现,再次证明古滇曾出现过辉煌的文明时期。

在考察母船上,曾任美国密执安大学教授的社会学和经济学博士武克钢先生,遥指着湖边陷落山体的数座山坡说,可以肯定,水下遗址的形成与湖边山体的断裂下陷有关。云南师大教授李杰森说,近 7 年来,云南师大和省地质科研所联合进行湖底研究时发现,公元 1500 年以来,该区域曾发生七八次大小地震,而公元 1000 年至 1500 年间,曾发生 8 次未被记载的较大地震。

于教授还意犹未尽地告诉记者:"水下古聚落群是顺地势依山傍水而建,山水相连,在水下有遗址,在山上就一定有断层。我们仔细考察后发现,水下古滇聚落群恰好在这条断层线上。这是一个非常年轻的断层线,年代大约在两三千年之间。抚仙湖水下古聚落群,是因湖水上涨淹没还是灾变陷落,这两种可能都存在。"

但是通过对抚仙湖周围地区地理地质环境的考察和比较,专家们大多倾向这座古城是在一次巨大的自然灾变中陷落湖底的,因为这些建筑旁边山体有明显的大面积断裂陷落痕迹。同时这里位于小江断裂带西支的深断裂带上,据记载公元 110 年东汉时期这里曾经发生过一次大地震,古城有可能就是在地震时沉入湖底的。

水下考察结束之后,有关方面用声呐对抚仙湖底进行了大规模探测。从声呐探测图上可以清楚地看到,抚仙湖的水下古城大约由 8 个石头建筑群组成,分布在南北长 2 公里、东西宽 1.2 公里的水域中,每个群落面积大小不等,区域面积约 2.4 平方公里。核心区域的 5 个群落基本连片,各个群落建筑体量各异,其中 6 号、7 号群落水深 75 米至 90 米。根据水下声呐显示的目标,1 号、2 号、3 号群落遗址,经过水下现场考察,证明均有古建筑群的存在,其余 5 个群落则需要继续考证。

在这些建筑中,有两座高大的阶梯状建筑值得注意。其中一座阶梯状建筑共分三层,底部宽 60 米,第二层宽 32 米,顶层宽 18 米,整个建筑高为 16 米,从声呐扫描图上可以看出,它的台阶非常整齐对称。

而另一座阶梯状建筑气势更为恢弘。它上下共五层,第一层底部宽 63 米,第二层宽 48 米,三四层倒塌比较严重,无法仔细测量,第五层宽 27 米,整个建筑高 21 米,类似于美洲玛雅人的金字塔。在每一层大的台阶之间都有小台阶相连,其中第一级大台阶从底部有一条笔直的小台阶直通而上。

此外,在这两座建筑中间还有一条长 300 多米、宽 5～7 米的石板路面,用不同形状的石板铺成,石板上面有各种各样的几何图案。在另外一片区域里,还发现了一座圆形建筑,底部直径为 37 米,南面偏高,依稀可以辨别出台阶。该建筑北面倒塌得比较严重,东北面有个缺口,形状类似于古罗马的斗兽场。

这次水下考察的另一个最大收获是 6 月 17 日潜水员在不同的石块上发现类似"0""1"的符号,以及 7 个排列规则的石孔和 1 张"人面图案",有的专家推断可能是祭祀场所里涉及的内容。

在疑问中追寻

1. 古城的年龄要老于汉朝?

潜水队员在湖底发现了刻有图案的石块。在石块的右上方有一个比较规则的圆形,周围刻画了 7 道痕迹,状似太阳,石块的左侧同样刻画了周边围绕 4 道刻痕的圆圈。

根据图画,云南大学考古文化研究中心的李昆声教授认为是太阳纹,这种太阳纹早在 4000 年就出现过。他认为,云南临沧沧源县的岩画上清楚地记录了新石器时代的太阳样貌。另外,春秋时期出土的铜鼓上也刻画了具有 4 道光芒的太阳,这些文物记录了古代人对太阳的崇拜,在古代比较常见。但是在石块上阴刻出太阳纹是比较罕见的,加之石块上的图形更加原始,所以可以推测,古城的年龄至少应在汉代之前。

2. 古城身份推测

李昆声教授认为,这个水下建筑一种可能是俞元古城,一种可能是滇国的都城或是一个行宫。

据《汉书·地理志》记载,俞元城,池在南。当时抚仙湖就处在俞元城南,这里是地震多发带,可能在地震后古城陷落水下。而很多专家也倾向于此观点。

关于滇国的历史,史书中记载道,公元前 279 年,楚国大将庄蹻率领大军直扑滇地(现在的云南地区),征服了当地的少数民族。正当庄蹻准备班师之际,偏偏赶上秦国入侵楚国,切断了他回国的后路。庄蹻索性就在滇地称王建国,史称庄蹻王滇。

到了汉武帝时代,中央王朝把滇国所在区域设为益州郡,下辖 24 个县,滇王成了名义上的统治者,古滇文明逐渐衰弱,融入中原文明。由于缺少文字记载,关于古滇国的一切,逐渐湮没无闻,成了一个无人知晓的历史之谜。

那么这座水底古城是否就是一直未被发现的古滇国都?石头废墟下是否掩埋着曾经辉煌的古滇文明遗迹?

于希贤教授的观点为,水下古城建筑均为石质,带有明显的少数民族的建筑风格。在古城中,他们没有发现任何砖瓦的痕迹。都是石板。而汉族通常有用砖瓦做建筑材料的特点。从这一点来看,这应该是属于少数民族的城市。他们已经找到了很多体现古滇文明的墓葬遗址和许多精美的青铜器,但是一直没有发现与古滇文明相关的遗址古迹。水下古城是否就是古滇时期的一个城?

从水下建筑群的石料的打制方式来看,湖底的建筑群与滇中发现的古长城颇为相似。水下古城再次为"古滇王国"的存在提供了有力佐证。

2001年6月22日，一封来自中国社科院考古研究所的信打破了抚仙湖考古的沉寂，为抚仙湖的水下考古展现了全新的内容，这就是我国建筑考古学第一人杨鸿勋教授对抚仙湖水下考古的最新解读。

杨鸿勋教授认为抚仙湖水下古城的内城可能是滇王离宫，而滇王离宫可能就是后改称的俞元县。俞元古县城也许真如百姓所说，因地震而沉没湖底。

史学家历来认为汉俞元古城在史书上消失是个谜，在历史上，即使俞元建制变更地名，也应有所记载，但南北朝后俞元古城信息中断，俞元城到底哪里去了呢？

杨鸿勋认为，俞元古城可能是因地震随龙池洲一起沉入湖底的，它正是现在探测的抚仙湖下残存的古城。至于沉没的时间，杨鸿勋说目前还无法作出明确的判断。

3. 石块上的图案符号是什么刻出来的？

如果说水下古迹早于1800年前，那么这些石块上的阴刻和阳刻，在当时是利用什么工具来雕琢的呢？李教授曾经说过，如果是在西汉年间，那么青铜器是能够进行大面积雕刻的工具，更早于1800年的雕刻工具就只有类似水晶、金刚石等硬度较高的石器，但是那么多有明显雕刻痕迹的大面积石块，尤其是阳刻，是不太可能用体积不大的水晶、金刚石雕刻出来的。

4. 海马蹄印孔洞是插立木的基础？

在抚仙湖的众多传说中，关于海马的传说最为离奇。据说这种海马可以在湖面上奔跑如飞，经常在晨雾中出现，雾散后潜入水中，这在古县志中多有记载。抚仙湖水位很低的时候，在很浅的地方露出的石板上，人们可以看到直径在8～15厘米的孔洞，形状酷似马蹄印。在水下建筑上，也发现很多类似的孔洞，有些内部边缘还有石钉。最早的发现者耿卫一度认为这些孔是用来连接石板的，后来却发现这些圆孔插上木桩，再用绳子连接起来，会形成一个规则的长方形。

考古学家通过研究古滇文明的青铜器图案发现，古滇人的建筑主要是以杆栏式建筑为主。这种杆栏式建筑是先用竹木搭成房架，底层悬空，再修墙而形成的建筑。耿卫认为，利用石板孔插木形成的长方形，完全符合杆栏式建筑的基础。他由此推断，所谓海马的蹄印就是杆栏式建筑用于插立木的基础，抚仙湖水下古迹一定与古滇文明有着更直接的联系。

5. 水下古迹比古埃及金字塔更先进？

抚仙湖的巨型水下建筑堪与古埃及的金字塔相比，但是水下金字塔的石块上多了些图案和符号。从这点来看，水下金字塔比埃及金字塔更加先进。因为埃及的金字塔只是将石块垒叠起来，而抚仙湖的水下建筑则通过不同的图案和符号进行装饰。

神秘古城大猜想

猜想一：水下古建筑群是祭祀场所？

潜水员在不同的石块上发现的类似 01 的符号，以及七个规则排列的石孔和一张人面图案，专家推断可能与祭祀有关。

七个排列规则的圆孔，并不是都刻在一块条石上。五个孔呈弧形排列在一条厚重的石块上，附近一石块上还有 2 个孔。潜水员用手指触摸发现它们内壁光滑，每个直径约 3～4 厘米，深 2～3 厘米，孔的间距差不多。李昆声教授认为，圆孔整齐而有规则，如果两个石块为一个整体，就可以从祭祀方面推测，也许代表了某种星象，如北斗七星。

对于形状类似人面的图案。李昆声教授认为，这张人脸的眼睛鼻子嘴巴较为清晰，眼睛是细长的，大概 50～60 厘米；鼻子微微凹入，嘴巴长扁，牙齿似乎呈锯齿状。专家认为，该图案与汉代时期的青铜器上的图案类似，有点像祭祀时所戴的面具。另外，无论从艺术和思维的规律来看，越早年代刻画的图案越写实，越晚的越抽象，这也说明水下建筑年代更为久远。

如果说，水下古城就是古滇王国，那么，在云南晋宁石寨山出土的大量古滇国时期的青铜上的装饰图案也印证了水下古建筑群是祭祀场所。这些青铜扣饰（一种青铜质地的圆形小饰品）上都有台阶式建筑的图案，有的上面还有用于祭祀的杆栏式建筑图案，表明祭祀活动在古滇人的生活中已经相当重要，那些高大的台阶式建筑可能就是古滇人祭祀活动的遗存。

更令人称奇的是，刻画在一些青铜扣饰上的环形台阶式建筑图案，几乎与水下发现的圆形建筑形式一模一样。青铜器上的环形台阶式建筑分上下两层，第一层有十余人，第二层有三四个人，坐在台阶上观看斗牛或者其他表演。有专家认为，水下圆形建筑就是扣饰图案描绘的原型。也有专家认为，圆形建筑是娱乐设施或体育场，但是，如果是舞台建筑，则过于奢华，在当时的社会条件下是不是能具备如此条件呢？那水下古建筑群到底是作何用？是祭祀，是娱乐？现在我们也只是猜想。

猜想二：水下遗址是中东文明延伸？

让我们想象一下水下的这座古城。一座石头城，有厚重宽阔的石头城墙，有类似于玛雅金字塔的建筑，甚至有圆形建筑形如竞技场。另外，青石板上还刻有神秘的符号和人面。当你面前出现这些形象，你感觉这座城市的文明类型是属于中国文明吗？有专家认为这是中东文明在中国的延伸。

在中国历史上，秦时的疆域已经到达越南，如果境内当时存在这样一种文明，史册似乎应该有所载；而在秦以前的商周之时，巴、蜀已与中央王朝有了来往，而且现在有了三星堆与金沙遗址，可知抚仙湖的建筑绝非巴蜀样式。

也有人推断，此城的文明在 4000 年前出现，如果假定这是真的，商朝有着辉煌的青铜文明，但它诞生于 3500 年以前，也就是说这个文明是早于商朝在中国建立。

那它是怎么来的呢？为了找到这个答案，现在要把眼光放到全球，5500 年前到 5000 年前左右，中东的两河流域和非洲尼罗河流域相继出现了古美索不达米亚文明和古埃及文明,以及稍晚的克里特岛米诺斯文明(4500年前)、印度河文明(4500年前)。从世界地图上可以看到这些文明存在的位置,你会发现,抚仙湖水下古城是中东文明向东方延伸的最后一块根据地。

但是,一座城市不可能孤立地存在于陌生的环境中,应该有着在当时看来较密集的人口,他们应属于同一个种族。他们或许迁徙而来,或许土生土长,谜底能否揭开,很大程度上取决于能否发现这些人所使用的文字。

后面的历史比较好推测,抚仙湖文明在繁荣的某一天,突然沉入湖底(抑或地质变动河流汇聚成湖,此地不再适合居住,人们迁徙他处,这样的可能性小一些),城市葬身湖底,文明随之消失,但是它或许曾经影响到了古蜀文明。也许,传说中的亚特兰蒂斯真的存在,也许一些文字只是藏在一个安静的角落等待人们去发现。

猜想三:水下遗址是外星人基地?

2.4平方公里的水下古迹比汉朝的国都还要大,为什么没有人发现,甚至历史文献记载中只字不提?如此规模庞大的建筑群是怎样神秘地一直隐藏到它沉入水中还无人知晓?另外,17日发现的类似面具的怪异图案又代表了什么意思?扁平的脸部和锯齿状的牙齿并不是人类的基本特征,难道是来自外星的产物?难道水下古迹也是外星人所为?难道它是外星人的基地?

千岛湖——水下沉睡的生活

千岛湖是两江一湖(富春江、新安江、千岛湖)国家级重点风景名胜区的主要组成部分。它地处长江三角洲的腹地,是上海经济区和我国东南一流风景旅游城市杭州的后花园。

千岛湖距杭州129公里,距黄山140公里,是镶嵌在杭州——千岛湖——黄山名城、名水、名山这条黄金旅游线上的一颗灿烂的明珠,它与西湖、黄山、太湖、金华双龙洞、武夷山等国家级风景区构成了一个有机的旅游网络。千岛湖处于这一网络的中心部位,从上海、江苏、安徽、江西、福建等地区来都很方便。

千岛湖与桐庐瑶林仙境、严子陵钓台,建德大慈岩,兰溪诸葛八卦村,龙游石窟,安徽西递、宏村等景点联成一体,吸引众多的游客。千岛湖所在的淳安县北接临安县,南接常山县,西南与开化县、衢州市为邻,东南与桐庐和建德二县市接壤,西北与安徽省交界。

千岛湖

千岛湖天晴时能见度最高达12米,水质达到国家I类地面水标准,正常湖区高水位 108 米,库容量为 178.4 亿立方米,相当于 3184 个西湖的容量。湖水水位落差很大,最深处达 100 米,平均深度 34 米。

当人们流连于千岛湖美丽的湖光山色之际,却很少有人知道在这碧波荡漾的湖水下面,淹没着两座古老的城市。而且仅仅在几十年以前,这两座城池还充满着生机……

水漫狮城

20 世纪 50 年代,出于社会发展的需要,国家决定在今浙江省淳安县境内修建新安江水库,中国第一个自行设计、自制设备的大型水电站——新安江水电站即将蓄水拦坝。

1959 年 9 月 21 日,新安江截流,库区开始蓄水;1960 年初,库区内的原遂安县县城狮城和淳安县原县城贺城这两座历经 1800 年沧桑变迁的浙西重镇,悄然沉入湖底,成为水下古城。随之沉入的还有两个县的 27 个乡镇和 30 万亩良田、数千间民房。库区内 1030 个小山头因此而成了岛,构成了今天的千岛湖。

淳安县档案馆保存的一本《淳安县志》中这样描述当年的移民情况:1959 年,大坝导流底孔被堵,水位回升,淳城、茶园、港口等镇被淹;1960 年 4 月,水位上涨至 68.38 米,待迁移民 4317 户,17855 人被迫提前退出;1973 年,水位暴涨至 102 米;1980 年,水位上升至 108 米,淹没淳安县私有房 156337.5 间,其中砖瓦楼房 46596.5 间,遂安共淹没私房 89068.5 间,其中楼房 32527 间,淹没春秋战国遗址 6 处,约 80470 平方米,牌坊 265 座,其中明代庙宇 3 座,石桥 184 座。至此,新安江河段中海拔 108 米以下地段均沦为水域,共有 29 万人搬离迁出。

狮城和贺城这两座古城的历史可以追溯到汉唐时代。在近代,作为徽商出海的必经之地,淳安有着繁荣的商业。狮城能工巧匠无数,据当地老人回忆,当时城内城外,随处可见巧夺天工的建筑。此地自古以来兴师重教,书院众多。历史上仅进士就出过 308 名。明著名清官海瑞任淳安知县四年;李白、范仲淹等也曾到过淳安,留下许多名篇佳作和文物古迹。

几十年来,这片古老的建筑群静静地沉睡在几十米深的水里,似乎已经被历史遗忘。关于这两座古城的传说有很多,可是找遍了当地的图书馆和档案馆,如今却连一张记录古城原貌的照片也找不到。

国际考古界把水下遗迹,包括沉船和建筑物,称为时间胶囊。它们就如同一个个密封的时间容器,把久远的历史凝固在一个点中。由于水中没有风暴的侵蚀和烈日的暴晒,也少有人类的侵扰,因此建筑物在水里往往能够保持相对稳定的状态。

但是,随着时间的推移,经过多年浸泡,古城建筑城砖之间的黏合剂已经松软,建筑的墙体变得十分脆弱,面临倒塌的危险。另一方面,水下建筑遭到人为破坏的痕迹也很明显。由于水位变化,水下建筑容易遭到航运的威胁。此外,潜水员还陆续发现很多古建筑已遭捕鱼业的破坏,特别是千岛湖的巨网捕鱼更是对古城建筑造成了很大破坏。从水下摄像队传回的图像可以看到,许多房屋四周都有被渔网缠绕的痕迹,并且部分墙体已经顺着渔网拖拽的方向倒塌了。

千岛湖水下古建筑群是目前探明的少见的一座水下古城,一直备受有关专家的关注。他们认为,对狮城的全面勘察,将有助于进一步完善水下文物保护的理论与技术。保护古城除了在水面限制行船和捕鱼外,还应重点加强水下的保护,因此摆在狮城考古工作者面前最紧迫的任务,就是如何完整地将水底现存的遗址作详尽的记录。

或许,随着千岛湖水下考古工作的推进,人们丢失多年的对于古城的记忆将被慢慢寻找回来⋯⋯

一种生活的样貌

时光流转,直到40多年后的2001年9月,历史在这里定格。

2001年7月,受千岛湖旅游管理局的委托,北京龙源潜水俱乐部的潜水队员王建国和刘进勇准备下潜到千岛湖中去寻觅水下古城。他们两人也是时隔40多年后第一次近距离接触水下古城的人。

他们将首要目标锁定在原遂安县城——狮城。因为狮城处于新安江的支流上,其水位大概有30多米,容易下潜。而位于主干道上的贺城的水位却有70多米。下潜30米其实是一件很困难的事情,因为每潜入水底10米就会增加一个大气压。更困难的是,要在一个数十平方公里、没有任何参照物的水面下寻找古城,难度非常大。为此,两人先后五次下水,每次都在三四十米深的水中寻找3个多小时,却一直没有见到料想中的遂安古城。后来,他们的寻觅范围一次次扩大。

功夫不负有心人。2001年9月17日,当潜水员们第六次潜入水时,在视线所及的两三米开外,一堵用碎石垒成的残垣断壁出现在他们的视线中——熟睡的水下古城!

他们沿着残墙往前寻去,借助潜水灯光,不远处一堵保存完好、用巨型条石筑成的城墙兀然耸立! 回忆起当时双手触摸着古老城墙的景象,王建国至今仍十分激动。他说,当时感觉一股热血顿时充满了他的全身!

借着微弱的手电光,掩映在水下30米深处的古城一点一点地显露了出来,呈梯形的城墙宽约10米,而拂去墙上的淤泥,城墙上平滑整齐的条石缝里,当年抹上的石灰依旧保持完好。再往前,一座气势宏伟的拱形城门也完整无缺地耸立在水中,慢慢推开掩着的木质城门,上面的铁钉清晰可见。整个城门没有丝毫破损的样子,城门有2.5米~3米高,辕门上的石头仍能清晰地辨出字样。

穿过拱形城门,在城墙内一大片民宅露了出来,窗棂完整无缺,徽派建筑木门前的木质雕刻依旧完好,仍能看见当年精巧的工艺。而有的房屋甚至还保持着关门的状态,仿佛小屋仍在静静地等候着外出的主人回家。在部分已经破损的民宅内,他们还发现了宅子当年的主人双脚踏过的木地板,被磨损的痕迹都还依稀可见。在厨房里还有木质的橱柜和陶瓷碗。大院里,三三两两的石凳、石椅依旧摆着,似乎主人赏月之后刚刚就寝⋯⋯一切就好像多年之前一样。

当潜水员们正准备上浮时，突然发现下面有一团黑黑的东西，好像有一个洞。抑制不住好奇，刘进勇顺着黑洞下去了，哇！他竟然进入了一个四合院，而那黑洞便是四合院的天井。在水下沉没了40多年的院落在手电光的照射下显得异常的寂静和从容。一切都好像熟睡了一样，让人不忍心去打扰。

离开时，潜水员随手拿起湖底的一片瓦，只见上面赫然雕刻着光绪十五年制的字样。在城墙的顶部，两人还发现了一块明代石碑，上面写着明万历××年，太守×××字样。

在王建国等人后来多次进行的水下探测中发现，水下狮城遗址处在千岛湖风景区茅头尖水域，距千岛湖镇（即排岭镇）约40公里。而从水下拍摄录像可以确认，按水库99米高程水位，古城现处于水下约25米深处，水温常年保持在20℃左右，四周城墙大部分保持完好，城墙用条石和城砖砌成，表面平整、光滑，已发现的3个城门相当完整，其中西城门半扇门仍可以开合，城内部分民房木梁、楼梯、砖墙依然立着，没有腐烂，有的大宅院围墙完好无损，房内家具照旧摆放着，雕梁画栋，保存较完好。

40多年了，水下古城为何保存如此完好？千岛湖旅游管理局副局长陈斌解释认为，由于新安江水电站大坝提前截流蓄水后，水位上升快，作为当时遂安县城的狮城很快被水淹没，许多文物古迹来不及搬迁、抢救，同时也来不及彻底清库。另外，当时运输条件差，主要依靠人力运送，规定迁移路程200公里以内的，全部步行，移民物资由库外社员挑送。200公里以外的由汽车运送，但汽车少，运力小，运出去的东西非常少。而更主要的是，由于千岛湖湖水的蓄积是一个极其柔缓的过程，水流没有对房屋造成冲击和破坏，加上水底温度常年保持在20℃，湖水对房屋的腐蚀极小。

一座城池的面容

水下古城再次出现在人们的视野中，那段丢失的记忆在人们的热议之中逐渐清晰起来。

当年居住在贺城的老淳安、现已70多岁的余年春老人曾向考古专家出示了一幅手绘地图——他通过走访500多名贺城原住民后绘制的地图。在这幅手工绘制的贺城地形图上，街道林立、市场众多，各家门牌居然都十分翔实。而据余老介绍，作为当年安徽出海的门户，同时也是徽商出门做生意的主要通道，狮城与贺城都非常繁荣，在沿线享有极高的声誉，其境内的徽派建筑更是富丽堂皇，如今的人们根本想象不出原遂安县城狮城和淳安县城贺城是如何壮观。这幅长约2米的地形图也算是古城较为详尽的非官方历史档案吧。

无论是官方还是民间，大家都期盼早日得见水下古城的真实面貌。正是这种急切的心情，加速了千岛湖水下古城的探测和考古的步伐。

由于目前潜水员潜水的深度仅在水下40米左右，而千岛湖最深处达108米，为了能准确地确定古城位置并获得古城的详细数据，淳安县风景旅游局决定用最先进的仪器来对水下古城进行探测。

2002年7月10日，国家海洋局第一海洋研究所高工吴永亭率领的探测队进驻了千岛湖。7月13日，由县府2号游船改造的探测船开进了距千岛湖镇50多公里的茅头尖水域。

曾经多次对水下建筑物和物体进行勘测，吴永亭及他的伙伴有着丰富的水下探测经验。更重要的是，他们拥有世界上最先进的勘测仪器。据吴永亭介绍，在此次古城探测中使用的仪器包括GPS定位系统和OmniSTAR广域差分定位系统、多波束定位系统、HPR410P水下超短基线定位系统、用于测扫声呐的拖鱼定位系统、多波束测量系统（系统测量分辨率为1cm）等世界顶尖级的水下测试系统。

据吴永亭介绍，水下古城探测有着不同于一般海洋工程勘察的特点，对多波束测量而言，要根据古城探测的具体特点采用相应的技术设计和实施方法。狮城内的房屋布局较为密集，特别是南方地区的古城，人们选择居住的地方时，特别讲究风水，但对房屋的走向不是很重视，因此将多波束测量测线设计进行交叉测线布设。同时，考虑到千岛湖区没有标定方位的大码头，按常规电罗经校准方法难以校准，遂决定船只尽量沿直线航行，航速以中速为宜，同时记录GPS的方位（船的航向）和电罗经的方位值，用GPS的方位校准电罗经。

7月15日，探测工作结束。专家们随后对声呐测试所收集到的数据进行处理。从中可以明显地发现古城的主要地理要素：

城墙——城墙、城门楼清晰可见。而且精确地计算出了城墙的高度。最后计算狮城的面积约为0.432平方公里，城墙长度为2.57公里，与历史记载资料完全符合。而部分倒塌的城墙段也较为清楚，但是受城北五狮山的影响，山上的城墙难以辨认。

道路——狮城内的主要道路清晰可见，如东大街、北大街、南大街等主要街道；一些小的弄堂，也能清楚辨认，如武举弄、张家街、直街等。

水系——由于千岛湖区几乎没有水流产生的冲刷或淤积的影响，狮城内外的水系、池塘（湖）保存完好。从多波束影像图上可以清楚地分辨出，南门外的武强溪、城西的文林湖、城北的胜池、从城墙西北穿过流经古城西南部由小西门东流入武强溪的西涧等水系。

其他建筑物——城北的状元台遗址、新安会馆（后为公安局）、育婴堂、方氏宗祠和三圣庙；南大街附近的城隍庙（后为粮食局）、黄氏宗祠和康王庙；大西门（靖武门）内的遂安二中（原东岳庙）、狮城镇小（原台鼎书院）、孔庙、西庙、严公祠、安序堂、制茶厂、姚家祠堂等也清晰可见。另有民宅拆除后剩下的墙壁、南门外横跨武强溪的南门大桥（八孔桥）的7个桥墩等。

同时，还成功地探测到了7座功德牌坊和2座贞节牌坊，分别是东大街的盱江循良坊、禹门三级坊、科甲连登坊、父子传芳坊、柱史坊，文林湖北侧的龙立坊、豸绣坊等7座功德坊，以及儒学大殿前西北侧的2座贞节牌坊。

一种生活的倾诉

借助声呐等设备进行的水下探测基本将狮城的概况摸清,但这仍不能满足人们获知狮城细节的强烈好奇心。而对狮城细节的探知,必须借助潜水人员的水下探摸和拍摄……

1. 明清老街,繁华壮观

经过一个多月连续的水下作业,千岛湖水下古城考察队的一组潜水员顺利到达了目的地——水底狮城的县门前。在通往县门前的路中,潜水员们拍摄的画面给他们展现了一幅明清时期繁华商业街的画卷。

西大街是连接西门和狮城中心县门前的一条主干道,历史上店铺林立、商贾云集。根据前期声呐的探测发现,这里还保留着许多高大的建筑物。这条汇集了明清时期建筑的老街究竟保留得如何呢?

从潜水员和水下机器人拍摄的画面可以看出西大街的轮廓还基本保留着,路宽4到5米,路上铺的是附近茶园镇产的石板,上面覆盖了一层厚厚的淤泥。路两边有着成排的商铺、民居。据史书记载,这条路上曾经聚集了杂货铺、钱庄、饭店,是狮城的商业中心。

由于沉没在水底多年,一些房屋已经倒塌。剩下的大部分建筑只保留了房屋的结构。在靠近县门前的地方,潜水员意外地发现了几幢保存还完好的两层小楼。尽管砖墙、木窗上已经长满了藻类,但整个建筑依然完好。房子的外墙由大块的鹅卵石砌成,房内的木楼梯还立着,在二楼,一些家具还摆放在原来的位置上,潜水员甚至还捡到了一些瓷碗等日用品。房檐上精美的木雕向他们展示了当时工匠精湛的手艺。

2. 静静明城墙

我国现存的古代城墙主要以明清时期的城墙为主,而水下古城的城墙和那些同年代保存至今的城墙有着许多相似的地方。

据史料记载,狮城的城墙,始建于明正德八年(1513)。城墙周长四里又一一六步,并建有五座城楼,先后修理过三次。据当地老居民回忆,城墙高二丈四到二丈五尺左右,分两层,从城墙基脚到城墙层面,用大块青石砌筑,层面宽约六至八尺。

根据潜水员和水下机器人拍摄的画面,并参考了有关史料后,专家确定狮城城墙为明代所建。因为我国各地的明代城墙在构造上都有着一些共性。南京现存的明城墙,和水下古城极其相似,大部分的城墙都先用花岗石或石灰岩的条石做基础,上面再用砖块垒砌内外两壁和顶部,内外壁之间用碎砖、砾石和黄土层层夯实。此外,明代的城墙设计得非常巧妙,一般都建有高耸的城楼,在城墙中建有瓮城,可作为战时的防守之用。在城楼以下还有藏军洞,在战时可供士兵休息和存放军事物资。城墙顶建有石质的泄水槽排出雨水。且明朝以来城墙开始因地制宜,依山傍水建筑,而千岛湖水下古城城墙根据山水而建的蜿蜒走势正是明朝城墙特点的体现。

目前我国古代城墙大都毁坏严重,这次水下古城城墙的发现,为城墙研究领域提供了宝贵的原始资料。

3. 古墓惊影

千岛湖水下古城考察过程中，潜水员在处理一次水下机器人发生的缠绕故障时，意外地在城外西部地区发现了一座古代的墓葬。

在水下古城近期的探摸工作中，水下机器人由于有灵活安全，拍摄能力强的特点，被大量用于水底的拍摄作业。然而，一次在城墙以外下潜到28米深度时，机器人在行进中失去了控制。潜水员下水查看故障时才发现，机器人的电缆线与原来放置在水中的浮标绳索和另一组潜水员带到水中的灯光电缆发生了缠绕。于是潜水员用潜水刀割断尼龙制的浮标绳索，才恢复了机器人的自由行动。

就在这时，潜水员有了意外的发现。就在发生故障的水域附近，有模糊的建筑物的影子。凑近仔细观察后才看清楚，原来这里是一座古代的墓葬。墓葬仍然保存着隆起的圆形土丘。潜水员很快找到了墓葬的石碑，擦去浮泥后，石碑上雕刻着古冢两个字。而石碑的右边写有道光己巳年仲冬的字样，石碑的下半部分被掩埋在淤泥中。

潜水员还看到，墓葬的周围用木材围成了一个圈，墓葬前方石块整齐地垒成了一堵矮墙。

有关专家查阅资料后分析，这个墓葬是经过清代时重修的当地的一个古老的墓葬，而墓葬主人的身份和保存的情况还不得而知。

4. 水下牌坊

水下牌坊的发现是千岛湖考古最重要的发现之一。这是一座保存完整的砖石结构牌坊。

牌坊高约6米，宽约8米，最上端雕刻着"圣旨"两个大字，周围有龙的图案，下面雕刻着各种图案，有鹿、麒麟、彩云、花瓶等。在这些雕刻的下面，又有两个更大的文字雕刻"孝节"。接着又看到一些文字，是关于牌坊主人的。内容是"妫水故儒姚文浚妻王氏"。这座牌坊立于乾隆四十二年（1777）。

据史料记载，水底狮城在淹没之前，城内坐落着大量的牌坊，这些牌坊大都建造在主要街道上或广场的周围。牌坊的种类很多，按材料分有木制、石制、砖制等类型。建造的年代从宋朝一直延续到清朝末年。城中的牌坊有功德牌坊，贞节牌坊，节孝牌坊等，而每个牌坊背后都有一个故事。由于牌坊具有特殊历史研究价值，根据目前的声呐探测和老人的回忆，水下考察下一步的探摸重点将放在状元坊、六世同居坊、科甲连登坊等可能还保存完整的上十座高大精美的牌坊上。

留住惊世的秘密

潜水员在探摸时发现，经过多年的浸泡，以砖木结构为主体的水下建筑已经开始发酥，潜水员在一些建筑中可以轻易地把墙上的砖取下来。而一些砖砌的墙壁，用手竟可以摇动整个墙面。另一方面，水下建筑遭到人为破坏的痕迹明显。由于水位变化，水底建筑容易遭到航运的威胁。

而千岛湖的巨网捕鱼更是对古城建筑造成了破坏。潜水员在水下发现了长达数百米的渔网缠绕着水底的建筑，不少高大建筑物，包括一些牌坊被整排拉倒，考察队的潜水员也曾多次被渔网缠住。如果再不采取措施，剩下的古建筑也将被破坏殆尽。

水下古城大量古建筑受到人为破坏、损坏严重的消息引起了有关部门的重视，保护古城成为迫在眉睫的事。不久，千岛湖水下古城保护区便正式成立了。

保护区位于古城水域的五狮山东南方向，东西长 1000 米，南北宽 900 米，呈长方形走势，覆盖了整个水下古城和城边的一个村落。当地的航管和旅游部门用浮筒定位，浮筒间系上浮标在水面上标出了保护区的范围，浮筒上还设立了警示牌禁止任何船只进入。此外，在保护区内和附近水域都禁止捕鱼作业，过往船只经过时减速行驶。

在设立保护区后，有关部门还将组织专家探讨对水下古城进行进一步的保护和开发。

由国家海洋局第一海洋研究所出具的结论表明：从水下探摸情况来看，千岛湖水下古城遗址文物较多，城墙等建筑保存较完整。此类水下旅游资源在全国乃至世界上也是不多见的，非常有观赏价值，具有独特性、稀有性、神秘性等特点。

淳安县千岛湖旅游局一位局长表示，他们将严格地对古城进行保护，此次探测清楚水底古城的基本情况后，旅游局将会在保护的基础上开发水下古城。目前已有几种开发方式被列入旅游局的考虑范围，其中包括对有潜水资格证的潜水爱好者在工作人员的带领下潜水进入参观和可乘坐载客 38 人的潜水艇入水参观。

到那时，会有更多的游客乘坐潜水艇游弋在古城之间，他们可以透过潜水艇的玻璃窗感受到中国最大规模的水底古城的神秘和美丽……

据说千岛湖即将建造湖底悬浮隧道，届时游人可以借助此隧道徜徉在千岛湖湖水之中，领略千岛湖水底风光及水下古城遗址的风采。此隧道是依据浮力原理来建造，也将是世界第一座水下悬浮隧道。那时，千岛湖又将新增一处奇特的景观，将历史与未来的时空串联起来。

或许到那时，人们看到的不仅是水底古狮城，还有那更深处的水底古贺城遗址，也许它更有另一番魅力吧。

巢湖——追问当年沉水事

巢湖位于安徽省中部，东西长 54.5 公里，南北宽 21 公里，水域面积约 750 平方公里，为我国五大淡水湖之一，沿岸为合肥市、巢湖市、庐江县所包围。巢湖是安徽境内最大的湖泊，湖面积达 700 余平方公里，来水面积有 9130 平方公里，其中山丘区 7.735 平方公里。入湖主要河流有：南淝河、上派河、丰乐河、杭埠河、白石天河、兆河、柘皋河等。

千里江淮，巢湖最美。巢湖之美，不仅在于她的辽阔浩大，更在于她物产丰富，文脉深厚以及遍布两岸的风景名胜。湖中姥山庙有一副绝妙的长联,上联为:"百八里形胜参差,欲盖览绮丽春光,正烟消雨霁,岑楼上洞启疏棂,远黛修容环献媚",下联为:"万千层涛澜汹涌,若别领清幽秋景,迨风息波恬,长夜间徒倚山渚,冰轮跃彩遍浮金",高度地概括了巢湖千古名湖的瑰丽景观。

出巢湖市区,便能望见"气吞吴楚千帆落,影动星河五夜来"的巢湖。巢湖碧波浩渺,水天相连,一望无际。湖面上渔帆点点,渔歌阵阵。如果你看到一座湖岛:远望犹如一只巨大的海龟,漂浮在湖面上;而近观,则好似老妇托腮凝神望子,这就是充满神话色彩的姥山岛。

传说很久以前,巢湖是个盆地,盆地中有一座城池叫巢州。某一天,一位渔人捕捉了一条千斤大鱼,运到城内廉价出售。全城人争相购买食鱼肉,唯独一老妇焦姥和女儿玉姑不食。一老者对焦姥说:"这条鱼是我的儿子,你们母女不食,以后必有厚报。如果你们见到城东的石鱼眼睛变红,那就是这座城将陷落。"果然,不久后一天,焦姥见东门石鱼眼睛变红,她心急如焚,奔走大街小巷呼号,请全城百姓避灾。然后才携女欲行。忽然晴天一声巨响,大雨如注,洪水横流,巢州下陷。焦姥母女被浊浪冲散淹没。正在危急之时,一条白龙急施法术,从湖内长起三座山,将这对母女和焦姥失去的鞋托出水面。后人为颂扬焦姥的德行,又将巢湖取名焦湖,将湖中的山取名姥山、姑山和鞋山。

唐代文学家罗隐过巢湖时,曾有"借问邑人沉水事,已经秦汉几千年"的诗句。

巢湖晨美,夜景更美,姥山月夜更加迷人。若逢清秋三五之夜,一轮明月倒映在波漪微微的湖中,犹如一颗玉珠镶在湖面上,月光、灯光、湖光交相辉映,月影、塔影、云影融成一片,真是"一色湖光万顷秋"的美景夜色。

美景宜人,传说奇妙,也许人们要问:传说中被水淹的古城真的存在吗?所谓传说,只是人们的凭空想象还是有迹可循,漫漫巢湖之下是不是真有那座传说中的巢州古城?

陶片揭开静静的古城

巢湖水下有古城遗址的消息起始于 2001 年的冬天。

那年冬天,安徽省巢湖市文物管理所不断接到文物爱好者的报告:巢湖北岸在冬季水位下降时,河床上露出大量的陶片!

考古人员闻讯后,立即驱车赶到了距巢湖市区十几公里处的居巢区炯炀镇唐咀村,看见在湖滨大道护坡下,约两三百米长的河床上遍地散落着各种陶片。这些陶片,以泥质灰陶和夹砂灰陶为主,同时还有泥质红陶、褐陶、夹砂黑陶,以及一些烧成温度略高的硬陶等,少部分陶器上有印纹,主要有方格纹、席纹、弦纹、绳纹和刻画水波纹。一些泥质灰陶比较精细,胎体很薄,表面有贴塑。

随后考古人员展开大范围的搜寻,很快又发现几口有陶质井栏的废水井,其中一口水井旁还有一棵两人都合抱不过来的古树树根。接下来,他们又找到大批器物,有瓮、盆、缸、罐、坛、釜等生活用品,口沿和底座弧度都比较大。

在同期的调查中,文物管理人员还发现附近许多百姓家中藏有从湖边遗址上捡拾到的文物。这批文物包括陶器、铜器、银器共计260多件,最早的是新石器时代的玉斧、石锛,最晚的是王莽时期的钱币。其中的铜钱品种从战国时楚国的蚁鼻钱,到秦半两和汉半两、汉五铢以及王莽时的大布黄千、大泉五十都有发现;陶器、玉器、银器等遗物也十分完整,这些遗物是其他一些以废墟为特征的遗址上所没有的,历史价值非常高。

1. 三枚印章表明当地曾有高度文明

在巢湖唐咀水下遗址发现的260多件文物中,有三枚分别用玉、银、铜制成的印章,十分引人注目。

玉印是一枚在漆黑乌亮的玉上刻制的双面印,无钮无孔,印面呈正方形,长23毫米,宽22毫米,高8毫米。该印制作精良、章法严谨、笔势圆转、笔画平方正直,却全无板滞之意。印文一面刻慎斋,另一面是用于书简的印章"护封",阳文有边框。

考古人员解释认为,秦统一后,什么身份的人用什么样材质的印章是有规定的,至汉代,这种限制更加严格。玉是帝后印的专用材质,百官印是不能用玉制作的。两汉时期的玉印在古印中是十分珍贵稀少的一类,传世或出土的一些玉印绝大多数是殉葬印,而不是实用印,所以这枚印章十分珍贵。

银印是一枚中有穿孔的两面印,因为有穿孔可以佩戴,所以又叫穿带印,盛行于汉代。该印用刀凿刻而成,正方形,边长12毫米,印台高8毫米,穿孔直径2毫米。两面都是阴文人名辕差,有边框,细字体,一面还有日字界格。笔画略取曲势,刚柔相济,印面丰满庄重,浑厚典雅。由于该印兼在封泥、纸帛上使用,所以两面字体相同但有粗细之分。

铜印为动物图案的肖形印,覆斗钮,上有穿孔可以佩戴。正方形,边长12毫米,高8毫米,穿孔直径1毫米,系采用铸印工艺制作。这枚肖形印细部刻画清晰,层次丰富,但是钤盖在纸上,动物身上的纹饰却一点也看不出来。考古工作者解释,这并非由于纹饰锈蚀的结果,而是因为这些纹饰在制作时就不在同一个平面上,此印是用于封泥上的印章,印在纸上就会显出呆板的轮廓像,但如果印在泥上就会立刻呈现出层次丰富的立体浅浮雕像。

出水文物种类丰富,制作精良,这些都无不表明,这处遗址曾经存在着高度文明。那么这片遗址到底有多大的面积呢?

2. 遥感图像初撩遗址面纱

2003年初,曾参加北京老山汉墓遥感探测工作的安徽师范大学教授、安徽省遥感考古工作站站长王心源博士和巢湖市文物管理所所长、副研究员钱玉春等,经过数次科学勘察和悉心研究,初步确定了巢湖水下确实有座古城遗址,而且可能是中国历史上资料保存最完整、最具考古价值的一座古城遗址。

2007年5月,王心源博士再次到巢湖对唐咀水下遗址现场进行勘察。

这次通过由卫星拍摄的巢湖北山影像图上,可以清楚地看到,沿巢湖东北岸一线的地层像刀切一样整齐。很明显,这里存在一个断层。在影像图中,出水口在这个断层上的柘皋河流程很短,与流域面积极不相称,但如果把它和出水口在巢湖的裕溪河连起来,就形成了一条完整的河流,看上去就正常了。

专家分析,形成这一地貌的主要原因,是由于巢湖东部曾发生过一次地质沉降,使原来陆地降到了水平面以下,地面上的河流被湖水切割成两段。成为现在的两条河流。而这一沉入水下的地区,正是考古人员发现古代遗址的地方。王教授认为,在地质构造运动过程中,发生大面积的地质沉降是可能的,也是一种常见的现象。巢湖水面正好位于郯庐大断裂带上,因此出现这种情况的可能性就更大。

而在清代的地方志记载中,吴赤乌二年(239)7月23日,发生了陷巢州,这次通过遥感图像并运用地质学的原理分析,对陷巢州之说进行了考证。

3. 发现汉代遗址

2008年1月15日,安徽省文物考古研究所专家杨立新、李广宁等来到巢湖唐咀水下遗址。经过认真细致的勘察、考证,确认这是一处汉代遗址,且面积很大,不仅仅在水下,在湖滨大道北侧岸上也有大范围遗址存在。

2008年1月17日,王心源教授和著名秦汉考古专家、安徽师范大学教授裘士京来到巢湖,再一次对唐咀水下遗址现场进行勘察。裘教授也表示,从现场勘察的情况来看,这是一处汉代遗址。

裘教授认为,巢湖地区从历史上看是联系南北的一个通道,而近年来多发现一系列遗址和墓葬,以后类似的发现还会不断出现,最好先做探查,通过小规模的探查来确定遗址的范围和性质,然后再进行有计划的发掘。裘教授还强调,一切都还需要通过发掘才能确定,目前遗址还没有遭到大规模的破坏,如果发掘,肯定会有重大的发现。

而巢湖的发掘最好在枯水期,这是因为,巢湖在全新世干冷期,湖面中心在湖西侧,湖东侧露出的大片陆地正方便人类活动。干冷期后是温湿期,湖水涨起,面积扩大,并可能造成洪灾,或许加上构造的突然变化(如地震),使居住地没于水下。巢湖湖面面积的大小与湖水位的高低直接相关。在1969年巢湖闸建成以前,巢湖与长江直接相通,江水高低决定着湖水的高低。由于巢湖湖底比长江最低水位还要高,因此在冬季枯水期,巢湖几近干涸;而在汛期,长江水涨,作为客水的长江水倒灌入巢,加上流域内主水汇聚,巢湖水涨。巢湖水位在漫长的历史进程中,就在这种涨涨落落中变化着。

据巢湖水文资料显示,巢湖退水期一般从每年9月开始,年内水位变化幅度在1959年以前较大,为6.48米到2.48米之间;1959年巢湖闸建成后,变幅减小,仅在4.92米到1.44米之间。巢湖多年平均水位为8.03米。在巢湖枯水季节,随着水位的不断下降,唐咀水下遗址将逐步浮出水面。据巢湖市文物管理所考古人员最新测量,目前露出水面的遗址东西长600米,南北宽180米,遗址表面散落着大量的古代陶片,对发掘工作极为有利。

4.水下遗址探测首用水下电视

在巢湖唐咀水下遗址考古研究获得首个成果之后,研究人员进一步扩大了对该遗址的勘测范围。2008 年 4 月 16 日,安徽师范大学、安徽省遥感考古工作站和巢湖市文物管理所邀请国内有关专家,再次来到遗址现场,首次对遗址附近水域进行水下探测。在唐咀遗址水下勘测现场,王心源教授介绍说,前一阶段对遗址的勘察仅限于湖边滩地,现在则进一步扩大了探测的范围,对唐咀附近水域约 2 平方公里范围进行水下探测。为此,他们专门邀请了中国科技大学地球物理专业博士生导师席道瑛教授、博士后宛新林及武汉长江水利委员会毛炜、陈永国两位高级工程师共同参加。此次水下探测第一次将长江水利建设使用的 SD-2 型水下电视系统用于水下考古,并在遥感探测的基础上,用 GPS 全球定位系统对水下探测进行定位,确定航线。由于水下探测难度较大,仅发现一些零星的陶片。王教授告诉考古专家,这些零星的陶片表明了遗址在向水下延伸,但遗址的具体范围目前尚不能确定。

5.C-14 测年确定遗址年代

根据遗址上出现的大量汉代陶器残片,以及被掩埋的 10 至 20 厘米厚的生活灰烬层(其中含有动物骨骼),通过对该遗址文化层含碳较高的中间层位 C-14 测年,结合文化层考虑,权威考古专家认为:大约终止在 1800 年前的这个遗址,完全与历史记载的赤乌二年(239)发生的陷巢州年代相吻合。

巢湖水下躺着古居巢国

巢湖水下古遗址的发现,激起了许多专家学者和老百姓的极大兴趣,人们不由得把它与历史上的那个神秘消失的居巢国联系到一起。

历史上的古居巢国是个怎样的国家呢? 这万顷碧波下躺着的果真是那居巢国吗? 古遗址当初是如何沉入巢湖湖底的呢? 这些问题引发了人们极大的关注和疑问。

据专家考证,古居巢国是殷周时期的重要方国之一,《尚书》中有两处记载,《左传》中有九处记载,青铜器《班簋》以及《鄂君启节》的铭文都有记载,但后人根据历史文献研究这一古国的都城时,始终有一些难解之谜,这些谜都和它的神秘消失有关。

首先它的地理位置十分不确切。有人说在巢湖,也有人说在桐城,还有人说在寿县,长期以来,没有确凿的证据能够说明它的准确位置。专家指出,晋朝人杜预所说"庐江六县东有居巢"的六县,应当就是汉章帝改庐江郡为六安县的略称,不是今天的六安市所在,而在今舒城,故庐江六县东有居巢即今舒城东部有居巢城。因此,杜预所指的居巢城不应在今桐城县,也不应在今寿县三义集,而就在今巢湖市的范围。

其次是汉代以前在多部史书里都提到过居巢这一诸侯国,但是在汉代以后和居巢这座城市相关的人和事的记载却很少,这一现象表明了它的社会地位已经大大地下降了,或者是消失了。结合巢城这几年来的考古发掘成果来看,也能够明显地感觉到这一地区文明发展曾被中断过。巢城出土的汉代以前的文物反映出这是一个政治强大,经济繁荣的地区。如北山头战国皇族墓，出土了很多十分珍贵的文物，放王岗汉代吕柯墓曾获全国考古十大发现提名奖。无论是在规格上还是在规模上，在全国范围已出土的同时代墓中都是屈指可数的，但是在汉代以后，高规格的墓葬和遗址几乎没有被发现。

古代巢湖之地是扼守东西、控制南北通道的咽喉，是介于楚、吴等国之间的重要的军事战略要地，向来为兵家所重视。春秋时期，这里又是商贾云集，成为中原南下达闽粤的交通要塞。根据历史记载，古城居巢就是楚怀王经商线上的重要驿站。

那么，历史上的居巢究竟是一个什么等级的城呢？据《左传》记载，定公二年（前509），吴国人包围巢地，攻占了巢城，俘获楚国公子繁。正因为是太后、太子或公主居住之地，或因为巢城战略位置之重要，故巢城城墙在昭公四年（前538）加固一次，在昭公二十四年（前518）又修筑了外城，足以表明楚对该城的重视。所以巢城地位当在伯、侯之间。古居巢城的大小即便按照都城周长5里，一边的长也会在600米左右，墙基厚应在15至20米范围，顶宽当在6米以上，且巢城还有郭。

考古专家指出，在巢湖唐咀水下遗址上，被湖浪冲上来的湖底遗物（如从战国时期蚁鼻钱到秦半两和汉半两、大泉五十等系列钱币）传递了一个重要信息，居巢城的平面布局形态似乎呈西城东郭之城郭并列形式，它先筑有小城（内城），后筑郭，即唐咀水下遗址可以看做是后人对居巢廓再向北、东的外延。居巢城当属重要的地方中心聚落。

对巢湖形成以及居巢国的探索，过去一直都停留在以古籍史料为依据的历史学范畴内，这次偶然的机会使现代考古学介入其中。湖底这一古遗址的发现，从考古学的角度证实了史料记载有关陷巢州的故事的可能性。大量的陶片和古人生活的遗迹，告诉人们在八百里浩瀚的湖面下，有着一段不平凡的历史。当然这一处遗址是否就是历史上的居巢国？湖中还有没有其他遗址存在？它是因水位上涨而淹没的，还是由于地面下沉而陷落的……只有等进行全面系统的科学考古发掘以后才能揭晓。

诸多猜想　众说纷纭

也有一些人并不认可巢湖水下古城遗址为古居巢城，他们纷纷作出别的猜测，其中有人认为它不过就是三国时期一个普通的营寨。

三国时期，为沟通江淮之间的运输，魏国在江北开凿和疏理出了一条运河——巢肥运河。这条运河既是物资运输通道，更是军事要冲。魏、吴交兵，双方水师多在巢肥运河一线进行争夺战。仅《通鉴》记载发生于巢肥运河沿线及其近旁的战役，即达22次之多。巢肥运河的走向，在东关至合肥段，与现今的航道走向基本一致。现在的巢湖正常淹没线以下，仍有一条断断续续的河沟，这正是历史留下的遗迹。这条运河，在三国时比大运河还要重要，到西晋时，仍发挥着沟通江淮交通的重要作用，但到东晋南北朝时期，巢肥运河虽可通航，但已趋向萧条，到隋代开通南北大运河后，巢肥运河更加没落。

唐咀遗址远离丘陵岗地，也远离官道。一向讲究风水的古人，在那里建城是毫无道理的，何况城址处地势反比附近其他地方低。那么现在水下的城郭当年究竟是做什么用的？有关人士以为，这里就是曹魏水军的军事据点，并且是永久性营寨。

三国时期，生产力水平仍很低，一般的城池与作战用的临时城池并没有本质的区别，无非是有着城墙、壕沟、城门楼这样的标志性建筑，不像现在这样有那么多的基础设施。这座营寨的存在，自然会带来当地民间贸易的一度繁荣，因此现在湖内出现一些陶质器皿并不奇怪。至于附近村民家里出现的更早期文物，则与这座城池关系不大。

那么这座古城池是如何陷入巢湖的呢？有关专家通过史籍查考，认为水下古城的形成，很可能与诸葛恪当年在东关修建的东兴堤有关。

诸葛恪是诸葛亮的侄子，诸葛瑾之子，东吴名臣，曾任太子太傅。他深通兵法，尤其擅长于利用各种地形条件防御和打击敌人。据《三国志》记载，黄龙二年（230），诸葛恪在现巢湖市东南 20 公里左右的东关兴建东兴堤，以遏湖水。建兴元年（252）再次会众于东兴，更作大堤，左右结山筑两城，魏军以七万人之众救其诸军作浮桥渡，陈于堤上，分兵攻两城，诸葛恪以四万兵力从容应战，大获全胜，振旅而归，被加封为阳都侯。

清代地方志记载，吴赤乌二年（239）7 月 23 日，发生了陷巢州。诸葛恪两次筑堤的时间正好把所谓陷巢州的时间夹在中间。巢湖水进入长江，或江水倒灌，东关是必经之地。东关即濡须口，亦谓之栅江口。左岸有濡须山，右岸七宝山，两山相对，中为石梁相连，相传是大禹治水时疏通的。诸葛恪筑的堤是封堵式的，就是将裕溪河拦腰截断，长江水不能入，内水也不能出。由于巢湖湖体范围较大，截断了东关口后，当年如果是枯水年份，并不一定产生严重后果。但当遇到内水较大的年份时，遏湖水的目的就达到了，必然出现水漫巢州的情形。农历七月，正是内水滋生季节，将高程只有不足 8 米的湖漫滩全部淹没，这是必然的结果。

另外，《三国志》中描述魏国出兵的理由是吴军入其疆土，耻于受侮。本来濡须口是两国交界、双方多次争夺的地点，诸葛恪筑堤并不算是进入了魏国，魏国却发了重兵，一定是这座堤坝对魏国构成了严重的威胁。

巢湖水下有古城的事实引发了人们的无穷猜想，但答案终究只有一个。希望在不久的将来，巢湖水下古城的神秘面纱能被考古专家们轻轻揭去。

固城湖——水下古街水上影像

固城湖，总面积为 30.9 平方公里，是江苏省高淳县的一个内湖，因湖滨古固城而得名，又称小南湖，大体呈三角形，湖东有花山、九龙山依衬，西有永丰圩、相国圩拱卫，湖水清澈，碧波荡漾，湖岸风光旖旎。湖的前身原为海滨的一个泻湖，可在湖之东岩和花山一带的石灰岩上发现和采集到当时的珊瑚化石，史称丹阳大泽。后经江河泥沙长年累月的冲积，出现了一处处的湖滩；再经历代人们的围垦，便将大泽分割成了丹阳、石臼、固城三湖。其中唯有固城湖为高淳一县所拥有的湖泊，现存面积约 30 多平方公里，水质清纯，盛产鱼虾、螃蟹、菱角。

固城烟雨历来为高淳胜景，吸引了历代文人墨客为之颂咏，唐代新罗国（今韩国）著名学者诗人崔致远曾专程到此游览，下榻在湖畔的招贤驿馆，而南宋时著名诗人范成大也曾泛舟于此湖，且留有不少诗篇。

相传固城湖水下有古街遗址，民间传说加上志书记载，众说纷纭，千百年来成为一个历史谜团。

沧海桑田固城湖

固城湖得名于春秋时代，那时，诸国争霸、战争不断，高淳处在吴头楚尾之地，乃军事要冲。

吴王余祭七年（前541），吴国为扩展军事势力，在北靠游山、南倚秀山、西临濑水的咽喉要道筑起了一座进可攻、退可守的城池。城周长七里三百三十步（古代三百六十步为一里），墙高一丈五尺，由于建造坚固，命为固城，并设濑渚邑（濑渚，意为急速水流中的小块陆地，这是高淳最早的名称），濑水遂名固城湖。不久，楚国占领了固城，楚平王看到这里依山傍水、风景秀丽，就建起了豪华行宫，俗称楚王城。

吴王阖闾九年（前506），伍员（字子胥）率军伐楚，为攻克楚国郢都，先取固城，将其焚为废墟。又在固城湖东开凿了我国历史上最早的一条人工运河——胥河。此河东连溧阳、宜兴，抵太湖；西接固城湖、水阳江，入长江。据清光绪《高淳县志》载，"胥河……吴阖闾伐楚，使伍员为行人，凿此运饷。"因河是伍子胥组织开挖的，故名胥河。

据志书载，早在秦、汉时，固城湖边就开始垦田种粮。东汉末年，三国鼎立，高淳属东吴要地。因此，周瑜早年就把大军屯集在固城湖，操练水师，垦田戍边，并把家眷接来这里。现在固城湖西的砖墙乡，俗称周城，由此得名。

唐末，藩镇割据，天下大乱。大顺二年（891），淮南节度使孙儒举兵渡江，将卢州刺史杨行密围困于固城湖南的宣州（今安徽宣城）。杨部将台蒙从太湖率船队逆流而上，兵入固城湖，连破水营50余座，攻杀孙儒，解宣州之围。后来杨行密受唐封为吴王。

北宋政和五年（1115），宋徽宗命蔡京征集建康、上元、江宁、句容、溧水五邑民工在固城湖西围湖造田，筑成900余顷的大圩，名永丰圩。其后，又筑大小圩围数十座，从东到西连成一片，沿湖北边圩堤筑成一道直线，圩民聚居两旁，长达数里，并从花山开采青灰条石铺成一字形街道。其时，一字街店铺林立、居民云集，水陆交通方便、来往商旅不绝，成为苏皖交界重要集镇——高淳镇。

南宋绍兴三十一年（1161），诗人范成大从宣州探望远嫁的妹妹，途经高淳，曾作《高淳道中》云："路入高淳麦更深，草泥沾润马侵侵。……一箪定属前村店，衮衮炊烟起竹林。"

明洪武二十五年（1392），朱元璋为解决京师漕运，下令疏浚胥河，并在固城湖东建石闸启闭，命名广通镇，又名东坝，使苏浙粮运自东坝入京师。次年，朱元璋又令崇山侯李新在溧水凿胭脂河，沟通南京与江南水系。

明永乐元年（1403），为免除江、浙水患，东坝改筑土坝挡洪，固城湖与苏南航运中断。有苏州民谣曰："固城湖边东坝倒，北寺塔上飘稻草。"意思是东坝一倒，固城湖及上游洪水即倾泻而下，会淹没苏州城内的北寺塔，而此塔为苏州城内最高点。由此可见固城湖水位之高。

明正德五年（1510）高淳发大水。为保下游苏、锡、常地区，正德七年（1512）朝廷下令增高东坝三丈，使三湖（固城湖、石臼湖、丹阳湖）之水不复东流，固城湖水位抬高，高淳沉田十万余亩，固城一字街从此沉没于湖中。

水下古街，孰真孰假

明代，高淳凤山进士、官至户部屯田主事、浙江衢州知府韩邦宪，于嘉靖三十六年（1557）作《文通镇坝考》，对胥河、东坝作历史考证。文中提到，秦汉以前，"高淳……垦湖田为业。宋时烟火最甚，今冬春水涸时，湖中往往见砖石井冢，盖旧民居云。"可见其时已发现湖中街市遗址。

固城湖边有个楚王庙，相传楚平王在固城建行宫后，兴修水利、鼓励农桑、减轻徭税、造福人民，当地建庙祭祀，以示纪念。庙前并列着两个水塘，一个水清如玉，一个水浑似汤，泾渭分明，令人称奇。两塘至今仍在，面积各有 30 多平方米，深约 2 米。当地人认为，两塘之水源于固城湖水下古街的两口水井泉眼，清水经层层过滤，浑水是直涌地面，不知真否？

据湖边双塔乡驼二村渔民李代龙、李代虎兄弟俩回忆，听老辈人说，固城湖底有古时候的一字街。上世纪五六十年代，他们在红沙嘴一带打鱼，风平浪静、湖水清澈时，可看见湖底条石、砖墙、瓦块，有人还打捞到酒壶、饭缶等。

《话说高淳》（高淳县地方志编委会编，1996 年 11 月版）一书中也提到，1988 年，原双塔乡在加固永联圩时，从固城湖东北岸的淤泥中，发现不少房梁、碗片、坛、罐等。

志书记载和民间传说都认为：固城湖底有古街遗址。这个历史之谜，尚待专家水下考古发掘，还其真实面貌。若哪一天美丽的固城湖掀开神秘面纱，将会给世人带来惊喜。

周瑜湖上大练兵

不少文章在介绍南京玄武湖时都会提到东吴大将周瑜，据传当年周瑜曾在玄武湖上操练东吴水师。不过，在高淳文化局工作多年的苏洪泉老先生却提出：周瑜不可能在玄武湖上练兵，其当年练兵之地应在固城湖上。

苏洪泉告诉考古专家，虽然今日固城湖面积约 30 平方公里，但当年的湖水面积却是现在的三倍。东汉末年，高淳属东吴要地，西有石臼湖达芜湖进长江，形同弓背；东有固城湖连胥河通太湖，势如弓弦。兵屯强弓，北可拒曹操，西可防刘备。因此，周瑜早年把大军集结在高淳固城湖，水师屯兵造田防御强敌，实为军事上策。

周瑜在固城湖上屯田练兵，在清桐城派创始人、内阁学士兼礼部侍郎方苞的《三元观记》中曾有记载，"汉末吴将周瑜驻屯于此。瑜殁，权立观，以褒其功。"而三元观地址便在固城湖边上的阳江镇。清光绪《高淳县志》、1988年《高淳县志》对此都有记载。

对于坊间流传的玄武湖上周瑜操练水师的说法，玄武湖史专家李源先生认为，首先史籍中无记载；其次周瑜在赤壁大战前是在江西鄱阳湖；再者东吴时玄武湖已经用于水利方面，其水量根本不可能训练水师。而固城湖在古代面积很大，并且通长江，水位深，应是周瑜首选。

如今，固城湖边上早修起了草坪，草很高很密，踏上去犹如软绵绵的地毯。沿着小路往下走，一条狭长的小道伸向水面，宛如通向湖心的栈桥。站在小道上，远处的湖心岛在水雾中若隐若现。一艘渔船悠悠地摇进湖心岛中央，又从另一侧摇出，悠闲宁静。早已无处可寻当年水师操练的场景了，那舳舻千里、旌旗蔽空的盛景也只能是在想象中回忆了。

喀纳斯湖——因水怪而神秘美丽

喀纳斯湖位于新疆维吾尔自治区布尔津县境北部，距离县城150公里，是一个坐落于阿尔泰深山密林中的高山湖泊（喀纳斯为蒙古语，意思是神秘而美丽的湖）。整座湖面积约为45.73平方公里，湖面海拔高度为1374米，南北长24公里，平均宽约1.9公里，湖水最深188.5米。

喀纳斯湖比新疆著名的博格达天池面积大12倍以上，是我国境内已知最深的高山湖泊。喀纳斯还是当今世界已知湖泊中，发现水怪的大湖之一。

喀纳斯地区属国家级自然保护区，保护区总面积为5588平方公里，海拔高度变化在1300～4374米之间。阿勒泰山的最高峰——友谊峰（海拔4370米），就屹立在保护区东北部的中俄蒙三国边境上。

喀纳斯湖

这里是我国唯一的南西伯利亚区系动植物分布区，生长有西伯利亚区系的落叶松、红松、云杉、冷杉等珍贵树种和众多的桦树，已知有83科298属798种。同时还有兽类39种，鸟类117种，两栖爬行类动物4种，湖中鱼类7种，昆虫类300多种。许多种类的花木鸟兽在全疆乃至全国都是绝无仅有的。

湖四周森林茂密，繁花似锦、绿草如茵，湖中小岛景色秀丽，湖进水处巨石抵中流，激浪拍巨石，玉珠飞溅。风静波平时湖水似一池翡翠，随着天气的变化又更换着不同的色调，自晨至暮也变换着风采。每当烟云缭绕，雪峰、春山若隐若现，恍若隔世。七八月份雨后清晨登上湖南端的骆驼峰则可观赏到佛光奇景。

湖的泄水口有座木桥飞架东西，站在桥上向北望去是一平如镜的卧龙湾，向南是奔腾咆哮的喀纳斯河。从卧龙湾沿喀纳斯河北上约1公里，便会看到在峡谷中有一处蓝色月牙形的湖湾，那就是月亮湾。美丽静谧的月亮湾是喀纳斯的标志景点。它会随喀纳斯湖水变化而变化，仿佛是镶在喀纳斯河的一颗明珠。

1994年，一位联合国官员来此考察后认为：喀纳斯是当今地球上最后一个没有被开发利用的景观资源，开发它的价值在于重现人类过去那无比美好的栖身地……

图瓦人的水怪传说

喀纳斯湖有几大奇观，一是千米枯木长堤，这是喀纳斯湖中的浮木被强劲的谷风吹着逆水上漂，在湖上游堆聚而成的；二是雨过天晴时才有的奇景——喀纳斯云海佛光；三是神秘的水怪传说，据说湖中有巨型水怪，常常将在湖边饮水的马匹拖入水中。

喀纳斯水怪的传说由来已久。

最早关于喀纳斯水怪的传说，来自于一个居住在喀纳斯湖南部密林深处的古老部落——图瓦人，他们自称是成吉思汗的后裔，使用一种类似古突厥语的语言。

在一份图瓦人关于水怪传说的文字资料上写着，喀纳斯湖中有巨大的怪兽，能吞云吐雾，常常吞噬岸边的牛羊马匹，"水怪"甚至能吞食整头牛。但"水怪"到底长得是什么样子，谁也说不清楚。他们的前辈还有捕捉"水怪"的经历，但去捕捉"水怪"的人最终都消失在了"水怪"经常出没的地方。所以至今图瓦人不在湖中打鱼，不在湖边放牧。

68岁的图瓦老人叶尔德西说他的爷爷见过水怪。提起水怪，老人的神情很敬畏。在叶尔德西小时候，有一次爷爷到湖边去放马，突然看到湖面上冒起了巨大的水花，接着一个大约15米到20米的怪物从水下冒出了头，马吓得嘶叫一声掉头就跑，而爷爷则吓得木立在一边。

由于时间过去很久，叶尔德西老人已记不清当时惊慌失措的爷爷是怎么形容那个怪物的了。但他还记得由于怪物的不断出现，图瓦人渐渐不敢到湖边放牧了。

图瓦人传说中的巨大"水怪"真的存在吗？而"水怪"又是什么样子的？这是一个至今未解的谜……

奇异见闻话水怪

喀纳斯湖呈月牙形，人们习惯把湖区划分为一道湾、二道湾、三道湾和四道湾，湖的最北端又叫湖头，这是一个人迹罕至的地方。

喀纳斯管理局的护林员金刚，是水怪的目击者之一。25年前的8月1日那天，金刚到湖头的林区去巡视，当时他把船拴在岸边，从山上下来的时候，突然看到整个喀纳斯湖中间有一个巨大的红色物体漂浮着，长度约有十五六米长。这是他第一次在喀纳斯湖里看到如此大的漂浮物，并发现漂浮物正在缓慢的移动。奇怪的是，当第二天再来观察时，那个物体却已经消失得无影无踪。

金刚看到的物体会不会是枯木？因为在喀纳斯湖上游的湖头部分经常会堆积一些枯木，并漂有一些动物的尸骨，在这里会造成巨大漂浮物的景象。但是，为什么那些枯木没有顺流而下,反倒沉积在上游呢?如果不是水怪的话那又会早什么呢?

两年后的秋天,金刚在骑马巡山时,再一次看见湖的中间出现了那个似曾相识的奇怪的不明物体。然而当他把这件事告诉当地的一个图瓦老人后,却遭到了严厉的训斥,那个老人似乎对水中的怪物早有所知,他叮嘱金刚不要外传。这让金刚十分意外和迷惑,这个老人似乎在刻意地隐瞒着什么秘密。

看来,大家早就知道湖水里面存在一些神秘的东西。而且,当地流传的许多关于水怪的传说也并不完全是空穴来风。难怪,在风平浪静的湖面上,没有一条船,但是会经常奇怪地突然出现大浪。

喀纳斯景区的驾驶员童保明已在喀纳斯湖上开了7年的船。以前,他也听说过水怪的传闻,但他始终不相信。2003年9月27日下午,喀纳斯地区发生地震,喀纳斯水怪在地震前跃出了水面,当时正开船经过的童保明亲眼目睹了那个庞然大物。

2003年9月27日下午,童保明像往常一样开着一艘敞篷船去接在喀纳斯湖上游工作的同事回下游的营地。大约7点钟左右,童保明和同事到达了喀纳斯湖三道湾附近的水面。当时,天阴着,还飘着一点小雪花,湖面比较平静。当他们到达三道湾的时候,突然听见前方轰的一声巨响,他们抬头一看,大约在船前方200米的地方,一股10多米高的水柱冒了起来,水柱中还有一根黑糊糊的东西。他们害怕极了,马上调转船头,向岸边开去。

喀纳斯派出所的赛力克当时也在那艘船上。他们看见那黑色水柱中的东西,有一头大肚子牛那么粗。但感觉它没有完全出来,因为水下还有一大块阴影。它大约在水面上停留了几秒钟,然后又直着下去了。这会不会是水怪跃出了水面呢?

2005年6月7日19时50分左右,来自北京的几名游客正乘坐游艇观赏喀纳斯湖的风光。当游艇行至三道湾附近停船拍照的时候,这些游客突然发现离游船200米左右的水面上激起1米多高的水花。在一阵大浪涌过之后,人们发现,远处的水面下出现了一个巨大的身影,而且这个身影也在快速地向湖心方向游动。过了一会,原本连在一起的不明物体变成了两个,一前一后在水面下潜行。大约两分钟以后,两个不明物体隐身水下,湖面恢复了平静。

只是,我们仍然有许多疑问,那水面下舞动的身影就是传说中的水怪吗?传说的水怪又是什么样呢?它究竟有多大?它会是什么呢?在喀纳斯这个面积并不大的湖泊里面,难道它是世界各地传说中的那种恐龙一样的怪兽?

谜,尽人猜测无人知晓

1.喀纳斯水怪是哲罗鲑?

1985年,新疆维吾尔自治区组织多个机构的专家对喀纳斯进行综合考察,为的是筹备在喀纳斯成立自然保护区,寻找水怪仍然没有写进这次考察的日程安排。但就在这次考察中,专家们却意外地发现喀纳斯湖中的庞然大物!

在这次考察中，最先发现水怪的人是新疆大学生物系向礼陔教授。7 月 20 日，向礼陔教授带领着 20 多名队员登上了喀纳斯湖边海拔 2030 米的骆驼峰，在峰顶新修建的八角亭中可以看见大部分的湖面，该亭子与湖面的垂直距离大约有 660 米。正当他们登高远眺大自然美景时，向礼陔教授突然发现湖面上有些黑红色的东西在移动。他立刻警觉起来，马上拿出望远镜仔细观察。湖面上涌起一阵浪花，浪花下面有一个巨大的影子在游动。在望远镜里，向礼陔隐约看到一条红色的巨兽缓缓游过并迅速消失了。

"啊！大鱼！大鱼！大红鱼！"大家一下子惊叫起来。当时有队员还用照相机拍下了湖面上黑红色的东西；有的队员后来描述说，那些鱼的头宽有 2 米多。

第二天，考察队成员中有人又看见在水下面有几十个东西在动，后来有 100 多个，背是红棕色的。这些大鱼看起来都硕大无比，估计长度在 10 米开外，考察队暂时把看到的东西称作"大红鱼"。

新疆环境保护科学研究所的专家袁国映也参与了这次考察。他也在骆驼峰顶看到了"大红鱼"，还拍了照片。通过望远镜，他清楚地看到了那些大红鱼巨大的嘴和眼睛。第三天，袁国映和同伴们又看到了蓝绿色的湖面上有很多红褐色的圆点，像蝌蚪一样的鱼头，并在湖面上形成很多巨大的影子。其中，有些影子还可以隐约看出鱼的形状。袁国映总共看到大约 60 条左右的大鱼，他认为保守估计鱼的长度一般也在 10 米以上。这些鱼的长度令人惊异。迄今为止人们知道最大的淡水鱼类是产自中国的鳇鲟鱼，它的身长可以达到 7 米左右，体重可以达到一吨。而专家们在喀纳斯看到的大鱼的长度却是鳇鲟鱼的两倍多，几乎可以和海洋中最大的生物鲸鱼相媲美，如果这是真实的，在喀纳斯发现的大鱼绝对称得上是世界淡水鱼之最。

惊人的发现使得队员们简直不敢相信自己的眼睛，为了证明这是真实的，他们决定捕捉一只"大红鱼"。他们打制了巨型鱼钩，并用一根长 2.85 米的木头做浮标，尼龙绳做渔线，决定放长线钓大鱼。但是，这些鱼非常狡猾。无论是羊腿做鱼饵，还是用野鸭子当诱饵，结果都还是一无所获。只是看见有一条大鱼从浮标旁游了过去，其长度大约是浮标的 3 倍，也就是说那条鱼的长度应该在 10 米左右。

虽然没有捕捉到水怪，但是，专家们一致认为它肯定是一种鱼类。喀纳斯湖中大致有八种鱼类，除去小型的食草性鱼类，专家们把注意力集中在以下四种鱼身上，它们分别是江鳕、北极茴鱼、细鳞鲑、哲罗鲑，通过反复比较和研究，大家一致把焦点投向了哲罗鲑。

首先，哲罗鲑在繁殖季节，皮肤呈红褐色，其次哲罗鲑也是以上四种鱼中最凶猛、体型最大的。从已经捕捞上来的一条长约 1.45 米的哲罗鲑标本来看，这种鱼体形狭长，头部扁平，满嘴都是锋利的牙齿，即使在上下腭和舌头上也布满倒刺，食物一旦被咬住很难逃脱。

在和诸多水怪目击者求证后，他们大多认为看到的东西很可能是大鱼，水中的黑色影像正是鱼的脊背。但是过去人们捕捉到的哲罗鲑最大记录却只有两米多一点，为什么这次看到的哲罗鲑却如此巨大，达到十米以上呢？这让考察队也感到疑惑。

不过，即使是把喀纳斯水怪认定为哲罗鲑大鱼后，仍有一些疑问难以解释。首先，迄今为止从喀纳斯湖中捕捉到的哲罗鲑长度还没有超过3米的，无法证明湖中会有10米长的大鱼。另外，喀纳斯湖是否有供巨型鱼存在的生态条件？哲罗鲑属于鲑科鱼类，鲑科鱼类的一个重要特性就是繁殖季节的洄游，而喀纳斯湖是一个过江湖泊，它的上下游河道都比较狭窄。尤其是和湖区相连的部分，大多是一些乱石浅滩，大鱼是如何通过的呢？

虽然不少专家目睹过巨大的大红鱼的出现，但毕竟没有实物为证，不得不让人怀疑这种10米长的大红鱼是否真的存在。目前，喀纳斯地区捕获的最大的大红鱼也还不到2米长。有人用生长方程的理论公式推导出，大红鱼的最大体长可达到3.73米，最长寿命可达83岁。冷水鱼的生长是比较缓慢的，一年才长几厘米甚至只有一厘米左右，如果真有10多米的大红鱼，那它需要长多少年呢？

袁国映比较坚持自己的观点，他相信自己的眼睛，湖中的确有10多米长的大红鱼。他推测，这种巨大的大红鱼已经发生了变异，它们已经丧失了生育能力，不再洄游，而是一直待在湖底；而且它们的最长寿命应该不止80多岁，应该更长。

不过，也有很多专家不认同水怪就是大红鱼的说法。

作为一位长期从事水产资源调查的专家，任慕莲对哲罗鲑能够达到10米的长度表示了强烈的质疑。根据鱼类生存环境和身长的特定公式进行推算，喀纳斯湖的鱼类，最大的体长3.73米，体重506公斤，不可能会到10米以上。喀纳斯湖长度只有24公里，最宽的地方3公里，最窄的地方是1公里。它怎么能养活上百条那么大的鱼呢？这些鱼又是如何生存的呢？在喀纳斯发现的长度达到10米以上的哲罗鲑已经严重超出科学家们的经验范畴。任慕莲决定进行一次亲身考察，他计划捕捞到哲罗鲑，以证明自己的观点是正确的。

1988年7月12日，任慕莲和同伴来到了喀纳斯湖。捕捞哲罗鲑必须是在晴天，中午11到1点之间。而开始的几天却阴雨连绵。直到7月25日，天空中阴云才渐渐散去。但是，喀纳斯湖有188米深，渔网应该布置在哪个深度呢？他们将如何进行、怎样捕捞呢？一个接着一个问题困扰着他们。

捕捉了整整6天，考察队才有所收获，但是让人失望的是，一共50多尾哲罗鲑鱼都非常小。最大的一条鱼也就是70多厘米，重量是4500克。这究竟是为什么呢？

1988年的考察总共进行了两个月，任慕莲他们的结论是这里的哲罗鲑的长度不会超过4米。目击事件似乎也随着他们考察结束而逐渐冷淡下来。如今，在曾经观测到水怪的区域，受到附近旅游开发的影响，游艇的穿梭极有可能影响到水下生物的正常活动。因此不能排除巨型哲罗鲑存在而不被发现的可能。

重要的是，作为一个生命体最基本的特征，无论是大是小，都要有新陈代谢。如果喀纳斯的哲罗鲑能够变异达到 10 米以上的长度,那么它们吃什么呢?

而且,正常情况下,哲罗鲑必须要洄游到湖水上游的浅水中才能繁殖,而喀纳斯上游的河水都是急流浅滩,那些 10 米以上的大鱼是无论如何也难以通过的。这些哲罗鲑又是如何繁殖的呢?

一方面是来自各层次目击者的充足证据,一方面是来自鱼类研究专家的强烈质疑,究竟谁更接近真实呢? 在喀纳斯幽深的湖底究竟还隐藏着多少秘密呢?

2. 喀纳斯湖水怪是新物种?

在最早关注喀纳斯水怪的专家中,还有一位是新疆大学生物系的黄人鑫教授。他认为喀纳斯水怪很可能是对自然现象的一种误判,比如说水面上的浪花、浮游生物和漂浮的枯木等等。如果说目击者看到的的确是某种水生动物,黄人鑫认为最有可能的就是鱼,一种体型非常巨大的鱼。但排除以上所有假设,喀纳斯水怪有没有可能就是人类还没有发现的一种怪兽,一种类似史前巨鳄或恐龙的庞然大物呢?

新疆环境保护科研所的专家袁国映,查证过新疆的古生物种群,在喀纳斯附近并没有找到恐龙遗迹,况且恐龙在 6500 万年前就已经灭绝,而喀纳斯湖只有 20 万年的历史,这无论从空间还是时间上都毫无联系。当然袁国映也不排除一种极小的可能性,是否有远古的某些遗留物种经过迁徙,在喀纳斯这种特殊的环境中生存下来了呢?

1980 年 7 月,一支由新疆维吾尔自治区环保局、林业厅等各单位 150 余人组成的考察队进入喀纳斯地区,对该地区的生态环境进行综合考察,袁国映参加了此次考察。负责陆地动植物调研的队员们,陆续发现了一些罕见的动物品种,比如阿勒泰林蛙、胎生蜥蜴、白化熊。

白化熊并不是人们熟知的北极熊,而是一种特殊的变异品种。这突然给考察队员们一个启示,在喀纳斯湖底是否也有一种普通的水生动物,经过特殊环境的异化,而变得巨大凶猛了呢?

考察队员们为寻找到水怪,便在湖面上布置了一个上百米长的大网。可到了第二天早晨,大网消失得无影无踪。考察队员们第一个怀疑的是,是不是水流把它冲走了? 就顺着湖水往下游寻找,结果找了两天一无所获。是不是湖区的牧民把网偷走了? 但牧民对他们都很友好,这种可能性似乎也很小。

三天后,在撒网处上游两公里的地方,有人无意间发现了这张渔网,拖上来后已被搅成了一团,还撕开了一个大口子。

这是不是传说中的水怪所为? 另外,队员们也在喀纳斯湖的岸边发现了许多动物的骨头,有马、牛,还有野猪,这会不会是那只巨大的水怪吃剩下的骨头呢?

于是有人提出,传说中的水怪也许是一种人类尚未认识的新生物种,或者是一种远古时期遗留下的巨大爬行类生物。但是,每一个物种都会有幼体存在,在多次考察当中人们并未发现喀纳斯有大型新物种的幼体。

猜测仍在持续中,也许不解之谜正是喀纳斯湖的神秘魅力之源吧……

水怪带动旅游热潮

喀纳斯湖因水怪的出现和对水怪探秘活动的宣传而蜚声海内外,很多游客都心存好奇来到了喀纳斯。他们被喀纳斯美丽的湖光山色吸引了,但风景再美也抹不去他们眼中流露出的那份探秘的渴望。在喀纳斯景区,很多游客都是带着望远镜来的,即使没带的游客也愿意在景区花高价买一个。

沐着喀纳斯湖边带着草香水汽的阳光,从广东前来的游客张先生兴奋地说,他终于见到了神秘的喀纳斯湖,要是能有幸一睹水怪的模样,他就心满意足了。

怀着像张先生一样心思站在喀纳斯湖边的游客可是为数不少。神秘莫测的喀纳斯水怪自上个世纪80年代扬名海内外之后,像一块巨大的磁铁深深地吸引了喜爱探秘的游客。越来越多的游客不远万里慕名来到风景如画的喀纳斯湖希望一睹水怪的模样。

在喀纳斯景区的宣传栏里,看到一份名为耗资150万元的新疆喀纳斯"水怪"探秘活动在2008年7月进行、央视将拍摄影片的告示。告示中写道,参加此次探秘"水怪"的潜水队采用先进的美国设备,可超过喀纳斯湖的水深极限。

这不过是又一次的旅游炒作吧。

因为这个探秘活动实际操作起来比较困难,实施的可能性不大。即使潜下去,也不一定找到水怪;而且耗资这么大。更重要的是,如果真弄清楚"水怪"是什么东西,那将失去喀纳斯湖的神秘性。而且喀纳斯湖水是冰川融水,水温比较低。另外,湖下面是水下森林,地形复杂,能见度比较低,如果要搞潜水探秘,的确存在着很多困难。

喀纳斯环境与旅游管理局的一名科长说,如果真要探测,需要尖端的仪器,简单的仪器肯定不行。真想找"水怪",那湖底、湖面都要进行全方位的探测,把湖的全部资料调查清楚。但其中所牵涉的巨额资金谁来出?全部让管理局来出,那是不现实的。这需要一个投资的过程,并不是立即就可以实施的。

果然,原定于2008年7月进行的潜水探秘水怪活动暂时搁浅了。虽然探险活动暂且搁浅,但是旅游的人潮却越来越多,一部分是源于美丽的喀纳斯湖,一部分是源于神秘的水怪。

随着喀纳斯水怪传说的深入人心,阿勒泰地区旅游产业迅速发展起来,乘飞机前来的旅客剧增。目前,阿勒泰机场每天起降26个架次,旅客日吞吐量达2300人次,从乌鲁木齐飞往阿勒泰的机票十分紧张。喀纳斯景区的旅游官员预计,8月中旬至10月上旬的高峰期,这里每天起降的班机将达到30个架次以上,旅客日吞吐量在2800人次以上。现有机场的规模和设施已经远远不能满足游客的需要。

新疆维吾尔自治区已经开始扩建阿勒泰机场,增加了停机坪,延长了跑道,扩大了机场容量。与此同时,从阿勒泰市直接飞往喀纳斯湖景区的喀纳斯机场也已经立项。这个支线机场建成后,冬季旅游的兴起将使前往喀纳斯湖旅游的游客达到年均50万人次以上。

喀纳斯景区旅游业的兴旺还吸引了来自各界的投资。据不完全统计，至 2005 年，喀纳斯景区的总投资已过 10 个亿，由民间投资为主的贾登峪大本营综合接待基地形成 6000 张床位的接待能力，喀纳斯景区实现风景区和生活区的分离，喀纳斯湖实现生态旅游指日可待。

来喀纳斯旅游和探秘的人们会越来越多，而水怪是不是会在某一天展露它真实的面容和身份……

长白山天池——山顶上的水上明珠

长白山位于中、朝两国的边界，气势恢弘，资源丰富，景色宜人。在远古时期，长白山是一座火山，火山喷发出的熔岩物质堆积在火山口周围，成了今天屹立在四周的 16 座山峰，其中 7 座在朝鲜境内，9 座在中国境内。这些山峰各具特点，形成奇异的景观。据史籍记载，自 16 世纪以来长白山火山又爆发了 3 次，当火山爆发喷射出大量熔岩之后，火山口处形成盆状，时间一长，积水成湖，因为它所处的位置高，所以被人们称为"天池"。

颜回

长白山天池是中国和朝鲜的界湖，湖的北部在吉林省境内。长白山天池也是中国最深的湖泊，高居于长白山主峰白头山（海拔 2691 米。为东北最高的山峰）之巅。整座天池呈椭圆形，周围长约 13 公里，它南北长 4.85 公里，东西宽 3.35 公里，湖面面积 9.82 平方公里，湖面海拔 2155 米，平均水深 204 米，据说中心深处达 373 米。湖周峭壁百丈，环湖群峰环抱，在天池周围环绕着 16 座山峰。

天池虽然在群峰环抱之中，但却是中国最高的火口湖，总蓄水量约达 20 亿立方米，是一个巨大的天然水库。天池的水一是来自大自然降水，也就是靠雨水和雪水，二是地下泉水。天池湖水深幽清澈，像一块瑰丽的碧玉镶嵌在群山环绕之中，使人如临仙境。这里气候多变，常有蒸气弥漫，瞬间风雨雾霭，宛若缥缈仙境。晴朗时，峰影云朵倒映碧池之中，色彩缤纷，景色诱人，一幅"水光潋滟晴方好，山色空蒙雨亦奇"的绝妙景象。

天池北面有一个小缺口，湖水由此溢出，经过 1200 多米的蜿蜒流程，从 70 多米高的悬崖绝壁上倾泻而下，形成著名的长白山大瀑布。激流跌落，一泻千丈。浪花飞溅，数里之外能闻其轰鸣之声。水流常年不断，距离瀑布一公里处有三个温泉群，面积达 1000 多平方米，共有 13 个泉眼向外涌水。水温在 60℃～80℃。水中含硫化氢，可治疗关节炎及皮肤病。

天池还是松花江、鸭绿江和图们江三江的源头。

天池水中原本无任何生物,但近几年,天池中出现一种冷水鱼——虹鳟鱼。此鱼生长缓慢,肉质鲜美,来长白山旅游能品尝到这种鱼,也是一大口福。据说天池中的虹鳟鱼是朝鲜人在天池中放养的。

这里的天池怪兽传说曾轰动一时,至今仍为一谜。不时能听到有人说看到有怪兽在池中游水。有关部门在天池边建立了天池怪兽观测站,科研人员进行了长时间的观察,并拍摄到珍贵的资料。天池怪兽的传闻使得天池更加神秘美丽,吸引越来越多的人前往探秘游览。

致命邂逅天池怪兽

关于怪兽的最早记载,出自《奉天通志》:"约百年前有猎者四人,至天池钓鳌台,见芝盘峰下,白池中有物出水,金黄色,首大如盎,方顶有角,长顶多须,低头摇动如吸水状。众惧,登坡至半,忽闻轰隆一声,四顾不见,均以为龙。"世代生活在白头山下的居民对此亦深信不疑,他们称之为蛇龙。

《长白山岗志略》记载更详:"行路人徐永顺云,光绪二十九年五月,其弟复顺随至让、俞福等六人,到长白山狩鹿,追至天池适来一物,大如水牛,吼声震耳,状欲扑人,众皆惧,相对失色,束手无策。俞急取枪击放,机停火灭。物目眈眈,势将噬俞。复顺腰携六轮小枪,暗取放之。中物腹,咆哮长鸣,伏于池中。半钟余,雹落如雨,大者寸许,六人各避石下,俞与复顺头颅血出,用湿衣裹之,池内重雾如前,毫无所见。"

地方志的记载,民间传说及近年在天池中的发现,这三者之间似乎有内在的一致性。

特别是从20世纪60年代到80年代,对怪兽的发现次数和记载越来越多。

《长白山志》记载:1962年8月中旬,吉林省气象器材供应站的周凤瀛用六倍双筒望远镜发现天池东北角距岸边两三百米的水面上,露出两个动物的头,前后相距两三百米,互相追逐游动,时而沉入水中,时而浮出水面。有狗头大小,黑褐色,身后留下人字形波纹。一个多小时后,此物潜入水中。

1976年9月26日,延吉县老头沟桃胡公社苗圃主任老朴和苗圃工人,以及外来的军人,共二三十人,在天文峰上看见一个高约两米,像牛一样大的"怪兽",伏在天池的岸边休息。大家惊讶地大喊大叫起来,"怪兽"被惊动,走进天池,游到接近天池中心处消失。

1980年8月21日,作家雷加和几个同伴在长白山天池中发现了喇叭形的阔大划水线,其尖端有时露出盆大黑点,形似动物的头部,有时又浮出拖长的梭形体,形似动物的背部。

1980年8月23日,吉林省气象局两位同志从山上下到天池底端,在距池边只有30米处,有5只动物头部和前胸昂起,头大如牛,体形如狗,嘴状如鸭,背部黑色油亮,似有棕色长毛,腔部雪白。他们边喊边开枪,都未击中,怪兽迅速潜入水中,不见踪影。

1981年9月21日,《新观察》杂志社考古专家李晓斌,用一千毫米长焦距镜头拍到了怪兽:一只乌鸦和怪兽一同被摄入镜头,照片前景显出一只乌鸦,下面则是一个像反扣着的大锅样怪兽。目前拍到怪兽的照片只有这一张。

1988 年 8 月的一天上午,正在天池边巡逻的抚松县边防部队的几名战士,惊奇地发现在天池水面有一条又宽又厚的水线,并且水线很长,似有动物来回游动,持续了一个多小时。

1995 年 8 月,奇迹再次出现,于北坡登上天池的游人们齐声呼喊,一只怪兽钻出水面又迅速消失。这一消息立即在吉林电视台予以报道。与此同时,在西坡的抚松县边防大队的战士们曾三次发现怪兽钻出水面。这说明,怪兽出现的频率越来越高了。

2007 年 9 月 2 日,一些国内游客和 20 多名韩国游客在长白山南坡旅游时,发现了在天池中游动的数只不明生物。

据长白山南坡景区管理有限公司司机李军介绍,2 日上午他们拉着 20 多名韩国游客到长白山南坡旅游。突然,他发现天池中靠近东部的湖中有波纹,开始以为是风,后来发现是一些黑点自北向南游来,在后面留下很长的波纹。他就喊:"快看,天池'怪兽'出来了!"

现场总共有四五十名国内外游客,大家争相观看,一些人拿出相机拍照,他自己也用手机拍了照片,但很不清楚。

李军说,这些"不明游动物"越游越近,他看见了一些黑点,从望远镜里看是 6 只"怪兽",根据比例测算,应该比人大,游速相当于普通人游泳的速度。它们分前后两组向南游来,快到天池岸边时,转向东坡方向游去。在离岸边大约 100 米处,前三个黑点消失在水下。十几秒后,后三个黑点游到前三个黑点消失处时,那里忽然翻了个大水花,出来个比这几个黑点大十几倍的大黑点,然后这些黑点同时消失,再没有出现。

据统计,自 1962 年至今有千余人次数十次目睹过天池水怪,对水怪的描述归纳起来为:头比牛头还大,嘴突,颈长 1 米左右,颈的基部有白色带环),体硕(3 米以上)。而且,天池怪兽的形状在众说纷纭中成了多种多样。有的形容为方顶有角、长项多须的蛟龙;有的比喻为头大如牛、体形如狗、嘴状如鸭的怪物;有的认为是黑熊下池游泳;还有的怀疑是长白山的奇特动物堪大犴。于是,怪兽似龙,似牛,似熊,像恐龙,像人鱼等等,难以统一,为了深入探讨和研究长白山天池怪兽,解开这个世界之谜,长白山自然保护区管理局建立了天池怪兽展览室,把历史的、现今的种种发现和记录全部整理公布,绘制出怪兽出现的流程曲线图,并且按照人们的描述雕塑了两只怪兽的塑像,一只像龙,金黄色,长有龙鳞;一只像牛,嘴呈鸭状。

其实,关于天池怪兽的首要问题,并不是它究竟长得什么样,而是它究竟存不存在——传了一个世纪,至今还没有找到确凿证据。天池怪兽究竟有没有?有多少?怎样生存?这些还都是未解之谜。

神秘怪兽大调查

长白山怪兽之谜,引来了无数的解谜人。一些科学家,考古专家,旅游登山人,或长年累月,或昼夜不停地固守在天池水边,架起了摄像机,端举着照相机,等待着怪兽的出现。最近天池怪兽监测站已经成立,在天池上安营扎寨,长年监测,誓要解开怪兽之谜。

而且他们听说,二十几年前有一个人不止一次地亲眼看到了长白山天池中的怪兽,那么这个人是否对认识怪兽有帮助呢?

周凤瀛退休前在吉林省气象局通讯科工作,每年都要到天池气象站检修通信设备。在工作之余,他经常拿着望远镜俯瞰天池,从上世纪 60 年代起他曾经不止一次在天池中看到过不明生物。

尽管多次目击,但都因为距离较远,周凤瀛始终没有看清楚天池中的动物究竟是什么模样。直到 1980 年 8 月 23 日的早晨,他终于有了一个惊人的发现。

那天早晨周凤瀛和另一位同事正向山下走去。他们下山的地方位于天文峰的东侧,是一个堆满碎石的沟谷,因为地势险峻,很少有游人从这里下到水边。

这个时候听到山顶上气象站的几个同志喊:"你们注意看! 身后又出怪兽了!"这个时候他们已经走到接近水面将近 20 米左右处,他们一回头,便看见了水面有一个怪兽:这个怪兽两个眼睛溜圆,嘴张得老大,耷拉两个耳朵,脸是扁方形的,头露出水面有一米多高,它的脖子是细的,越往下越粗,脖子底下是白色的,有花纹,身上没有鳞,大概长有毛皮之类的东西。面对这个不期而遇的神秘生物,两人一时不知所措,而那个动物却在继续向他们靠近。忽然之间,这个怪兽掉转头,向天池的深处游去了。

画家根据周凤瀛老人的口述绘制出来一张长白山水怪的画像:头是方扁方扁的、眼睛很亮、龇牙咧嘴的、而且牙齿非常锋利。老人当时还说,它背后的毛是灰黑色的,胸前的这部分是白色的。但另外一位目击者专家们始终联络不上。这张图像,虽然只是一张半身像,但它却是目前为止对于长白山天池怪兽最具体的描绘。

2005 年 7 月 21 日上午,吉林长白山国家级自然保护区管理局科研所高级工程师黄祥童,在天池边发现"天池怪兽"活动约 20 分钟,并拍下了一张带有类似鳍状物的"怪兽"照片。

据长白山天池怪兽研究会和长白山自然保护局有关人士称,这是科研人员首次发现并拍下"怪兽"照片。而且,有类似翅膀状的"鳍"拍打水面的"怪兽",在近百年怪兽发现历史上还是第一次。

据黄祥童介绍,21 日他和家人陪伴从长春市来的兄嫂去长白山观光,9 点 45 分左右登至天池水边。来到"补天石"处的高岗上,只见天池水面波光粼粼,天气很好。他哥哥黄祥恩拿出从保护局科研所借来的望远镜向水面搜索瞭望。突然间,在距白云峰下约 0.6 公里处发现有一类似半截尖形木桩的东西浮在水面,时而静止,时而似昆虫用翅膀拍打水面而形成移动波纹,呈直线、弯环状移动着。

黄祥恩说:"祥童,快给你看! 好像一条大鱼在天池游呢!"

黄祥童后来回忆说:"我接过望远镜,顺着兄长指的方向搜寻,屏住呼吸。啊! 发现啦！发现啦！只见那东西像鲸一般，露出的头和脊背呈棕黑色，流线体态。在望远镜的长焦端观察，头呈梭形而圆滑，脊背挺出水面时像潜水艇一样，滑下的水流依稀可见，脊背上好像有鳍，与身体为同色。该怪物时而潜身入水，时而浮出水面。更为奇特的是它的前肢为翅膀状的鳍，此鳍外侧较黑，内侧发红，非常有力，可把头、胸部竖起与水面呈垂直角，并不时用其拍打水面，呈现出'之'字形水波纹。时而静止，用头竖起，而吹出诸多水泡；时而用其大鳍旋转翻滚而露出半月形、白色的胸部。在望远镜的视野中约占1/6，按景物比例，估计怪兽有七八米长，向怪兽前进的后面观察，只见有两个小黑点浮动，时隐时现，时紧时疏，估计该是其幼仔，在一同戏耍。"

黄祥童说："这时我看了一下表，是 10 点 15 分左右。我又拿出尼康数码相机拍下一张，由于离得太远，镜头焦距有限，加之天色明亮，相机的取景器很白而不清晰，也没多拍。我的爱人和孩子此时急忙跑到天池水边去近距离观看，但据我爱人讲，到水边却是什么也看不见。而我接过望远镜再次观察时，怪兽也已不见踪影。"

根据黄祥童的描述，那是不是一种巨型鱼类呢？或者说天池附近没有人长期居住，火山放射物质不会对人造成影响，可是天池中的鱼类长期生活在这里，它们会不会受到放射物质影响从而产生基因突变呢？

对此国家地震局地质研究所魏海泉认为，天池火山从岩浆成分上说是一种偏酸性岩浆，他们的确已经测到了比较高的放射性含量，但是总体上来说它是安全的。放射性辐射可能会引起基因突变，但是基因突变绝大多数都是有害的，它的结果是让生下来的这些动物没法生存。有个别可能存活下来，但大都是一些畸胎、畸形。不可能一下子变得特别大，又特别适合于生存。

因此可以说天池中存在巨型鱼类的可能性微乎其微，那么黄祥童所说的一切究竟孰真孰假？事实上，他本人对这个怪物究竟是不是鱼也感到迷惑。

鱼是水生生物，它的呼吸器官是鳃。鳃由梳子一样紧密排列的鳃丝组成，鳃丝上密布着微血管。当水通过鳃丝时，这些微血管可以摄取水中溶解的氧气，同时把体内的废气排出来。因此，水从鳃里流过，鱼就可以不断地进行呼吸。如果鱼离开了水，鳃丝会因失水而干燥，互相黏结，一旦气体交换功能遭到破坏，鱼类就会窒息而死。因此鱼类的呼吸必须在水中完成，它们不能直接吸取空气里的氧气。所以，根据目击者讲述的天池水怪活动特点，并不像通常的鱼类。

可是如果不是鱼的话，那么这个在水里面神出鬼没的生物到底是什么呢？难道它是一种用肺呼吸的生物吗？但据人们所知，目前在地球上的动物当中，哺乳类动物、鸟类，还有爬行类动物都是用肺来呼吸的，长白山天池里的怪兽到底是属于哪一种呢？

如果说黄祥童所拍到的怪兽跟周凤瀛看到的是同一种生物的话，那么似乎可以断定，它是一个哺乳类动物。

就在专家们为这个发现而感到兴奋的时候，又传来了一个消息。

在长白山自然博物馆，专家们终于发现了一张以往几乎从未见过的面孔，而它也是长白山上唯一一种无水不欢的哺乳类动物——水獭。

水獭是一种半水栖动物。它擅长游泳，动作敏捷、嗅觉发达，野生状态下行踪难觅。

捕鱼是水獭最大的爱好，即使在饱腹之后，它仍然会无尽无休地捕鱼。而天池中生活着大量的冷水鱼，无疑是它捕食的上乘之选。

水獭的头部是扁方形，体毛短而密，背部棕黑色，腹部毛色灰白，头颈部上窄下粗，因为是食肉动物，牙齿也异常锋利，这些特点与周凤瀛老人的描述竟然完全一致。

而水獭喜欢边游动、边翻滚、戏耍的情形，与几位目击者在天池中看到不明生物的动态也完全吻合。

那么，天池每年从11月开始封冻，第二年6月冰雪才会完全融化，这期间水獭怎么生活呢？

据当地老猎人介绍，长白山下游的松花江支流里的水獭，一面抓鱼吃，一面往上走。这和鱼的生活习性有关，松花江主流和支流里的鱼多数都是游到上游凉水里产卵、孵化、繁殖，到秋天后往下走，一直到7月份鱼是往上走的，到8月份开始鱼就往下走，所以随着鱼群的移动这些水獭跟着就往上走。

这样说来，水獭是每年的夏季顺流而上，循着鱼的踪迹来到天池的，而以往几乎所有的水怪目击者事件都是发生在7、8月份。这的确是个有趣的巧合。

那么黄祥童拍到的这个跃出水面的动物会不会是水獭呢？

有一个问题让专家们百思不得其解：多数的目击者都说他们看到的怪兽体形非常大，水獭这种生物虽然很可爱，但是个头从头到尾绝对不超过一米。目击者都说他们看到的怪兽光是出水的部分就长达一到两米，而且体大如牛，头大如盆，这都和水獭怎么也沾不上边儿！长白山怪兽到底是另有隐情还是另有所在呢？这些目击者是怎么看到这些东西的呢？

有专家这样解释，如果人们当时看到一个觉得比较奇怪的东西，在事后回忆的时候，或向他人描述的时候，就很容易做一番加工，并不是说描述的这个人他想要骗人，但下意识里会对它进行一番加工，进行一番添油加醋的描述。为了能让听话人能够有兴趣，讲述者下意识就会有一些夸大成分。这是有心理学依据的。

而另一位目击者黄祥童回忆，当时那个不明生物，距离他所在的那个名叫补天石的地方大约600米左右，那么在600米外的水面上出现了一个两三米高的物体，水边的其他游客是否也看到了呢？

黄祥童说这样的距离肉眼看不到，顶多感觉一个小点。但用望远镜一拉过来，就看得非常清楚了。

一个两三米高的物体，在没有障碍物遮挡的600米之外，究竟需不需要用望远镜才看得到？专家们做了一个实地测试。

身高 165 厘米的考古专家和一个 60 厘米高的充气玩具,同时站在 600 多米之外、2 米左右高的堤岸前。然后他们将摄像机镜头调到 35 毫米焦距,这就相当于普通人肉眼的视力。在不进行任何变焦的情况下,两米以上高度的堤岸和一米多高的人显而易见,而 60 多厘米的充气玩具才隐约看到一个小黑点。

也就是说,黄祥童通过望远镜经过 15 倍放大后,所看到的那个不明生物,并没有他估算得那么高,很可能就是一个出水几十厘米高度的普通动物。

有专家认为,这些所谓的怪兽,根据目击者的描述,是一种很大的动物。现在已知的大型动物主要就是三类:鱼类、爬行类和哺乳类。这些都属于高等动物。高等动物如果要生存、要繁衍的话,不能只靠那么几对公母雌雄一直繁衍下去,这是不可能的。如果它这个群体数目太少的话,繁衍几代以后就出现近亲繁殖。近亲繁殖的结果就会使这个群体的遗传品质越来越糟糕。这样的话,慢慢就会灭绝。像这种高等动物一个群体,一般至少要有几百头左右才会避免近亲繁殖,不会导致灭绝。

在天池这片水域之中,如果说里面有一种动物或者有一种怪兽生存的话,那么它要保证自己的繁衍就得有一定的种群规模。一旦有了种群规模之后,它就绝对不可能在这片只有不到 10 平方公里的水域上神出鬼没、踪影难觅,而应该是经常出现才对。俗话说,少见多怪,正是因为人们知道长白山天池水当中少有动物出现,当一有动物出现的时候,就会往这种怪兽方面去想了。

1981 年 7 月 12 日,朝鲜科学考察团在天池发现一只怪兽。当时是凌晨,这只奇怪动物从峰顶下到天池,从峰麓向对岸峭壁游去,游程 1.8 公里。游至对岸后,坐立一段时间,最后西行进入山谷。根据观察和详细的摄影资料,朝鲜科学家认为天池怪兽是一只黑熊。对此看法,中国有一位科学工作者提出质疑。他认为黑熊善于游泳,夏天也可能下到天池里游泳,或者从这岸游到那岸,这都是完全可能的。但是黑熊和人们所议的怪兽是两回事,因为许多人描述的怪兽身体细长,颈长,善于潜水。而黑熊身粗颈短,虽会游泳却不善潜水。再说人们在湖面刚开冰时,还见到怪兽由水里爬到冰上,那时黑熊可能还正在蹲仓呢!人们每次见到怪兽都是在水中消失的,这也是黑熊所办不到的。所以,黑熊并不能解释人们盛传的怪兽之谜。依他所见,怪兽很可能是水獭。水獭身体细长,又善潜水,可在水下潜游很远的距离,这和人们描述的怪兽很相似。同时,水獭为了追寻食物,常可以走很远距离,很可能是它为了觅食偶尔进到了天池,被人们远远看见,加上光线的折射,动物被放大了,于是成了人们传说中的天池怪兽。

经过专家们一番调查之后,大家也都发现,长白山天池里面,水下有鱼,水上有船,空中有飞鸟,山上有走兽,任何一种动物都可能会在这个水面上驻足停留。关键就要看人们自己用什么样的心态去看这个问题了。

2005 年 9 月 8 日,在结束调查即将告别长白山的这天清晨,考古专家决定在天池边最后一次守望怪兽……

大概是早上的 7 点 30 分，在经过了两个多小时的等待之后，他们终于在天池的水面发现了一些异常。

此时，在天池平静的水面上，由东南方向出现了一个体大如牛、颜色深黑的物体，它游动极快，身后拖着一条近百米长的喇叭形划水线，这一幕是否就是有些目击者所描述的情景？黑色的身体，尾部溅起白色的水花，这是否就是照片中的神秘生物？然而，当他们将摄像机变换为 120 毫米的长焦镜头时，可以清楚地看到，这不过是朝鲜境内的一艘快艇……

神秘怪兽大猜想

也许参与调查的专家们的解释会让好奇的人们大失所望，但仍有不少人坚信长白山天池中的确存在着神秘的水怪。

因为一个世纪以来，已有那么多次目睹怪兽的记录，目击者多数是看到一只怪兽在池中游泳，有的则看到两头甚至多达七头怪兽；还有人看到怪兽卧在天池岸边休息。很多目击者描述的怪兽也形象不同，有的说其头小、颈细、形体庞大，貌似恐龙；还有人说像小船、像水牛、像狗、像水獭、像锅盖……不一而足。

据一个由天池怪兽发烧友组成的民间组织——长白山天池怪兽研究会统计，关于"天池怪兽"到底是何物，至今有 20 几种猜想："水獭说"、"黑熊说"、"飞蛾说"、"浮石说"、"大鱼说"、"小船说"、"幻觉说"、"潜水艇说"、"生物变异说"、《山海经》记载的"横宽兽说"……甚至还有人认为是"天外来客"。这个研究会成立 10 多年来，收集了大量的天池怪兽的资料，并与世界其他地方的水怪之谜进行了初步的比较研究，公开出版了部分书籍。研究会还曾经建立天池怪兽观察站，长年对怪兽进行观察，并拍到了一段珍贵的，至少有 7 头怪兽出现的录像，对天池怪兽目击资料（包括文字、图片、音像资料）的收集整理工作，一直在进行中。目前，怪兽研究会正在编辑制作系列电视专题片《长白山天池怪兽探秘》，出版后将在国内外发行。这个系列片以目前为止最为翔实的资料，包括一些从未公布的天池怪兽的录像和照片，全面展示他们 10 多年来对扑朔迷离的天池怪兽的初步研究成果。

被誉为"天池怪兽之父"的中国最权威的水怪专家吴广孝先生认为，对天池怪兽，盖棺定论为时尚早。实际上，世界四大未解之谜——水怪（包括长白山天池怪兽）之谜、野人之谜、飞碟之谜、百慕大三角之谜，都值得人类去认真探索。

猎塔湖——扑朔迷离寻怪物

猎塔湖位于四川省甘孜藏族自治州九龙县境内，距县城约 35 公里。猎塔湖湖面海拔 4300 米，面积为 2.5 公顷，年平均气温 4.9℃。这里四季风光奇异，秀丽迷人，是由原始森林、高原湖泊、高山草甸、众多的野生动植物和神奇的奇山异石组成的山、水、林、湖一体风景区。

奇遇猎塔湖水怪

1994 年,有人在猎塔湖中发现了一个神秘的怪物,怪物长得像远古时代的恐龙。几天后,人们在湖边浅滩上发现了一些凌乱的牦牛尸体,疑为怪兽所为。

1998 年,有人用摄像机在猎塔湖拍摄到一个神秘的现象:从画面中隐约可以看到,湖中突然出现浪花,像逆时针的车轮一样,把水搅成逆时针旋转。而旋涡底下好像有生物在移动。

颜回

1999 年 6 月中旬,一位叫洪显烈的探险爱好者带上照相机和摄像机,与县文化馆的彝族朋友尼克耳他上山寻找高原水怪。皇天不负苦心人,终于在第七天的上午,拍到了水怪。拍到水怪后,洪显烈对猎塔湖的兴趣更加浓厚。三年多的时间里前前后后上山 48 次,长则 10 余天,短则几天,几乎次次都能看到水怪。

2004 年 6 月,在湖边休息的当地村民,突然听见从湖中传来一阵巨大的响声,湖中掀起了阵阵巨浪。与此同时,他们看到了湖面上突然钻出一个奇怪的动物。动物头近 2 米,远远看去似个大蟒蛇,头大、眼大,长着像鳄鱼一样的嘴。

2005 年 8 月,有人看到猎塔湖中出现了一个将近 20 米的神秘怪兽,头上似乎还有一个冠子。怪兽在水中旋转翻腾,激起了阵阵大浪,它的身体也在水中时隐时现,呈灰白色。

2006 年 10 月 3 日,一个重庆的妇女带着女儿正在游览猎塔湖。母亲拿着摄像机拍摄风景,小女儿在湖边玩水。突然一个巨大的、长达十几米的黑影从水里冒出来,迅速抓住小女孩往湖里拽。母亲尖叫着放下摄像机就冲过去,奋力拽回小女孩之后,立刻拿起摄像机拍摄,可惜只拍摄到怪物消失的水花。然后两人惊魂未定地狂奔 3 公里回到营区。

猎塔湖水怪寻踪

以上所说的 1999 年 6 月中旬,一位叫洪显烈的探险爱好者带上照相机和摄像机,与县文化馆的彝族朋友尼克耳他上山寻找水怪,终于在第七天的上午拍到了水怪。这个消息一出,立即引起许多方面的关注。几位来自北京的考古专家亲自来到四川展开调查。

2005 年 4 月 2 日,考古专家从北京起程前往四川九龙县对高原水怪事件进行调查。4 月 5 日下午,考古专家经过三天的长途颠簸,终于赶到猎塔湖的所在地九龙县汤古乡。

在该乡的吉日寺里,该寺住持——60 岁的老喇嘛洛让扎西告诉考古专家,以前一些放牧人和猎人确实看到过一些奇异的现象。但按照经书里的解释,瓦灰山是座神山,猎塔湖是盆灵湖,由于有仙人曾在此路过,并在湖里留下了一件宝贝,因此这湖里才能产生如此神奇的现象。老喇嘛洛让扎西认为，洪显烈是个与宝贝有缘的人，所以上山才能频频地见到它。

4月5日下午，考古专家在汤古乡结束采访后乘车进入县城。九龙县县城又名呷尔镇，面积十分袖珍。一块标有"九龙——中国西部之谜"的巨幅旅游广告牌赫然立于街边，照片的摄影作者为洪峰。考古专家下车向几名年轻人询问洪显烈的住处。他们告诉考古专家洪峰就是洪显烈，中国西部之谜就是指猎塔湖的水怪，这块牌子在这里已经竖了有几年了。

对于洪显烈发现水怪一事的可信度，几个年轻人的看法不一。他们有的相信猎塔湖里有水怪，也有人完全不相信。

在九龙县卫生防疫站二楼，考古专家见到了刚从成都回来的洪显烈。

洪显烈是县卫生防疫站的一名工作人员，年轻的时候非常喜欢摄影，经常把自己攒了数年的工资用来买摄影器材。

考古专家问他寻找水怪的目的是什么，洪显烈告诉考古专家，1994年他从石家庄的武警医学院毕业回到九龙，一直在思考如何以自己的能力帮助九龙的老百姓们尽早脱贫致富。

后来他想到了发展旅游这条路子。九龙县是个人均年收入不足900元的省级贫困县，以前县里财政收入的76%依靠伐木。1998年起国家实施天然林保护工程，禁止当地的乱砍滥伐行为，此时开发当地的旅游业资源，创造新的经济增长点成为县里最迫切的需要。一次他在图书馆查阅资料时意外地获得了一个信息：在喜马拉雅山上发现了恐龙化石，还发现很多水生动物的化石！他马上想到九龙会不会有什么从未发现的古生物活化石呢？从那时起，他便开始渐渐留意起这些方面的信息。

1998年的一天，洪显烈到汤古乡去，听当地的一位医生说在附近海拔4700米的一座高山湖泊里有大鱼，这立即引起了他的兴趣。当年6月初，洪显烈独自进山探寻，因迷路无功而返。1999年6月中旬，洪显烈再次带上照相机和摄像机，与县文化馆的彝族朋友尼克耳他上山继续寻找高原水怪。

那年6月猎塔湖的景色很美，在最初守望的几天湖里连条鱼影子也看不见。第一天、第二天、第三天……洪显烈和朋友尼克耳他一直等到了第五天湖面依旧没什么变化。正当洪显烈他们准备收拾东西下山时，天空中突然下起了瓢泼大雨，大雨一夜未停，下山的计划落了空。

第二天清晨，洪显烈提着摄像机走出岩洞。当时他失望地最后望了一眼猎塔湖，想就此与它道别。没想到这一眼让洪显烈终身难忘：在平静如镜的湖面中心上，突然一个物体快速划水破浪前行，速度之快简直可以和快艇相比！一分多钟之后，湖面只剩下一圈圈逐渐淡去的波纹。洪显烈当即决定无论如何要等它下一次出来，用摄像机拍下它！在第七天的上午，洪显烈把摄像机早早地就支在距湖中心300米远的山坡上。终于，平静的水面上出现一个前部形如小孩脑袋的东西，急速地从湖的一侧游向了另一侧。录像带上显示记录时间在10多分钟左右，其间那东西时而破开浪花急速前进，时而又缓慢地游向前方，有时候干脆停下来，在水中露出娃娃头来纹丝不动像船舶抛锚固定了一般。这次的拍摄唯一的不足就是距离太远。

拍到水怪后，洪显烈对猎塔湖的兴趣更加浓厚了。此后3年多的时间里他前前后后上山四十七八次，长则10余天，短则几天。几乎次次都能看到水怪。一次运气特别好的时候，洪显烈竟然在8天的时间里拍到了6次水怪在水面的活动。后来洪显烈以自己和朋友尼克耳他各自名字的最后一个字的发音，命名了他们首次发现水怪的这个湖——猎塔湖。考古专家在九龙县旅游局提供的一些旅游宣传手册上看到，猎塔湖这个名字已被县里的有关部门采用。

在县卫生局二楼的洪显烈家中除了几张木凳子之外，唯一显眼的就是摆在房间一角的两台电脑。在考古专家的要求下，洪显烈打开自己的电脑，将储存在电脑里的水怪画面调了出来。考古专家在电脑屏幕里看到，画面的开始是冰雪笼罩的湖面，湖面遍布着许许多多的小黑点，随着镜头的推进一个个小黑点逐步变成了冰窟窿，冰窟窿中不时冒出些小气泡。据洪显烈判断，湖面上像这样的窟窿有上百个，每个直径大约有两米长。这种现象在附近的其他几个高原湖中均没有发现。洪显烈认为这就是水怪冬天用来透气而打开的冰洞。随后，电脑画面变成夏天碧蓝的湖面，突然，一道水线像快艇般划过，人字形尾浪在湖面急速推进。约两分钟后，画面上的黑色条状物沉入水底不见踪影，镜头切换之后是湖面上露出了一个圆的白点，在白点上似乎还有一个更小的黑点，白点其实有小孩的头那么大，不过不知道那是不是水怪的头？白点静静地浮在水面几分钟后突然旋转起来，看上去就像一条巨大的章鱼或水母正旋转挥舞着触角。洪显烈告诉考古专家，在他所录下的资料中，水怪的种类不少于四种。

4月7日，考古专家在洪显烈的带领下经过两天的翻山跋涉，登上了位于4700米高的猎塔湖。由于刚刚进入4月，夜间山上温度还很低，猎塔湖的湖面中央仍结着厚厚的一层冰。湖的背后是一座海拔5000米以上的雪山。考古专家用肉眼估算，猎塔湖的湖面宽大约在200米左右，长不到400米，这在高原湖泊中并不算大的。在解冻的湖边，考古专家看到，有一两只小蝌蚪在水中游动，湖岸的四周长满了茂密的杜鹃树和柏树。洪显烈告诉考古专家，附近的山上像这样的高原湖泊还有几个，不过都没有发现有生物存在，唯独只有猎塔湖里出现了生物。

在冰面上考古专家确实看到了几个跟录像中一样的冰窟窿，但没有见到有气泡冒出，至于"水怪"，考古专家此次无缘得见。洪显烈解释说，由于现在湖边的冰已经解冻，所以"水怪"没有必要再在这里换气，它的声呐系统可能已经进化得非常发达，一般不静下心来在湖边住几天根本发现不了它。如果真的像洪显烈所认为，那几米长的水怪又是如何在这么小的湖里获得足够的食物呢？对此洪显烈也没有一个合理性的解释。

再探猎塔湖

为了一探猎塔湖水怪究竟，2005 年 10 月 15 日，中央电视台《走近科学》摄制组来到了猎塔湖，在洪显烈曾经拍摄水怪的平台上，摄像师架起了摄像机，静静地等待那个神秘生物的出现。下午将近 4 点的时候，猎塔湖上空突然飘起了雪花，原来平静的湖面上出现了强烈的反光，这些反光对寻找目标非常不利。

突然，摄像师在对岸附近的水面上，发现一片可疑迹象。会不会是水怪要出现了呢？

摄像师不断地调整机位，随时捕捉湖面上出现的这些可疑的现象。可奇怪的是，在不到一个小时的时间里，这些现象虽然反复出现，却没有看到任何生物的影子。

更让人感到奇怪的还有当时的天气。当天下午，猎塔湖上空一直都很晴朗，可是，当湖面上出现这些奇怪现象的时候，却突然飘起了雪花。而那些现象消失以后，雪也停了。这是一个偶然的巧合，还是湖面上天气的变化和那些现象之间存在某种必然联系呢？

专家分析说，猎塔湖是雪山脚下的一个高原湖泊，它三面环山，形成了簸箕形的地形结构。正因为这样一个特殊的地理环境，才导致了这些奇异现象频繁出现。白天猎塔湖受日光照射，湖水表面温度逐渐升高后，使靠近湖面的热空气上升与高处的冷空气相遇，形成降雪，在两股空气温差的作用下，使空气形成了对流。

猎塔湖上之所以会出现旋风，是由于西侧山谷中不断横向吹来的风造成的。当湖面上的对流空气与山谷中吹来的风相遇时，就有可能使对流空气旋转起来。

如果旋风大的话，湖里的水就会转动起来，而从人的角度看，就像一条巨大的鱼在游动一样。如果湖面上出现的旋风继续不断增强，就会因为旋风中心气压减小而把湖水吸向空中，从而出现另外一个奇观，水龙卷。那些目击者看到湖面上出现的那个近 20 米长的神秘怪兽，也许就是这样一个自然现象使他们产生了错觉，把旋风卷起的水浪当成想象中的水怪了。因为，他们看到水面上有物体出现之前，湖面上空都出现了很大的风。

由于他们对猎塔湖一直充满着敬畏，而类似水龙卷的情景又从未见过，因此，当这种恶劣的天气现象突然出现的时候，目击者很自然地就把这个景象和自己所熟悉的事物联想到了一起。

因此，在猎塔湖面频繁出现这些奇怪的现象，也许并不是因为湖中水怪在作祟，很可能是湖面上不稳定的旋转气流在水面上掠过造成的。

但是当考古专家拿洪显烈拍摄的录像和他们所看到的现象相比较的时候，却发现了明显的不同。在洪显烈拍摄的这个旋转的浪花中间，有一个非常明亮的白色漂浮物。这个白色物体是什么？通过仔细辨认，在白色的浪花下面隐约可以看到一些黑色的影子在移动。这黑色的影子会不会是湖中的某种生物呢？

考古专家在湖边看到了一种两栖类的动物山溪鲵，洪显烈拍到的那些奇怪现象会不会是比较大的山溪鲵搅动出来的呢？但山溪鲵的个体很小，只有二十几厘米的长度，直径也不过两厘米左右，它不可能掀起这样大的浪。

可如果在湖面上搅起那个圆形浪花的不是山溪鲵，那它会是什么呢？

杜宗君是四川农业大学副教授，主要研究我国川西高原地区的鱼类资源。他认为虽然川西高原生态环境比较简单，鱼的种类并不是很多，但是仍然有一些耐受力很强的鱼类生存在这里，其中较常见的有裂腹鱼和龙鲤等。针对洪显烈拍摄的那段录像中的水花，杜宗君认为，那很可能是鱼群在湖面争食的时候造成的。

猎塔湖中有山溪鲵存在，也就会有其他生物生存。而适合在川西高原地区生活的裂腹鱼和龙鲤等鱼很可能就在湖里。由于猎塔湖是一个封闭的自然环境，湖中食物比较匮乏，一旦鱼群发现湖面上漂浮着可食物品的时候，就会一起上前啄食。圆形水花中间白色的亮点，很可能是岸边脱落的某种物体。

猎塔湖的海拔高度是4300米，年平均温度只有6℃。山上冰雪常年不化，即使在盛夏时节，常常也会下起大雪。偶尔滚到湖中的岸边积雪，就可能成为吸引湖中鱼群相互争食和游戏的对象。在它们相互争食的过程中，推动着雪块在湖面上移动，从而产生这个奇特的现象。

专家的说法很有道理，但它是唯一的答案吗？有人持不同的意见。

随后考古专家就此事采访了中科院成都生物研究所高级实验师、两栖爬行动物研究专家吴贯夫。吴老师表示，从录像带上水面搅动的波纹来看，应该不是单个的鱼类，而且由于波纹有一个明显露出水面的部分，所以也不可能是一群鱼。对有人说是水獭，他表示在九龙县没有发现水獭。

吴老师称，从水怪活动的情况看，可以肯定排除是非生命的可能，肯定是一个体型较大的生命体在其中活动。此外他分析，水怪不止一只，肯定是一个种群，可能是两栖或者其他动物。

真相未明之前，人们只能作出种种猜测。

猎塔湖水怪猜想

中央电视台《走近科学》栏目关于猎塔湖水怪的节目播出之后，日本的专家也曾带着潜水设备来到猎塔湖。在他们准备派遣潜水员下水之时，水面突然起了直径20～30米的旋涡（和中央台考古专家拍到的旋涡大不一样），日本潜水员没有下水。

日本的专家在对整个猎塔湖区进行了调查之后，发现在翻过猎塔湖大山之后，还有两个大小和猎塔湖几乎一样的高山湖泊。而且当地的藏民也有人说水怪在这三个湖里都有发现。说水怪在猎塔湖发现也可能是由于当地藏民较闭塞，在中央台采访的时候，一些重要的情节和信息都被忽略了。如果其他两个湖真有水怪出现的话，那极有可能这三个湖底部是相连的。猎塔湖呈梯形，上小下宽，虽然湖面长仅400米，宽仅200米，最深处却达到187米。如果猜测是正确的话，那么湖底相连和湖水过深都给科考造成了巨大的难题。在中央台采访以后，又有人拿了网放置于猎塔湖中，希望捕获所谓的水怪，但是和喀纳斯湖遭遇的情况一样——渔网被撕破了。

据日本专家探究后推测,猎塔湖的水怪极有可能是类似于鱼龙的东西。在返回日本后,他们还做了一期节目,画出了推测的鱼龙的样子,节目的 DVD 也寄给了猎塔湖景区的负责同志。

猎塔湖水怪究竟是什么东西?包括专家在内的人都不能说出所以然。

以下是一些不同的观点:

观点一,未知水生动物

不少人认为水怪可能是一种从未见过的水生动物。水怪始终是在水里活动,即使露面也仅仅是从水中露出身体的一小部分,或是若隐若现的躯体。从水怪搅动水花的情况分析,水怪说不定是一只巨大的章鱼,因为水怪在旋转的时候产生的波纹很像章鱼触须在搅动水面。但对于为什么水怪能搅出各式各样的波纹,甚至在旋转时忽然改变方向、忽东忽西飘忽不定,却又无法解释。

观点二,外星生物

有人怀疑是人工智能机器,但马上有人否定,谁能制造出这种神奇灵活的人工智能机器。最富想象力的是——水怪可能是一种来自外太空的未知生命!普通的东西不可能有如此灵活的运动能力。

观点三,远古生物

洪显烈认为无论水怪玩出多少花招,它毕竟是长期生活在水中的东西,是水生动物。喜马拉雅山曾是一片海洋,经过地壳运动才变成了高山,至今在喜马拉雅山还发现了不少水生动物的化石。九龙县也许因为湖泊的存在保留了最后的生存环境,所以让一些古生物能幸存下来。

无论水怪是什么,但有一点是很明显的:来猎塔湖探险和旅游的人越来越多了,也许洪显烈们的心愿慢慢就要实现了……

铜山湖——传奇湖泊传奇水怪

铜山湖,位于河南省驻马店市泌阳县境内,距县城 30 公里,是 20 世纪 60 年代筑起的人工水库,属长江流域唐白河水系,湖水发源于伏牛山脉的白云山区,之后经泌阳河、唐河入汉水,最后归入长江。如今,铜山湖有水面积约为 186 平方公里,蓄水量达 133 亿立方米,湖水清澈,风光秀美。

铜山湖近些年来颇受人们关注,得益于频频出现水怪的传闻。这个传闻,最早始于 20 世纪 80 年代中期,之后据说每年水怪都会出现,有时一年达数次之多。

铜山湖水怪魅影

1. 魅影初现

1980 年 9 月的一个夜晚,住在库区一个小岛上的水产队职工马海立心神不宁,想起家中还有事情没有办妥,就偷偷地溜出职工宿舍,找了条机动挂帆船,慢慢向库区的岸边驶去。

当晚皓月当空，风平浪静，使得马海立的心情慢慢变好起来，他加快了速度，没多久就划到了仙人掌岛。此时他正要继续前行，偶然抬头，突然看到有两个发着绿光的灯泡在岸边闪烁。马海立顿时有些好奇，就想知道究竟是什么东西在发光，便悄悄将船开了过去。

铜山湖

当他离绿光四五米远时，借着月光一看究竟，马海立吓得顿时毛骨悚然，原来是一个黑糊糊的东西趴在岸边的岩石上：半截身子在水里，另半截身子在岸上，有四五米长，两个发绿光的灯泡是它的眼睛；它的头有牛头般大小，状如蛇首，上面还长有两只短角；嘴是扁平的，有簸箕般大；鼻孔有核桃般大；而其露出水面的皮肤相当粗糙，还附带有铜钱般大小的灰色鳞片；整个身子看起来像一条大蛇，但却带有两个爪子。

这个怪物实在太可怕了，狰狞的面目吓呆了马海立。不过，怪物对马海立这个深夜前来打扰的不速之客也相当惊异，双方对峙了片刻，它立即缩身入水，向东南方向游去，所经之处，激起半米高的白浪，同时散发出一股股恶腥的气味。

马海立顿时被吓出了一身冷汗，他生怕再出意外，就奋力向岸边驶去。

回到家后，马海立就大病了一场，在家休养了一个多月。病好后，他执意申请要调离库区，无论如何也不愿再在这里待下去了。

2. 魅影再现

水库发现水怪的消息不胫而走，人们议论纷纷，成为库区的一大热门话题。

有水库职工想一探究竟，但在随后的数年间，水怪再也没有出现。这件事情渐渐被人们淡忘，但有细心的职工发现：自水怪首次露面之后，库区内一二十斤的大鱼数量逐渐减少，而且布下的渔网也经常出现大洞，洞大得能通过汽车。

人们逐渐相信了马海立的遭遇，并期待着水怪行踪再现。

机会终于出现了。

1992年，水怪仿佛为了满足人们的好奇心，再次浮出水面。

1992年8月9日下午。河南省舞阳市干警李刚等6人在铜山湖水库钓鱼。18时30分左右，平静的水面上突然掀起巨浪，并散发出浓浓的鱼腥味。接着，水中冒出一个庞然大物的身躯，那怪物从两个鼻孔中喷出两条水柱，颈粗如水桶，两个带爪的前肢在水面划动，身躯露出水面部分有3米多长，并张着像簸箕般大小的嘴巴……怪物在水面停留数十秒钟后，悠然没入水中消失。水面恢复了平静，只留下浓重的鱼腥味。

3. 水怪频现

水怪这次露面之后，便频频出现，平静的铜山湖再也不能平静了。

1995年8月5日，河南省乎舆县办公室主任邱兴会率队来泌阳考察学习。学习之余，由泌阳县一位副县长陪同游览铜山湖，他们找了一辆机动船下水，当船行至距离岸边50多米时，邱兴会他们突然发现在船的前方有3个呈一条直线的物体浮在水面。当船行至离3个黑色物体只有20多米远时，它们突然下沉，水面顿时陷落成一条深沟。船上众人不禁大惊失色，忙呼游船掉头折返，惊慌间向后望去，只见水下一个移动的物体朝远处急驶而去。

事后，人们为这条怪物起了一个雅致的名称——泌阳龙。

两个月后的1995年月10月，泌阳县委组织部在湖区管理局举办副科级后备干部培训班。25日下午4时，杨林海、李森等6名学员课余在湖面上划船游玩。正嬉闹间，6人几乎同时发现前方数十米远处有一黑色怪物突然出现，其脊背露出水面十几米长，头抬起有半米高，长着两只角，两眼发着绿光。几个人顾不上细看，在一片"水怪""水怪"的惊呼声中，用尽全力把船向岸边划去。由于他们过分紧张，船在离岸边3米远处翻了个底朝天，6人同时落水，幸亏此处水浅才没发生危险。

2001年5月3日，水怪再次出现。当时是下午3时左右，天气很好，100多名游客正在等待乘坐游艇。忽然有人喊起来："快看啊，出现水怪了！"众人顺着他的手指，发现前方100多米的湖水中，有一个黑色的脊背正在水面上一拱一拱地前行，看不到首尾。但从其脊背估计，它有20多米长。水怪这次游得很快，所过之处，水花翻溅，浪高约有一两米，过后三四十米仍有浪花。约10分钟后，那怪物消失。当时，那个"怪物"在湖汊处，两边都是山，看起来很美丽。有游客用相机拍，但由于使用的多是傻瓜相机，距离又远，故冲洗出来后看不出什么，事后有人分析，可能是因为"五一"期间游客太多，大小游船都下了水，把它轰了出来。这次目击水怪的有100多人，其中有水库职工也有游客。

5人目击百米水怪巨影

铜山湖森林公园里有一个叫做栗枣园的饭店，该饭店北面紧邻湖区天然浴场，此处的湖水深三四十米，正是水怪经常出没的地方。

2007年4月29日下午4时许，饭店女老板陈忠玉和饭店厨师、帮工李德柱与陈运改及老板的两个孩子正在忙着：厨师李德柱给房顶搭建遮阳棚，陈忠玉和陈运改则在菜地里抽蒜薹，两个孩子在一旁玩耍。

那时天气特别闷热，没有一丝风，像要下雨的样子。大伙正忙碌着，站在房顶的厨师李德柱突然大喊起来："水怪！看啊，水怪出来啦！"大家顺着他指的方向，果然看到有一个东西在水里。陈忠玉后来说，他们看到平静的水面上起了一道黑脊，高出水面近两尺，宽也有一尺多。这道黑脊很长，比深入湖区的两个堤坝之间的距离还要长一二十米。

从形状上来看，黑脊左边应该是头，右边应该是尾巴，中间部分比两头高很多。它静静地停了 l0 多分钟时间,开始先从左边下沉,然后是中间部分,最后是尾巴。

陈忠玉他们当时兴奋得大喊大叫,呼喊屋内孩子的爸爸和几名游客也出来看看,但那几人并不相信。

后来据考古专家目测,水怪出现的地方离菜地有近 200 米,而两个大坝之间的距离也足有 100 多米。这样算来,水怪应该有 150 多米长。湖区有这样大的鱼?专家难以置信。

"你们当时是不是看花眼了,或者是出现了幻觉?"专家不无疑惑地问。

"不可能!两个孩子都看见了,连戴着近视眼镜的李德柱也说自己看见了!"陈忠玉坚决地说。

专家找到另一目击者陈运改求证。陈运改详细地向他们讲述了当天的情况,时间、天气、黑脊形状及出没情况,跟陈忠玉所讲情况完全一致。

众多人的见证,让水怪之谜更加引人遐想。

水怪究竟是何方神圣?

陈忠玉他们看到的水怪究竟是什么东西?难道他们看到的是一种巨大的鱼吗?

马道林场旅游办主任赵书奎分析,铜山湖水库(当地人又称之为宋家场水库)属长江流域的唐白河水系,经汉水入长江。它建成于 1969 年,建成后第一次投放的鱼苗是从长江中捕捞的,其中有青鱼,其野性比较强,生长得也比较快;还有一种被叫做"赶条"的鱼,头比较柔软而且是尖形的,大的能长到 100 多斤;前些年湖中还投放过中华鲟,它生长的速度也比较快。人们看到的也许就是这些长大的鱼吧。

专家在陈忠玉的饭店里看到了刚刚从水库里捕获的"赶条":头软而尖,黑背,通体柔软。它在水里厉害着呢,速度像火箭一样快,没人敢惹它,也很难逮。

赵主任说,水库捕捞出来的最大的鱼有 118 斤,而钓鱼爱好者也经常钓到 100 多斤的鱼,最大的重达 127 斤,再大的鱼就捕捞不出来了。前几年发大水时,在水库的上游有村民发现了一条十几米长的大鱼,比他们 10 多米长的船还要长,几条船将这条鱼围起来,村民用渔叉狠狠地叉它,还是让它逃掉了,估计这条鱼应该不下 1000 斤。

至于陈忠玉他们看到的 100 多米长的黑脊背,赵主任认为应该不是一条鱼,它们应该是一个鱼群。正因为是一个鱼群,连起来看才有那么长,一条鱼应该不会那么大。

但也有周围的村民认为,他们以前发现的水怪与陈忠玉看到的不是一个物种,肯定是另外一种东西。水怪究竟是何方神圣?还需要更多的实证。

库区曾有一位照相馆的老板几年来一直拿着相机在库区转悠,期望能拍下水怪的魅影,也有专家曾蹲守了三个月,可惜他们没有那么好的运气,没有亲眼目睹水怪的出现。

水怪魅影依然疑雾重重……

难解的水怪之谜

铜山湖水库出现水怪的传闻越传越广,报纸、电视纷纷出现报道,甚至开始在网络上热传。人们议论纷纷,有人说是条大鱼,有人推测传说中的蛟龙也许真的存在,甚至还有人认为是史前某种不明生物再现……各种离奇的猜测纷纷冒了出来。

带着种种疑问,几位来自全国各地的专家来到铜山湖水库展开调查。

说到能在淡水中生存的生物,目前已知最长的就是于1951年在美国发现的白鲟鱼,而它的体长也仅仅有3.65米。况且铜山湖的气候根本就不适合白鲟鱼的生长,显然这所谓的水怪跟白鲟鱼没有关系。那么在铜山湖里发现的身长上百米,中间有一段还在水面以下的水怪,会是什么呢?

铜山湖水怪是大蛇吗?

为了能够找到答案,专家们走访了熟悉当地水产的专家——吕书成。他是河南省驻马店市泌阳县的高级水产师,在湖边工作了几十年,同样热衷于对铜山湖水怪的探讨。对于水中长长的水痕,吕书成推测认为:所谓的水怪有可能是活动在水库附近的巨大蟒蛇。

根据调查,有人的确在水库附近见到过体型庞大的蛇,那会不会是蛇又到了水中呢?专家做了一下测算,如果是条大蛇的话,要想在水里划出近百米的水痕,蛇的长度至少得有三四十米,粗至少在50厘米以上,在铜山湖附近会有这么大的蛇吗?

专家听当地村民说,附近的曹寺村有个人称"铁头"的村民在离天然浴场一公里外的狼洞岭曾发现过一条两丈多长的大蛇。"铁头"下雨天出去捕鱼时曾与之相遇,僵持几分钟后蛇逃进一个能进人的山洞。

专家连夜找到"铁头"的家,此人叫杨家周。当专家说明来意后,他答应第二天带他们上山——寻找大蛇的踪迹。随后,杨家周带专家们来到大蟒经常出入的洞穴。在洞口他们清楚地看到大蟒爬行留下的痕迹,蛇爬过后压倒的草痕大约有30多厘米宽,专家推测这条大蛇应该有10多米长。而这10多采长的身躯,在水中顶多只能划出几十米的水痕,跟目击者口述的上百米水痕相差很远。

专家特意走访了据说曾亲眼目睹过水怪的陈忠玉。陈忠玉一再强调:她看到的大水痕离她只有几百米的距离,而且当天这片水域没有风,也没有一只船,绝对不是船划过留下的痕迹,除了她以外,还有很多人同时看到了这个神秘生物,其中有她5岁的小女儿李驰。

都说童言无忌,5岁的孩子小李驰指着一条路说,有这么长。她所说的路,是湖边一条100多米长的水泥路,有了眼前的水泥路为参照物,专家推测出,这条大水痕的长度应该不会低于100米。看来这片水域里,确实有古怪!

然而常识告诉我们,陆地上的蟒蛇没有像鱼一样的鳍,它在水里只能靠身体的扭动前行,所以在水里面根本就产生不了大的冲击力。所以无论多大的蟒蛇在水中也是不可能划出上百米的水痕的。

看来大蛇说是不能令人信服的。

到底是什么样的水中生物能划出这么长的水痕呢？

1. 铜山湖水怪是蛟龙吗？

专家发现，关于水怪的线索，除了上百米的水痕以外，其余的线索太少了。会不会有人见到过水怪的模样呢？从村民第一次发现铜山湖水怪的踪迹到今天，已有30多年了，特别是近年，水怪几乎每年都会出现一两次，经过了这么多年，难道就没有人见到过水怪的真面目吗？

专家一提出这个问题，几乎所有人都不约而同的提到了一个名字——马海立，据说只有他在20多年前亲眼见到水怪的真实面目。但是，马海立已经搬走了，这唯一的目击者能否找到？他又是否真的见到了水怪呢？水怪到底长什么样呢？

为了找到这位唯一的水怪目击者，专家找到跟马海立一起长大的铜山湖渔业捕捞队职工郭庆丰。想知道马海立现在在哪？怎么能联系到他？据郭庆丰讲，马海立当初也是铜山湖渔业捕捞队的，为人老实，但是就是在他一次从湖上回来之后，他就打起了退堂鼓。

这位郭庆丰是马海立的发小，对马海立的情况是非常的熟悉。他告诉专家马海立的近况。

几经周折专家们找到了马海立的电话，但是他不愿意自己平静的生活再次受到影响，只是勉强同意在电话中与专家们进行沟通。马海立描绘出了蛟龙头部的模样。如果再加上陈忠玉一家看到的体长上百米的黑色划痕，如果把这两个部分用电脑特技进行组合，就会惊奇地看到类似传说中的龙的样子……

更奇怪的是，当地有很多老百姓都相信，铜山湖里的水怪就是一条蛟龙。是什么让他们对自己的推测这么肯定呢？仔细追问才知道，铜山湖里有水怪的说法由来已久，在《泌阳县志》里记载得很清楚，清代康熙五年，即公元1666年，那年7月的一天，县城西南方有一个斗大的动物从天而降，模样像一条蛟龙。

众多见闻中，也不乏让人难以置信的离奇成分。有人声称见过水柱冲天，蛟龙游动的场面。1985年9月的一天，10多位湖边放牛者正在聊天，发现湖面突然冒出一个直冲云霄的水柱，哗哗作响，两条蛇状物体扶摇直上……数分钟后，水柱消失，水库平静如初。

不过有两件事倒是证据确凿的。一件事是，泌阳县委宣传部司机舒辉曾告诉专家，1986年9月的一天，他从驻马店出差回家，行至离宋家场库区1公里处，突然发现从水库里升起一个大水柱，直冲云天。舒辉与同车的3人下车观看，发现水柱中有一条黑色蛇形大物。水柱一直延续了约两分钟，然后突然消失，水库平静如初。另一件事是，宋家场水库管理局局长金凤鸣告诉笔者，自水怪出现以来，水库中10多公斤、几十公斤重的鱼便很少见到，下网捕鱼时，渔网下面经常被咬破。

铜山湖水怪既能产生上百米的划痕，又长得像龙，在水里还有巨大的力量，莫非这水怪真的是传说中的龙吗？

如果真的存在蛟龙之类的生物，那目击人看到的上百米水痕、马海立看到的怪物样子，无疑都会得到合理的解释。可问题是，从来就没有人看到过水怪的完整面貌，会不会是当地人深受传说的影响，把看到的东西尽力往蛟龙的模样上联想呢，会不会水怪另有其物呢？

2. 神秘的4月29日

专家们在湖边采访到了一个叫陈辉的人，他说他曾经和神秘水痕有过近距离的接触。

在对陈辉的采访中，专家们注意到了一个时间，这个时间在陈忠玉的采访中也出现过，这个时间就是4月29日。陈忠玉一家见到上百米水痕的时间，是在2007年的4月29日，陈辉见到水痕的时间是在2006年的4月29日，他们两拨人见到上百米水痕的年限虽然不同，可时间却都是相同的4月29日，这难道仅仅是巧合吗？

专家们很想知道，为什么两拨人竟然会在不同年份的4月29日都发现了神秘的水痕，难道4月29日对于铜山湖来说是个特别的日子吗？

专家搭乘铜山湖渔业捕捞队的船，想到湖里一探究竟。早上6点多钟，渔民们开始收网了，看着数量庞大的鲢鱼，一个疑问不禁出现在考古专家脑海中，目击者们见到的上百米水痕会不会是庞大的鱼群呢？铜山湖里会有能扯破结实渔网的凶悍鱼群吗？

当地渔民说，每年的四月底正是铜山湖里鲢鱼活跃采食的时期。4月29日也恰恰就在这个时期内。由此看来，这百米长的水痕很有可能是由一个或几个鲢鱼群造成的。可问题是，鲢鱼群再大，不还是被渔网打捞上来了吗？难道那些出现巨大破洞的渔网是被另外一种凶猛的不明生物扯破的吗？在北方的水系中，什么样的物种会有这样的力量呢？

专家分析：铜山湖从建成到现在已有几十年了，虽属长江水系，但有大坝隔断，基本上属于相对孤立的水域。当地渔业部门在铜山湖里投放的鱼苗，主要是鲢鱼和青鱼。

当专家猜测是否有可能存在体型巨大的青鱼时，碰巧找到了两张在今年4月份拍到的一条青鱼照片，这条青鱼体重118斤。通过照片，考古专家清楚地看到，它的体长竟然超出了旁边渔民的身高，鱼身上的一片鱼鳞大概有小半个手掌那么大了！而人们平时看见的鱼鳞也就只有手指甲盖那么大，可见这青鱼的块头有多大。据捕捞者说，这条鱼的长度超过了两米。那么这湖里会不会有更大的青鱼呢，扯破渔网的元凶会不会是大青鱼呢？

不过，当地政府部门的有关人士又向专家作出了下述两种也颇具科学性的解释：

一种说法是扬子鳄。宋家场水库建成之初，曾从武汉购入大量鱼苗，也许鱼苗中挟带有鳄鱼苗，如今这些鳄鱼长大了。

第二种说法是中华鲟。生长于长江的中华鲟，遇汛期逆洪水而上，经汉水、泌阳河入铜山湖，并且生长成体型巨大的中华鲟。

但无论是青鱼抑或是扬子鳄、中华鲟,皆与人们目睹到的怪物相貌有较大差异。

猜测仍然在继续着……

或许,当地人是把几种完全不同的生物在水中的表现,综合成了所谓神秘水怪的踪迹。这上百米的水痕是成群的花鲢觅食的结果;扯破渔网的罪魁祸首就是上百斤的大青鱼;马海立所见到的不明生物,很可能就是原本胆小的马海立在惊恐之下产生的一种错觉……

泌阳水怪三百年

据清道光八年(1828)以来的《泌阳县志》记载,怪兽在泌阳出现已有300多年的历史了。

《泌阳县志》中最早记载水怪是在清代康熙五年(1666)。文中记道,是年7月的一天,县城西南方有一个斗大的动物从天而降,模样像一条蛟龙。乾隆五十六年(1891)的记载更为详细,泌阳县城北端有一个陈家楼的地方,这年夏天的一天,一阵怪风从陈家楼经过,距村南一里地的河中出现了一个巨大的水潭,此后人们不断在这个水潭里捕鱼。一天,有个叫刘栋的渔民忽见水潭上面漂浮着很多鱼鳖,刘栋又喊了两个徒弟帮助捕捞,他们带着捕鱼的工具潜入水中,在深处碰到一个动物的巨鳞。刘栋二人把渔叉扎入这个动物的鳞中,动物重得怎么也举不出水面。忽然潭中波涛翻腾,一个巨大的动物从潭中腾起,带来一阵狂风,到陈家楼掀房拆屋,势不可挡。恰逢一牧童在河边放牛,见有狂风来到,急忙用双手抱着一棵大树,险遭大难,而他放的牛却被狂风刮走。在现场看到的人认为,当时黑雾漫天,有两条白气像碗口一样粗细,呈长条状,在空中上下翻滚。

自1985年以来,已先后有100多人声称看到过水怪,虽然他们对水怪的描述多少有些差异,但出入不大。水怪出现的时间也由过去的秋季、雨后、傍晚、闷热天气,发展到今天的不分季节和昼夜……但从无水怪伤人的记录。

泌阳县迄今最近一次的水怪目击者是泌阳县财政局副局长禹少罕和县政府小车司机赵培军二人,时间是在2002年5月1日上午11时许。当时,禹少罕二人正在水管局东边的岸边游玩,忽见距岸约50米的水面上,出现两条黑色怪物,一前一后,露出水面10多米长,头尾的翅鳞一沉一浮,均清晰可见。

从清康熙五年到现在,时光已整整过了342个春秋。历时300多年的泌阳水怪更使人们感到扑朔迷离,那么,这一水中怪物到底是什么?它又是如何出现在铜山湖的?多年来,人们对此议论纷纷,莫衷一是。由于至今仍无定论,导致各种民间传说盛行。

时至今日,铜山湖水怪仍是一个未解之谜。

也许有一天,人们会看到铜山湖水怪的庐山真面目吧……

青海湖——高原上的水美人

青海湖古称西海,又称鲜水或鲜海。蒙语称库库诺尔,藏语称错温波,意为青色的海、蓝色的海洋。由于青海湖一带早先属于卑禾羌的牧地，所以又叫卑禾羌海，汉代也有人称它为仙海。从北魏起才更名为青海。它位于青海省东北部的青海湖盆地内，这里地域辽阔，草原广袤，河流众多，水草丰美，环境幽美。湖的四周被巍巍高山所环抱，北面是崇宏壮丽的大通山，东面是巍峨雄伟的日月山，南面是逶迤绵延的青海南山，西面是峥嵘嵯峨的橡皮山。这四座大山海拔都在 3600 米至 5000 米之间。举目环顾，犹如四幅高高的天然屏障，将青海湖紧紧环抱其中。

青海湖既是中国最大的内陆湖泊，也是国内最大的咸水湖。它长 105 公里，宽 63 公里，最深处达 38 米，湖泊的集水面积约 29661 平方公里，湖面海拔 3196 米。比中国最大的淡水湖鄱阳湖，要大近 450 多平方公里。湖水来源主要依赖地表径流和湖面降水补给。入湖的河流有 40 余条，主要有布哈河、巴戈乌兰河、侧淌河等，其中以布哈河最大。

然而，吸引人们目光的不仅是青海湖美丽的风光，更有那神秘的水怪传闻和鲜为人知的历史文化遗存。

见证神秘水怪

清乾隆初年编修的《西宁府新志》中具体记载称有："青海住牧蒙古，见海中有物，牛身豹首，白质黑文，毛杂赤绿，跃浪腾波，迅如惊鹊，近岸见人，即潜入水中，不知其为何兽也。"

据说当地的牧民对水怪莫不诚惶诚恐，顶礼膜拜，敬献牛羊三牲，于是海神显灵的种种传说一传十、十传百地流传开来。

近几十年来，有关青海湖水怪的消息不时流传。

1947 年，互助县却藏寺一位叫祁六十三的土族喇嘛，随师去西藏朝拜途经青海湖，在太阳快落下的时刻，一头比牦牛大四五倍的怪物浮出水面，劈波斩浪向岸边游来，似龙非龙，头圆润无角，双目闪闪发光。

1949 年春，互助县哈拉直沟乡费村汉族农民马三娃，因生活所迫外出淘金，在青海湖边歇脚用餐时，湖面上出现一截黑黝黝的粗大圆木在浮漂滑行，长约丈余，后来这缓缓滑行的圆木伸出长长的脖子，上面有蛇一样的头，鳞甲在阳光照射下乌金般光泽，向湖心漂去，转眼不见踪影。

1955 年 6 月中旬，一小队解放军战士陪同一位科学家在青海湖进行科学考察。一天，他们 10 个人分乘两辆水陆汽车，从海星山东侧向对岸开去。中午 11 点左右，天气比往常热，水面较平静。当行进大约十七八公里时，班长李孝安发现右前方 80 米处出现一个 10 余米长，宽 2 米左右的黑黄色东西，其顶端基本与水面持平。当时，李孝安以为是遇上了长着青苔的沙丘，便提醒司机注意。沙丘越来越近了，在与战士们相距 30 米左右时，肉眼都可以看清它，正当人们议论时，突然看见沙丘向上闪动了一下，露出水面约 30 厘米，接着马上又下沉消失不见了。

1960 年春，正值捕捞旺季，渔业工人在湖里捕鱼。工人们发现遥远的湖心水面上，突然卷起冲天巨浪。顷刻，只见一片黑色的巨礁从水面渐渐浮起，既像鳖壳又像鲸背，犹如一座无名岛屿。良久，只见黑色巨礁晃动了一下，又激起一阵冲天巨浪，然后沉入水中。这一景象先后出现了几次，令目击者惊讶！人们纷纷传言，疑为千年鱼精龟鳖之类显灵。

1982 年 5 月 23 日下午，青海湖农场五大队二号渔船职工再次目击到水怪。那天下午天气闷热，湖面风平浪静，4 点多时这艘渔船开始返航。后来站在船尾的两名工人看见在海星山偏北 20 度东面，有一个巨大的黑黄色怪物在水面上一动一动的，像一只舢板反扣的形状，比舢板稍大，不露头尾，大约 13~14 米。这个水怪立即引起人们注意，舵手掉转船头直冲这个怪物驶去，但船开到距离这个怪物大约 50 米的地方，可能由于渔船声音太大，惊动了它，怪物马上潜下水去。从发现怪物到其下潜，共持续约 5 分钟。下潜时怪物身上闪着鱼皮似的光，水面上出现了一道又宽又大的回旋水流，一直持续了很长时间。令人高兴的是，渔船记录簿上详细记述了整个目击经过，为研究青海湖水怪提供了第一次真实可靠的文字记载。

1987 年，青海某旅行社一位不愿透露姓名的先生，午后到湖边拍照，忽然发现碧波荡漾的湖面上冒出一个有二三头牛那么大的怪物，背部呈灰褐色，原以为是条大鱼，刹那间那怪物昂起像驼鸟般细长的颈项，头部呈三角形，似有水珠喷洒。他猛地意识到这可能是蛇颈龙，抢拍了一张黑白照片，再拍时怪物已沉入水中，前后约二三十秒钟。

曾目击湖中怪物者尚有数十人，这给青海湖蒙上了一层浓浓的神秘色彩。这一切，都有待于科学家们进一步探求。

对于水怪的猜想

专家综合分析几次目击情况，可得出几个共同点：一是水怪出现之前天气都较为闷热；二是几次目击到的水怪形体均较大，都是黑色，活动特点都是露出水面一下然后立即下沉，长度都在 10 多米，由此可以断定几个水怪是同类物体；三是它们出现的地点都在海星山与青海湖东岸之间。

科学家推测，青海湖水怪不太像是蛇颈龙之类的远古爬行生物。因为几次出现的水怪都是藏头藏尾的，无高大的驼峰，这些均不符合蛇颈龙的特征。

那青海湖水怪是大鱼吗？

多少年来，青海湖畔的藏民一向把天上飞鹰和水中游鱼奉为神灵，从不伤害和捕食鱼类，久而久之，致使湖内鱼类繁殖到饱和程度，数十斤重的大鱼很常见。尽管后来有了国营渔场开始捕捞，但湖内是否还遗留罕见的大鱼，也未可知。

青海湖水怪不是恐龙，也不是大鱼，那会是什么呢？它的出现已引起世界科学界的关注。

也有人怀疑是一种珍稀的物种在青海湖这种特殊的环境中仍然幸存着，至于它的真实身份，至今无从知晓。

有关青海湖水怪的种种传说，给青海湖蒙上了一层浓浓的神秘色彩。

勐梭龙潭——揭开云南恐怖湖之谜

西盟佤族自治县位于云南省西南部、思茅地区西部。勐梭龙潭位于西盟县城西边3公里处，潭水较深，四周林翠山青，景色秀丽。龙潭面积750亩，潭底最深达29米。湖中碧水粼粼，波平如镜，湖边苔藓遍地。

勐梭龙潭湖岸南面峭壁耸立，其他三面都是原始森林，古木参天，林中幽静恬美，有成片成林的大茶树、相思红豆，还有不少珍禽异兽栖息在此林中。秀丽的青山倒映湖中，景色静谧、幽静、秀美。茂密的热带雨林，李根倒挂的千年古树，把清澈文静的勐梭龙潭拥入怀中。没有过多的人工雕琢，是大自然的造化。走在湖边一阵清风吹来会有许多树叶落在湖面上，但不多时就不见

勐梭龙潭

了，据说是那些勤快的小鸟用嘴叼走的，它们把湖面打扫得干干净净，所以水明如镜。

此外，勐梭龙潭与境外35公里之遥的缅甸龙潭水脉相通，同清同浑，齐涨齐落的奇观被佤族兄弟赋予姐妹龙潭、夫妻龙潭的美称，更增添了景观的趣味性和吸引力。

龙潭的水一年362天都那么清澈，但是唯独三天是混浊的。这是为什么呢？当地有一个美丽的传说——勐梭龙潭与缅甸境内的绣球龙潭互为夫妻，每年水浑三天就是夫妻相会所致。时至今日，每年中都会有三天，雌雄两潭同时变浑，三天后则恢复如初，据说是因为那三天他们幽会痴缠去了。水不在深，有龙则灵，潭之神一旦隐去，水之灵也就无可傍依。这对甘居凡尘的潭之神，把362天的清幽赠与人间，而一年一度雷打不动的相会，则要付出浑浊三天的代价。

勐梭龙潭是典型的热带雨林湖泊，沿新修的人行道环潭而行，一边是汪汪青潭，一边是葱郁密林。原始森林中满眼皆是李根倒挂的千年古树、痴缠难断的悠长藤葛和湿滑碧翠的苔藓。行走中需十分小心，旁逸斜出的树根、枝丫和藤葛总是直扑你面门，刚谨慎地绕开，下一个路障又接踵而至。热带雨林的典型景致——树包石和独树成林，一路上也是随处可见。如果对植物有研究，你还会撞见一些国家一级保护植物。那些古树老藤，犹如一尊尊抽象派雕塑，每一棵每一根仿佛都蕴藏一段绝美故事，或拥蹙或突围或痴缠或决绝，都在这窈窕水烟中渐次上演。

尽管勐梭龙潭的风光异常漂亮。当地人却对它议论纷纷，甚至达到了谈湖色变的地步，勐梭龙潭到底发生过什么事情，会让人们感到如此恐怖呢？

谈湖色变

勐梭龙潭四周绿树环绕,湖水晶莹剔透。然而与龙潭的美丽极其不和谐的景象是。龙潭边林立着数以千计的牛头骷髅。为什么会有这么多的牛头悬挂在龙潭边?牛头和勐梭龙潭到底有着怎样的关系?悬挂牛头是佤族人为了保护龙潭还是他们心中另有担忧?

而勐梭龙潭更让人觉得恐怖的原因是一个关于死亡的可怕故事。

多年前三月的一天,西盟县有一个新婚不久名叫岩拿布勒的青年去山林里狩猎,一天下来,他一无所获。岩拿布勒感到身心疲惫,眼看黄昏即将来,临,他想起家中怀有身孕的妻子,更加焦急万分。此时,岩拿布勒路过勐梭龙潭,看着清澈龙潭里自由游动的大鱼,饥饿难耐的他顾不上寨里老人们告诫过的,无论如何都不能捕勐梭龙潭里的鱼,他射捕了一条肥硕的大鱼。

岩拿布勒感到既兴奋又忐忑不安,怀着复杂的心情,他拿着鱼回到家中。当妻子得知岩拿布勒捕的是龙潭的鱼时,感到惊恐万分,因为妻子从小就听老人说,龙潭的鱼有灵性,千万不能吃龙潭的鱼,吃了必死无疑。但岩拿布勒坚持要烧鱼吃,而妻子也担心一天不吃东西,会饿着肚子里的孩子,夫妻两人便怀着侥幸的心情享受了这顿美味。

当天晚上,老人的告诫果然灵验了,岩拿布勒的妻子感到肚子疼痛、头晕恶心,而岩拿布勒则因为吃鱼过多当场死亡。

当地流传的岩拿布勒吃龙潭鱼中毒死亡的故事,到底是真是假?美丽的勐梭龙潭背后到底隐藏着什么秘密呢?勐梭龙潭的鱼真的如此恐怖吗?

带着一个个谜团,几位专家来到勐梭龙潭。专家发现天刚蒙蒙亮,当地居民便拿着塑料瓶到龙潭边的清泉处汲水,这已经成为他们每天的生活习惯。当地村民告诉专家,龙潭的水是神水,能治百病。但当专家提到龙潭的鱼,村民更多表露出的是对死亡的恐惧。

村民们一致说潭里边的鱼有毒不能吃,吃了会出人命的,以前也有这样的事情。他们说岩拿布勒吃鱼中毒死亡这件事情是当地老人讲的。为调查这一事件的来龙去脉,专家找到了如今佤族寨子里年龄最长的 79 岁的隋嘎老人。一问及龙潭的鱼,隋嘎老人马上告诫他们:龙潭的鱼受神灵保护,绝对吃不得!

隋嘎老人说,岩拿布勒因不听老人的告诫打龙潭的鱼吃而中毒死亡。第二天天亮,村人跑到湖边,他们惊讶地发现,原本清澈透明的湖水此时却变得极其混浊。龙潭的水变了色!这让村民们惊恐万分,大家议论纷纷,认为是岩拿布勒吃龙潭的鱼激怒了神灵。当时为求得水神的宽恕,村民们举行了隆重的祭祀仪式。

和佤族寨子里其他村民一样,隋嘎老人对岩拿布勒吃龙潭的鱼中毒死亡的事情也坚信不疑。随后,隋嘎老人带领专家们来到岩拿布勒曾经居住的地方。他说岩拿布勒没有后人,由于年代久远,岩拿布勒曾经的住处已经是杂草丛生,一片荒芜。

隋嘎老人还说,岩拿布勒吃鱼中毒死亡的事情是听他爷爷说的,他也说不清楚岩拿布勒的故事是哪个年代的事情。

西盟县真的有岩拿布勒这个人吗?他真的是因吃龙潭鱼中毒死亡的吗?西盟县是否还有类似的事情发生?为此,专家们来到了西盟县志馆。

西盟县志馆很多档案资料已经遗失,他们已无法查证当地是否有更多的人中毒死亡。考古专家在湖边看到龙潭里的鱼十分活跃,这些活跃的鱼真的像当地人描述的那样恐怖吗?

云南大学生物系教授王若南来到勐梭龙潭,凭着对鱼类多年的研究经验,她对龙潭的鱼进行了分析:勐梭龙潭里的鱼有鲢鱼、草鱼、鲤鱼、江鳅,还有鳝鱼。在淡水系统中,有毒的鱼常见的是河豚。而勐梭龙潭的水源环境决定了这里不会有类似河豚的毒鱼生长,龙潭里的鱼都是在云南常见的品种。

那没有毒性的鱼为什么会让当地人感到如此恐惧呢?

调查中专家想起隋嘎老人曾经说过:岩拿布勒吃鱼中毒死后的第二天,龙潭水曾经变过色。面对眼前清澈的龙潭水,专家不禁质疑,龙潭的水真的会变颜色吗?水又是怎么变颜色的呢?为此专家询问了当地佤族人。

当地许多佤族人说,龙潭水每年的二三月份都会浑上几天,浑的时候颜色好像淡茶色。直到今天,当地人仍然相信,水变颜色是神灵的告诫。

作为一个风景秀丽的高原湖泊,龙潭的水为什么每年都要神秘变色?龙潭的鱼吃了真的必死无疑吗?这里面到底有什么古怪呢?

湖水中的秘密

是有毒矿物质引起龙潭水变色吗?

从科学的角度来说,龙潭的水变颜色不可能是神灵的意志。能引起湖水变色的原因有很多,一般来说,阳光就会改变湖水的颜色,比如早、中、晚由于光线强度和角度的不同,人们看到的湖水颜色就会有所差别;另外,引起湖水颜色改变的另一个原因是,流入湖泊的地表水,在沿途中经过了很长路段的流淌,可能会裹挟着一些淤泥等杂物。而淤泥中又容易混杂一些有毒的矿物质,比如硫化物或者汞之类的物质,硫化物呈黄色或黄褐色,汞之类的物质呈红色,所以当这些有颜色的物质进入湖中后就有可能引起湖水变色。

那么勐梭龙潭的水变颜色是不是这个原因?有毒的鱼和会变色的水到底有没有关系呢?

龙潭中如果有有毒的矿物质,鱼类吞食了这些矿物质,极有可能会从无毒变成有毒,那龙潭中是不是含有有毒的矿物质呢?云南师范大学地理专家陈勇森和潘玉君教授对勐梭龙潭的种种神秘传说早有耳闻,他们来到现场,对龙潭的周边环境、地形地貌以及水的来源做了详细调查后,很快排除了这个可能。

陈教授认为，勐梭龙潭处于沙石岩、砾岩区，由地下水形成地表河，这个沙层对地下水有一个过滤作用，即使在附近有一些有毒物质进入水中，经过地下沙层过滤后有毒的元素大大减少了，就是有也相当微量。所以可以肯定湖水变色不是有毒矿物质引起的。

湖水变色与微生物的繁殖有关系吗？

调查中专家还注意到，在这个季节，龙潭的水位有着明显的变化，龙潭为何会出现这些变化呢？

潘玉君教授解释说，每年12月份到次年二三月份，恰好是西盟这个地区的气候最干最热的季节。干，表明降水量比平时要少，热，决定了勐梭龙潭水面蒸发量会很大。

干热的气候造成了龙潭水量减少，龙潭的水便由运动变为相对静止，再加上龙潭周围植被茂盛，靠近龙潭边的大树倒在水中腐烂，这样便为微生物的繁殖提供了条件。潘玉君他们经过简略的科学考察后认为，勐梭龙潭湖水致浊的原因，可能是生物致浊。

为查明是不是微生物引起的湖水变色，云南大学生物系教授王若南，再次来到勐梭龙潭对水体进行了取样。在显微镜下，王教授果然发现水样中有很多藻类。这是一些什么藻类？这些藻类的大量存在和湖水变颜色到底有没有关系呢？

经过检测，专家们发现龙潭水中存在大量甲藻。甲藻本身的颜色是黄褐色的，而甲藻大量繁殖生长的时候，就使龙潭水变成像茶水那样的黄褐色。

藻类在合适的温度和风力条件下能够暴发，由藻类暴发引起的龙潭水变色并不是神灵的旨意。

龙潭中的藻类有毒吗？

带着从勐梭龙潭取的水样，考古专家来到了中科院水生所找到了藻类毒素专家宋立荣教授。在送检的水样中，宋教授发现了有毒的水藻——一些有毒的微囊藻。

这些藻的毒性到底有多高？难道这些藻会使龙潭的鱼变得有毒吗？宋教授对水样中藻类毒素进行了鉴定。他发现龙潭水中的微囊藻的毒素浓度是比较高的。

宋教授分析认为，尽管人的肉眼看不见，但龙潭中一直都存在着微囊藻，浮游生物以藻类为食，鱼又以浮游生物和藻类为食，通过食物链的传递，日久天长，藻类毒素便会在鱼体内富集。

宋立荣教授认为鱼吞食或者消化微囊藻可能引起鱼体含有毒素。

海洋中有一种和藻类相关的灾难性事件，那就是赤潮。大量的海藻在一定的水温、盐度和风力条件下会爆发式生长，而在这些爆发生长的藻类中有一些藻类就含有毒素，因此，当赤潮发生时，海洋中的鱼如果大量吞食有毒藻类就会引起鱼类中毒死亡，如果人吃了这种体内富集了毒素的鱼，后果就可想而知了。

勐梭龙潭中的鱼有毒吗？

勐梭龙潭的微囊藻毒素对鱼的毒性影响到底有多大？人食用了龙潭的鱼会不会因此而中毒死亡呢？

为了查明湖水里面的鱼到底有没有毒,王教授对龙潭的不同水层、不同水域的鱼进行了考察,组织人员又进行了有针对性的捕捞。

在这些鱼中主要以藻类为饵料的就是鲢鱼。专家带着鲢鱼来到了当地疾控中心,请他们对龙潭的鱼有没有毒性进行测定,当工作人员得知要测定的是勐梭龙潭的鱼时,表现出了极大的兴趣。

疾控中心人员对鱼肉、鱼的内脏等重要器官进行了详细检测。龙潭的鱼体内到底有没有毒素?人吃勐梭龙潭里的鱼到底会不会中毒死亡?岩拿布勒吃龙潭鱼中毒死亡的事情到底是不是真的呢?

疾控中心的结果出来了。结果与老百姓所说的那个鱼不能食用,吃了后会呕吐、恶心这些症状完全不符。从化验结果来看,这些鱼是完全符合国家的安全食用标准,基本不含毒素。

龙潭里的鱼为何没有毒?

龙潭里的鱼根本没有毒,这个检测结果令当地佤族人颇感意外。难道是检测结果出了差错?通过食物链的传递,龙潭中藻类毒素应该能够在鱼体内累积的,但为什么龙潭的鱼吃了有毒的水藻,本身却没有毒素呢?

专家解释说,鱼的肝脏有解毒的功能,藻类毒素被摄入鱼体内后绝大多数能够被鱼的肝脏所分解,再加上龙潭内藻类毒素的含量远远未达到鱼的致死量,鱼不会因吞食毒素而死亡,人吃了鱼也就肯定不会死亡。

至此,勐梭龙潭湖水变色的原因和鱼有毒的传说都得到了比较合理的解释。

佤族传说与水神崇拜

佤族人为什么从古至今,祖祖辈辈对勐梭龙潭如此敬畏,如此虔诚地相信龙潭的鱼有毒,不能吃呢?考古专家采访了当地的民族研究专家王文光教授。

王文光说,从文化的角度来看,这样的传说和佤族崇拜水有直接关系。很多民族认为水里面有精灵,而鱼和水关系非常密切,所以通过把鱼有微毒这个事情扩大化了之后,进一步来劝诫人不要去捕鱼,要保护水资源,通过这个故事来达到使人和生态环境高度和谐统一的目的。

王教授还告诉专家们一个有趣的故事:传说佤族人祖先最初从山洞里面出来的时候,不会说话,也不会干活。有一天,他们来到湖水边,一个佤族人尝试用湖水洗脸、洗澡,洗完之后突然就能够开始说话了。大家非常高兴,纷纷仿效,这样佤族人之间就可以互相交流情感了。从此,佤族人对水格外崇拜,把水视为神灵,称为圣湖。龙潭边林立的那么多牛头骨,其实是佤族人多少年来祭祀水神的结果。

同时,勐梭龙潭是佤族人主要的水源地之一,每年三四月份,是当地最干旱的季节,这一时期用水格外紧张,而龙潭恰恰在这一时期湖水变了颜色,于是便引发了人们的恐慌。虽然不能确定是否有岩拿布勒这个人,但我们今天至少知道吃龙潭里的鱼是不会导致死亡的。佤族人很可能是想用一个毒鱼的禁忌告诉大家要保护水源、保护他们生存的环境。现在我们明白了佤族人的良苦用心,我们也希望这个美丽传说能够一直流传下去,让这个美丽的湖泊一直美丽下去。

这里还流传着一个神话故事。

相传在很久很久以前,勐梭龙潭原来是一个有人居住的村寨。有一天,一个青年捕到了一条大白鱼,煮熟后请全村寨的人来吃,只有住在寨子边上的一个孤独老妇人没有吃。到半夜里,忽然雷鸣电闪,倾盆大雨下起来,山洪暴发,不一会儿,全寨都淹在水中,人全被淹死,只有未吃鱼的老妇人活了下来。原来是龙王发怒,来报复把他那变成白鱼出来游玩的龙太子捕去吃了的人们的。洪水冲来不退,久而久之变成了龙潭。

龙潭深处有一个大岩洞,传说是龙王住的地方。为使龙潭保持清秀,龙王带来了很多鱼类,并派绿翠鸟在岸边巡视,叼拾落进水中的落叶。

据说有人潜入水底,还摸到竹楼屋顶,捡到一些竹碗之类的物品。这个神话故事能把人带入美妙的幻景之中。勐梭龙潭千万年如此的清澈洁净,每年泼水节前后,当地人都要到龙潭祭拜。

海洋形成

海洋是地球生命的起源地,约占地球表面的3/4。海洋中的水是怎么来的呢?

一般认为水是地球固有的。当地球从原始太阳星云中凝聚出来时,这些水便以结构水、结晶水等形式存在于矿物和岩石中。以后,随着地球的不断演化,轻重物质的分异,它们便逐渐从矿物和岩石中释放出来,成为海水的来源。例如,在火山活动中总是有大量水蒸气伴随岩浆喷溢出来,一些人认为,这些水汽便是从地球深处释放出来的"初生水。"

然而,科学家们经过对"初生水"的研究,发现它只不过是渗入地下、然后又重新循环到地表的地面水。况且,在地球近邻中,金星、水星、火星和月球都是贫水的,唯有地球拥有如此巨量的水。这实在令人感到迷惑不解。但也有人说虽然火山蒸气与热泉水主要来自地面水循环,但不排除其中有少量"初生水"。如果过去的地球一直维持与现在火山活动时所释放出来的水汽总量相同的水汽释放量,那么几十亿年来累计总量将是现在地球水汽和海洋总体积的100倍。所以他们认为,其中99%是周而复始的循环水,1%是来自地幔的"初生水"。正是这部分水构成了海水的来源。而地球的近邻贫水,是由于其引力不够或温度太高,不能将水保住,更不能由此推断地球早期也是贫水的。

也有人认为水来自太空,水从太空来到地球有两个途径:一是落在地球上的陨石;二是来自太阳的质子形成的水分子。

还有些科学家认为地球上的水是由闯入地球的彗星带来的。因为从人造卫星发回的数千张地球大气紫外辐射照片中发现,在圆盘状的地球图像上总有一些小斑点,每个小黑斑大约存在二三分钟,面积为2000平方公里。科学家们认为,这些斑点是一些由冰块组成的小彗星冲入地球大气层造成的,地球中最原始的水正是这种陨冰因摩擦生热转化为水蒸气的结果。科学家估计,每分钟大约有20颗平均直径为10米的冰状小彗星进入地球大气层,每颗释放约100吨水。自地球形成至今的46亿年中,会有许多的彗星水进入地球。这个数字显然大大超过现有的海水总量。因此这个观点是否正确还有待验证。

水是地球上一切有生生物的源泉,可是至今我们也没有弄清水是怎么来的,生命又是如何开始的。有人认为地球之所以存在辽阔的海洋,应该是多方面的原因。既有地球内部自生的水,也有来自地球外部的水,是它们共同的作用使地球上出现了海洋。

地球经历了上亿年才出现海洋,继而出现生命,这是多么不容易实现的过程。海洋的水来自哪里或许只是个探讨性的问题,真正摆在我们面前的问题是要如何保护地球的水资源,这一课题关系着地球的未来,也许比研究水从哪里来更有实际的意义。

海洋年龄

过去,人们一直认为海洋应该是与地球一样古老的,有着几十亿年历史。可是人们对深海进行了科学考察后,发现事实并非如此。

海洋的年龄究竟有多大呢?关于这个问题,科学家们的分歧较大,归纳起来主要有三种观点。

第一种观点认为,海洋是原生的。早在地球地质发展的初始阶段,海洋就已经存在了,它的年龄与地球一样古老。这是一种比较传统的看法。第二种观点认为,各大洋的年龄是不相同的。太平洋最古老,早在古生代就形成了,而其他各大洋比较年轻,它们均形成于古生代末期或中生代。第三种观点是,世界各大洋都很年轻。根据陆地地壳的海洋化假说,世界各大洋都是于古生代的末期到中生代的初期在原本是大陆的地区形成的。

现在,深海钻探技术有了很大的进步,人们利用这种技术揭示出了海底沉积物的类型和变化,导致越来越多的人倾向于认同海底扩张和板块构造理论,按照这种新的理论,可以肯定地说,世界各大洋均在中生代形成。因此,有"古老的海洋,年轻的洋底"的说法。实际钻探的结果显示,世界各大洋洋底的地壳都很年轻,其形成的历史一般不超过1.6亿年,而海洋则是在18亿年前形成的。为什么不是像科学家推测的那样的呢?至今仍然是个谜。

海水盐分

我们都知道海水是咸的,是因为它含有很多的海盐。但是海水中的盐从何而来,却一直说不清楚。直到今天人们还在探讨这一问题。

一种观点认为,盐是海洋中的原生物。在地球刚形成时,由于大量降雨和火山爆发,火山喷发出来的大量水蒸气和岩浆里的盐分随着流水汇集成最初的海洋,海水就咸了。不过,那时的海水并没有现在这样咸。后来,随着海底岩石可溶性盐类不断溶解,加上海底不断有火山喷发出盐分,海水逐渐变成咸的。

另一种观点认为,陆地上河流流向大海的途中,不断冲刷泥土和岩石,把溶解的盐分带到了大海之中。据估计,全世界每年从河流带入海洋的盐分,至少有 30 亿吨。

可是,这两种解释都有不完善的地方,特别是海盐主要来自陆地河流输入的理论。因为人们对海洋物质组成、化学性质和江河输入的计算结果表明,两者之间的数值差非常之大。近几十年,科学家们为了说明这些差异,曾提出过种种理论加以解释,但都不能令人信服。到了 20 世纪 70 年代之后,人们从新发现的海底大断裂带上的热液反应中,似乎找到了解释的新证据。科学家对海底热液矿化学反应过程研究后发现,通过海底断裂系的水体流动速率,虽然只相当于河川径流的千分之五,但是,由于断裂聚热所产生的化学变化,却比经河川携带溶解盐所引起的变化大数百倍。海底热液反应是海盐的重要补充的说法,已经为许多海洋科学家所接受。但是,这种解释并没有最终解开海水中盐分的来源之谜。它只是提供了海水中盐分来源的一个途径,但绝不是唯一的。

海洋颜色

在我们的印象中,海水是蓝色的。但是,如果我们翻开地图就会发现,世界上还有红海、黑海、白海、黄海。为什么会有不同颜色的海洋呢?

原来,彩色的海洋是太阳光的"杰作"。我们都知道,太阳光是由红、橙、黄、绿、青、蓝、紫七种可见光组成的。这七种光束的波长各不相同,而不同深度的海水会吸收不同波长的光束,从而就形成了不同颜色的海水。

海水较容易吸收波长较长的红、橙、黄等光束,较难吸收波长较短的蓝、青光束。当太阳光进入海洋中后,红、橙、黄等光束先后被海水吸收;而蓝、青光束遇到海水分子和海洋里许多微小的悬浮物,便向四周进行散射和反射。海水对蓝、青光束的吸收少、反射多。因此,我们看向大海时,看到的多是海水反射的蓝光,海洋看上去就是蓝色的。

那么,红海、黑海、白海、黄海又是怎么回事呢?原来,当海水中的其他变色的因素强于散射所产生的作用时,海水就会相应地显现出不同的颜色。

海水中的悬浮物质、离子、浮游生物等因素都会影响海水的颜色。大洋中的悬浮物质较少,其颗粒也很微小,大洋的水色主要取决于海水的光学物质。因此,大洋海水多呈蓝色;近海海水由于悬浮物质较多,颗粒较大,所以多呈浅蓝色;近岸或河口地域,由于受泥沙颜色的影响,海水就会发黄;在某些海区,当淡红色的浮游生物大量繁殖时,海水就会呈淡红色。

中国黄海的颜色,是由近海海域的海水泥沙含量大造成的。因此人们称之为"黄海"。

海洋生物也能改变海水的颜色。红海位于亚洲和非洲之间,它一面是阿拉伯沙漠,另一面接近撒哈拉沙漠。从沙漠吹来的热风使得海水的水温及含盐量都比较高,导致海水中红褐色的藻类大量繁衍,所以海水看上去是淡红色的,红海的名称便由此而来。

黑海则是由于海里跃层的障壁作用,使海底堆积了大量污泥,致使海水变成黑色。另外,黑海有很多风暴,经常处于阴霾之下。特别是在夏天,狂暴的东北风在海面上掀起灰色的巨浪,海水漆黑一片,因此,它被人们称为黑海。

白海是北冰洋的边缘海,延伸至俄罗斯西北部内陆。那里的气候异常寒冷,结冰期达六个月之久。掩盖着海岸的白雪难以融化,厚厚的冰层冻结住它的港湾,海面被白雪覆盖。由于白雪的强烈反射,致使我们看到的海水是一片白色,白海便由此得名。

巨浪形成

数百年间,许多船只神秘失踪,数以万计的人葬身大海。很多人都将责任归咎于巨浪。1980 年,一艘长达 295 米的英国"德比郡号"巨轮在日本海岸失踪,船上 44 人无一生还。最后调查结论认为可能是巨浪掀开了主舱口,淹没了船舱。

几百年来,水手们总是说见过突如其来的海墙或海洞,却一直没人相信,直到近代,人们才开始相信他们的描述了。巨浪确实能够把一切都化为乌有。

传统理论认为除了海啸之外,所有的海浪形成初期都是海洋上随风而起的涟漪。在风平浪静的日子,涟漪不会变成巨浪,因为洋面张力把它们拉回海面。但是,当风力超过二级时,大风向涟漪注入较大能量,足以形成为海浪。如果海风继续吹,海浪就越变越大。浪高取决于三个因素:风速、海风持续时间及洋面面积。

但是,海浪的高度差距很大,有些会非常高。1933 年 2 月,美国海军"拉马波"汽轮在从圣地亚哥驶往马尼拉的途中遇到了太平洋上的风暴。大风连续刮了 7 天,洋面巨浪滔天。到了 2 月 7 日上午,汽轮遇到了巨浪。巨浪从后面袭击过来,把汽轮摔进深深的浪谷,然后又掀到满是泡沫的海浪浪峰上。根据当时记录的数字,海浪高达 34 米,大约有 11 层楼那么高。这是迄今有可靠记录的最大的海浪。

那么,这些巨浪是从哪里来的呢?海洋学家一直认为巨浪是由小波浪汇合起来形成的。

在某些地方,的确如此,如非洲最南端的厄加勒斯角水域。那里是大西洋和印度洋的汇合处,途经这里的船只经常遇到巨浪袭击。迅速流动的厄加勒斯洋流在此与南半球海洋吹来的西风相遇,水流速度放慢,小波浪开始堆积,结果形成巨浪。其他一些巨浪多发水域也是因为快速流动的洋流与反方向的风相遇,结果形成巨浪。

但是,这种理论不能解释所有巨浪形成的原因。一是因为它无法解释在某些没有迅速流动的洋流的水域,为什么也能形成巨浪。二是即使有迅速流动的洋流和反方向的风相遇,也不能解释为什么巨浪出现得这么频繁。

面对传统理论无法解释实际现象这一事实,海洋学家和数学家努力寻找其他答案。但至今没有哪种理论能够最合理地解释海浪的现象。

海水涨落

人们到海边游玩时,总喜欢在海滩上捡贝壳。有的人能捡到很漂亮的贝壳,甚至还会捡到海藻、海蜇、海星、海胆等。但是也有人却一无所获,只好抱怨运气太差。这是为什么呢?其实,这是由于海水的规律性涨落而造成的。

海水上涨时,波浪滚滚地向岸边扑来,景色十分壮观。过一段时间,海浪就悄悄地退了回去。那平坦的沙滩又露了出来,而沙滩上则留下了被海浪带上来的各种各样的贝壳和其他海洋生物。

海水差不多每天都是在相同的时刻涌上来,然后又在相同的时刻退下去。为什么海水能如此规律地涨落呢?

原来,这是月亮和太阳对地球的吸引造成的。那为什么陆地不会出现这种现象呢?

虽然月亮和太阳对陆地的吸引与对海洋的吸引是一样的。但由于陆地地面是固体的,引力带来的表面变化很微小,不容易被看出来。然而,海水是流动的液体,在引力的作用下,它会向吸引它的方向涌流,所以形成了明显的涨落变化。

根据牛顿万有引力定律,宇宙中的一切物体都是相互吸引的,引力的大小同这两个物体质量的乘积成正比,同它们之间距离的平方成反比。

太阳虽然比月亮大得多,可是它和地球之间的距离很遥远,因此,月亮对海水的吸引力要比太阳大得多。海水涨落的主要动力是月亮的吸引力。

地球上,面对着月亮的这一面受到的月亮的引力方向是指向月亮中心的。背对着月亮的一面则产生了相反于引力的离心力。引力和离心力都会引起海水水位的变化,使得面对月亮及背对月亮的地球两侧的海洋水位升高,出现涨潮。与此同时,位于两个涨潮之间的地区的海水,由于海水向涨潮的地方涌去,便会出现落潮。

由于地球自转的原因,对某一个点来说,每天都要面向月亮一次和背向月亮一次,所以一天之中要出现两次涨潮和两次落潮。

太阳对海水的引力虽然比不上月亮,可是也会产生一定的影响。月亮的引力和太阳的引力共同发挥作用,就使海水的涨落过程变得复杂了。

每到农历初一或十五的时候,地球和月亮、太阳几乎在一条直线上,日、月引力之和使海水涨落的幅度较大,叫做大潮。然而,到了农历初八和二十三的时候,地球、月亮、太阳三者之间的相对位置差不多成了直角,月亮的引力要被太阳的引力抵消一部分,所以海水涨落的幅度比较小,这就是小潮。

海岸线变动

海岸线就是陆地和海洋的分界线。从形态上看,海岸线有的弯弯曲曲,有的却像条直线。而且,这些海岸线还在不断地发生着变化。例如,中国的天津市在公元前还是一片大海,那时的海岸线在河北省的沧县和天津西侧一带的连线上。经过两千多年的演化,这条海岸线向海洋推进了几十公里。

科学研究表明,海岸线在最近的两三百万年中起码发生过三次全球性的大变动。有时,海水渐渐退去,原来在海面以下的大片土地就变为陆地;有时,海水又渐渐涨上来,使沿海大片土地沦为沧海。这就是所谓的"沧海桑田"。海水就是这样时进时退,几乎永不休止。

海岸线变动的幅度有多大呢?

我们来看看距离今天最近的那次大海退。大约七万年前,海面开始下降,一直到离现在的两三万年前,海面才退到最低点,中间持续时间达四五万年之久。当时的海平面要比现在的海平面低一百多米。那时地球表面的海陆分布是什么格局呢?

以中国沿海地区为例,现在的渤海平均水深只有 21 米,福建和台湾之间的台湾海峡、广东雷州半岛与海南岛之间的琼州海峡的水深都不足 100 米。因此,在那次大海退中,当海平面下降了一百多米的时候,渤海完全消失了,台湾、海南岛与大陆连成了一块完整的陆地。

事实证明,现在这些被海水隔开的海岛以前曾经是与大陆连在一起的。

为什么海岸线会不断地变化呢? 人们通过大量的调查研究找到了这个问题的答案。

首先,气候的变化和冰川的进退是造成海岸线变化的最主要原因。在最近两三百万年间,地球上曾经有过几次大冰期。冰期来临的时候,天气很冷,地球上的水不断变成雪降落在陆地上,最后堆积成很大的冰川留在了陆地上,而没有流到海洋里去。降水的来源主要是海水蒸发,当海水蒸发损失大而补充少时,海水就越来越少。这样,海面就慢慢地降低了。科学家认为,地球上最近发生的三次大海退就是这样造成的。然而,一旦冰川消融,陆地上大量的水就会流回海洋,海面也会再度上升。

其次,地壳的升降运动也会影响海岸线的变化。历史上的一些海陆变迁常常是由于地壳升降而造成的。地壳构造力的作用可以使原来的深海隆起成为高山,也可以使高山沦为深海。

另外,河流的泥沙淤积也是造成海岸线变化的一个重要因素。在一些大河的入海口,常常会有河流带来的大量泥沙淤积形成的三角洲。有的河流携带的泥沙很多,形成的三角洲向大海扩张的速度就非常快,从而导致海岸线发生明显的变化。

海底峡谷

考察大洋边缘的大陆架和大陆坡时,人们经常会发现坡度陡峭、极其壮观的海底峡谷。这引起了科学家们的极大兴趣。那么，这些海底峡谷究竟是怎样形成的呢？

有人认为，海底峡谷是由地震引起的海啸侵蚀海底而形成的。可是，在没有发生过海啸的地区也发现了海底峡谷，可见，海啸之说不能用来解释所有海底峡谷的成因。

河蚀说的拥护者认为这些海底峡谷所在的海底过去曾经是陆地，河流剥蚀出的陆上峡谷后来由于受地壳下沉或海面上升的影响，才被淹没于波涛之下，成为海底峡谷。日本学者星野通平就认为历史上海平面曾一度比现今低数公里，大陆架和大陆坡那时均是陆地。不过，现代地质学研究表明，全球海平面大起大落幅度达数公里是根本不可能的，至于某些陆架、陆坡区地壳大幅度升降的说法，倒是可以接受的。但海底峡谷也广泛见于地壳运动平静的构造稳定区，所以以陆上峡谷被淹没的说法不能作为海底峡谷的普遍成因。

1885 年科学家发现，富含泥沙的罗纳河河水注入清澈的日内瓦湖之中，沿湖底顺坡下流。后来，科学界把这种高密度的水流称为浊流。1936 年，美国学者德利在阅读一篇描述日内瓦湖浊流现象的文章时猛然意识到，海底峡谷很可能就是由海底浊流开拓出来的。携带大量泥沙、沿海底斜坡奔腾而下的浊流，应具有很强的侵蚀能力。不过，当时还从未有人观察过海底蚀流现象，所以人们对这一说法仍然将信将疑。到了 20 世纪四五十年代，海洋地质学界通过深入研究，得出浊流具有强大的侵蚀能力的结论。1952 年，美国海洋学家希曾等人研究了 1929 年纽芬兰海岸外海底电缆在一昼夜间沿陆坡向下依次折断的事件，判定肇事者正是强大的海底浊流。希曾等人还根据海底电缆依次折断的时间，推算出这股浊流在坡度最大处流速高达 28 米/秒，在到达水深 6000 米的深海平原时，流速仍有 4 米/秒。这以后，海底浊流的存在逐渐为学界所接受。

海底浊流虽有较强的侵蚀能力，但海底峡谷的规模太大了，光靠浊流能否切割出深达数百米乃至数公里的海底峡谷，对此，一些学者仍表示怀疑。

海底峡谷究竟是什么原因造成的，还需要海洋地质学家进一步研究探索。

物种灭绝与海平面上升

史前动物大灭绝一直是困惑着无数科学家的难题，有人说是有一颗行星撞入地球，造成了恐龙的灭绝；有人说地球板块运动，使地球气候发生了极大变化，史前动物由于适应不了突然改变的气候纷纷死去；还有人说是海平面上升，导致了物种大量灭绝。

据科学家推测，在过去 5 亿年里，地球生命大规模迅速消失的情况至少出现过 5 次，其原因目前依然是科学界一大难题。有理论认为，之所以发生物种灭绝，是因为火山喷发和小行星撞击地球使大量灰尘抛入空中，导致气温下降。也有观点认为，物种灭绝的罪魁祸首可能是二氧化碳含量增高导致的气候变暖。其他一些科学家则更看重疾病的作用以及不同物种对有限资源的竞争。

美国地质学家沙南·彼得斯提出一种新假说认为，海洋的扩张与收缩对地球生命具有比较深远的影响,地球物种大灭绝可能主要是海平面急剧变化造成的。

为此,彼得斯考察了记录在岩层中的两种远古浅海环境类型:一种环境由白沙滩和湛蓝的海水组成,类似于典型的度假胜地;另一种环境由泥泞的或褐色的沙土、石块众多的海滩和浅绿色海水组成。随着时光的流逝,土壤侵蚀作用在这些地方留下了沉积物。

彼得斯通过化石研究了过去5亿年里的物种灭绝速度,然后将其与记录在沉积岩里的环境变化状况进行对比。环境的变化主要表现在海平面的涨落上。彼得斯的研究结果显示,海平面急剧上升和下降与物种灭绝之间的关联性,比其他任何导致物种灭绝的因素更密切。但这只是彼得斯的一种推测。目前,对恐龙等大型动物为何会在地球上灭绝的讨论仍然存在很大分歧。这还需要科学家的进一步探索。

北冰洋形成

北冰洋是如何形成的?有地质学家认为是海洋扩张运动的结果,还有人说北冰洋是地球吞并小行星留下的撞击坑。

北冰洋是四大洋中最小的海洋,但至今人们都不知道它是怎么形成的。

最近有科学家说两千多万年前,北冰洋只是一个淡水湖,湖水通过一条比较狭窄的通道流入大西洋。但是到了1820万年前,由于地球板块的运动,狭窄的通道渐渐变成较宽的海峡,大西洋的海水开始流进北极圈,慢慢形成了今天的北冰洋。

他们是根据从北冰洋的罗蒙诺索夫海岭采集的一段沉淀物判断出来的。一位叫杰克逊的科学家说,这段沉淀物形成于1820万年前至1750万年前,分成颜色不同的三段,其最下层是黑色沉淀物,其中含有很多没有分解的有机物,这说明当时北冰洋底无法获得足够的氧来进行降解。他们猜想从1820万年前开始,连接北冰洋和大西洋的费尔姆海峡开始变宽。北冰洋的淡水从北极水面流出,而大西洋海水则从下面流入,这些缺氧的海水导致了黑色沉淀物的形成。

另外一种说法是,北冰洋是地球吞并小行星(地球同轨姊妹星)留下的撞击坑。有专家通过模拟实验认为北冰洋的罗蒙诺索夫海岭的S形弯曲和弯曲外弧喇叭口开裂是被两头大陆架顶压的结果,罗蒙诺索夫海岭还向下延伸了较长的距离,即说明罗蒙诺索夫海岭是固体地表断片露出海底的直体截面。也只有地球吞并的小行星才有如此大的力量。

哪一种说法更准确,还有待进一步研究。

死海的未来

关于死海的前途命运,长期以来一直存在着两种截然不同的观点。

一种观点认为:死海在日趋干涸。随着时间的流逝,死海会不断地蒸发浓缩,湖水也会越来越少,盐度也就越来越高。在中东地区,夏季气温高达50℃以上。唯一向死海供水的约旦河水大量用于灌溉,所以它面临着水源枯竭的危险。不久的将来,死海将在地球上消失,这种观点得到了多数人的认可。

另一种观点则认为:死海并不是没有生命的死水,而且它的前途无量,是未来世界的大洋。从地质构造的角度来考虑,认为死海地处著名的叙利亚——非洲大断带的最低处,而这个大断裂带正处于幼年时期,总有一天,死海底部将产生裂缝,从地壳深处流出海水,随着裂缝的不断扩大,将会生长出一个新的海洋。

20世纪80年代初,人们发现死海总是不断变红。经研究,发现水中正迅速繁衍着一种红色的小生命——盐菌。其数量大得十分惊人,大约每立方厘米海水中含有2000亿个盐菌。另外,人们还发现死海中有一种单细胞藻类植物。看来,死海中还掩藏着一个生机勃勃的世界。

不论是哪一种观点,死海的实际情况确实不容乐观,它的面积正日益缩小,在地质假说还没有得到更多的事实论证时,死海的未来仍然是一个难解的谜。

太平洋和大西洋的未来

太平洋是世界上最大的海洋,占全球总面积的32%,占海洋总面积的46%,它比世界陆地的总面积还要大。太平洋的面积约有1.8亿平方公里,容积为7.237亿立方公里。如果说太平洋最后将会消失,也许有不少人不相信。

科学家们已经测出,太平洋是世界大洋中最古老的海洋。5亿年前,地球就是由以太平洋为中心的一片古海洋和以非洲、南美、澳大利亚、印度洋和南大西洋合成的一块古大陆组成的,今天欧亚大陆的大部分在当时全部被海洋所覆盖。此后,太平洋逐渐收缩,伴随的是大西洋的不断扩张。大西洋是距今2.25亿年前才开始形成的,同时,太平洋面积不断缩小,

大西洋

形成了今天的局面。专家测出北美大陆和欧亚大陆正在缓慢地移动着,而目前这些大陆板块正以每年1.9厘米左右的速度相背漂移,而南大西洋洋底自6500万年以来,一直以平均每年4厘米的速度向两侧分离开来,也就是说,大西洋仍在逐年变宽。而大西洋的另一边是太平洋,自然,它开始变窄了。

除了大西洋以外,澳大利亚大陆在向北移动,印度洋海盆也在扩大,可以说,正是由于这些大陆板块的扩张,太平洋海盆正在以每年9厘米的速度消失。也因此太平洋海盆的边缘地带成为了著名的"太平洋火环",这里有比世界其他地区更多的火山和地震。这也不难理解为什么许多早期学者都说:月球是从太平洋海盆中分裂出去的,因此给地球

表面留下了一个巨大的凹地——太平洋。

地质学家们认为,既然大西洋的面积不断增大,太平洋将来很有可能会从地球上消失。不过,这将发生在 1~2 亿年以后了。那时,美洲西岸会与亚洲东岸相对接,然后两个板块发生碰撞,在新板块的结合处将抬升起一条也许比喜马拉雅更加雄伟的山脉。

其实这并不是无稽之谈,曾经作为地球上最大的海洋古地中海(特提斯海),就是由于印度、阿拉伯、非洲与欧亚大陆的汇合才消失的,这些大陆板块汇合碰撞之后,在它们之间升起了阿尔卑斯——喜马拉雅诸山脉。因此,我们不能否定如果大西洋不停止扩张的话,大约 1~2 亿年后,太平洋就要从地球上消失的推测是不正确的。

可是,大西洋真能把太平洋挤掉吗?也有一些科学家表示异议。美国芝加哥大学的一位地质学家利用电脑,对地球上各片大陆将来的漂移情况进行了模拟推算,得出的结论是:太平洋目前的收缩只是暂时的,随着地质历史的演进、各大陆板块的漂移方向和互相作用的结果,将来太平洋有可能还会扩张。电脑显示,在 1.5 亿年之后,大西洋不仅不能长成更大的海洋,反而会被太平洋挤成一个"小西洋",甚至有可能从地球上消失。

这样的可能性很大。因为地质学家们还发现,在今天的大西洋诞生之前,地球上曾有过一个古大西洋,它大约存在于距今 5 亿年前的早古生代。当时这个古大西洋的宽度达数千公里,可能比今天的大西洋还要宽。可是,到了距今 2.7 亿年前的二叠纪时,这个古大西洋就消失了。

当然,在探索和研究地球上陆地海洋的变迁过程中,科学家们对大陆板块的漂移方式、造成板块漂移的动力、方向及速度等,都存在不同的甚至相反的看法,这就不可避免地使太平洋和大西洋的未来变迁变得更加神秘莫测了。

海底磁性条带

古地磁是指人类史前(地质年代)和史期的地磁场。现代地磁场的记录不超过 400 年,这在很大程度上限制了人们对地球基本磁场和长期变化规律的认识。但是,地壳各处的岩石含有或多或少的各种磁性矿物,它们在冷却或沉积过程中被地磁场磁化,记录下了岩石形成时期地磁场的方向和强度。其中有一部分磁性稳定的岩石,在漫长的地质时期,完整地保留了这种记录,因此人类可以利用它们来研究地球的长期变化。

第二次世界大战结束后,科学家在大西洋洋中脊,使用高灵敏度的磁力探测仪进行了古地磁调查。后来,科学家又对太平洋进行了古地磁测量。两次调查的结果显示,在海洋底部存在着呈南北方向的等磁力线条带。

这些等磁力线条带与海洋洋中脊中轴线平行,磁性正负相间。每条磁力线条带长数百公里,宽度在数十公里至上百公里之间。海底磁性条带的发现是 20 世纪地理研究的一大奇迹。

1963 年,英国剑桥大学的一位年轻学者和他的老师提出了一个大胆的假说:如果"海底扩张"曾经发生过,那么,海洋洋中脊上涌的熔岩凝固后应当保留着当时地球磁场的磁化方向。就是说,在洋中脊两侧的海底应该有磁化情况相同的磁性条带存在。当地球磁场发生反转时,磁性条带的极性也应该发生反转。磁性条带的宽度可以作为两次反转时间的度量标准。

这个假说很快就被证实了,同样对称的磁性条带在太平洋、大西洋、印度洋都被找到了。

科学家还计算出,地球磁场在 7600 万年中曾发生过 171 次反转。研究结果显示,地球磁场两次反转的最长周期约为 300 万年,最短周期约为 5 万年,两次反转的平均周期为 42 万~48 万年。

但是,对于地球磁场为什么要来回反转这个问题,还没有确切的答案。尽管科学家们提出过种种假说,但其真正的原因还不清楚。地球磁场反转的内在规律还有待科学家们去继续探索。

海洋涡流

对于海洋洋流的发现与研究还是近代以来的事情。在古代,由于缺乏可以观测海洋的精密仪器,人们只能通过表面及物理现象对洋流进行研究。

20 世纪初,埃克曼提出了"风生海流"的洋流理论。这一理论认为海洋的流动是风和地球自转的共同结果,当时为人们所普遍接受。

1958 年,英国海洋学家斯罗华设计了一套在海洋一定水层中自由漂浮的"中性浮子"系统,对大西洋百慕大海域的底层海流进行了测量。在以前的资料记录中,百慕大海域内的海流是一支比较稳定而且流速比较缓慢的海流,海流的速度在每秒 1 厘米左右。可是利用这套新系统测量的结果令斯罗华大吃一惊,这里的海流速度比预想的快了 10 多倍。而且在短短的 10 多公里距离之内,海流竟然出现了反向流动。同时,海流在一个多月的时间里还显现出了相当大的变化。

这一发现用传统的"风生海流"理论是无法解释的,因而在海洋科学界掀起了轩然大波。

为了进一步研究这种反常的现象,1979 年,前苏联的海洋科学家在大西洋的一个海域进行了长达半年的观测。这次行动所获得的海流资料也使研究人员大惑不解。他们原本以为这一海域内的海流平均流速不会很快,只有每秒几毫米。然而,实测的海流流速达每秒十多厘米,而且海流呈涡流状。涡流的直径约为一百千米,存在的时间有好几个月。后来,美国科学家在海洋调查中得到了同样的结果。但是当时人们无法解释这种现象。

美国在 1973 年成功地发射了"天空实验室"载人航天器。宇航员们在这座"天空实验室"中,拍摄到了大西洋西部热带海域内的一个大涡流。这个大涡流的直径为 60~80

公里。他们还发现,在这个大涡流所在的海域,温度较低的海水从百米深处不断向上涌升,形成了较强的上升海流。由于上升的海流将海底的大量营养物质带到了海洋表面,使得这片海域形成了一个绝好的天然渔场。

"天空实验室"还在其他海洋中发现了类似的涡流。例如,在南美洲的西海岸、澳大利亚东部和新西兰一带海域、非洲东海岸、印度洋西北海域和南中国海海域等,都有这种涡流。这些涡流小的直径仅几十公里,大的直径达数百公里。它们存在的时间也有长有短,时间短的十几天,长的达千年之久。

这些涡流与海洋中的环流相比只是局部现象,但是与人们在近海见到的小漩涡相比,就非常之大了。因此,科学家们称这种涡流为"中尺度涡流"。

海洋中尺度涡流的发现是近二三十年来人们对大洋环境的突破性认识,改变了人们对海流形成机理的传统看法。

海底可燃冰

在海洋深处存在着一种奇怪的"冰",它透明、无色,外表和普通冰块别无二致。但是这种"冰"是可以燃烧的,所以科学家们将它命名为"可燃冰"。

可燃冰的学名叫"甲烷水合物",它的主要成分是甲烷分子与水分子。从外表上看它像冰块,从微观上看其分子结构就像一个一个由若干水分子组成的笼子,每个笼子里"关"着一个气体分子。在常温常压下,可燃冰会分解成水与甲烷,得到的甲烷的体积比固体状态时的体积大一百多倍。

可燃冰的能量比石油和天然气要大得多。1立方米可燃冰蕴藏的能量相当于164立方米天然气蕴藏的能量。

科学家研究后发现,可燃冰的形成与海底石油的形成过程类似。海底地层深处埋藏着大量的有机物。在缺氧的环境中,有机物逐渐被细菌分解,最后形成石油和天然气。其中许多天然气又被包裹进水分子中,在海底的低温与高压下形成了"可燃冰"。这是因为天然气有个特殊性能,它和水在温度为2℃~5℃时可以结晶,这个晶体就是"可燃冰"。

为了研究与开发海底可燃冰资源,许多国家投入了巨大的资金与人力。2001年德国、俄罗斯、乌克兰等国的数十名生物学家、化学家、海洋学家和地球物理学家共同登上了"流星号"考察船,前往海洋考察。他们探明加利福尼亚湾与北海、挪威海、鄂霍次克海、爱琴海均储藏有大量可燃冰。有些海域的海底可燃冰分布区域长达1公里,冰层厚达6米。

黑海的可燃冰储藏量居世界之首。在黑海的60~650米深处,有150个可燃冰矿藏。长期从事黑海海底研究的海洋科学家叶戈罗夫曾乘坐潜水装置到黑海西北部海底,利用照明设备目睹了水下奇观:在226米深处,许多高约3米的珊瑚状堆积物坐落在平滑的海底软泥上,其中许多堆积物向水流方向倾斜。这些堆积物的顶端有许多小孔,小孔周围有一片片厚厚的死菌层,大量的气泡从这些小孔释放到水中。他曾在一次考察中,在通过回声探测器测定的海底冒出气流的地方,放下一个特制的捕集器。他从收集的海水中分离出了甲烷,并用来煮过咖啡。

目前,全球的石油、天然气资源消耗巨大,科学家预计在不久的将来,这些常规能源就会枯竭。可燃冰的发现让陷入能源危机的人类看到了新希望。可燃冰年复一年地积累,形成延伸数千乃至数万里的矿床。仅仅是现在探明的可燃冰储量就比全世界煤炭、石油和天然气加起来的储量还要多几倍。科学家估计,海底可燃冰分布的范围约占海洋总面积的 10%,相当于 4000 万平方千米,足够人类使用 1000 年。

但是,海底可燃冰的开采十分困难,以目前的技术手段还无法做到。所以,这笔巨大的财富至今仍深埋于海底。科学家正努力地研究开发利用可燃冰的方法,一旦成功,人类也就不用为缺乏能源而发愁了。

海雪

我们都见过陆地上下雪的情景,可是谁能想到海底竟然也有纷纷扬扬的"雪花"。

如果我们乘坐潜水艇潜入黑暗的海底世界时,通过探照灯的照明,可以看到窗外竟然飞舞着无数雪花一样的物质。当潜水艇下降时,"雪花"自下而上运动;当潜水艇上升时,"雪花"自上而下运动,就像在下雪一样。这就是"海雪"。

"海雪"主要是由浮游生物组成的絮状物构成的,科学家们称之为"浮游生物雪"。它是由海洋中的悬浮颗粒碰撞后粘连在一起形成的较大的浮游物。但是,为什么看上去像下雪呢?

科学家说,这完全是水中光学作用的结果。比如在暗室里,我们看不见飘散在空气中的细小灰尘,当阳光照射进室内后,便可以看见太阳光束中的悬浮物。在海洋中,由于探照灯的照射,大量的悬浮物就会闪烁白光。加上折射作用,在水中的物体看起来比实际的要大,这样海水中的悬浮物看上去就好像是雪花了。它们随着海水飘荡,展现在人们面前的就是"雪花"飞舞的海底奇观了。

海雪漂荡在海水中,承担着将海水深层的营养物质搬运到海水表层的重要任务。浮游生物的残骸在中、深层海水中被氧化分解后,会产生氮、磷、碳等元素。因此,中、深层海水中的营养素比表层海水更丰富。

海雪不仅影响着海洋中营养物质的分布,而且还影响着海洋中其他多种微量重金属的分布和变化。

海雪中除了部分有机物之外,还有大量的无机物,例如硅藻等的硅酸盐外壳或者圆石藻和有孔虫的碳酸盐外壳。有机物和无机物的比例随海域和深度的不同而不同。

那些同生物生长密切相关的颗粒的沉降量随表层海面中生物生产力的高低不同而差异明显。那些同生物无关的物质则主要是来自陆地的土壤粒子和海水中的沉淀物。

因此,海雪的化学成分也随海域和季节的不同而变化。

北太平洋和南极海的海雪中硅藻偏多,而北大西洋的海雪中石灰质的圆石藻偏多。有机物的比例一般随深度的增加而减小,有的在中途就会发生分解。

尽管如此,到达海底的海雪中仍然含有许多新鲜的有机物,是深海生物高营养的食物。另外,海雪的沉降量随表层生物的生产季节而变化,从而也使得海底生物也可以感觉到季节的变化。

海鸣

世间万物都有声音,海洋也会发出声音——海鸣。地震或火山引起的海洋怒号、海洋生物发出的声音都属于海鸣。但在广东省却有一种神秘的海鸣,让人找不到原因。

广东省湛江硇洲岛东南海面,每当风雨来临前,洋面上就会发出有节奏的"呜呜呜呜……"的声响。犹如雷鸣,忽高忽低,错落有致。当地人都说这种海鸣是沉落在海中的水鼓发出的。水鼓是很久以前建造硇洲岛国际灯塔时法国人放置的。灯塔给过往的船舶指引航向,水鼓作海上气象预报。也有人猜测,水鼓是一种风浪前的预报器。可谁也没见过水鼓的模样,更不知它放在哪里。有关部门曾专门派出船只到硇洲岛东南一带海域巡视搜索,结果一无所获。

1969年,人们曾经在这里发现过一种海兽,因此有人说这种奇怪的海鸣是海兽的嚎叫。可能是它们预感天气或海况即将变坏而烦躁不安所发出的叫声;也可能是它们游动过程中相互联络的信号。但是这种海兽是什么,现在也没有定论。

1976年以后,这些海鸣之声比以往逐渐减弱。持"水鼓说"的人认为,这是水鼓年久失修,功能减退的结果;持"海兽嚎叫"说的人认为,海鸣减弱是因为近年来人们在这一带海域活动明显增加,影响海兽正常活动和生活,使海兽迁到别处去的结果。

看来,海鸣的起因还有待进一步研究。

海底玻璃

玻璃在日常生活中很常见,人们每天都要与各种各样的玻璃制品打交道,如玻璃杯、玻璃灯管、玻璃窗户等。普通玻璃制品是以花岗岩风化形成的硅砂为原料,在高温下熔化,加工成型,再经过冷却后制造出来的。然而,在深海海底,人们居然也发现了许多体积巨大的玻璃块。人们称这种玻璃为海底玻璃。

海底玻璃的成分和普通玻璃几乎没有差别。它们耐高温,化学稳定性好,透紫外光和红外光。而且由于海底各种稀有金属丰富,所以海底玻璃里也富含多种金属元素。此外,海底玻璃还具有很多普通玻璃不具备的独特性质。

为了解开海底玻璃之谜,科学家们进行了多方面的分析和研究。但是首先可以肯定的是,这些玻璃不可能是人工制造出来后被扔到深海里去的。因为它们体积巨大,远非人工所能制造。

那么这些海底玻璃到底是怎样形成的呢？

有人认为，它们很可能是由海底火山活动制造出来的。玻璃的化学成分主要是硅，天然纯净的硅又叫水晶。如果在海底地壳某处存在着大量的水晶，而此处又恰巧有火山活动，那么炙热的岩浆就会使这些水晶融化，并将它们从地壳深处带到海底，含硅的岩浆遇到寒冷的海水便形成了天然的玻璃。这些天然玻璃在地壳活动和潮水搬运的作用下，逐渐远离火山口，直至被人们发现。

也有人认为，可能是海底的玄武岩受到高压后，同海水中某些物质发生了一种未知的作用，生成了某种凝胶体，最终形成了玻璃。人类制造一块最普通的玻璃，都需要1400℃～1500℃的高温。而且熔化炉所用的耐火材料受到高温玻璃溶液的剧烈侵蚀后，会产生有害气体，影响工人的健康。假如能用高压代替高温，将会彻底改变这种状况。出于这个设想，有些化学家把发现海底玻璃地区的玄武岩放在装有海水的容器里，加压至400个大气压力，但是并没有制造出玻璃。

海底玻璃到底是怎样形成的呢？这个问题迄今仍然是一个未解之谜。

海水发光

1933年3月3日凌晨，日本三陆海啸发生时，人们看到了奇异的"海火"。当波浪从釜石湾口附近的灯塔向海湾中央涌进时，浪头底部出现了三四个草帽似的圆形发光物，它们并排着前进，色泽青紫，像探照灯一样照向四面八方，使人可以清楚地看到随波逐流的破船碎块。片刻之后，互相撞击的浪花又把这圆形发光物搅碎，随之它们就不见了。

1975年9月2日傍晚，在江苏省近海朗家沙一带，海面上发出微弱的亮光，它们随着波浪的起伏跳跃，像燃烧的火焰那样翻腾不息，一直到天亮才逐渐消失。第二天夜晚，亮光再次出现，而且亮度更强。以后亮度逐日加强，到第七天，有人发现海面上出现了很多泡沫，当渔船驶过时，激起的水流明亮异常，如同灯光照耀一般，水中还有珍珠般闪闪发光的颗粒。几个小时以后，这里发生了一次地震。

1976年7月28日唐山大地震的前一天晚上，人们也曾在秦皇岛、北戴河一带的海面上看到过这种发光现象。其中在秦皇岛，人们看到当时海中有一条火龙似的明亮光带。

对于这种海水发光现象，人们称之为"海火"。"海火"常常出现在地震或海啸发生前后。"海火"是怎么产生的呢？一般认为，这与海里的发光物有关。海里会发光的生物种类繁多，除甲藻外，许多细菌以及水螅、水母、鞭毛虫等也都能发光，一些甲壳类、多毛类小动物也都具有一定的发光能力。因此人们猜测，当海水受到地震或海啸的剧烈震荡时，便会刺激这些生物，使它们发出异常的亮光——"海火"。

美国科学家曾对圆柱形的花岗岩、玄武岩、煤、大理石等多种岩石进行压缩破裂实验。结果发现，当压力足够大时，这些岩石便会爆炸性地破裂，并在几毫秒内释放出一股电子流。这股电子流,能激发周围的气体分子发出微弱的光亮。尽管这种光亮是非常微弱的,但当强烈地震发生时,广泛出现的岩石破裂足以产生炫目的光亮。因此他们猜测,某些"海火"的产生与此有关。

还有一些人认为,海水发光是一种复杂的自然现象,生物发光和岩石爆裂发光只是其中的两种可能,除此之外,还可能有其他的原因,如此说来,海水发光仍旧是个谜。

海底浓烟

1979 年 3 月,美国海洋学家巴勒带领一批科学家对墨西哥西南北纬 21°的太平洋进行了一次水下考察。当科学家们乘坐的深水潜艇"阿尔文"号渐渐接近海底时,透过潜艇的舷窗,他们看到了浓雾弥漫下的一根根高达六七米的粗大的烟囱般的石柱顶口喷发出滚滚浓烟。"阿尔文"号向"浓烟"靠近,并将温度探测器伸进"浓烟"中。一看测试结果,科学家们不禁吓了一跳:原来这里的温度竟高达近千摄氏度,经过仔细观察,他们发现"浓烟"原来是一种金属热液"喷泉",当它遇到寒冷的海水时,便立刻凝结出铜、铁、锌等硫化物,并沉淀在"烟囱"的周围,堆成小丘。他们还注意到,在这些温度很高的喷口周围,竟形成了一种特殊的生存环境,这里就像是沙漠的绿洲,生活着许多贝类、蠕虫类和其他动物群落。

巴勒等人的发现,引起了科学界的极大兴趣。美国密执安大学的奥温教授认为,这种海底"喷泉"可能和地球气候的变化有着十分密切的联系。

奥温仔细研究了从东太平洋海底获取的沉积物和岩样,他发现,在 2000～5000 万年前的沉积物中,铁的含量是现在的 5～10 倍,钙的含量是现在的 3 倍。为什么沉积物中钙、铁等的含量如此之高呢?奥温认为,这可能与海底喷泉活动的增强有关。

据此,奥温又进一步推测:当海底喷泉活动增强时,所喷出的物质与海水中的硫酸氢钙发生反应,析出二氧化碳。现在已知的海底喷泉提供给大气的二氧化碳,占大气中二氧化碳自然来源的 14%～22%。因此,当钙的析出量为现在的 3 倍时,大气中二氧化碳的含量必将大大增加,估计大约相当于现在的 2 倍左右。众所周知,二氧化碳含量的增加,将会产生明显的温室效应,从而使全球的气温普遍升高,以至极地也会出现温暖的气候。

除此之外,在海底"浓烟"中还隐藏着什么秘密呢?人们期待着科学家能有新的发现。

太平洋上空的云烟

太平洋上空突然出现的烟云,上升的高度足有 18 公里,扩散以后的直径达 320 公里。

1984 年 4 月 9 日,一架日本航空飞机从东京飞往美国阿拉斯加州。但在离日本海岸 270 公里处的洋面上空,飞机突然遇到了一团像原子弹爆炸般的蘑菇状烟云。飞机上的人从没有看到过这种奇怪的现象,幸好飞机迅速避开它才没有发生事故。还有两架客机上的乘务人员目睹了这一团奇怪的烟云。

对这一团巨大的烟云,有人说是由于海中的核潜艇发生核爆炸所至,但是从现场收集到的尘埃来看,没有发现任何放射性物质。

有三名研究人员提出另一种看法。他们认为,形成烟云的唯一可能的自然原因是海底火山的爆发。从太平洋威克岛的水下地震检波器的检测记录来看,在威克岛西部确实发生过海底地震,地震始发时间为1984年3月,到4月8日和9日两天达到高峰期。这个时间与烟云发生的日期是吻合的。确切的震中位置在哪里呢?根据分析,最有可能的是开托古海底火山,它位于北纬26°、东经140.8°。如果震中确实是在这里,并发生海底火山爆发和喷出烟雾,那为什么那团巨大烟云竟会出现在北纬38.5°、东经146°处呢?这两地相距大约有1500公里!

他们解释说,火山烟雾在成为蘑菇状烟云前,首先形成球形烟团。人们开始看到烟团是在4公里的高空,从该海域当天的风向来看,球形烟团有可能被盛行的南风往北吹送,速度约为每小时147公里。这样,10小时后,就可到达将近1500公里以外的远处了。烟团没有扩散,一直朝着正北的方向急速移动,然后突然炸开,向高空升腾弥漫,并在两分钟内达到18公里的高度。

但对此解释人们大多是否定的。因为就目前所知,如此迅速猛烈的升腾运动,其动力不是靠人为的某种烈性爆炸就是靠火山喷发,而且只能是在爆炸或喷发地点出现。如果说是开托古海底火山爆发,能够在远离它1500公里的地方出现爆炸和蘑菇云,这显然是不可能的。海底火山的强度一般来说是比较小的,波及面也不大。那么,在雾团爆炸的地方,到底有没有海底火山喷发呢?据水下地震仪检测那里没有火山运动发生。

一些地球物理学家认为,太平洋上空这股烟云的产生,可能是人工大气层爆炸的结果。还有人说是一种未知的自然现象所致。然而它究竟从何而来?目前谁也没有给出令人信服的答案。

海底公园

闲暇时,人们总会去公园走走,呼吸新鲜空气,欣赏美丽的风景。其实,在大海深处也有一些"公园",而且这些"海底公园"的景色绝不亚于陆地上的美丽风光。

在中国南海海底就有这样一座美丽的"海底公园",红色的珊瑚骨枝丫好像秋日的枫林,绿色的珊瑚犹如夏日的荷叶,蓝黄相间的花斑鱼穿游在枝杈疏朗的珊瑚之间,构成了一幅五彩缤纷的诱人画面。

最令人惊叹的是位于澳大利亚东北岸的大堡礁,它被称为世界上最壮观的"海底公园"。这个由珊瑚岛组成的海底公园绵延两千多公里。不可计数的珊瑚虫在这里营建起大量珊瑚礁,构成了一条总面积为2.7万平方公里的大堡礁防波堤。太平洋汹涌澎湃的怒潮一触及礁石，就化作无数水沫，向四面八方飞散开来。晚上，你若带着潜水聚光灯潜入海底，色彩鲜艳的珊瑚树枝丫在灯光的照射下就像一丛丛盛开的鲜花。那些身体轻盈、金光闪闪的蝴蝶鱼、天使鱼、雀鲷、燕鱼从面前游过，像疾飞的鸟儿一般。那彩霞般的软体动物蠕动着肥胖的身体，煞是好看。在这里，人们还可以看到一种稀有的鱼类——蝠鲼，鱼体宽大扁平，性情十分温顺。你若突然出现在它面前，它会来个漂亮的翻身，为你让道。有时候，

海底公园

它会在你的头顶上游来游去。要是你大胆地爬到它背上，它还会带着你慢慢地往下沉，随后翻个身，一溜烟游开。

这里还有一种鹦鹉鱼，它能从口中吐出黏液，"织成"一顶透明的帐子，让自己躲在里面睡觉。

在这座"海底公园"里，各种生物都有自己的领地。例如一只小小的热带鱼，它的领地小得只是礁石上的一丛海葵。但是如果有人侵犯它的领地，它就会不顾一切地冲过去，直到赶走入侵者。海底的珊瑚就像一座大旅馆，为各种鱼儿提供住宿，鱼儿则以体内排出的废物作为"房租"，因为这些废物正是珊瑚极好的养料。每当夜晚来临，白天不露面的生物都出来了，有海蟹、海星，还有蠕虫。只要见到光，蠕虫就会成千上万地扑上去，十分壮观。澳大利亚政府把拥有多种珊瑚与1500多种鱼类的大堡礁建成了海底公园。这座公园配置了先进的通气管与水下呼吸设施。以方便旅游者一饱眼福。

在加勒比海上，有一座球状的珊瑚岛。每当夜幕降临时，这座海岛四周的海面上会不时地闪耀着忽明忽暗的亮光，这就是世界上最繁茂的海洋植物园。这里茂密的珊瑚树丛交织成了一张稠密的天然大网。每当海水向前涌动时，大网便将海水层层过滤，使无数随着海水而来的微生物留在珊瑚树枝上。海水被不断地过滤，微生物就愈来愈多，从而形成了巨大的海底微生物乐园。这些微生物大都能发光，每当它们聚在一起，夜间便发出幽蓝色的光。由于海水在珊瑚间不断冲击而形成了奇特的洞隙，这些洞隙的四壁被许多红色、绿色、黄色的海绵、海星等装饰得美丽非凡，就像圣诞树上挂着五彩缤纷的礼物。

大海就是这样一个神奇的世界，"海底公园"以它无穷的魅力吸引着人们。

漂在海上的马尾藻

马尾藻是藻类家族中很普通的一种，当它们生长在大西洋中时却与众不同。

北大西洋环流中心的美国东部海区有一片马尾藻，长约2000海里、宽约1000海里。

这种植物连在一起，就像一个巨大的"木筏"漂浮在大洋中，它们直接从海水中摄取养分，并通过分裂成片，再继续以独立生长的方式蔓延开来。

人们习惯称这片海域叫马尾藻海，海域里一年四季风平浪静，洋流微弱，各个不同水层之间的海水不会发生混合，所以这里浅水层的营养物质更新速度极慢，因而靠此为生的浮游生物也是少之又少。就这样，那些以浮游生物为食的鱼类和海兽几乎绝迹，即使有，也同其他海区的外形、颜色不同。

1492 年 9 月 16 日，探险家哥伦布率领探险船队正在大西洋上行驶时，忽然船上的水手看到在前方有一片一眼望不到头的绿色"草原"。哥伦布非常高兴，以为到了印度。于是，他命令船只开足马力驶向那片"草原"。当哥伦布船只驶近"草原"时，他们不禁大失所望，原来那"草原"是一望无际的海藻。那片海域即今天的马尾藻海。

马尾藻海看上去很美丽，然而许多船只经过这里不小心被海藻缠住，便无法脱身，致使船上的船员因没有食品和淡水，又得不到救助，最后饥饿而死。所以马尾藻海有"海上坟地"和"魔海"之称。当时哥伦布一行就在这里被围困了一个多月，最后全体船员们奋力拼搏才死里逃生。第二次世界大战时，英国奥兹明少校带领船队曾亲自去过那里，那片海域的"绿野"有一股令人作呕的奇臭，到处是毁坏的船骸。到了晚上，海藻就像蛇一样爬上他们船的甲板，将船裹住不放。为了继续航行，离开这片是非之地，他命令士兵把海藻扫掉，可是海藻反像潮水一样涌上甲板。经过一番搏斗，他们终于侥幸逃脱。

那么，马尾藻海究竟是如何形成的呢？我们不妨打个比喻，把大西洋比作一个硕大无比的盆子，北大西洋环流就在这盆中做圆周运动。而马尾藻海则没有受到一点干扰，它们生活得非常平静，所以许多分散的悬浮物都聚集在这里，海上"草原"就是这样形成了。但是，马尾藻海里的马尾藻究竟是怎样长来的，人们还没有找到一个准确的答案。有的海洋学家认为，这些马尾藻类是从其他海域漂浮过来，日久天长堆积而成。有的则认为，这些马尾藻类原本生长在这一海域的海底里，后来在海底洋流的作用下，从海底浮到海面。

最令人惊讶的是，这里的马尾藻并不是原地不动，它们像长了腿，时而有，时而没有，漂泊不定。一些经常来往于这一海区的科学家经常会遇到这样的怪事：他们有时会见到一大片绿色的马尾藻，然而过了一段时间，它们却踪迹全无。在这片既无风浪又无海流的海区，究竟是什么原因使这片海上大"草原"漂泊不定呢？谁又能解释这种现象呢？

海蜘蛛

法国的考古学家曾经发现了珍贵的远古海蜘蛛的化石，这项发现填补了这种神秘生物残缺不全的化石记录上 4 亿年的空白。研究海蜘蛛的专家们已经知道了超过一千种现存的海蜘蛛，但一直没有弄明白他们与真正的蜘蛛之间的亲缘关系。

远古海蜘蛛与现存海蜘蛛在外形上非常像。其北面的眼突上有 4 个单眼。胸部明显地分成 4 个体节,腹部非常短,为不分节的小突起接于胸部后端。附属肢除钳脚、触须外,雄性还有负卵足和 4 对长的步足。有心脏,无呼吸器官和排泄器官。肠的长盲管伸入到各足中,生殖腺 1 ~ 5 对,雌性开口于各步足的第二节,雄性开口于第四步足的第二节。

海蜘蛛看起来就像一只普通的"盲蛛",长有细细的长腿以及短小的躯干。尽管它们似乎与陆地上的蜘蛛存在某种联系,但海蜘蛛同时也具有一些独有的解剖学特征,其中包括长在它们头部的专门用来运送卵子的特殊隔膜。有些研究者根据这些特征将海蜘蛛归到蜘蛛类节肢动物的"家谱"上,认为海蜘蛛应该在蜘蛛类节肢动物里拥有一个属于自己的分支。然而究竟将海蜘蛛定到哪一类,还有待进一步深入的研究。

鲸鱼语言

人类拥有各种语言,居住在不同地域的人还有自己独特的方言。海洋如此浩瀚,那么居住在不同海域里的海洋动物有没有自己的"语言"呢?科学家们通过观察研究后发现了一个有趣的现象:海洋中的鲸类像人类一样拥有自己的"语言",而且它们也有不同的"方言"。

海豚是一种体型较小的鲸类,它的种类在鲸类王国中是最多的。海洋学家发现,海豚共有 32 种叫声,其中太平洋海域的海豚经常使用的有 16 种,大西洋海域的海豚经常使用的有 17 种,两者通用的有 9 种。但是另外的几种它们却互相听不懂,这就是海豚的"方言"。

座头鲸是鲸类中的"歌唱家",它不仅能够"唱"出优美的歌曲,而且能连续歌唱 22 个小时。1952 年,美国学者舒莱伯在夏威夷首次录下了座头鲸发出的声音。后来人们用电子计算机分析了座头鲸的声音之后,发现它们的声音不仅有规律,而且抑扬顿挫,美妙动听。因而生物学家称座头鲸为海洋世界里最杰出的"歌星"。座头鲸的嗓门很大,其音量可达 150 分贝,有些座头鲸的声音甚至能传到 5 公里以外。而且座头鲸对声音很敏感,它们可以通过彼此的鼾声、呻吟声和歌声来区分性别并保持群落中的联系。一个座头鲸"家族"即使散布在几十平方公里的海面上,彼此仍能凭借声音得知每一个成员在什么地方。号称"海中之虎"的虎鲸是鲸类王国中的"语言大师"。它能发出 62 种不同的声音,而且这些声音代表着不同的含义。例如,虎鲸在捕食鱼类时,会发出断断续续的"咋嚓"声,如同用力拉扯生锈的铁门窗铰链发出的声音一样,鱼类在受到这种声音的恐吓后,就变得行动失常了。更奇妙的是,虎鲸还能"讲"不同的"方言"。它们的"方言"之间的差异可能像一个国家各地区的方言一样略有不同,也可能如英语和汉语一样有天壤之别。这一发现使虎鲸成为哺乳动物中语言能力上的佼佼者,足以和人类或某些灵长类动物相媲美。

如果说虎鲸是鲸类中的"语言大师",那么白鲸就是鲸类王国中最优秀的"口技大师"。白鲸可以模仿许多声音,例如猛兽的叫声、羊的咩咩声、鸟儿的吱吱声、女人的尖叫声、病人的呻吟声、婴儿的哭泣声,以及铰链声、铃声、汽笛声等,真是五花八门,无奇不有。

当然,动物的语言不可能像人类语言那样有着丰富的内涵,但也不能由此否定动物语言的存在。目前,科学家们正致力于研究和理解动物们的独特语言,希望能够将它们的语言翻译出来。

海豚大脑

在人们的传统观念中,猴子是最聪明的动物,但人们在驯养海豚的过程中却发现,海豚的智慧与才能一点也不亚于猴子,而且还有过之而无不及。

原来在美国佛罗里达海洋科学中心饲养的海豚"森美",经过饲养员的精心训练后,能用口咬着彩笔进行绘画。它绘出的画缤纷绚烂,独具匠心,而且能够显示出它对蓝色、绿色和紫色的特别喜爱。

海豚

海豚不仅十分聪明,而且天生就是海洋中的游泳健将。它们甚至可以和海船比耐力、比速度,而且能够连续许多小时,有时候甚至很多天跟着海船畅游。据估计,海豚的速度一般可以达到每小时 40～50 公里,快的时候甚至可以达到每小时 75 公里。这个速度已经超过了轮船,与普通火车差不多。

有些人发出疑问,海豚为什么能够连着几天不休息地游泳呢?难道它们根本就不需要睡觉吗?迄今为止,的确没有人见过海豚睡觉,它们一直都在不停地游动。经研究发现,海豚的睡觉方式与众不同,而且非常独特,采取的是"轮休制"。海豚在需要睡眠的时候,大脑的两个半球会处于明显的不同状态,一个大脑半球睡眠时,另一个大脑半球则是十分清醒的。每隔十几分钟,两个半球的状态便会轮换一次,非常有规律性,几乎总是保持大脑的两个半球一半清醒、一半睡眠的状态。这或许就是海豚始终能有意识地不停歇地游动的原因。

有的研究者为了对海豚的这种轮休制一探究竟,曾给海豚注射一种大脑麻醉剂,看它能否安静下来,像其他动物一样进入完全睡着的状态。谁知注射后,这只海豚便一睡不醒,其生命也就此终结。看来海豚是不能像人或其他动物那样静态地睡觉的。海豚大脑独具的这种轮休功能,至今仍然没有人能够真正研究明白。

龟长寿的原因

人们都知道龟是长寿动物,并称其为"老寿星",但对龟的长寿原因却说法不一。

一位西班牙海员曾经捕到一只海龟,长达2米,重300公斤。专家研究后说它已经活了250年了。还有一位韩国渔民在沿海抓到过一只海龟,长1.5米,重90公斤。背上附着很多苔藓和牡蛎,估计寿命约为七百岁。它可以说是龟类家族的长者了。然而这只是估计的岁数,并不能准确地反映龟的实际寿命。

1737年,有人在印度的查戈斯群岛捕到过一只龟,当时专家鉴定它的年龄是100岁。后来,这只龟被送到英国的一个动物爱好者家里,并且生活了很长时间。最后它被送到伦敦动物园。到20世纪20年代,它已经活了将近300年了。

1971年,有人在长江里捕获过一只大头龟,它的背甲上刻有"道光二十年"字样,也就是1840年,专家说,这样的记录在当年是用来记事的。这一年,中国发生了鸦片战争。如果从刻字的那年算起,到捕获的时候为止,这只龟至少已经活了132年了。这只龟做成的标本,至今还保存在上海自然博物馆里。另外,还有一只经过7代人饲养的龟,一直到抗日战争的时候才中断,它的饲养时间足有300年左右。

龟虽然是动物世界中的"长寿冠军",但并不是所有的龟都能活到几百岁。在龟类王国里,不同种类的龟,寿命也有长有短。有的龟能活200岁以上,有的龟只能活15年。即使是一些长寿的龟种,也不可能个个都"长命百岁"。

海洋环境污染和人类的过量捕杀,会不时地危害它们的生命。

一些科学家从细胞学、解剖学、生理学等方面研究龟的长寿秘密。生物学家选了一组寿命较长的龟和另一组寿命不太长的普通龟作为对比实验材料。结果表明,一组寿命较长的龟细胞繁殖代数普遍较多。这也就意味着,龟的细胞繁殖代数多少跟龟的寿命长短有着密切关系。动物解剖学家和医学家还检查了龟的心脏,龟的心脏被取出来之后,竟然还能跳动整整两天。这说明龟的心脏机能强弱跟龟的寿命长短也有关系。

有的科学家则认为,龟的寿命长短与龟的个头有关。个头大的龟寿命长,个头小的龟寿命就短。有记录可查的长寿龟,像象龟和海龟都是龟类家族的大个子。但中国上海自然博物馆的动物学家却不同意这个观点,因为前边提到过的那只大头龟的个头就不大,但它也活了一百多岁,这又该怎么解释呢?

总之,科学家们从不同角度探索和研究龟的长寿原因,得出的结果也不一样,至于究竟是什么原因,还需要进一步研究。

海底蠕虫

在水深2500米的海底会有动物存在吗?答案是肯定的。

那是在1979年的冬天,美国的一支海洋考察队在太平洋加拉帕戈斯群岛附近、水深

2500米的一个海底温泉出口处，发现了一种新的须腕动物——科学家们称它为"大胡子蠕虫"。这是一种人们从未见过的神秘生物，它的躯体长约2米多，没有嘴、眼睛和消化系统，只有神经系统，全身的颜色是粉红色的。

要知道，在海平面以下两千多米的深海中是没有阳光的，蠕虫为什么能在这样的环境中生存呢？它以什么东西为食呢？这些问题引起了科学家们的极大兴趣。

海洋动物学家们认为，大胡子蠕虫不可能像其他海洋生物那样获得通过光合作用形成的碳水化合物。那么，大胡子蠕虫所需的能量又是谁供给的呢？科学家们经研究发现，这种蠕虫是从生活在自己体内的细菌身上获得能量的。原来，细菌和大胡子蠕虫处于共生状态。这种细菌具有特殊的本领，它利用溶解在海水中的二氧化碳和海底温泉水里含有的硫化物进行化学合成，形成碳水化合物，供蠕虫吸收。

要完成这样的光合作用，必须依靠一种重要的物质——酶。美国加利福尼亚大学的三位生物学家经过研究，发现大胡子蠕虫体内的细菌能够制造这种酶。由此，科学家们初步揭开了大胡子蠕虫为什么能在永久黑暗的海底生活这一自然之谜。

但是，大胡子蠕虫身上还有一个谜没有解开，即蠕虫为什么能够和细菌共生？另外，经研究发现，蠕虫是世界上寿命最长的生物之一。前面说过，大胡子蠕虫有两米多长，实际上这是指它为自己建造的供居住的管子形住宅的长度。据分析，蠕虫建造这种管子形的"住宅"的速度很慢，哪怕是1厘米长也需要250年，要建造2米多长的管子，需要多少年就显而易见了。大胡子蠕虫为什么会有如此长的寿命呢？

水母

水母是一种生活在海洋中的大型浮游生物。它是腔肠动物家族中的一员，是低等的海产无脊椎动物。水母的出现比恐龙还早，可追溯到6.5亿年前。

水母看上去如同一把透明的伞。水母的伞状体的直径有大有小。普通水母的伞状体不大，只有20～30厘米长，而大水母的伞状体直径可达2米。有些水母的伞状体上还有各色花纹。在伞状体的边缘上长着一些须状条带，长达20～30米，这些就是水母的触手。水母在海水中游动时，长长的触手会向四周伸展开来。在蓝色的海洋里，这些色彩各异的精灵显得十分美丽。

水母的伞状体形态各异：银水母的伞状体能发出银光；僧帽水母的伞状体则像和尚的帽子；帆水母的伞状体仿佛是船上的白帆；雨伞水母的伞状体宛如雨伞；还有一些水母的伞状体上闪耀着彩霞般的光芒，叫做霞水母。

看上去美丽温顺的水母，实际上十分凶猛。那些细长的触手不仅是它的消化器官，也是一种可怕的武器。水母的触手上面布满了刺细胞，像毒丝一样，能够射出毒液，猎物被刺蜇过以后，会迅速因麻痹而死。然后水母就用触手将这些猎物紧紧抓住，再用伞状体下面的息肉吸住猎物。每一个息肉都能够分泌出酵素，迅速将猎物体内的蛋白质分解。

在炎热的夏天里,当我们在海边游泳时,有时会突然感觉到前胸、后背或四肢一阵刺痛,就好像被皮鞭抽打了一样,那准是水母在作怪了。不过,一般被水母刺到,只会感到炙痛并出现红肿,只要涂抹消炎药,过几天即能消肿止痛。

但是在马来西亚至澳大利亚一带的海域中,有一种剧毒无比的水母,叫做箱水母。成年的箱水母有足球那么大,呈蘑菇状,近乎透明。这种水母分泌的毒液毒性很强,当这种毒液侵入人的心脏时,就会破坏心脏细胞跳动节奏的一致性,从而使心脏不能正常供血,导致人迅速死亡。一个成年的箱水母的触须上有几十亿个毒囊和毒针,足够用来杀死 20 个人,其毒性之大可见一斑。美国《世界野生生物》杂志曾经综合各国学者的意见,列举了全球最毒的 10 种动物,名列榜首的就是箱水母。

鱼类变性

人们发现,生活在海洋珊瑚礁上的鹦嘴鱼、隆头鱼等都能由雌变雄。而鲷科、裸颊鲷科的鱼类及细鳍鱼、海鳝、海葵鱼则会从雄鱼变为雌鱼,动物学上称之为"雄性早熟",但这一现象并不常见。

鳝鱼身兼雌雄两性,而且两性能够相互变化。它们在变性之后,仍能照常繁殖后代。据水产学家的研究,黄鳝从受精卵孵化成幼鳝,一直到成年黄鳝,一般都是雌性体,并能产卵,可是产了一次卵之后,它们的生殖系统突然发生变化,卵巢变成精巢,并能产生精子。这时候,变成雄性的黄鳝即为雌鳝所产生的卵子授精。

牡蛎也是身兼雌雄两性,也可以两性相互转变。更为有趣的是,牡蛎的雌雄变性是逐年变化的,即去年是雄性,今年就变成雌性,来年又变成雄性,如此年年改变不已。变性的时间随个体而异,并不是所有的牡蛎都步调一致地发生雌雄变化。

雀鲷鱼生活在印度洋和太平洋海域。这种鱼与海葵共生,所以又叫"海葵鱼"。每只海葵只与两条成年雀鲷鱼生活在一起,其余的都是幼雀鲷鱼。当成年雌雀鲷鱼死亡或迁移出走时,附近的一条最大的幼雄雀鲷鱼就开始变性,成为雌性,从而取代原来那条雌鱼的地位。

澳大利亚大堡礁上有一种个体很小的隆头鱼。因为它们能够清除其他大鱼皮肤上和鳃内的寄生虫,所以也称为"清洁鱼"。大个头的隆头鱼都是雄性的,而雌鱼的个体则较小。雄鱼给许多雌鱼产下的卵授精。如果雄鱼死亡或迁移,雌鱼中必然会有一条较大的个体在一个小时内由雌变雄。两三个星期后,它的卵巢完全变成精巢,并可执行授精任务。

更为奇异的是,生活在美国佛罗里达州和巴西沿海的蓝条石斑鱼,一天中可变性好几次。每当黄昏之际,雄性和雌性的蓝条石斑鱼便发生变性,甚至反复发生变性 5 次。这种现象既叫变性,又叫"雌雄同体"和"异体受精"。还有生活在美国加利福尼亚州沿海和智利沿海的墨西哥金鳍锯鳃石鲈鱼，它们从卵中孵化出来时全都是雌鱼，以后有一部分雌鱼变性为各种颜色的雄鱼。

海洋中的一些动物为什么会变性？这一直是个谜。

海兽潜水

相信很多人都梦想着到神秘的海底世界中遨游，近距离接触那些多姿多彩的海洋生物。距今1700年前的中国史书《魏志倭人传》中，就已经有了渔夫在海里潜水捕鱼的记录。随着科学技术的发展，人类已经能够借助各种装备实现遨游海底的愿望。当然，也有专门的潜水员不需要借助任何装置就能潜水，但是他们一般只能潜到水下五六十米处，而且只能在水下停留很短的时间。然而，生活在海洋中的许多海兽却不需要任何装备就能够在海底自由游弋，它们的潜水本领实在令人类望尘莫及。

因为各自的生活习性以及捕食的对象不同，所以各种海兽潜水的本领也不同。例如，海豚以各种鱼类为食，它们可下潜到100～300米的深度，潜水时间可达4～5分钟。抹香鲸喜欢捕食深海大乌贼，每当它们发现自己爱吃的猎物就会穷追不舍，甚至会潜到水下千米深的地方。

我们知道，在水中潜得越深，所受到的水的压力就越大。那些下潜到海洋千米深处的海兽所承受的压力相当于数百个大气压，它们为什么能够承受如此大的压力？它们的身体究竟是如何适应水下的压力变化的？科学家多年来一直在研究这些问题，希望能够发现海兽潜水的秘密，以帮助人类潜到更深的水中。

海兽也需要足够的氧才能在深海中潜游。但是海兽和鱼不同，它们没有鳃，不能直接从海水中摄取氧。因此，海兽下潜时体内必须储备足够的氧。

科学家通过观察发现，斑海豹在潜水时，有时是呼气后潜水，有时是吸气后潜水。他们对这一现象进行了研究，结果发现海豹在下潜时，并不是主要靠肺部来储氧，而是通过血液来储氧。因此，海兽的血液是它们的"氧气仓库"。

由于海兽长时间生活在海洋中时常需要潜水，所以其身体结构已经发生了许多变化。例如，它们的胸部等地方有许多特殊的血管网，静脉管里有许多活瓣，能在短时间内积蓄大量血液。当它们潜水时，全身的血管会收缩，从而产生大量过剩血液来储氧。它们通过这种方式减轻了心脏负担，填补了因肺中的气体被压缩而形成的胸腔空间，提高了潜水适应性。科学家还发现，海兽除了用血液储氧，它们的肌肉也有较强的储氧能力。海兽肌肉中所含的呼吸色素比陆生兽类高出许多倍，其储氧量可占全身储氧量的50%。

海兽高超的潜水本领还在于，它们不仅能迅速下潜，而且能够骤然上浮。它们在千米水深的范围内上上下下，却不会患潜水病。这是为什么呢？人们发现，鲸在潜水时其胸部会随外界压力的增加而收缩，肺也随之缩小，肺泡自然变厚，气体交换停止。这样，氧气就不会溶解于血液中，鲸就不会患潜水病了。但是人类在潜水时仍然需要不断地补充空气,肺泡却无法收缩,氧气必然会溶解到血液中去,因而就容易患潜水病。

目前,人类还无法完全将海兽潜水的生理机制运用到自身的潜水活动中去,尤其是海兽不患潜水病的机制。但是相信在不久的将来,人类一定能够像海兽一样随心所欲地在海水中遨游。

第五节　神秘的地域

北纬30°

地球上的北纬30°在很多人眼中是一个不平凡的地带,这里地质地貌纷繁独特,自然生态奇特多姿,无数个世界奇观、世界之最、世界之谜都不约而同地出现在这条线上。例如中国的长江、埃及的尼罗河、伊拉克的幼发拉底河、美国的密西西比河都在北纬30°入海。地球上的最高峰珠穆朗玛峰、最深的西太平洋马里亚纳海沟,也在北纬30°附近。

在北纬30°附近还建造有许多人类文明的遗迹。例如比萨斜塔,它坐落在意大利佛罗伦萨市,至今已有八百多年历史。此塔建至一半以上高度时就开始倾斜。它虽然已饱经风霜八百余年,但依然没有倒下,有望创下"千年不倒"的记录。

又如原始部落神殿遗址。在黎巴嫩巴尔别克村,有一个原始部落遗址,它的外围城墙是用三块巨石砌成,每块石头都超过1000吨,仅一块石头就可以建造三幢高5层、宽6米、长12米的楼房,且墙厚度达30厘米。这三块巨石在当时是怎样运来的? 没有人能够知道。

此外,死海、百慕大三角、珠穆朗玛峰、美国"死亡谷"、埃及的金字塔狮身人面像等自然之谜及奇特景观都处于北纬30°地带。

地理学家认为北纬30°的各种神秘现象的成因来自地球内部。这一地域是当前地壳最活跃、构造变形最强烈的地区之一,它的形成可能与大陆的沉没有关。地球上的大陆沉没后,给地球造成的冲击力使西藏高原隆起,产生喜马拉雅山褶皱。大约4000万年前的第三纪初期,喜马拉雅山还处在一片汪洋之中,史称古特提斯海。经过漫长的地质历史,古特提斯海板块俯冲到欧亚板块之下,印度古陆与欧亚古陆会合,形成地球的第三极——珠穆朗玛峰。

从自然条件看,北纬30°这条温度带是处于亚热带和温带的过渡地带,应该说是最适于人类生存的地带。这里的降水相对比较丰沛,植物相对比较茂盛,温度也比较适合人类生存,尤其是在生产力水平比较低的情况下,人可以靠自然的供给获得一个比较良好的发展,所以在这里,早期人类可以比较容易生存下去,在这种情况下,早期文明和社会就容易在这个地带发展起来。

据科学考证，由于各种因素的影响，不同的地理位置其环境的重力场、电场、磁场及其他物理量都不尽相同。北纬30°被人们称为地球的"脐带"，其微量元素矿、磁场、电场、重力场对人与环境都有影响。另外，地球自转也给地球内部不同纬度的区域造成了不同的作用力。但很多科学家认为，这也不能完全解释清楚北纬30°的奇怪现象。

对种种神秘现象的解释可谓仁者见仁，智者见智，但这些说法似乎都与神秘的北纬30°主题相去甚远。因此，这一扑朔迷离的怪异现象目前还是让人无法猜透的谜。

地球禁区百慕大

百慕大三角，是指北起百慕大群岛、西到美国佛罗里达州的迈阿密、南至波多黎各的圣胡安的一个三角形海域。这里蓝天碧水，白鸥飞翔，绿树常青，四季如春，无论如何也不像一个暗藏杀机的魔鬼地区。然而自从1840年开始，有数以百计的飞机和船只相继在这里神秘失踪。

百慕大

据不完全统计，仅上个世纪50年代至今的短短几十年中，就有100多艘船舶、30多架飞机和1000多人在这个三角海区内失踪，生还者寥寥无几。

据报道，事发时，遇难者乘坐的船或者飞机突然之间被一种奇怪的蒸汽所吞没，而且所有的仪器都突然失灵，对外的联系全部中断。

与此同时，还有奇怪的雾在海面上升起来，而根据当时的天气状况是不可能产生雾的。事发后，有关当局都会马上派出大量人员赶赴现场进行搜索和营救，却没有找到过一具遇难者的尸体，也从没有发现过失踪的飞机或船只的残骸。

人们找不到任何理由来解释所有的反常状况。全世界的科学家都做出了努力，提出许多种说法，试图给出一个合理的解释，但所有的解释都只是推测，并没有得到证实。

1. 磁场说

持这一观点的人认为，在百慕大失踪的那些船只和飞机在出事之前，很多都发生过罗盘失灵的情况。于是科学家自然地联想到了地球磁场的异常。地球的磁场有两个磁极，即地磁南极和地磁北极。而这两极的位置总是在不断地变化，由此产生的地磁的异常很容易造成罗盘失灵，而使船只、飞机迷航。

有的科学家还注意到，在百慕大三角海域发生事故的时间大多都是在阴历的月初和月中，这正是月球对地球潮汐作用最强的时候。

1943年，一位名叫裴萨的博士曾在美国海军的配合下，在百慕大三角区做过一个关于磁场的试验。他们架起两台磁力发生机，在那里制造了一个强磁场。结果，试验一开始,船体周围立刻涌起绿色的烟雾,船和人都消失了。试验结束后,船上的人似乎都受到了某种刺激,有些人还因此而精神失常。事后,裘萨博士也莫名其妙地自杀了。临死前,他说试验时出现的情况与爱因斯坦的相对论有关。因为他没有留下任何其他论述,以至连试验本身也成了一个谜。

2. 黑洞说

这一观点是由美国学者韦勒提出的。他认为在百慕大海区有一颗 1500 年前坠落的陨星,这颗高密度的陨星使百慕大地区成了一个巨大的黑洞,船和飞机一旦靠近,就会被吸入其中,再也摆脱不了。而且离百慕大不远的伯利兹也曾经飞落过一颗陨石。这颗陨石摧毁了地球上的万物生灵,其尘埃在地球上空弥漫十年之久。百慕大是否也受到了它的影响,我们不得而知。

那些在百慕大地区消失的不留痕迹的船只、飞机,的确很像黑洞现象引起的结果,但是黑洞说却难以解释有些飞机、船只何以在刹那间消失得无影无踪。

3. 高压油气说

"高压油气说"是加拿大的唐纳德·戴维森提出来的。他认为,百慕大海区的海底蕴藏着丰富的天然气,由于受到外界环境变化的影响,这一海区的天然气被大量释放出来,使得这里的空气含氧量大大减少,从而让飞机的发动机因缺氧而熄灭。而从机尾排气管排出的灼热废气,又引燃了这一海区不断喷涌出来的天然气,从而将坠落的飞机焚烧得一干二净。

4. 次声说

这一观点来自前苏联学者舒列伊金的"海上次声波震动论"。舒列伊金指出,百慕大海域复杂的地形,很可能产生次声,并加剧次声的强度。如波多黎各海岸附近的海底火山爆发、海浪和海温的波动等都是产生次声的原因,而那些失踪的飞机和船只都是这些极具破坏力的次声波的牺牲品。

"晴空湍流说"认为,在万里晴空中,有时也会像平静的海面下藏有汹涌的暗流一样,偶尔会出现强烈的扰动气流,使飞机产生剧烈颠簸,航空气象专家称这种来无影去无踪的气流为"晴空湍流"。它被称为飞机的"隐形杀手"。航行的飞机碰上它便会发生剧烈颠簸,有时它还会产生次声,将飞机撕得粉碎。有人认为,百慕大地区的飞机失踪之谜便是因为晴空湍流。

5. 潜流说

持这一观点的人认为,百慕大三角区的海底有一股不同于海面潮水涌动流向的潜流。当海水的上下两股潮流发生冲突之时,也就是海难发生的时候。海难发生之后,遇难的船只残骸被那股潜流拖到了远处,这就是为什么在失事现场找不到失事船只的原因。这种说法的依据是,有人在太平洋东南部的圣大杜岛沿海发现了在百慕大失踪的船只的残骸。这些残骸来到这里的唯一解释就是这股潜流把它们推了过来。

6.地外文明说

他们认为外星人在百慕大地区的海底安装了强大的信号系统,这些信号系统发出的信号会严重干扰船只和飞机上的导航系统,还会损坏人的神经系统。为了证实这一点,美国科学家借助各种现代仪器进行监测,并指挥一艘驱逐舰迅速驶过百慕大海区。结果,军舰受到干扰,葬身海底。

还有人认为百慕大海域频频出事与幽灵潜艇有关。1993年7月,英、美两国联合探险队在这一海域水下1000米深处发现了一艘潜艇,其速度远远超过各国已知的任何潜艇。后经查实,这一天根本没有任何潜艇在那一带执行任务,也就是说,这艘潜艇根本不可能是人类制造的。之后人们又多次发现它,甚至与之较量,但都失败了。

以上种种说法,每一种都有一定的合理性,但它们都只能解释某种现象。真正的原因究竟是什么? 我们只能拭目以待了。

地中海死亡三角区

地中海是世界上最大的陆间海,位于亚、欧、非三大洲之间,被陆地环绕。人们一直把地中海当成一个风平浪静的内海,但是这里也有一个神秘的魔鬼三角区。这个三角区位于意大利本土的南端与西西里岛和科西嘉岛之间。几十艘船只和多架飞机不明不白地在这里被吞没。人们称这片海域为地中海的"死亡三角区"。

1969年5月15日18时左右,西班牙海军的一架"信天翁"飞机在这片海域莫名其妙地栽进了大海。机长麦克金莱上尉侥幸活了下来,事后他无法说清飞机出事的原因。出事地点离海岸很近,人们打捞起了两名机组人员的尸体,军方派军舰和潜水员仔细搜寻了几天,始终没有找到另外5名机组人员。1969年7月29日15时50分左右,西班牙海军的另一架"信天翁"飞机在这一海域执行任务时又神秘失踪。机长博阿多发出的最后呼叫是"我们正朝巨大的太阳飞来",令人无法破译。军事当局动用了十余架飞机和四艘水面舰船搜寻了广阔的海域,仅仅找到了失踪飞机上的两把座椅。

1980年6月,一架意大利班机从布朗飞往西西里岛的巴拉莫城,预计航行所需时间为1小时45分钟。在飞行了37分钟时,机长报告了飞机的位置在庞沙岛上空。之后,就再也没有这架飞机的消息了,谁也不知道这架飞机是怎么失踪的。机上81名乘客和机组人员踪迹全无。

更令人迷惑不解的是,在这片海域风平浪静的时候,一些船只也会突然失踪。有一次失踪事件尤为蹊跷。

当两艘渔船正在庞沙岛西南偏西的地方捕鱼的时候,在黎明时分,其中一艘名叫"加萨奥比亚号"的渔船发现另一艘渔船"沙娜号"不见了。这两艘渔船本来离得并不远,并且可以通话、联系。起初,"加萨奥比亚号"上的人以为"沙娜号"开走了。但当时鱼情如此之好,没有作业完毕的"沙娜号"为什么要离开呢?

于是,"加萨奥比亚号"的船长向基地报告了这件事。3小时后一架意大利海岸巡逻直升机到达了这片海域。但这时不仅"沙娜号"不见踪影,就连刚刚汇报"沙娜号"失踪的"加萨奥比亚号"也不见了。直升机飞行员感到非常奇怪,于是仔细地搜索了整个海域。直到飞机油料只够返回基地时,飞行员通知了附近海域的一艘名叫"伊安尼亚号"的大型捕鱼船,请它协助搜索,然后才离开。

这艘大型捕鱼船的船长回复说,他们的船将在3小时内抵达该海域,将会持续注意在那里失踪的船只发出的求救信号,并在那里过夜。

第二天清晨,3架直升机再次来到这一区域搜索。奇怪的是,不但没找到前两艘失踪的船只,而且连"伊安尼亚号"也不见了。这3艘船只连同船上的51名船员就这么不明不白地在风平浪静的海上失踪了,而且事后一点痕迹也没有留下。

直到今天,人们还无法揭开地中海"死亡三角区"之谜。希望有一天科学能给出合理的答案。

日本龙三角

1980年9月8日,巨轮德拜夏尔号装载着15万吨铁矿石,驶入距离日本冲绳海岸200海里的海域里。这艘巨轮设计完美,相当于泰坦尼克号的两倍,已在海上安全航行4年。目前正是船体中机械磨合的最佳时期,也是这艘巨轮的最佳航海黄金时期。

就在这时,巨轮遇上飓风,但船长一点儿也不担心。在他眼里,德拜夏尔号就像一个漂浮在海上的小岛,这样的气候根本对它无法造成威胁。可是,岸上的人看到船长发来的消息,一个个大惊失色,这条消息是:我们的处境非常危险,狂风以每小时100公里速度向我们扑来,我们正在与9米高的巨浪搏斗。谁也没有想到,这竟是最后一条消息,德拜夏尔号及全体船员便消失得无影无踪。

自从20世纪40年代以来,无数巨轮在德拜夏尔号失踪的海域神秘消失。这些消失的船只中,失踪前大多数没有发求救讯号,也没有任何线索可以解答它们失踪的原因。在地图上,我们可以清晰地看到,这片海域的范围,与百慕大三角区极为相似,所以有人称这片海域叫"日本龙三角"。

连续不断的失踪事件,引发了人们的重视,科学工作者们开始以不同的方式试图去揭开魔鬼海之谜。有些科学家想通过寻找德拜夏尔号为线索,逐步揭开这片海域的神秘面纱。

失事船只搜寻专家大卫·莫恩,对确定沉船地点有自己独到的见解,曾经在这方面有辉煌的业绩。他始终坚信,从科学技术的角度对失事船只进行定位和研究,一定能够得到想要的答案。1994年7月,一支海洋科技探险队由大卫·莫恩率领着进入日本龙三角,根据探测仪器传回的图片和资料,大卫·莫恩按图索骥,终于找到了沉船——德拜夏尔号。

于是，大卫·莫恩还原了当时德拜夏尔号失事前的情形：当年德拜夏尔号刚行驶到这片海域不久就遇到了飓风，紧接着又发生海啸，海啸在德拜夏尔号水域下形成两个巨大的涌浪，将德拜夏尔号架出水面，于是德拜夏尔号出现悬空现象，被自己的重力压成三段。巨浪冲进船舱，导致整艘巨轮快速下沉。它下沉的速度非常快，没有给船员们任何逃生的机会。另外，大卫·莫恩还解释道：巨轮下沉过程中随着海水压力的增大，被挤压变形，最后沉到海床上时已变为了一堆扭曲的钢铁。

大卫·莫恩的推理，完全建立在科学论证基础上。这种推论揭开了日本龙三角的神秘面纱，也给了那些沉浸于痛苦中的亡者亲人们一个圆满的答案。2000 年来，在这片海域，有许多艘船只永远长眠在这里，平均每 14 海里就有一艘沉船，这从而也说明海洋是地球上最神秘莫测的生存地狱。直到今天，人们对浩瀚的大海知之甚少，相信大海深处还隐藏着许多等待人类去探索和发现的神秘。

黑竹沟怪事

在四川盆地西南的小凉山北坡，有个叫黑竹沟的地方，被人们称之为"魔沟"、"中国的百慕大"。这里古木参天，箭竹丛生，一道清泉奔泻而出，一切都那么宁静祥和，但是这里发生的一桩桩奇事却令人大惑不解。

传说，在黑竹沟前一个叫门石的峡口，一声人语或犬吠，都会惊动山神摩朗吐出阵阵毒雾，把闯进峡谷的人畜卷走。1955 年 6 月，解放军测绘兵某部的两名战士，取道黑竹沟运粮，结果神秘地失踪了。部队出动两个排搜索寻找，仍一无所获。

黑竹沟

1977 年 7 月，四川省林业厅森林勘探设计一大队来到黑竹沟勘测，宿营于关门石附近。技术员老陈和助手小李主动承担了闯关门石的任务。第二天，他俩背起测绘包，一人捏着两个馒头便朝关门石内走去。可是到深夜，依然不见他俩回归。从次日开始，寻找失踪者的队伍四处出动，川南林业局与邻近的峨边县联合组成 100 余人的队伍也赶来帮助寻找。人们踏遍青山，找遍幽谷，除两张包馒头用过的纸外，再也没有发现任何蛛丝马迹。

1986 年 7 月，川南林业局和峨边县再次联合组成二类森林资源调查队进入黑竹沟。因有前车之鉴，调查队作了充分的物质和精神准备，除必需品之外还装备了武器和通信联络设备。由于森林面积大,调查队入沟后仍然只好分组定点作业。副队长任怀带领的小组一行 7 人,一直推进到关门石前约 2 公里处。这次他们请来了两名彝族猎手做向导。

当关门石出现在眼前时,两位猎手不想再往前走。大家好说歹说,队员郭盛富自告奋勇打头阵,他俩才勉强继续前行。及至峡口,他俩便死活不肯再跨前一步。副队长任怀不忍心再勉强他们。经过耐心细致的说服,好容易才达成一个折中的协议:先将他俩带来的两只猎犬放进沟去试探试探。第一只灵活得像猴一样的猎犬,一纵身就消失在峡谷深处。

可半小时过去了,猎犬杳如黄鹤。第二只黑毛犬前往寻找伙伴,结果也神秘地消失在茫茫峡谷之中。两位彝族同胞急了,忘了沟中不能"打啊啊"(高声吆喝)的祖训,大声呼唤他们的爱犬。顿时,遮天盖地的茫茫大雾不知从何处神话般地涌出,9 个人尽管近在咫尺,彼此却根本无法看见。副队长任怀只好一再传话:"切勿乱走!"大约五六分钟过后,浓雾又奇迹般地消退了。玉宇澄清,依然是古木参天,箭竹婆娑。队员们如同做了一场噩梦。面对可怕的险象,为确保安全,队员们只好返回。

黑竹沟至今仍笼罩在神秘之中,或许只有消失在其间的人才知道它的谜底,但却永远不能告诉我们了。

南极魔海

威德尔海是南极的边缘海,南大西洋的一部分。它位于南极半岛与科茨地之间,最南端达南纬 83°,北达南纬 70°～77°,宽度在 550 公里以上。威德尔海的南部大陆棚,宽约 480 公里。大陆棚与大陆坡交界处,海深约 500 公尺。海域属极地气候。动物有企鹅、威德尔氏海豹、海燕等。全世界的大洋底部冷水有一半以上源出南极海域,其中大部分即产生于威德尔海。1823 年,英国探险家威德尔首先到达这里,因而以他的名字来命名这一海域。

魔海威德尔海的魔力首先在于它流冰的巨大威力。南极的夏天,在威德尔海北部,经常有大片大片的流冰群,这些流冰群像一座白色的城墙,首尾相接,连成一片,有时中间还漂浮着几座冰山。有的冰山高一两百米,方圆 220 平方公里,就像一个大冰原。这些流冰和冰山相互撞击、挤压,发出一阵、阵惊天动地的隆隆响声,使人胆战心惊。船只在流冰群的缝隙中航行异常危险,说不定什么时候就会被流冰挤撞损坏或者驶入"死胡同",使航船永远留在这南极的冰海之中。1914 年英国的探险船"英迪兰斯"号就被威德尔海的流冰所吞噬。在威德尔的冰海中航行,风向对船只的安全至关重要。在刮南风时,流冰群向北散开,这时在流冰群之中就会出现一道道缝隙,船只就可以在缝隙中航行,如果一刮北风,流冰就会挤到一起把船只包围,这时船只即使不会被流冰撞沉,也无法离开这茫茫的冰海,至少要在威德尔海的大冰原中待上一年,直至第二年夏季到来时,才有可能冲出威德尔海而脱险。但是这种可能性是极小的，由于一年中食物和燃料有限，特别是威德尔海冬季暴风雪的肆虐，使绝大部分陷入困境的船只难以离开威德尔这个魔海，它们将永远"长眠"在南极的冰海之中。所以，在威德尔及南极其他海域，一直流传着"南风行船乐悠悠，一变北风逃外洋"的说法。直到今天，各国探险家们还守着这一信条，足见威德尔海的神威魔力。

在威德尔海，不仅流冰和狂风对人施加淫威，而且鲸群对探险家们也是一大威胁。

夏季，在威德尔海碧蓝的海水中，鲸成群结队，它们时常在流冰的缝隙中喷水嬉戏，别看它们悠闲自得，其实凶猛异常。特别是逆戟鲸，它是鲸类中最凶猛的一类，嘴巴细长，牙齿锋利，是企鹅、海豹等动物的天敌。当它发现冰面上有人或海豹等动物时，会突然从海中冲破冰面，伸出头来一口吞食掉。它们常常贪婪地吞噬海豹和企鹅，其凶猛程度令人毛骨悚然。

正是逆戟鲸的存在，使得被困威德尔海的人难以生还。

绚丽多姿的极光和变化莫测的海市蜃楼，是威德尔海的又一魔力。船只在威德尔海中航行，就好像在梦幻的世界里飘游，它那瞬息万变的自然奇观，既使人感到神秘莫测，又令人胆战心惊。

有时，船只正在流冰缝隙中航行，突然流冰群周围出现陡峭的冰壁，好像船只被冰壁所围，挡住了去路，使人如入绝境；有时，这冰壁又消失得无影无踪，使船只转危为安；有时，船只明明在水中航行，突然间好像开到冰山顶上，顿时，把船员们吓得一个个魂飞魄散。还有时，当晚霞映红海面的时候，眼前出现了金色的冰山，倒映在海面上，似乎向船只砸来，给人带来一场虚惊。在威德尔海航行，大自然不时向人们显示它的魔力，使人始终处在惊恐不安之中。事后才知是大自然演出的一场闹剧。

正是这一场场闹剧，不知将多少船只引入歧途，有的竟为躲避虚幻的冰山而与真正的冰山相撞，有的受虚景迷惑而陷入流冰包围的绝境之中。

威德尔海是一个冰冷的海，可怕的海，也是世界上又一个神奇的魔海。

四大死亡谷

世界上有些地方如同传说中的神灵禁地，让闯入其中的一切生命都无法逃脱它的诅咒与惩罚。其中最为著名的就是四大死亡谷。

1. 俄罗斯的死亡谷

俄罗斯堪察加半岛上的克罗诺斯基，有一块长约两公里、宽数百米的狭长地带，别看这块地带毫不起眼，它却是世界闻名的死亡谷之一。

有一次，当地的一个森林看守人追踪一只黑熊来到了这里，这片死亡之地才被人们发现。看守人看到黑熊的脚下全是各种动物的尸体，起先以为是黑熊的战利品。而当黑熊正准备吞食那些动物的尸体时，却突然倒在地上，并很快停止了呼吸。

这里到处是熊、狼等野兽的尸体，奇怪的是尸体上都看不出任何外伤。但是，离这里仅500米的地方居住的农户却安然无恙，没有受到任何干扰。

后来，不断有人到谷中来考察探险，也有考察者因此葬身谷中。据统计，到目前为止，葬身谷中的探险家、动物学家有30多人。付出了如此沉痛的代价之后，人们探索出了一些有价值的信息，比如这里有很多露天的硫磺矿，产生大量的硫化氢和二氧化碳等有毒气体；而且这里谷狭底深，产生的热性毒剂氢氧酸及其衍生物都有可能是元凶。不过，相距很近的村庄与这里却是生死两重天，这就令人费解了。

2. 美国的死亡谷

美国内华达州与加州交界的地方有一条长约三百公里的特大山谷。山谷两侧悬崖绝壁，险象环生，谷中气候干燥，酷热难耐。

1848年，一队人马进入这个山谷探险，结果全部葬身山谷，没有一个能逃出来。100年之后的1949年，又有一支做黄金美梦的勘探队前往山谷探险，企图找到黄金，结果几乎全军覆没。几个侥幸逃出谷的人仍难逃厄运，不久之后就莫名其妙地死去。以后，多次有探险者试图揭开这个大峡谷的秘密，却无一例外地永远留在了这里。

这个大峡谷成了名副其实的死亡之谷。但是，科学家们利用航空侦察，却发现在这个山谷中有约2000头野驴、近300种鸟类、20余种蛇类和17种蜥蜴都生活得很好。这个人类的活地狱，竟是飞禽走兽的大乐园，这是为什么呢？

美国科学家猜测，也许在谷底的某处藏有一种未知的有毒元素，当人类靠近时，便会中毒身亡，而长年生活在谷中的动物则会自动避开有毒的地方。但是，这也仅仅是猜测而已，因为再没有人敢进入那片生命的禁区了。

3. 意大利的死亡谷

意大利的那不勒斯市和瓦维尔诺湖毗连的地方也有一个著名的死亡谷。不过这个死亡谷和美国的死亡谷正好相反，它只吞噬动物，却对人类网开一面。

据调查统计，该谷中发现的死于非命的飞禽走兽的总数已超过了4000具，其中鸟类有几十种，爬行类动物有19种，而哺乳动物也有上十种之多。但是，进入山谷中的探险者，都能安然无恙地出来。

那些动物的死，不像是自相残杀或者集体自杀，也不是人为。虽然科学家已多次深入此地进行现场调查，但是这个谜团仍未解开。

4. 印尼的死亡谷

印度尼西亚的爪哇岛上的死亡谷，堪称四大死亡谷中最恐怖的一个。此谷中有六个大山洞，洞呈喇叭状，不用说误入洞中的人或动物会性命难保，就是站在离洞口六七米远的地方，也能感受到洞中发出的难以抗拒的吸力。而一旦被吸入洞中，就永远无法重见天日。

据有些因事先有准备而侥幸逃脱的科学家说,他们看到洞里已是白骨累累,难以分清哪些是人的尸骨,哪些是动物的尸骨。

这个神秘的死亡谷虽然激起了很多研究者的好奇心,然而他们却无法靠近它去揭开它的真相。

死亡公路

众所周知,大西洋海域中的"百慕大三角"是一个极为神秘恐怖的地方。其实,在陆地上也存在着同样让人听了就毛骨悚然的地方,还经常会发生意想不到的事故。所以,人们就把它们叫作陆地上的"魔鬼三角"。

美国爱达荷州有条州立公路,在距离因支姆·麦克蒙14.5公里的路段上,经常会莫名其妙地发生翻车事件。原本正常行驶的车辆一旦驶进这个地带,就会突然被一股神秘的力量扔到天上去,然后又被这股不知哪里来的神秘力量重重地摔到地面上,从而造成车毁人亡的惨痛事件。

汽车司机威鲁特·白克就曾经亲身经历过这种恐怖事件。一天,太阳高照,微风吹拂,绿草如茵,威鲁特·白克驾驶着约两吨重的卡车离开家门。不一会儿,他就驶上了爱达荷州的州立公路。汽车飞速地在公路上奔跑着,很快他就来到被司机们称作"爱达荷魔鬼三角地"的路段上。

这段路上因为频繁出现恐怖事件,一般的车辆都会绕道而行,好半天才开过去一辆。就在这时,威鲁特·白克突然觉得有一种无法抗拒的力量控制了自己,汽车在突然之间偏离公路,朝着路边闯了过去。威鲁特·白克很想把汽车控制住,但是,那股神秘的力量猛地把汽车抓起来扔了出去。最后,汽车又"咕咚"一声翻倒在地上。庆幸的是,威鲁特·白克只是身体受了伤,性命算是保住了。然而这件事却在他的心里留下了阴影。

很多人都没有威鲁特·白克那么幸运。据统计,在"爱达荷魔鬼三角地"这个地方,已经先后有几个人断送了性命。表面上,这段公路和其他路段的公路没有什么差别,全都是既平坦又宽阔的康庄大道。那么,它为什么会造成这么多车毁人亡的事故呢?那一股神秘的力量源自何处呢?至今为止,谁也未能解开这个奇怪的现象。

死亡之崖

英国东海岸的东伯恩,有一处风景优美的悬崖峭壁,如刀削般直立海边,崖顶风光如画,而且可以俯视英伦海峡。是一个非常吸引人的游览胜地,但也是声名远播的死亡之崖。

每年很多来自美国、法国和荷兰的游客前来游览,他们登上崖顶,面对英伦海峡,眺望烟波浩瀚的大海,心情有种说不出的兴奋,就好像进入天堂一样。在这醉人的美景中,有人忽然变得飘飘然起来,情不自禁想纵身一跃,投入崖下大海的怀抱。在这种亦幻亦真的感觉推动下,有的人无法控制自己的思想,纵身跳下悬崖,眨眼间生命就此停顿,彻底告别了这个世界。有人说,这些游客可能是受到魔鬼的引诱才这样做的。

跳崖自杀事件,引起社会的极大关注,为此,英国一家医院的一位心理医生对游客跳崖自杀的事进行了20多年的研究,他查阅大量相关资料,发现首宗跳崖自杀的事情发生在1600年,从此以后选择来这里自杀的人越来越多。很多自杀者事先都没有自杀的念头,而是来这里高高兴兴地游山玩水,欣赏大自然的美丽风光。他认为当人处于迷人风景之中时,心情会变得豁然开朗起来,随之便产生一种莫名其妙的心理,这就会导致他们自杀。这时自杀者极有可能意乱情迷,难以控制自己的行为,从而走上自杀之路。

这样的解释似乎有一定的道理,但有些自杀案例实在令人费解。有一位美国大学教授和夫人一起来英国度假,他们一起游览了东伯恩山崖,当时并没有出事,也没有发生异常现象。但这对夫妇回到伦敦后,准备动身返回美国时,教授的夫人突然失踪了。教授找遍该找的地方,均没有发现夫人的身影。原来教授夫人背着教授,独自乘火车再次回到死亡之崖,并毫不犹豫从上面跳了下去。这位教授很痛心,他说,对夫人的行为无法解释,他和夫人感情一直很好,这也是一次愉快的旅行,夫人根本没有任何自杀的理由。

死亡之崖像是一段人生的末路,屹立在英伦海峡边,悲剧仍在不断上演。有人根据崖面到海面的垂直距离,测出从崖上纵身一跳,6秒钟后就粉身碎骨,生命将不复存在。6秒钟,短暂的一瞬,我们不知道6秒钟前,自杀者在想什么。6秒钟,这个死亡之崖,究竟有什么神秘之处,至今仍得不到圆满的答案。

亚各斯无底洞

人们经常会将"无底洞"挂在嘴边,那么地球上到底有没有无底洞呢?相传,地球上还真有这么一个"无底洞"。

传说中的这个无底洞在希腊亚各斯古城的海滨。每当海水涨潮的时候,汹涌的海水就会以排山倒海之势流进洞里,形成一股非常湍急的急流。人们推测,每天流进这个无底洞的海水超过3万吨。然而令人不解的是,这么多的海水"哗哗哗"地流进洞里,却一直没有把它灌满。所以,人们提出疑问,这个无底洞是不是就像石灰岩地区的漏斗、竖井、落水洞一类的地形呢?倘若是那样的地形,即使有再多水都不能将它们灌满。但是,这类地形的漏斗、竖井、落水洞总会有一个出口,流进去的水都会顺着出口流出来。然而,人们在希腊亚各斯古城海滨的这个无底洞周围找了好多地方,用了很多方法,都没有找到它的出口。

美国地理学会于1958年派出一个考察队来到希腊亚各斯古城海滨进行实地考察,试图解开这个无底洞的秘密。队员们想到一种很实用的方法:他们先把一种不易变色的深色染料放在海水里边,然后看着这种染料是如何随着海水流进无底洞里边去的;接着,考察队员们分头观察附近的海面和岛上的各条河流、湖泊,试图找到被这种染料染出颜色的海水。但是,考察队员们费了很大力气,几乎将所有的地方都找遍了,却一无所获,始终没有发现被染料染了颜色的海水。那么,这究竟是怎么回事呢？难道是海水的量太大,把有颜色的海水稀释得没有颜色了吗？考察队员们只好失望而归。然而他们并不甘心。又过了几年,他们带来一种浅玫瑰色的塑料粒子。这种塑料粒子最大的好处是比海水轻一些,能够漂浮在水面上不至于沉底,更不会被海水溶解掉。这一天,考察队员们再次到希腊亚各斯古城海滨的那个无底洞边上。无底洞周围的环境几乎没有什么变化。说干就干,考察队员们把 130 公斤的塑料粒子全部倒进海水里。这些塑料粒子漂浮在水面上,被海水带着流入无底洞内。考察队员们心想:"现在,哪怕只有一粒塑料粒子在别的地方冒出来,我们就可以找到'无底洞'的出口了,就可以揭开这个'无底洞'的秘密了。"

但是,结果又怎么样呢？考察队员们又发动很多人,在各地水域里苦苦寻找了一年多的时间,结果连一颗塑料粒子也没有找到。

那么,这么多的海水流进无底洞,最后究竟流到什么地方去了呢？这个无底洞的洞口究竟在什么地方呢？一直到现在,人们也无法解释这一现象。

圣塔克斯的"怪秘地带"

有这样一个奇妙的"怪秘地带",位于美国加利福尼亚州的圣塔克斯镇郊外。从加利福尼亚州海滨城市旧金山驾驶汽车南行,大约两个小时就可到达圣塔克斯小镇,然后再行车 5 分钟左右,就能到达"怪秘地带"。

这片神秘地带被整座森林包围着,看上去阴森森的,让人不禁毛骨悚然。一旦进入"怪秘地带"之门,就如同来到另外一个世界,处处都会令你大惊小怪。

"怪秘地带"的门内躺着两块石板。来往的游客常常爱站在两块石板比身高。这两块石板看起来很普通,每块长约 50 厘米,宽约 20 厘米,石块与石块的间距约 40 厘米。人们称它们是"天然魔术"板。

如果两位游客各选一块石板站好,再相互交换站立的位置,不可思议的事情发生了。身高仅 1.64 米的游客甲显得比身高 1.80 米的游客乙还高大、魁梧得多。再来交换一次位置,游客乙转眼间特别高大起来,游客甲一下子矮小了很多。他们就这样来回交换着位置,而他们的身高也随之来回变化着。

用卷尺测量一下身高,依然是原来的身高,根本没有一点没变。用水平仪测量石板,两块石板确实处在同一水平面上。这一切到底是怎么回事？秘密也许在石板上吧。

离开石板,面前是一条坡度极大的道路,游人们顺着脚下的道路兴致勃勃朝"怪秘地带"中心走去,可以看到沿途的树木全都向一个方向倾斜着,好像刚刚被强台风袭击过一样。继续向前走,目光垂直向下看,竟然发现看不到自己的脚尖了。原来不知从什么时候开始,身体已经极度倾斜,几乎达到平行坡道的地步了。尽管这样,游人丝毫没有看到身体有其他变化,步履依然稳健,像平常走路一样。

"怪秘地带"的中心是一个小木屋。这座小木屋非常简陋,也不知道它的建造年代。在木板搭成的围墙与木屋之间,有一块空地,是游客休息与逗留的场所。这座小木屋与树木,也明显地倾斜着,游人们也如此,身子依然无法挺直,全都不由自主地朝一个方向倾斜着身子。许多人还侧歪着身子边走边笑,边跳边叫。这真是一种难以言喻的奇景。

小木屋装着一道木门,推开木门进入屋里,立刻会感到一股强大的力量扑面而来,似乎要把游人推到重力的中心点去。行动敏捷的人虽然可以就近抓牢把手与这股力量抗争,但坚持不到十分钟,就能明显感觉到头昏眼花,像晕船一样难受不舒服。

进入小木屋的游客,都会看到天花板上有一道横梁。有时,好奇的游客会伸出双臂,向上用手抓住天花板的横梁,这样身体就会悬挂起来。若站在一旁的游人就会发现,抓横梁的人的身体悬挂着,竟然没有和地面垂直,而是倾斜向一边。人们已经验证过,在这地方的任何悬挂物,都无法与地面形成直角,总是呈现倾斜状态。

"怪秘地带"作为一个旅游景点,自然少不了导游。一直为游客讲解的老导游也经常为游客们表演。他不用扶持,就能稳稳当当地从木屋板壁边沿踩上去,顺着板壁步步向上走。当他斜立在板壁高处,微笑着向下面的游客招手时,游客们都以为他有特异功能。老导游要求大家学他走,于是大家也都学着他的样子走上板壁。走上去的人们才发现,原来如此自由自在,如同在平地散步一般。这种走法,在其他地方是任何杂技演员都望尘莫及的。

小木屋里的怪事还有很多。有一块向外伸展的木板的外端,看上去明显地向下倾斜,可当你把一个圆球放在木板顶端时,它并不会沿斜面向下滚动。即使用手对它施加推动力,球也是在被迫往下滚几圈后便自动滚上来;当圆球顺着木板顶端滚落时,你在垂直方向不会接到它,因为它不管什么"自由落体"规律,而是会按着倾斜的方向掉下来。

另外,小木屋里有个"钟摆"。那个"钟摆"也够古怪的。所谓的"钟摆"就是在一根悬挂在天花板横梁上的铁链的下端,系着一个直径约25厘米、厚约5厘米的圆盘状物体而组成。按照常规来看,钟摆被推动起来后,它会按一右一左、一左一右的规律摆动,摇摆的幅度由大而小,当动力完全消失后,应该以垂直状态静止下来。然而,小木屋的这个"钟摆"却很特别。在它受到冲击后,最初是按常规左右摇摆几下,但随后它就按着画圈的方向摇摆起来,一会朝右旋转几圈,一会朝左旋转几圈,每隔5~6秒,就自动改变摇摆方向一次,间或前后摇摆或左右摇摆。如此周而复始,历久不衰。

圣塔克斯"怪秘地带"发生的种种怪异现象,完全颠覆了牛顿的重力定律。地球重力场在这里以另外一种方式而存在,这带给现代科学的不仅仅是困惑,也为富于探索精神的人们提供了一个全新认识地球重力场的窗口。

蔬菜的乐园

世界上不仅有让人长高的岛,还有让蔬菜长大的山谷和小岛,那就是美国的麦坦纳加山谷和俄罗斯的库页岛。

这两个地方种植的蔬菜都长得异常硕大。土豆长得几乎和篮球一样大，白萝卜重达20多公斤，卷心菜重达30多公斤，豌豆和大豆则会长到两米高，牧草高得可以没过骑马者的头顶……

考察研究的结果证实，这两个地方的植物并不是什么特别的品种，因为把它们移植到别的地方之后，不到两年，它们就会退化到和普通的植物没有分别了。而将外地的普通蔬菜种子拿到这两个地方种植，经过几代繁衍之后，它们也会变得异常高大。

原因既然不在蔬菜本身，那就是外界环境了，是日照？土壤？还是其他的因素？有的专家从地理环境分析，认为这两个地方都处在高纬度地带，夏季的日照时间比较长，所以这里的植物能够接受到特别充足的阳光，这就刺激了它们的生长激素，导致它们变态性地生长。不过，据说印度尼西亚的苏门答腊岛也是一个生长"巨菜"的岛，但苏门答腊岛却是处于与赤道相交的低纬度地区。而且这种解释也无法说明位于相同纬度的其他地方为什么没有发现这种现象。

于是又有人解释说，这种现象是由悬殊的日夜温差所引起的，忽冷忽热的环境破坏了这里的植物的生长系统，导致它们疯狂地生长。但这同样也无法解释类似气候条件下的其他地方为什么没有这一奇异现象。

一些科学家试图从植物生长的土壤中解开谜团，他们猜测可能是富饶的土质或者土壤中的特别物质起作用的结果。于是，他们对这里的土壤进行了实地化验，却没有任何实地化验能提供出证明这里土质特殊的资料和数据。近来，一些生物学家又注意到，有一种寄生在植物幼芽上的细菌会分泌一种赤霉素，这种植物激素具有促使植物迅速生长的奇效。他们据此认为，巨型植物的出现可能是某种生长于当地的微生物的功劳。但是目前，他们仍然没有查清究竟是哪种微生物在起作用。

有人干脆认为这种现象是多种因素综合作用的结果。而要同时具备这几方面的条件，则不是任何地方都符合的。不过，这种说法仍然无法解释为什么库页岛的荞麦在其他地方的第一季仍然可以照样长得巨大。

还有科学家联系到了史前植物的疯长，认为二者存在许多相似之处，于是推断现在这两处地方的植物疯长也是重水含量极低、射线强度高、电场磁场强度高等原因引起的。

目前，科学家们都在努力地寻求证据来证明自己提出的种种推测。也许，解开这个谜团之后，会给全世界的农业发展带来一个惊喜。

俄勒冈漩涡

漩涡，是指水流动的时候形成的一个个围绕着同一个圆心飞速旋转的涡流。但是，美国俄勒冈格兰特狭口外的一座古旧的小木屋里，却存在着一个奇特的陆地"漩涡"。

这座木屋看起来平淡无奇，但是人只要向屋里一走，立刻就感觉到有一股巨大的吸引力把人向里拉。如果此时想往后退，还会感觉到有一只无形的大手把人拉回木屋的中心。

这座木屋的神奇魔力覆盖了方圆 50 米的地方。马儿只要一靠近它，会立刻惊吓得往回跑，鸟儿也会吓得突然往回飞，有的躲避不及，就会突然坠地。连这里的树干都倾向北极的方向。更让人奇怪的是，在这座木屋里面，所有漂浮着的物体都会聚成漩涡状。如果有人在小屋里吸烟，即使是在有风的情况下，上升的烟也会逐渐加速旋转成漩涡状；如果有人将撕碎的纸片撒出去，这些纸片也会飞舞成漩涡状。这里就好像存在着一个看不见的巨大漩涡一样，所以被人们称为俄勒冈漩涡。

俄勒冈漩涡拥有的这种神奇力量究竟是什么呢？它又是怎么产生的呢？为了解开这个谜团，科学家们对俄勒冈漩涡进行了很长时间的观察和研究。

他们首先做了一个试验：用一根铁链子拴着一个 13 公斤重的钢球，再把这个钢球吊在木屋的横梁上。结果，他们发现这个钢球根本不能垂直地吊在空中，而是倾斜成了某个角度，渐渐晃向了漩涡的中心。当轻轻地推一下钢球时，钢球一下子就滑到了漩涡的中心。但是，再想把钢球拉回来时，却费了很大的力气。

这个试验证实俄勒冈漩涡这种违反地心引力的现象确实是存在的，而且世界上其他一些地方也有类似的现象发生。如乌拉圭的温泉疗养区巴列纳角内有一块特殊的地方，停在这里的汽车会被一种奇特的力量推动着继续前进，平坦路段上可自动滑行几十米，遇到上坡地段也可以爬行几米。

这些反常的现象究竟是如何形成的？至今还没有一个完整的理论提出来。

骷髅海岸

位于安哥拉和纳米比亚边界的纳米布沙漠是世界上最古老、最干燥的沙漠之一。纳米布沙漠被凯塞布干河分割成两部分，南面是一片浩瀚无涯的沙海，北面是砾石平原。纳米布沙漠又是世界上唯一与海洋相连的沙漠，在南纬 15°～20° 有一片充满诡异恐怖色彩的骷髅海岸。这段海域因为是南极洋流与大西洋洋流相遇处，又称为"西风漂流"地带。这条 500 公里长的海岸一年四季酷热难耐，年降雨量不到 25 毫米，湿度来自夜间所形成的露水以及每隔十天左右夜间吹入海岸的雾霭，它们有时深入内陆达 50 公里。8000 万年以来，寒冷干燥的风从海洋吹来，在海岸边堆积起巨大的沙丘。每 15 年一次，凯塞布干河将沙子全部冲到大西洋海岸，而来自西南方向的海浪再把沙子推上海岸。这种沿岸的冲积过程已经持续了上千年。在海浪下面，沙子堆积成巨大的水下沙坝，加上强劲的海风和频繁出现的大雾，使这里变成了一片可怕的水域。几个世纪以来，无数的船只葬身在这里。

因失事而破裂的船只残骸，杂乱无章地散落在古老的纳米布沙漠和大西洋冷水域之间的海岸线上。葡萄牙海员把纳米布这条绵延的海岸线称为"地狱海岸"，也有人把它叫做骷髅海岸。

骷髅海岸很长,从大西洋向东北一直延伸到内陆的沙砾平原,从空中向下看,是一大片褶痕斑驳的金色沙丘,比较壮观。由于长期以来受风力的影响,海岸沙丘的岩石被刻蚀成奇形怪状,犹如幽灵鬼怪凸显在荒凉的地面上。南风从远处的海上吹来,生活在这里的布须曼人称这种风为"苏乌帕瓦"。"苏乌帕瓦"吹来时,沙丘表面向下塌陷,沙粒彼此剧烈摩擦,发出隆隆的呼啸声,交织成一首奇特而悲怆的交响乐,仿佛是献给那些遭遇海难的海员,又好像在献给沙暴中迷路的冒险家的挽歌。

纳米比亚的自然资源异常丰富。19 世纪德国为了掠夺资源,大举入侵纳米比亚,但是他们从未占领过骷髅海岸。骷髅海岸是水手的墓地。据说一支德国部队进入骷髅海岸后,因无法辨别方向而全军覆灭。一些外国船队也想从这里登陆,由于滩险浪高,环境恶劣,很多船只都触礁沉没。

1933 年,有个叫诺尔的瑞士飞行员,架着飞机从开普敦飞往伦敦。经过"骷髅海岸"上空时,飞机不明不白地失事了,坠落在这个海岸附近。

1942 年,英国货船"邓尼丁星"号在库内内河以南 40 公里处触礁。"邓尼丁星"号很快沉没,幸运的是 21 位乘客以及 42 名船员侥幸乘坐汽艇登上了岸。那次救援一共派出两支陆路救援队,这两支救援队从纳米比亚的温德胡克出发,他们还动用了 3 架本图拉轰炸机和几艘轮船,其中一艘救援船触礁,3 名船员遇难。这次救援持续了将近四个星期,最后才找到所有遇难者的尸体和生还船员。

1943 年,人们在这个海岸沙滩上发现横卧在一起的 13 具无头骸骨,其中有一具儿童的骸骨,在不远处的一块风雨剥蚀的石板上,人们看到有一段话,这段话写于 1860 年,上面说:"我正向北走,前往 60 英里外的一条河。如有人看到这段话,照我说的方向走,神会帮助他。"但至今仍没有人知道遇难者是谁,也不知道他们为什么曝尸海岸。

从骷髅海滩四下望去,满目萧疏荒凉,这片海岸上的一切都显得那么的不同寻常。

乐业天坑群

天坑,在地质学上又叫"喀斯特漏斗",因其形状酷似漏斗而得名。目前,全世界的天坑的数量并不多,但在中国已经发现了四个,即重庆奉节县内的小寨天坑、四川兴文县的小岩湾天坑、重庆云阳县的龙缸天坑和广西乐业天坑群。而乐业天群是世界上目前发现最大的天坑。

1998 年国土资源部在中国广西壮族自治区百色地区乐业县进行土地资源调查时,发现了一种世界罕见的地质奇观——喀斯特漏斗群,又称乐业天坑群。2001 年 4 月,对乐业天坑进行考察的科考队宣布在同乐镇和花坪乡二十多平方公里的范围内,发现白洞、天星洞等二十多个天坑,也是世界已发现的最大的天坑群。最大最深的天坑叫大石围天坑,深达 613 米,南北走向宽 420 米,东西走向长 600 米,周边为悬崖绝壁,底部有大片原始森林和山上的原始森林相连接。

在此之前，全世界已经在俄罗斯、澳大利亚、巴布亚新几内亚发现了类似的天坑。而在中国近年也发现了三个约300米深的坑。但这些天坑和乐业天坑比起来根本就是小巫见大巫。

乐业天坑四周都是险峻的峭壁，因此乐业天坑形成了一个巨大的竖井。天坑底部则是一片人类从来没有涉足过的极为罕见的原始森林，面积达到几十平方公里，森林里有溶洞群、地下河流相通，专家们认为，这里极有可能会发现一些已经被认为是绝迹的动物，如洞螈、盲鱼等。它们是两种生活在地下河流中的远古动物，视力退化。目前只在斯洛文尼亚曾有发现。

巨大的乐业天坑群

在这些天坑群中，有许多神秘的现象让科学家一时还没有找到答案。如大石坑变幻莫测的环境，据当地的居民说，只要有人下到大石围底部，或将石头滚入坑中，就会引起剧烈的天气变化。原本晴朗的天气会忽然变得乌云密布，雷雨交加。这些说法是否准确，还有待进一步证实，但是有考察队考察乐业天坑时就遇到了这种情况。大石围为何会出现这种骤变的天气，至今仍然是不解之谜。在大石围中还有一个难解的谜团，那就是那里到处是错综复杂的暗河。有记者报道说在大石围发现了两条奇特的暗河，暗河中发现了盲鱼等稀有物种，而两条地下暗河一冷一热，温度相差3度~5度，是什么原因造成这种情况，目前还没有答案。

大石围的附近还有一个莲花洞，洞中发现了大小不一的岩溶莲花盆达二百多个，还有无数的"穴珠"。莲花盆是一种石钟乳，因其形状酷似舒展于水面的睡莲而得名。专家认为，莲花盆是因岩石被水溶蚀后形成的，而穴珠是碳酸钙在一定的地质条件下附着在某一内核上形成的钟乳石珠，其成因与珍珠相似。莲花洞为什么有如此众多的莲花盆和穴珠，其生长的条件是什么，这些问题还有待专家进一步研究。

而最绝的还要算白洞天坑，除与其他天坑一样具有地下原始森林与地下暗河外，还与相隔1.1公里外的天星冒气洞相通，形成了一种自然界最奇特的呼吸奇观，即一边洞口出气，另一边洞口吸气。从洞口冒出的白烟，，在几百米外都能看得清。冒气洞为什么会冒气而其他的天坑洞穴却没有这种景象，专家暂时还无法解释。而正午时分，阳光可以直射到冒气洞洞底，形成一道壮观的光柱。洞口周围的树枝摇动起来，飘落的树叶不仅不会掉入洞中，反而会向上飞舞。

另外，天坑群中是否还有未发现的天坑？在这片神奇的崇山峻岭下面，是否还有正在继续坍塌的溶洞在某一天突破崩陷，成为新的天坑呢？这些问题还有待进一步考察。

那么乐业天坑群是如何形成的呢？有专家认为，这可能是因为地下暗河长期腐蚀造成巨大地下空洞后引起地表大面积坍塌所致。

在天坑群中的另一奇特地貌是百朗大峡谷，与大石围的地下暗河相通，峡谷长约四公里。谷中洞穴有千奇百怪的钟乳石和生物化石。据考察人员称，在天坑中还生活着国家二类保护动物—鼯鼠，也叫"飞猫"，其依靠前后腿间宽大的蹼翼可在绝壁间、山峰间或树木间滑翔飞行，整个身子长达1米，大者重达3.5公斤。考察队伍还在大石围天坑群区域内还发现了国内年代最早、最完整的大熊猫头骨化石。专家据此认为，在很久以前，乐业天坑群区域曾是大熊猫繁衍之地。

随着科考队不断地进入乐业天坑群进行科学考察，我们相信，揭开乐业天坑群的神秘面纱的日子为期不远了。

中国"百慕大"

世界上最神秘的地方也许就是众多周知的"百慕大三角"，但是后来人们又发现了许多和百慕大一样神秘的地方。在我国，也有一个"百慕大"。

世界各地似乎都有很多神秘难测的地方，也是人类至今没有完全了解的地球秘境。中国作为一个文明古老的国家，它的秘密更是数不胜数，如素有中国"百慕大"之称的黑竹沟就是一个著名的谜团。

黑竹沟位于峨眉山西南约一百多公里处，面积约一百八十多平方公里，它是四川盆地与川西高原、山地的过渡地带，所以黑竹沟的地理位置特殊，自然条件复杂，生态原始。也就是这里，曾出现过数次人畜进沟神秘失踪的现象，给人一种神秘莫测之感，也产生了众多的令人费解的谜团，让人目瞪口呆。因此黑竹沟才得到一个名字——中国的"百慕大"。那么，黑竹沟曾经发生过哪些让人匪夷所思的事情呢？

纬度之谜：黑竹沟所处的纬度和百慕大三角、埃及金字塔相似，就是被探险家称为的"死亡纬度线"——北纬30度。这一纬度涉及了全球许多著名的谜团。北纬30度这些谜团彼此之间是否有一些细微的关联呢？黑竹沟和这些谜团是否也有某种联系呢？

人畜消失之谜：川南林业局、四川省林业厅勘探队，部队测绘队和彝族同胞曾多次在黑竹沟遇险，其中三死三伤，二人失踪。据当地的彝族长者介绍，1950年，国民党胡宗南残部三十余人，仗着武器精良，穿越黑竹沟，入沟后无一人生还，因此，这里留下了"恐怖死亡谷"之说。而人进去后是怎样失踪的，至今还是个谜。还有传说只见枪不见尸体的，但是有人认为这只是讹传。他们解释说不见尸体是因为黑竹沟中有很多含有极高铁量的玄武岩，它使磁场异常，造成了指南针磁针偏转，从而出现指南针指示的方向可能是暗河或悬崖的情况，人一不小心摔入就会丧命，因此，也就极有可能找不到尸体。但是曾经有那么多人进入黑竹沟，为什么不是失踪、受伤就是死亡呢？不可能人人都跌进悬崖或暗河中吧？

野人之谜：据说 1974 年当地的村民曾亲眼见到高约两米，浑身长满黄褐色绒毛的野人，后来当地群众多次发现了它的踪迹，称它为"诺神罗阿普"，意为"山神的爷爷"。但是，至今也没有发现这个野人现在究竟生活在哪里，黑竹沟发现的野人也就变成了谜团。而在黑竹沟有一个地名被称为"野人谷"。"野人谷"为何得名的呢？这里曾经常出现过野人吗？这还需要进一步调查。

幽谷奇雾之谜：黑竹沟因为地形独特，植被茂盛，雨量充沛，湿度大，因此这里经常是迷雾缭绕，浓雾紧锁，使人有如坠仙境之感。但雾气也使黑竹沟内阴气沉沉，神秘而让人不敢深入。黑竹沟的山雾千姿百态，清晨常常紫雾弥漫，连最近距离的物体也无法看清；到了傍晚则烟雾滚滚，雾气时动时静，忽前忽后，忽明忽暗，变化万千。据当地彝族人讲，进沟要轻声细语，否则会突然出现青雾，将人畜卷走。这些山雾为何有这么多的变化呢？会突然出现的"青雾"又是什么呢？可以将人畜卷走的只能具有超强的风力，难道"青雾"不是雾，而是卷着雾气的"风"？

动植物之谜：这里的怪事可谓是多得数不胜数。我们都知道熊猫是吃竹子生活的，但在黑竹沟里的大熊猫吃的却是山羊、猪牛等肉类食物，它们经常下山跑到彝家山寨吃这些家畜。有人说熊猫下山吃羊等动物，，是因为熊猫本身不为人熟悉的生活习性和迁徙规律造成的。

据说这里有亚洲很少会出现的黑豹，彝族猎手就曾经抓住过一只黑豹。这里的植物也十分丰富，攀爬在古杉上的野藤，有的高达八十多米，直径三米，如展开的大伞。黑竹沟还有许多受到国家保护的植物，如洪桐、水青树。在黑竹沟中更有罕见的"花熊猫"，它是黑白相间，花纹呈圆形的植物，有人说它是植物中的"稀有珍品"。

黑竹沟为什么会有这么多名贵的植物呢？这些植物又是从何而来，在黑竹沟扎下根的呢？是由古人带来这里栽种的吗？

总有一天，黑竹沟的谜团会被解开，黑竹沟也将为我们展现出一片原始的自然风光。

神奇的神农架

笼罩神秘色彩的川鄂神农架，其中蕴含着无数千奇百怪的事物，奇山异水争趣、珍禽怪兽频现等自然奇观不胜枚举，让每个带着好奇心去探寻神秘的人留连忘返。

神农架是中国的一块神秘之地，位于川鄂交界地带，丛林密布。它的面积达 3200 多平方千米，素有"华中屋脊"之称。在神农架传说最多的就是野人。

从古至今，有着大量关于野人的传说和记载。早在唐朝时就有人见过神农架野人。史书上也时有记载。20 世纪七八十年代，有探险队发现了野人的毛发、脚印，甚至还发现了野人住过的窝。后经研究表明，那些"野人"毛发是至今我们未曾发现的奇异动物的毛发：它不仅区别于非灵长类动物，也与灵长类动物有区别；更令人吃惊的是有接近人类头发的特点，而且更接近白种人头发的特点，但又不尽相同。

古人类学家还在神农架山区发现了距今有两万多年的早已绝迹的古猿化石。其身高超过两米，是一种介于人和猴子之间的高级灵长类动物，被命名为"巨猿"。有人猜测神农架野人就是它的后裔。但是按照现代生物学观点，一个物种倘若要生存繁衍，其种群数量不能低于一千只，否则就有灭种的危险。如果神农架的野人也存在这么多的话，那么不要说发现，就是活捉几只都可以。可是到现在为

川鄂神农架

止，人们却一只都没有捉到过。是野人的数量少？还是根本不存在呢？也有人说神农架野人是"人猿杂交"的物种而非野人。

传说神农架有一种驴头狼身的怪兽，当地人称其为"驴头狼"。据说，它的体形跟毛驴差不多，头部很像驴，却长着像狼那样的利爪，是一种凶猛的食肉动物。20世纪曾有猎手打到过，但可惜已尸骨无存。现在世界上其他地方虽然都不存在这种驴头怪兽，但在远古时代，这种动物确实存在，学名叫做"沙犷"，主要存在于距今七百万年至四百五十万年前。这种动物的头部和身体有些像驴，但脚上却生有很锋利的爪。如果说它是与驴类相似的动物，那它长着如此锋利的爪做什么用呢？它到底是食肉动物还是像驴一样的食草动物呢？人们百思不得其解。有人认为，虽然动物学家都把"沙犷"当作已经灭绝的史前动物，但由于神农架特殊的地理和生态环境，动植物群类非常丰富，与"沙犷"一起存在的动物，如金丝猴、苏门羚等，在别的地区都已经灭绝了，但在神农架却依然生存着，因此，可能有少数残存的"沙犷"在这块土地上生存下来，栖息在人迹罕至的深山密林之中。从目击者的描述和脚印看，有专家认为"驴头狼"很可能就是"沙犷"。"驴头狼"真的是史前动物吗？至今还是个谜。

神农架还有一个冷热洞，洞内冷热分割明显。当地人称为"冷暖洞"。当站在冷的一边时，寒气逼人；而站在热的一边时，则是温暖如春。冷暖两边相隔不过是一条线，但温度却相差10℃以上。是什么原因造成如此大的温差呢？有人认为，洞中温度低是正常的，而温度高的一边可能是由于它的下面有温泉，使上面的土地受热散发热量。但是根据常理，这种热量应该是均衡扩散的，不可能相差10℃，也不可能有一条很明显的冷暖分割线。还有人经过对洞口结构的研究，认为由于洞口构造比较奇特，冷热空气在洞口相交，相互融合，构成了一道空气屏障，故而产生了这种奇怪的现象。具体哪种说法更为准确，至今尚无定论。

此外，神农架还有众多的秘密让人们惊叹。位于神农架的宋洛乡有一处冰洞，在洞外温度达到28℃以上时，洞内开始结冰，山缝里的水沿洞壁渗出，形成壮观的冰帘。但当天气转冷的时候，洞内的冰反而开始融化了。到了严寒的冬季，洞内的温度比洞外还要

高。为什么会有这么奇异的洞呢？科学家暂时还没有解释出来。

神农架地区，有座戴家山，山上有一块奇异的土地。每到2月、8月晴天的中午，这块地里就会发出一束耀眼的白光，刺得人睁不开眼睛。这束光照在对面相隔二百多米的山上，竟比太阳光还要明亮。白光不定时地照射过来，每次大约持续两分钟左右。很多人都见过这种奇景。如此怪现象，至今仍令人费解。

神秘的神农架带给我们太多的惊奇，总有一天人们会揭开神农架的所有秘密。

谜中谜——山西宁武

当我们阅读中国名山大川时会发现，它们都蕴藏着许多神秘的现象，它们是古老的大自然带给我们的神奇礼物，是古代的先人们谱写的神话之歌。山西宁武就是这样的一个地方，在这片神奇的土地上，我们发现了许多让人惊叹的景观。

山西晋南宁武县是一块充满谜团的地方，当你踏上这片古老的土地山时，就会被这些谜团深深地迷住，但却百思不得其解。

1. 万年冰洞

1955年，在海拔两千多米的管涔山人们发现了一个万年冰洞，但是以宁武县的气候条件，根本不能结冰，但是洞内的冰柱却四季不化，冰洞内永远保持着零下四度。即使是闷热的夏天，洞内依然寒气逼人。经地质专家鉴定，该冰洞形成于新生代第四纪冰川期，距今已有一百万年的历史。

据清乾隆《宁武府志》记载，这里火山数百年都处于活跃状态。虽为地下煤自燃，但山的阳面为火山，山阴面为冰洞，形成了两个截然相反的景观并存的奇特景象，至今也没有人能够解释其中的原因。

现在已经开发出的冰洞距地面有一百多米，冰洞里有着大自然的鬼斧神工：冰瀑、冰钟、冰帘、冰笋、冰人、冰花，玲珑剔透，晶莹夺目。

这座冰山是怎样形成的呢？为何能够保持百万年之久？在史籍上并没有记载，专家也毫无头绪。没有人知道这个谜团何时解开。

2. 远古栈道之谜

在管涔山深处的凤翔山悬崖峭壁上，有一条远古栈道，据考证，这条栈道至少在唐代时期就出现了。起初人们发现在悬空寺附近的悬崖间吊着一根可以随风摆动，历经千年不坏的木头柱子，当地称之为"摇摆柱"，后来经过考证，原来是古栈道遗留下来的一部分。至今"摇摆柱"仍在悬崖间飘摇。

这是在北方发现的唯一古栈道遗迹。长达四十多公里。它是做什么用的呢？传说汉高祖刘邦兵走平城，靠的就是这条栈道。那么，古栈道的修建时间可以追溯到西汉时期。一种说法认为由于这里庙宇众多，且都建于山顶，所以栈道是为了连通多座山峰上的寺庙而筑。但这条栈道究竟建于何时，其真正目的又是什么就没有人知道了。

3. 宁武天池

宁武天池位于山西省宁武县东部管涔山东南马营山区，是我国三大高山天池之一。也是华北地区唯一的天池群。宁武天池在古代也被称为祁莲池，唐代曾在这里设立天池牧监，为朝廷饲牧军马，故又称马营海。

天池面积0.8平方公里，水深10米左右，蓄水800万立方米，形成于新生代第四纪冰川期，距今有300万年的历史。据记载，天池水"阴霖不溢，阳旱不涸，澄亭如鉴"。传说，每当树叶将要飘落湖面时，就由灵鸟叼去，故湖水清澈可鉴。宁武天池从古至今都是人们避暑观光的旅游胜地。最著名的是被古人题名为"天池锦鳞"或"天池霞映"的绝景，它位列宁武古八景之首，当红日映照在天池中时，金光四射，池水通红，耀眼夺目。

宁武天池

在宁武人眼，天池是一池圣水，它旱不涸，涝不溢。天池海拔千米以上，据考证湖底及周围没有一个泉眼和太多的径流，这万顷碧波之水来自哪里？成为宁武景观中又一个自然之谜！

在历史上，人们一直将宁武天池与隋炀帝联系在一起，据说隋炀帝曾经在这里修建了一座宏伟壮观的行宫，史称"汾阳宫"。传说汾阳宫金溪辉煌、规模宏大，殿宇楼阁、水榭歌台、栈道回廊、应有皆有。但是也有人质疑隋炀帝在天池修建过行宫的说法，认为只是一种传说。那么，隋炀帝是否真的在天池建造过气势恢弘的行宫呢？而隋炀帝为何又选择在这里修建行宫呢？

在清版《宁武府志》记载："汾阳有天池，在燕京山即管涔山上，周过八里，俗名天池，曰祁连池。隋开皇（公元581年至600年）建祠池上，祈祷多应。"虽然这里的"祠"并非指代行宫，但是足以证明宁武天池在隋朝时就受到统治阶级的青睐了。在《宁武县志》中还记载："隋炀帝大业三年（公元607年）四月北巡过雁门关，八月癸巳入楼烦（今宁武、静乐一带），十一年（公元615年）五月避暑汾阳宫……，是隋文帝杨坚于开皇年间始建，坐落于天池边。"据说，隋文帝曾经在宁化古城建立"隋王宫"，后来行宫被洪水淹没，现在在当地仍流传着"水漫隋宫"的传说，它和汾阳宫在历史上被称为"上行宫"和"下行宫"。但到今日，人们已经看不到两座行宫的旧日风采了。

不久前，有学者在天池边上发现了一种等级很高的琉璃滴水构件，而这种建筑材料只有古代的皇宫才能使用，因此，专家判断，这极有可能就是建造汾阳宫的建筑材料。但是中国秀丽的山河那么多，为何隋炀帝会选择天池这样一个小湖边劳民伤财地修建这样一个宏大的行宫呢？况且，这里山势险要，并不利于大队车马队伍出行，粮食补给也十分不便。有专家分析说这与宁武天池的地理位置有关。宁武连接塞外，一直是兵家必争之地，历代王朝都曾在这一代修筑过长城，但是依然烽火不断。而且天池还是避暑胜地，更是隋朝的"发迹之地"（杨坚时任晋王时，杨广为并州总管），在这里建造行宫也符合隋炀帝"好大喜功，喜游猎"的性格。但是汾阳宫究竟毁于什么年代呢？目前还有待进一步考证，不过在《宁武府志》中记载："隋恭帝义定元年（公元617年），校尉刘武周杀太守王仁恭，袭破楼烦，进据汾阳宫，取宫人以赂突厥，自命国号无兴。"说的是隋朝后期一名叫刘武周的叛将，带兵攻破当时的楼烦城，杀死太守并进占汾阳宫，掳宫女敬献突厥。虽然并未对其血洗汾阳宫做出详细描述，但证明从那个时代开始，汾阳宫就由兴盛走向衰败了。

4. 芦芽滴翠

史书记载"芦芽山，山前有荷叶坪，山后有林溪山，右有神林山，连镇诸州，逶迤数百里。最上一峰突入霄汉。五月飞霜，千载凝冰……时或山上雨而山下晴。其树木、梵宇、厅泉怪石乃与五台山肩齐名者也。"芦芽山，因形似"芦芽"而得名。海拔2739米，似一尊巨人手擎利剑直插云霄。这里峰峦重叠，簇拥大小二百多座山峰，沟壑纵横，崖沟跌宕，溪水淙淙，有大小瀑布三十余处。山峰尖峭，怪石嶙峋，林木茂密。每有云雾萦绕，雄峰兀突，如同青翠的芦芽破土而出，生机勃勃，鲜嫩欲滴，引人入胜。雨后日出，芦芽墨绿色的山体，还会变换出一种火红的色彩，偶尔也可遇到状似"法轮"，五彩斑斓的"芦芽佛光"。从古至今，历经天灾人祸，但是卢芽山的绿色却奇迹般地保存了下来，成为黄土高原上一块罕见的绿洲，但是它究竟如何在无数次的劫难中生存下来，却没有人可以解释清楚。

中国有许多的名川秀水，无不蕴藏着令人着迷的秘密，这也显示了中国古老大地的神奇。有人说一个没有秘密的国家是缺少神秘美的，所以也许许多谜团不被解开才是完美的。

千年未解的黔南四谜

我国是一个山河众多的国家，而蕴藏其中的谜团也就多得数不胜数。黔南，就是一个拥有着很多秘密的地方，直到今日，人们也没有为那些谜团找出合理的解释。

神奇幽美的贵州黔南隐藏着一幅幅绝美的画卷和传奇。黔南，也流传着许多不可知的世界之谜，1995年《中国旅游报》向世界公布重金悬赏可以破译黔南四大之谜的人。一时之间，黔南四谜成为人们谈论的焦点，探险家的"宝地"。黔南之谜概括为：一首千年古歌的预言；情感植物"风流草"；奇怪的冷热洞；惊人相似的图腾柱。

千年古歌的预言：这首古歌是"石笋对石鹅，脚踏乌江河，哪人识得破，金银用马驮。"为了探寻古歌中所预言的无尽宝藏，曾有无数的人前来寻找，但都是无果而终。直到20世纪90年代，地质工作者终于发现了这里蕴藏着丰富的磷矿资源。在没有先进的探测仪器的远古时代,这首神奇的千年古歌为什么能预言今天的丰富磷矿资源?预言家又是谁?

情感植物"风流草":三都水族自治县都江一带生长着一种植物,当地人叫它"风流草"。这种草会在歌声中展枝抖叶翩然起舞。更为奇妙的是,"风流草"只听得懂水族青年唱的情歌。有人分析说,"风流草"像人一样善解风情,能够识别情趣,是一种生命智能植物。而有的植物学家则认为,"风流草"的枝叶中含有一种能够感受音频的物质,情歌旋律优美,"风流草"正好能感受情歌的音频,当它接收到这种信号后,就能产生共鸣和振动。然而,究竟"风流草"为什么只会随着情歌翩翩起舞,至今仍无定论。

奇怪的冷热洞:三都水族自治县都江镇境内有一个奇异的山洞,人在洞中行走,上身如在盛夏时节热得大汗淋漓,而下身却如处冰窟,冷得发抖。为什么同一洞内温差如此之大?有专家认为岩洞中的地面是一个大吸热体,由于山洞空间气流的流动,贴近地面的温度就很低,而距离地面越远温度也就越高。一些地质学家则认为,洞中地表岩石与洞顶岩石结构截然相反,地面岩石是一种奇特的"冰石",而洞顶岩石却具有释热功能,因而形成了这种温度反差。但为什么两种不同构造的岩石会如此巧合地聚集在同一洞中呢?

惊人相似的图腾柱:在荔波县瑶山瑶族墓地上,矗立着一根根雕刻着原始粗犷花纹的图腾柱,柱顶是一只展翅欲飞的大鸟。这种瑶族人膜拜的图腾柱,与美洲印第安人的图腾柱非常相似。值得研究的是,地处偏僻大山深处的瑶族人与印第安人从古至今没有任何往来,是什么神奇的力量使他们的图腾崇拜如此接近?有的学者就认为,瑶族与印第安人同是山地民族,鸟与兽都是他们生活中的重要内容,加上相似的环境氛围形成了相似的山地文化,因而产生了这种图腾崇拜的巧合。反对巧合论观点的人从一些考古中提出论据,在印第安人与瑶族的原始遗物中也有不少相似之处,从而他们提出了印第安人与瑶族在很久以前同属一支的可能性。由此推测出印第安人可能就是由中国的西南长途跋涉至美洲的。

自贡大山铺的恐龙公墓

在世界上的一些地方,人们发现了大量恐龙遗骸集中埋在了一起,这些地方就被人们称之为"恐龙公墓"。恐龙公墓是一种自然现象,不是人为形成的。世界上比较著名的恐龙公墓是比利时伯尼萨特禽龙墓、加拿大阿尔伯达尖角龙群葬墓、美国古斯特的腔骨龙墓、中国四川自贡大山铺恐龙墓、中国内蒙古恐龙公墓。

在四川省自贡市有一个恐龙化石集聚区,叫自贡大山铺的"恐龙公墓"。它以恐龙化石埋藏丰富和保存完整著称于世。但是这个"恐龙公墓"是怎么形成的呢?很多的科学家都作出了猜测,但是又都缺乏充分的理由。

一、成都地质学院岩石学教授夏之杰提出,这些恐龙是死后被原地埋葬的。他说在一亿六千万年前,大山铺地区是一个河流交织的地方。而且这里的气候也十分温和,使得这里成为了一个极适宜恐龙生存繁衍的地方,大量的恐龙生活在这片植被茂密的滨湖平原上。但是,这些恐龙们可能由于吞食了含砷量很高的植物,中毒而死,并被迅速地埋在较为平静的砂质浅滩环境里,后来又有新的恐龙尸体压在以前死去的恐龙尸体上,这样层层叠落,才形成了这么庞大的恐龙化石群。但是没有人知道当时的大山铺地区植被含砷量是多少,能

自贡恐龙博物馆

够致使恐龙猝死的砷含量又是多少,分析一种恐龙化石中的含砷量是否又能代表所有的恐龙呢? 这些问题都还没有被研究出来。

二、有人认为大山铺的恐龙是在异地死亡后被搬运到本地区埋藏下来的。因为这些恐龙化石较为完整的才三十多个,只占总数的五分之一。发现较多的是比较零碎破散的恐龙上肢,很像经搬运后被磨蚀得支离破碎的样子;同时越是接近上部岩层,小化石越多,并具有从南到北依次从多到少的分布规律。下部岩层则几乎都是体躯庞大的蜥脚类恐龙,保存都不完整,很明显是经过搬运后的结果。另外科学家还发现大山铺发现的砾石均位于化石层的底部,从其特征判断是经过搬运的产物,可能与恐龙化石群的形成有密切关系。

多数的科学家认为,大山铺"恐龙公墓"中大部分化石是搬运后被埋藏下来的,也有少部分为原地埋藏,因此这是一个综合两种成因而形成的恐龙墓地。但是这里除了在陆地上生活的恐龙外,还有能飞行的翼龙和在水中生活的恐龙,而这些恐龙的生活习性完全不一样,为什么它们也会被葬在一起呢? 最关键的问题是,谁将这些恐龙从别的地方搬到了这里? 有人说可能是食肉恐龙,为了掩藏食物才将它们杀死的恐龙埋藏在这里,以用来在干旱的年代解决食物短缺。也有人说是恐龙的同类将死去的同伴尸体拉到这里进行掩埋的。还有人说是外星人杀了这些恐龙埋葬在这里的。更有人说是古人类杀死了它们。究竟是怎么回事,还有待研究。

白天突然会变黑

虽然现在的科学技术在不断的进步,但是仍有许多神秘的现象至今无法解释,但也正是这种未知的事物激励着人们去探索。

同一天内出现两次黎明在我国的古书上曾有过记载,古人称之为"天再旦"。1987年,有学者对此做出了解释,是由于发生了日全食,才导致已经明亮的天空又变暗。当日全食过后,天空就出现了第二次黎明。但是在没有发生日全食的时候,"天再旦"也会

发生。

1994 年的一个秋天，在我国的班吉境内，万里无云，晴朗的天空忽然变得一片漆黑，伸手不见五指，人们惊恐万状，好像天要塌下来一般。一个多小时以后，黑夜才渐渐散去。

而白天突然变成黑夜不仅在我国发生，全世界几乎都曾出现过此现象。1884 年 4 月 21 日白天，英国普雷斯顿地区突然一片漆黑，大约二十分钟后，天又一次亮了。后据科学家调查，那天该地并没有异常现象，当时天上没有云彩，地上也没有浓烟遮日。1980 年 5 月 19 日上午 10 点钟，美国新英格兰垦区突然变得一片漆黑，像进入茫茫黑夜一样，这种怪现象一直持续到第二天黎明。据科学家调查，那天既没有发生日全食，也没有龙卷风现象。

为什么白天会突然变黑？这种神秘的黑暗究竟从何而来？科学家对这一现象众说纷纭，莫衷一是。

有些科学家猜测，天空出现两次黎明的现象可能与小流星有关。当某一颗小流星飞临地球的上空时，遮住了部分阳光，造成地球上部分地区白天突然出现暂时黑暗的现象；待小流星飞离后，该地又恢复了光亮。所以该地才出现了这种的现象。

还有一些科学家猜测，天空出现两次黎明的现象可能与另一种神秘的天体——微型黑洞有关。宇宙中有一种看不见的黑色天体，它的体积趋向于无穷小而密度却是无穷大。这种天体有"吞食"周围一切物体的本领，任何东西靠近它，都会被它"吞食"掉，就连速度高达每秒 30 万公里的光线，也会被它"吞食"。一般黑洞都是由恒星演化而成的。恒星到了晚期，内部的"核燃料"全部耗尽，在自身的引力作用下，不断坍塌，坍塌密度达到一定程度时，它就成了黑洞。1971 年，墨金索教授猜测，在宇宙中可能有许多微型黑洞，它们是在宇宙诞生的初期形成的，或许这些微型黑洞，至今仍在宇宙中漂移着。当某一颗微型黑洞漂移到地球上空时，它就会把附近的阳光"吞食"掉，因而造成地球上一部分地区的白天突然变成黑夜。等它飘离地球上空后，这部分地区就恢复光亮。这也就出现了"天再旦"现象。

但这些看法只是推测而已，还没有被证实。为什么在没有发生日全食的时候，同一天内也会出现两个黎明的现象呢？这个问题尚需科学家进一步考察。

青藏高原的移动之谜

青藏高原是素有"世界屋脊"之称，它的周围有许多山脉，大多数呈从西北向东南的走向，其中南部的喜马拉雅山脉中的许多山峰名列世界上前十位，而喜马拉雅的主峰珠穆朗玛峰是世界上最高的山峰。

青藏高原是位于中国的西南部。面积约 240 万平方公里，平均海拔 4000 米~5000 米，也是世界上最高的高原，有"世界屋脊"之称，常被科学家们与南极、北极相提并论，称作地球的第三极。青藏高原东连云贵高原和四川盆地，西达万山之宗的帕米尔高原，北邻中国内陆沙漠地带，南眺热带亚热带风光的印度大平原。

青藏高原的四周都是大山，南有喜马拉雅山，北有昆仑山和祁连山，西为喀喇昆仑山，东为横断山脉。高原内还有唐古拉山、冈底斯山、念青唐古拉山等。高原内部被山脉分割成许多盆地、宽谷。同时是长江、黄河、澜沧江、怒江、森格藏布河（印度河）、雅鲁藏布江以及塔里木河的发源地。

自古以来，青藏高原就是一个神秘的地方。如今，科学家在 GPS 卫星定位系统的帮助下，惊异地发现青藏高原竟然以每年 7 毫米 ~ 30 毫米的速度整体向北和向东方向移动。

尽管这种移动的速度十分缓慢，仅属于毫米级，但在几百万年的地质运动中，这个移动量所产生的结果是十分巨大的。

那么是什么原因造成了青藏高原的移动呢？它又会给地球和人们的生活带来怎样的影响呢？

青藏高原位于地质历史上古地中海大洋岩石圈消亡地带，是研究洋—陆转换、陆—陆碰撞、造山过程、全球变化和全球大陆动力学等一系列重大理论问题、建立地球科学新理论、新模式的关键地区，故而也被喻为"打开地球动力学大门的金钥匙"。

青藏高原地壳活动幅度相对比较大，而且这个高原地区的隆升、漂移活动是比较激烈的，地震活动也比较多。这种现象在中国其他地区或者其他高原都是少见的。1991年，中国地震局地震研究所 GPS 研究室开始利用 GPS 全球卫星定位系统对青藏高原地区进行监测。据最新监测结果表明，青藏高原南部的拉萨地块以每年约 30 毫米的速率向北东 38 度推移；中部的昆仑地块以每年平均速率 21 毫米的速度向北东 61 度推移；再向北到祁连山地块，以每年 7 毫米 ~ 14 毫米的速率向北东约 80 度推移。也就是说青藏高原整体正以每年 7 毫米 ~ 30 毫米的速度向北和向东方向移动。

有学者认为迫使青藏高原移动的重要原因是印度洋板块向北运动引起的挤压，除此之外还有地热等多方面的原因。

中国地球物理学会主席、中国工程院赵文津院士曾发表文章《破解青藏高原的东移之谜》，对青藏高原向东移动的原因做了解释。赵文津院士从球面数学的角度出发，他认为，处于高纬度的两个相邻地块分别沿其重心所在经度线向低纬度做南北方向的离极运动时，由于经度线间的距离不断增大而逐渐相互分离。反之，处于低纬度的不相邻两地块分别沿其重心所在经度线向高纬度做南北方向的向极运动，由于经度线间的距离不断减小而逐渐相互靠近，最终导致青藏高原向东移动。

青藏高原虽然向东向北整体移动，但其速度并不一样，这样是否会造成青藏高原本身解体呢？有专家解释说青藏高原本身就是由许多地块构成的，如昆仑地块等，每个地块的方向和活动性都不一样，这也就造成了速度不一致。还有，高原本身就是断裂的，所谓高原解体也是无从谈起。

青藏高原的这种移动会造成地块触动和断裂以及造山运动等多方面影响,同时地震活动有可能增加。而青藏高原一直移动下去的结果会怎样?是否会产生新的地形地貌?它又会给这个地区乃至整个中国大陆的生态和气候环境带来什么变化?专家说从板块移动的角度来看,喜马拉雅山是印度洋板块和东亚板块底部相互挤压形成的。如果青藏高原板块向东向北移动,肯定会对喜马拉雅山的高度产生影响。至于这种缓慢的移动对于气候的影响,则是一个相当漫长的过程。

由于人们所关心的这些问题太复杂了,所以专家很难轻易下某种结论。青藏高原移动究竟会对地球产生怎样的影响,这个问题还有待科学家的进一步考察和研究。

第六节　环球气象趣闻

地震形成

地震,是地球内部发生急剧破裂产生的震波,在一定范围内引起地面振动的现象。地震就是地球表层的快速振动,在古代又称为地动。它就像海啸、龙卷风、冰冻灾害一样,是地球上经常发生的一种自然灾害。大地振动是地震最直观、最普遍的表现。在海底或滨海地区发生的强烈地震,能引起巨大的波浪,称为海啸。地震所引起的地面振动是一种复杂的运动,它是由纵波和横波共同作用的结果。在震中区,纵波使地面上下颠动;横波使地面水平晃动。由于纵波传播速度较快、衰减也较快,横波传播速度较慢、衰减也较慢,因此离震中较远的地方,往往感觉不到上下跳动,但能感到水平晃动。

早在1911年,雷德就根据美国1906年旧金山大地震时断层的活动情况,提出了"弹性回跳学说"。他认为,地壳的岩层由于应力的积累而产生形变,当积累的应力超过了岩层的强度时,岩层破裂,原来形变中蕴含的弹性能量释放出来,从而形成地震。

大量的研究资料表明,太平洋的一些深海沟地区,地震总是伴随着断层和裂缝发生的,同时在大陆上的地震多发地带也是这样。因此,这一学说为大多数地震学者认同。

但是对于深度超过70公里的深源地震来说,这种学说就存在很多问题。于是人们又相继提出岩浆冲击说、相变说、地幔对流说、温度应力说等新观点。

1955年,日本的松泽武雄提出,有许多地震是由地下的岩浆冲击产生巨大的热应力而产生的。火山熔岩的侵入、空隙流体压力的急剧增高都能引起地震,深源地震可以由岩浆流动而引起,不一定都是由断层引起。这就是所谓的"岩浆冲击说"。

美国学者布里奇曼等人则提出了"相变说"。他们认为,数百公里以下的地层内压力极高,温度也很高,物质呈塑性。在巨大的摩擦之下,不会有什么弹性破裂。在那种条件下,深源地震是由于物质的结晶状态发生改变引起的。在相变过程中,物质的密度会突然改变,从而引起体积的突然变化,造成类似爆炸的效果,释放出巨大的地震能量。

相信随着科学家的不断研究,人们早晚会揭开地震之谜。

海啸产生

海啸通常由震源在海底50公里以内、里氏地震规模6.5级以上的海底地震引起。海啸波长比海洋的最大深度还要大,在海底附近传播也没受多大阻滞,不管海洋深度如何,波都可以传播过去,海啸在海洋的传播速度大约每小时500～1000公里,而相邻两个浪头的距离也可能远达500～650公里,当海啸波进入陆棚后,由于深度变浅,波高突然增大,它的这种波浪运动所卷起的海涛,波高可达数十米,并形成"水墙"。

海啸

海啸可分为4种类型。即由气象变化引起的风暴潮、火山爆发引起的火山海啸、海底滑坡引起的滑坡海啸和海底地震引起的地震海啸。那么,海啸是怎么产生的呢?

海底地壳的断裂是造成海啸的最主要原因,地壳断裂时有的地方下陷,有的地方抬升,震动剧烈,在这种震动中就会有波长特别长的巨大波浪产生,这种巨大的波浪传至港湾或岸边时,水位就会因此而暴涨,向陆地冲击,产生的破坏作用极其巨大。有时海啸是由海底的火山喷发造成的。像1883年,爪哇附近喀拉喀托岛上的火山喷发时,在海底裂开了一个深坑,深达300米,激起高达30米以上的海浪,巨浪把3万多人卷到海里。火山在水下喷发,海水还会因此沸腾,涌起水柱,难以计数的鱼类和海洋生物死亡后在海面上漂浮。

此外,有时海啸还是海底斜坡上的物质失去平衡而产生海底滑坡造成的。

也有些海啸是由风造成的。当强大的台风从海面通过时,岸边水位会因此而暴涨,波涛汹涌,甚至使海水泛滥成灾,由此造成的损失是巨大的。这种现象被人们称为"风暴海啸"或者"气象海啸"。

但是,海啸也并不是所有的海底地震的必然后果,一般而言,海啸是否会出现,与沿岸的地貌形态也有很大的关系。

冰期

冰期是地球表面覆盖有大规模冰川的地质时期,又称为冰川时期。两次冰期之间为一相对温暖时期,称为间冰期。地球历史上曾发生过多次冰期,最近一次是第四纪冰期。

地球在四十多亿年的历史中,曾出现过多次显著降温变冷,形成冰期。特别是在前寒武纪晚期、石炭纪至二叠纪和新生代的冰期都是持续时间很长的地质事件,通常称为大冰期。大冰期的时间尺度达 107～108 年。大冰期内又有多次大幅度的气候冷暖交替和冰盖规模的扩展或退缩时期,这种扩展和退缩时期即为冰期和间冰期。

关于地球上出现冰期的原因,观点很多,但都不全面。

德国地质学家希辛格尔早在 19 世纪 30 年代就推测,第四纪冰期的出现跟第三纪的造山运动有关,是造山运动所造成的海陆分布不同导致了冰期的发生。造山运动使地球上出现了一些高山,这为形成山岳冰川提供了条件。不断升高的山和日益增厚的冰雪,促使山区周围的气温下降,并逐步影响到全球。当全球平均气温下降到一定程度就出现了冰期。但这种理论不能解释造山运动剧烈的时期与冰期的不完全一致性。

19 世纪末,瑞典地球物理学家阿列尼乌斯猜测,产生冰期的原因可能是植物。他认为,植物的大量繁殖会使空气中的二氧化碳降低,而这会使地球的年平均气温降低。当二氧化碳降低到一定程度时,就会使中、高纬度地区广泛形成冰川,从而产生冰期。可这种说法也有漏洞:历史上植物十分茂盛的时期与冰期并不一致,而且震旦纪大冰川时期,地球上的植物并不繁盛。

有人认为,是地球上火山猛烈喷发带来的大量火山灰造成的。这些火山灰如同一把巨大无比的尘埃大伞,罩住了地球,挡住了阳光,从而使地球温度迅速下降,最终产生冰期。反对者则认为,造山运动后,并不是每次火山极盛时期都会出现冰期。

20 世纪 20 年代初,塞尔维亚天体物理学家米兰柯维奇提出了新的观点。他认为,地球上出现周期性冷暖变化的根本原因,是地球表面受到太阳光照射不均匀的缘故,与地球公转时距太阳远近差别有关。但此观点却不能解释冰期产生的原因。冰期出现之谜还有待于探索研究。

南极冰雪

南极洲是一块被大雪覆盖的大陆,大陆的 98% 隐藏在冰雪之下。南极大陆面积为 1400 万平方公里,其冰雪的总贮量为 2800 多万立方公里,占全球所有冰雪总量的 90% 以上。无论以什么标准来计算,南极都是地球上最大的淡水库,占地球淡水总量的 70%。有人曾计算过,如果南极的冰雪全部融化,世界海平面将平均升高 60 米,那时世界上大多数的沿海城市将被海水淹没。

南极为什么会有这么多的冰雪呢? 的确,从目前的降水量来看,这简直是不可想象的事。那么从地质学来说,南极冰盖的历史可以追溯到第四纪冰期开始前的几百万年前。根据在南极发现的乔木化石可以证明,在 5000 万年以前,南极大陆大部分地区并没有冰雪,到处都是一派树木生长繁茂、生机盎然的景象。然而在 3500 万年前左右,靠近南极大陆的南大洋水体开始变冷,陆生植物越来越少。大约在 2000 万年前,南极冰盖开始形成,并延伸到大陆边缘。到了500万年前,南极冰盖的面积与现代冰盖的面积相差无几。有证据表明,南极冰盖最厚的时期是在1.8万年前的第四纪末期,那时候南极洲的冰缘向北扩大到了南纬50°。冬季甚至达到南纬45°。那么,对于今天的南极冰雪来说,是在逐年增加还是逐年减少了呢?这是一个令人感兴趣的问题。有人计算表明,南极大陆的冰雪既有每年平均增加9.7厘米的情况,也有每年平均减少3.1厘米的情况,这样的计算是否合理尚存争议,然而就人类目前所掌握的资料和观测手段来看,对南极冰雪的增减下一个确切的结论,可能还为时尚早。

那么,最基本的问题——南极冰雪到底从何而来?有人说几百万年前地球南北极发生了移动,原本适宜人类居住的南极变成了寒冷至极之地,雨雪次数也突然降多,逐年累月便形成了今天的南极,但真的是这样吗?

极光

1960年,俄罗斯的列宁格勒出现罕见的北极光。那晚,北极光异常强烈,光弧发出白、红、绿的光辉,升上高空,越来越耀眼,直上万里。极光刚开始出现在夜空时,人们先看到一条中等亮度的均匀的光弧以直线或稍弯曲的形状横过天空伸展开去。光弧的上端距离地面950公里左右,而下端距离地面100公里左右。

极光

1988年8月25日21时,在中国黑龙江省漠河县、呼中区、新林区也出现了极光。刚开始时,在地平线上出现一个亮点。紧接着,它沿着W形的曲线以近似螺旋的轨迹上升。亮点不断升高、移动,面积也不断扩大,而亮点的尾部留下像火烧云似的美丽光带。这时,亮点开始出现一个淡蓝色的圆底盘,接着圆底盘从淡蓝色变成了乳白色。亮点射下一束扇状的光面,闪了几下便消失了。

绚丽壮观的极光有着极强的破坏力,给通讯、交通都会带来严重的影响。它能干扰电离层,影响短波无线电信号的传播。在极光强烈活动的影响下,远在美国阿拉斯加的出租车司机竟然可以收到来自本土东部的新泽西州调度员的命令。极光的不断变化也可能会使电话线、输油管道和输电线等细长的导体中产生感应电流,使输油管道被严重腐蚀。美国的缅因州至得克萨斯州的一条高压输电线跳闸;加拿大哥伦比亚的一台23万伏变压器被炸毁。这一切突发事件的"主谋罪犯"就是奇特而瑰丽的极光。千百年来人们一直在研究、寻找极光形成的真正原因。很早以前就有人观察到了这一奇景,可对于它的"横空出世"至今还是没有人能够用科学的说法给以完整的解释。

在古代，极光被爱斯基摩人误认为是火炬，有一些人把极光描绘成上帝神灵点的灯，鬼神用它引导死者的灵魂上天堂；而在罗马，极光被说成是黎明女神奥罗拉在夜空中翩翩飞舞，迎接黎明的到来。

前苏联科学家罗蒙诺索夫曾经做过这样一个实验：在一个接近真空的球内制造人工放电现象。结果在空气极其稀薄的玻璃球内，随着放电，不断发现闪光。他得出结论：极光是空气稀薄的高空大气层里的大气放电所造成的。后来，这个实验被不断地重复验证，结果完全相同。极光是一种放电现象的观点得到证实。但极光仍然有很多谜。比如，高空空气发光是怎样引起的？为什么极光就像万花筒一样可以变幻成千奇百怪的形状，并且在不断变化中从来都是不相同的？极光为什么多发生在两极？

后来科学研究证实，极光的产生来源于太阳的活动。太阳不断放出光和热，它的表面和内部都在不断地进行着各种各样的化学元素的核反应，产生出强大的含大量带电粒子的带电微粒流；这些带电微粒射向空间，会和地球外80～120公里高空的稀薄气体的分子发生碰撞，由于这个速度太快，因而就会发出光来。太阳活动高潮的周期性大约是11年1次。在高潮期，太阳黑子会呈漩涡状出现，且很大很多。这时的极光因为太阳异常也会比平时更瑰奇壮丽。由此可看出，太阳活动控制着极光活动的频率。有人发现，当一个"大黑子"出现在太阳中心的子午线时，在20～40小时以后，极光就会在地球上露脸。因此，是太阳发出的电造就了极光。

极光现象为什么只出现在南北两极呢？因为地球就像是一个以南北两极为地磁两极的大磁石，而从太阳处来的粒子流就是指南针，它飞向两极的运动方式是螺旋形的。事实上，磁极不能控制所有的带电粒子流，在太阳非常强烈地喷发带电粒子流的年份里，人们也能在两极地区以外的一些地方观察到极光。不同气体可分成如氧、氮、氯、氖等，空气成分非常复杂，而这些成分在带电微粒流的作用下，产生不同色彩的光，所以极光才能如此美丽多姿。

有人从地球磁层的角度去研究极光。地球磁层把地球紧紧包住，就如同地球的"保护网"，使地球不受很大的太阳风辐射粒子的侵袭。可是这张"保护网"在南北极上空就不如别的地方密实，这里有许多大的"间隙"，因此一部分太阳风辐射粒子就乘机进入地球磁层。这一点从卫星上看得分外清楚：当太阳耀斑开始爆发时，有些电子就加速沿磁力线从极区进入地球大气层。这就在两极上空形成一个恒定的环形光晕，即极光椭圆环。极光都有圆环并不是一成不变的，其大、小、亮、暗都随着带电粒子的涌入量而变化。由于南北极上空有那些"间隙"，所以极光只出现在两极地区的上空。

现在还有一个疑问是，太阳风进入星际空间的行动是连续的，太阳风会进入地球极区"通道"，但为什么南北极的极光并不是时刻可见呢？难道说太阳风所经过的那些"间隙"中还设有"关卡"吗？关于这一点，有一个很合理的假设：太阳风带电粒子进入这些

"间隙"后,并不是一下子就爆发的。地球磁力线有一种能力,可以把这些带电粒子先藏起来,只有在一些特定因素如太阳黑子强烈活动的影响下,地球磁力线才把带电粒子放出来,于是就有了极光。

可是,这些假设都不能解释地面附近出现的极光现象。有人说这些地面极光是地面附近的静电放电所致,因此,极光会出现在离地面4~10英尺的地方。

又因为许多彗星明亮的尾巴与极光有很多相似的地方,这使人很自然地将这两种现象联系起来。除此之外,还有很多观点,这里就不一一列举了。尽管极光之谜还没有完全揭开,但人类已初步了解了它的许多方面。科学家们对太阳风的研究监测还在紧张地进行,他们希望通过观察确定太阳风的各种参数是如何变化的。

怪风

风是一种常见的自然现象,但是大自然也造出许多怪风,它就像在空中飘荡的幽灵,给人类的生产、生活带来了危害。

有一种叫"焚风"的风可以把东西点燃,引起火灾。冬季,这种风可以使积雪在很短时间里融化,造成雪崩。焚风的形成很简单,气象专家介绍,焚风是山区特有的天气现象。它是由于气流越过高山后下沉造成的。当一团空气从高空下沉到地面时,每下降1000米,温度平均升高6.5℃。这就是说,当空气从海拔4000~5000米的高山下降至地面时,温度会升高20℃以上,使凉爽的气候顿时热起来,这就是"焚风"产生的原因。

台湾台东市焚风的形成就是西南气流在越过中央山脉后,湿气遭到阻挡,水汽蒸发从而形成了干热的焚风;阿尔卑斯山脉刮焚风时,温度会突然升高20℃以上,初春的天气会变得像盛夏一样,不仅热而且十分干燥,经常发生火灾;2002年11月14日夜里,时速高达每小时160公里的焚风袭击了奥地利西部和南部的部分地区,造成数百栋民房的屋顶被风刮跑,300公顷森林被破坏。风暴还造成一些地区电力供应和电话通讯中断,公路铁路交通受阻。

焚风有时也能给人们带来益处。北美的落基山,冬季积雪深厚,春天焚风一吹,不要多久,积雪会全部融化,大地长满了茂盛的青草,为家畜提供了草场,因而当地人把它称为"吃雪者"。程度较轻的焚风,能增高空气中的热量,可以使玉米和果树的成熟期提前,所以原苏联高加索和塔什干绿洲的居民,干脆把它叫做"玉蜀黍风"。

在怪风家族里,焚风可以点燃东西,布拉风却无比寒冷。约一百年前,俄国四艘舰艇停在海岸边,忽然刮来一阵狂风,卷起千层巨浪,刹那间舰艇被冻成冰山,最后全部沉没。舰艇沉没的凶手就是布拉风。布拉风是一种极冷的风。2002年12月,海测艇和辅助船"北冰圈"号遇到布拉风,很快被冻成冰块沉入海底。人们研究发现,布拉风是陆地上的冷空气遇到海上热空气,二者之间产生气压差,从而形成布拉风。这种风的风力可以达到12级,甚至超过12级,具有极强的摧毁力与破坏力,在这种风的袭击下,一切事物都可被摧毁。

上面说的这些风虽然很奇怪,但对人类危害最大的还得算台风。

台风是一种形成于热带海洋上的风暴。太阳的照射使海面上的空气急剧变热、上升,冷空气从四面八方迅速赶拢来,热空气不断上升,直到在高空变为冷空气为止。这些热空气冷凝后变为暴雨,而从四周冲赶的冷空气夹着暴雨形成一个大漩涡,从而形成台风。台风对人类危害极大,它有时会把大树连根拔起,会把房顶掀掉,伴随狂风而来的瓢泼大雨还会淹没庄稼、中断交通。海面上,台风的破坏力更惊人,它掀起的滔天巨浪,直接威胁海上作业人员和海上航行船只的安全。如果台风在空中产生带有垂直转轴的漩涡,就会形成龙卷风,这是一种强烈的小范围旋风,其破坏力远远大于台风。

台风是一种恐怖的怪风,而怪风家族里的一些"微风"同样具有一定的破坏力。一个晴朗的夏夜,一座 70 米高的铁塔在一声巨响中全部倒塌了。当时除了阵阵微风外,没有任何异常情况。后来人们才发现,当气流贴着物体流动时会形成一个个小漩涡,小漩涡会产生一种使物体左右摇摆的力,从而危及建筑物。

怪风虽怪,如果巧妙地加以利用,有些怪风还可以为人类造福。比如,人们经常在出现"钦罗克"风的地方种植一些作物和果树,利用"钦罗克"风带来的热量促进植物的生长。只要我们能够认识它们,就一定会找到办法兴利避害,让怪风为人类服务。

龙卷风

龙卷风是一种强烈的、小范围的空气涡旋,是在极不稳定天气下由两股空气强烈相向对流运动,相互摩擦形成的空气漩涡。这种漩涡造成中心气压很低,而吸起地面的物体,抛向天空。

龙卷风外貌奇特,它上部是一块乌黑或浓灰的积雨云,下部是下垂着的形如大象鼻子的漏斗状云柱,风速一般每秒 50 ～ 100 米,有时可达每秒 300 米。由于龙卷风内部空气极为稀薄,导致温度急剧降低,促使水汽迅速凝结,这是形成漏斗云柱的重要原因。除了速度快,它还具有小、短、猛的特点:小是说它袭击的范围,一般来说只有 25 ～ 100 米直径的区域;短是说它发生的时间,从发生到消失通常只有几分钟、十几分钟而已,

龙卷风

最长也只有几小时;猛则是说它来势汹汹,像一个巨大的吸尘器,所经过的地方,一切都能被它卷走。

不过，它往往又有一些"古怪行为"使人难以捉摸：它把碗橱从一个地方刮到另一个地方，却没有打碎里面的一个碗；它把一个婴儿从院子里带到空中，又将他安然无恙地送回地面；它将百年古松吹倒并拧成麻花状，而近旁的小杨树却连一根枝条都未受损；它拔去了鸡一侧的鸡毛，而另一侧却完好无损；它使一根松树枝轻易穿透了一块一厘米厚的钢板，使一根细草茎刺穿了一块厚木板，一片三叶草竟被深深嵌入了泥墙中……

龙卷风经常发生，科学家们对它进行了多年的研究，对它的形成已经找到了合理的解释。在天气炎热的时候，地球表面的温度很高，但高空云层中的气温却不会受太大的影响，仍然保持在十几摄氏度甚至几摄氏度的范围内。再往上走，到了云层顶端，温度会更低，往往在零下三四十摄氏度。这样大的温差，导致上方的冷空气急剧下降，而地面的热气则快速上升。在这个过程中，上、下层的空气会发生激烈的扰动，从而形成一些小漩涡，随后这些小漩涡逐渐扩大。最终形成的大漩涡先是绕水平轴旋转，在旋转过程中会渐渐弯曲，并从云底垂了下来，从而形成龙卷风。所以，龙卷风经常发生在夏季的雷雨天气时，尤其下午至傍晚最为多见。

尽管科学家们对它的形成条件有一些认识，但对它的规律却不甚了解，对它的一些古怪行径暂时也无法做出准确的解释。

球形闪电

19世纪40年代，在法国的一个小城镇里，有3个士兵在一棵菩提树下躲雨时被一个火球击中，但他们仍然站在那里，像什么事也没发生一样。雷雨之后，路过的人跟他们说话，却不见回应，当路人去接触他们时，3个人顿时倒地，化成了一堆灰烬。

1956年夏天的一个正午，前苏联的某个集体农庄内，两个孩子正在牛棚里躲雨。突然，房前的白杨树下一个橙黄色的火球向他们直冲过来，一个孩子踢了它一脚，随着"轰隆"一声，火球爆炸了，牛棚里的12头牛被炸死了11头，孩子们被震倒在地，却没有受伤。

在美国的尤尼昂维尔小城也曾发生一件怪事：一位主妇打开电冰箱一看，她放进去的生鸭、生肉全都变成了熟食。原来，在她走后，一个火球偷偷地从没关好的窗户溜进家里，把冰箱里的东西都烤熟了，但奇怪的是冰箱却没有被损坏！

这个行为古怪的肇事者——神秘的火球就是球形闪电，俗称滚地雷。严格来说，它并不是一种闪电，它与普通闪电没有相似之处。球形闪电的直径一般为20～50厘米，颜色通常为红色、橙色或蓝色，有的还会变换颜色，持续时间只有几秒，但也有过持续1～2分钟的记录。它常常出现在雷暴天气里，典型的特征是发光、发出"嘶嘶"声、旋转、跳动甚至反弹。它经常会从门窗、烟囱甚至房屋缝隙中不动声色地钻进屋内。靠近易燃物如树木、纸张时，一般不会引起火灾，但在它爆炸的一瞬间，却可以烧掉潮湿的树木和房屋。如果落进水池，球形闪电还会使池水沸腾起来。

虽然人类在很早以前就开始关注这一特殊的自然现象,但由于它出现的频率很低,科学家难以做系统的观测。至今也没有人拍摄到高质量的球形闪电照片以供科学研究。

有些科学家认为,它是灼热的空气团或气化了的元素,例如碳、钠、铜等。有些人则认为,它是一些氮和氧的特殊化合物。还有人认为,它是一种带强电的气体混合物。另外一些学者则认为,球形闪电可能是因为有某种气体进入臭氧集中区,使臭氧很快分解而形成的。

1955年,前苏联物理学家提出,球形闪电是雷暴中所产生的电磁干扰效应所引起的。1991年,日本科学家报道了他们在实验中观察到微波干扰所产生的一系列类似球形闪电的现象,他们的人造等离子球也显示出球形闪电的一些特性。1998年,一位西班牙物理学家认为,球形闪电很可能是在闪电产生过程中,磁场约束发光等离子体所形成的。他还建立了闪电磁场模型来模拟球形闪电的形成,并证实了为什么火球并不发热而触到物体后往往容易着火。此外,还有许多不同的说法,如离子、带电的尘埃、有外层电子壳的水等等,但是,这些说法都只能解释球形闪电的部分特性,却不能解释所有的现象。

2000年,两位新西兰科学家提出了他们的新理论。当一般的枝状闪电击到土壤,土壤中的矿物质会转换成纳米纯硅和硅化合物颗粒。这些尺寸不足0.1微米的微型颗粒,会在闪电的能量作用下蒸发进入大气。整个过程就像抽烟者从嘴中吐出烟圈。进入大气的含硅颗粒会首先连接成链,然后组成能随气流运动的球状细丝网。该球状细丝网中的颗粒具有很高的活性,会在特定条件下缓慢燃烧,并释放出光和热,形成所谓的球形闪电。而且含硅颗粒组成的球状细丝网极具弹性,只要空气能过的地方,它也能通过,然后恢复成球形。所以,看起来它们也可以"穿过"固体。另外,科学家模拟闪电的放电来试验土壤样本,结果确实产生了聚合的纳米粒子,这些离子的氧化速度与球形闪电一致。

最近,巴西一些科学家用硅作材料,在实验室里人工制造出了与高尔夫球一般大小的电火球,与自然界的球形闪电很类似。所以,他们认为,自然界里的球形闪电就是硅燃烧发光所致。这些电火球会放出火花,还会在地面上滚来滚去,将靠近它的物体弹开,而且能将它碰到的物体点燃。

不过,这毕竟只是实验室里的发现,并不能直接用来解释球形闪电之谜。因而,这种形状奇特、颜色多变、行踪诡异、破坏力又极大的闪电,还需要进一步的探索,来揭开它的庐山真面目。

闪电摄影

1957年,美国一位牧场女工在雷雨中工作,忽然巨雷一响,她虽未被劈死,但感到胸部作痛。解开上衣才发现,竟有一头牛的影像印在胸前。

与此类似的事情还有很多:有个小男孩爬到树上去掏鸟窝取蛋,这时树被雷电劈了。小男孩的胸前清晰地烙上了他爬过的树的图像,还有一只待在头的鸟和旁边的鸟窝图像;1823 年 9 月,有个水手被闪电击毙,人们在他大腿上发现了很明显的马蹄铁的图形,而马蹄铁这块"避邪物"是钉在桅杆上的,恰好在水手的头顶上方;在奥地利,一位医生下班回家后,发现钱包被人偷走了。他的钱包是用玳瑁制成的,上面有用不锈钢镶着的两个互相交叉着的"D"字,这是他名字的缩写。当晚,医生被人请去抢救一个被雷击的外国人,那人躺在树下,已经奄奄一息。医生在检查时突然发现那人大腿皮肤上清晰地印有同他钱包一模一样的两个"D"字,结果,就在这个外国人的衣服口袋里找到了那个钱包。

这样的事情在美国宾夕法尼亚州也出现过:1892 年 7 月 19 日,两个黑人被闪电击毙,当时他们在公园的一棵树下躲雨。当人们脱下他们身上的衣服时,死者的前胸留下了闪电发生地点的照片,上边还有一片略带棕色的橡树叶以及藏在青草中的羊齿草。树叶和羊齿草的图像如此清晰,连肉眼也能看见最细小的筋络。

这种奇怪的现象被人们称作"闪电摄影",它是指有人在闪电过后、身体的某个部位被印上某种图像。在身体上印上图像的人有的已被雷劈死,有的未被劈死而活着,这说明图像的形成确实与闪电有关,而不是人体生理变化所形成的。

闪电摄影现象一直都是一个谜,许多科学家都试图搞清楚它形成的原因。有一个资料曾经写道:有人从地球是一个大磁场这一事实出发,推测在磁场强度较大的环境里,在适宜的温度、湿度条件下,大自然能够以某种未知的机理,储存人物和动物的形象,在同样的条件下,像录像机一样重新放出来。

这个资料说明了闪电摄影现象的形成肯定与雷电时的高压放电、大气等离子的形成及湿度和温度等因素有关。然而,是否还有磁场参与作用? 存贮媒体又是什么? 这些问题都需要科学家进行深入探讨。

黑色闪电

1974 年 6 月 23 日,在札巴洛日城,苏联著名天文学家契尔诺夫亲眼目睹了一个怪现象:下午 17 时 45 分,一场大雷雨袭击了札巴洛日城,开始时空中出现了强烈的球状闪电,不一会儿,后面就飞过一团黑色的东西,看上去像雾状的凝结物,在灰色云层的背景下显得很清楚。这一现象使这位学者感到惊讶。其实,这就是黑色闪电。

有趣的是,还有一位包格旦诺夫上校,在大白天的莫斯科地区也目睹到一个平稳地冒着气的黑色闪电。这个黑色的球状闪电直径有 25~30 厘米,看上去像是雾状的凝结物,背景是淡红色,在它的周围呈现深棕色的光轮。后来,这东西像是烧红了的大火球飞快滚动着,不久就爆炸了。

黑色闪电大多出现在树上、桅杆、屋顶和金属表面上,一般情况下像一个瘤状,看上去好像一团脏东西。如果这时有人去动它,它就会马上燃烧或爆炸。如果飞机在空中飞行时遇到黑色闪电,其后果是不堪设想的。

关于黑色闪电的形成众说纷纭。很多科学家认为:黑色闪电是由分子气溶胶聚集物产生出来的。分子气溶胶大量聚集是因为太阳辐射、云中电场、宇宙射线、球状闪电等对空气进行了长期作用。同时,还有其他物理和化学因素的影响。在上述因素的作用下,大气中生成了许许多多带有正、负电荷的离子和气溶胶的活跃粒子。在一定条件下,这些粒子会聚成分子气溶状物,在这个时候,某些化学活跃分子充当了"催化剂",引起聚集物的燃烧或爆炸,因而生成黑色闪电。还有人认为,黑色闪电其实就是球状闪电的变异。

科学家也无法解释黑色闪电的形成原因。长期以来,人们的心目中只有蓝白色闪电,这是空中的大气放电的自然现象,一般均伴有耀眼的光芒,而从未看见过不发光的"黑色闪电"。可是,科学家通过长期的观察研究确实证明有"黑色闪电"存在。

巨雹形成

冰雹也叫"雹",俗称雹子,有的地区叫"冷子",夏季或春夏之交最为常见。1928 年 7 月 6 日,在美国内布拉斯加州的博达下了一次规模较大的冰雹,冰雹堆积有 3 ~ 4.6 米高,其中最大的一个冰雹周长 431.8 毫米,重 680 克,是当时世界上最重的冰雹块。1968 年 3 月,在印度比哈尔邦降下的冰雹中,有一块重 1000 克,一头小牛被当场砸死,这是人类历史上一次严重的冰雹灾害,十分罕见。

那么冰雹是怎么产生的呢?它为什么会在夏天出现呢?

原来,当水汽随气流上升遇冷会凝结成小水滴,若随着高度增加温度继续降低到摄氏零度以下时,水滴就凝结成冰粒,在它上升运动过程中,并会吸附其周围小冰粒或水滴而长大,直到其重量无法被上升气流所承载时即往下降,当其降落至较高温度区时,其表面会溶解成水,同时亦会吸附周围之小水滴,此时若又遇强大的上升气流再被抬升,其表面则又凝结成冰,如此反复进行如滚雪球般其体积越来越大,直到它的重量大于空气的浮力,即往下降落,若达地面时未融解成水仍呈固态冰粒者称为冰雹,如融解成水就是我们平常所见的雨。冰雹内部构造很不均匀,中间有一个核,叫雹核,主要是由霰粒或软雹构成,也有由大水滴冻结而成透明冰核的。雹核的外面交替地包裹着几层透明和不透明的冰层,有的冰雹多达十几层甚至 30 层,在冰层中还夹杂着大小不同的气泡。

1894 年 5 月 11 日下午,美国的博文纳一带下了一场大冰雹。人们发现其中有一块冰雹直径竟然长达 15.2 ~ 20.3 厘米。仔细观察后发现,冰雹里居然有一只乌龟,外面才是层层厚冰。原来,博文纳那天正刮着旋风,一只乌龟不幸被旋风卷上天空,在云海里被当作核,被冰晶层层包裹,等到超过上升气流的承托力时,才坠落到地面。

有趣的是,有时一场冰雹过后,人们会发现一些特大的冰雹,有的重几十公斤,足有面盆大;有的竟有汽车那么大。1957 年,中国内蒙古伊克昭盟伊金霍洛旗下了一场冰雹,人们在山谷中发现一块像一辆吉普车那么大的巨雹。更令人惊奇的是,1973 年 6 月 13 日,在中国甘肃华池县山庄桥发现的一块巨雹比房屋还高。

这些巨雹真是从天上降落下来的吗?但上升空气是托不住一个重 10 公斤的巨雹

的,所以巨雹来自天空的可能性比较小。那它又来自何方呢?

由于没有充分的证据,科学家只能进行推测。他们认为,降雹过程中,冰雹云后部受到干冷空气的袭击,导致降落到地面的雨滴保持冷却性,源源不断落下的雨滴聚集在冷物体侧面上,一边冻结,一边增厚,就形成棱形的巨雹。因此,它的原料来自于天空,成品却是在地面上加工而成。这种推测有一定的道理,但也仅仅只是推测。

巨雹究竟是怎么形成的呢? 希望气象学家对此做深入研究,相信总有一天这个谜会被解开。

地震云

地震云是非气象学中云体分类的一种预示地震的云体,国际上对它的研究还较为表面,至今没有一个共同的观点。现在,日本和中国的民间有较多爱好它的研究者对其进行探索。

1948 年 6 月 28 日,日本人健田忠三郎在奈良市上空观测到一条绳状的奇特云彩,好像把天空分成两半,他预感到地震即将发生,马上向人们发起预报,两天后,福井地区果然发生了 7.3 级地震。从此他坚持观测地震云。30 年后的 1978 年 3 月 6 日,已成为奈良市市长的健田忠三郎在一次记者招待会上,指着北方天空上的一条云说:"这就是地震云,不久,日本广大地区将有一次强烈的地震。"结果第二天就在日本海发生了一次 7.8 级的强烈地震。

中国的地震学家吕大炯也曾在北京中关村上空观测到条带状云彩,他根据地应力和地电异常的情况,以及地震云垂线所指的方向,预报地震的震中将发生在日本海中。结果预报时间同地震发生的时间只相差 48 分钟,准确度令人惊奇。

1978 年 4 月 8 日,吕大炯在北京通县观测到了地震云,同样他根据有关记录作出了预报:阿留申群岛附近将于 4 月 12 日发生地震。结果,在阿留申群岛东北的阿拉斯加地区 4 月 12 日真的发生了 7.0 级地震。

1979 年,健田忠三郎来中国访问,住在北京饭店。7 月 4 日凌晨 5 时许,他突然发现东南方天空横亘着一条长长的条带般的白色云带,他立即作出预报:中国最近将发生地震,但北京不会受影响。就在这时,中国和日本的一些地震工作者也在不同的地点观测到了地震云。日本地震工作者将不同地点观测到的地震云的垂线延长相交,交点正交汇在中国江苏溧阳地区。7 月 9 日晚,溧阳真的发生了 6 级地震。

那么,地震云是怎么形成的呢?

较早的理论由日本的真锅大觉教授提出:地震前地球内部积聚了巨大的能量,使地温升高,加热空气,成为上升的气流,并以同心圆状扩散到同温层,使 10000 米高空的雨云形成细长稻草绳状的地震云。

"电磁学说"者认为,地震前岩石在地应力作用下出现"压磁效应",从而引起地磁场局部变化;地应力使岩石被压缩或拉伸,引起电阻率变化,使电磁场有相应的局部变化。由于电磁波影响到高空电离层而出现了电离层电浆浓度锐减的情况,从而使水汽和尘埃非自由地有序排列形成了地震云。

"核辐射说"认为,地球的大气,其实可以看作是一个简陋的云室,当地球内部产生辐射时,大量穿透力极强的离子穿过地壳进入大气,在适宜的条件情况下,水滴沿辐射轨迹凝聚成云,这就是所谓的"地震云"。

有人认为,地震云越高,震中就越远;地震云越低,震中就越近。地壳里含有丰富的水汽和天然气,地下水中还含有各种气体,地震前,地壳的断层和裂隙在强烈地活动着,必然会使地气自下向上运动,寻找出路。高温高湿度的地气露出地壳后,体积急剧膨胀,遇到冷空气、冷地面、冷水面而冷却。当它达到饱和时,就凝结为地震云。

也有人这样解释:地壳断裂带所散出的热量,可以以超高频或红外辐射的形式来加热上空的空气微粒,形成条带状地震云。由于断裂带大多垂直于震中的震波传递方向,条带状云也由此而产生。

但是,以上的各种解释和推测尚未得到科学的验证,"地震云"的必然性也缺乏实验数据的支持,因此也有不少学者认为,所谓"地震云"只不过是一种巧合,其实,云彩和地震根本没有什么关系。那么,"地震云"究竟能不能预报地震? 它又是如何形成的? 这些问题都有待于科学家们作进一步的研究与观测。

厄尔尼诺现象

在秘鲁和厄瓜多尔,每年从圣诞节起至第二年3月都会发生季节性的沿岸海水水温升高的现象;3月以后,暖流消失,水温逐渐变冷。当地人称这种现象为"厄尔尼诺"——西班牙语的意思为"圣婴",即圣诞节时诞生的男孩。这种现象已有几千年的历史了,但是从19世纪初才开始有记载。现在所说的"厄尔尼诺"现象,是指数年发生一次的海水增温现象向西扩展,整个赤道东太平洋海水表面温度增高的现象。

在20世纪60年代,很多科学家都认为"厄尔尼诺"现象是区域性问题,它主要影响太平洋东部的南美沿海地区和太平洋中部的澳大利亚沿海地区。然而20世纪80年代以后,通过气象卫星的观测发现,"厄尔尼诺"现象在世界很多地方都存在。由于海水表面温度平均每升高1℃,就会使海水上空的大气温度升高6℃,造成大气环流异常,严重影响了世界各地的气候,所以每当"厄尔尼诺"现象发生时,世界上很多地方都会出现诸如冷夏、暖冬、干旱、暴雨等异常气候。

1982~1983年,东太平洋赤道附近海域的海水表面温度持续高于正常温度,引起了全球气候异常。全球一部分地区发生了几十年甚至几百年不遇的严重旱灾,而另一部分地区却遭受了多年未遇的暴雨和洪灾。台风、冰雹、雪灾、冻害、龙卷风等灾害也在全球各地频频发生,造成的直接经济损失达200亿美元。这是上个世纪最严重的一次"厄尔尼诺"现象。

　　"厄尔尼诺"现象一般每隔 2~7 年出现一次。但是,20 世纪 90 年代后,这种现象却出现得越来越频繁了。不仅如此,随周期缩短而来的是"厄尔尼诺"现象滞留时间的延长。这一现象引起了科学家们的注意。那么,为什么会出现这样的反常现象呢?

　　一些科学家认为,"厄尔尼诺"现象的频频发生与地球变暖有关。热带海洋地区接受太阳辐射较多,因此海水温度相应较高。在热带太平洋海域,由于受赤道偏东信风牵引,赤道洋流从东太平洋流向西太平洋,高温海水不断在西太平洋堆积,使之成为全球海水温度最高的海域,其海水表面温度达 29℃ 以上;相反,赤道东太平洋海水温度却较低,一般为 23℃ ~24℃。海温这种西高东低的分布特征,使热带西太平洋气流上升,气压偏低,热带东太平洋气流下沉,气压较高。当"厄尔尼诺"现象发生时,由于赤道西太平洋海域的大量暖海水流向赤道东太平洋,致使赤道西太平洋海水温度下降,大气上升运动减弱,降水也随之减少,就造成了严重干旱。而在赤道中、东太平洋,由于海水温度升高,大气上升运动加强,就造成降水明显增多,暴雨成灾。

　　还有一些人认为,"厄尔尼诺"现象的出现同地球自转速度的大幅度持续减慢有关,它一般出现在地球自转由加速变为减速的时期。这是因为当地球自转速度大幅度减慢时,赤道附近的海水或大气便可获得较多的向东惯性力,引起赤道洋流或赤道信风的减弱,进而引起赤道东太平洋冷水上翻的减弱,这就造成赤道中、东太平洋大范围海水表面温度异常增暖的"厄尔尼诺"现象。

　　关于"厄尔尼诺"现象的成因,说法不一,至今还没有一种具有绝对说服力的权威观点,还有待人们进一步研究和探索。

海市蜃楼

　　19 世纪时,欧洲的许多探险队进入非洲撒哈拉大沙漠进行探险。探险队进入沙漠后,所携带的饮用水一天比一天少。有一天,他们忽然发现在前方不远的地方有一个很大的湖泊,湖水在刺眼的烈日照耀下波光粼粼,湖边还映着大树的倒影。探险队员看到这一幅景象,喜出望外,欢呼雀跃地拿着水桶兴奋地向湖边跑去。但跑了很久,也未能靠近那片湖泊。

　　英国探险家李温士敦在非洲卡拉哈里沙漠旅行时也曾被这种现象欺骗过。当时,他正在沙漠中行走,忽然发现前面出现一个湖泊,干渴难忍的他于是朝湖的

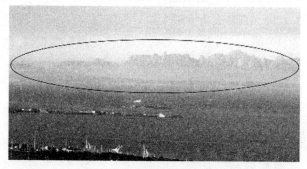

海市蜃楼

方向奔去,结果可想而知,他根本无法接近那片湖泊。

20世纪80年代,人们在叙利亚沙漠地区还见到更奇怪的景观。当时,雨季刚过,夏季即将来临。火红的太阳还悬在天空中,乌云飘过后,天空洒下一阵急雨。这时在天际突然出现一弯彩虹,与虹影相辉映的是在它下面隐现出一座市镇,蓝色的湖水、绿色的树木、白色的房屋。这些奇景是怎么回事呢?

古代人将这些奇异的现象称为"海市蜃楼"。传说蜃是一种会吐一股股气柱的蛟龙,它吐出的气柱仿佛海上"城市"中的幢幢楼台亭阁,远远看去,若有若无。

其实,海市蜃楼是光在密度分布不均匀的空气中传播时发生全反射而产生的。在沙漠中,由于强烈的太阳光照射在沙地上,接近地面的空气被迅速加热,因此其密度比上层空气的密度小,折射率也就小。从远处物体射向地面的光线进入折射率小的热空气层时被折射,入射角逐渐增大,也可能发生全反射,人们逆着反射光线看去,就会看到远处物体的倒影,仿佛是从水面反射出来一样。沙漠中的行者就常常被这种景象所迷惑。

在海面上也会出现这样的奇景。夏季,海上的上层空气在阳光的强烈照射下,空气密度小,而贴近海面的空气受较冷的海水影响变得较冷,空气密度大,就出现下层空气凉而密、上层空气暖而稀的差异。从两层密度悬殊的空气穿越而过的光线由于短距离内温度相差7℃~8℃时,在平直的海面上或海岸就会出现风景、岛屿、人群和帆船等平时难得一见的奇景。这是为什么呢?其实,岛屿等虽然位于地平线下,但岛屿等反射出来的光线会在密度大的气层射向密度稀的气层时发生全反射,又折回到下层密度大的空气层中来。上层密度小的空气层会使远处的物体形象经过折射后投进人们的眼中,而人的视觉总是感到物像是来自直线方向的,从而出现"海市蜃楼"的奇景。

蜃景与地理位置、地球物理条件以及那些地方在特定时间的气象特点有密切联系,不仅能在海上、沙漠中产生,柏油马路上偶尔也会看到。柏油马路因路面颜色深,夏天在灼热阳光下吸收能力强,同样会在路面上空形成上层的空气冷、密度大而下层的空气热、密度小的分布特征,所以也会形成蜃景。

对于这种奇异的景象,长久以来人们迷惑不解,以致闹出了不少笑话。

1798年,拿破仑率领大军攻打埃及,军队在沙漠中行进时,茫茫沙漠中突然出现一个大湖,顷刻间又消失了。不久又出现一片棕榈树林,转眼间又变成荒草的叶子。士兵们被弄糊涂了,以为世界末日来临,纷纷跪下祈求上帝来拯救自己。

第一次世界大战时,在一次会战中,德军潜艇已达美国东海岸之外,从潜望镜内向海上窥探的艇长却惊讶地发现纽约市就在自己头上,他以为自己指挥的潜艇跑错航线进入美国海域,赶紧下令撤退。

温室效应

近年来,全球气候逐渐变暖,科学家们根据长期观测得到的大量数据分析指出,全球气候在 20 世纪明显变暖,跟 20 世纪初相比,现在的平均气温上升了 0.5℃,这种温暖期是过去 600 年里从未有过的。

全球气候在整个 20 世纪确实一直在变暖,但气候变暖是不是因为"温室效应"呢?会不会持续变暖呢?对此,众说纷纭。

有些科学家认为 20 世纪气候变暖是"小冰期"气温回升的延续,是自然演变的结果,与"温室效应"无关。在地球存在的 45 亿年中,气候始终在变化,并且是以不同尺度和周期冷暖交替变化的,也就是说,20 世纪气候变暖是正常的自然现象,人们不必恐慌,到了一定的时期气温自然会变冷。科学家经研究发现:第四纪也就是距今 250 万年前,地球上出现了多个不同尺度的冷暖变化。周期越长,气温变幅也越大。周期为 10 万年左右的冰期,气温变化了 10℃;周期为 2 万年的,气温仅变化了 5℃。在近 1 万年中,这个规律依然在起作用:10 年尺度气候变化的变幅是 0.3℃~0.5℃;100 年尺度气候变化的变幅为 1℃~1.5℃;1000 年尺度气候变化的变幅为 2℃~3℃。

但还有些人反对以上观点,他们认为,全球气候变暖是因为"温室效应",而人类是造成"温室效应"的罪魁祸首。近几十年来,发展迅速的工业制造业以及日益增多的汽车等,导致燃烧矿物燃料越来越多,人类向空气中排放的二氧化碳大大增加。加上绿色植物尤其是森林遭到了极大破坏,无法大量吸收人类排出的二氧化碳,因此,大气层中的二氧化碳浓度大大增加,阻碍了大气和地面的热交换,引发"温室效应"。大量的二氧化碳既能吸收热量,又阻止了地球散热,地球热交换因此失去了平衡,导致全球气温不断升高。一个权威性的政府组织 IPCC 对全球气候变暖的问题进行了大量详尽的研究,他们明确指出了大气中二氧化碳含量的增加是全球变暖的主要原因。

1PCC 的科学家们利用电脑收集了大量的技术发展预测、人口增长预测、经济增长预测等相关资料,再根据对未来 100 年里排放到大气中的二氧化碳数量的 35 种估计值,做出了 7 种不同模型来预测全球气候,最终的结论是气温在未来 100 年可能增加 1.4℃~5.8℃。如果这种预测变成现实,地球将会发生一场大灾难。农业将遭到毁灭性打击;海平面将上升,淹没更多陆地,并导致淡水危机;各种自然灾害将轮番发生,生态平衡将遭到破坏。

据英国《观察家报》2004 年 1 月 11 日报道,由多国科学家组成的国际研究小组在最新一期英国《自然》杂志上发表研究报告称,全球变暖将导致世界上 1/4 的陆地动植物,即 100 多万个物种将在未来 50 年之内灭绝,这必将对人类的生存造成灾难性的影响。为此,英国多位著名气候专家在剑桥大学召开会议,商讨防止地球继续变暖的办法。

尽管"温室效应"论十分盛行,但也有不同的声音。不少科学家认为目前地球正朝低温湿润化方向发展。他们认为,尽管 20 世纪的气温总体上呈上升趋势,但二氧化碳浓度变化与气温曲线变化并非完全一致,20 世纪的 40~80 年代,有过降温的过程。这种看法也不无道理,他们从两个方面提出证据支持自己的观点。

首先,他们认为,气候变化受地球自身反馈机制的影响。一方面,由于大气与海水间存在着热交换,气温升高时,热交换增强,海水吸收热量升温后,对二氧化碳的溶解度也会增加。不仅如此,气温的升高还会增加地球上的生物总量,寒冷地带由于变热,生长在那里的植物生长期变长,植物带也在高温的作用下移向高纬度的地方,二氧化碳被森林吸收后,要经过更长的时间才能回到大气层。另一方面,由于空气极度湿润,植物残体在这种情况下不能充分分解,以泥炭的形式储存到地壳,这正是碳元素从生物圈到地圈的转化过程。

其次,气温上升过程中产生的水蒸气也能起到一定程度的缓解作用。气温升高导致蒸发加剧,大气含水量增加,形成一些云,大量的太阳辐射会被这些云反射、散射掉,从而缓解气温的上升。

五彩雨

1891 年 11 月的一天,在比利时的布兰肯伯格地区下起了一场特别的大雨。这场雨的不同之处在于雨水都是红色的。

经验告诉人们,雨水应该是无色无味的,但是这场红雨究竟是怎么一回事呢?

或许是因为龙卷风带起的红沙混杂进了雨水中吧!人们抱着这样的想法对雨水进行了成分分析,结果与他们的设想并不吻合。他们对 144 盎司红雨水进行了试验,当雨水减少至 4 盎司时,仍然没有发现任何红沙。但是,在进一步的分析中,人们发现了一种叫抓化钴的物质。然而,这个发现也并不能解释红雨的成因。

无独有偶,世界上的其他地方也曾经下过各种色彩的雨。1955 年 7 月的某一天清晨,在美国俄亥俄州,爱德华·姆茨先生像往常一样来到花园中,但眼前的情景让他惊呆了,只见花园中的桃树和树下的草皮都死掉了,树枝上挂满的桃子也已经干瘪了。

到底发生了什么?突然,他的目光被草皮上的一个塑料袋吸引住了,因为那个塑料袋上有一些红色的水滴。于是,他想起了前一天下午那场奇怪的红色雨水。

当时,他正在花园里工作。突然,他感觉到一滴温暖的水滴滴落在他的胳膊上。"下雨了!"爱德华·姆茨先生一边想着一边抬起头看了看天,他发现天空的云层中居然有一块奇特的云团,因为那团云呈现出暗绿、红色和粉色,颜色非常诡异。他再低头看自己的胳膊,才发现胳膊上的雨滴居然是红色的。

雨越下越大,不断地从那团云彩中落下来,正好落在花园里的桃树上。爱德华·姆茨先生并没有急于进屋,这场红色的雨让他感到非常奇怪,于是他又抬头望望天,但这时他突然感觉到疼痛,之前被雨滴淋湿的双手开始有被烧灼的感觉。这让爱德华非常害怕,他赶快跑回屋子,用清水和肥皂仔细地清洗了双手。清洗的过程中,疼痛感一直没有消失,就像是松节油涂在了割破的伤口上一样。他隔着玻璃向外面看,红雨已经下得很大了,那些"雨"水就像鲜血一样红。

第二天，爱德华先生就在自己的花园里看到了之前的一幕，他没有预料到，这场雨的杀伤力竟然如此强大。后来，美国科研机构的人取走了桃树果实和草坪的样品。不过，最后他们并没有公布研究的结果。或许他们也没有搞清楚这种有颜色的雨到底是怎么一回事。

邻居们开玩笑地对爱德华先生说，是不是当时恰好有一架飞机从天空中经过，并倾倒了这些红色的液体。爱德华·姆茨先生却斩钉截铁地表示他抬头看了很久，除了那团诡异的云彩，他并没有看到其他值得注意的现象。美国航空局也证实了当时那一带没有飞机经过。有的专家则表示那些红色雨水和化工厂排出的废气造成的污染似乎也没有什么关系。

那么，这些奇怪的"雨"究竟是从哪儿来的？这个问题至今也仍然没有人能说清楚。由此看来，这种雨水的来历还真是有些奇怪。

奇异的光现象

德国哈茨山脉的布劳甘山常常会出现一种奇怪的光象，一些迷信的当地人认为那是山中的"幽灵"在活动，因此称之为"布劳甘幽灵"。

一天早上，两名登山者登上布劳甘山山顶，这时，"布劳甘幽灵"出现了。只见在云层背景中现出了两个庞大的人影，四周还围绕着巨大的彩虹光环。正在这时，有个登山者的帽子被刮起，他急忙举手抓住帽子，那两个人影中的一个也立刻模仿他的动作。

类似的景象在世界其他地方也发生过。在中国的峨眉山的金顶峰上也可以看到这种光象，当地人称之为"佛光"。在冬季的早晨或傍晚，如果金顶峰上一片晴空，人们面向舍身崖，背对着阳光，就能看到"佛光"。有时阳光强烈，看到的是一个巨大的呈现红、橙、黄、绿、蓝、靛、紫七色彩虹样的光环；有时阳光较弱，看到的只是几道彩环，层次模糊。人们站在金顶峰上，有时人影也投进光环中。若几个人在一起，就出现几个人的像；你举手挥动，人影也跟着挥手；你脱帽，人影也跟着脱帽。

陕西华山也经常会出现"佛光"。每当云雾缭绕的时候，在华山顶峰举目远眺，人们往往会惊奇地看见"佛光"闪现——天空中突然出现一个七彩的光圈，一层环一层，共有三层，最里面一层色彩最鲜艳。彩环中还有人影，人在峰顶摇头、举手，彩环中的人影也跟着摇头、举手。"佛光"一般在几分钟后消失，以后又会连续出现一两次。

这种奇怪的光象的形成除了必需的条件——太阳光以外，在观察者的前面还得有绵绵云海或雾，而背后的太阳高度不大，光线不被云雾所遮。这样，太阳透过水滴或雾粒时，它们像个球面镜，在后面的云海上映出太阳的实像来，而从这里反射出来的光，经过衍射分光作用，就形成了一个巨大的彩色光环。由于背后的太阳光没被云雾遮掩，而且高度不大，人影变长，才能将人影投在云雾的银幕上。

这种光象的大小和出现时间的长短，同水滴雾粒大小和太阳光是否被云雾遮掩有关。水滴越大,环越大;水滴越小,环越小。这种光象一遇上浮云掩日,便立即消失;但当云过日出,又会再度出现。

在天空中,飞行员也常常遇到这种光象。飞机在云层上飞行时,彩色的光环中映着银灰色的机身影像。气球升到云层上时,气球的阴影也会映衬在彩色光环上。

火雨

火雨是一种极为罕见的自然现象,它很早就被人发现过,不过却极为罕见。近些年来,人们十分不安地发现它出现的次数日益频繁。火雨也曾被称为"干雨"。在过去的一百多年里,它曾经给人类带来过很大的灾难。

大约一百多年前,亚速尔群岛地区的火雨毁灭了整整一支舰队;在美国的得克萨斯州,它曾引起了特大草原火灾;非洲的萨凡纳,也在1889年成了火雨的牺牲品。

1892年,火雨降临西班牙的科尔多瓦城。当时,人们看到闪光的雨点划破了漆黑的夜空,落在房屋上、人身上和地上,溅起耀眼的火花。不过,这一奇异的现象只持续了短短的几秒钟。1971年,美国的芝加哥市也遭遇了一场火雨,但具体情况有所不同。当时,炽热的石块从天而降,天空都好像燃烧了起来。这次火雨烧毁了市内的一座大理石雕像和芝加哥湖区的一座船台。

火雨究竟是从何而来呢?目前存在两种观点,分别是彗星散落物质说和未知文明的破坏。

执彗星散落物质说观点的人认为,由于彗星散落,散落后的物质有些落入地球,于是造成了火雨现象。一般来说,从慧星散落到出现火雨,需要2~6年的时间。近年来,人们观测到的彗星散落现象越来越多,所以天体物理学家们估计,在最近6~15年内很可能还要出现一些火雨现象。据估计,到那时,火雨的数量将会达到每年8起。50年后,将有可能达到每年30起。

而执未知文明的破坏观点的人认为,火雨现象的产生,是我们尚未认识的另一种文明的破坏活动所致。这种观点听起来有些像凭空臆想,但也不是毫无根据。因为研究发现,火雨可能并不是许多人以为的彗星散落物。如果是的话,那么化学家通过光谱分析,应该可以发现彗星化学成分的痕迹,但事实上化学家们并没有发现这些成分的痕迹。

就目前来看,这两种说法都只是人们的猜测,没有确凿的证据,还需要进一步研究证实。

动物雨

1683年10月,英国诺尔弗克的小村艾克尔,大量的癞蛤蟆从天而降,当地的人简直不敢相信眼前发生的一切。

1687年,巴尔蒂克海东岸的麦默尔城,大片大片煤黑色的纤维状物质落在雪地上。

这些潮湿的黑色絮片，撕起来就像撕纸一样。待它们干透后，人们对它们进行了化验，发现其中含有"蔬菜"一样的物质，主要是绿色丝状海藻。

1969年冬春之交，南爱尔兰的大片地区落下一种臭气难闻的橡胶类物质。据记载，"这些东西像人的手指尖状，柔软、滑腻、颜色暗黄"，当地居民认为这些"橡胶"是有用的药物，他们用坛子、平底锅等容器把它们收集起来。

1786年5月5日，海地的太子港地区降下了大量的黑蛋。第二天这些蛋都孵化了，这些来自天上的奇怪动物有些被放在水瓶中保存起来。这些小生命经几次脱皮之后变成蝌蚪一样的形态。

下边是一段关于1794年在法国拉兰村的蟾蜍泛滥的记载："天气火热。下午3点钟左右突然下一场大暴雨，150名庄严的士兵为了不被水淹没。被迫从他们藏身的一大片洼地中撤出。令人惊异的是，这时开始有大量的蟾蜍从空中落到地面上，个头儿只有榛子大小，蹦得满处都是。一名叫M·盖耶特的士兵，不相信这爬虫是从天上随着雨水掉下来的，他把手帕展开，几个士兵每人扯起一个角，举过头顶，果然接到许多小蟾蜍，许多还带有小尾巴，也就是说依然有蝌蚪的形态。在半小时的暴雨过程中，士兵们明显感觉到有一股由蟾蜍带来的风吹到他们帽子和衣服上。作为这一现象的真实证明，M·盖耶特在报告中提到士兵们的三角形帽子的格缝中塞满了这种小幼虫。

1814年8月的一个星期天下午，经过数星期的干旱和炎热之后，距离阿门斯1.6公里远的弗雷蒙村出现了暴雨。暴雨之后刮起的大风把教堂都摇晃了，吓坏了里边的信徒。人们发现地面上有大量的小青蛙到处乱蹦。

1817年，一夜大雨之后，位于苏格兰阿基希雷河的西恩渡口附近的孩子们玩耍时发现，长满青苔的地面上撒满了1寸半至3寸长的鲜鱼苗，有2～3桶之多。虽然克里兰海湾距这里仅有90米远，但是在南边，根据当时的风向，这些鱼苗像是从北面48公里之外的林渤海湾刮过来的，而且中间还隔着海拔90米高的沼泽地。然而，这些鱼的身体上看不出任何伤痕，也没有任何一点证明它们随水而落的痕迹。

1861年2月16日，新加坡发生一场地震。地震过后下起大暴雨，当月的20～22日三天之中，雨下得很可怕。一个叫弗朗西斯·卡斯诺的旅行家和生物学家当时正住在新加坡。他对当时目击的情景回忆如下："上午10点钟，太阳已升起，我打开窗户向外看去，看到许多马来人和中国人正在从地面上积满雨水的水洼中拾鱼，把他们手中的篮子装得满满的。我问当地的人这些鱼是从哪来的？他们告诉我是从天下掉下来的。"

蝌蚪雨

日本东京的雨季刚刚开始，位于日本中部石川县能登半岛上的滨海小城七尾市却下起了一场别开生面的"蝌蚪雨"。

当天，一位公司职员在停车场停车时，突然下起"雨"来。不同寻常的"劈里啪啦"的声音让他感到诧异,紧接着他便在车的挡风玻璃和地上看到了很多黑色的物体,仔细辨认后竟发现都是蝌蚪的尸体,大概有100多只。这场诡异的"蝌蚪雨"影响范围很大,不断有市民向气象部门反映自己也看到了这一奇特现象。这种"天降异物"的现象曾经出现在世界各地。1876年,美国肯塔基州曾经下过一场肉雨,如同雪片一样大小的肉块"唰唰"地落了下来;1977年,美国加利福尼亚州的天空曾经落下几百只半死不活的鸽子;还有一些小动物,如水母、青蛙和蛇偶尔会出人意料地从空中落下,有时甚至在离水域数公里远的地方。

对这种现象,科学家们一直解释说动物雨很可能是龙卷风造成的。因为当龙卷风急速地经过湖泊或海洋上方时,可能会把水以及水里的一些东西带进云层中。它们会随着暴风云中的强风翻山越岭,漂洋过海,进行长途穿行,最后,随着风力的减弱,它们便会从云端坠落下来,有时可能伴随着雨水,而有时落到地面的可能只有这些动物的尸体。

七尾市的"蝌蚪雨"出现后,一时间议论纷纷,很多人也认为蝌蚪可能是由龙卷风带到空中,而后又甩向了地面,但一名气象局官员却称这种可能性非常小,他说:"人们猜测是海上龙卷风将这些蝌蚪带到空中去的,但从气象学角度来讲,我认为这不可能。我们已经调查了上周的气象报告,的确有旋风经过了这里,但并不强烈,没有造成任何破坏。"按照这种说法,这种连人都没有感知的旋风级别很小,不大可能把蝌蚪带到空中去。

还有另外一种更加奇特的说法,日本鸟类保护联盟的专家认为,很可能是苍鹭等鸟类进食后,在飞行中受到了惊吓,所以将刚刚吃进腹中的蝌蚪吐了出来。显然,这种观点更经不住推敲,因为虽然大型的苍鹭一次进食可能达到100多只蝌蚪的数量,但是其经过消化后的呕吐物,只可能是模糊的团状物,而不可能是整只蝌蚪。

这场"蝌蚪雨"究竟是怎样开始的,还没有统一的答案。但是人们所感兴趣的或许并非一个合理的解释,而是这样奇特的现象所带来的格外有趣的故事。

天上掉冰

1958年9月2日夜,多米尼克·巴西哥路普待在新泽西州麦迪逊市的家中。他从厨房的椅子上站起来,刚迈出几步,突然整个房顶都陷了下来。巴西哥路普没有受伤但是吓坏了,他环顾四周,终于明白发生了什么事情:原来,一块70磅左右的巨冰砸穿了他家的屋顶,落进厨房里裂成了三块。附近的路特杰斯大学的气象专家说,当时的大气条件不可能产生那么大、那么重的冰块。那么冰块来自何处呢?

天上落冰是气象学上最经常遇到、最令人迷惑不解的谜之一。气象专家通常把这种落冰解释为飞机表面出现冰块的结果。但出于种种理由这种解释无法使人相信。首先,现代飞机上的电子加热系统能够防止机翼和飞机的其他表面上凝结冰块。

事实上,在飞机发明很久之前就有过天上掉冰的报告。例如在18世纪后期,有报告说在印度的瑟林加帕丹就曾有一块"大象一般大小的"冰块从天而降,3天之后才融化。

类似的天上掉下巨大冰块的令人难以置信的报告比比皆是。

1950年12月26日，另一个苏格兰人在巴顿附近驱车时目睹了一块巨冰从天而降，落在前方的道路上，差点击中他。当警察赶到现场时，他们收集了冰块的碎片称了一下，发现有112磅。这只是1950年11月至1951年间发生在英国的许多降冰事件里的一起。1951年在西德肯普腾市发生了一幕悲剧，一块6英尺长、6英寸厚的冰块砸中一个正在屋顶工作的木工，夺去了他的生命。1965年2月，一块50磅重的冰块击穿了位于犹他州伍德斯克罗的菲利浦炼油厂的屋顶。

1973年4月2日，格林菲思正在英格兰曼彻斯特市的一个十字路口等候时，看见有一个巨大的物体砸在地面上裂成了碎块。他捡起其中最大的一块，称了一下，发现它重3.5磅。然后他赶忙跑回家里，把冰块贮存在冰箱里。后来他写道，冰块样本的检验结果是令人迷惑的，因为"一方面它明显含有云里的水，但是却找不到决定性的证据来准确解释它形成的过程……在某些方面它很像冰雹，在其他方面它又不像"。在核实过当地的飞行记录之后，他发现当时上空没有飞机飞过。

查尔斯·福特是最先收集和研究关于此类异常现象报告的人之一，他发表许多科学文章，认定落冰是一种普遍存在的气象怪事。他的半开玩笑似的理论认为："地球上空漂浮着一块同北冰洋差不多大小的冰原，强烈的雷暴有时会击落一些碎片。"

其他更加新的理论认为天上掉冰同不明飞行物有关。例如不明飞行物学家杰瑟普是这样解释落冰的："似乎最自然的解释是，当一艘金属制成的太空运载工具飞速地从冰冷的宇宙飞到地球时，它上面当然会覆盖着一层冰。这些冰当然会落下来；或者被飞船上的除冰机器铲除下来，或者因太空船同大气的摩擦产生的热所融化而落下，哪怕是太空船静止在空中，上面的冰块也会由于太阳光的作用而掉下来，这些都是很自然的。"但事实上，很少有冰块落下的案例里有目击不明飞行物的报告。

科学家们通常用两种理论解释天降冰块。一种认为那些冰块形成于大气层的某处。例如专门研究奇怪天气的专家威廉·科利斯就认为："一些讨厌的大冰雹系统会迅速产生和聚集大量的冰雹。"第二种理论（过去人们曾认为它荒唐可笑，但是最近比较认真地加以对待了）认为那些冰块其实是来自外太空的陨星。根据批评家罗纳德·威利斯的看法，这种观点的唯一问题在于"那块冰块上没有任何流星高速进入大气层时留下的痕迹，且不管它们来自何方陨星"。因为天上落下的冰块形状各异、成分不同，也许需要多个理论才能解释它们。

彩雪和怪雪

雪花在人们的印象中一般多为白色。然而，调皮的大自然也常会用五颜六色的雪花来装点人间。每年的1月份，在北极都会出现"红花遍野"的景象。这里说的"红花"，不是指红色的花朵，而是指一种红色的雪花。北极不仅有红雪存在，还有黄雪、黑雪、绿雪等，在南极也有这种五彩缤纷的雪。此类怪雪中，以红雪较多见。两百多年前，瑞士科学家本尼迪率领的一支科学探险队，在寒冷的北极曾见过颜色像鲜血一样红的雪。1960 年 5 月，中国登山运动员在珠穆朗玛峰顶也发现过鲜艳的红雪。1962 年 3 月下旬，前苏联的奔萨山降下了许多黄中带红的雪花。1963 年 1 月 29 日子夜，日本的福斗、石川和富山也下过红、黄、褐色混杂的彩雪。苏格兰曾经降过黑雪。在世界其他地方也发现过类似的情况。

1986 年 3 月 2 日，南斯拉夫西部高山降下了黄雪，那个地区叫"波波瓦沙普卡"，是一个有名的高山旅游胜地，海拔 1788 米，雪景绮丽多姿，经常有奇异的气候现象，但降黄雪在该地还从未有过。专家们解释说，这种黄雪是从遥远的撒哈拉沙漠吹来的强大的高压气流和冷风形成的。

可是，彩雪并不单单黄雪一种，其他颜色的雪是怎样形成的呢？一些专家认为，彩雪的颜色来源于一种单细胞构成的最简单的植物——原始冷蕨。这种冷蕨在极严寒的环境中繁殖得非常快，有红的、绿的、紫的等许多种。它们完全能够适应雪地反射的阳光，能够根据自身的需要选择所需的光线及其数量来改变自己的颜色。比如，如果需要紫外线，它们就变成红色。它们的胚被风吹到雪上，过几个小时周围的冰雪就变得一片通红。关于这种植物细胞内部所发生的化学变化，人们至今还没弄清楚。科学家们对原始冷蕨的研究仍在继续进行，也许有朝一日，科学家们能揭开它的"构造"之谜。

在历史上曾出现过像碟子那么大的怪雪，其形状也与碟子相似，故人们把这种雪称为"雪碟"。

1887 年，美国曾下过一场令人惊奇的雪。当天气温略高于冰点，相对湿度饱和。刚开始降雪时，雪花并不太大，后来逐渐变大，每片雪花的直径从 6.5 厘米增至 7 厘米，最后达到 9 厘米。当时有人将采集到的这些"雪碟"每 10 个分为一组，称得每组的重量在 1.1～1.4 克之间，比通常的雪花重几百倍。同一年冬天，在美国西北部一个山区的农场附近，出现了更大的"雪碟"，每片雪花的直径竟达 38 厘米，厚达 20 厘米。

最具有代表性的"雪碟"现象于 1915 年 1 月 10 日出现在德国柏林。每片雪花的直径约 8～10 厘米，像一般的碟子那么大，其形状也与碟子相似，边缘朝上翘着。它们从天空降下时比周围其他小雪花下落的速度快很多。在地面上的人看来，它们像无数白色的碟子般从天而降。这些"雪碟"落到地面上居然没有一个翻转过来，令观者感到无比惊奇。

天使毛发

"天使毛发"第一次出现是在意大利。1954 年 10 月 27 日，两位男子正站在圣马可广场旅馆的阳台上，突然看到天空有两个闪亮的纺锤状不明飞行物，以高速度滑过天际，过后留下了白炽色的轨迹，之后就飞向了佛罗伦萨市。当天下午，佛罗伦萨市露天运动场传来了意想不到的消息,当时正在举行球赛,运动场上空突然掠过两个不明飞行物,随后大量蜘蛛丝状的线团飘落到运动场上,不久便消失了。

根据英国不明飞行物研究协会报告,在北威尔士出现一不明飞行物后不久,也有神秘的蛛丝掉落地面。60 岁的斯坦菲尔德和儿媳妇看见"天空中有大约 20 个银球",然后注意到有蛛丝样的物质落到地上。

1898 年,美国蒙哥马利市的居民报告,有会飞的蛛丝样物质掉落地面。根据目击者的描述,这种物质有点像荧光石棉纤维。

1978 年 2 月 10 日,在新西兰沿海城市萨马鲁市附近有大量黏性纤维从天而降,时间长达两个小时。这些纤维似乎比蛛丝还要精细的多,但在蓝蓝的天空中清晰可见。有些纤维有网球那么大,在空中缓慢地散开;有些则成群地漂浮着,就像喷气式飞机的热尾流。

一个名叫阿尔弗雷德·杰克伯兹的学生曾成功捡起了少数细丝,将它们封入一根密封的试管。佛罗伦萨大学化学分析学院的丹尼洛·科兹教授对这些神秘物质进行了一系列的检验,认为它是一种含纤维的物质,对张力和弯曲有很强的耐力,一旦受热就会变暗并消失,留下熔掉的透明沉积物。这种沉积物含有硼、硅和镁,说不定就是某种硼硅玻璃。

1967 年,苏联研究人员利亚普诺夫收到了来自新西兰的一份"天使毛发"样本,一组科学家对其进行了全面分析。辐射线测定方面的专家克里琴科推断,它是一种含有精细纤维的物质,其中有一部分纤维的直径不到 0.1 微米。大多数纤维缠结成一束束或隔开直径仅有 20 微米的细丝。这些细丝看起来有些发白和半透明。对这种物质来说,目前还没有任何已知的相似物。

在总结这项研究时,院士佩特亚诺夫·索科洛夫说:"这种有着相当精细纤维的物质非常有意思。它不太可能是自然界形成的。"不幸的是,所有的这种物质在这项研究期间被用完了。此后,再也没有获得新的"天使毛发"样本。

尽管世界上不少国家的科学家对"天使毛发"进行过调查,也提出了各种各样的说法,可是,没有哪一种说法更占上风。可以预料,将来还会有目击者看到这种东西,而科学家们的争论也会继续下去。

第七节　传奇的石头

杀人石头

在非洲马里境内的耶名山上有一片茂密的森林,林中有巨蟒、鳄鱼、狮子、老虎等。

然而,在耶名山的东麓,却极少有飞禽走兽的踪迹。1967年耶名山发生了强烈地震,震后向耶名山东麓远远望去,总有一种飘忽不定的光晕,尤其是雷雨天,更是绮丽多姿。据当地人说,这里藏着历代酋长的无数珍宝,从黄金铸成的神像到用各种宝石雕琢的骷髅,应有尽有。神秘的光晕就是震后从地缝中透出来的珠光宝气。这个说法究竟是真是假,谁也不能证实。政府为澄清事实,便派了探险队员去耶名山东麓探索。

探险队员来到这里后便赶上雷雨交加。在电闪雷鸣中,探险队员清晰地看到不远处那片山野的上空冉冉升起一片光晕,光亮炫目。光晕由红色变为金黄色,最后变成碧蓝色。暴雨穿过光晕,更使它缤纷夺目。雨停以后,他们继续前进。探险队在那片山野上发现了许多死人,根据观察,这些人已经死去很长时间了,身躯扭曲着,表情十分痛苦。但奇怪的是,在这么炎热的地方,竟没有一具尸体腐烂。探险队猜测这些人可能是不听劝告偷偷进山寻珍宝的。可是他们为什么会莫名其妙地死去呢?为什么尸体没有腐烂呢?

探险队员四处搜寻线索。一名队员突然发现从一条地缝里发出一道五彩光芒,色彩不断变幻着光圈。难道是历代酋长留下的珍宝?经过一个多小时的挖掘,探险队终于从泥土中清理出一块重约五千公斤的椭圆形巨石。半透明的巨石上半部透着蓝色,下半部泛着金黄色,通体呈嫣红色。探险队员们把巨石挪到土坑边上,准备看看它是什么。这时,队员们突然纷纷开始抽搐,视线模糊,后来又都相继栽倒。只有一名队员头脑还保持着清醒,但当他走到半路时也一头栽了下去,幸好被人送进医院。医生检查发现,这名队员受到了强烈的放射线的照射。

后来有关部门立即派出救援队赶赴山上抢救其他探险队员,但无一生还。而那块使许多人丧命的"杀人石"却从陡坡上滚入了无底深渊。人们也因此丢失了破解石头杀人之谜最重要的证据。

有人说"杀人石"是一个巨大的放射源,只要接近它的人都会被辐射而死。也有人说那是历代酋长为了保护他们的宝藏而寻找出来的"保护石",一旦有人动了这些宝藏的念头,就会受到"保护石"的惩罚。更有人认为这块石头是来自太空的陨石,所以才能发出致人死地的放射线。当然,也有人不相信这块石头的存在,认为这可能是探险队员编造的,最后以滚到深渊无法找到来欺骗人们。种种说法都无法找到答案。于是,有人提出,现在科学技术那么发达,人类完全可以找到这块"杀人石"。只有找到了,才能解开"杀人石"的秘密。

发音石头

在重庆巴南区丰盛镇桥上村有一种响石,只要拿起一摇,便能发出声响。从外形上看,这些石头与普通石头大小一致,但相对较轻,因为响石是中空的。当地人曾经将响石砸开,发现响石里面有一些颗粒物或液体。专家说正是这些物质使响石发声的。因为摇动响石后，里面的物质会撞击石壳，从而产生声音。那么，子母石会发出声响和响石的原理应是一样的，子母石中也应含有液体或某种固体。

但令人不解的是，响石表面并无缝隙和坑洞，响石究竟是怎样形成的？响石是十分稀有的，它们的形成已有几十万甚至上百万年，主要成分有铁、硅等多种物质。经过调查研究，专家发现响石仅仅分布在东温泉山中的一条线上，而其他地方很少会有响石出现。出现响石的这一带的岩石主要就是碳酸钙镁，即白云石。经过地质条件的对比，专家认为这种由白云质灰岩风化后形成的黄色黏土应该是形成响石的基本物质基础。但这并不意味着我们就已经找到了响石形成的真正原因，因为响石的形成肯定是由多种因素造成的，例如当地的地壳变迁以及环境、气候变化等等，只能说目前只是专家发现了一个典型特征后对响石形成原因的初步判断，而具体的原因还有待于专家对响石的继续研究。

美国加利福尼亚州的沙漠地带有一块巨大的岩石，每当月圆、需用篝火围住巨石、待升起一团团烟雾的时候，巨石就会发出一种迷人的乐声，时而委婉，时而低沉，就像艺术家在弹奏一首美妙的曲子。为什么这块巨石会发出声音呢？为什么还要在月圆、篝火、浓烟条件聚齐下才会发出声音？目前还没有人能说得清楚。

报时石头

在澳大利亚中部阿利斯西南的茫茫沙漠中有一块怪异的石头：早晨，太阳升起时，阳光照射在石头表面，它呈棕色；中午，烈日当空，沙漠中的温度急剧增高，这块石头呈灰蓝色；傍晚，太阳渐渐落山，它又变成了红色。

每天，这块怪石都遵循着固定的规律，通过改变颜色的方式来告诉人们时间的流逝。从发现这块石头开始，当地居民就把它看成了"标准时钟"，根据它一日三次的颜色变化来安排日常生活，甚至安排农事。"报时"奇石表面上看没有什么特别的地方，高348米，周长约8000米，密度比较大，仅露在地面上的部分就可能有几亿吨重。但它为何会具有"报时"的功能呢？这究竟是源于怪石所处的气候条件、地理环境，还是与怪石的结构成分有关？

对怪石的研究持续了多年。近期，古学家和地质学家才对这种奇怪的现象做出比较合理的解释：沙漠地区昼夜温差很大，白天温度极高，而天空终日无云，空气稀薄。这块怪石所处的地方十分平坦，怪石表面又非常光滑，简直像是一面镜子。在这种情况下，当阳光均匀地照射在怪石表面时，怪石就会反射太阳光，这样一来，从清晨到傍晚天空中颜色的变化能相应地呈现在怪石上，而怪石也就拥有了神奇的"报时"功能。

其实，这块石头除了会随太阳光强度不同而改变颜色之外，还会随着太阳光照射角度的变化而变换形象：有时候它像鲨鱼的背鳍；有时候像一艘半浮在海面上的潜艇；还有时像一位穿着青衣、斜卧在床上的巨人……

对这种现象，科学家们也给出了解释：在不同的气候条件下，太阳光活动产生反射、折射的数量及角度是不同的,当这些被巨石"处理"过的光线反映到人的眼睛中时,就会形成不同的视觉效果,看上去就好像巨石的形状发生了变化一样。

虽然科学家的解释还不能令所有人信服,但可以肯定的是,这是一种正常的自然奇观,是一个完全可以依靠科学破解的谜团。

风动石头

在中国福建省南端的东山岛上有块奇石,它有一间房那么大,高4.37米,长4.69米,重约200吨,宛如一只巨大的玉兔蹲在一块比它更大的石头上。因此,它赢得了"天下第一奇石"的美称,成为东山岛八大胜景之一。说它奇,除了块头大之外,更主要的还是一个"悬"字。它除了下部几十厘米见方的圆弧部分同下面的一块比较平坦的石头接触外,几乎整个岩体都悬空而立,就仿佛一个身怀绝技的杂技演员。巨石身处东南沿海,饱受台风袭击,但除晃晃身子外,从未见其坠落,是个长寿的"不倒翁",因此人们又称它为"风动石"。如果你到此游览,身体仰卧,翘足蹬踹巨石,巨石便来回晃动,有摇摇欲坠之感,很是惊险刺激。

风动石头

1918年2月3日,东山岛发生了罕见的7.5级大地震,地动山摇,无数房屋倒塌,可这块巨石只晃了几晃,竟安然无恙。据说,抗日战争时期,日军用钢丝绳将风动石捆住,与日舰"大和丸"连在一起,当"大和丸"开足马力企图拉动它时,随着"嘣嘣"几声巨响,钢丝绳断成了几截,而风动石依然在原地未动。

也许有人要问,风动石是怎样形成的呢?地质学家经过实地考察发现,风动石和它下面的大石都属于花岗岩,根据岩石节理发育的特点判断,二者原来是一个整体,由于长期的风化和海蚀,才使它们分了家。类似的风动石在福建沿海地区并不少见,如泉州风动石、平潭风动石等。福建沿海地区的风动石都是由花岗岩形成的。花岗岩虽然很硬,但在长期的风吹、日晒、水冲等的作用下,会层层脱皮,地质学家把这种自然现象称为球形风化。

那么,风动石为什么摇而不倒呢?科学家们经过分析认为,它之所以能摇而不倒,与其形状有着很大的关系。它上面小,下面大,重心很低,即使遇风摇晃不定,通过重心的垂线,也始终在它与下面石头的接触面内,故任凭狂风呼啸,它仍安然不倒。其摇而不倒的原因同"不倒翁"很相似。

变色石头

厄亚斯巨石是澳大利亚著名的旅游景点,它在荒漠中拔地而起,高384米,周长9000

米,据称还有 2/3 以上埋藏在沙漠里,是目前世界上发现的最大的单体巨石。厄亚斯巨石可谓澳大利亚第一地貌奇观。它平地突起,无草无木,甚至没有泥土。由于体积太大,在 100 公里外就能看到它。

但令它出名的不仅是其巨大,更是它的奇特:在不同的时间和季节里,巨石能自己变换颜色。在阳光照耀下,这块整体火红的巨石能随着光线照耀的角度不同而反射出不同颜色的光芒,千变万化,如万星闪烁,晶莹璀璨。当地的土著人视其为"圣石",几千年以来他们一直依靠巨石颜色的变化来安排生活和农事。他们有无数关于厄亚斯巨石的传说,更增添了它的梦幻色彩。土著的传说认为祖先将"圣石"传给他们,是用来守护家园的。

地质学家勘探了"圣石"的所在地后,认为这里曾是一片湿润的沼泽地,因为地壳运动、地貌改变,最终变成了干旱的沙漠,仅仅留下"圣石"脚下的一处泉眼。另一些科学家认为"圣石"是远古时代的一颗流星陨石,它接受着所有光芒,光滑的表面又从不同角度、不同时间对光进行折射,因而造成了色彩变幻的奇迹。事实果真如此吗? 还有人认为厄亚斯巨石中可能含有某些物质可以将光波中的颜色分别折射出来,然后这些色彩相互交织,于是在不同的角度看厄亚斯巨石便会反映出不同的色彩。

除了会变换颜色外,厄亚斯巨石还会给人带来厄运。据报道,一个英国游客来到澳大利亚著名的旅游景点厄亚斯巨石,无意中在这块沙漠中的红色巨石下捡了一块红色小圆石拿回家做纪念,未曾想到从此如受到了诅咒般,厄运频频降临于他与家人的头上,百思不得其解之下,他只好把小圆石寄回到厄亚斯巨石公园管理处,从此平安无事。

实际上,这个英国人不是第一个碰到这种事的人。在过去的十几年里,有数百人在这个被澳大利亚土著人视为圣石的岩石下捡回石块作为纪念物,都遭受厄运。为了摆脱坏运纠缠,他们纷纷寄回石头物归原主。

这也许是土著人的思维在作怪,如同金字塔的诅咒一般,只是用来告诫人们不要扰乱他们的生活。

开花石头

土壤是高等植物生长的根基,植物利用自己的根系从中汲取必要的水分和营养。石头是没有生命的,有谁能想象到石头也可以"开"出花来呢? 世界之大,无奇不有,在非洲南部就有许多"石头"能够创造出这样的奇迹。

在南非和纳米比亚的沙漠及干旱的砾石地上,每年的 7～12 月间,都能看到石头开花的奇特景象。一堆堆、一片片的碎石或卵石中间,如繁星般点缀着一朵朵美丽动人的鲜花。这些花既没有片片绿叶相陪,又看不到茎枝相伴,除了花以外,就是或扁或圆的石块。每朵花都开放在两块大小相近、颜色和形状相同的碎石或卵石中间。但当人无意中踩到这些"石块"上时,真相就大白了。它们不但不会使人感到硌脚,反而一踩即破碎,还会从中流出汁液。如果把这些半埋着的"石块"挖出来，就会看到在它们的下面还长着根呢！原来，这些都是冒牌的石块，它们是真正的植物——生石花。那些所谓的碎石或卵石，其实是这类植物变形的叶子，它们靠模仿石块的样子以求生存，不然它们那弱小而多汁的身躯早就成了食草动物的美味佳肴了。

生石花，也叫石头花，被称为"有生命的石头"，只生长在非洲南部的个别地区，因此十分珍贵，其中有些品种已经在世界各地普遍栽种。

其实，真正的岩石上也并不是寸草不生。虽然在光秃秃的岩石上，高等植物显得无能为力，但低等的石生植物却能表现出它们的强大生命力。这种生存环境对于植物来说是残酷的，白天，阳光照耀着岩石，石头上的温度可高达50℃～60℃，夜间则很快下降到最低点。另外，岩石是绝对干燥的基质，石生植物只能利用自己的整个表面来吸收雨露、雪融水等，同时还要生有有效的固着器官，以便使自己附着在岩石上。在如此恶劣的条件下，只有藻类、地衣和苔藓植物才能生存。

白色胶球藻是蓝藻的一种，它的藻体细胞呈球形，细胞壁厚，外边有一层胶质鞘包裹着，用来黏附在岩石表面，每一个细胞都有圆形的同心纹，形成群体后十分容易识别。当它进行繁殖时，细胞有规则地彼此垂直地向三个方向分裂成子细胞，各子细胞产生一圈胶质层，但母细胞的老胶质层并不脱落，仍包在子细胞的外围，成为公共的胶质层。因此，每分裂一次，其胶质层就增加一圈。当群体内的子细胞超过八个时，外围的胶质层就得更换。这样，一个群体就分裂成两个子群体。白色胶球藻的胶质鞘是红色的，当它们在岩石上迅速繁殖时，就会形成肉眼可见的红色壳状植被体。有时，它们也生长在木材上或其他地方。

地衣是石生植物中比较大的类群。地衣植物体是由真菌和藻类共同组成的，地衣共同体的营养是由藻类进行光合作用而制造出来的。菌类的主要活动是吸收水分和无机盐，并在环境干燥时保护藻类细胞，使它不致干死。

地衣虽然生长缓慢，但随着时间的积累却表现出改善环境的巨大力量。岩石在地衣的侵蚀下，加速了本身的风化过程，同时还积累了一些有机质和空气中降落的灰尘，从而逐渐改变了原来的环境条件，于是苔藓植物中的藓类逐渐生长起来，地衣就让位给藓类，自己再向条件比较差的地区发展。这样，植物演替的第一阶段结束。又经过一段时间，随着土壤厚度的增加，苔藓植物又让位给另外一些植物，渐渐地从草本发展到灌木再到乔木，最后，原来的岩石地带就变成了一片茂密的森林，当然，这是一个漫长的过程。因此，地衣被看作是土壤的形成者之一和其他植物的开路先锋。

生长在岩石上的苔藓植物种类较少，有黑藓类、灰藓类和紫萼藓类。东北黑藓一般生于高寒地带的干燥花岗岩上，它的植物体密集丛生，在岩石上形成一层黑红色的稠密垫子，并带有光泽，茎高约2厘米，叶片密集地生于茎的上半部，下部茎通常裸露。由于石生环境的水量不平均，当环境干燥时，它的叶片即呈覆瓦状紧贴于茎枝上，潮湿时才展开。

走路石头

石头会走路,不是风吹使然,也不是人力推动的,而是自己行走的。真有这样的石头吗?在俄罗斯普列谢耶湖东边就有一块这样的奇石。

在距英斯特约一百公里处的普列谢耶湖东北处,有一块能够自行移动位置的石头。该石呈蓝色,直径近1.5米,重达数吨,近300年来它已经数次变换过位置。

17世纪初,人们在阿列克赛山脚下发现了这块会"走路"的巨石,后来人们把它移入附近一个挖好的大坑中。数十年后,蓝色怪石不知何故却移到了大坑边上。

1785年冬天,人们决定用这块石头建造一座新钟楼,同时也为"镇住"它。可当人们在冰面上移动它时,不小心让它坠落湖底。而到了1840年,这块巨大蓝石竟躺在普列谢耶湖岸边了。如今它又向南移动了数公里。科学家们对这一奇特现象进行了长期分析研究,但始终未能明白蓝色巨石同重力场之间究竟存在着怎样的联系。

无独有偶,在美国内华达山脉东边,有一条南北走向的山谷,当地人称之为"死谷"。人们发现这里也有许多石头会"走路",并留下许多"足迹"。美国科学家夏普对这一奇特现象进行了观察研究。他把25块石头按顺序排列并逐个准确标出位置,定期进行测量,果然发现这些石头几乎全部改变了原先的位置。有几块石头竟然爬了几段山坡,"行走"了长达64米的路程。看来,这些会"走"的石头不是人为制造的假象,那为什么它们会行走呢?难道这是某种神秘力量所为?有人观察后发现,有着一层特殊泥土的死亡谷底,被雨淋过后,变得异常光滑。一旦刮起大风,石头便会在泥土上滑动起来,并随着风向的变化频频移动。不过,这只是一种推测。

哥斯达黎加石球

20世纪30年代初,美国联合果品公司计划在哥斯达黎加的某个热带丛林中开辟一片空地,准备在那里建成一个大型香蕉园。公司派遣一个森林砍伐队去完成任务。砍伐队员们在森林深处竟发现几十个一人多高且排列整齐的大石球,旁边还有些小石球,球面都异常光滑。这些神奇的石球中,最大的直径达2.4米,重达16吨,最小的仅有数公斤重。石头上面还刻着一些奇怪的图案。砍伐队员看着这些奇异的大石球面面相觑,大惑不解。

哥斯达黎加森林中发现大石球的消息引起各国考古学家的高度重视。首先来到这里的是美国哈佛大学考古学家穆维勒·罗斯卢卡教授所率领的考古队。他们极力想找到证明神秘大石球来历的线索,令人失望的是,林海茫茫中除了参天大树和大小不一石球之外,没有发现任何有价值的线索。当他们带着失望走到附近的马尔苏尔城时,他们又大吃一惊,城里到处都有大石球,有些小一点的石球成了花园、门庭前的装饰品。

考古队的到来打破了这里的平静，一时间传闻四起，说大石球里面藏有稀世珍宝。于是居民们纷纷砸碎石球，有的人还用火把它们烧裂。这种愚昧的行为使很多石球遭到破坏。

紧接着，其他国家的考古学家也先后来到哥斯达黎加，经过考察和研究，他们得出一个结论：森林中的巨型石球不是天然的，是人为凿成的，制作石球的材料是坚硬的花岗岩。可是当地没有花岗岩。要想制造一个直径为2.4米的石球，至少需用一块重达二十几吨的石料。制造者当初在哪里找到这么大的石料？又是用什么工具运来的？制造者是谁？什么时候制造的？

关于这些疑问，哥斯达黎加的史料中没有相关的记载。16世纪西班牙人入侵到这里也没发现这些大石球的存在。有的考古学家推测，远古时代当地人信奉太阳神、月亮神等，这些大石球可能是远古时代当地人信奉的神灵的雕像。也有考古学家认为，大石球可能是古人墓葬的标志，因为曾在古墓穴中发现过小石球。究竟哪种说法对或最接近事实，一时间众说纷纭，莫衷一是。

后来，人们在世界其他地区陆续发现一些大石球。1969年，西德艾费尔采石场就发现一个大石球，直径5米多。巴西有个石球博物馆，专门收集产自柯鲁柏的石球。有的地质学家研究后认为，这些大小不一的石球不是人为的，而是大自然的杰作。研究人员推测，当地层中的矿质溶液进入砂层后，会出现结晶现象，结晶中心向四周扩展，在松散的砂层中就形成坚硬的石球，球体中的砂粒被矿液固结，后来砂层被风化，石球便脱颖而出。

看来，自然界石球的成因是各种各样的。科学家们已经提出许多假说，试图解释哥斯达黎加石球和世界各地发现的石球，也得出许多不同的结论。但是至今还没有一个令人信服的说法。

罗德巨像

希腊的邮票上印有罗德巨像——太阳神赫利俄斯，他身穿短裤，戴着太阳冠冕，左手按剑，右手高举火把，双腿分开立在两座高台上，背后就是海港，胯下则是航道出入口。

这是希腊的一个传说，相传太阳神的巨像横跨两岸，所有的船只都只能从他的胯下出入，如果真的是这样，那这个巨像得有多大？据说建成后的神像的高度约为32米，是以450吨的金属浇铸而成，他脚下的石座就高达四五米，有的人称，这个巨人的手指头就有常人合抱那么粗，他的大腿中空甚至可以居住一家人。

罗德岛曾经是希腊爱琴古文明的发源地之一。传说在远古时期，奥林匹斯众神为了争夺神位而引发混战，最后宙斯胜出，成了最高之神。在给诸神分封领地的时候，宙斯指着那隐没在爱琴海深处的一块巨大的石头，将其封给赫利俄斯。太阳神便以他的爱妻的名字命名这块巨石为罗德岛。

在现实中,关于罗德巨像的记载最早见于公元前2世纪时意大利作家安提帕特的《世界七大奇观》。他在书中记载,青铜巨像耸立在高高的平台上,"高70腕(合今32米),费时12年,所用的300塔兰(约450吨)金属取自季米特里弃置罗得城下的攻城器械"。之后也有文献出现过这样的介绍:"艺术家用白大理石制作基座,让神像双脚踝骨以下部分固定在基座下。单是基座的高度即已超过其他所有雕像。"由此可见,罗德巨像是的确存在过的。

罗德巨像

可是大多数人都深信罗德巨像是两脚分开、高举火把,站立在罗德岛港口的入口处,所有船只只能从其胯下经过。然而后人通过研究港口的宽度以及巨像的高度发现,巨像的这种结构并不符合常理。那么罗德巨像的姿势究竟是怎样的呢? 而且巨像一旦倒塌势必影响港口的出行,可是我们并未发现这种迹象,难道巨像所在的位置有出入吗? 如果浇铸如此巨大的神像必然需要极高的工艺技巧,即使是现代技术也有很大的难度,而一千多年前的罗德人又是如何完成这项创举的呢?

神奇太阳石

有资料表明,约在980年左右,也就是在哥伦布发现美洲前的四百多年,维京人驾驶航船就曾经到达过北美洲的部分沿海地区。维京人是中世纪北欧海盗的佼佼者,他们到处劫掠,后来进行远航,到一些附近国家的沿海地区抢夺生活用品以及各种财宝等。当时由埃里克·罗索率领的一艘船从挪威的卑尔根起航,先到达冰岛,之后抵达了格陵兰,一直航行到加拿大的拉布拉多,也就是美洲大陆沿海地区。

人们不禁要问,1044年才发明指南针,那么在西方遥远的中世纪,维京人是如何在茫茫的大海上辨别方向的呢?

于是传说中的太阳石出现了。在传说中,是太阳石指引维京人的方向,使他们到达北美。人们给太阳石赋予了太多传奇的色彩。直到1967年,丹麦的考古学家托基尔·拉姆斯考才对太阳石做出全新的解释。他认为,太阳石并没有那么多传奇色彩,它仅仅是一种普通的矿石,即当时在挪威等地矿藏丰富的堇青石,而古代以维京人为主的北方人正是利用了这种矿石的物理特性来为自己导航的。

堇青石是一种具备双折射和二向色性的晶体矿石,它能够有选择地吸收光的辐射。当光线照到堇青石上时,就会由于堇青石上的一些独特的晶面对不同光线偏振光的吸收不同而使得透过堇青石的光变换颜色,从紫色、蓝色一直到黄色,人们可以按照这些堇青石上不同的平面来推测光源所在的大致位置。

但这毕竟只是拉姆斯考的一种猜测,至今为止,还是没有考古发现太阳石是堇青石的证据,谜一样的太阳石依旧困惑着好奇的人们。

卡纳克石阵

法国西部的布列塔尼半岛上有一个神秘的地方,这里有绵延达 8000 米的巨石阵。这个地方就是著名的卡纳克。

卡纳克石阵

卡纳克石阵主要由三部分组成:克勒斯冈石阵、勒梅尼克石阵和克马里奥石阵。其中勒梅尼克石阵由 1099 块石头组成,这 1000 多根石柱分为 11 排向东西延伸,排列成长 1000 米、宽 100 米的矩形,最高的巨石位于石阵的西端,露出地面部分高达 4.2 米,石柱行列稍有弯曲,柱与柱之间的距离不等,起点石柱高约 4 米,最高的达 7 米,越往东则越低小;克马里奥石阵比勒梅尼克石阵稍长,约有 1200 米,共分 10 行;克勒斯冈石阵共有 540 块巨石,分为 13 行,每行长约 400 米,排列密集,呈正方形,它的末端是一个圆形石阵,由 39 块巨石组成。

1959 年,相关专家们利用放射性碳元素对石阵的年代进行推测,得出石阵大约出现在公元前 4300 年左右的结论。后来又经过考证,认为石阵是分期竖立的,时间大约从公元前 4300 年到公元前 1500 年左右。

其中石块中最大的重约 350 吨,高达 20 米。根据考证,卡纳克地区并没有岩石资源,古代卡纳克人必须到数公里外的岩山甚至更远的地方采取巨石,然后再将它们逐一搬运过来。新石器时代人类最先进的搬运工具无非是绳索、滚轴、杠杆等,操作方法是推、拉、滚等,或利用土坡往下滑行。无论采用什么工具,采取任何的操作方法,要把数吨、数十吨重的巨石哪怕搬运数公里、数百米都是一件很困难的事。

那么多的巨石究竟是如何被运到卡纳克,凿平磨光,再被竖立起来组成石阵的?为什么要竖立这样的石阵呢?人们对此做出种种猜测。

当地有一个传说,公元前 56 年,恺撒征服高卢的时候,卡纳克守护神科内利选被罗马人打败。在他逃到城北的山坡上时,眼看就要被追上了,情急之下,他就用魔法将追赶他的罗马士兵变成一队队排列整齐的石阵。这只是一个传说。18 世纪时,不少学者坚信石阵造于恺撒时代。有人认为,卡纳克是宗教中心,石块是古布列塔尼人崇拜的偶像,罗马人征服古布列塔尼人后,就在上面刻上自己所信奉的神的名字。后来,基督徒又在上面刻上十字架等基督教的标志,于是石阵就成了今天的样子。

置身石阵之中,仔细端详,那一排排列队蜿蜒前行的巨石,宛如飞舞的巨蛇。因此有人认为,石阵是蛇崇拜的产物,而且 19 世纪时,考古学家在卡纳克周围发现了许多蛇崇拜的遗迹。不过到目前为止，还不能证明这些发现与石阵有直接的关系。

有人认为，石阵是墓碑群。"卡纳克"在布列塔尼语中意为"坟场"，这些竖起的石块可能是墓碑。还有人认为，这些石块是妇女的吉祥石。当时一些不怀孕的妇女只要蹲在石头上或在石头上睡上几夜，石头会使她们怀上孩子。也有人认为，石阵是一个复杂的月亮观测台。20世纪70年代中期，英国人亚历山大·汤姆通过对每一根石柱的测量，认为古代天文学家观测月亮时，随着月亮不断变换自己的观察位置，每一次都在新的地方竖起一根石柱作为标记，这种方法使他们掌握到月亮的运行周期以及其他一些天文知识。不过在20世纪80年代初，英、法考古学家经过联合考察，并没有发现巨石的排列次序与月亮的出没规律有什么相关之处，因而这两者之间不可能有什么联系。

还有人把石阵归结于地外文明的力量，认为它是外星人访问地球的飞船基地。这当然是人们在解释不了古文明的种种神秘之后做出的无奈猜想。

在遥远的史前时代，能竖起这样庞大的巨石阵的确是一个奇迹。相信科学家们通过不断研究，一定能找到更多的资料和证据对这样的奇迹做出合理的解释。

斯通亨治巨石阵

英国南部的索尔兹伯里平原上，有一群排列得相当整齐的巨大石块，这便是举世闻名的斯通亨治"巨石阵"。

巨石阵的主体是一根根排成一圈的巨大石柱。每根石柱高约4米，宽约2米，厚约1米，重约25吨，其中两根最重的有50吨。在不少石柱的顶端，又横架起一些石梁，形成拱门状。巨石阵的主体是由一根根巨大石柱排列成的几个完整的同心圆。周围由一道深6米多、宽约21米的壕沟勾勒出轮廓。沟是在天然的石灰土里挖出来的，挖出的土方正好作为土岗的材料。紧靠土岗的内侧，56个等距离的坑构成又一个圆圈。由于考古学者奥布里于17世纪首先发现这里，所以这些坑被称为"奥布里坑"。坑用灰土填满，里面还夹杂着人类的骨灰。在这个范围内有两个巨型方石柱一般大小的圆形石阵，并列在一个小村旁边。这些巨石高约七八米，平均重量28吨左右，直立的石块上还架着巨石的横梁。砂岩圈的内部是5组砂岩三石塔，排列成马蹄形，也称之为拱门，其中最高的一块重达50吨。这个马蹄形位于整个巨石阵的中心线上，开口正好对着仲夏日出的方向。

据考古学家们分析，平均重达二十五六吨的青色巨石、砂岩石是从30～200公里以外运来的。建造者们首先挖出一道圆形深沟，并把挖出的碎石沿着沟筑成矮墙，然后在沟内侧挖了56个洞，但这些洞挖好之后又被莫名其妙地填平了。也就是说，最令人费解的奥布里坑就是这一时期所造。公元前约2000年开始的是巨石阵建筑的二期工程，这次最早修筑的是一条两边并行的通道。三期工程大约始于公元前1900年，建成了庞大的巨石圆阵。在其后的500年期间，巨形方石柱的位置被不断调整，二期工程的青石也重新排列，终于形成了欧洲最庞大的巨石结构。可惜的是双重圆阵西面部分始终没有竣工。

据英国考古学家考证,巨型方石阵于公元前 2750 年开始建造,距今已将近 5000 年,其建造时间可能比埃及最古老的金字塔还要早。据估算,以当时的生产力水平,建造巨石阵至少需 3000 万小时的人工,也就是说,至少需 1 万人连续工作 1 年。

在发掘中,始终没有发现用轮载工具或是牲畜的痕迹。建造者们如何从数十公里甚至数百公里外把巨石运来?曾有专家组织人用最原始的工具试图把 1 块重约 25 吨的巨石从几十公里外运来,但几经努力都没有成功。从实际操作技巧看,有些巨型石块单靠滚木和绳索恐怕得用上千人才能移动起来,所以有理由相信,建造者绝对不是一个未开化的民族。

有人认为,巨石阵很可能是一个刑场。原因是最近从巨石阵挖掘出一颗年代久远的人类头骨。现代分析技术认为,这是一具男性骨骸,曾有一把利剑将他的头颅齐刷刷地砍下。考古学家在这颗头颅的下颌下发现一个细微的缺口,同时在第四颈椎上发现有明显的切痕。由于其墓穴孤独地埋在那里,人们有理由相信,他并非死于一场战争,而是被一柄利剑执行了死刑。在巨石阵及其周围还曾发现数具人类遗骸。1978 年,一具完整的人类骨骼在围绕巨石阵周围的壕沟中被发现,这个男人是被像冰雹一样密集的燧石箭射死的。

最近一种流行的说法是,巨石阵有天文观测的功用。早在 18 世纪就有人发现巨石阵有以下特点:巨石阵的主轴线指向夏至时日出的方位,巨石阵中现在标记为第 93 号和 94 号的两块石头的连线,正好指向冬至时日落的方向。

本世纪初,英国天文学家洛基尔进一步指出,如果站在巨石阵的中央观察,那么第 93 号石头正好指向立夏(5 月 6 日)和立秋(8 月 8 日)这两天日落的位置,第 91 号石头则正好指向立春(2 月 5 日)和立冬(11 月 8 日)这两天日出的位置。因此,洛基尔认为,早在建造巨石阵的时代,人们就已经把一年分为 8 个节令了,即立春、春分、立夏、夏至、立秋、秋分、立冬、冬至。洛基尔的研究引起了天文学家和考古学家们的浓厚兴趣。他们推测,巨石阵大概是远古时代人们为观测天象而建造的,它很可能就是一座非常非常古老的"天文台"。

20 世纪 60 年代初,一位名叫纽汉的学者宣称,他找到了指向春分日和秋分日日出方位的标志,并指出 91、92、93、94 号石头构成了一个矩形,矩形的长边正好指向月出的最南端和月落的最北端。后来,英国天文学家霍金斯用电子计算机进行了大量计算,用巨石阵来预报月食。巨石阵里还有 56 个围成圈的坑穴,坑内有许多人的头骨、骨灰、骨针和燧石等。霍金斯认为,古人就是用这些坑穴来预告月食。

后来天文学家霍伊尔更认为巨石阵能预报日食。果真如此的话,那么石阵的建造者在天文学和数学方面的造诣将远比希腊人、哥白尼甚至牛顿还高。天文学家迈克·桑德斯则认为,石阵是在已经了解太阳系构造的基础上建造的。

对于把巨石阵称为天文台的说法,有人提出疑问:建造者们为什么不用既轻便又很容易从当地得到的木材和泥土来建造这座天文台? 而非要到很远的威尔士山区去运来这些大石块呢? 再说,上面提到的那些坑穴中的人类墓葬又和天文学有什么关系呢? 正是这些疑问,使不少人坚持认为巨石阵实际上是一种神秘的宗教场所,它和天文台根本沾不上边。

现在,又有人提出一种观点,认为巨石阵既可能是用来祭祀的宗教活动场所,又是墓葬场所,同时也可能还是观测天象的天文场所。这就好像在中国已经发掘出的不少古墓那样,其中也都发现了古代的星图。

曾有一块巨石倒塌下来,现代学者们曾试图把它准确地放回原来的位置,但经努力,终难如愿。为此,有位学者指出:在地球上的位置若有几厘米的偏差,在外太空的计算上就可能达到若干光年。

奇怪的是,曾有学者用当前最先进的仪器设备检测出巨石竟能发出超声波! 古人在刀耕火种的时代怎么会知道超声波呢? 难道是外星人在遥远的史前时代光顾了英格兰?

究竟是天文台,还是宗教活动场所,或者是二者兼而有之,还在争论之中。

复活节岛的雕像

1722 年的一天,一个名叫雅各布·洛基文的荷兰航海家率领一支远洋探险船队,登上了太平洋西南部一座无名的火山岛,这是欧洲人第一次登上这座小岛。因为这天正好是复活节,所以他们把该岛命名为"复活节岛"。1888 年,智利政府派人接管该岛时也正好是复活节。

这座呈三角形状的火山岛,大概是地球上最孤单的小岛。它离南美大陆的智利海岸大约有 3700 公里,离最近的有人居住的岛屿也有 1000 公里之遥。这个小岛被发现时,在它上面存在着处于原始状态的波利尼西亚人和令人惊愕的巨石雕像。

复活节岛的雕像

岛上耸立着的巨大石像,当地人称为"莫艾",它们由玄武岩、凝灰岩雕琢而成,几乎遍布全岛。石像一般高 7~10 米,平均重达 60 吨,总计 1000 多尊。其中最大的高 22 米,重400 吨。这些雕像造型奇特,眉弓宽大,眼窝深陷,没有眼珠,耳廓偏长,鼻子高翘,嘴唇紧闭,表情严肃,双手按着肚皮,肩并肩站立在海边,像是在眺望,又像是在沉思。这些巨石雕像不仅成了这个南太平洋岛独特的象征,而且也为这个小岛抹上了一层神秘的色彩。

科学家估计,用原始方法雕出一尊 7 米高的石像,就是在许多石匠的配合下也需要一年的时间。那么要雕琢出岛上所有的石像,耗时耗工之巨就可想而知了。这上千尊石像究竟是怎样被雕琢出来的呢？它们是同时完成的？还是分批完成的？

另外，当时没有运输机械,他们又是如何把这些庞然大物从采石场运到海边的呢？有人认为,古代人是用滚木把石像运到海边的。可是,这个岛是一个草原,没有任何高于3米的树木,更别说可以做滚木的高大乔木了。也有人说,古代人是用藤缆绳套住石像,靠人力从山上慢慢地运下来的。

但是藤缆绳能拉动几十吨重巨石的可能性也很小。而且,岛上这些石人像还有不少是头戴石帽的一顶石帽,小的也有2吨,大的重约十几吨。这又给我们带来一个问题。要把这些石帽戴到巨人石像的头上,需要有最起码的起重设备,但是他们连最原始的搬运设备都没有,装卸装置就更不可能有了。

学者们还考证出,大约到1650年前后,雕琢工程停了下来。从现场环境看,当时忽然停工的直接原因可能是突然遇到了天灾,比如说火山喷发、地震、海啸之类的自然灾害。

一些考古学家认为,石像是古代岛上居民用来供奉祖先的纪念碑。还有少数人揣测,这些巨人石像是天外来客送给地球居民的杰作。

考古学家们对于有关莫艾的众多谜团还没有理出头绪,近几年,人们从岛内地下又发掘出了许多新的巨人雕像,而它们与之前岛上的石像很不一样,却与的的喀喀湖畔印加人最古老的祭祀中心的跪姿石人非常相似。于是考古学家们推测,它们很可能出自同一匠人之手。基于这一发现,考古学家已经把发掘工作转向地下,希望能找出更多的线索。

化石脚印

一直以来,人们公认的人类历史只有两三百万年。可是在一些几亿年前的化石上却发现了人类的脚印,有的甚至是鞋印。真是令人匪夷所思。

1817年,考古学家在美国密西西比河西岸附近的一块石灰岩石板上,发现两个人类的脚印,脚趾较分散,脚掌平展,与长期习惯于不穿鞋走路的脚印相近。脚步强健有力,脚印自然。各种迹象均表明,其压痕是在岩石很软的时候踩上去的。据鉴定,这块石灰岩石板有2.7亿年的历史。

1927年,一位美国业余地质学家在美国内华达州的一个峡谷内,发现一块带鞋印的化石。这个化石是由于鞋跟离开地面时所带起的泥土造成的,鞋印保存得出奇的好。据鉴定,这块化石的年代可以追溯到2.25亿年前的三叠纪。后来的科学家用显微摄影重现这个鞋印时,才发现鞋跟的皮革由双线缝合而成,这种缝制技术在1927年以前是没有的。

1930年,一个地质学家在肯塔基州一处古生代的沙石海岸上找到了三双鞋印,明显可以看出是人类的左脚和右脚,而且在保留了这些鞋印化石的巨大岩石上,没有任何属于前肢的脚印,所以它们不会是其他什么生物留下的。地质学家经过鉴定,结果表明,鞋印是2.5亿年前留下的,上面没有任何雕琢和切割的痕迹,可以排除后人伪造的可能,加上鞋印内的沙粒密度要比外面的大不少,足可以说明这些鞋印是踩上去的。

1968年,一个三叶虫化石的收藏家在犹他州旅行时,发现了让他惊喜不已的三叶虫化石。三叶虫是一种生存在5亿年前的小生物,但是收藏家在这个5亿年前的化石上,竟然更惊奇地看见了人类的脚印,那是一个穿着凉鞋的脚印,不偏不倚正好踩在三叶虫上。而且在这之后,又先后有人在同一地区发现了类似的多处脚印。

美国得克萨斯州的恐龙谷是古生物学家研究恐龙等史前生物的圣地。令人不可思议的是,恐龙谷中恐龙足迹化石旁竟然有人类的脚印化石。科学家辨认后认为,这种脚印只能是人类的脚印。科学家们辨认脚印真伪通常有两个标准:其一,人踩出来的脚印,通常会因为压力作用而使脚印周围的岩层隆起;其二,如果将脚印化石敲破,在脚印的表面之下会找到压力线纹。在帕勒克西河河床上发现的这些人类脚印,其周围岩石的隆起清晰可见。把化石从中间切开,截面也有压缩的痕迹。

1976年,得克萨斯州基督教大学的地质学教授华尔伯和另一名专家柏林在帕勒克西河上游筑起堤坝,抽干河水后,在发现人类脚印化石的同一河床找到了更多交错在一起的恐龙脚印和人类脚印化石。这些脚印长45厘米左右,宽13~17厘米。最重要的是,所有这些脚印周围都有脚部压力造成的隆起部分。如果有人要伪造这些脚印,就必须把几乎整个河底的岩石都凿掉一层,而且还得长时期地潜入河底工作,这显然是不可能的。有人提出,这些与恐龙脚印交错的脚印不是人类的,而是一种与人类身材体重差不多的、用两足行走的恐龙的脚印。但是,目前还没有发现过双脚与人类双脚长得类似的恐龙。

这些化石上的人类脚印究竟是如何形成的呢?有人提出大胆的设想——在现有人类之前,地球上也许曾经活跃过另一个人类文明。毕竟我们的地球母亲拥有45亿年的高龄,而人类的历史不过短短300万年。那个人类文明可能因为遭受某一场全球化的大劫难从此在地球上灭绝了,但是他们留下了一些鲜为人知的痕迹,就像那几个神奇的脚印和鞋印。如果这种假设可以成立,世界上很多难解之谜都会豁然开朗,但是如何印证这个猜想却又是一个难题。

会唱歌的钟乳石

钟乳石会唱歌,这样的情况只有在格林童话或者是安徒生童话里才会出现,听起来实在是不可思议。但是,在湖北京山县里的一组钟乳石的确会唱出美丽的歌曲,那么其中所真正的奥秘到底在哪里呢?

钟乳石也会唱歌,这听起来似乎是天方夜谭,然而,在湖北京山县的空山洞有一组能发出音乐的"石编钟"(钟乳石群)。这组钟乳石群有12根,用橡胶软锤敲击不同位置,每根都能发出两个或三个不同的音高,音色柔和浑厚,符合标准的现代七声音阶和十二平均律，为此音乐家给这组钟乳石起了个好听的名字，叫做"石编钟"。

会唱歌的钟乳石石编钟位于京山县七宝山下的空山洞，这里属于典型的岩溶洞穴，主要发育在三迭纪的薄层灰岩地层中。洞穴发育受层面、西北和东北向节理、裂隙构造控制，由地下水沿层面、节理、裂隙构造溶蚀、侵蚀扩大而成。

空山洞内发现的这组大小10余根、酷似"石编钟"的钟乳石，分布在4米范围之间，通过对钟乳石的敲击，能发出七个全音阶，因而可演奏各种大小调乐曲，音色浑厚悠扬，发音自然、铿锵，意境悠远。"精美的石头会唱歌"，堪称世界地质奇观。

钟乳石的形成过程是：雨水渗入土壤溶解其中的大量二氧化碳，形成富含碳酸的土壤水，土壤水在继续向下渗流过程中，溶解碳酸盐岩层形成富含钙和碳酸氢根离子的地下水，这些地下水沿岩石裂隙进入洞穴，由于洞穴空气中的二氧化碳分压远低于水的二氧化碳分压，水中二氧化碳便快速逸出，使洞穴滴水在滴下以前就在洞顶处于碳酸钙过饱和状态，从而使得碳酸钙在洞穴顶部滴水的出口周围发生沉积，逐渐形成一种自洞顶向下生长的碳酸钙沉积体——钟乳石。

美丽的钟乳石

钟乳石群能奏出音乐，与钟乳石群的物质组成和结构特征等因素综合作用有关。

钟乳石为同心状的圈层结构，其中心部分有一根空管。钟乳石主要由方解石矿物组成，它的化学成分为碳酸钙，方解石由于具有特殊的物理性能，被称为特种金属矿物。方解石的晶体为斜方晶系，具有双折射率和偏光性能。

能发出音阶的钟乳石群主要为7根，高度为1.5米~2.5米不等，直径为8厘米~30厘米不等；每根钟乳石内的空心石管大小不同，直径为1.5厘米~4厘米不等；钟乳石的锥顶均已断掉，断掉长度为10厘米~40厘米不等。各钟乳石存在的这些差异性，使得钟乳石在敲击时所发出的音阶各不相同。

在空山洞被发现前，钟乳石在靠近洞顶部位及周缘有近期的沉积物，显示钟乳石的表面湿度较大，开发后由于其他原因和日光灯的高强度照射，钟乳石的表面水分被蒸发而变得干燥，因而对钟乳石进行敲击时会发出浑厚的音律；而在表面相对潮湿时是不能发出这种浑厚音律的，而可能是另一种清脆的音律。

能够形成风化层的条件是：钟乳石群所处的位置要通风、空气要流动、二氧化碳的交换和钟乳石表面的湿度要有变化。这些条件都具备后就会在钟乳石的表面形成0.5厘米~1厘米厚的风化层。由于风化层的作用，对钟乳石进行敲击时只能发出浑厚的音律而不能发出清脆悦耳的音律。另外，由于钟乳石群所处的位置空间狭窄，对钟乳石进行敲击时发出的音律能够来回穿透或振荡。

"石编钟"特有的音律和音阶，敲击时如钟磬轰鸣，构成了动听的音乐世界，"精美的石头会唱歌"已经不再是传说。

巨石秘语

石刻是一种十分古老的记事方法，石刻上的文字以及刻画都承载了千古故事。重庆彭水县太原乡的一块巨石上的天书又想向我们诉说什么样的故事呢？

重庆彭水县太原乡花园村九组的半山腰有一巨石，巨石坐南朝北，里略呈长方形，高两米多，在巨石面南的石壁上面刻着一段宽近两米的奇特的字符，共有六行，分别在巨石的六个凹槽中，字符的行宽在0.4米~0.5米之间，行长则各不相同，长的像一条弯曲的蛇，短的似一条条蝌蚪，最长的一行字达到2.3米，最短的则只有0.1米~0.2米。字符属阴刻，深约1厘米，字符的形状呈树枝状和爪状，但书写规整，有一定规律，偶尔有一些字符，让我们怀疑这极可能是先辈的象形文字。其中，大多数字符被人用油漆重新涂写过，旁边还立有一块"县文物保护单位"的石碑。

关于这些天书，还有一个十分美丽的传说：相传在三国时期，蜀将张飞率领部队通过此处，不知是一时兴起还是另有所谋，张飞用他粗糙的手掌在巨石上随便抹下了几个凹槽，并在凹槽处写下了后来被称作"天书"的这些字符。据说，有军士和差官根据张飞的"天书"指示，在附近的大山里埋下不少金银财富。而这些字符就是一首破解宝藏的口诀，只要破译其中玄机，就可获得数不清的财富。直到现在，当地还流传着一首民谣："好个张飞扦，金银埋路边。有人能破译，银子万万千。"目前，当地无人能破译"天书"，也未发现金银，但人们遇到小儿夜哭、家人病祸等，都会带着香烛到这里祈福。

那么，这些金银真的埋葬在这里了吗？这块巨石天书难道就真的像是达芬奇密码一样难以破译吗？为了破译"天书"，专家和学者蜂拥而至。文物专家经过考证后认为，"天书"是大自然开的一个不大不小的玩笑。

早在上世纪八十年代，就有地质、文物等专家多次考察"天书"。大家一致认为，刻有"天书"的巨石是从山上滚落下来的，"天书"的字符不是天然形成的（如古生物化石），而是人为留下的，因为上面有较明显的人工雕刻痕迹，但它又不是人类已知的文字，如甲骨文、大篆、小篆、龟背文、金石文等。因此，而想从它产生的年代来推测，也很难。因为在漫漫的历史长河中，由于交通不便等原因，当地古人一直过着与世隔绝的生活，所以很难用中原文化与之对应。

由于无法得到准确的解释，有人猜测，"天书"要么是苗族先辈的遗嘱，要么就是土家族世世代代生活在这里，是他们的祖宗遗留下来的生活秘笈。

还有猜测，或许这是天外来客把他们的外星文明在地球上刻画的标记，或许这样做是为了下次来访时便于寻找最初的着陆点?

尽管我们对巨石天书的推测有种种可能,但是我们并没有找到科学依据来证明推断的正确性。目前,巨石天书的研究还在进行中,期待巨石天书的破译工作早日完成,解开隐藏在人们心里的这个谜。

风动石为何遇风摇动

我国好几个地方有风动石,这些石头在大风的作用下随风摇动,风停后又依然稳定不动,十分令人惊奇。那么风动石为何遇风动摇呢?

我国福建省东南部的东山岛是著名的海滨风景区,东山岛古称铜山,岛上有个天然风动石,不到风动石,犹如到北京不游长城一样的遗憾。坐落在福建东山古城东门海滨石崖上的东山风动石,一直是岛上人民最引以为荣、视如珍宝的自然奇观,是旅游者最喜爱的美景之一。

东山风动石以奇、险、悬而居全国60多块风动石之最,被古代文人誉为"天下第一奇石",现在它已经是东山岛的标志性旅游景观。风动石耸立在陡崖上,石高4.73米,宽4.57米,长4.69米,重200吨,正可观其伟,侧可观其奇,背可观其险。从背面看,状如玉兔的石岩伏在外倾的石盘上,巨大的石球,悬空而立,摇摇欲坠,令人心怵;从正面看,石如蟠桃,底部呈圆弧形,贴石盘处尖端仅数寸,悬空斜立,狂风吹来,摇晃不定,石体正面,有明武英殿大学士黄道周等人所题"铜山风动石"大字,笔力雄浑遒劲。在风动石前的一块方石碑上刻有明朝督抚程朝京的诗:"造化原来一只丸,东封幽谷万层峦,天风吹向关中坠,海飚还得逐势转。五丁欲举难为力,

东山风动石

一卒微排不饱餐。鬼神呵护谁能测,动静机宜在此观。"盘石右侧有明代霞山居士题写的"东壁星晖"四个大字。

风动石巍然"搁"在一块卧地凸起且向海倾斜的磐石上,两石的接触面仅为十余平方厘米。当海风从台湾海峡吹来的时候,强劲的风流会使风动石微微晃动,让人觉得其岌岌可危,海风停后,风动石也随之平稳如初了。此时人若仰卧盘石上,跷起双足蹬推,巨石也摇晃起来,但又不会倒下。人们站在风动石下面,有一种惊险的感觉,叹为天下奇观。风动石与周围景色交相辉映,构成东山岛上的亮丽风景线。被来此参观的人叹为天下奇观,故名"风动石",诗曰:"风吹一石万钧动"。

人力也能晃动风动石。如果找来瓦片置于石下,选择适当的位置,一个人就能把这

硕大的奇石轻轻摇动起来。此时,瓦片"咯咯"作响,顷刻化为碎粉。

关于风动石还有一段美丽的传说,明朝嘉靖年间,海上倭寇侵扰东山岛,企图抢走这奇异的风动石,用了数艘兵舰,套上绳索,拼命拉它,可是倭寇费尽了力气,只听到"嘣"了几声,绳索全断了,倭寇纷纷掉落海里,十分狼狈,风动石却依然屹立在原地。

关于风动石,历代名人吟唱甚多,如明代文三俊诗曰:"是石是星丽太空,非风摇石石摇风。云根直缔槐枸上,月馆堪梯小八鸿"。

1918年2月13日,东山岛发生7.5级地震,山石滚落,屋倒人亡,可风动石却安然无恙。"七七事变"后,日军企图搬走风动石,日舰"太和丸"用钢丝索系于风动石上,开足马力,可多条钢丝索被拉断了,风动石却纹丝未动,最后日军只得放弃这一企图。

此外,我国福建省泉州灵山上有块巨大的风动石,上刻"碧玉球"三个大字,故称"玉球风动"。

这块奇石高4米多,周围要10多人牵手合抱,估计重约50吨。它是一块天然奇岩,略呈长方形,上端四角稍圆,下部一边贴在山上,另一边向外斜削,形成一道缝隙,远远望去,奇石宛如玉球,每当大风来时,发出飕飕的震动声,乍看像是摇摇欲坠,惊险异常,其实稳固无比,有惊无险。每当游人至此,都喜欢一层手脚,使出浑身气力推它,玉球马上就摇动起来,还能听到嘶嘶的响声,不过即使这样,玉球仍然纹丝不动,牢固不移。

这块玉球的上部圆滚滚的,下靠山岩,重心平衡,一般的外力作用,只能使它摇晃,而不至于使它倾翻。这在物理学上称为稳定平衡。如果外来的拉力或推力,没有把玉球风动的重心移动到底面以外,这块巨石总是像"不倒翁"一样,一晃一摇的,尽管会歪一下,但又会恢复原处,确也奇趣横生。难怪游人闻风而至,传说有声有色。

风动石历经沧桑,依然斜立如故。它的来源又是哪里呢?有的人认为是从天上掉下的陨石,有的人认为是海陆变迁时从海底浮上来的。那么风动石为何会遇风动摇呢?风动石是怎样形成的呢?有人认为可能是风动石受到地球磁场的引力才不至于被大风吹倒,各种说法不一。至今风动石还有许多没有解开的问题,等待科研人员来回答。

新疆吉河大陨铁之谜

在我们这块广袤的大地上,到处充满了神秘的事物,新疆青河的大陨铁全身披着一层神秘的面纱向我们走来……

在新疆地质矿产博物馆展出的长2.58米,宽1.89米,高1.76米,体积3.5立方米的陨铁,呈现不规则三角形,重达三十吨,按重量在世界陨铁中排行第三,吸引了无数中外游客的眼球,这块大陨铁的出现又是一个让人难以解开的谜。

对于这块大陨铁的来历,人们提出了很多的猜测。有的科研人员认为可能是在史前时期的某一天,准噶尔盆地东北部边缘,距青河县二台东北角60公里茫茫无际的戈壁滩上,突然从空中落下一个巨大的火球,伴随而来的是一阵惊天动地的巨响,震得大地都在颤抖。在历经沧桑变迁之后，转眼到了1898年，当地的哈萨克族牧民发现一个大坑里横卧着一个外表黝黑、油光发亮、布满凹洞的金属怪物，它前端高耸、中间下凹、后端隆起，宛如一个粗壮的银牛，牧民对它顶礼膜拜，视为神灵之物，从此这里便有了“银牛沟”的名字。此后，哈萨克族牧民纷纷搬迁到此来定居，许多的关于银牛的传说也就开始在人们之间不绝于耳。

一直以来，陨石是稀有之物，比黄金和钻石还稀有。全世界已收集到的至今不过三千块。这块陨铁含有88.67%的铁，9.27%的镍，还含有少量的铜、铬等元素，它是一种极为特殊的合金，它来自地球之外，集宇宙的精华，在这个庞然大物中还发现了地球上没有的六种宇宙矿物：锥纹石、镍纹石、变镍纹石、合纹石、陨硫铁和铁镍矿。

随着青河大陨铁的发现，20世纪30年代，一批批外国专家纷至沓来，有的是来做研究的，有的是怀着其他目的，至今陨铁上还留有各种题刻，有英文的，也有俄文的。记载的来访者中，有大名鼎鼎的英国探险家斯坦因，他试图带走“银牛”，却在上面摔断了腿。瑞典探险家斯文赫定望着稳如泰山的“银牛”，也只能望牛兴叹。

新疆青河大陨铁

解放前，有人误认这个陨铁是纯银或白金，在它较为突起的棱角处锯去了一些，却再也无法锯开，因此，陨铁的绝大部分幸运地保留了下来。

当时的国民党政府在听到消息后，也试图把这个宝贝运出山，曾经用火烧了七八天，想把陨铁烧化分解开，可还是失败了。

1941年5月23日，当时的新疆边防督办盛世才知道了天落神石的消息，特派视导员蒋云凌专程到青河凿石取样，后来索性想把它运到迪化，但因为太重，计划搁浅。

20世纪50年代，大炼钢铁时期，“银牛”又遭到了多次的冶炼和爆破，至今留有痕迹，但依然岿然不动地矗立在那里。

大陨铁具有很高的研究价值，但是它的来源已经是一个谜，我们无从得知，只好猜测。但是，这块陨铁落地的陨坑又显得那么的迷雾重重。

按常理，这枚重30吨、最大直径2米多的天体从太空高速坠落，砸出的坑一定很深很深，可实际上留在现场的那个坑却令人大失所望。该坑呈长条状（拉运时扩展所致），宽不到3米，深度仅约1米。要不是当地知情人指认，没人能够把这区区浅坑与那举世闻名的大陨铁联系起来。

围绕这个谜团，有很多种解释。

有人认为是当时的陨坑很深，陨铁被运走后，风沙不断落入，再加上雨水的侵蚀与冲刷，这个陨坑就不断被风沙填浅，被雨水冲平，以至越来越浅，成为目前的样子。

此外，还有人提出假设，可能现在我们所看到的坑，不是陨铁的第一着陆点。多数人比较赞同这种说法，陨铁先落在一个更硬更高的地方，然后又弹到了这里。从现场观察看，此种说法比较合理，能够解释巨石浅坑的矛盾现象。

如果陨铁被弹落的说法是正确的，那么大陨铁的第一着陆点又在何处？现在的陨铁坑处于一片沙砾质山间平地上，两侧是四五千米长的连绵群山，可以推测，陨铁的第一着陆点就在群山的某处，当陨铁以极快的速度从天而降到那里时，坚硬的岩体使其高高弹起，抛掷出去，最终落在了现在的第二现场。

那么这第一着陆点的陨坑又在何方呢？目前，第一现场具体位置仍然是个谜，我们期待着这个神秘的第一着陆陨坑的出现，早日解开新疆青河陨铁之谜。

产蛋崖

我们都知道鸟类会产蛋，但是你相信冰冷的岩石也会产蛋吗？这的确存在，在贵州三都县有一座山崖每隔30年就会产一次石蛋，大小不一，而更加奇怪的是，这些蛋和恐龙蛋化石很相像，难道山崖上产的是恐龙蛋吗？

产蛋崖，长20多米，高6米，表面极不平整，在高处，几块巨大而尖利的岩石横亘着极为险峻。石蛋就在相对凹进去的崖壁上安静地孕育着。有的刚刚露头、有的已经生出了一半、有的已经发育成熟眼看就要与山体分离。千百年来，这些神秘的石蛋就这样不停地孕育出生、出生又孕育，源源不绝。

冰冷的石壁为何能生出石蛋？为什么这些石蛋又会每隔30年自动掉落呢？

有人联想到石蛋很像恐龙蛋。把石蛋和以前发现的恐龙蛋化石进行比较发现：产蛋崖的石蛋平均直径30厘米，但也有大有小，这和1995年广东河源发现的恐龙蛋化石相比，不论形状和大小均十分相似；另外，恐龙蛋化石虽然有蛋壳结构，但长期风化裸露出的纹理和石蛋相比，仍然有很多相似特征。既然有这么多相似点，那是否说明这些石蛋就是恐龙蛋呢？如果答案是肯定的，那么还有一个更大的疑点将无法解释——贵州的地质年代属于三叠纪，而恐龙的出现要比三叠纪晚五千万年！因此恐龙蛋怎么可能会早于恐龙而在三叠纪的地层里被发现呢？

经鉴定，石头蛋的特点是比较大，形状奇特，几十年才掉一次，这种地质现象是罕见的。

这群罕见的石蛋究竟会不会是恐龙蛋呢？国际市场上曾经炒卖恐龙蛋一度达到4万~10万美元一枚，后来由于中国大量发现恐龙蛋使价格一路走低，但如此大规模的发现会不会又引得更多人来这里盗挖呢？有人对石蛋进行仔细辨认后，说它根本不是恐龙蛋化石。一般来讲恐龙蛋的形状大多是纺锤状的，应该有一个外壳，而石蛋它没有外壳，那么作为恐龙蛋它除了壳之外,它里面的结构是什么东西呢,它就是和鸡蛋一样有蛋清和蛋黄,因此恐龙蛋化石里面是不均匀的团块,而我们看到的岩石,显然它里面的结构是比较均一的。石蛋不是恐龙蛋,那它又会是什么呢？为什么它们长在石壁里会不约而同呈现出蛋形？为什么每隔30年就会神奇掉落？

有科学家说这些石蛋和岩壁的成分不一样,这些岩石和石蛋的生长速度不同,在长达数千年的挤压中,逐渐被分离出来,后来由于风化作用,石蛋就慢慢孕育而出。还有人说这些岩石是史前人或外星人留下的。也有人说是造山运动时,石球被裹在了泥土中,泥土后来变成了岩石,石球也就被包含其中了。但是哪种解释更加的合理,至今也没有明确的答案。

产蛋崖正在产蛋

怪石谜团

在我国有许多怪石都存在着无法解释其神秘的现象,如我们经常听说天上降怪雨,有钱雨、青蛙雨等,但是在我国海南岛和雷州半岛在雨后经常会有一些奇特黑色石块出现,连专家也解释不清楚它们是什么。还有会预报天气的石狮,你又知道为什么它可以准确的预报天气吗？

1. 与玻璃相似的"雷公墨"

在琼州海峡两岸的海南岛和雷州半岛,当风雨交加、电闪雷鸣的雨天过后,人们有时候会在被雨水冲刷过的地面上,发现一些墨黑色的小石块,它们多数只有纽扣那么大,最大的也就是十几厘米长。这种黑色的小石块像玻璃似的,可是并不光滑,上面有凹坑、麻点、沟槽等;要是把它敲裂,在断裂面上也能看到这些斑痕,这和玻璃又不同。科学家测定它的化学成分后,发现与玻璃一样是二氧化硅;内部结构是均一的玻璃质,没有其他的矿物结晶颗粒。这就是被当地人称做"雷公墨"怪石。

之所以说它怪,是因为人们说不出它的来历。雷公墨是散落在地面上的玻璃碎片。经过有关专家鉴定,这种小石块的"岁数"都不小了,它们形成的时间最少也有几十万年,有的已经有几千万年的历史了。这种玻璃质的小石块,在澳大利亚、东南亚、加勒比海周围以及非洲西部和欧洲部分地区也能见到。

关于"雷公墨"的来历,有多种说法。有人认为它是和铁质陨石、石质陨石、冰陨石一样,是从宇宙空间撞到地球上来的陨石的一种,叫它玻璃质陨石。甚至有人说这种玻璃质石块是月球上火山喷发时形成的,是从月球落到地球上来的。因为在月球岩石样品中也发现有玻璃质的微粒。关于雷公墨的真相,还需要科学家研究、发现。

2. 会流血的石头

2006 年在福建省的一个小山村中,人们惊异的发现一座高约 6 米的石碑上渗出红色如同血液一般的液体,当地的村民都认为这是石头流的"血",有人试着品尝了一下,它没有任何味道。据说每隔十几年石碑就会流一次血,每次流血都有着某种预兆,或好或坏,说法不一。而且村民发现石头上刮下的带血的粉末可以治病,不仅可以给家禽治病,还可以给人治病。

在我国,会流血的石头还不止这一块,明故宫的午门里就有一块颇为著名的"血迹石"。青灰色的石面上,夹杂着一团团绎褐色的斑纹,如同鲜血渗透到石头中去了。传说这块血迹石是 580 年前方孝孺血溅宫门留下的。方孝孺为明初大儒。公元 1402 年,燕王朱棣率军南下,攻破南京,建文帝自焚而亡,朱棣自立为王,也就是明成祖。明成祖想利用方孝孺的声望,笼络读书人,于是便命令他起草即位诏书。方孝孺坚决不从,最后被灭了九族,连同朋友和他的学生,株连达 870 多人。民间相传,血迹石里的血迹就是方孝孺当年头撞阶石所留下的。

第三处是苏州虎丘的千人石,每次下雨时,千人石就会随着淅淅沥沥的雨流出"血"来,千百年来,从未间断。相传吴王夫差命一千多个工匠为他的父亲在虎丘山建造墓地,墓地建好之后,夫差害怕这些工匠有一天会来掘坟挖墓,于是夫差趁工匠喝醉的时候,将这一千多名工匠全部杀死了,而工匠们的鲜血染红了这块石头。每到雨天,石头就会变得特别红,雨水一冲刷,仿佛就是工匠们的血在往下流。

没有生命的石头怎么会"流血"呢? 这真是闻所未闻,让人匪夷所思。究竟这些石头里面含有什么秘密呢? 难道真的可以预吉言凶?

据专家研究解释,流血石会流血主要有两种原因:

(1)石头中含有铁元素,在太阳的暴晒下,铁元素与空气中的氧元素发生反应,形成了氧化铁,经风雨的侵蚀,氧化铁逐渐露于石头表面,而氧化铁遇到水就变成了红色,看上去就像石头流出的血。

(2)另一种会流血的石头其实是由外力作用形成的沉积岩,其主要成分是石灰岩。这种石头是在海底形成的,故石头中还融进了海底古生物的骨骼等。在石头形成期间,它们又与海水中的氧化铁和氧化锰成分相作用,便出现了绛褐色的团块和条纹,也就形成了血迹石。

至于福建的"流血石"可以治病,专家说很多石头其实都有治病的功效,但其作用和副作用就没有人敢保证了,所以专家提醒石头治病并无根据,还需科学对待。而"流血石"能预吉言凶,不过是人们的一种心理作用罢了。

泼水现竹的石壁

中国文化博大精深,文房四宝书画天下奇珍。古人不仅喜欢在纸上作画,更喜欢在山崖峭壁上留下墨宝,为大自然增添瑰丽的一笔。然而这些与自然浑然天成的墨画却在历史的变迁中发生了惊人的变化,形成不可思议的现象。

四川仁寿县黑龙滩水库中的龙岩寺有一奇景,向龙岩寺的一座巨型石窟坐佛像两边的崖壁上泼些水,一侧的崖壁就会出现一幅"怪石墨竹":墨竹主干亭亭,枝叶潇洒;竹根临怪石处派生出一丛幼竹,婀娜可爱;顶部侧叶,长剑当空,刺向云天。而一旦石面水干,图画顿失。在另一侧则会显出一幅完整的题字:霜月澄凛,天风清劲,御史公刚明之气锤于私云,北宋乾道五年峨眉杨季友等字迹。

据县志记载这"怪石墨竹"作者是文同,字与可,号笑笑先生,人称石室先生、文湖州。他平生爱竹、种竹、写竹,开拓了"湖州竹派"。著名汉语成语"胸有成竹",就是他写竹经验的结晶。仁寿(古称陵州)县志记载:"文同北宋熙宁四年知陵州后,在龙岩写怪石墨竹,两壁摩岩隐隐有光,怪石墨竹既无墨迹,又无雕镂痕;用水涤石,画面犹新。"

而那幅题字则是北宋乾道五年杨季友游到此处,情景交融,感时叹物留下的。《仁寿县志》说,文中御史公实指五代时官至御史的仁寿籍著名词人孙光宪。杨季友留字赞叹他置身危于不顾,力谏南平国归顺宋朝,对结束战乱,增进全国统一卓有功勋,与文同的墨竹画并无关联。

然而为何会出现字画隐形的现象?为什么它们都只有在遇水后才能浮现?在民间说法很多。

第一种说法是特殊的墨汁。这种墨汁是使用松烟、煤烟,加上乌龟尿,在铜炉内炼制而成,从现在的科学角度来看,这基本上是不可能的。

第二种说法是"魔墨"说。当地传说是苏东坡在密州就任时,从徽州买来一种魔墨相赠,文同便用这一魔墨画竹。但这一说应该是不存在的,其一是因为这个时候,文同在仁寿,苏东坡在密州,这么远的路,他不可能送一盒墨给文同;其二是苏东坡一生也是诗词歌赋都很有名,如果是一个魔墨,应该说他留下了很多,全国的很多地方也应留下这样的遗迹。

第三种说法是发光颜料说。有人猜测是在墨里渗入遇水发光颜料所致,然而人们从未发现任何可以遇水发光的古画,这更是无根无据之说。

第四种说法是石质、水质说。有人推测"怪石画竹写字"地处紫色岩石,含有化学元素钾,与水容易发生剧烈反应;而古时在黑龙滩也有不少文人墨客留下笔墨,并没有形成泼水现竹的景象,所以这种说法也站不住脚。

第五种说法是地理位置说。是因为龙岩处于神秘莫测的古怪位置。岩下水流滋生的仙气孕育的结果。但这一说法和特殊的墨汁说法一样,不足信。

第六种说法是涂层说。有专家经过取样分析发现，岩石的石壁上附着一层涂层，这层涂层可以吸水，水有折射功能，当水分越多的时候，水分底下的东西反射的就越明显。然而是谁将这幅画和字涂上保护层呢？这些保护层的材料又是什么呢？虽然这些问题还没有答案，但是，随着科学的进步，我们一定可以解开这些谜团。

第八节　奇特的现象

纳米比亚精灵怪圈

在南非纳米比亚沙漠西部的沿海地区，遍布着一种奇特的"精灵怪圈"，直径大都在2～10米之间，怪圈里几乎全是沙土，而且寸草不生，而在怪圈的周围却长着茂盛的野草。

对于"精灵怪圈"的形成原因，科学界曾有三种解释：一是放射性沙土致使植物生长受到抑制；一是有毒植物绿珊瑚在土壤中释放出有毒物质；还有一种说法是地底下的白蚁吃掉了植物的种子。针对这三种解释，以植物学家格立特·茹因为首的研究小组做了许多实验。茹因对土壤样本进行化验后，首先排除了放射性沙土的观点；然后研究小组先从沙漠中找到了一些绿珊瑚，并从其根部土壤中取回了一些沙土样本，研究人员在这些沙土样本中种植了多花黑麦草，结果发现这些草生长得很茂盛，这说明有毒物质的说法根本不可靠；最后，他们在地底下挖了2米深，结果没有找到任何白蚁或者白蚁穴，而且没有迹象表明这里有白蚁活动。那么，这些怪圈是怎样产生的呢？这实在令人费解。

钱塘涌潮

关于钱塘潮有这样一个传说：春秋战国时期，吴王夫差打败了今天浙江一带的越国。越王勾践表面上向吴国称臣，暗中却卧薪尝胆，准备复国。此事被吴国大臣伍子胥察觉，多次劝说吴王杀掉勾践。由于有奸臣在吴王面前屡进谗言，诋毁伍子胥。吴王奸忠不分，反而赐剑让伍子胥自刎，并将其尸首煮烂，装入皮囊，抛入钱塘江中。伍子胥死后几年，越王勾践在大夫文种的谋划下果然灭掉了吴国。但越王也听信谗言，迫使文种伏剑自刎。伍子胥与文种这两个敌国功臣，虽然分居钱塘江两岸，各保其主，但下场一样，同恨相连。他们的满腔郁恨化作滔天巨浪，掀起了钱塘怒潮。

钱塘涌潮

有些科学家认为，钱塘潮如此之盛的原因，主要是由其独特的地理条件所造成的。钱塘江外杭州湾，外宽内窄，外深内浅，是一个非常典型的喇叭状海湾。出海口江面宽达 100 公里,往西到澉浦,江面骤缩到 20 公里。到海宁县盐官镇一带时,江面只有 3 公里宽。起潮时,宽深的湾口,一下子吞进大量海水,由于江面迅速收缩变窄变浅,夺路上涌的潮水来不及均匀上升,便都后浪推前浪,一浪更比一浪高。到大夹山附近,又遇水下巨大拦门沙坝,潮水一拥而上,掀起高耸惊人的巨涛,酿成初起的潮峰。

除此之外,钱塘潮的形成还有一些其他原因。浙江沿海一带,夏秋之交,东南风盛行,风向与潮波涌进方向大体一致,风助潮势,推波助澜;潮波的传播在深水中快,在浅水中慢,钱塘江南深变浅的特点极为突出,这种特殊条件能使后浪很快赶上前浪,层层巨浪叠加,形成潮头。此外,潮涌与月亮、太阳的引力也有关。东汉思想家王充在《论衡》中说:"涛之起也,随月盛衰,小大满损不齐同。"因为在农历每月初一和十五前后,太阳、月亮和地球排列在一条线上,太阳和月亮的引力合在一起吸引着地球表面的海水,所以每月初一和十五的潮汐就特别大,而农历八月十八日前后是一年中地球离太阳最近、引力最大的时候,此时出现的涌潮,自然也就最猛烈。

以上是目前人们比较接受的说法,但也有科学家不同意上述观点。此外,科学家们也无法准确解释为什么每年的八月十八日潮最大。因此,钱塘江潮涌之谜,还有待科学家们进一步研究。

恒河水自动净化

恒河是印度的第一大河,它发源于喜马拉雅山南麓加姆尔的甘戈特力冰川,全长2700 公里,下游 500 公里在孟加拉国境内。印度人将恒河尊称为"圣河",把她看作是女神的化身,虔诚地敬仰,据说是起源于一个传说故事。古时候,恒河水流湍急、汹涌澎湃,经常泛滥成灾,毁坏良田,残害生灵。有个国王请求天上的女神帮助他驯服恒河,为人类造福。湿婆神来到喜马拉雅山下,散开浓密乌黑的长发,让汹涌而来的河水从自己头上缓缓流过,灌溉两岸的田野,使生活在这里的人们得以安居乐业。从此,印度教便将恒河奉若神明,敬奉湿婆神和洗圣水澡成为印度教徒的两大宗教活动。

恒河最神圣的一段在瓦拉纳西古城旁的河岸,这里的河岸景象十分壮观。清清的恒河水悄无声息地流过,河岸两边则是错落有致、风格迥异的神庙,一座紧挨一座,形成陡立的峭壁。河面上一艘艘小木船、浸泡于河里的信徒、岸上打坐的僧人、石阶上火葬仪式的迷烟及虚幻般的昔日情景,仿佛时光倒流了几百年。恒河两岸的景观随着时间的流逝逐渐发生了一些变化,然而,这不断遭受污染的恒河之水却始终保持着纯净的质地,其中的原因人们至今还没有找到合理的解释。

在人们心目中,恒河里的水是地球上最为圣洁的水,只要经过它的洗礼,人的灵魂就能得到重生,身染重病的人也可以重获健康体魄。因此,每年都有众多朝圣者从世界各地千里迢迢赶来,在恒河水里虔诚地举行各种重大宗教仪式。更有甚者会在恒河水里自尽,希望能洗去自己此生的罪孽和冤狱。于是,恒河上有时会漂浮着尸体。人们将尸体打捞起来火化后,会遵死者遗嘱将骨灰撒在恒河里……

这样日复一日,年复一年,恒河水受到了严重的污染,成为印度污染最严重的河流之一。可是让人们感到奇怪的是,印度教徒似乎并没有因此而改变自己的习惯,依然在河里沐浴,而且每天都毫无顾忌地饮用河水,但他们却很少中毒或者得病。难道恒河水真的因为神圣而具有了某种自我净化的能力吗?

实验结果表明,事实果真如此。科学家曾经特意将一些对人体极为有害的病菌放入恒河的水中,可没过多久,这些病菌统统被杀死了。有人推测是恒河底藏着某种奥秘,河床里可能具有一种能杀死病菌的放射性元素,但是这个推测还未被证实。

我们相信,只要人类加强对恒河的保护,它一定还可以拥有与当初一样纯净的水质。只是,恒河可以自动净化的原因现在对于我们来说,仍然是一个未解之谜。

间歇泉

间歇泉是一种热水泉。这种泉的泉水不是从泉眼里不停地喷涌出来,而是一停一溢,好像是憋足了一口气,才狠命地涌出一股子来。喷发的时候,泉水可以喷射到很高的空中,形成几米、甚至几十米高的水柱,看起来十分壮观。间歇泉喷出来的时间并不长,喷了几分钟、几十分钟以后就自动停止,隔一段时间,又会发生一次新的喷发,如此循环往复。

冰岛是世界上间歇泉非常集中的国家,间歇泉在国外被叫做"盖策",冰岛语"盖策"的意思就是间歇泉。在冰岛首都雷克雅未克附近一个山间盆地里,有一片很有名的间歇泉区。"盖策"是其中最有名的一个间歇泉,这个泉在平静的时候是一个直径20米的圆圆的水池,清得发绿的热水把圆池灌得满满的,并且沿着水池的一个缺口缓缓流出。可是,这种平静的局面维持不了多长时间就会突然暴怒起来。只见池中清水翻滚,池下传出类似开锅时的呼噜声。很快,一条水柱冲天而起,在蔚蓝色的天幕上飘洒着滚热的细雨。据说,"盖策"的喷发高度可以达到70米。由于这个间歇泉很有名,渐渐地,"盖策"就成了世界上对间歇泉通用的称呼了。

查布间歇泉是西藏著名间歇泉之一,它位于冈底斯山南麓南北向的宽谷中,经科学考察队实地观测,其泉口活动频繁,24小时共喷发208次,每次平均持续时间4~5分钟,最长为6分40秒,两次喷发间歇期为2~3分钟,喷高5~6米,最高为7米。在主泉口3米处测得间歇期平均水温90℃,喷发期为93℃,最高达96.4℃。

科学家经过考察指出,适宜的地质构造和充足的地下水源是形成间歇泉最根本的因素,此外,还要有一些特殊的条件:首先,间歇泉必须具有能源,地壳运动比较活跃地区的炽热的岩浆活动是间歇泉的能源。因而它只能位于地表稍浅的地区。其次,要形成间歇性的喷发,它还要有一套复杂的供水系统来连接一条深泉水通道。在通道最下部,地下水被炽热的岩浆烤热,但在通道上部,泉水在高压水柱的压力下又不能自由翻滚沸腾。同时,由于通道狭窄,泉水也不能进行随意的上下对流。这样,通道下面的水在不断的加热中积蓄能量,当水道上部水压的压力小于水柱底部的蒸汽压力时,通道中的水被地下高压、高温的热气和热水顶出地表,造成强大的喷发。喷发后,压力减低,水温下降,喷发因而暂停,为下一次新的喷发积蓄能量。

如今,科学家虽已揭开了间歇泉的神秘面纱,但人们仍为它雄伟而瑰丽的喷发景观所倾倒。

圣泉

法国比利牛斯山脉中有一个叫劳狄斯的小集镇。集镇附近遍布岩洞,其中一个岩洞后有一道泉水,飞珠溅玉,终年不息,这就是闻名全球的神秘的"圣泉"。

据统计,每年约有430万人去劳狄斯,其中不少身患沉疴甚至是病入膏肓被医院宣判"死刑"的病人也不远千里来到这儿。他们来的目的就是在圣泉的水池内洗澡。所谓洗澡,实际上就是在水中浸泡,这样病情便能减轻,有的竟能不药而愈。

维托利奥·密查利出生于意大利,21岁时应征入伍。不久他发现左腿持续疼痛,于是去凡罗纳医院检查。检查的结果是一种罕见的癌症,癌细胞已破坏左髓骨部位的骨头和肌肉,该医院便将他转到特兰德军队医院。军队医院也无能为力,又将他转至博哥肿瘤中心医院。

肿瘤医院对他作进一步检查,最后很遗憾地告诉他,这种病就目前的医疗技术还达不到治好的效果,并且还告诉密查利顶多只能活一年。就这样,密查利被送回特兰德军医院。

在特兰德军医院,密查利住了九个半月,左半侧从腰部至脚趾打上石膏。X光透视发现其髓骨部继续在恶化,左腿仅由一些软组织同骨盆相连,看不到一点骨头的成分。听说圣泉可以治病,1963年5月26日,密查利在母亲的陪伴下,经过16个小时的奔波,终于到达劳狄斯。第二天便去圣泉沐浴。

圣泉的接待人员很多,他们大都是圣泉的受益者。他们因疾病来圣泉里沐浴过,后来恢复健康后便自愿来这里当义务护理员。密查利在几名护理员的帮助下,脱去衣服,光着身子侵入冰冷的泉水中。但打着石膏的部位无法浸入水中,只好用泉水冲淋。密查利在圣泉里沐浴后回到家里仅数星期,他突然产生了从病榻上起身行走的强烈欲望,而且果真拖着那条打着石膏的左腿从屋子的一头走到另一头。此后几个星期内,他继续在屋子里来回走动,体重也增加了。到了年底,疼痛感竟全部消失。

1964年2月18日,医生们特意为他除去左腿上的石膏,并进行X光透视。当放射科的医生将片子送来后,医生们还以为片子拿错了。原来,片子显示出已完全损坏的骨盆组织和骨头竟然出人意外地在14个月内再生了。密查利完全康复了,不久他便在一家羊毛加工厂找到工作。1971年6月,法国《矫形术外科杂志》对此作出报道,说这是现代医学无法达到的奇迹。

密查利不是特例。据报道,在124年中,为医学界所承认的这样的医疗奇迹就达64

例,他们都经过设在劳狄斯的国际医学委员会严格审定。科学家们当然不会相信"圣母恩赐降福"这种荒诞说法。法国诺贝尔奖获得者、著名生物学家艾列克赛卡罗尔博士认为,这是心理过程和器官过程产生的奇迹。因为去劳狄斯的病人大都是虔诚的宗教徒,他们相信"圣母恩赐降福"这个说法,于是心理上就自然产生战胜困难的勇气,从而使一些原本属于不治之症得以痊愈。有的科学家则认为,有误诊的可能,有些病症并非是不治之症,结果误诊成不治之症,故而在圣泉淋浴后便不药而愈了。不过这一论点的论据十分不足,因为很多病人的病史和诊断都要经过严格的核实,涉及到许许多多医生、医学研究人员,出现误诊的可能性几乎为零。

那么,圣泉这种"起死回生"的奥秘究竟何在呢?随着现代医学的不断发展,我们相信,人们一定能剥去圣泉的扑朔迷离的宗教外衣,揭示它的本质,从而解开这个谜。

冷热洞

在中国湖北省西部有一片古老而神秘的原始林区——神农架。其中,位于神农架木鱼镇彩旗村境内的冷热洞,一直以来都是人们关注的焦点。

冷热洞,海拔1500米,洞长5公里,洞内巨大的空间足以容纳两万余人。冷热洞的洞口面南而开,醒目又充满神秘。背洞而立,千年铁坚杉直入眼帘,呼啸的风扑面而来,让人顿生敬畏之感。

据当地人讲,探洞的最好时间在春、夏两季。届时,人只要往洞口一站,就会明显感觉到冷气逼人,不禁瑟瑟发抖。但如果以为冷热洞的特点仅仅是春、夏两季异常寒冷,就大错特错了。

冷热洞之所以得名,是因为在长仅5公里的洞中漫步,人会体会到春、夏、秋、冬四个季节的不同特点。那莫名变化着的温度让人觉得冥冥之中仿佛有什么神灵在恶作剧。初入洞中人会觉得有一股寒气从洞的深处袭来,而继续向前走,又会感觉到热浪滚滚。

不仅如此,冷热洞中一边湿、一边干。夏天,站在湿的地方会觉得凉风飕飕,好似被人从头到脚浇了一桶沁凉的泉水,而站在干的地方,又会觉得浑身燥热难挨;冬天,站在湿的一边,迎接人的是刺骨寒风,而站在干的一边,则又会感觉温暖舒适、如沐春风。

为了揭开冷热洞的温差之谜,科考人员屡次入洞进行调查,他们特意上不着衣衫、下着棉裤。然而,以这种装束进洞停留一段时间后,裸露的上身竟然大汗淋漓,而被棉裤裹紧的双腿却冻得发抖。于是,不少专家认为,冷热洞中的地面其实是一个大的吸热体,山洞中气流的流动造成贴近地面的地方温度低,距离地面远的地方温度高。但是这种说法却不足以解释神农架冷热洞中的温度变换。因此,一些地质学家又提出了不同的见解。他们认为,冷热洞内的温度反差,是洞中地表岩石与洞顶岩石结构上的差异造成的。洞内地面岩石是一种奇特的"冰石",会吸收热量,而洞顶岩石恰好具有释放热量的功能。两种岩石相互作用,就构成了洞内"上热下冷"的景象。同样,在神农架的冷热洞内,寒气逼人的地带遍布着吸收热量的"冰石",令人备觉温暖的地带则到处是释放热量的岩石。

但是不少人指出，暂且不提神农架冷热洞中的岩石确实具备吸热、散热的特点，单就贵州冷热洞来说，洞内上、下近乎均匀地聚集着两种构造截然不同的岩石，未免过于巧合。如今，这难以解释的温度变化之谜已经成为冷热洞神秘之美的一部分。

怪坡

在中国很多地方都发生过令人困惑的怪坡现象，明明停在坡低处的车辆在没有人操纵的情况下，竟然会"滑向"坡的高处。很多经验丰富的驾驶员都无法解释个中道理。

1990 年 4 月的一天，两个年轻人驾驶着一辆吉普车驶进沈阳东部山区的一个坡下，两人原打算将车停在这里，没想到在摘档熄火后，吉普车竟然自己向坡上滑行。大感惊奇的两人忙又将车开了下来，抱着试探的心理再次将车停在坡下。结果这次，车依然往坡上滑去。在济南市东南外环路也有一段"怪坡"。这个怪坡在济南经济学院南约 1.5 公里处，有人开车行驶在怪坡的下坡路段时，汽车突然熄火，而就在人大感意外之际，本已停下的汽车又慢慢地爬上了坡。起初，开车人还以为自己碰上了偶发怪事，但他很快发现，所有途经这里的车都遭遇了类似状况。当地人将这种情况称为"倒行逆驶"。

同样，在河南汝州市北 9 公里处有一个被当地人叫做"姊妹怪坡"的小坡，车辆下坡时如逆水行舟，上坡时却轻松自如。更奇怪的是，如果下雨，地面的雨水竟然会顺着坡度往高处流。

这究竟是怎么一回事呢？

有人认为怪坡的出现实际是一种"重力位移"现象。在怪坡上，由于某种不得而知的力量的作用，车辆的重力点发生了变化，导致车辆在下坡时走不动，在上坡时不用费什么力就行驶起来。但这种说法尚未得到科学证实，而就算是支持这种说法的人也一直没弄清楚，那改变车辆重心的力量究竟来自何方？

还有人认为是磁场在作祟。在怪坡高处一定暗含着拥有强大引力的磁场，这一磁场足以将沉重的车辆"拉"上坡。而车辆下坡时，则相当于逆着磁力而行，所以不是发生熄火就是开得困难。但如果怪坡真是怪在了磁力上，那么其对不同质地的物体会产生不同效果的力，而事实却并非如此。

目前在关于怪坡的种种解释中最为科学家推崇的当属"错觉说"。支持这种观点的人认为，所谓怪坡根本就是普通的坡，只是经过它时人们发生了错觉，误把下坡当上坡，上坡作下坡。如果细心观察就会发现在大多数怪坡旁都会有起伏较大的坡，人在经过怪坡时，拿怪坡旁边的坡作为参照，难免会发生视觉上的误差。这种错觉说的确能解答部分地区的怪坡之谜，但是并非所有怪坡旁都有特殊的参照物在混淆人的视线。人们曾用水平仪器对一些怪坡进行测量，发现它们的"怪"货真价实，车辆径自滑向的确是上坡而非下坡。

著名物理学家李政道曾开玩笑说，如果哪天自己解决了怪坡之谜，那说不定就能再拿一个诺贝尔奖了。有些怪坡在出名之后，逐渐从交通要道变成了旅游胜地。而这无疑是件好事,毕竟在怪坡行驶的情况和人的常识发生了冲突,这对科学研究来说大有好处。

响沙山

在内蒙古鄂尔多斯的达拉特旗南部有一处宛若金色卧龙的沙漠——银肯响沙。它高110米,宽2000米,背靠一片一望无垠的沙丘。

响沙山的沙子非常干净,在阳光的照耀下泛着金色的光芒。由于沙粒大小均匀,人抚摸上去没有丝毫棘手的感觉。它看似安静地坐落在沙漠里,但只要有人从它的高处向下滑动,其间沙子就会发出犹如战鼓一般的奇妙声音。而一旦人停止滑动,沙声也戛然而止。

银肯响沙被誉为"响沙之王",很多人慕名而来领略它的独特风光,据当地人说银肯响沙和一个古老而悲惨的传说有关。很久以前,响沙山所在的地方没有沙,只有一座寺庙。庙里的僧人每天都虔诚地诵经念佛,但是,突然有一天不知从哪里刮来了一阵可怖的怪风,风吹起山一样高的狂沙,轰隆一声就将寺庙埋在了沙里。僧人们的亡灵不肯安息,便终日在沙堆上徘徊。他们仍像生前那样反复吟诵经书。时间长了,他们诵经的声音就被沙子记录下来,一旦有人行走在沙上或是什么力量惊动了这些沙子,沙子就会"放"出僧人们的读经声。

然而,传说虽然凄美,却不能用来作为解释响沙山"响沙"的缘由。于是,科学家们一批又一批地来到响沙山进行实地考察。

早在汉代,司马迁就曾在其著作《史记》中描述过响沙,但论及响沙山的成因,几千年来人们却没有取得定论。

20世纪60年代,有科学家认为响沙实际上是一种特殊的沙子静电现象。沙漠里的气候干燥,很多沙子都带着电,一旦遇到外力刺激,这些带电之沙的相互摩擦就产生了静电,而静电是有声音的。与此同时,响沙湾下所埋藏的沙子却刚好因为吸收了水分而变得湿润,形成了沙土层,造就了一座罕见的"沙漠共鸣箱"。由于共鸣的作用,沙子摩擦产生的静电声就变成了轰鸣声。

如果说银肯响沙是特殊的地理环境形成的,那么其中的沙子一旦离开了地下共鸣箱的环境,就会和普通的沙子毫无二致。但事实并非如此,曾有科学家特地将一堆银肯响沙用车运走,结果车行至黄河大桥,沙子突然发出沉闷的响声。科学家又将沙子带到喧闹的包头火车站,带到普通的民居里,沙子还是发出了响声。

科学家又带着试验的目的回到了银肯响沙山,他们发现在响沙山的周围有不少沙丘的地势构造都和银肯响沙极其相似,假如"共鸣箱说"和"静电说"真的是响沙山产生的原因,那么就不应只有这一座"银肯响沙",其他沙丘在理论上也应发出轰响,但事实显然不是这样。

滚滚的黄沙中隐藏着很多秘趣,银肯响沙为何而响,在世界范围内至今仍没有人能给出一个完满的答案。

富士山成因

富士山横跨静冈县和山梨县的休眠火山,位于东京西南方约 80 公里处,主峰海拔 3776 公尺,2002 年 8 月,经日本国土地理院重新测量后,为 3775.63 公尺,接近太平洋岸,东京西南方约 100 公里。富士山是日本国内的最高峰,也是世界上最大的活火山之一,目前处于休眠状态,但地质学家仍然把它列入活火山之类。

富士山

整个山体呈圆锥状,一眼望去,就像一把悬空倒挂的扇子,日本诗人曾用"玉扇倒悬东海天"、"富士白雪映朝阳"等诗句来赞美它。自古以来,日本人就把富士山看作"圣岳"、"灵峰"、"不二山",认为它是镇守日本的神山,受到人们的敬仰。

它名字的由来众说纷纭,其中流传最广的是日本平安时代(公元 10 世纪初)的文学作品《竹取物语》的说法。

富士山的山峰终年积雪。在富士山周围 100 多公里以内,人们远远就可以看到那终年被积雪覆盖着的美丽的锥形轮廓,昂然耸立于天地之间,显得神圣而庄严。山四周有剑峰、白山岳、久须志岳、大日岳、伊豆岳、成就岳、驹岳和三岳共"富士八峰"。

每年 3~4 月,漫山遍野盛开着一丛丛如火的樱花,姹紫嫣红,艳丽多娇。夏季,炎炎烈日使山顶上的积雪融化了许多,此时是登山观赏日出的最好季节。秋季,天高气爽,艳阳高照,红叶染遍了山谷,别有一番醉人的情趣。冬季,冰封雪飘,这里又成了滑雪的最佳场地。

富士山北坡有 5 个排成弧形的湖,统称为"富士五湖",自东往西依次是:山中湖、河口湖、西湖、精进湖及本栖湖。湖水碧波微荡,与蓝天连为一体,使富士山积雪的峰顶更显洁白与壮观。

其中,山中湖最大,面积为 6.75 平方公里。湖畔有许多运动设施,可以打网球、滑水、垂钓、露营和划船等。河口湖是五湖中开发最早的,这里交通十分便利,已成为五湖观光的中心。湖中的鹈岛是五湖中唯一的岛屿。湖上还有长达 1260 米的跨湖大桥。河口湖中所映的富士山倒影被称作富士山奇景之一。

富士山是日本最著名的旅游胜地,每年都有许多世界各地的游人前往,只为亲眼目睹曾经在自己脑海中浮现过千百次的圣山。圣山周围有许多庙宇和神社,有些神社分布到火山口的边缘和内部。在日本,人们认为"登上富士山顶是英雄",与中国的"不到长城非好汉"相呼应。如今,每年至少有 10 万人在富士山参加大规模的登山活动,早期登山是由一名身着白袍的朝圣者领头,现在是一大群人同时前往。

与许多著名的山峰一样,富士山的形成也有很多种传说。其中,根据日本佛教传说,富士山是在公元前286年一夜间形成的。当时地面裂开,形成了现在日本最大的巴瓦湖,富士山则由挤出的泥土堆成。

传说并非毫无依据,富士山的形成原理应该和传说中大致相同,只不过不是形成于一夜间,年代可以上溯到至少1万年前,曾为岛屿的伊豆半岛由于地壳变动与本州岛激烈碰撞挤压时隆起形成的富士山,是一座有史以来曾记载过十几次喷发记录的休眠火山。

据记载,自公元800年以来,富士山共喷发过18次。最近的一次喷发是在1707年,当时的剧烈喷发使一百多公里之外的江户(即现在的东京)都笼罩上了一层厚厚的火山灰,溢出的岩浆还淹没了附近两座年代比较久远的火山。同时,那次喷发形成了今日富士山的锥形巨峰。富士山目前仍有活动,有些山洞还常有喷气现象发生。

如今,关于富士山的形成,科学家们的各种说法都有一定的依据,但具体富士山是怎样形成的,目前还没有一个定论。

继壮观、秀丽、绚烂的美景奇观之后,富士山的形成之谜将成为人们最为关注的话题。

冰洞不融化

为了确认这个传说是真是假,在中国山西省宁武县旅游局工作的闫鹏一直在寻找传说中的百万年冰洞。最终,闫鹏在管涔山发现了这个冰洞。冰洞距地面一百多米,冰洞内有冰瀑、冰钟、冰帘、冰笋、冰人、冰花……形成了一个非常壮观的冰宫殿,后来经过人们的开发又形成了上下五层的冰洞,此外还有冰梯、冰桥供人们参观。

冰洞中的温度基本维持在0℃左右,即使是初夏或寒冷的季节,冰洞的温度也没有多少变化。更令人惊奇的是,在盛夏的时候,冰洞外鲜花烂漫、绿树成荫,而洞内却是坚冰不化;冬天,洞外温度能达到零下30℃,然而站在洞内,因为没有风反而温暖了许多。这也就有了"冬暖夏凉"的感觉。

但是以宁武县的气候条件本不可能存在不会融化的冰洞,那么,这冰洞又是怎么形成的呢?为什么夏天也不会融化呢?

考察冰洞的科学家说,这个冰洞不是人造的。而且专家还推测,这个冰洞已经有100多万年的历史了。如果说这个天然的洞穴是100多万年前由水冲刷形成的,可为什么这个并不符合结冰条件的洞里现在却结满了冰?这么大数量的冰又是什么时候形成的呢?

专家经过对宁武县周边的环境和气候的调查,发现宁武县虽然不适合冰洞的形成,但是由于管涔山的海拔达到了2000多米,而洞口所处的位置在山的阴面,这对冰的常年不化都起到了一定的保护作用,而整个洞呈正口袋的形状,能够使洞内外的热量不进行交换,对洞内温度的保持起到了很好的作用,减少了外界热量对冰的损害。但是,即使有了这些外在的保护因素,可是这么大面积的冰究竟是如何形成的呢?

有人认为是冰川运动时，由于大量的冰涌进了一个冲刷形成的山洞里形成了冰洞。专家观察冰洞以后，发现冰洞中的冰有非常奇特的再生能力，一旦因为雨水溶蚀或冰层融化导致冰量减少，它就会进行自我修复，并且能自动地恢复原貌。但是冰川学说的解释是冰一旦融化，就不会自动再生。因此是由冰川形成冰洞的看法也存在漏洞。

比较认可的说法是地热负异常说，即越往地下走，温度越低，低得可以制冷，并且制造出大容量的冰来。因此有人认为冰洞的深处可能存在某种制冷机制。它不仅能保持洞中的温度，并且仍在不停地结冰，再加上相对较高的地理位置，以及洞口位置的巧合，因此，形成了这么一个神奇的冰洞。

但是这只是一种猜想，并没有被证实。不过随着科学的发展，新的理论观点的出现，人们的认识和思维都会有所突破，总有一天人们会对冰洞的形成有更加科学系统的解释。

卡什库拉克山洞

在俄罗斯的西伯利亚地区有一个神秘的洞穴，当人走进去的时候会无缘无故地感到惊慌失措，不顾一切地冲向洞口，到了有光亮的地方，这些人才会清醒过来，但这时他们却不能解释自己刚才的行为，不明白为什么会惊慌失措地逃跑。他们说，在那一刻，他们好像都失去了控制自己的能力。这个洞叫卡什库拉克，从外表看，它与周围的洞穴几乎没有差别。可是人们一踏入里面就举步维艰，心也像提到了嗓子眼般的惊慌。

1985年，几位洞穴专家对卡什库拉克洞穴进行了考察。走在队伍最末尾的那名成员讲述了他后来看到的事情：当时他已经在腰部绑好了攀登绳，突然感到一阵麻木。本想快些爬出洞口，可又有一种不可抗拒的力量让他回头去向后面的黑暗望了一眼，只见身后离他几步远的地方有一个怪怪的身影——一顶有角的皮帽、闪闪发光的眼睛和飘浮不定的外衣。洞中的老人默默地向他招手，要他跟着走。他真的仿佛受到了蛊惑，没有意识地朝洞穴里走，但他及时地清醒过来，慌忙从卡什库拉克洞穴逃了出来。

那么，卡什库拉克洞穴里到底有什么？人们为什么会有惊慌失措的感觉，继而想拼命逃跑呢？有人猜测是人在漆黑的地下所产生的幻觉。有人说山洞里可能存在某种化学物质，它与空气混合后，给身处黑暗中的人造成了各种压力和幻觉。也有人说这与全息照相术有关。在某种特定的时间和物理条件下，山洞墙壁能将从前记录下的吻合信息显现出来，就像是在显示一幅照片。当然，这不过是个大胆的猜测。

科学家经过对卡什库拉克洞穴进行多次研究，他们解释说，山洞中死一般的寂静、伸手不见五指的黑暗、零恒温、空气不流通的环境会使人触觉消失。据说，人只要在这样的环境下呆一个半小时至两个小时就会产生幻觉，"看到"鬼怪等虚幻的人物。后来，探险家在卡什库拉克洞安置了磁力仪。他们发现，仪器的刻度盘上的数字在不停地变化。这就是说，洞穴的电磁场经常在变化。而在他们捕捉到的众多信号中，有一股从山洞内部发出的固定脉冲总在一定时间出现。科学家发现，这股脉冲出现的时间同人神经质和转化为恐惧的压抑心情出现的时间相吻合。说明这股脉冲是影响人们心理,让人们产生恐惧心理和无法控制的行为的罪魁祸首。而且,到了洞穴深处,不仅是人,就连居住在那里的鸽子、蝙蝠也会骚动不安,在山洞里乱飞。但是脉冲是从哪里发出来的?科学家搜遍了山洞的角落还是一无所获。

奇怪倒影

在光的照射下,镜子里,水中……都会呈现出我们的影子,而有些景观更是以倒影闻名于世。如云南大理的三塔倒影、杭州西湖的三潭印月等。有的则是让人惊叹它的神秘。

2006年,有人在拍摄世界第七大奇迹印度的泰姬陵日出景观时,意外地发现朱木纳河面上的泰姬陵倒影竟呈现出一个戴着王冠的少女形象,那倒影头像系圆脸,双目紧闭,睫毛细长整齐,鼻子高挺而美观,佩戴王冠,神情安详,似乎正甜蜜安睡。据有关专家证实,这一奇异景象还没有被发现过。泰姬陵是16世纪莫卧儿帝国的皇后达吉玛哈的陵墓,因此有人猜测,在朱木纳河面发现的妇女头像是泰姬陵主人的容貌。这个发现公布以后,多数人认为它将为人们破解印度古老文明历史之谜开启另一扇大门。

在中国也有有趣的倒影。在广州花县的一个村子里,有个奇怪的"倒影塘",塘内有一山峰的倒影,是距倒影塘5公里以外、海拔仅400多米高的独秀峰。附近和它相似的鱼塘都没有独秀峰的倒影。更有趣的是,独秀峰在鱼塘西边,倒影也出现在西边;如果倒影在下午出现,可能是夕阳斜射的结果,可是上午太阳从东方升起,鱼塘中也有倒影出现,这就让人百思不得其解了。

今人和古人研究最多的是"佛山倒影"——千佛山映在相隔三四公里之外的大明湖中,而中间还间隔树林和城市高楼,这不得不是一个奇迹。千佛山只有185米高,按照常理来说,千佛山的倒影不可能映到大明湖中的。有人说它是由太阳斜射在对面千佛山上将整个千佛山倒影又折射到大明湖中而形成的。也就是光的折射原理。但是千佛山和大明湖之间有数不清的高楼阻隔,那些折射的阳光依然按照直线传播,应该都会被楼挡住,再折射回去,不可能会照到大明湖上。还有人总结了千佛山倒影出现需要三个条件:一是春秋时节日出或日落时分;二是天气风和日丽,湖面风平浪静;三是空气质量好,透明度高。据说有了这三个条件,就能观赏到佛山倒影的奇观。

晚清文学家刘鹗在《老残游记》中曾经对"佛山倒影"有过细致的描写:"到了铁公祠前,朝南一望,只见对面千佛山上,梵宇僧楼,与那苍松翠柏,高下相间,红的火红,白的雪白,青的靛青,绿的碧绿,更有那一株半株的丹枫夹在里面,仿佛宋人赵千里的一幅大画,做了一架数里长的屏风。正在叹赏不绝,忽听一声渔唱。低头看去,谁知那明湖业已澄净的同镜子一般。那千佛山的倒影映在湖里,显得明明白白。那楼台树木格外光彩,觉得比上头的一个千佛山还要好看,还要清楚……"近几年来,由于环境的污染,"佛山倒影"已经很难看见。但在春秋佳日、新雨过后、空气清新透明时,此景象偶尔也会出现,这也验证了上面提到佛山倒影出现的三个条件是正确的,但"佛山倒影"的成因至今还是没有定论。

这些是现在发现的一些奇怪的倒影,在我们的周围,也许存在着让人更加费解的倒影之谜。这些谜,不能简单地就用折射和反射来解释,像倒影塘和千佛山倒影,或许是纬度线上的某点相合性,也或许是太阳光照射在两点,产生了不同的折射效果。有人认为,倒影塘和千佛山倒影的形成原因应该有共同性,只要破解了其中一个的成因,另一个也可能找到了破解的钥匙。

麦田怪圈

一片平整的麦地里,一夜之间,突然有些麦子伏倒在地上,麦田里呈现出巨大而规则的几何图案。没有人知道它是如何出现的,也不知道它是什么意思。这就是神秘的"麦田怪圈"。

最早的怪圈是 1647 年在英格兰发现的。此后除了南非之外,在世界各地都有这种现象发生。因为怪圈大多出现在麦田里,所以被称为"麦田怪圈"。每年,世界上都会新发现几千个麦田怪圈,其中绝大部分是在英国。麦田怪圈出现最多的季节是春季和夏季,其图案也各不相同,最初只是一个圈,后来则变得越来越复杂。这让研究这一现象的专家越来越迷惑不解,关于它的推测也越来越多。

1. 外星制造说

这是人们对麦田怪圈的成因作出的第一个猜测。因为这些怪圈是在一夜之间形成的,而且面积巨大,当时的人们认为这是超出人的能力范围之外的、很有可能是外星人的杰作,或者是外星人乘坐的飞碟在起飞或降落时留下的痕迹。还有人推测说,这是外星文明在地球上留下的记号。比如曾任英国传统基金会古迹考察员的迈克·格林认为,制造这些圆圈的应该是某些具有很高智慧的生命体,它们可能是在试图利用这些奇特的图形来和人类沟通。

这当然是一种缺乏根据的猜测,因为外星文明一说原本就是个未解之谜。把所有不能解释的现象都归结到外星人身上,是对科学的一种不负责任的态度。

2. 高频辐射说

俄罗斯地质协会成员斯米尔诺夫认为,麦田怪圈是受到了来自地球内部的磁场变化而引起的某种高频辐射的影响才形成的。

俄罗斯电工学院的专家阿尔将耶夫也赞同高频辐射的说法,但是他认为高频辐射不是来自地球内部的磁场变化,而是来自闪电。他曾在草坪上试验高频设备,当高压电缆被接通时,电缆下方的草坪立刻呈顺时针方向倒下,形成了一个极其规律的圆圈。这是电缆产生的电磁现象使然,而这种电磁现象相当于人造闪电。他说大自然的闪电更加奇妙,它产生的电磁场会更加复杂,因而出现的图案也更加奇特。不过,这种说法缺乏足够的现实依据,因为在许多麦田怪圈出现的近期,并没有闪电发生。

美国专家杰弗里·威尔逊研究了130多个麦田怪圈，发现90％的怪圈附近都有连接高压电线的变压器，方圆270米内都有一个水池。他推测，由于接受灌溉，麦田底部的土壤释放出的离子会产生负电，而与高压电线相连的变压器则产生正电，负电和正电碰撞后就会产生电磁能，从而击倒麦子，形成怪圈。

但是也有人反对说，不会有足够大的磁场能量可以制造出那么大的麦田怪圈，同时，磁场不可能引起麦田怪圈规律地呈现出几何图案。

3.龙卷风说

从有关记载来看，麦田怪圈出现最多的季节是在春天和夏天。于是有人提出"龙卷风说"，这部分人认为，夏季天气变化无常，龙卷风是造成怪圈的主要原因。很多麦田怪圈出现在山边或离山六七公里的地方，这种地方很容易形成龙卷风。但是龙卷风或许可以解释那些简单的怪圈，却不能用来解释那些复杂的图案，难道龙卷风还能吹出心字形图案或者一张人脸来吗？

4.人造说

相当一部分人认为麦田怪圈只是某些人的恶作剧。英国科学家安德鲁经过长达17年的调查研究提出了"人造说"，他认为麦田怪圈有80％属于人为制造。而且，有一些年轻人并不隐瞒他们制造麦田怪圈的行为，他们认为这是一种极具创造性和艺术性的行为，他们甚至会相互比较谁的创造更有轰动效应。

但是经证实，并不是所有的怪圈都是人为的。

那么，那些非人为的麦田怪圈又是如何形成的呢？只有期待日后有人来解答这个难题了。

纳斯卡图案

1939年的一天，美国科学家科索克乘坐小飞机经过一片高原时，忽然看到地面上有一些奇异的图形，于是他将飞机降低高度进行观察。令科索克感到惊讶的是，这些图形竟然不是自然形成的，而是人为创作。它们既像几何图形，又像动植物的轮廓图。

令人称奇的是，人们只有在空中才能领略到这些奇异图形的风采。从空中鸟瞰，这里布满了由宽窄不一的"沟"组成的三角形、长方形、平行四边形、菱形和螺旋形等几何图形。它们又分别组成蜥蜴、蜘蛛、章鱼、长爪狗、老鹰、海鸥、孔雀以及仙人掌等动植物的轮廓图。

纳斯卡图案

每个图案都非常大，最大的占地约5平方公里。例如一只大鹏展翅的图案，仅鸟的翅膀就有50米之长，而鸟身子的长度竟达300米。

当太阳冉冉升起时,一幅美丽奇异的图画便清晰地展现出来。然而,当太阳升至高空之后,这些巨画便会突然消失得无影无踪。此外,如果站在平地上去观看,这些奇妙的图案将立刻失去所有的魅力。如此一来,使这些奇异的图形更加神秘莫测。

这些奇异的图形为何会出现在纳斯卡?究竟谁是它们的创作者?它们的用途又是什么呢?为了找到这些问题的答案,科学家们纷纷来到纳斯卡进行实地研究和考察。通过对纳斯卡文化的研究,科学家基本可以确定,这些奇异的图形出自创造纳斯卡文化的古人之手。也就是说,这些图形应该是古印第安人的杰作。

关于这些图形的用途和作用,目前科学家有几种推测。一种说法是,这些图形也许是古印第安人的天文日历,他们根据阳光在哪条线上沉落来确定季节和时辰;另一种说法是,这些图形与当时印第安人举行的盛大宗教祭祀活动有关;还有一种说法是,这些图形可能是古印第安人的道路标志或灌溉系统。

然而,关于这些图形最有想象力的说法是,火星人曾降临到这颗蓝色的星球,并将纳斯卡作为基地,地面上的这些巨大图形便是太空船降落时的跑道和指标。另一种同样新奇的说法是,古时候,这里的人乘坐热气球离开地球,并留下这样的残迹。提出这一猜想的依据是,这些图案只有在空中才可以看得十分清楚,而且其中有些图案很像是热气球飞离地面时燃烧物留下的痕迹。

尽管自从纳斯卡奇异图形被发现那天起,各种推测和猜想便纷至沓来,然而,真正具有说服力的完整解释却一直没有出现。众所周知,随着时代的发展与科学的进步,许多昔日的传奇成了专家及学者追索探索与研究的对象。通过他们的努力,其中有些已经获得解答。因此,我们有理由相信,纳斯卡奇异图形之谜,总有一天会揭去其神秘的面纱,将真实的面目展示在人类面前。

蒙顶山古井为什么揭开井盖就下雨

古井本是一个没有生机的东西,但是,如果古井能够突然变得有灵异,能够随意的呼风唤雨,那么这样的事情还真是叫人惊叹不已。

我国四川被誉为天府之国,在这里蕴藏着无数难以让人解开的秘密。然而,在四川的蒙顶山则更加地神秘莫测,这里有一口诡异的古井,它好像蕴藏了千百年来所隐藏的秘密。这口古井非常神奇,传说每当人们打开井盖的时候,就总会有或大或小的雨滴从天而降,有时更是狂风大作、雷雨交加。让人更为惊叹的是,每次打开井盖,下雨的现象都会应验。每个听到这个消息的人都感到莫大的惊讶,难道这口井真的有魔法吗?于是,许多专家都前来蒙顶山来观看这口怪井,想对这口井考察个究竟。

居住在蒙顶山一带的居民都知道这口井,它有着一种神秘的力量。经过对当地人多方询问得知,不管多大的太阳,再好的天气,只要把这口井的盖子打开,别处不下雨,井头顶上都要下雨,把盖子盖上,再没有落雨,盖子不盖,就长期落雨。记者随后翻阅了史籍,据记载,这口井名叫甘露井,又名古蒙泉,始建于西汉年间,迄今已有两千多年的历史,这不禁让人颇感意外，因为蒙顶山在中国西部的名山大川之中只是一座名不见经传的小山，海拔也不过一千多米，而此山中的一口井，却为何会受到如此之礼遇，并记载于古籍之中呢？这会不会和甘露井开盖下雨的神奇现象有关呢？

为了解开这个神秘的现象，专家们打算亲自打开井盖，一窥其中的奥秘。专家们专门找了一个天气十分晴好的日子，而

蒙顶山古井

且天气预报说当天蒙顶山不会有雨。来到蒙顶山，这口古井周围被石栏维护着，两边摆放着龙形石雕，千百年来岁月留下的痕迹依稀可见，古井上方朱砂题写的甘露两字格外醒目，井口上的龙形石盖也早已破损，难道揭盖下雨的神奇现象真的会出现于此吗？专家们对于这次的探寻并没有抱多大的希望。但是，为了解开蒙顶山古井之谜，他们还是打算打开井盖一睹古井的神奇。井盖打开了，但是过了五分钟之后，天空中还是一片晴好，并丝毫没有要下雨的意思，二十分钟过去了，依旧不见有要下雨的迹象。但是，正当专家们失望的要返回去的时候，雨滴噼噼啪啪地从天而降。

简直太神奇了，难道这口古井真的能够呼风唤雨吗？产生这种现象的原因到底是什么呢？专家们也大惑不解。

若仅仅是传说的话，则这口古井的神奇之处或许会有人怀疑，但是，奇怪的是在当地的估计文献当中居然也有关于这口古井显灵的记载。据史书记载，这口井里面本来有一条龙，这条龙最早的时候在我们蒙山那一带，就有点能够兴风作雨的本领。就使得当地产生一些水灾，按照我们现在的话叫泥石流，后来当地的政府和村民为了镇压这条龙，就修了一个井把它盖在里面，一旦揭开这个井盖，它就从里面出来，出来自然就要下雨。在蒙顶山附近居住的村民中，也流传着有关这口古井众多版本的传说，传说中都试图解释着揭盖下雨的神奇所在，但由于代代相传，时间久远，至今都无人能解释这种神奇现象的缘由到底是什么，久而久之，这里的村民就把这口古井当作了能够祈求降雨的神井，每当天逢干旱的时候，村民就来到这里上香祈祷，把井盖打开，祈求上天能够给他们降点甘露，来缓解当时的旱情。那么，这些现象到底是什么原因造成的呢？专家们多方研究，期待解开答案。

有的专家认为，或许是因为在揭开井盖时声音太大，由于振动而引发降雨。据当地的气象员介绍，蒙顶山山顶上空气湿度很大，常常是云雾缭绕，也就是说，空气中的水汽含量多数时间是处于饱和和接近于饱和状态。因此，专家们认为，开盖主要是振动，开盖不光是开盖，它还有吼的声音，因为吼的声音引起空气振动，这样子因为湿度很大，就产生一点降雨，因此，专家分析，产生这种现象的原因，主要是振动。甘露井的井盖虽然不大，但重量可不轻，当掀动它时，的确会产生不小的振动声响，难道就是这振动产生的声

中外未解之谜

地理未解之谜

响影影响到了天气变化吗？关于这个声波振动，在气象学界有一个非常经典的学说，就是蝴蝶效应，打个比方来说，就是在亚马孙热带雨林中的一只蝴蝶，振动几下翅膀就引起了它周围空气的变化，继而引起了热带气旋，最后在美国东海岸引起了飓风。虽然这只是个推理出的假象学说，但还是有它的科学道理。

专家们为了证实这种说法的真确性，于是就找来了两个铁盆子，而且边敲铁盆边大声叫喊，但是折腾了半天，并没有见一滴雨点从天上掉下来。要知道，敲铁盆加上大声叫喊的声音远远超过了揭开井盖时振动所产生的声音，看来，用振动来解释古井的怪现象是不合理的。

还有专家提出，会不会是因为空气遇冷而形成的降雨呢？由于蒙顶山一带天气比较冷，空气比较潮湿，那个井里面的空气就更冷一点，温度更低一点，如果你现在去把那个井盖揭开，人手伸下去以后，里面感觉到凉凉的，长期在里面待着，关节都会感到凉飕飕的。关在里面的时间长了，空气的湿度很大，温度很低，特别是天气很热的时候，一旦揭开，里面的冷空气出来，湿空气一出来以后，与热空气一接触马上就形成雨。空气遇冷凝结成小雨滴，这种解释听起来似乎蛮合理的，那么这会是甘露井揭盖下雨的真实原因吗？气象学家们认为这种说法可能是不对的，因为井里的温度比外面低，水汽不会上升，因为温度低，只能下沉，只有暖的空气才会上升，按道理这个井盖揭开后，不可能形成降水。

此外，还有人认为，蒙顶山本来就是雨量较多的地带，出现这种现象纯属巧合，并没有什么神奇的。蒙顶山这个地方，地理位置是处于降水概率非常大的地方，海拔高度在1500米左右，降水非常充沛，应该经常都是云雾缭绕，而且从它的小地形来看，刚好也是有云雾缭绕的地方。蒙顶山的年均降雨量是1510毫米，年平均相对湿度是82%，名山这个地方雨一直比较多，多年来，年平均降雨在210到220天之间。他们认为从气象学的角度，这个降水和揭井盖没有必然的联系。因为揭井盖以后，可能或早或晚的时候，就有降水发生。这些现象纯属巧合。

那么，蒙顶山的古井的神奇之处到底是什么原因造成的呢？难道其真正原因就是因为该地区降水量充沛造成的吗？还有什么其他的原因吗？尽管降雨量充沛的说法似乎已经把蒙顶山古井的呼风唤雨的神秘现象解释清楚了，但是，还是有人相信肯定这口古井的神秘之处还有其他玄机，只是没有揭开而已。相信，有朝一日会有一个更加让人信服的答案来揭开蒙顶山神奇古井揭盖就下雨现象的真面目。

新疆神秘天象

大自然就像是一个神秘莫测的百宝箱，在这个百宝箱里包罗万象，到处都彰显出一种神奇与深奥，让每个亲眼目睹其容的人惊奇得目瞪口呆。在新疆出现的神秘天象又给我们带来了莫大的惊奇。

新疆昭苏高原的上空曾经在1999年1月18日的大雪过后，出现了一幅巨大、清晰的生动图像：像江河，也像湖泊，粼粼波光在天空闪烁。水域的旁边，有造型别致、风格各异的建筑物矗立在宽阔的马路两边。尖顶方体的欧式小洋楼和现代化高楼大厦交相辉映，错落有致，清晰可见。马路上各种货车、小客车来来往往，川流不息。路两旁还有手持文明棍，头戴高礼帽，脚着长筒靴很像英国人的绅士们在走动。整个场面的一切事物栩栩如生、活灵活现。当时每个有幸看到眼前所发生的这一切的人都为之震撼，没有一个人不因此目瞪口呆的。

无独有偶，这样的情形在此之前也曾经出现过。早在1989年1月28日上午9时，在新疆雪域上空还出现过巨大的"天象图"。

外国也有一些地方出现过这样的天象，在1993年2月1日，饱受战火蹂躏的索马里，发生了一场狂风沙暴，索马里首都摩加迪沙也被沙暴席卷。天空、路面一片昏暗。突然沙暴停止，天空上出现了一幅长约150多米巨大、清晰的耶稣面容的图像。千千万万的人都目睹了这一空中奇观。

这么变幻莫测的天象奇观让许许多多的人都为之震撼，于是，全世界广大的天文爱好者以及科学家们都对此表示非常关注。苏联的科学界和克格勃为了研究这一触目惊心的天像奇观，组织了一些著名科学家成立了调查研究小组，对这一神奇的现象进行全面探讨，他们企图对神秘天象的出现做出最合理、最科学的解释。

前苏联的一些科学家们认为：这些活灵活现的天象图是人为利用高科技技术制造的，但现在，一些俄罗斯的科学家们又把这些图片、录像资料反复研究，认为人类当前的科技水平是无法制造出这样巨大神奇的"天象图"奇观的。于是，这种推测就这样被给予了否定。

日本北海道大学气象教授田中贺一认为：经他多年对天空变化的研究，天空的云层、阳光反射，犹如一个大的"万花筒"。"万花筒"在转动中会不停地变化。在这千变万化之中"偶尔形成图像"是极为可能的。但是，为什么这样的偶然情形在同一个地方发生的次数并不是一两次呢？因此，用偶尔来解释并没有完全揭示天象形成的真正原因。

美国的著名物理学家康拉得尔教授结合光电学、风力学等多方面研究后认为：由于地球自转及阳光、温度、风力的变化，天上的云彩经常处在变换之中，"时对白云形象"、"时对人体形象"、"时对某一座城"，有时会"瞬息万变"。在这样不停的变动之中，在地球的某一个地区的上空出现几幅酷似某一种图画的"天图"，这些令人称奇的天象属于正常的自然现象。

但是，对于以上的这几种说法，有人提出了反对的观点。美国天体物理学家文达尔克博士认为：把这种天象图说为自然现象的说法过于简单，不能针对具体问题。具体"天象图"的形成，绝对不会是天空自然界的变化巧合形成的。文达尔克博士认真地研究过多幅"天象图"的照片，他一直确信有"地外文明"存在，而"天象图"是"外星人"向地球人类有意制造的"迷魂阵"，吸引人类去探讨这难解之谜。但是这种说法也仅仅只能作为一个大胆的推测，并没有直接的证据来说明文达尔克的说法是正确无误的。

俄罗斯科学院院士彼得罗果教授认为：要解开"天象图"之谜，尚有待进一步努力观测它是怎样形成的,但它绝对不是"万花筒"中的巧合。天空中出现如此惟妙惟肖的天象图,科学家们目前还没有找到真正的天象形成的原因,以上的各种说法还都出于假想和推测阶段,要达到真正的实验检验阶段还需要很长的路要进行探索。

鬼地府丰都之谜

鬼是民间流传的对超自然事物的说法,鬼实际上专指六道中的鬼族。但民间都把人死后流浪在人世的灵魂叫鬼,人的灵体存在于头脑里面,是一种细微物质构成的生命,当肉体躯壳死去后,灵魂一般自然而然到灵界去了。丰都城历来被叫做鬼城,那么,丰都城真的有"鬼"吗?

丰都城我国重庆辖区,位于长江中上游,距离重庆市往长江下游方向 172 千米,迄今已经拥有 1900 多年的县城历史。

丰都城在民间传说和历史上一直被称作冥界之都,是阴曹地府的所在地,所有的人死了以后都要到丰都城报到,然后接受审判,根据前世是否作恶立功来赏罚,进行下一世的轮回。因此,惩恶扬善是丰都冥界精神的精华。

在丰都城内的两山之间还有国内最大的人工模仿建筑"鬼国神宫",顾名思义,就是鬼国和神仙世界的一切全部浓缩在这里了。在通往鬼国神宫的大道上,还要经过阴司街,也就是人间的都市步行街一样。

丰都县城位于长江南岸(因为三峡工程搬迁到了对岸,南岸),在北岸的名山依然矗立巍然,郁郁葱葱,森罗古刹星罗棋布,大树参天,香火袅袅。古今中外,文人骚客,达官显贵纷纷登岸上山,拜会于此。廖阳殿、天子殿、孔庙、望乡台、生死石、血河、奈何桥……冥界的法律机构与现实中的世界一一对应,俨然另一个世界的执法机构。"下笑世上士,沉魂此丰都",李白当年游览丰都后留下的千古佳句至今仍保留在丰都名山牌坊的两边。

丰都"鬼城"

在《西游记》第四回,唐太宗入阴司,遇丰都催命判官保驾;《聊斋志异》在"丰都御史"一节中称丰都为"冥府";《钟馗传》第一回又讲钟馗到丰都收降鬼魔;《南游记》则写了华光大帝为母三下丰都大闹阴司;《说岳全传》写何立在丰都地狱重见秦桧受罪。这些中国古典神话小说对"鬼城幽都"、"阴曹地府"做了形象描绘,再加上历代封建统治阶级与迷信职业者也着意喧染,鬼城丰都的名气越来越大。

"人死魂归丰都,恶鬼皆下地狱"的传说在丰都城越来越神。加之每年农历三月初三的香会(即现在的庙会),四方香客云集,烛光映天,香烟缭绕,钟鼓齐鸣,诵经之声传播数里之外,更增添了"鬼城"的神气。

关于丰都城的说法是那么的阴森莫测,那么,丰都城到底是不是传说中的"鬼城"呢?丰都城到底有"鬼"吗?

要说鬼城,还得先从丰都的名山说起。名山,原名平都山,海拔288米,因北宋大文豪苏轼诗"平都天下古名山"而得名。名山孤峰耸翠,古木参天,直插云霄。殿堂庙宇,飞檐流丹。下临长江,烟波浩渺,气象万千,构成了一幅多姿多彩的山水画卷。名山又是道家72福地之一。这里道观梵宇,鳞次栉比。

关于名山的传说也颇多,各种说法不尽相同。名山是丰都大帝管辖的阴曹。清《玉历宝钞》载,"阴曹地府"的最高统治者是"丰都大帝",他承天廷玉皇大帝的旨令,率阎罗王等坐镇鬼城,治理鬼国。该书杜撰了丰都"鬼城地府"的机构设置——有十殿及所辖十八层地狱,有枉死城,有奈何桥、血河池、望乡台等,主要人物首为丰都大帝,他管十殿阎罗、四大判官、十大阴帅、城隍、无常、孟婆、大小鬼率以及各岗位职能、阴法刑律等。

此外,还有人说东汉刘向所著《列仙传》,东晋葛洪所撰《神仙传》,皆称平都山(今名山)为阴长生、王方乎成仙飞升之地。随着朝朝代代往来平都山探访者络绎不绝,阴、王二仙的故事也广泛传扬,后人误将阴、王传为"阴王"而说阴王乃"阴间之王"。目前,名山已经逐步的演化为各种大殿,包括十二殿狱的寺庙和"阴曹地府"近百个鬼神雕塑。于是,便有了名山有阴王的说法,这样丰都也就有了"鬼城"、"幽都"的说法。

至于为什么丰都城会被古人们喻为"鬼城"并将这种说法一直延续到现在,我们也感到十分费解。

潭柘寺的神祕光球

近年来,全世界的UFO组织每天都会收到许多关于目击者称看到UFO的信息,但是经过查证大部分被证明只是一种自然现象。

2008年3月21日下午6点54分,潭柘寺工作的一名员工,在监视器的屏幕上忽然发现一个直径约1厘米~2厘米的呈伞形的小光斑,光斑从空中上方垂直落到屏幕中央,然后由伞形变成了一个圆球,并且不停地在监视器的屏幕上移动。但是工作人员到外面寻找光球,却没有任何发现,而光球有几次只离工作人员有几厘米远。这个光球在屏幕上移动了8分多钟消失。这样的画面,立即让人想到了是不是外星人的飞行器呢?为此,北京UFO组织专门进行了研究,各种猜测也纷纷出现。

有人认为光球是工作人员手中的手电筒光线或停车场的车灯光芒照射在监控器镜头内而形成的反射所致。但是经过实验,车灯和手电筒的亮光要比神秘光球高,体积也大许多。还有人提出是慢慢旋转下降的轻毛或其他悬挂的小物体,受到光线照射正好被监视器拍摄到,形成了光球。但是这些物体在监视器上的体积还是比光球的体积大很多。因此这个看法也不成立。其它的说法则认为是由人为使用激光笔照射监控器镜头产生光球,但这个说法也被否定了。

2008 年 6 月,相关研究人员又提出一个新的看法:在监视器上出现的光球可能是一只体型很小的蜘蛛悬挂在空中形成的现象。研究人员说他们经过对潭柘寺北侧寺门的红外线摄像头进行多次实验后发现,用真的小蜘蛛试验后形成的光球与监视器中拍摄的光球极为相似。他们用蚕丝吊着一只小蜘蛛进行实验,结果小蜘蛛在监视器的屏幕上开始成一个伞形光斑,到屏幕中间后变成了圆形,基本与监视器的原记录相同。但是吊着小蜘蛛的蚕丝比较粗,故能在监视器中看到蚕丝。而在监视器中并没有看到任何的线,所以

潭柘寺

目前还需要解决丝线的问题,当然这个丝线是用蜘蛛丝进行实验。

看来,这个神秘光球之谜不久就可以解开了。

景山平面图为何酷似打坐的人像

景山是北京古皇城的制高点,后来在这里建成了"景山公园"。那么景山平面图为何酷似打坐的人像呢?

景山公园地处北京城的中轴线上,占地 23 公顷,原为元、明、清三代的皇家御苑。景山翠峰峻拔,树木翁郁,风光秀丽,为北京城内登高远眺、观览全城景致的最佳之处。在六百多年前的元代,该处是个小山丘,名"青山"。据传明代兴建紫禁城时,曾在此堆放煤炭,故有"煤山"俗称。明永乐年间,将开挖护城河的泥土堆积于此,砌成一座高大的土山,叫"万岁山",又称大内的"镇山"。清顺治十二年(1655 年)改名景山。景山名称含意有三:首先是高大的意思。《诗·殷武》中有"陟彼景山,松柏丸丸"之句,说的是三千年前商朝的都城内有一座景山;其次,因为这里是帝后们"御景"之地;再次,有景仰之意。山上的五座亭子,为乾隆年间兴建。当时山上丛林蔽日,鹿鹤成群,生机盎然,极富自然野趣。山下遍植花草、果木,有"后果园"之称。帝王常来此赏花、习箭、饮宴、登山观景,是一座优美的皇家花园。该园 1928 年辟为公园。

1987 年 1 月在北京地区航空遥感成果展览会上,爆出了一个惊人的消息:遥感拍摄的北京景山公园平面园林图,酷似一尊盘腿打坐的人像,被称之为"景山坐像"。这不是杜撰,而是通过精密的遥感技术测定的,在园林北部寿皇殿建筑群是"坐像"的头部,大殿和宫门组成眼、鼻、口,眼睛眯着,面带笑容;胡须是松柏;肩、胸、手、腿是南部那座山。"景山坐像"引起了科技界和考古界的广泛兴趣,几年来,专业人员为此做了大量的研究考证,但收获均微,至今还是一个没有解开的谜。

关于"景山坐像"有不少人表示十分好奇,通过各方面的研究期待解开其中的奥秘。后来又出现了新的说法来解释这一景象。

有人认为"景山坐像"是道家养生图示。首先可以肯定"景山坐像"是道教之神而不是"大佛"。因为"景山坐像"头上戴有冠，嘴上有胡须，一手托着一手合拢于腹前，这常是道教之神的貌态。而佛，即头上无冠，嘴上也无须，手是合掌于胸前。再者可以肯定，"景山坐像"是道教真武神。一是"景山坐像"位于皇宫之北，古人讲地法天，北方是玄武水神之位，玄武即真武，二是此坐像与紫霄宫大殿所供奉的真武大帝像十分近似。

坐像的头部是寿皇殿，而含笑端坐的道教真武神。头部为"寿皇"显然经过道家妙意安排。《武当修真图》曰："不灭之道，存想泥丸"。泥丸宫处在头部，既然"存想泥丸"可使人长生"不灭"，难道不就是"寿皇"吗？再如"景山坐像"不论它是平面，或者把它假设性地立起看，他可呈现的都是脚南头北和面南背北之状。按道家内功修炼的理论讲，头为上为阳，脚为下为阴，背为外为阳，面胸腹为内为阴，脚南头北和而南背北，均是以人体阴阳和大自然阴阳交合协调，以达水火相济的泰卦之状。

这个推断很让人迷惑，道家为什么要将建筑设计为养生图示而却又让人不易发觉呢？有人认为，道教的经典道藏虽包含十分庞杂，但始终贯穿一个愿望——"长生不老"。道家按照"天人合一"的道义修性炼真，并力图把这种奥秘告知世人。但是，道家最讲究的是"冲虚"、"恬淡"，在清高脱尘的心理和观念的支配下，他们又不愿将"天机"廉价地送给"俗人"，所以他们便煞费苦心地在建筑布局上"暗示"众人，通过这种玄妙的方式来启示他们。说"景山坐像"是道家练功图示，还在于北京景山公园的建筑布局、方位以及建筑景点的名称都符合于道家内功修炼的术语要求，而道家修炼功的术语从来均是以隐语出现的。

"景山坐像"时至五百多年后的今天才引起人们惊奇，带着谜团去探究，其中还有不少奥秘有待人们去深入揭示其原因。

香地为什么发出奇妙的香气

湖南洞口县山门镇清水村有一块面积五十多平方米的奇特香地，一年四季香味扑鼻，使人神清气爽。春、夏檀香味，秋、冬桂花香，但走出香地范围，就闻不到香味。这块神奇的土地如何能发出香气来呢？

在我国的湖南省洞口县山门清水村西北方约两千米远山腰上的一块凹地处，发现了一处散发着香味的土地，面积仅有五十多平方米左右。这是一个群山环抱、人迹罕至的地方，香地上边是悬崖峭壁，下面是潺潺的小溪。从表面看，这里平淡无奇，与附近地区没有任何区别，生长着与其他地方一样的树木花草等植物，土壤颜色也与周围的相同，但它却能散发出阵阵奇香。土地也能发出香味，这简直太让人不可思议了。

这块香地是怎么被发现的呢？还得从一位采药的山民说起。一天，这位采药的山民路经此地，觉得有一种奇妙的香味扑鼻而来。他感到非常地好奇。为了查找香味的源头，他查看遍了这里所有的花草树木，但是遗憾的是，山民并没有找到答案。最后，他突然明白，原来香味来自脚下的土地。这使得他觉得非常惊奇。

这样,香地的消息一下子传遍了周围地区,人们纷纷前来观看这片神奇的土地。好奇的人们发现,这一奇特的香味,仅局限在这方圆五十米的范围内,只要走出这香地一步,香味顷刻间就闻不到了。经过细致地调查,细心的人们还发现这里的香味随气温的变化而变化,早晨露水未干时显得格外香,这种香让人非常陶醉;太阳似火的中午,则变得微香;黄昏、天阴或雨后天晴时,香味会渐渐变浓。这种随着天气以及时间变化的香地显得更加神秘莫测。这就是大自然给予人类的恩赐。

那么,为什么这块土地会出现香气呢?人们不禁要提出疑问。难道这块土地对时间、气候的变化这么的有感应吗?

有关专家也纷至沓来,期望解开这块神奇土地的香气之谜。经过详细地研究,有关人员认为这种香味可能是由这里地下所存在的一种微量元素引起的,当这一微量元素放射出来后,同空气接触就会形成一种带有香味的特殊气体。那么这种微量元素又是什么呢?它为什么会随着光照强度、时间、湿度的变化而变化呢?为什么方圆百里,唯有这块土地会出现如此神奇的现象呢?这些问题科学家们也没有找到解释的答案。目前,这块神奇的香地还是一个难以解开的谜。

石龙阵

在我国河北邯郸市,人们发现了十条石龙,最中间的是一条大龙,这十条石龙排列得十分有规则。而龙头都朝向战国时期七雄之一赵国的帝王陵寝,它们是古人为赵王修建的"镇陵之物"吗?

从1988年至今河北邯郸县三陵乡姜窑村已发现了十条石龙,这些石龙大小各异,其中最长的一条经勘测长度竟达369米。

这些龙依次排开,中间为大龙,左五右四,布成了有规则的"十龙阵型",大龙与旁边小龙的间距大约在2.5米～3米之间,小龙与小龙之间间距比较小,多数几乎都是并排挨着的。为首的那条龙,龙头部分算上复原后的龙角高度为6米,宽4.3米,龙爪长3.4米,宽1.5米,龙身高约2.5米,宽约4.6米,清理出来的龙身有30多米长,这条龙就是最长的一条。据勘探两旁的其余九条龙,也都有两三百米长,只是身形要瘦小些。专家认为,这些古石龙是迄今为止世界上体形最大、年龄最古、石质最为奇特、神秘感最强的石制龙体。

人们在感叹这十条壮观的石龙风姿外,更多的疑问是这里石龙是怎么出现的呢?如此庞大的石龙阵是古人们建造的吗?

最先,人们主要有三种猜测:

一、巨龙阵是人工修建的。有人分析说最大的巨龙的龙骨每节都有沟、槽,每节龙骨长短、厚度一致,龙骨表面还有保护层痕迹。尤其是龙骨、龙节之间,有明显的黏接材料,而旁边九条小龙与大龙都朝东北方向,布成了有规则的"十龙阵型"。这也只有人为制造才可能出现。而在古石龙东北方向1.5公里远的地方就是著名的赵王陵遗址。赵王陵是我国战国时期七雄之一赵国的帝王陵寝,石龙极可能为赵王陵的"镇陵之物"。但是有专家立即否定了这种说法,因为在任何的史书上都没有记载这样的一次工程。而且如果要是人工建造的,就不会只有一个龙爪,肯定是要对称的。

二、海底文明说。在石龙所处的五龙岗及附近周围地区,采集到大量的都乐石岩块,以及海蛎子、贝壳等化石。距此1.5公里的赵王陵附近,也采集到许多古海底藻类、蕨类等植物的化石。由此可以证明,数万年前,邯郸姜窑一带曾是汪洋大海。随着时间推移,地层变迁,沧海桑田,因而有人推断石龙可能是"海底文明"的产物。其科技含量不亚于我们目前的科技水平。

三、古代巨大生物的化石。有人说这些古石龙可能是扬子鳄或者其他大型动物的化石,因为有学者提出中国龙的形象最早可能是古代的扬子鳄,而观察这些石龙,与古代扬子鳄确实有相似之处。但专家认为古石龙不是化石,因为化石的骨头不会那么薄。

而河北省地理科学研究所原所长李庆辰教授经过仔细研究称:石龙系天然形成。李教授说石龙形成于距今约3.5万年前,当时石龙出现的地方原是古河道,后来河道慢慢干涸,古河道中的沙子逐渐脱水、固化、收缩。而且,河道两边还掺有一些泥土,泥土的收缩率又高于沙子的收缩率。故在收缩过程中,逐渐变成中间隆起,而两边变凹的圆柱状骨头形状。石龙体上的沙体颗粒均匀,所以当它们固化收缩并断裂时,受力均匀,石龙的骨节就呈等距离断开了。而龙爪等其他部分,李教授解释说这些部分其实是古河道原本的小岔支,里面也留有沙子,沙子同古道河沙一起变化,就形成了类似龙爪的外形。另外,之所以会出现十条石龙,是因为河道总是在不断改道,平行移动,河流移走后剩下的河道堆满沙子,于是便最终形成了数条相对平行的石龙。而在大石龙身上看到的黏合物,实际上是后来的一些沙子在凝固之前渗进了裂缝中才形成的。但是为什么和这里相似的地方却没有形成巨龙阵呢?这些堪称完美的古石龙真的只是河道淤积形成的吗?

到底是什么原因形成了这些独一无二的古石龙呢?这还需要科学家们进一步研究。

银狐洞外的"银狐"

北京房山银狐洞错综复杂,洞内有着千姿百态的石花,洞外有着高约两米的银狐,但是这里精美的"冰雕"是如何形成的却没有人说得清楚。

北京房山银狐洞深100多米,这里洞连着洞,洞套着洞,又分为主洞、支洞、水洞、旱洞,这些洞上下相连,纵横交错,洞里还分布着地下河水和季节性的河流。在银狐洞内还有许多奇异的石花。如石珍珠、石葡萄、石瀑布、石枝、石花、石蘑、仙田晶花等。它们不仅形状千姿百态,数量也多得惊人。在洞内还有像菊花一样盛开着,像松柏枝叶般的石花。而且连不常见的石花形态在银狐洞也存在。为何银狐洞内会有这么多的石花呢?现在还没有科学家能够解释原因。

在银狐洞外有一个长度接近两米,形似雪豹头银狐身的大型晶体。它通体洁白晶莹,还"长"满了丝绒般的毛刺,密密麻麻,长短不一,洁白纯净。这还是世界首次发现这种石花形态呢。这个"银狐"又是怎么形成的呢？有人认为"银狐"是由雾喷后凝聚而成的，如我们常见的枝头雾凇。也有人说丝绒般的毛状晶体是含有这种物质的水，从内部通过毛细现象渗透到外部而形成的。更有人说"银狐"以及洞内石花等溶蚀物都是强磁场造成的。然而哪种说法更有道理，谁也不清楚。

莫高窟的五彩佛光之谜

莫高窟俗称千佛洞，被誉为 20 世纪最有价值的文化发现，它也被称为东方瑰宝。莫高窟的五彩佛光，到处迷雾重重，期待着科研人员的不断解读。

令全世界瞩目的艺术宝库莫高窟，俗称千佛洞，始建于公元 366 年，位于甘肃省敦煌市区东南 25 公里的鸣沙山东麓的断崖上，它是我国，甚至是世界上规模最宏大、保存最完整的佛教艺术宝库。这座佛教艺术宝库，既不在繁华闹市，也不在交通要道，而是在中国西北戈壁荒漠的一个小小的绿洲之上。然而这样一个令全世界瞩目的艺术明珠，给我们留下了很多令人费解的谜团。

雨过天晴，空气清新的清晨或黄昏之时，如果从敦煌城驱车沿安敦公路向东南而行，就会被几十里以外的三危山呈现的奇特景象所吸引。只见这座陡然崛起、劈地摩天的大山之巅，在日出或落日余晖的照耀下，放射出五彩缤纷的光芒。

莫高窟的五彩佛光

莫高窟的这种奇特景象，千百年引来无数人的瞩目。最早记录这一现象的，是唐朝圣历元年（公元 698 年）李怀让《重修莫高窟佛龛碑》，碑文记载："莫高窟者，厥初秦建元二年，有沙门乐僔，戒行清虚，执心恬静，尝杖锡林野，行至此山，忽见金光，状有千佛，遂架空凿岩，造窟一龛……"文中所指的山即三危山，所造的龛像，就是敦煌千佛洞最早的洞窟。

对于莫高窟的佛光，科学界存在两种解释。第一种解释是：三危山纯为沙浆岩层，属玉门系老年期山，海拔高度约 1846 米，岩石颜色赭黑相间，岩石内还含有石英等许多矿物质，山上不生草木，由于山岩成分和颜色较为特殊，因而在大雨刚过，黄昏将临，空气又格外清新的情况下，经落日余晖一照，山上的各色岩石便同岩面上未干的雨水及空气中的水分一齐反射出五彩缤纷的光芒，将万道金光的灿烂景象展现在人们眼前。

另一种解释是：莫高窟修造在鸣沙山东麓的断崖上。崖前有条溪，在唐代叫"宕泉"，现今叫大泉河，河东侧的三危山与西侧的鸣沙山遥相对峙，形成一个夹角。傍晚，即将西落沉入戈壁瀚海的落日余晖，穿透空气，将五彩缤纷的万道霞光洒射在鸣沙山上，反射出万道金光，这正是我们有时看到的"夕阳西下彩霞飞"的壮丽景象。

无论是出现在三危山还是鸣沙山两个方向的所谓"金光"，都是一种在特殊条件下的自然现象，古人由于受当时生产力的局限和宗教迷信的束缚，无法从科学上解释这种自然现象，只得用神、佛显灵来做结论，至于乐傅和尚，他为了神其佛法，显示自己的虔诚，便又有了"忽见金光，状有千佛"的玄妙说法流传于世。

莫高窟堪称世界最大的艺术宝库之一。它是集建筑、彩塑、壁画为一体的文化艺术宝库，内容涉及古代社会的艺术、历史、经济、文化、宗教、教学等领域，具有珍贵的历史、艺术、科学价值，是中华民族的历史瑰宝，人类优秀的文化遗产。然而其中还蕴藏着许多不为人知的秘密，等待着我们去发现和研究。

"阴兵过路"

在云南著名沙林风景区内有一种被人们称为"阴兵过路"的奇特自然现象，据说马儿到了惊马槽会受惊，主人如何拉，马儿都不会过去。惊马槽到底隐藏着什么秘密呢？

在我国云南省陆良县著名沙林风景区内有一种奇特的自然现象。从20世纪80年代起，居住在沙林风景区附近的居民在一处幽深的深谷里经常听到一些兵器相碰、战马嘶鸣的声音，他们将这种奇怪的现象称为"阴兵过路"。

这种古怪的声音在当地被传得沸沸扬扬。可是时至今日，没有一个人说得清楚这怪声到底是什么，村民传说这一切与1800年前的一场战争有关。

三国末年，为平定南方少数民族叛乱，诸葛亮率军南下直至陆良。一天，蜀军与南军在战马坡交战。南蛮王孟获特意请深通法术的八纳洞洞主木鹿大王前来助阵。来到战马坡的木鹿大王命手下官兵挖了两条长不到四十米、宽不足一米的山路，并将蜀军引到此。呜呜的号角响起之后，虎豹豺狼、飞禽走兽乘风而出。蜀军无抵挡之力，退入山谷。可就在这个时候，意外发生了。蜀军突然马惊人坠，南军乘机追杀，蜀军死伤惨重。从此，这里总是阴云不散。

这条隐藏在密林中的山谷，就是当年木鹿大王派人挖的，人们叫它惊马槽。如今它是村民们上山、下山的唯一通道。当地村民大多不敢路过这里。

"阴兵过路"这个谜团还没有解开时，又有一个谜团出现了。据说只要马到了惊马槽就会受惊，不管如何驱赶，它都不会过去。

惊马槽"闹鬼"的消息引起了专家的注意。有专家认为惊马槽有录音的功能，将1800年前的那场战争的声音记录了下来。

人类实现声音记录，是1877年科学家爱迪生发明留声机开始的。这种录音的方法是把声音变换成金属针的震动，然后把波形刻录在锡纸上。当金属针再一次沿着刻录后的轨迹运动时，便可以重新播放出留下的声音。

如此复杂的录音过程，惊马槽又是如何做到的呢？专家认为和这里的土壤有关。这里土壤是主要以石英岩为主。石英岩是自然界中一种普通的矿物，它的主要化学成分是二氧化硅。由于二氧化硅具有很好的传导性，所以人们常把它制造成各种电子元件，安装在录音机的"心脏"内。于是人们认为,惊马槽之所以仍然保留着古战场的声音,就是因为这里岩石中的二氧化硅具有录音的作用。

据介绍,古今中外这样的例子很多。但是岩石录音只是传说,至今还没有被证实过。而惊马槽想要成为一个录音机,除了要有大量的石英岩之外,磁铁矿也是必不可少的条件,那么惊马槽是否有磁铁矿呢?结果显示,惊马槽周围的岩石中除了大量的石英矿物之外,只有极少量的磁铁矿。如果没有足够的磁铁矿石,那么惊马槽又是怎么记录下1800多年前那场战争中的刀枪马鸣声呢?

从录音机录音所具备的几个条件与惊马槽录音的条件进行分析比较:一是声源,惊马槽有古战场的声音;二是电流,闪电时产生静电;三是磁场,地球本身就是个大磁场,四就是用来录音的磁带。即使这里只有少量的磁铁矿岩石,它同样可以相当于带有磁粉的胶带,从这些来看,惊马槽录音的现象似乎是存在的。但是有专家说岩石储存声音本身就让人十分质疑,而且地层中的磁铁矿能否真正替代录音机里的磁带存储声音,也同样有很大的争议。因此,一些人认为惊马槽录音的说法是无稽之谈。

据当地村民反映,在雷雨天气里,惊马槽的怪声会更加地刺耳。也就是说,这种奇怪的自然现象与天气有着某种特殊的联系。专家将从现场采集的声音进行分析,发现这个声音的波峰值不断地变化,他们猜测可能是由于风吹过所造成大强度的变化。即惊马槽的"阴兵过路"是风造成的,而不是1800年前古战场的声音。

惊马槽的形状很像啤酒瓶的瓶身。入口小,两边直上直下。当我们对着酒瓶吹气的时候,可以听到很刺耳的声音。这也是物理的共振现象,在声学上叫共鸣。惊马槽的怪声出现就是共鸣效应。当风吹进惊马槽后,风声被放大。也就形成阴兵过路的声音。但是仍有许多疑问,为何风声可以形成马叫的声音?专家认为与此处地形有关。

那么,为什么马到了惊马槽就会受惊呢?据推测,动物的器官比人更加敏感,能够感应到非常微小的、人不能分辨的声音。当风吹进惊马槽的时候形成让马恐惧的声音,才受了惊。

但这些都只是推测,惊马槽为何会形成阴兵过路,还需要地质学家进一步的研究。

黄河古蒲津桥铁牛起过什么作用

黄河是世界上含沙量最多的河流。若把祖国比作昂首挺立的雄鸡,黄河便是雄鸡心脏的动脉。黄河古蒲津桥铁牛的出现又给黄河添加了一层更加神秘的色彩。

黄河是我国第二长河,世界第五长河,源于青海巴颜喀拉山,干流贯穿九个省、自治区:青海、四川、甘肃、宁夏、内蒙古、陕西、山西、河南、山东,全长5464公里。1998年8月,山西省永济市博物馆在山西省永济市蒲州古城西门外,黄河东岸的蒲津渡遗址上发掘出土四尊铁牛、四个铁人、两座铁山、一组七星铁柱和三个土石夯堆。黄河铁牛的出土,是建国以来我国首次发现黄河古渡口遗址,四尊铁牛也是我国目前发现的重量最重(每尊45吨~72吨)、历史最久、工艺水平最高的珍贵文物,在国内外极为罕见。

经过考古学家的研究，发现四尊铁牛是在唐开元年间（公元713年～741年）铸造的，每尊重数万斤，并铸有铁人驱策，使曾经在历史上享誉数百年的名胜景观又重见天日，向世人清楚地标示出古蒲津渡的准确位置，为研究古代桥梁史和古人的文化观念，为了解读黄河流域农耕文化的发展提供了重要资料。

古蒲津桥铁牛

那么，这四尊铁牛在当时到底起过什么样的作用呢？

有人提出这四尊铁牛是用来固定铁索桥的。据记载蒲州古城南依中条山，西临黄河，地处要冲，被视为兵家重地，历代王朝均在此建造蒲津桥。公元前541年，春秋时期秦公子针携带资财、车辆，前往黄河西岸晋国，用舟船连接建造浮桥，开在蒲津渡建蒲津桥之先河。到了战国时期，秦昭襄王为进攻韩、赵、魏，先后两次在蒲津渡口造桥。以后汉高祖刘邦定关中、汉武帝刘彻东征、隋文帝杨坚过黄河东进，均在蒲津渡连舟造桥。不过，这些桥都是临时性浮桥，没有桥墩，用竹索连接，寿命短，不安全。唐开元年间，随着蒲州一带经济的发展，蒲州城升为全国六大雄城之一，蒲津渡的交通地位显得更加重要。竹索连舟桥已与雄城蒲州极不适应，当时的兵部尚书向唐明皇上疏，陈述蒲津桥破败不堪、难承车马重负的窘况。唐明皇听后立即降旨，决定在蒲津渡重建新桥，并发动满朝文武出主意、想办法。经集思广益，造桥方案拿出：一是将连舟竹索改为铁索，二是加固石堤，三是铸铁牛为索桩。开元年间属盛唐时期，冶铁业发达，于是两岸数万民众奉命炼铁铸造，历经苦战后铁牛铸成。铁牛分别伏卧于黄河两岸，将铁索拴系于其身，连接舟船，建起黄河上第一座固定铁索桥。

这里，两岸的铁牛，其实就是对拽铁索连接河桥的索桩。蒲津铁索桥第一次将黄河天堑变成通衢大道，从唐开元十二年到元朝初年桥被烧毁的五百年间，蒲津桥一直是铁牛系铁索、铁索连舟船。桥被毁后蒲津渡一度荒废，但铁牛仍存。到了明朝，蒲津关发展成进出中原的重要关口，明代皇帝又先后四次利用铁牛建桥，历经百余年，直至清代因黄河逐渐向西改道，蒲津渡彻底废弃。铁牛于20世纪40年代湮没。

此外，还有人提出这四尊铁牛还有可能是当时用来镇水、避祸趋利的。我国许多与牛有关的行业都供奉牛王，把它作为牛的保护神加以供奉，有的牛王竟被尊为祖师，在我国北方不少地方建有牛王庙，牛还作为镇物广泛应用于民间。在民间信仰里，人们认为牛有护宅、护身、镇水、避凶的功能。我国西南佤族有在住宅的内壁、门前或屋外悬挂牛角、牛头骨的习俗。在北方，人们认为牛有载地的神功，是大地的象征或大地的载体。

从实物考察看，晋南临汾旧称卧牛城，在解放临汾挖掘地下坑道时，从城墙角下挖掘出卧牛一尊，即可证明。牛与水的关系亦很密切，民间有牛能镇水的俗信。古代多以铁牛御恶龙,防水患,人们将石头或铁铸的牛塑像投入河中,防止河水冲毁堤坝或其他建筑物。

《易经》说:"牛象坤,坤为土,土胜水。"古人云:兵来将挡,水来土掩。铸铁牛置于河岸,对肆意泛滥的黄河水是一种震慑,象征着拦挡洪水、征服水患,造福于人民。由此可见,蒲津桥开元铁牛之所以铸成"牛"状,正是来源于牛能镇水、避祸趋利的巫术心理。

还有人认为,古人讲究阴阳相对,在铸造铁牛的同时,也铸造了四个铁人、七星铁柱。七星柱则代表天(仿天上北斗七星布局),这样天、地全有(铁牛为土,亦即地),囊括宇宙。

究竟黄河古蒲津桥铁牛是用来干什么的呢?无论当时是用来固定索桥、是用来镇水的巫术,还是为了达到囊括宇宙的目的,黄河古蒲津桥铁牛都是中国的无价之宝,是中国古代劳动人民智慧的结晶。

乐山巨佛何故隐睡山间

大自然真是神奇,创造出如此活灵活现的乐山巨佛,乐山巨佛隐睡在山间成为了一个美丽而神秘的地理景观。

乐山巨佛

1989 年 5 月 11 日,广东省顺德县冲鹤乡 62 岁的潘鸿忠老人正在兴致勃勃地游览乐山名胜。5 月 25 日,回返家乡的潘老在朋友们的索要下,将照片拿出来看,友人们大加赞赏。当时潘鸿忠也在一旁审视,不料当看到那张古塔风景照时,他突然感到照片中山形恰如一健壮男子仰卧,细看头部,更是眉目传神,十分逼真。老人兴奋不已,给大伙儿看后,无不称奇。

消息一经传出,许多参观者也都惊奇不已。四川省文化厅文化通讯室派考察组专程赴乐山考察,给予了肯定。从照片上看去,实有一巨佛平静地睡躺在江面上,仰面朝天,高突的前额,圆润的鼻唇,四肢皆备。

"横看成岭侧成峰,远近高低各不同"。"巨佛"景观不是随处可见,观赏巨佛的最佳地点是乐山河滨"福全门",在这里举目望去,清晰可见仰睡在青衣江畔的巨佛的魁梧身躯,对映着湍流的河水,巨佛似乎在微微起伏。那形态逼真的佛头、佛身、佛足,分别由乌尤山、凌云山和龟城山三山联襟构成。仔细观察佛头,就是整座乌尤山,其山石、翠竹、亭阁、寺庙,加上山径与绿荫,分别呈现为巨佛的卷卷发鬓、饱满的前额、长长的睫毛、平直的鼻梁、微启的双唇、刚毅的下颌,看上去栩栩如生。再详视佛身,那是巍巍的凌云山,有九峰相连,宛如巨佛宽厚的胸脯、浑圆的腰脊、健美的腿胯。远眺佛足,实际上是苍茫的龟城山的一部分,其山峰恰似巨佛翘起的脚板,好似顶天立地的"警丘柱",显示着巨佛的无穷神力。总观全佛和谐自然,匀称壮硕的身段,凝重肃穆的神态,眉目传神,慈祥自如,令人惊诧不已。全佛长达四千余米,堪称奇绝。在此处往南眺望,或春或夏、或早或晚、或万里晴天、或云雾弥漫,"巨佛"均可一收眼底。那巨大的身影,伴随着三江流水、四季风云,似隐似现,与嘉州山水浑然一体,给来来往往的游人一种江山多娇的美的享受、一种妙趣天成的文化熏陶。

然而,更令人称奇的是那座天下闻名的乐山大佛雕,恰恰正耸立在巨佛的胸脯上。这尊世界最高最大的石刻坐佛,身高达71米,安坐于巨佛前胸,正应了佛教所谓"心中有佛"、"心即是佛"的禅语,这是否是乐山大佛暗示的"天机"呢?

"巨佛"山体是距今一亿二千万年前的白垩纪上统夹关组紫红——砖红色砂岩。战国晚期,秦蜀守李冰"凿离堆",乌尤山山体有所改变。汉代,三山均为墓地,建造了成百上千的崖墓。凌云、乌尤之间的麻浩崖墓内,刻有一尊我国最早的摩崖佛像。唐代,乌尤山、凌云山佛教大兴,建有乌尤寺、凌云寺,开凿了乐山大佛。灵宝塔始建于唐代,宋以后历代均有维修。曾有这样一个民间传说:唐代观音菩萨的化身叫"面然",指"乌尤大士"之意。这些相关的自然、人文历史奇妙地结合,把"巨佛"作为一种文化现象,展现到了人们的眼前。那鬼斧神工的奇特景观,为名城乐山增添了神奇的一笔。

据研究乐山大佛文化和文物部门的专家们介绍,迄今为止,还没有发现和听说关于巨佛的文字记载和民间传说。那么,巨佛是纯属山形地貌的巧合吗?但为何佛体全身,人工的刀迹斧痕比比皆是呢?又为什么在一千两百多年前的唐代开元年间,海通法师劈山雕凿乐山大佛,偏偏选中了凌云山西壁的栖鸾峰,并雕在巨佛心胸处呢?当今,乌尤寺的僧人,身居佛中却未知巨佛。如今,一经点破,再看乌尤山,竟犹灵佛所致。除了巨佛形成之谜以外,再就是"福全门"之谜了。据四川省文化厅考察组报告说,要看到楚楚动人的巨佛身形,其最佳位置只有一处即"福全门"。其他任何一处观赏的效果都不是最好。

现在,前往乐山来观赏这座巨佛的人们络绎不绝,乐山巨佛之谜期待着早日被人们解开。

泰山无字碑是何人所立

泰山之称最早见于《诗经》,"泰"意为极大、通畅、安宁。《五经通义》云:"宗(泰山),长也,言为群岳之长。"泰山最引人入胜的地方就是,泰山是中国历史上唯一受过皇帝封禅的名山。同时泰山也是佛、道两教兴盛之地,是历代帝王朝拜之山。历代帝王所到之处,建庙塑像,刻石题字,留下了众多文物古迹。

泰山是五岳之一,又称岱山、岱宗、岱岳、东岳、泰岳等,是中国名山之冠。泰山位于我国山东省中部,其山势雄奇,景色秀丽,居五岳之首,故泰山在古代又被称为"五岳之长"、"五岳独宗"、"五岳独尊"。

在泰山玉皇顶玉皇庙门前有一座高6米,宽1.2米,厚0.9米的石碑。碑顶有石覆盖,碑身石色黄白,形制古朴浑厚,但是石碑上却连一个字也没有,因此,这座石碑也被人们称之为"泰山无字碑"。也正因为它没有任何文字,所以从古至今人们一直在研究它,也形成了许多的观点。

第一种观点认为无字碑是秦始皇所立。其根据是古人一些关于无字碑的诗文。明朝王在晋曾吟:"东海长流石未枯,山灵爱宝隐元符;纵教烈焰焚经史,致使秦碑字也无。"清代乾隆皇帝更断言:"本意欲焚书,立碑故无字;虽云以身先,大是不经事。"

但是这却与史书记载有很大矛盾。《史记·秦始皇本纪》载,始皇二十八年(公元前219年),秦始皇第二次出巡,与原鲁国的儒生讨论封禅望祭山川的事情,于是"上泰山,立石,封,祠祀……刻所立石,其辞曰:皇帝临位,作制明法,臣下修

泰山无字碑

饬。二十有六年,初并天下,同不宾服。亲巡远方黎民,登兹泰山,周览东极"。这段记载证明秦始皇虽然确实在泰山立过碑,但是立的是有文字的石碑,而不是无字碑。再者,秦始皇焚书是在秦始皇三十四年(公元前213年)接受李斯的建议后才发生的事情,他不可能在六年前就有焚书的计划,还因此立碑。

有人提出另一种推测,认为此碑原来是有字碑,但是经过风雨的侵蚀,文字被风化剥落,就形成了今天的无字碑。但是这一说法也存在问题。观察现存的无字碑,其风化情况并不严重,而且它在宋代已经被称为无字碑。而在秦二世元年(公元前209年)由丞相李斯篆书镌刻的胡亥诏书在宋代尚能辨认146个字,明代嘉靖年间也还残存29个字,如果无字碑也是秦代所立,那么到了宋代不可能剥蚀得一字不存。那么,无字碑既然不是秦始皇所立,又是谁所立的呢?

第二种观点认为是汉武帝所立。据《史记·封禅书》记载,元封元年(公元前110年),汉武帝前往泰山封禅,"东上泰山,泰山之草木叶未生,乃令人上石立之泰山巅"。可见,汉武帝确实在泰山上立过石碑。而且史书上都只说汉武帝"立石之泰山颠",却没有"刻所立石"的记载,因此说无字碑是汉武帝所立,并不是没有根据的。清代顾炎武在《山东考古志补录·辨无字碑为汉碑》中力主无字碑就是汉武帝所立。他说:"始皇刻石之处凡六,《史记》书之甚明……无不先言立,后言刻者。惟于碣石则云刻石碣门。门自是石,不需立也。古人作史,立字之密如此。使秦皇别立此石(指无字碑),秦碑焉得不记? 使汉武有文刻石,汉史又安敢不录乎?"其意思是说《史记》记载秦始皇立石和刻石分得十分清楚,《史记》对"立"和"刻"都作了明确的记载。如果秦始皇在泰山立了一块无字碑,

《史记》是不可能不记载的。同样，如果汉武帝在泰山立碑刻文，《史记》《汉书》也是不可能不记录的。

顾炎武的说法虽然看上去十分有说服力，但仔细思考却仍有许多的疑问：虽然《泰山志》载《阮氏封泰山论》称"秦始皇、晋武帝、隋文帝、唐太宗议封禅或行或不行，非也。此皆易姓一天下之君，当刻石纪号也。汉武帝、魏明帝、北齐文宣王、唐高宗、玄宗、宋真宗、明成祖封禅或行或不行，亦非也。此非易姓一天下之君，不当刻石纪号也。"意即不是开国皇帝，是没有资格在泰山刻石纪号的。但是以汉武帝好大喜功的性格，他会放弃在泰山碑上留下文字的机会吗？而汉武帝完全可以援引秦二世胡亥的做法来为自己歌功颂德。

看来，无字碑究竟是谁所立，还需要更多的证据才能找出答案来。

悬崖上的巨型足迹是谁所留

在我国四川一带经常会有神秘的巨型脚印被发现，而悬崖上的巨型脚印就更加让人费解。

在四川邦达至昌都的公路边悬崖峭壁上，印有一左一右两个一人余高的巨型神秘脚印。据目测，两个巨型脚印在离地七八米高的悬崖峭壁上，长约140厘米，宽约40厘米，一左一右前宽后窄，绝非人工雕刻。

面对这种奇怪的现象，人们不仅会问，这两个地方的脚印究竟是谁留下的？有没有什么内在联系？消息一经传出，吸引了无数好奇者来探访，许多地质学家、人类学家、古生物学家们都纷纷来这里，一探究竟。

据当地人介绍，1997年扩建邦达至昌都公路时，施工队沿途开山炸石，一声炮响后，一块巨型岩石从此处落下，人们惊讶地发现被炸开的峭壁横切面从下至上有一串巨大的脚印。其中下方三个脚印已模糊不清，而最上面两个脚印却保存完整。

如此神秘的悬崖脚印给人们带来了无穷的遐想。有的人提出，这两行脚印极有可能是外星人来此遗留下的印记，他们或许是为了下次再来地球造访时便于寻找而为的，抑或许外星人为了证明自己来到过这里，而做的类似与我们经常到了一个景点之后所写的"到此一游"以资纪念；还有人认为这两串脚印可能是冰山雪人留下来的。但是，这两种说法都没有一定的科学证据来进一步证明，因此，都只是推测。

无独有偶，在神秘脚印消息传出不久之后，四川彭州市也有人说有神秘脚印出现。该脚印位于彭州市新兴镇狮山村。在该村狮子山一峭壁由下至上也有一大一小两行神秘脚印，右侧一行脚印长约40厘米，状如人脚形；左侧脚印约10厘米，碎步难辨。这两行脚印蜿蜒延续十多米。

据当地的居民说，这两行脚印是有一个传说的。传说这两行脚印是当年二郎神在收孽龙的时候留下来的脚印。由于孽龙兴风作浪水淹彭州震怒玉帝，二郎神受命收服它。孽龙闻风而逃，带着哮天犬紧追的二郎神挥剑斩之，孽龙腾身闪躲，二郎神一剑把这狮子山腰一巨石劈为两半。孽龙飞上峭壁，二郎神和哮天犬步步紧逼，遂在峭壁上留下一串脚印。孽龙侧身钻进峭壁左下侧，顺着山洞逃到都江堰，二郎神费尽周折才在都江堰将孽龙制服，镇于伏龙观下。

被"劈开"的裂缝非常平整，内侧生有暗红色苔藓，相传这是二郎神剑劈岩石留下的铁锈。传说中孽龙逃窜时所穿山洞，其洞口如今已被树木掩映。据说上世纪初，当地人组织入洞寻找"通往都江堰"的出口。洞内虽无歧路，但因河沙堵塞，估计有暗河存在，行走艰难。当探险队点燃第七根蜡烛继续前行时，突然阴风大作，吹灭了蜡烛，也吹灭了探险队最后的信心。

关于这两串神秘的脚印的来历，还有其他版本的传说。据说当年，四处捣乱的孽龙来到关口（现彭州九龙镇），一时兴起就撒了一泡尿，哪知竟使整个彭州陷入一片汪洋大海！正在都江堰治水的李冰立即派儿子李二郎赶来收服孽龙。激战中，李二郎一剑竟将山腰一块巨石劈成两半，四射火星溅在峭壁上顿时化作艳丽金黄的金采花。孽龙逃往都江堰，被李冰布下的天罗地网捕获，遂将其镇于伏龙观下。李二郎骑着战马跃上峭壁腾云而去，神秘脚印从此永留人间。

以上两个传说把这两串脚印的来历描述得绘声绘色，但是，毕竟传说就是传说，并没有一定的事实依据。不可以用来做为科学解释。

据当地的村长称，在这两串脚印的附近十里以外的地方还发现了巨型椭圆形的"铁蛋"，该铁蛋色泽鲜艳，当把其磕开后发现里边有内核，据此，可以判断，或许这个铁蛋就是恐龙蛋的化石。如果这个铁蛋是恐龙蛋的化石的话，那么这悬崖上的脚印也就可能是恐龙遗留下来的脚印。

在1981年，狮子村附近的蟠龙村又有人发现了不明脚印。经测量脚印长32.5厘米，最长脚趾达17.5厘米，两脚间距为96厘米。估计恐龙体长7米，重达数吨。据考古专家研究证明，这些脚印竟然是距今两亿多年前的晚三叠纪恐龙脚印。

这样的考古发现给人们带来了不小的惊喜，难道这里原来就是恐龙生活过的地方吗？所有的这些脚印都是恐龙留下来的吗？那么，悬崖上的巨大脚印又该如何解释呢？难道恐龙会在悬崖上走路？

针对这个问题，有人认为，悬崖上遗留下来的脚印或许是由于地壳运动，导致的山体位移，进而成为现在的情形的。但是这种解释的准确率有多高呢？这种说法也只是推测，并没有找到相关的证据表明这里在很久之前发生过剧烈的地壳运动。

这样，悬崖上的巨型脚印就显得更加扑朔迷离了，其形成原因我们也就不得而知了。期望通过更加深入的研究解开悬崖巨型脚印之谜。

忽明忽灭的"佛灯"

"佛灯"一向被列为千百年来难以解开的谜，对于这个神秘"佛灯"的来源，目前许多的科研人员还正在深入地研究之中……

峨眉山、青城山、庐山，有一种共同的奇特的自然现象——佛灯或称圣灯、神灯，千百年来，闪烁变幻的佛灯、神灯作为一种罕见的自然奇观，使这几座风景名山更为遐迩闻名，吸引了无数人前往揽胜探谜。

佛灯，又称圣灯。在没有月光的夜里，漆黑的山谷内，冷不丁会出现几十到数百点荧荧的火光。火光时亮时暗，时高时低，时大时小；一会儿聚集在一起，一会儿又四处分散。

至今青城山上清宫旁还有神灯亭，所谓的神灯就出现在对面的大面山。如果登临峨眉山金顶，幸运的人能看到舍身崖下的圣灯；庐山观佛灯的地点在大池旁的文殊台。这些地方偶遇月隐之夜，山下黑漆漆的幽谷间，会倏然涌现荧荧亮光。亮光时大时小，时聚时散，忽明忽灭，忽左忽右，或近或远，好像一盏盏灯笼。"灯"的颜色是白色或青色，有的时候微带绿色。僧道们都说这是过路的神佛手提灯笼穿行在天地之间。

古今有很多人对佛灯做出了自己的解释和猜测。清朝蒋超亲眼看到过佛灯之奇，还特地在《峨眉山志》中撰写了一篇（《佛灯辨》）："若佛灯一事，或云是古木叶也，或云是千岁积雪精莹凝结也。余疑之，而未敢遽信。……爱是瞑钟初息，沙弥来报灯现。余急趋顶上，乍见一二荧荧处，犹然诸说横据胸中。未几，如千朵莲花，照耀岩前，有从林出者，有从云出者，有由远渐近，冉冉而至者，殆不可数计。始叹耳闻不如目睹也。"当蒋超看到美妙绝伦的佛灯时，以前听到的各种解释都浮现在脑海中，究竟该信哪个，恐怕他自己也没有了主意。

范成大《青城行记》："夜有灯出四山，以千百数，谓之圣灯。圣灯所至，多有说者，不能坚决。或云古人所藏丹药之光，或谓草木之灵者有光，或又以谓龙神山鬼所做，具深信者，则以为仙圣之所设化也。"有人说佛灯是丹药发出的，有人说是草木搞的鬼，有人说是鬼神所为，总之没有确定究竟是什么造成的。

据《庐山志》记载，早在一千多年前就发现了这种神异的灵光，但那时只能将这种现象传为一种神话。由于最早出现佛灯的地点是在天池山文殊台下，古人便以为是文殊菩萨的化现之光。南宋时在天池山上建有天池寺，诗人周必大游山时来寺住宿，当夜他便在山上看到半山腰间忽明忽暗，飘忽不定地出现了许多如繁星闪烁的火光。他即将这一难得遇见的景象记叙下来，那灯火"闪烁合离，或在江南，或在近岭，高者天半，低者掠地"。"天池佛灯"从此有了正式记载。最为可靠的是五百多年前的明代学者王守仁，也在天池寺留宿时看到了佛灯。写下了著名的《文殊台夜观佛灯》一诗。诗云：

老夫高卧文殊台，拄杖夜撞青天开，

撒落星辰满平野，山僧尽道佛灯来。

无论是周必大还是王守仁或者其他人，他们都没有也无法对佛灯的来历做出解释。与周必大同时代的朱熹怀疑是"地气之盛"。而另一位学者王延垚认为是"唐会昌中，二僧藏金像于锦绣谷腾溢而出之祥光"。

直到近代，关于佛灯的研究才有了一些进展。人们对于佛灯的解释也众说纷纭，不一而论。

有一种说法认为,"佛灯"是山下灯光的折射,有人说是星光在水中的反射,还有人说它们就是大萤火虫在山间飞舞,还有人猜测山里蕴藏着会发光的矿石,更多的人认为"佛灯"就是磷火,即民间所说的"鬼火"。山里面千百年来死去的动物骨骼或含磷地层中的磷质,跟空气中的水分发生化学反应,产生了磷化氢和五氧化二磷气体,这些气体在空气中十分容易自燃,加上它们比空气轻,就会随风飘动。另外,这些气体燃烧时光比较弱,自然只有在没有月光的夜间才能见到。

大多数的科学研究者不同意佛灯就是磷火的说法。他们认为磷火大多是贴着地面缓缓移动,不可能像有的目击者说的那样,高得在半空中和云在一起。再说磷火的光亮度不高,庐山文殊台和青城山神灯亭的海拔都在一千米以上,峨眉山金顶的海拔超过三千米,这么高的地方,看到山下的磷火是不可能的。

还有人提出佛灯是"云层对星光的反射"所致。从事气象学研究的研究人员从理论上阐述了自己的见解:庐山云海对光线的反射率为20%~78%(100米到500米厚层积云),天空中一等星星光经反射后变成了二等星或三等星,二等星变三等或四等星,其余类推。平时人的肉眼能看到的颗数与云层的大小、位置和运动有关,多则几百颗,少则几十颗甚至几颗。而且云层在运动,被它反射的星光也在动,造成忽明忽暗,时聚时散,神秘莫测。依据这种特点,佛灯的出现一般是在无月的条件下才会产生。

以上这种说法有一定的理论依据,但形成佛灯的原因以及与其他自然因素的必然联系,似乎还未完全解释清楚。在这几座山中,能够出现"佛灯"的地理条件的地方有很多,但是,为什么只有庐山的文殊台、青城山的神灯亭、峨眉山的金顶这三个地方才会出现佛灯呢?这种现象又该如何做出解释呢?因此,佛灯之谜虽然有各种推断,但是仍然没有翔实的证据来解释这个原因。

第五章　动物未解之谜

第一节　恐龙谜踪探寻

恐龙是怎样演化的

距今约两亿年前,生物进化的历程进入到中生代的三叠纪。这时的气候开始转向干燥而炎热,当时在陆地上占据支配地位的是,在古生代二叠纪适应严寒的冰期气候而发展起来的半龙半兽的似哺乳爬行动物。

它们的身体十分臃肿,四肢的力量及灵敏性很差,仍处于半爬行的状态。也不能用后肢行走,对向着干燥炎热转变的气候越来越不适应。而三叠纪早期的槽齿类动物,虽然弱小,但作为一类年轻的肉食性动物,它们四肢有力,在进化中还很快具有了后肢行走的能力,能作短距离的快跑,行动灵活而迅速。科学家们推测,是槽齿类动物凭借自身的优势,在气候的帮助下,先后将素食的似哺乳爬行动物和食肉的似哺乳爬行动物赶下了生命演化的历史舞台。在这场没有硝烟的斗争中,槽齿类动物越战越强大,繁衍出大量的类群。到三叠纪的中晚期,演化出了大有作为的恐龙。恐龙秉承其祖先的霸气,并进一步获得了直立行走的运动姿态而迅速成为中生代陆地上的统治者。

恐龙为什么能称霸中生代

在漫长的中生代,地球的陆、海、空生态领域都在形形色色的爬行动物控制之下。恐龙是爬行动物中的佼佼者,在种类和数量上都占着绝对的优势,是中生代爬行动物的霸主。

为什么恐龙能称霸中生代?

科学家认为有三个原因:一是有优越的自然环境。据研究,中生代时期,全球气候温暖湿润,一年中四季变化很小,气候分带不明显,赤道不那么热,极地也不那么冷,两极不结冰。当时的地壳运动处于相对的平静时期,地势较平坦,河流湖泊星罗棋布,到处是郁郁葱葱的草原林木。这样的自然环境,无疑是恐龙的极乐世界,非常适合恐龙的生存和发展。因为恐龙对环境的适应能力很差,太热了、太冷了都会要它们的命。而大自然成全了它们,让它们过着舒舒服服的好日子。二是恐龙与其它爬行动物相比,具有更强的竞争优势。恐龙具有完全直立的四肢结构,它的步幅比其他动物都大。由于后肢比前肢更长,四足着地行走不方便,所以不少种类经常用两后足行走,奔跑速度也很快。粗大的尾巴成为恐龙运动时很好的平衡器官,以平衡身体前部的重量。在当时适宜的环境条件下,它们极为敏捷、活泼,充满了旺盛的生命力。早期的恐龙大都是肉食性的,它们用两后足直立行走、快速奔跑,前肢帮助捕食,肆意猎杀其他爬行动物。在当时的地球上,还没有能斗得过它们的对手。三是

恐龙

恐龙具有强大的进化潜力。中生代的早期,恐龙还是一个很年轻的类群,它们朝气蓬勃,具有很强的适应性和进化潜力。完全直立的运动姿态使恐龙的身体再也不会受到来自地面的压迫,从而促进了它们的消化系统、循环系统和神经系统等器官系统的进化,使它们更具快速运动和反应的能力。

恐龙占据了陆地上最好的生态环境,它们迅速发展,盛极一时,称霸中生代,成为生命发展史上的一大奇迹。

恐龙灭绝之谜

恐龙这个曾经地球上的霸主在6500万年前,不知发生了什么灭顶之灾,使这种在地球上显赫了1.5亿年的动物,突然灭绝,给人们留下的只有种种猜测。

有的研究者认为,这是气候骤变所造成的。在中生代末期,冰期突然降临,气候变得寒冷,一些不耐寒植物死亡,使恐龙在饥寒交迫中死去;也有可能是地球上的气温突然升高,而恐龙是散热能力较弱的动物,不能适应环境,造成内分泌系统混乱,特别是雄性生殖系统严重破坏,致使恐龙断子绝孙而灭绝。

植物的变化也可能是恐龙灭绝的原因,在6500万年前,地球上的被子植物大量发展,并迅速取代了裸子植物。被子植物不像裸子植物那样四季常青,而是一种秋冬季节会落叶或枯萎的植物。这样,以植物为食的恐龙在秋冬季节被"饿"死;肉食性动物也由于猎物的失去而死去。约在1.2亿年前,最早的有花植物出现了。在有花植物组织内,常常含有作用强烈的生物碱。有的生物碱,如马钱子碱、泻花碱等,具有很大的毒性。恐龙吞食了大量的生物碱毒素后,引起严重的生理失调,最后导致死亡。

爆炸学说认为,在6500万年前,宇宙中有一颗直径10公里、重1270亿吨的小行星,以每秒20公里的速度撞击地球。撞击释放出来的能量相当于100个最大氢弹的爆炸力。当时,天昏地暗,尘土滚滚,遮月蔽日达3个月,植物因不能进行光合作用而死亡,食物链中断,恐龙和其他动物就此灭绝。在意大利、丹麦、新西兰等地的晚白垩纪地层里,发现一层几厘米厚的富铱层,其铱的含量超过地球正常铱含量的30倍。地球上铱含量极少,但太阳系及其他星体含量较多。由此有人认为这些富铱层是小行星撞击后的尘粒形成

的。此观点也由此得到学术界的重视。

美国古生物学家杰克·霍纳等人提出了"恐龙并未灭绝"这一令人难以置信的崭新观点。因为他们在犹他州一个煤矿深井底部发现了一只距今约 8000 万年的恐龙骸骨，并成功地从这一特大霸王龙的股骨中分离出遗传物质——DNA 片段。经研究表明，这些片段与现代鸟类的 DNA 片段颇为相似。这就意味着恐龙——爬行动物王国的"君主"——并不像一般人们认为的那样早已在 6500 万年前就灭绝了，而是有一些可能继续生存下来，并演化成了鸟类。

殊不知，更早地提出恐龙进化为鸟类的是日本科学家、医学博士福田，他对鸵鸟目恐龙的骨骼进行了研究后推测，正是鸵鸟目恐龙进化成了恐鸟——18 世纪末还在新西兰存在的一种高达 3 米的无龙骨鸟。鸵鸟目恐龙的骨骼结构与恐鸟相似，也曾长着羽毛，它能以时速 80 公里的速度高速奔跑。可惜由于人类的大肆捕杀，这种似乎由恐龙进化而成的恐鸟已经灭绝了。

种种猜测，使亘古未解的恐龙之谜，又平添了许多悬而未解的疑惑。

恐龙是逐渐绝灭的吗

有人说，恐龙原先日子过得好端端的，可突然有一天，大难临头，天降奇灾，致使恐龙在几个月或几年内一下子全部死光。

对于这种灾变说，许多科学家不赞同，认为恐龙不是突然绝灭的，而是有先有后，前后约相差数千万年。

剑龙早在白垩纪初就消失了。剑龙的亲戚鱼龙和翼龙是在剑龙绝灭后很久才绝灭的。角龙绝灭于白垩纪末期，是最晚绝灭的恐龙。

还有，在中生代十分繁盛的菊石类动物，它们是在恐龙绝灭以前绝灭的。

也许小行星或彗星曾经与地球碰撞。但根据科学家的研究，恐龙家族早在这场灾难降临之前就已经明显地处于衰败和不景气的境地。

一个由专家组成的研究小组，对美国西北部蒙大拿州及相邻地区白垩纪晚期富含化石的沉积层进行了详细的研究，发现在白垩纪最后的 800 万年间，这一地区的恐龙的属从 30 个减少到 12 个。无论是恐龙的品种数和个体总数量，都大大减少。

在中生代末期，确实有许多动物和植物的种类发生了绝灭，但是它们绝灭的时间并不是发生在同一时期。

主张渐变论的科学家认为，恐龙绝灭的原因可能是地球气候与环境的变化。大约 8000 万年前，地球上的气候开始变冷，原先适合于恐龙生存的热带和亚热带环境相继消失，逐渐被适合哺乳动物生存的温带环境所代替。

恐龙在中生代时，由于地球气候环境比较稳定，而且适合于爬行动物生活，它们几乎一直过着"养尊处优"的舒适日子。久而久之，它们大多数成长并演化成巨大而又特化的动物。动物的躯体越大、越特化，它们的器官系统适应新环境的能力也就越差。一旦环境改变，器官系统就不能适应，结果就只有走向灭亡。

相反,恐龙的一些不怎么特化、身躯不怎么庞大的亲戚(如鳄类、蜥蜴类、龟鳖类),由于能适应环境的变化,因而逃脱了绝灭的命运,子孙后代能繁衍至今。哺乳动物更能适应新生代的环境,因而获得了大发展。

恐龙化石"告诉"我们,恐龙从家道中落到彻底垮台,大约经历了3千万年的漫长历史。

恐龙死亡姿势之谜

现存许多恐龙化石典型的姿势是嘴大张,身体向后反折,四肢收缩,多年来令众多古生物学家颇为困惑。有古生物学家日前提出新说:这一姿势显示它们很可能因脑部损伤和窒息而死亡,过程痛苦而漫长。

这一姿势在始祖鸟化石身上反映得很明显。始祖鸟生活在约1.5亿年前,而几乎所有现存始祖鸟完整标本都保持着这样一种姿势,头后仰,嘴巴大张,背部和尾巴向后弯折,四肢收缩。

实际上,恐龙以及它们的"亲戚"包括翼龙、霸王龙及早期哺乳动物化石都是这一姿势。古生物学界原来的普遍解释是,恐龙死于水中后,尸骨遭水流冲击成这一姿势。

但新的假说认为,恐龙可能因中枢神经系统受损而死,呈现出这样一种死亡姿势。神经学者通常把它叫做"角弓反张",由小脑受损所致。小脑负责指挥部分肌肉运动,比如保持头部挺直的肌肉。当小脑停止工作,这部分肌肉失去控制,就会全力拉直,使得头部和尾部向后弯折,嘴巴大张,四肢收缩。对人类和动物而言,小脑损伤的原因可能是窒息、脑膜炎、破伤风或中毒。所有"角弓反张"的恐龙化石都保存得十分完好。这说明它们的尸体没有长期暴露在野外,否则食腐动物很快会分解恐龙尸体。

"角弓反张"姿势仅在恐龙、翼龙和哺乳动物身上出现,这些动物通常被认为新陈代谢比较旺盛,需氧量较大。某些"角弓反张"的动物有可能在火山爆发时因为大量火山灰窒息死亡。而这一推断与另一事实吻合:许多化石的发现地点就是火山灰沉积处。

除此以外,它们的死因也可能是疾病,例如脑部损伤、严重失血、缺乏维生素B1或中毒。至于这种假说能否成立,还有待于科学家的不断探索。

恐龙"公墓"是怎样形成的

我国四川省自贡市附近的大山铺,埋藏有大量的侏罗纪中期的恐龙化石,已发掘面积达2800平方米。据不完全统计,在这个被誉为"世界奇观"的恐龙群窟里,已发掘出大小恐龙个体近200具,其中有不少是完整或比较完整的标本。

恐龙的化石以蜥脚类最多,其次为鸟脚类、剑龙类和肉食类。此外还有大量鱼类、龟鳖类、蛇颈龙类、翼龙类、鳄类和两栖类等。

1.6亿年前,自贡地区广布着湖泊与河流,湖滨、河岸上到处生长着繁茂的蕨类、苏铁、银杏、松柏及其他裸子植物。当时的湖滨平原上,栖息有庞大的恐龙动物群。

据研究,大山铺恐龙多数属异地埋藏(即动物在甲地死亡,后被流水搬到乙地埋藏),

但搬运距离不远。也有少数是原地埋藏。

专家们认为，这些恐龙的死亡大多是不正常的。

科学家对岩石性质作了分析，发现当时那里曾出现过一段干燥炎热的天气过程，陆地上的植物大面积缩小，水源几近枯竭，致使大量恐龙饥渴而死。祸不单行，久旱之后又发生了大洪水，许多恐龙来不及逃避，被洪水夺去了生命。最后洪水将恐龙的尸骨连同砾石、泥沙等一起冲到大山铺这个地方沉积下来。

大山铺恐龙"公墓"就是这样形成的。

不过，能有幸埋进这块坟地的恐龙毕竟数量是非常有限的。大多数恐龙遗骨已不复存在，有的也许被埋在别的什么地方，有朝一日会被我们发现。

"恐龙之乡"为何没有恐龙蛋化石

由于自贡地区发现了大量的恐龙化石，被誉为"恐龙之乡"。可是，令人奇怪的是，在这个恐龙繁衍生息的地方，至今却没有发现一枚恐龙蛋的化石。这是为什么呢？

历代科学家们进行研究和分析，对它提出了种种猜测。大致认为有以下几种原因。

一是恐龙蛋的结构有一个不断进化完善的过程，早期的蛋可能不太容易保存并形成化石。羊膜卵是从爬行动物才开始出现的，它必然随着时间的推移，在进化中不断完善其结构和功能，增强对环境的适应性。这中间，蛋壳的增厚和矿物成分的增多可能是其重要方面。自贡所产恐龙化石的地层年代为侏罗纪，处于恐龙演化的早中期，这时的恐龙蛋壳大概还不容易形成化石。

二是由于形成蛋化石比形成骨骼化石的条件更为苛刻，自贡地区当时的自然地理环境可能不适合恐龙蛋化石的形成和保存。

三是侏罗纪是恐龙进化发展的重要时期，产下的恐龙蛋都能顺利孵化，而孵化后破碎的蛋壳则不容易形成化石。

四是自贡地区可能不是恐龙繁殖产卵的地方。有人认为恐龙具有与现在的鸟类相似的迁徙习性，每年在一个地方产卵，而在别的地方生活，这之间相隔很远。如果真是这样，当时的自贡可能就是一个适合恐龙生活的地方，而不是繁殖产卵的地方。

恐龙蛋化石

究竟是何种原因呢？这还需要科学家们有更多地发现和更加深入的研究。

恐龙是热血动物吗

恐龙是热血动物吗？这是发生在上世纪 70 年代古生物学界一场论战的中心课题。

众所周知，自从人类了解到在我们的地球上曾出现过恐龙这类巨物之后，动物学家和古生物学家便把它归入爬行动物的范畴，而体温随外界的温度高低而变化，恰恰是爬行动物的最大特征之一，因此，所有的科学家都天经地义地认为，恐龙属于冷血动物或变温动物。

但是在 1972 年，美国哈佛大学学者鲍勃·贝克提出恐龙是具有热血生理的，极为敏捷活跃的动物，并认为恐龙并没有断子绝孙，鸟类就是恐龙的后裔。为了证实自己的论点，贝克列举了许多研究证据。

这位学者指出，动物的肢体状况能反映出它对能量的需求。如果它采用"完全直立"的姿势，这就说明这类动物动作敏捷、行动活跃，因而也就需要更多的能量；而要维持这样高的能量输出，只有热血动物才能够做到。根据恐龙的骨骼研究已经知道，它的肢体是完全直立的，腿也长，从理论上估计其奔跑速度非常快，可以达到每小时 26～96 公里，显然应该是热血动物。

此外，贝克还提出了"共同结构"的理论。这种理论认为温血动物需要更多的能量，因此，也就需要吃更多的肉食，它们所捕杀的动物要比冷血食肉动物更多，结果从恐龙的动物群组合中证实了这一点，那就是食肉性的恐龙所占的比例相当之低，由此也能说明恐龙是热血动物。

这一理论引起了巨大反响，有些学者提出了补充该理论的研究结果。英国学者 A·J,德斯蒙德在他所著《热血恐龙》一书中指出，恐龙类里很少有身体小巧的小型恐龙，因为一只小型的热血动物，如果身体外表没有毛发或羽毛的绝缘覆盖物，就会过速地散失自己的体温，而恐龙差不多都是庞然大物，所以不会太快地失去体热。其次，在一些最为庞大的恐龙脊椎骨里，有一些巨大的空腔，这表明恐龙可能也有鸟类那样的一个气囊系统，使肺部能更有效地换气和更充分地从空气中摄取氧气。还有，恐龙都具有一个较为完整的次生腭，有了这个腭就能边吃食物边呼吸，而任何一种热血动物都需要持续不断地进行呼吸。

热血恐龙的理论导致了古生物学上的一场革命，它打破了许多传统观念，但同时也遭到了许多古生物学者的强烈批评和抨击，尤其是遭到了生理学家们的反对。以大英博物馆研究古代爬行动物和鸟类的学者艾伦·查理吉为代表的学者们，不赞成"共同结构"的理论，他提出作为热血动物的鸟类虽然可能是恐龙的后裔，但不承认所有的恐龙都起源于共同的祖先。到目前为止，恐龙是否属于热血动物的争论还在继续，谁是谁非还有待于进一步的研究才能做出结论。

恐龙有两个脑子吗

说起有两个脑子的恐龙，你一定会觉得奇怪。有的恐龙还真有两个脑子，比如马门溪龙、雷龙、梁龙就是这类恐龙。也许一个脑子不够用，所以再长一个。

这类恐龙有个共同的特点，就是身躯特别大，而脑袋却特别小。以马门溪龙为例，估计它活着的时候有四五十吨重，而脑子的重量仅有 500 克左右。

这么小的一个脑子，却能指挥一个大得惊人的身体，这实在叫人难以理解。

有人解剖了马门溪龙的脑壳和脊椎骨，终于发现了这个爬行大汉的秘密。原来，在它的臀部脊椎上，有一个叫神经球的东西（脊椎的膨大部分），正是这个神经球在默默地协助那个不像样的小脑子进行工作。

神经球比脑子要大好几倍，马门溪龙的后腿和大尾巴的运动，就按它发出的指令行事。这样，马门溪龙头上的那个小脑子也就忙得过来了，它只要把吃东西和接受信息的事管好就行了。

马门溪龙臀部的神经球实际上是它的"后脑"，它与前脑相距约十几米远。前后两脑各有各的任务，它们分工合作，互相帮助。

当然，由于两脑相距较远，信息传递的速度不可避免地要受到一些影响。因此像马门溪龙这类大爬虫，必定是反应迟钝、笨手笨脚的家伙。

马门溪龙不是唯一有两个脑子的恐龙。背上长有古怪骨板的剑龙也有两个脑子。

剑龙有大象那样大，而头却小得可怜。它的脑子只有一个核桃那么大，约100克重。小小的脑子无法完成指挥全身的重任，所以也在它的臀部长了一个神经球，这个神经球比真脑要大20倍，其作用是主管腿和尾的运动。剑龙的"后脑"比前脑大那么多，使人觉得它是一个四肢发达、头脑简单的动物。剑龙可能不大会动脑子，一副老实巴交、呆头呆脑的样子。但剑龙尾部上的骨刺以及指挥这条尾巴的那个大神经球又告诉我们，剑龙也不是等闲之辈。在遇到敌人时，它定会反射性地甩动带刺的尾巴进行殊死的搏斗。

恐龙有哪些活着的亲戚

包括恐龙在内的爬行动物，绝大多数都未能逃过6500万年前的那场大劫难，而成为历史长河中的匆匆过客。

但也有少数的成员，它们的"命大"，从中生代一直繁衍至今。这些成员仅有四类：龟鳖类、鳄类、有鳞类（蜥蜴类和蛇类）以及喙头蜥类。

这些爬行动物没有同恐龙一起绝灭而一直活到今天，究其原因，可能与它们对环境有较强的适应能力有关。

蜥蜴类和蛇类在今天地球上的爬行动物中非常繁荣。它们生活的范围比较广阔，从热带到温带都能见到它们的身影。蜥蜴在地球上的出现比恐龙晚得多，大约在侏罗纪的后期才演化出来。到白垩纪初，有的蜥蜴为了适应特定的生活环境，逐渐失去了四肢而演变为蛇。

龟鳖类爬行动物（特别是龟）也是一类活得不错的恐龙的亲戚。它们的资格相当老，自三叠纪中晚期出现后，至今长盛不衰，而且秉性十分保守，近2亿年来，身体的基本结构变化不大，始终穿着厚厚的铠甲。它们作为一个物种，如此长寿，很大程度上是因为有这身坚固的外壳的缘故。

龟的外壳很笨重，背着挺沉的，而且行动很不便；但在保命方面，堪称世界一流的防御工具。

在现生爬行类中,只有鳄类与恐龙的亲缘关系最近。鳄类大约与恐龙同时出现,在中生代虽属"二等公民",但却是一类唯一能与恐龙匹敌的动物。它们冷眼看着恐龙及其他亲戚们一个个的灭种,自己却奇迹般的活到今天。鳄鱼皮很有经济价值,它们正惨遭人类的滥捕滥杀,前途岌岌可危。

恐龙在世的亲戚,除了这三类外,最后一类为喙头蜥。喙头蜥在地球上的数量很少,被称为"活化石",苟延残喘地生活在新西兰南部荒僻的半岛上,目前正处在人类的严密保护之下。

喙头蜥是蜥蜴的近亲,体长60厘米,模样有点像蜥蜴。它是现存爬行动物中资格最老的一类。三叠纪早期它们的祖先就已活跃在地球上了,2亿年来,样子基本上没多大变化。在喙头蜥面前,恐龙、鳄类、蜥蜴类及龟鳖类,都只能算是小字辈。

恐龙的家庭生活

成年的鸟类通常都照顾它们的幼鸟,直到它们长大,能离巢高飞自己照顾自己。恐龙似乎也是这样。

本世纪70年代,科学家在美国蒙大拿州找到了一个完整的恐龙结巢的地点。这些巢是由一种叫慈母龙的两脚素食的鸭嘴龙建造的,它们是群居的。每一个巢直径约1.8米、0.8米高。巢之间的分隔约为一只恐龙的长度(约9米)。这些巢里,有蛋,恐龙幼体,最重要的是发现有约1米长的幼龙。

这些幼龙的牙齿因吃食而磨损,但它们的四肢骨头还太嫩弱,不能自己去觅食。这些恐龙一定是留在巢内,直到它们长得更大。在成长期间,它们一定是由成年的恐龙悉心照顾的。年幼的恐龙可能留在巢中几个月,偶尔会被一个家长带出去学习自己觅食。这种旅行会变得越来越长,最后幼龙足够成熟了,就加入恐龙群,跟它们一起迁移了。

恐龙会游泳吗

恐龙生活的地方,河流湖泊十分多。但恐龙不喜欢在水中栖息,也不具有像河马那样半水生的能力,它们习惯在比较干燥的陆地上生活。

恐龙并不老是固定在一个地方生活,它们为了觅食要在各栖息地之间自由搬迁,也要远走他乡去开发新的领地。要不恐龙的化石怎么会在世界各大洲都有发现呢!

不少恐龙应该是会游泳的,但让它们漂洋过海,可没有这么好的水性。

现生的爬行动物都有比较好的水性,鳄类自不必说,科摩多巨蜥能从这个小岛游到另一个小岛,蛇也能在水中游来游去。哺乳动物也大多会游泳,牛、马、老虎都能游泳,猪、狗还是这方面的高手,所以才有"猪浮三江,狗浮四海"之说。

蜥脚类恐龙在逃避肉食龙的追捕时,能进入河湖之中躲避,它们有很长的脖子,10多米深的水淹不了它们。游泳时前脚向前迈进,后脚踢水,在湖底留下脚印。当转方向时,四脚同时触地。有一块脚印化石是雷龙在游泳时留下的,就能告诉我们这一点。

鸭嘴龙前脚带蹼,尾巴扁平,无疑是天生的游泳家。它在水中靠尾巴的左右摆动,能游得很快。

以前人们都认为肉食龙可能是"旱鸭子",现在这种观点被证明是不正确的。因为发现了肉食龙在湖水中追逐植食龙时留下的足迹化石。据分析，它们在游泳时，为了加快速度和改变方向，不时用后脚猛蹬湖底，于是留下了断断续续的脚印。

为什么有些恐龙个儿那么大

著名的霸王龙，从头到尾长达 15 米，站起来有 6 米高，差一点有两层普通楼房那么高了。真是一个可怕的庞然大物！

其实在恐龙家族中，霸王龙只能算是中等身材。真正的庞然大物是蜥脚类恐龙，它们包括马门溪龙、雷龙、梁龙、腕龙等，体长 20～30 米平平常常，抬头达 5～6 层楼的高度也不足为奇。

尽管恐龙中也有不少是比较矮小的，但平均而言，它们比古今任何种类的陆生动物都要大得多。为什么有些恐龙长那么大？这对它们的生存到底有什么好处？这是科学家们一直在探讨和研究的问题。

有人认为，爬行动物与哺乳动物的生长方式不一样，哺乳动物快速长到成年阶段后，接着便衰老、死亡。它们的寿命比较短暂，个头一般都不大（这里说的是陆地上的哺乳动物）。但大型的爬行动物却具有无限的生长力，只要它们不死，一辈子都在慢慢长个子。大型的蜥脚类恐龙能活 200 多年，200 年不停地生长，个头自然会长得非常大。

又有人提出，中生代不仅许多恐龙躯体很大，海洋里的菊石（一种头足动物）也很大，有的大如车轮子；侏罗纪有一种蟌虫，体长可达 1 米以上；有一种翼龙，翼展开达 15 米，像一架飞机那样大。这是什么原因呢？

有人推测，当时地球空气密度比较大；也有人推测，当时地心引力比较小；还有人说可能与宇宙因素有关。当然，这些原因都可使动物长得很大。

那么，体大在生存上是否有好处呢？

科学家也是各有各的认识。有的说在中生代这种特定环境中，体大对生存竞争是有利的。例如，蜥脚类恐龙的庞大身躯对本身就是一种防御。吃植物的

雷龙

雷龙比吃肉的跃龙体重大 13 倍；吃植物的四川峨眉龙比吃肉的建设气龙体重大 20 倍。面对这么大的捕猎对象，食肉龙如果单枪匹马地干，肯定会落得一个"偷鸡不着蚀把米"的下场，更何况，蜥脚类恐龙还具有一定的自卫能力呢。

然而，大有大的难处。有不少学者认为，体大并无好处可言。体大的动物肚皮大，吃得多，像蜥脚类恐龙，偌大的身体，而脑袋却很小，吃食问题不好解决，如果环境一有变化，首先被淘汰的就是巨大的动物。

恐龙为什么长那么大？目前还没有一个令人信服的说法。然而恐龙在整个中生代取得了令人瞩目的成功，可在中生代末它们却又令人不解地悄然消失。应该说，它们的成功与失败都与身躯庞大有些关系。

恐龙怎样沟通

动物是可以互相沟通的。它们不像我们那样使用语言和字句，但它们能用它们的方式表达自己的想法。它们能用视觉信号表达，像一只孔雀使用它的尾巴，或某种蜥蜴使用它们颜色鲜明的喉盖；有的用气味来沟通，像一只臭鼬分泌出一种有臭味的液体。我们不知道恐龙能否用这样的方法沟通，但有些恐龙有非常大的鼻子，这使我们相信它们有很好的嗅觉。

远距离沟通最好的办法可能是利用声音。如果你在夜里听见猫叫或一只看门狗吠，你就知道声音是能多么有效地传送信息了。狼是成群出动猎食的，它们互相嗥叫，这样每一只狼就知道其他狼在什么地方了。

很难说恐龙能不能发出叫声。大多数动物的声音是由肺部、喉咙和声带发出来的，这些都是软组织，不会石化。不过，多种不同的恐龙脑颅，显示恐龙有很好的听觉。在两脚素食的冠顶龙的头骨里，曾发现仍然完整无缺的精细的耳骨，这表明，这种恐龙至少听力很好。

恐龙的皮肤是什么样

恐龙的皮肤很难保存为化石。从发现的少数皮肤印膜化石来看，大部分恐龙具有与现生爬行动物相似的皮肤：粗糙坚韧的鳞甲或角质突起。

霸王龙类的肉食恐龙皮肤很粗糙，上面长有一排排高出表面的大鳞片。

梁龙、雷龙、马门溪龙等蜥脚类恐龙的皮肤与蜥蜴近似，有比较粗糙的、颗粒状的鳞片，但比霸王龙平坦。

鸭嘴龙的皮肤上布有多边形的角质突起或小瘤，这种突起在体表各处的大小不同。

剑龙的皮肤上有细小的鳞片，与现生的蛇和蜥蜴差不多。

角龙的皮肤有成排的、大而呈纽扣状的小瘤，从颈部一直排列到尾部。

甲龙的皮肤最有趣，它身披坚硬的甲板。甲板上常长有大的瘤或刺一样的突起，活像古代武士的铠甲。

一些学者推测，较进步的肉食龙，如窄爪龙，皮肤上可能长有毛发之类的东西；有的则可能长有鸟那样的羽毛，这类恐龙大概就是始祖鸟的祖先类型。

恐龙皮肤的结构总算有皮肤印膜化石参考，可皮肤的颜色就难以找到化石依据了。以往，在很多书上，恐龙的皮肤被画成单调的泥棕色、浅灰色或草绿色，这大概是受到哺乳动物皮肤颜色的影响。哺乳动物大都是色盲，因而皮肤颜色比较灰暗。而爬行动物的"外套"，大都有亮丽的颜色。

许多学者认为恐龙是色彩斑斓的动物，并具有伪装色。有些恐龙以颜色互相辨认；

有些恐龙把颜色作为夸耀自己的"本钱"，特别在配偶面前，更是不遗余力地显示自己漂亮的色彩。因为现生的很多爬行动物是这样的，恐龙是不是也这样呢？科学家推测，恐龙皮肤的颜色可能还有调节体温的作用。有的恐龙皮肤可能还会变色呢！

恐龙的视力如何

判断动物视力好不好，大体上有两个标准，一是眼睛的大小，二是两眼的位置。

一般来讲，大眼睛的动物视力好，小眼睛的动物视力差。在现生动物中，大眼的、小眼的都有。

猛兽、猛禽、猿猴的眼都较大。夜猴的眼更是大得出奇，它在夜间也能看清周围的东西。吃草的牛、马、鹿等动物，眼睛不小，视力也不错。

老鼠的眼小，是近视眼，人称"鼠目寸光"。蛇、蜥蜴的眼也不大，视力差。但它们都发展了其他信息器官，以弥补视力不足的缺陷。

动物两眼的位置确定视野的广度和测定距离的精度。在这方面食草动物和食肉动物是有区别的。

牛、马是食草动物，它们的眼睛长在脸的两侧，双眼距离很大。眼睛的这种长法，使动物的视野很广阔。及时发现敌情，以便迅速逃命。

据认为身躯庞大的蜥脚类恐龙，视力比鸭嘴龙要差一些，剑龙和甲龙的视力更差劲，它们可能是恐龙家族的"近视眼"。肉食龙的视力都比较好。霸王龙的两眼不仅较大，而且位置靠前，像双筒望远镜，两眼可以同时聚焦在一个物体上，看到的东西是立体的，判断距离也特别精确。这是霸王龙对捕猎生活的适应而逐步演变成的。

肉食龙中，鸸鹋龙、恐爪龙和窄爪龙的视力最好。它们的眼睛很大，位置更靠前，像现生的鸵鸟一样，好似"火眼金睛"。科学家推测，某些肉食龙可能具有夜视的能力。

恐龙的牙齿什么样

恐龙的牙齿，数霸王龙的最为可怕。在它的大嘴巴里，参差不齐地长着很多巨大的、匕首般的尖牙利齿。牙齿微向后弯，边上呈锯齿状，最大的足有20厘米长。真是刀光剑影，寒气逼人。

霸王龙的牙齿清楚地表明，它是一个凶猛的吃肉的恐龙。被它咬住的动物，恐怕是很难挣脱的。

所有嗜杀成性的大型肉食恐龙，都长有这样厉害的牙齿。仔细观察一下它们的牙齿，你就会发现，牙齿的形状全都一个样，只是大小略有不同。科学家称它为"同型齿"。

吃植物的恐龙也长着同型齿，但不像肉食龙那么尖锐锋利。它们的牙齿有如勺子形状的，有如钉棒形状的，也有如叶片形状的。它们中鸭嘴龙的牙齿最为奇特，多达2000余个。叶状的牙一个挨一个长着，密密麻麻排成数行，像锉刀一样。大概鸭嘴龙吃的植物比较粗糙，所以才长出这样怪的牙齿。

恐龙一般都是同型齿。这种牙有缺点，功能不够齐全，在撕咬、切割或压碎食物方面很管用,但却不能咀嚼食物。所以恐龙吃东西是"囫囵吞枣"式的吃法。

有趣的是,恐龙等爬行动物的牙齿生长,总是以新替旧,老牙磨光了,新牙就来接班,一生要换好几次呢!

牙齿是为吃东西才长出来的,如果没有牙岂不是就没法吃东西了? 有趣的是,有的恐龙嘴里一颗牙也没长。例如似鸟龙就是不长牙的恐龙。与恐龙血缘密切的鸟类也没有牙,其实它们原来都是长有牙的,后来退化了。

不过,这些无牙的恐龙都长有鸟那样的角质喙以及特殊的消化器官,这就是不长牙的秘密。

恐龙的牙齿是同型齿,哺乳动物正相反,是异型齿。它们的牙齿已分化成门齿、犬齿和颊齿,各有不同的功能。

犬齿主管攻击、自卫、扑杀和撕咬猎

霸王龙

物;门齿主管切割食物;颊齿专门负责咀嚼,对食物进行精加工,食物被嚼碎后再吞下肚去,食物中的丰富营养就能更好地被身体所吸收。

哺乳动物中吃肉的猛兽,犬齿特别发达,如虎、豹、狗、狼等;吃植物的哺乳动物犬齿一般都退化了,有的变成了门齿状,有的干脆消失不见了。

恐龙的食物

恐龙分为肉食恐龙和素食恐龙两大类。还有一部分恐龙原先是肉食者,后来演变成杂食,荤的素的都吃。同现生动物一样,吃肉的恐龙数量少,吃植物的恐龙数量多,而且占绝大多数。

肉食恐龙中最有名的是霸王龙,此外还有跃龙、恐爪龙、永川龙等。大型肉食龙的主要捕猎对象是大型的植食恐龙,例如梁龙、雷龙、马门溪龙、鸭嘴龙等。

肉食恐龙都是两脚行走的动物。它们用后腿站立和四处走动,这使它们能跑得快,捕捉到它们的猎物。它们有巨大的撕咬的利牙和伸向前边的能抓捕的双"手",还有一条粗长的尾巴,以臀部保持身体平衡。所有的肉食恐龙都是据此设计出今天的模型的。

素食恐龙需要有比肉食恐龙更大的肠脏,为的是能消化更多的食物。最初素食恐龙进化出来时,它们沉重的内脏使它们失去身体的平衡。后来,进化出用四肢着地活动的类型,它们发展出长长的脖子,以便能伸出到处觅食。于是,像雷龙那样的长颈素食恐龙的基本形态就进化出来了。

与此同时,另一群素食恐龙则发展成将巨大的内脏垂在后腿之间的两脚素食恐龙。这些恐龙仍能用两脚行走并取得平衡,禽龙和潜冠龙便是两脚的素食恐龙。有些两脚素食恐龙发展出装甲,它们的体重又增加了,于是采取四肢着地的生活方式。这种类型的素食恐龙包括剑龙、三角龙和包头龙。

恐龙怎样生儿育女

恐龙像鸵鸟与鸽子一样,采用坐窝孵蛋的方式孵出后代,这是古生物研究领域的一项重要发现。这项发现印证了古生物考古学家一直在猜测但又苦于未能证实的事实,这使人类对恐龙的认识又前进了一大步。

最近,美国与蒙古科学家组成的考古队,在戈壁大沙漠中发现了一处保存异常完好的恐龙化石。这是生活在 7000 ～ 8000 万年前的一种食肉性恐龙化石,化石清楚地显示,恐龙死前正在孵蛋。它坐在窝上,窝内有 15 枚恐龙蛋,它的腿微微弯曲,其前爪叉开并伸向后方,似在护着自己的卵。此情此景,与今天的鸵鸟和鸽子、母鸡孵蛋的形式并无两样。从化石上看,该恐龙很像今天的鸵鸟,只是它的尾巴较长而脖子短。

这个发现第一次证实鸟与恐龙在行为上有着共同点,其中最主要的一点是它们都是自己孵蛋育出后代。

恐龙都是卵生的吗

恐龙是卵生的,人们对此一直是深信不疑的。出土的恐龙化石就是铁证。

但是,美国科罗拉多大学博物馆古生物馆馆长贝克却说,雷龙可能不是卵生,而是胎生的。

雷龙是世界上最大的恐龙之一,生活在 1.2 亿年前。贝克研究了 40 ～ 50 具成年雷龙的骨架,发现它们的盆骨腔比其他大多数恐龙都宽得多。这样宽的盆骨腔,足以容纳下雷龙的胎儿,而且还能顺利地分娩。其他恐龙由于盆骨腔小,就做不到这一点。

1910 年,人们曾发掘出一具成年雷龙的化石骨架,而在这一骨架中竟包含有一个小雷龙的骨架。当时有人猜测,这一大一小两具骨架,是被水冲到一起的。

但后来贝克仔细研究了这一标本,得出的结论却是:这是雌雷龙和它的还未出世的胎儿的遗骨!这位学者相信,雷龙妈妈不产卵,而是直接生出龙宝宝,就像现生的大象一样。小雷龙出世后,一直处在父母的保护下,因为曾发现过雷龙的脚印化石,其间大脚印中出现小脚印。从这些小脚印看,它们的体重大约不小于 135 千克。没有发现更小的脚印。说明小雷龙一生下来,就已经达到一定大小,能很快自己走动。如果是从蛋里孵化出来的,小雷龙就不可能有这么大。

贝克花了好几年的时间去寻找雷龙的蛋化石,但始终没找到。在当时,这类恐龙曾成群结队地出没在北美大陆的湖滨沼泽地带。如果雷龙是下蛋的,就不难找到它们的蛋化石或化石蛋壳残片。

对雷龙是胎生的还是卵生的问题,现在还没有一个肯定的结论。但值得一提的是,爬行动物中,虽然大多数是卵生,但也有少数是胎生的,如现生的蛇类、蜥蜴类中就有这样的成员。与恐龙同时代的鱼龙就是胎生,在德国还发现过鱼龙生仔的化石呢!

为什么白垩纪末恐龙蛋化石众多

世界上许多国家都发现了恐龙蛋化石,但数量不多。据 1993 年前的统计,总数约为 500 枚左右。

奇怪的是,恐龙蛋化石在产出的时代上,绝大多数是白垩纪晚期的,尤以白垩纪快结束的时候最多。

1993 年,从我国河南省爆出一条轰动世界的科学新闻:南阳的西峡等县发现了大量的恐龙蛋化石,仅西峡一县就出土了 5000 多枚。有意思的是,河南发现的恐龙蛋化石也是白垩纪晚期的。

这不是说其他时代的恐龙蛋化石绝对没有,而是数量很少。比如在侏罗纪、三叠纪都曾有恐龙蛋化石发现,但比起白垩纪来要少得多。人们不禁产生了疑问:为什么白垩纪晚期的恐龙蛋化石这么多,而其他时代的恐龙蛋化石却那么少? 是那个时代的恐龙特别爱下蛋,最容易成为化石吗?

科学家分析,白垩纪末的恐龙蛋化石之所以这么多,说明当时恐龙蛋孵化率很低,大量蛋不能孵出小恐龙,结果长期埋在沙土中变成了化石。相反,其他时代的恐龙蛋大多已孵出了小恐龙,因而形成化石的机会很少。

至于恐龙蛋不能孵化的原因,目前大体上有两种观点。有的科学家认为白垩纪末气候变得干燥、寒冷,雌恐龙内分泌失调,导致生下了没有孵化能力的薄壳蛋。

另有一些科学家认为恐龙的性别是由孵化时的温度决定的。白垩纪末期气候开始变得寒冷,致使孵出的恐龙女多男少,造成性别比例严重失调。这样的情况下,大多数雌恐龙下的蛋没有机会受精,就成了育不出后代的"哑蛋"。

恐龙为什么吃石头

1990 年前,美国的中亚科学考察队,曾在中国内蒙和蒙古人民共和国交界地带发掘出大量恐龙化石。

有一天,科学家在发掘出的一具素食恐龙骨架的胃部,意外地发现了 112 颗小石子,这些小石子已被高度磨光了。

很明显,这些小石子是这条恐龙活着的时候吞进胃里去的。它们长时间待在胃里,并随着胃的蠕动与食物一起反复搅拌,渐渐地石头被磨光了。

也许,恐龙吃石头既不是为了好玩,也不是因为石头里有什么营养。恐龙没有咀嚼食物的臼齿,食物未嚼碎就吞进肚里去了,它吃石头可以帮助消化胃中的食物。

古生物学家称这些石头为"胃石"。胃石经常在埋藏恐龙骨骼化石的地层中发现。例如,在美国蒙大拿州富含恐龙化石的白垩纪早期的地层中,就发现了上千块这样的胃石。

胃石是外来之物,但实际上却是恐龙消化器官的一个重要组成部分,是不可缺少的东西。

其实,现在地球上的动物中,也有经常吃石头的。鸡就常常吞食一些砂石,鳄鱼吃石头更是家常便饭。它们吃石头都是为了帮助消化。

胃石由于被磨得圆溜溜的,看来跟河中的卵石或沙漠中由风蚀作用形成的圆石块相似。如果胃石不同恐龙的骨骼一同发现的话,人们就会把它们当成一钱不值的废石头丢掉。想来一定有很多胃石就是这样被丢弃在野外,实在可惜。

不久前,美国科学家发明了用激光技术鉴别胃石的方法,能将胃石和卵石区别开来。这样,胃石就不会随随便便被扔掉了。

胃石是恐龙留下的档案材料之一。胃石不易磨碎或风化,保存为化石的机会比骨骼多。在地层中,只要发现了胃石,就是没有发现其他化石,古生物学家也能知道恐龙曾在这儿生活过。

肉食恐龙与草食恐龙共生之谜

从地层中发掘出的恐龙化石,素食恐龙的数量要比肉食恐龙的数量多得多。在一定的生活领域内,两类恐龙保持着比较固定的比例。

古生物工作者对加拿大阿尔伯达恐龙公园出土的大量恐龙化石标本进行了统计和估算,得出的结论是:肉食龙与素食龙体重的比例是6:100左右。

在一个被统计的区域内,素食恐龙共有233具,其中鸭嘴龙类有127个,甲龙类有37个,角龙类有69个;肉食恐龙是霸王龙,共有21个。

估计成年恐龙的体重:鸭嘴龙为2200千克,甲龙为2000千克,角龙为2000千克,霸王龙为1500千克。它们都是大型恐龙,是这一生态环境的主角。

在这里,素食龙与肉食龙之间在数量上达到了生态平衡。它们互相依存,互相制约,谁也不能少了谁。

没有素食恐龙,肉食龙就会断炊,就会饿死;没有肉食恐龙,素食恐龙就会无限制地繁殖,从而出现"人口"大爆炸。它们会吃光所有能吃的植物,毁掉赖以生存的家园,最后病饿而死。

这一切都是因为生态不平衡引起的。因此,肉食恐龙与植食恐龙是无法分开的。

恐龙脚印化石是怎样形成的

距今1.35亿年前的一天,有一条巨大的雷龙慢慢地沿着湖边走着。它那大象般的四足踩在湿漉漉的泥地上,在它的身后留下了两行清晰的脚印。这就是留在现今美国德克萨斯州的一连串恐龙脚印化石。

就在雷龙刚刚走过不久,一条两足行走的、身躯比雷龙小得多的肉食恐龙,循着它的足迹跟了上来。肉食恐龙知道,一条雷龙"大肉块"就在它前面不远的地方。这即将到口的美味它岂肯放过!它加快了速度,大步流星地追了上去,消失在一片绿荫之中……

1938年,当年肉食恐龙追踪雷龙时留下的足迹,被古生物学家发现。当然,此时的足迹已变成化石了。它被科学家视为珍奇的恐龙遗迹化石和研究恐龙生活习性的重要

世界传世藏书

中外未解之谜

动物未解之谜

一一四三

材料。

一般说,恐龙的骨骼比较容易形成化石,而脚印却很难。

原因是,脚印从产生到石化,条件很苛刻。如果恐龙从干燥的地面上走过,脚印根本不能形成;如果恐龙从稀溜溜的、含水分过多的泥地上走过,脚印虽容易形成,但也容易消失;只有在泥沙地面的湿度合适时,脚印才能清楚地留下来,而且不会很快自行消失。

脚印形成后,要在较短时间内被干燥定型。在尚未被自然力破坏前,这些定了型的脚印要被后来的沉积物严严实实地覆盖。在不见天日的深深的地下,历经千百万年的岩化作用,原先松散的泥砂变成了岩石,脚印化石才能大功告成。

恐龙生活的地方,炎热低洼,水源丰富,河湖发育,因此具有很好的形成脚印的先决条件。虽然脚印化石形成的条件十分苛刻,但恐龙仍然留下了数量可观的化石脚印。这些化石脚印在世界许多地方都有发现,有时连续分布近千个。

恐龙木乃伊化石的形成之谜

古埃及的木乃伊一直被认为是世界上最早的木乃伊。但是,1985 年在智利发现了96 具木乃伊,距现在竟有 7810 年的历史,比埃及的木乃伊大约早 3000 年。这些木乃伊有的是经过人工防腐处理的,有的纯由自然防腐(太阳曝晒脱水)形成。显然,智利的木乃伊理应是世界上最早的木乃伊。

其实,埃及和智利的木乃伊都不算早,世界上最早的是中生代的木乃伊。

1908 年,古生物学家在美国堪萨斯州发现了一个非常特别的化石木乃伊,死者是繁盛于白垩纪后期的鸭嘴龙。

发现时,它双腿向上仰卧在那里。后来它被搬进美国自然历史博物馆陈列起来。前来看稀奇的观众络绎不绝。人们惊叹大自然无奇不有。

恐龙专家们对这具化石木乃伊及其埋藏环境进行了研究,得出了有趣的结论。7000万年前的一天,堪萨斯州赤日高悬。不知为什么,一条鸭嘴龙离开了栖息地,离开了它的伙伴们,独自来到这个干燥、炎热的不毛之地。

也许它已病魔缠身,也许它迷失了方向,恶劣的环境使它精疲力竭,昏头昏脑。它再也走不动了,终于仰天倒卧在滚烫的沙地上。从此它再也没有爬起来,就这样躺在那里,默默地死去了。

鸭嘴龙的尸体长时间暴露在荒野,没有被吃肉的动物破坏过,可见这地方是没有什么动物敢来的。

在火辣辣的太阳的曝晒下,尸体发生了脱水作用,皮肉干缩,使得肋骨和大腿骨显得格外突出。最后,这条鸭嘴龙变成了一具干尸。

后来这儿发生了洪水,在干尸的皮肉还没来得及被水泡软前,泥砂质沉积物就把它给掩埋了。岁月流失,沉积物越来越厚,干尸被埋在深深的地下。几千万年过去了,泥砂变成了岩石,干尸变成了化石。

恐龙会迁徙吗

所谓迁徙，是指动物在自然条件发生变化，或者为满足自己生殖发育的需要，而变化栖居地区的习性。许多动物都有迁徙的习性，如某些鸟类的迁徙，鱼类的洄游，昆虫的迁徙，哺乳类的迁徙等。那么，亿万年前的恐龙也会迁徙吗？

其实有关恐龙迁徙的理论，早在1928年就有一些科学家提出来了，其后又逐渐有所发展。

自1887年以来，在加拿大阿尔伯达恐龙公园内，发现了大量距今7500万年前的恐龙化石。已清理统计出40种大约生活在同一时期的恐龙。这样多的恐龙种类共同生活在一起，并且相安无事，令人费解。尤其是形态结构和生活习性都非常相似的两种鸭嘴龙——兰氏龙和盔龙，同时生活在这里更是不可思议。因为，它们之间必然存在激烈的生存斗争，而不可能长期生活在一起。因此科学家们认为，这些恐龙只是在有限的时间内互不干扰地作邻居，或是在一年的不同时间里分别来到该地区。换句话说，这些化石极有可能是当时这些动物在向其他目的地迁徙、或者"游牧"的过程中遗留下来的。

角龙类中的粗鼻龙化石的发现，也为恐龙的迁徙提供了佐证。

1945年，第一个粗鼻龙化石发现于北纬50°的阿尔伯达省南部；1986年，在该化石点以北约720千米的地方发现了第二个粗鼻龙化石；一年后，在阿拉斯加的北极圈内又发现了一个粗鼻龙的头骨。最北的化石点距离最南的化石点3000余千米。距离如此遥远的地方，同时演化出相同的动物似乎是不可能的。这就表明，粗鼻龙具有迁移习性。根据对恐龙运动速度的研究，科学家们认为，

恐龙迁徙

粗鼻龙群能够在一年之内实现南、北之间的来回迁移。

此外，有证据表明，有些恐龙还在各大陆块之间迁移。在白垩纪的部分时间里，北极是北美和亚洲之间的连接点，这样的路桥使恐龙在两大洲之间的迁移成为可能。化石证据有力地支持恐龙双向迁移扩散的存在，因为现在已知的北美白垩纪的恐龙几乎每个科在亚洲都有其代表。例如鸭嘴龙和角龙类恐龙就主要分布在北美和东亚，说明这两个地区白垩纪晚期的恐龙群有着非常密切的关系。

在澳洲大陆和南极大陆上发现的几种恐龙化石，表现出与欧洲、北美的一些种类有密切关系，这也说明这些大陆曾经是连在一起的，发生过恐龙的迁徙和扩散，在以后才慢慢分开的。

当然，关于恐龙迁徙的理论，我们还需要更多更系统的证据来论证它。

恐龙长有羽毛吗

鸟类长有羽毛,这是众所周知的。长期以来,人们把是否长有羽毛作为鸟类的分类依据之一。

可是1996年9月,有人在我国辽宁西部地区发现了一种奇特的动物化石:它个体大小类似家鸡,头很大,满嘴长着带有小锯齿的尖锐牙齿,前肢非常短,尾巴却出奇地长;在这个动物的背部,从头到尾长着毛状的结构。科学家给它命名为"中华龙鸟",它是世界上发现的第一种长着原始羽毛的恐龙。

1999年5月,科学家们又报道了一种叫北票龙的动物,这是继中华龙鸟以后发现的第二种保存毛状皮肤结构的恐龙。而且这种毛状结构确实属于原始羽毛。不仅如此,科学家们推测包括霸王龙在内的许多恐龙,可能已经不再像冷血的爬行动物那样长着鳞片,而是体披着这种原始羽毛,更像美丽的鸟类。

这一发现震惊了世界,使辽西成为了世界上恐龙发现和研究的热点地区。

鸟类起源于恐龙吗

鸟类起源于恐龙吗?这个观点经过历代科学家的纷争,虽然已经获得了古生物学界的广泛认同,但仍然有鸟类学家对此提出质疑,并坚持传统的鸟类起源于三叠纪的槽齿类爬行动物的假说。

他们认为兽脚类恐龙与鸟类的相似性仅仅是表面上的,是不同门类的生物由于生活环境和生活习性的相似而出现的演化结果。如中生代的鱼龙、现代的鲸和鱼,它们相互之间的亲缘关系很远,但由于都生活在水里,适应游泳生活,所以形成了非常相似的体形。

鸟类的翼与兽脚类的前肢虽然都有三指,但实际是不同的,兽脚类是第1、2、3指(第4指和第5指已消失),而鸟类则是第2、3、4指(第1指和第5指已消失)。他们认为兽脚类已经消失的第4指不可能再重新获得而进化成为鸟类的第4指。

还有就是认为与鸟类具有很多相似之处的小型兽脚类恐龙出现较晚,只可以追溯到大约1.15亿年以前,而始祖鸟则生活在1.5亿年以前,所以这些小型兽脚类不可能是鸟类的祖先。

此外,兽脚类的锁骨与鸟类的叉骨不相像,鸟类复杂的肺脏不可能起源于兽脚类的肺脏也都是反对者的理由。

然而,反对鸟类起源于小型兽脚类恐龙的科学家也没有能够找到与鸟类相似的、有可能是鸟类祖先的三叠纪时期具体的槽齿类动物。

看来,鸟类起源于小型兽脚类恐龙的假说虽然在古生物学界占了上风,但也还没有得到科学界完全的公认,这个学术争论还将继续下去。但是,随着更多证据的发现和更深入的研究,相信不需要太长的时间,鸟类起源的自然之谜必将会被揭晓,被我们人类最终认识。

恐龙蛋壳为何变薄

有科学家发现在恐龙绝灭之前,恐龙蛋壳变得越来越薄了,早期的正常厚度是2.8毫米,恐龙绝灭时期的通常只有1毫米。恐龙在绝灭之前的一小段时间,蛋壳特别薄的大约占90%。这种薄蛋壳很容易破碎,胚胎也容易因脱水而死亡。科学家还发现,胚胎在孵化前就死了,因为蛋壳太薄,没法为正在发育的恐龙胚胎骨骼提供必不可少的钙质。

根据对鸟类产薄壳蛋现象的研究,科学家认为,恐龙之所以产大量的薄壳蛋,是因为在白垩纪末期发生的巨大的气候和环境变化,致使将要做恐龙妈妈的母恐龙们代谢失调,新陈代谢被扰乱后造成的。

由此看来,在"恐龙时代"的最后岁月中,恐龙的日子是很不好过的。

恐龙的寿命有多长

在现生动物中,爬行动物的寿命较长,尤其是其中的龟可达200岁以上,(据报道我国发现了2000~3000岁的龟)。鸟类也在高寿之列。相反,哺乳动物还都相形见绌,其寿命相对较短。

一些科学家在研究了恐龙骨骼的生长环后发现,这些恐龙死亡时的年龄为120岁。没有证据表明它们是在颐养天年后自己慢慢老死的。许多恐龙是死于事故,老年恐龙、幼年恐龙和病残恐龙是肉食龙的主要捕食对象。因此120岁并不是恐龙高寿的年龄。排除非正常死亡的因素,恐龙能活到100~200岁应当不成问题。它们是除龟以外,寿命最长的动物。

恐龙的奔跑速度有多快

科学家对恐龙行走和奔跑的速度进行了研究,得出的结果虽然不尽相同,但我们从中还是可以看出一些眉目来:

庞大的蜥脚类恐龙四足行走,速度较慢,每小时不超过3.2~6.5千米。与人类散步的速度相近。

四足行走的剑龙和甲龙走路稍快,每小时6~8千米。

两足行走的鸭嘴龙每小时能走18.5千米,若遇"追兵",它能跑得像马一样快。

四足行走的角龙是跑得最快的植食性恐龙,面对危险在短时间内能以32~48千米的时速冲刺,吓得霸王龙赶紧逃避。

肉食性恐龙大都是短跑高手,时速可达40千米。两足行走的虚骨龙类,身轻腿长,是恐龙中的"飞毛腿",时速能达80千米。

刚果残存着活恐龙

恐龙是地球上生活过的最庞大的陆上动物。凡是见过恐龙骨架化石或复原标本的人,对它那巨大的身体,奇异的形状和凶猛的形象都会留下极其深刻的印象。而恐龙的突然灭亡，也使人感到不可理解。因此，人们自然而然地会想：在这个地球上，恐龙有没有留下后代。而每当世界各地发现神秘的未知动物时，也就有人认为，他们看到的怪兽就是活着的恐龙。

在非洲中部的刚果，乌班吉河和桑加河流域之间，有一个湖，名叫泰莱湖。泰莱湖周围是大片的热带雨林和沼泽，人迹罕至，许多地方根本无法通行。几个世纪以来，当地一直流传着在这神秘莫测的泰莱湖里，存在着一种奇形怪状的巨兽。有人说这巨兽是史前留下来的恐龙，也有人说这是一条巨大无比的巨鳄，传说沸沸扬扬。莫衷一是。

据这里生活着的土著居民说，在泰莱湖中，有一种名叫"莫凯朗邦贝"（意为"虹"）的怪兽。莫凯朗邦贝有 4 个大象那么大，长尾，蛇头，背非常宽阔，露出水面的部分有 4 米长，爪印 90 厘米长，爪距 2.4 米左右。莫凯朗邦贝既非河马，也非大象。它是一种吃植物的巨兽，一种红褐色的两栖动物。有人曾看到它在河岸上吃草和野果。它非常胆小，一有动静，立即跳入水中藏匿起来。从土著居民的描述来看，这种怪兽很像中生代生存过的蜥脚类恐龙。这引起了许多动物学家们的极大兴趣，它是活着的恐龙吗？一时间，刚果成了科学家和探险者们瞩目的地方。

1978 年，一支法国探险队进入密林，去追踪怪兽的踪迹，可是他们从此一去不返。据报道，1981 年和 1982 年，人称"隐匿动物学家"的美国人麦卡尔及其合作者，曾两度到泰莱湖考察，虽历经千辛万苦，结果终未能目睹怪兽的踪影，也未找到能证明怪兽存在的任何物证，仅收集了一些传说。一个名叫芒东左的刚果人说，他曾在莫肯古依与班得各之间的利科瓦拉赫比斯河中看到怪兽。当考察队员们拿出各种动物的照片，让当地居民辨认，居民们指着雷龙画片毫不犹豫地说，他们看到的就是那东西。

1983 年，刚果政府组织了一支考察队，再次深入泰莱湖畔。据说他们拍下了怪兽的照片。但这些照片一直没有公布。

但又有报道说，美国黑人学者雷吉斯特兹带领一支考察队深入泰莱湖沼泽地，在此等候了 6 个星期之后，终于 5 次看见了这种怪兽，6 次听到它的叫声。他拍了照，录了音。还找到了一些完整的恐龙骨骼。可是 10 多年过去了，他们并没有拿出证据来让人信服。

九十年代，刚果地区政局动荡，战乱频繁，多次发生武装政变和军事冲突，这使科学考察很难再继续进行，追踪泰莱湖畔怪兽的工作，只好暂时终止。因此，怪兽究竟是不是残存的活恐龙，也仍然还是一个不解之谜。

四川恐龙公墓之谜

位于我国四川省自贡市的大山铺恐龙化石地点，以其埋藏丰富、保存完整而令世人瞩目，因此，有些科学家把大山铺形象地称为"恐龙公墓"。那么，这个"恐龙公墓"是怎样形成的呢？这个谜一样的问题吸引了许多科学家的兴趣。他们从不同的角度研究这个问题，得出了一些结论，虽然还不能完全解开这个谜，但是多多少少为我们最终认识这个问题提供了可供参考的依据。

1. 原地埋藏论

这个理论由成都地质学院岩石学教授夏之杰提出,其根据是岩石学以及恐龙化石的埋藏特征。

大山铺恐龙的埋藏地层在地质学上属于沙溪庙组陆源碎屑沉积,以紫红色泥岩为主,夹有多层浅灰绿色中细粒砂岩和粉砂岩,属河流与湖泊相交替沉积。也就是说,在1亿6000万年前的侏罗纪中期,大山铺地区河流纵横、湖泊广布。这样的自然环境,再加上当时温和的气候条件,使得这里完全成为了一个恐龙生存繁衍的"天堂",成群结队的各类恐龙生活在这片植被茂密的滨湖平原上。

恐龙公墓

但是,很可能是由于食用了含砷量很高的植物,大批的恐龙中毒而死,并被迅速地埋藏在较为平静的砂质浅滩环境里,还没有来得及被搬运就被原地埋藏起来,因此形成了本地区恐龙化石数量丰富、保存完整的埋藏学特征。

这个理论因符合埋藏学原理而显得很独特,但是它还是使人感到证据不足,因为当时大山铺地区的植物的砷含量的平均背景值是多少? 能够致使恐龙猝死的砷含量又是多少? 分析砷含量时的取样是否有代表性? 这些问题依然需要进一步的深入研究。

2. 异地埋藏论

这个理论认为大山铺的恐龙是在异地死亡后被搬运到本地区埋藏下来的。其证据包括以下三个方面:

第一,如果是原地埋藏,无疑应该大多数是完整或较完整的个体,而事实恰好相反,本地区恐龙化石虽然已经发掘采集了100多个个体,但其中完整或较完整的仅有30多个个体,大约只占总数的五分之一。

第二,综观化石现场,除埋藏丰富、保存完整容易被人发现的特征外,有一种不易被人所注意的普遍现象是,靠近上部或地表的化石较破碎零散,大都是恐龙的肢骨,而且很像经搬运后被磨蚀得支离破碎的样子;同时越是接近上部岩层,小化石越多,如鱼鳞、各种牙齿遍及整个化石现场,翼龙、剑龙与蛇颈龙的椎体也十分零星,并具有从南到北依次从多到少的分布规律。下部岩层则几乎都是体躯庞大的蜥脚类恐龙,保存都不完整,很明显是经过搬运后的结果。

第三,砾石层的发现是研究沉积环境的重要根据。大山铺发现的砾石均位于化石层的底部,从其特征判断是经过搬运的产物,可能与恐龙化石群的形成有密切关系。

3. 综合论

多数的科学家认为,大山铺恐龙公墓中大部分化石是搬运后被埋藏下来的,也有少部分为原地埋藏,因此这是一个综合两种成因而形成的恐龙墓地。本区恐龙与其他脊椎动物为何如此丰富?如果只有恐龙一个家族在此埋藏,两种理论可能都比较容易理解,但是除恐龙外,这里还有能飞行的翼龙以及水中生活的蛇颈龙、迷齿两栖类等等,它们的生活环境各不相同。

地质研究证明,侏罗纪中期的大山铺是一个洪泛平原,这些古老的爬行动物也可能和现生动物一样,对生活环境具有明显的选择性。恐龙中性情温和的蜥脚类恐龙常常成群结队生活于地形较低的湖滨平原上;剑龙喜居于距湖滨稍高而常年蕨类丛生的山林中;鸟脚类恐龙以其形态结构轻巧灵活又善于奔跑的特点,活跃于较高的台地上。其他脊椎动物,如翼龙,仅能在湖岸林间作低空飞行。

恐龙与这些脊椎动物的生活环境和习性有着极大的区别,但它们为何会集中埋藏到一起呢?大概只能是经搬运从不同地点转移过来的;但是为什么又有许多完整的化石骨架呢?这显然又是原地埋藏的产物。因此,这种种现象看来只能有一种解释,即大山铺"恐龙公墓"的成因是原地埋藏和异地埋藏两种方式综合而成。

东方恐龙的长颈之谜

远古时代的长颈恐龙的长脖子有什么用?这是多年来困惑科学家的一个难题。

2002年秋天,中国科学院古脊椎动物和古人类研究所的研究人员李春在贵州省盘县挖掘出一个远古海洋里的长颈龙的头骨,后来在头骨的上颚找到了它尚存的3颗尖牙。2003年年底,李春在同一海洋石灰岩层中又挖掘出了我国第一个原龙(最原始的爬行动物的总称)的完整化石,也是世界上发现的首具完整的海洋原龙化石,他把这种恐龙命名为"东方恐头龙"。

此次发现的东方恐头龙曾经生活在2.3亿年前的浅海中,当时贵州省所在的云贵高原还是一片汪洋大海。东方恐头龙的颈部长度超过1.7米,躯干部分还不到1米。李春在贵州省的原始地层中发现的新标本虽然具有与欧洲某些原龙类动物相似的长脖子,但是二者之间并不存在直接的亲缘关系,是不同的演化机制塑造了类似的怪异器官。由于长颈龙的颈部长得几乎与身体不成比例,因此长颈龙在欧洲被发现后的100多年时间里,它的脖子到底如何运动就成为古生物学领域争论的热点,也是一个著名的难题,被称为"生物机械学的噩梦",至今没有定论。

长颈龙为何要长出长长的颈项呢?

东方恐头龙的颈椎有25节椎骨,它的长脖子长久以来被认为可以像蛇一样灵活扭曲。但化石研究结果表明,它的颈椎骨上长有细长、类似肋骨的骨头,使脖子呈僵直状、根本无法灵活运动。曾经有人认为东方恐头龙的长脖子便于它伸出海面来吸气,可是科学家指出,东方恐头龙的喉咙太长了,如果它把头部伸出水面,水下和水面上的压力差会把它的肺部压扁。

如今,比较有说服力的一种观点是这样的:东方恐头龙的长脖子就像吸尘器的长管子,能把猎物吸入口中。

东方恐头龙的脖子虽然不能像蛇那样灵活地上下左右运动,却可以伸缩,颈椎两侧细长的肋骨与肌肉巧妙的配合使它可以突然而迅速地伸长脖子,将鱼类、乌贼等猎物吸入口中。因为它的脖子很长,能够产生足够的吸力。

事实上,把嘴张大后吞吸猎物,是许多水生动物捕食的方式。东方恐头龙脑袋相对较小,嘴里长有可怕的利齿。鱼或乌贼一旦被吸进去后,就会被恐头龙的牙齿挡住而无法逃离,而被吸进的水却可以方便地吐出。

东方恐头龙那长长的脖子还增加了头部与身体之间的距离,增强了它的隐身功能。里玻耳对采访他的记者说:“这种会游泳的恐龙的长脖子使它能偷偷接近猎物,而猎物根本发现不了它。”在海水里,鱼类和乌贼等猎物只能看到恐龙较小的头部,这些猎物不但无法注意到它庞大的身躯,甚至感觉不到它行动时产生的波浪。因而不会提高警惕,从而给了它下手的好机会,增加了捕食到猎物的机会。

不过,这种观点仍然不能解释全部疑点,需要进一步地补充和修正。

第二节　神秘动物之谜

麒麟是指哪种动物

麒麟是古代传说中的一种动物,作为吉祥的象征。据说,它形状像鹿,独角,全身披鳞甲,尾像牛。这自然是几种动物特征综合而成,自然界中并不存在,只是人们想象的产物。

不过,即使是想象,也是要以一定的自然界中的生物为根据的。

《汉书·武帝纪》颜师古注:“麟,麇身牛尾,狼头,黄色,圆蹄,一角,角端有肉。”晋人陆机著的《毛诗疏义》中说:“麟,麇身,牛尾,马足,圆蹄……角端有肉。”宋人《事类统编》中说,麒麟“身满雪,尾生风,耸肉角,蹴马蹄。”这也就是说,麒麟身体像獐,尾巴像牛尾巴,脚像马脚,头上有肉角,身上有白色斑点,脚下有蹄跑得很快……

再看,麒麟的习性。《公羊传·哀公十四年》载:“麒者,仁兽也。”《毛诗陆疏广要》中写道:“有足者宜蹄,唯麟之足可以蹄而不蹄,是其仁也。有额者宜抵,唯麟之额可以抵而不抵。有角者宜触,唯麟之角可以触而不触。”古代儒家还认为麒麟是能体现仁的思想的瑞兽。看来麒麟相当温驯。

晋代葛洪著《抱朴子》中说:“麟不吠守。”意思说麒麟不会叫。

那么,动物界中,哪种动物具有这样的外形和习性呢?

这好像是长颈鹿。它身上似豹斑,有尾有蹄,角不脱落,披有毛皮,看去像肉疙瘩,跑的速度快,每小时达50千米,比马还要快。

而且,长颈鹿很温驯。它很少主动进攻,甚至反抗自卫能力也很弱。有一次,在纳米比亚的埃托沙盆地里,一只狮子找上了一只长颈鹿。长颈鹿一见狮子就立即逃跑,但狮子很快赶了上来,跳到它的后颈上,一口咬住长颈鹿的颈椎骨,身体高大的长颈鹿居然没作什么反抗就栽倒了。当然,当生命受到威胁时,有时长颈鹿也会用脚踢对方。

长颈鹿没有声带,只会发出很微弱的呻吟声,几乎可以算是哑巴。它是用尾巴进行通讯联络的。

在日本,它们很早就把长颈鹿译为"麒麟"了。

长颈鹿

许多专家学者经过多方考证,认为古人所说的麒麟就是指长颈鹿。1958年,郭沫若先生写的《咏黄山灵芝草》一诗中有一句"兽中早已出麒麟",在其后注明:"麒麟,即长颈鹿。"这一历史之谜似乎被郭先生一语道破了。

然而,令人费解的是,《史记·孔子世家》记载:鲁哀公十四年(公元前481年)春,鲁哀公带领家臣们到大野(相传为今山东嘉祥县麟堆)打猎,大夫叔孙氏的车手钮商获得了一只怪兽,孔子看了说:"这是麒麟!"并叹息道:"吾道穷矣!"

《公羊传·哀公十四年》也记载:孔子见到麒麟以后,"反袂拭面,涕沾袍"。据说孔子作《春秋》,因获麟而绝笔,因而《春秋》也称《麟经》。长颈鹿产于非洲,显然孔子看到的麒麟不是长颈鹿。

应该说,麒麟是指长颈鹿的说法有比较充足的证据。那么,是否孔子看到的麒麟与后来人们所说的麒麟不是指同一动物呢?如果是这样的话,孔子见到的麒麟又是指哪种动物呢?这依然是个谜。

九头鸟是神话传说吗

在中国的古代典籍诗文和民间传说中,有关于九头鸟的传说。南宋周密在《齐东野语》中,对九头鸟有十分有趣的描述,九头鸟原来是有10个头的,其中一个头被狗咬去,剩下9个头,被咬去头的地方尚滴着血,鲜血淋淋,据说这血滴到谁家,谁家就遭灾,因此九头鸟就被视为不祥之鸟。清末明初字书《正字通监鸟部》则认为九头鸟是妖鸟,又名"鬼车鸟",大者翼丈许,昼伏夜出,见火光辄堕。

在中国古代典籍诗文和民间传说中,九头鸟始终笼罩着一层神秘的色彩。就像凤凰一样,它的身影似乎无处不在。民间传说更为九头鸟笼罩着一层神秘的色彩,成为罕见的神鸟、怪鸟或不祥之鸟。

但是生物学家不相信自然界确有九头鸟的存在,认为那只是神话而已。人们都认为九头鸟不过是神话传说中的怪鸟。

但近几年来,国内一些报刊相继报道了在湖北恩施、湖南石门等地,有人亲眼见到了九头鸟的消息。据报道,湖南壶瓶山境内曾多次发现九头鸟。

在云遮雾障的湖北神农架,也有不少关于九头鸟的传说和目击事件。1993年9月15日上午,湖北省施恩县南坪河乡鹰子尖村一村民在神农架打柴,当天,天色昏暗,山上雾色重重,他正想砍下一株柱树,突然,他听到半天响起一阵呼呼的风声,天空中飞来一团黑乎乎的东西,一下子,停在一株大树上,他仰头一看,只见树冠上停着一只特大的怪鸟,个体比非洲鸵鸟还要大,高高耸着一个头,这个头的额头上,如戴着一个花环,生着一串8个小脑袋,呈半月形,好似是一个人头上戴着一顶凤冠,更使他叫惊的是,这些小脑袋上,居然也长着嘴、鼻子、眼睛,眼睛亮晶晶的,在这串小脑袋下,居然还有圈凤毛,如大姑娘额上的刘海,见了使人悚然。那村民见了吓得魂飞魄荡,拔脚就跑,那只怪鸟见人奔跑,也振翅高飞,奇怪的是那只怪鸟除了两翼奋飞之外,那8个小脑袋下,也各有两只小小的翅膀,扑翅飞腾。这位村民丧魂落胆地跑回家,把见到这怪鸟告诉老父亲。父亲神秘地说,这神农架自古以来,就存在着这种怪鸟,村里有许多人都曾经看见过,只是由于传说这种怪鸟是妖怪所变,见了就遭灾,所以看见过的人都不敢讲出来而已。

神农架林区松柏镇堂房村一村民,最早是在1992年看到九头鸟,当时他20岁,那年11月,一个阴天的上午10点钟左右,这位村民到八角洞燕子岩附近的承包地上种土豆,突然听到头顶空中有一种奇特的嚎叫声,好像是沉闷的口哨声,非常刺耳,与他以前听到的任何鸟类叫声完全不同,他十分惊奇地朝上一望,只见空中有一只巨大无比的鸟在飞翔,它像一只大大的簸箕,连翅膀在内直径起码就有3米,羽毛黑灰色,更令人吃惊的是此鸟头部特别大,长着一串脑袋,一大八小,一共就有9个。个个脑袋都有嘴、有眼睛、有鼻子,小眼睛亮晶晶的,栩栩如生。大脑袋的嘴是红色的,它的尾部也很独特,呈圆扇形,好似孔雀开屏,又像是滚动前进的车轮,旋转着而飞,这只九头鸟边飞边叫,声音凄厉,一会儿就无影无踪了。

据说神农架九头鸟是一种巨型鸟类,叫声奇特,看见过它或听见过它叫声的人,都留下了难忘的印象。

在体型上能达到2米的鸟在国内鸟族中并不多,按照正常规律,体型越大的鸟越容易被发现和熟悉,如果不容易被发现的话只有两种基本情况,要么它生活在很偏僻的地区,要么它习性特殊,譬如在夜间出现,不容易被我们观察到。还有一种非常规的原因是,它早已为鸟类学家所熟悉,但是产地的老百姓对它没有太多的了解,传说加上非专业的描述,常规物种就成了有待证实的新奇物种,"九头鸟"很可能就属于这种情况。

据专家分析,村民所发现的九头鸟可能是鸮类中的大个子——雕鸮。

其一,雕鸮体型硕大,体长近1米。对于一个情绪激动的非专业目击者来说,夸大实际长度是不足为奇的,就像不足10米的蟒蛇会在人们口中"延长"到十几甚至几十米。

雕鸮双翅宽阔，尾部不算太长，说它飞起来像个簸箕也可以，而国内其他的大鸟如天鹅、鹤类等，在体型上具有三长（嘴长、颈长和腿长）的特征，而且很少有树栖的。

其二，鸮类的头部看上去较一般的鸟更宽阔，完全有可能具有容纳多个脑袋的想象空间。鸮的头颈能在身体保持不动的情况下转动270°，当变化位置观察它的时候，它的目光会始终跟随你，仿佛它四面都是脸。

其三，"鹰嘴"是猛禽的重要鉴别特征，排除了不会认错的鹰类，猫头鹰（鸮）也同样具有类似的钩嘴，另外刺耳的怪叫也是辨别鸮类的典型特征。

其四，目击者都是在光线较弱的情况下看到怪鸟，也完全符合雕鸮在夜晚和晨昏活动的生活习性。

其五，当地山民在那个时候基本上遵循着"日出而作，日落而息"的习惯，所以和身边的雕鸮成为不见面的邻居并不奇怪。

其六，雕鸮在白天视力不佳，才可以容人走得很近去看到细节，其他的大鸟白天视力极佳，是不会让你走到20米以内从容观察的。

最后一点，目击者在看到九头鸟的当年得了一场大病，当地传说见到九头鸟不吉利，这跟人们普遍传说的"见到猫头鹰不吉利"的说法如出一辙。

种种证据表明，没有比雕鸮更符合九头鸟特征的鸟了。值得说明的是，雕鸮和其他种类的猫头鹰一样，作为食物链的顶端消费者，在维持自然生态平衡中起着很重要的作用，它还是国家二级保护动物。

照此说，见到九头鸟只是一种讹传，世界上真的有九头鸟吗？如果说有，为什么生物学界不见报道，难道我们那么多活跃在深山老林里的生物学家们都无缘见它一面吗？它的生活习性如何？它那奇异的长相似乎并不符合生物生长的规律；如果说没有，那么历史上那么多传说和俗话从何而来？那些目击者看见的究竟是什么东西？难道是有人看错了，或者是他们仅仅看到了一个畸形发育的鸟，还是像"尼斯湖怪兽"一样，可能有人在搞恶作剧？

疑问一个接一个，九头鸟到底存在与否，现在谁也不能下结论。

独角兽之谜

独角兽是所有动物中最具神秘色彩的动物之一。几个世纪以来，在民间传说、歌曲、诗歌中，独角兽的故事被广为传诵。人们惊叹于独角兽的美丽。同时，对于它为世界文化和历史所做的贡献大加赞赏。传说中的独角兽形态各异。但人们最熟知的是一种具有鹿身，牛尾，马蹄，头顶中央有一只短角的动物。其背部毛发呈五彩色：红，黄，蓝，白，黑，象征中国五种神圣的颜色。其腹部毛发为黄色。有些传说中描述的独角兽还具有像龙一样的绿色鳞甲。

迄今为止，它仍是世界上一大"未解之谜"。大多数人相信独角兽的存在，几个世纪人们也曾寻觅到它的踪迹。然而，中国神话中独角兽的东方形象与大家熟知的形似白马的西方形象截然不同。唯一相同的是独角兽头顶正中有一支单角。

中国的独角兽被称为麒麟。它是麒——雄性独角兽，和麟——雌性独角兽的合体。麒麟活动时格外小心，以免踩踏伤害到那些弱小的生命。它以植物为生，这些植物如今不复存在。麒麟有 1000 岁的寿命。

传说中麒麟被尊奉为四大吉兆动物之一（其他三种为凤凰、龙、龟）。它能预示未来，并代表了生命的本质。

独角兽在传说中通常被描述为一种具有马身，头顶有一只单角的动物。也有传说中独角兽具有羚羊后腿、狮子尾巴和山羊胡子。古代和中世纪亚欧文化中独角兽的形象可能来自一位希腊医生对犀牛的记录。那是大约在公元前 400 年，这位医生记录了一只独角兽，称其为具有洁白身体、紫色脑袋、腕尺长角的印度野驴。长角底部为白色，中部黑色，并有红色裂缝。独角兽行动敏捷，性情凶猛。

1. 最早的独角兽

在中国神话中，独角兽是一种吉祥之物。它只有在履行重要使命时才出现。它的出现被人们视为美好时代的象征。在中国古代，也传说有一种独角兽，说是鹿的身，马的蹄，牛的尾巴，全身长满鳞的怪兽。民间老百姓都把此物当做吉祥物，说此物降临时便会有圣人出现。

传说大约 5000 年前第一只独角兽出现，并将文字传授于伏羲皇帝。在大约 4700 年前，也就是公元前 2697 年，一只独角兽出现在黄帝的花园。这一吉兆被视为黄帝之统治将千秋万代，和平繁荣。尧帝统治时期也有两只独角兽，尧帝是 4000 年前五大皇帝之一。

在欧洲也流传着独角兽的故事，有关它的文字记载可追溯到公元前 400 年。

在欧洲，传说有人见到过洁白光滑、圆锥形的长角，是海盗带上大陆的。但当人们问起长角来源时，海盗们却讳莫如深，不肯吐露。因此这长角实物，更刺激了人们的各种各样想象力。众人都按照自己的想象力，猜测着长角动物的奇形怪貌。

有人把它描绘成凶猛强悍、能飞，猎人根本看不到它，可是当它看到漂亮美丽的姑娘时，会主动走到姑娘跟前，躺到她的脚下，十分温驯。这些传说越来越多，越来越神奇，使独角兽成了一种至高无上的，又令人生畏的高贵动物。传说该物是鹰的头，狮子的身，龙与狼人一类的动物。这种传说，无形中促进了欧洲文化的发展。

据说罗马皇帝花重金从海盗那里买了两个独角。这种神秘的传说，尽管流传了几个世纪，但独角兽到底是什么样子，谁也没有见过，始终是个不解之谜。

2. 一角鲸的发现

1511 年的 6 月，探险家马丁·佛罗比带领一队人马去北极考察，在穿越北极时遇到了风暴。眼看船队要遭受灭顶之灾，在绝望中他们发现了一座海岛，经过一场生死搏斗总算驶进了一个海湾，终于死里逃生。他们登上这个海岛。这个岛就是巴芬岛。

巴芬岛是个荒无人烟的海岛，到处是冰天雪地。马丁·佛罗比他们找了个避风较好的岩洞，暂时安顿下来。就在这时，一个队员惊叫起来：天啊，怪兽！怪兽！

马丁·佛罗比立即从岩洞里钻了出来,在冰雪覆盖的天涯海角,出现了一条硕大的、形体特别古怪的死鱼,它的身体圆滚滚的,就像一条海豚,大约 4 米长。最令人惊奇的是,在鱼的嘴部有一根长达 2 米的破唇而出,圆锥形的长角洁白无瑕,活像一只大象牙。

马丁·佛罗比被眼前的怪物迷住了,尽管他天南海北到处探险考察,但从来没有见到海中还有这种怪兽。他围着这条怪兽转来转去,忽然间想起欧洲人的传说,莫非这就是神奇的独角兽吗?他要证实一下,马上想到独角能解毒,珍贵无比。

于是,他与队员们设法在岩洞里捉到一只巨毒的蜘蛛,把它塞到独角孔里,大家都瞪着眼睛看那只蜘蛛的动静,过了几分钟,果真那只毒蜘蛛死去了。幸运的避难者欣喜若狂,他们在九死一生中发现了珍宝。

船队回到了欧洲,他们向人们郑重宣布:传说中的独角兽被他们找到了,它是真实存在的,他们把那只珍贵无比的独角献给了英国伊莉莎白女王。从此,在世界上流传了几个世纪的神奇动物终于被证实了。

到 16 世纪中叶,一批动物学家对独角兽发生了兴趣,他们在北极找到这种怪兽的栖息地,原来,这种怪兽是一种鲸,叫一角鲸。

一角鲸是珍稀动物,又生活在北冰洋,因此很难见到,这给研究它的特性带来了困难。

然而,对于一角鲸是否属于独角兽,神话传说中有着更多的传奇色彩,到底答案是什么,恐怕到现在还是个未解之谜。

猛犸之谜

动画片《冰河世纪》是一部描写冰河期中的动物生活状况的影片。在该动画片中,有一种生物与剑齿虎一样被描绘为身体强壮但并不暴躁,它就是猛犸。

猛犸,是一种古脊椎动物,隶属于哺乳纲、长鼻目、真象科,也叫毛象。猛犸是鞑靼语"地下居住者"的意思。

它身高体壮,有粗壮的腿,脚生四趾,头特别大,在其嘴部长出一对弯曲的大门牙。一头成熟的猛犸,身长达 5 米,体高约 3 米,门齿长 1.5 米左右,体重可达 4~5 吨。它身上披着黑色的细密长毛,皮很厚,具有极厚的脂肪层,厚度可达 9 厘米。从猛犸的身体结构来看,它具有极强的御寒能力。

猛犸

事实上,在新生代中期和晚期,长鼻类动物主要沿着两条进化路线发展成为世界性分布的、曾经显赫一时的大家族。其中一条是进化主线,是经由古乳齿象进化出现在的象类,另一条则是进化小分支,演化成恐象类,但早已经灭绝了。

从远古时代,分化出很多类型的象。始祖象,和猪一般大小,没有长鼻子和长牙。后来渐渐出现了乳齿象、铲齿象、恐象，到了中新世时已经发展得十分繁盛，种类很多。历史车轮一下子就转到了第四纪时期，在此之前的象类很快绝灭了，与此同时，又出现了新的种类的象。剑齿象、古菱齿象和猛犸象是象类大家族中的典型代表。

象类在快进入近代以前分三个地带占山为王，剑齿象占领南方和热带地区；古菱齿象在中部地区，占领亚热带；再往北冰天雪地的地方，它的霸主是猛犸象。猛犸与今天的大象有亲缘关系。但是，它却比今天的大象凶猛得多。成年的猛犸象体型庞大，在平原上，其他的动物对它们构成不了什么威胁，科学家们声称，猛犸会忽然去攻击任何在它看来是威胁的动物，而对手往往在醒过神来之前就被碾死。年幼的猛犸象需要15年的时间才能发育成型。因此，凶猛的捕食动物很容易伤害这些幼象。

与现代象不同，猛犸并非生活在热带或亚热带，而是生活在北方严寒气候的一种古哺乳动物。大小近似现代的象，但头骨比现代的象短而高。体披棕褐色长毛。无下门齿，上门齿很长，向上、向外卷曲。臼齿由许多齿板组成，齿板排列紧密，约有30片，板与板之间是发达的白垩质层。

猛犸曾生存于亚、欧大陆北部及北美洲北部更新世晚期的寒冷地区。前苏联西伯利亚北部及北美的阿拉斯加半岛的冻土层中，都曾发现带有皮肉的完整个体，胃中仍保存有当地生长的冻土带的植物。寒冷的气候，给喜爱在冰天雪地中生活的猛犸家族带来了繁荣。可能在距今1.2万～3万年间，今天的黄海完全裸露，东海大部分裸露，新露出的大陆成了猛犸活动的新天地，因为这里有肥沃的草原，星罗棋布的湖沼，是食草动物理想的生活场所。因此，大批猛犸从世袭的领地向南迁移，辽阔的黄海大平原上经常出现猛犸的足迹。我国东北、山东长岛、内蒙古、宁夏等地区也曾发现过猛犸的化石。

科学家认为，地球上的猛犸是死于突如其来的冰期，使得死亡后的尸体即遭冻结，故未来得及腐烂。又由于千百年来在地穴中受到冰雪的保护掩埋，故能完整地被保存下来。在阿拉斯加和西伯利亚的冻土和冰层里，曾不止一次发现这种动物冷冻的尸体。

在西伯利亚天然冷库里，有些猛犸的遗体保存得十分完好。1977年，人们在东西伯利亚发现了一只雄性猛犸婴儿的遗体。它身上的皮肉和长毛都十分完好地保存下来，这是世界上迄今为止发现的最为完整的猛犸遗体，人们给它起了个名字，叫"小迪玛"。

小迪玛身高1米，体长0.75米，仅重70千克。据推算，它活着的时候，体重可达90～100千克。小迪玛身上披着透明的栗色长毛，脚部毛长12.5厘米，胸腹部毛长21厘米。小迪玛是大自然给我们留下的最为完整、具体、清晰的猛犸标本，为我们认识那个时代的世界提供了生动的资料。

然而，它也给人们提供了更具体的疑问，例如，在地球上生活了约50万年的猛犸，为什么会在1万年前突然灭绝？是由于某种灾变引起的，还是由于猛犸自己缺少适应生存的条件而灭绝的呢？猛犸的灭绝，和恐龙的灭绝一样，都是生物进化史中的未解之谜。

一项新的研究发现，猛犸是死于人手，而并非由于气候变化导致了这些动物的灭绝。美国的考古学家研究发现，人类捕杀导致了猛犸的灭绝。在一个特定的区域内，猛犸的灭绝时间与人类进入这一地区的时间相吻合。这项研究工作总共涉及了5个大陆的41

个考古学遗址。研究人员发现,当人类迁徙出非洲后,在他们的栖息地留下了死亡的象和猛犸的痕迹。一个地区一旦被人类占有,那么象和猛犸的化石记录便在这一地区停止了,并指出,使现代象幸存下来的避难所都是对人类缺乏吸引力的地方,例如热带雨林。

猛犸给人类留下的诸多谜团什么时候能解开呢?我们拭目以待。

第三节　湖中怪兽大揭秘

喀纳斯湖水怪之谜

在我国阿尔泰山原始森林里,有一个喀纳斯自然保护区,区内有一个喀纳斯湖,湖中有巨鱼,相传目击的人很多。

据当地老牧民说,早在 30 年代时,曾捕到过一条巨鱼,17 匹马也没有把它运走,鱼头可当大锅盛东西。还传说过去常有牛、马在湖边突然失踪,可能是被巨鱼吞食了。

1985 年 7 月,新疆大学生物学系向礼陔副教授带领的保护区规划考察队,又在喀纳斯湖发现了巨鱼,最大的鱼头几乎有小汽车那样大。同月 24 日,新疆环境保护科学研究所的一支考察队,在蓝绿色的喀纳斯湖面上,突然发现几个红褐色的团点,仔细一看,有几十个,零星散布在近山脚的湖水中。起初,一位考察队员以为是湖面的浮生植物,后来另一位考察队员高喊:"是大鱼!"他们用望远镜仔细一看,果然不错,那巨

喀纳斯湖

大的鱼头浮现在水面,尾巴浸入深水中,有的还露出一点背脊,它们慢慢地游动。从望远镜中看去,巨鱼的眼睛隐约可见,有的鱼嘴巴露出水面,激起一圈圈的波纹。所有大鱼总数近 100 条,粗粗地目测,最大的鱼头近一米宽,鱼体长大约有 10 米。那么,这巨鱼究竟属于哪一种? 根据新疆大学和新疆环境保护科学研究所的考察队分析,喀纳斯湖长约 25 公里,宽有 2～3 公里,湖水最深处有 174 米,而且湖中饵料丰富,具有孕育巨鱼的条件。另外,从目击到的这些鱼的形态和特征来判断,巨鱼很可能就是哲罗鲑。

哲罗鲑是我国东北各大河流以及苏联西伯利亚常见的一种经济鱼类。我国一些鱼类学家和动物学工作者对"喀纳斯湖存有巨鱼"提出两点异议:第一点是巨鱼是否就是哲罗鲑。虽然从看到的形状和特征很象哲罗鲑,但是没有抓到过一条巨鱼标本,只能说是一种推测,因为在一定距离看到的鱼形与实际的鱼是有误差的。第二点是巨鱼究竟有多大。据 1983 年 6 月上海辞书出版社出版的《简明生物学词典》记载:哲罗鲑"长达 2 米

余"。又据报道:蒙古族牧民经常垂钓到的哲罗鲑是 10 多公斤重的;在 50 年代,有人曾在这个湖里捕到过 50 多公斤重的哲罗鲑;1984 年夏天,有人叉到过的一条哲罗鲑是 38 公斤。可是传说中的巨鱼和新疆有关考察队所见的巨鱼,远远要比上述的哲罗鲑大多了。

看来,要知道喀纳斯湖中的巨鱼是哪一种? 究竟有多大? 还有待于人们设法去抓到这种巨鱼,经过鉴定和测量才能知晓。

青海湖"神灵显形"

青海湖,古称"西海",是我国最大的内陆湖,海拔 3196 米,面积 4583 平方公里,最深处有 30 多米。这里自古荒凉,有许多神话传说,近几十年关于水怪的传闻又为它涂上了一层更加神秘的色彩。

1955 年 6 月中旬,一小队解放军战士陪同一位科学家分乘两辆水陆汽车在湖中考察。班长李孝安首先发现水中巨物:长 10 多米,宽 2 米,露出水面 30 厘米,像鲨鱼一样,呈黑黄色。

1960 年春,渔业工人在湖中捕鱼时,看见远处卷起巨浪,浮出一片黑色的"巨礁",既像鳖壳,又像鲸背,浮沉了几次,才从人们眼前消失。

1982 年 5 月 23 日下午,青海湖农场五大队二号渔船工人再次看见"水怪",不露头尾,背部长约 13 米,身上闪着鱼皮似的光。他们把目击情况详细记录在渔船记录簿上。

青海湖的"水怪"是什么呢?

青海湖有五个大岛,最大的是海心山。水怪出没地点都在海心山与湖东岸之间,所见都为黑或黑黄色,长度都是 10 多米,估计是同一动物,起码是同一类动物。从形状看,它(们)肯定不是蛇颈龙之类的远古爬行动物,因为三次都是不露头,不露尾,背部也没有多大的"驼峰"。

那么,是不是"大鱼"呢? 自古以来,藏民把天上飞的鹰和水里游的鱼奉为神灵,从不伤害和捕食鱼类,这样,前几十年,湖内鱼类达到饱和程度,有的大鱼重 10 千克以上。青海湖的鱼是湟鱼,也称"裸鲤",是无鳞的,绝不可能长到十三四米长。

自然,这"水怪"也不会是什么"神灵",只能是生物,不是鱼,也不是蛇颈龙,会是什么呢? 这早已引起科学家的广泛兴趣了。

神秘的长白山天池"怪兽"

天池湖面海拔 2189 米,水深 373 米,水面积 9.82 平方公里,积水 20 亿立方米,年平均气温为 $-7.3℃$,年积雪日数达到 258 天,积雪最深达到 3 米,是中国最高最大最冷的高山湖泊。天池地处高山之巅,自然环境恶劣,四周群峰围拱,草木不生;水中有机质及浮生物极少,没有可供大型动物生存的食物。但是近百年来,"天池怪兽"一直是天池的奇怪现象,被传说得沸沸扬扬,神乎其神,给人们留下了许多悬念,令人费解。

从本世纪六十年代到八十年代,对怪兽的发现次数和记载越来越多。1962 年 8 月中旬,吉林省气象器材供应站的周风瀛用六倍双筒望远镜发现,天池东北角距岸边二、三百米的水面上,浮出两个动物的头,前后相距二、三百米,互相追逐游动,时而沉入水中,时而覆出水面。有狗头大小,黑褐色,身后留下人字形波纹。一个多小时后,此物潜入水中。

1976 年 9 月 26 日,延吉县老头沟桃胡公社苗圃主任老朴和苗圃工人,以及外来的解放军同志,共二、三十人,在天文峰上看见一个高约两米,像牛一样大的'怪兽',伏在天池的岸边休息。大家惊讶地大喊大叫起来,'怪兽'被惊动,走进天池,游到接近天池中心处消失"。

1980 年 8 月 21 日,作家雷加和几个同伴在长白山天池中发现了喇叭形的阔大划水线,"其尖端有时覆出盆大黑点,形似头部,有时又覆出拖长的梭形体,形

美丽的长白山天池

似背部"。8 月 23 日,省气象局两位同志从山上下到天池底端,在距池边只有 30 米处,有 5 只头部和前胸昂起,头大如牛,体形如狗,嘴状如鸭,背部黑色油亮,似有棕色长毛,腔部雪白的动物。"怪兽"迅速潜入水中,不见踪影。

"天池怪兽"的形状在众说纷纭中成了多种多样。有的形容为方顶有角、长项多须的蛟龙,有的比喻为头大如牛、体形如狗、嘴状如鸭的怪物;有的认为是黑熊下池游泳;还有的怀疑是长白山的奇特动物堪大犴。于是,怪兽似龙,似牛,似熊,像恐龙,像人鱼,像浮石等等,难以统一。为了深入探讨和研究长白山天池怪兽,解开这个世界之谜,长白山自然保护区管理局建立了"天池怪兽"展览室,把历史的、现今的种种发现和记录全部整理公布,绘制出怪兽出现的流程曲线图,并且按照人们的描述雕塑了两只怪兽的塑像,一只像龙,金黄色,长有龙鳞;一只像牛,嘴呈鸭状。

1995 年 8 月,奇迹再次出现,于北坡登上天池的游人们齐声呼喊,一只怪兽钻出水面又迅速消失。这一消息立即在吉林电视台予以报道。与此同时,在西坡的抚松县边防大队的战士们曾三次发现怪兽钻出水面。这说明,怪兽出现的频率越来越高了。

"天池怪兽"究竟有没有,有多少,怎样生存……

这个谜底也许在不久就会有答案了吧。

河南铜山湖水怪之谜

铜山湖,属长江流域唐白河水系,湖水发源于伏牛山脉的白云山区,之后经泌阳河、唐河入汉水,最后归入长江。如今,铜山湖有水面积 186 平方公里,蓄水量 133 亿立方米,湖水清澈,所产鱼类肉质鲜美。

关于铜山湖有"水怪"的传闻,最早始于 20 世纪 80 年代中期,这以后,几乎每年都会

出现,有时 1 年达 3 次之多。

1985 年 9 月的一天晚上,皓月当空,风平浪静,湖区水产队捕捞职工马海驾船返回住地,当行驶至湖心岛浅水区时,忽然发现,一个庞然大物正趴在岸边一块石头上蠕动。出于好奇,马海驾船驶向怪物,靠近一看,马海吓得目瞪口呆,只见一黑乎乎的、仅有上半身露出水面的怪物,头似牛头,状如蛇首,有两只短角,扁平大嘴,鼻孔有两个核桃般大,两眼宛若鸭蛋,身上有鳞,露出水面的上半身有两爪。见有人来,怪物慌忙潜入水中。

1992 年 8 月 9 日,几位垂钓爱好者选择了一临水陡岩处下钩,那里的水深约 20 米。过了一个多小时后,平静的水面突然掀起巨浪,一股浓烈的腥味扑面而来。接着,水中冒出一个庞然大物的上身,鼻孔中喷出水柱,带爪的前肢扑打水面,张着一张簸箕大嘴,半小时后,怪物消失。

1995 年 10 月 25 日,在湖上划船的游客,发现前方数米处有一黑色怪物,其脊背露出水面十几米,头抬起半米高,长有两角,令人吓得大声尖叫,在一片惊呼声中,怪物迅速逃走。

自 1985 年首次发现怪物以来,怪物频繁出现,虽然目击者描述有些差异,但出入不大。那么,铜山湖水怪到底是什么呢?

有人认为是扬子鳄,也有人认为是中华鲟,但这两种动物与人们描述的怪物形象差异很大。时至今日,铜山湖水怪仍是一个未解之谜。

神农架长潭水怪

在湖北神农架林区新乡石屋头村和猫儿观村之间,前后至少有 20 人在同一深潭里看到几个巨型水生动物。不少目击者介绍说,每年 6~8 月,当这种怪兽浮出水面时,嘴里往往喷着几丈高的水柱,接着冒出一阵青烟。水怪活动之后,天往往很快下大雨。

1985 年 7 月的一天中午,石屋头村党支部书记田世海路经长潭,长潭周围是深山老林,人迹罕至。突然,只见水面翻动,哗哗直响,冒出几丈高的水柱。他非常惊奇,再仔细一瞧,发现水中有好几个特大的"癞头包"正在向上喷水。它们的皮肤呈灰色,头扁圆形,有两只比大饭碗还要大的圆眼,嘴巴张开后足有 4 尺多长,样子十分吓人。前肢端生有五趾,又长又宽,扁形,在水中呈浅红肉质色。

1986 年 8 月的一天中午,猫儿观村农民张兆先经过长潭赶回家里,当时天气阴暗,十分闷热,他走到潭边时,见到潭中冒出阵阵青烟白雾,很快向四面散开,在烟雾中有几个巨大的灰乎乎的怪物,两眼发光,嘴巴像一只大筲箕。他以为遇上"水鬼"了,吓得连忙跑回家。

大岭村农民周正席说,1986 年 7 月中旬,他经过长潭,发现潭中有四五个巨大的漩水涡,并且不断地移动位置,后来漩涡中的水不断上升为水柱,好像喷泉一样,接着从绿绿的水中露出几个圆圆大脑袋,两只大眼睛活像一对大灯笼,只一会儿就沉了下去。

大约 7 亿年前,"神农架群"地层才开始从一望无际的海洋中缓缓崛起为陆地。几经变换沉浮,到距今 1 亿多年前中生代,神农架一带才变成真正的陆地,但那时海拔不高,湖泊沼泽星罗棋布,气候温暖湿润,大型动物恐龙成群活动。在距今约 7000 万年前,神农架地层上升,海拔增高,这一时期无数古老的大型兽脚类如板齿犀,利齿猪等成群结队地在河湖边出没,这点已从近年来神农架发掘的板齿犀化石等得到证明。可以推测,在气候环境得天独厚的神农架林区,很可能有某种远古大型动物,有幸躲过了第四纪冰川灾难而残存下来。但至于这些水生动物是恐龙还是某种远古时代大型动物的"活化石",只能作为神农架又一新谜留待探索。

神农架风光

龙潭水怪

洪湖市龙口镇双潭村四名干部在去村民家中收取电费款途经龙潭时,发现潭子的南边离岸 10 多米处,有一头部如水桶粗、双眼放绿光的怪物正缓缓向东北方向游去。四人急忙叫来村里的群众一同观看,近 500 村民目睹其 15 分钟后,龙潭水怪沉入水底。

洪湖市龙口镇双潭村因村东西两边各有一个水潭而得名。村西边的水潭因潭里时有不明物出现,当地人称之为龙潭,不明物则被称为龙潭水怪。

自 1969 年以来,先后有 20 多次人们看见"水怪"。譬如:

1969 年农历六月初六,一个村民见潭中央翻起一股巨浪,接着出现约一只木船那么长的黑杠向西边缓缓游去。它形体硕大,呈弧形;头尾看不见;身上有鳞,鳞上还沾有青苔;出水 10 ~ 20 厘米。那怪物先后沉浮 3 次,每次沉浮都激起浪花,约过半小时后下沉。

1985 年夏,两村民在潭东南方向捕鱼。忽然,在离他们木船 10 来米的地方,出现一个怪物,并激起巨大的浪花。他们胆颤心惊地慌忙上岸,喊了许多村民来看。只见那怪物悠然自得地缓游于潭中央,呈弧形,棕黑色,似有鳞块,头尾看不见。围观者用石块掷击它,它也没有反应。下沉时激起了较大的漩涡。

1982 年农历七月的一个晚上,月光皎洁,一个村民在潭东南岸边捕鱼,突然在离他 10 来米的水中,出现一个形状如蛇头、大小如水桶的怪物。它的头露出水面约有 1 米高,棕黑色。

1992 年 5 月,龙口镇一位个体摄影师途经双潭时,突然看见潭里抛起三四米高的水柱,接着一个像蛤蚧形的巨大怪物从半空随水柱跌入水中,之后在水中翻了两次。它头如箩筐;身似鸭筏子船,有脚,背棕褐色,背上有翅子,身上有鳞,鳞上有些青苔,肚灰白色;尾粗而不长。

那么,双潭内的怪物究竟是什么动物呢?

为了探个水落石出,双潭村曾组织了 30 多台抽水机抽潭里的水,可是抽了 3 天 3 夜,水位下降 3 米之后,就再也退不下去了。人们估计潭边东南方向的土墩子底下可能有水下暗洞。村里人还用炸药炸,用巴豆及五六辣粉毒捕,结果也一无所获。

1992 年 7 月,中国科学院水生物研究所曾派出由 3 人组成的探怪小组,赴双潭做初步了解。据专家估计,潭底有溶岩洞之类的地下水道。由于各种条件限制,探怪小组最终也未能深入进行探怪工作,就不了了之了。

因此,双潭湖怪至今仍是一个难解的谜。

宁夏震湖巨型水怪

宁夏西吉县震湖是世界第二大震湖,居住在该湖岸边的村民近来纷传在湖里发现一个巨型水怪,引起各方关注。宁夏震湖位于西吉县城西南 30 公里的苏堡乡,是 1920 年固原地区大地震后形成的湖泊,形状狭长,绵延 10 公里,最宽处仅 600 米,水面面积有186.6 万平方米,平均水深 12 米,最深处 27 米。震湖两边是黄土高坡,沿岸长着茂盛的芦苇。

湖边党家岔村的 61 岁农民老汉段成文是最近一位目击者。据他描述,5 月 15 日午后,他在湖边路上散步,偶然发现湖中有一个黑乎乎的怪物在慢慢游动,有两只船那么大,露出水面的部分就有一尺高。他立刻惊叫起来,但当时有两辆拖拉机开过,怪物受惊吓后就沉下去了,湖面上泛起很大的漩涡。

党家岔村 40 岁的农妇司琴芬则在 4 月 27 日晚上 9 点左右两次目睹了"水怪"。她说,当时她来到湖边是为了叫儿女回家,结果发现湖中有一个怪物在慢慢游动,露出湖面的部分呈锯齿形。邻村杨下村村民组长王生明说,4 月 19 日晚上,他趁着月夜专门到湖边看水怪。他从 10 点多守到凌晨 2 点,终于看到了怪物。他称,那怪物身体很长,露出的部分呈弓形,有一尺多高,慢慢地顺水而游,还发出咕咕声。他用矿灯一照,结果怪物受惊吓后就轰地一声沉入水底,溅起很高的水花。

西藏文部湖水怪

文部湖位于西藏申扎县,海拔 4535 米,呈长方形,面积为 835 平方公里。文部湖怪兽早在 20 世纪 50 年代就已被发现,其特征是头小、眼大、脖子细长,身子像一头牛,皮肤呈灰黑色。科学考察表明,文部湖的许多自然条件与英国尼斯湖极其相似,都是断陷湖。青藏高原在 7000 万年前还是一片汪洋,当时海洋中生活着大量史前动物,恐龙也在其中。约 300 万年前;喜马拉雅山才抬升为今日的"世界屋脊"。文部湖含盐度不高,介于淡水与海水之间,适于水生植物、浮游生物以及鱼类生长。鉴于此,有人推测文部湖中的怪兽可能就是适应了环境变化而生存至今的史前生物或恐龙。

猎塔湖水怪

在四川省甘孜藏族自治州的九龙县有一个神湖叫猎塔湖,有人看见一个长得像恐龙一样的神秘动物在湖中出现。几天以后,湖水浅滩上出现了一些凌乱的牦牛尸骨,有人猜测,这只牦牛很可能是被湖中的怪兽拖下水的。怪兽出现之前,湖面还会出现一种奇怪的漩涡。1998 年有人竟然用摄像机拍下了这个神秘莫测的现象,从画面中隐约可以看到漩涡底下有生物在移动,这是不是水怪出现的前兆?

2004 年 6 月,九龙县的两位妇女王伦秀和泽仁志玛一起到山上采松茸,她们来到湖边刚刚坐下休息的时候,突然听见从湖中传来一阵巨大的响声。随后,整个猎塔湖都发出了很强烈的反光。

猎塔湖

当时,突然刮起的大风将湖面掀起了一阵阵的大浪,与此同时,她们看到湖面上突然钻出了一个奇怪的动物。而那个动物的头近两米左右,她们远远看去好像有个大蟒蛇似的,头大、眼睛大,嘴像鳄鱼的嘴一样。

2004 年,成都理工大学的两位教授曾经到猎塔湖做过考察,他们也看到了猎塔湖中出现的那种奇特现象。当时,经过缜密的分析,他们解开了猎塔湖湖水怪,这个近千年的谜团。

王长生是当地文化站的一位宣传干事,2005 年 8 月 10 日他到山上写生的时候,无意中看到湖中出现了一个奇异的动物。回来后他凭着记忆将那个动物的样子画了下来。

王长生说,他当时听到湖面上发出了一阵巨大的响声,与此同时,看到在白色的浪花中露出了一个很奇怪的动物的头。头上似乎还长着一个冠子。随后,在水中有一个动物在旋转翻腾,激起了一阵阵的大浪,它的身体也在翻腾中时隐时现,露出了灰白的身体。当时,王长生估计,那个动物的身长大概有二十米左右。目击者王长生说,他当时看到那动物的感觉有点像恐龙,而王长生所画的这张动物画像,给人的感觉很像是一条龙。

第四节　神秘的海洋动物

海洋里的魔法师

你知道吗?在广阔的海洋里,有许多神奇的"魔法师"。虽然比不上《哈利·波特》中的魔法师,但它们同样拥有许多神奇的魔力!

澳大利亚海洋生物学家,在印度尼西亚海域发现一种特殊的章鱼,它在遇险时可乔装成其他海洋生物躲避祸害,这种章鱼是目前唯一被人们发现的能乔装其他生物的海洋动物。

这位神奇"魔法师"可以改变自己身体的形状;或在一团烟雾中消失;或慢慢地隐身;

或使用某种"毒药";或者逐渐"融化"进海底中;或拿出变脸绝活儿,在一瞬间换上一身艳丽的"演出服"。章鱼家族和它的亲戚们已经在地球上生活了将近 400 万年,但人类却很少真正地接触过它们,更很少了解它们的生活和"魔法"——因为章鱼家族最喜欢,也最擅长生活在黑暗深海中。

如果说变色龙是陆地上的"伪装大师",那章鱼就是当之无愧的海洋"变脸圣手"——地球上恐怕没有哪一种生物能比章鱼更善于改变自己的外貌。章鱼的"变脸"绝活儿比变色龙毫不逊色,它能在一瞬间改变几种颜色,使自己能更加完美地与周围的环境融为一体。另一些章鱼更夸张,它们可以把自己的触角并拢在一起,惟妙惟肖地模仿出其他鱼类的外形和颜色,简直是一种"终极模仿秀冠军"!

蓝环章鱼是章鱼"魔法师"家族中的一员,遍布全身的海蓝色环形图案就是它的"身份证"。蓝环章鱼的毒剂隐藏在它的唾液中,是地球上最致命的毒药之一。一条不到你手指大小的蓝环章鱼,就能制造出足够杀死很多人的毒剂!通过展示身上炫目的蓝色环状标记,它警告海洋中的邻居,还有任何对它有不良企图的人:"危险!我可不是好惹的,最好离我远点儿!"

虽然是水里生,浪里长,但大多数章鱼并不是游泳健将。在没有威胁的时候,它们通常是用自己的触角在海底慢吞吞地走来走去。然而一旦受到攻击或威胁,章鱼可就要施展"移形换影大法",那就是章鱼的独门绝技"缩骨神功",它通过挤压自己的身体,可以穿过一个个很小的洞眼,或是很窄很窄的缝隙。大多数章鱼可以把自己隐藏在沙子或泥浆中,如果海水足够清澈,它们会把一只眼睛像"潜望镜"一样竖立起来,不时地观望四周以确保"行程"的安全顺利。

有种章鱼的身体就像一张软绵绵的毯子,不过它有阻挡攻击者进攻的"狼牙棒"。它们从水母那里"偷"了一对带刺的触角,把它们固定在自己长长的胳膊上,组装成一根威风凛凛的"狼牙棒"。当有敌人靠近的时候,这根挥舞得虎虎生风的"狼牙棒"是很有威慑力的。

章鱼能将其他生物模仿得惟妙惟肖,例如当它被小丑鱼袭击时,便会将它的八条腕足卷成一条,扮成海蛇吓退敌人;或者收起腕足,模仿成一条全身长满含有剧毒腺的鱼,降低袭击者的胃口,从而脱身;再就是伸展腕足,扮成有斑纹和毒鳍刺的狮子鱼,使敌人望而生畏。

那么章鱼的伪装技术是如何完成的呢?科学家发现,章鱼有 8 条腕足,每一条都具有发达的神经系统,可不受大脑约束,并且控制腕足末梢的伸缩流程。章鱼大脑的作用在某种程度上类似公司的首席执行官,只作重大决定,细节问题的处理权则交给下属。这是科学家首次在动物王国里发现的异常特性,也就是章鱼脑力关系多元神经的科学特征。多年来,科学家一直在研究章鱼,以求了解如何制造具有章鱼腕足那样无限运动程度的机器手臂,以便通过更好、更柔软的机器手臂来完成医学和军事的高难度技巧。

可是这样的实验能成功吗?章鱼的特技真能造福人类吗?我们拭目以待。

海豚智力之谜

长期以来，人们一直认为猴子是最聪明的动物，但在驯养海豚的过程中，人们才发现，海豚的才能与智慧不亚于猴子，而且还有过之而无不及。

提起海豚，人们都听说它拥有超常的智慧和能力。在水族馆里，海豚能够按照训练师的指示，表演各种美妙的跳跃动作，似乎能了解人类所传递的信息，并采取行动，人们不禁惊叹这美丽的海洋动物如此地聪明。那么，海豚的智慧和能力究竟高到什么程度？它们和人类之间的相互沟通有没有日益增进的可能？

其实，海豚与人类一样，也有学习能力，甚至比黑猩猩还略胜一筹，有海中"智叟"之称。研究表明，不论是绝对脑重量还是相对脑重量，海豚都远远超过了黑猩猩，而学习能力与智力发达密切相关。有人认为，海豚的大脑容量比黑猩猩还要大，显然是一种高智商的动物，是一种具有思维能力的动物。

美国佛罗里达海洋科学中心饲养的海豚"森美"，经过饲养员的训练，能用口咬着彩笔绘画。它绘出的画色彩缤纷，具有新意，显示出它对蓝色、绿色和紫色的特别喜爱。

海豚不仅具有聪明的脑子，而且天生就是游泳健将。它可以和海船比速度、比耐力，能够一连许多小时，甚至好多天地跟着海船畅游。据估计，海豚的游速一般可以达到每小时 40 ~ 50 千米，有时甚至可达每小时 75 千米。这个速度超过了轮船，大概与普通火车差不多。

海豚为什么能够连着几天不休息地游泳呢？它不需要睡觉吗？迄今，确实没有人见过海豚睡觉，它们总是不停地在游动。经研究发现，海豚的睡觉方式非常奇特，与众不同，它采取的是"轮休制"。海豚在需要睡眠的时候，大脑的两个半球处于明显的不同状态，一个大脑半球睡眠时，另一大脑半球却是清醒的。每隔十几分钟，两个半球的状态轮换一次，很有规律性。因而它的身体始终能有意识地不停歇地游动。

有人曾给海豚注射一种大脑麻醉剂，看它能否安静下来，像其他动物一样完全睡着。谁知注射后，这只海豚从此一睡不醒，丧失了生命。看来海豚是不能像人或其他动物那样静态地睡觉的。海豚的大脑之所以独具这种轮休功能，至今未得其解。

虽然海豚与人一样都属于哺乳动物，但因生活的环境不同，相互接触的机会不多，故人类对海豚潜在能力的了解是很有限的。那么，人类究竟是采用何种方法来研究并探索海豚的智能呢？目前，大多数都采用下列两种方法：一是根据海豚解剖学上的特征，来推算海豚的潜在能力；二是实际观察野生海豚的行为，并从行为目的与功能方面着手，推测其智能的高低。

科学家研究发现，海豚大脑半球上的脑沟纵横交错，形成复杂的皱褶，大脑皮质每单位体积的细胞和神经细胞的数目非常多，神经的分布也相当复杂。例如，大西洋瓶鼻海豚的体重 250 千克，而脑部重量约为 1500 克（这个值和成年男性的脑重 1400 克相近）脑重和体重的比值约为 0.6，这个值虽然远低于人类的 1.93，但却超过大猩猩或猴类等灵长类动物。

至于海豚大脑半球上由脑沟所形成的皱褶，根据研究显示，大西洋瓶鼻海豚的皱褶甚至比人类还多，而且更为复杂，它们的大脑皮质表面积为 2500 平方厘米，是人类的 1.5 倍。海豚脑部神经细胞密度与人类或黑猩猩的几乎没有差别。换句话说，海豚脑部神经细胞的数目，比人类或黑猩猩的还要多。因此，无论是从脑重量和体重的比，还是从大脑皮质的皱褶数目来看，大西洋瓶鼻海豚脑部的记忆容量，或是信息处理能力，均与灵长类不相上下。

有人认为，海豚能做出各种难度较高的杂技动作，显然是一种相当聪明的海中动物。但是海豚实际上的智力情况如何呢？心理学上，"智力"一词大致包含三种意义：一是对于各种不同状况的适应能力；二是由过往经验获取教训的学习能力；三是利用语言或符号等象征性事物从事"抽象思考的能力"。

根据观察野生海豚的行为，以及海豚表演杂技时与人类沟通的情形推测，海豚的适应及学习能力都很强，但目前尚无法证明海豚运用语言或符号进行抽象式的思维。不过，即使没有科学上的确凿证据，也不能就此认为海豚没有抽象思维能力。

倘若海豚真的具有抽象思维能力，那么它究竟是如何运用这种能力？而其程度又是如何？这些都是饶有兴趣的问题。但现在，想找出这些问题的答案并不容易，因为即使是人类自身所拥有的智慧，也还有许多未知之处。

海豚是人类的好朋友，被称为见义勇为的海上救生员，这种行为该怎样解释呢？

迷信的人把海豚看作神灵，说它们救人的行为是神的意志指点的；有的人认为海豚是一种有着高尚道德品质的动物，海豚救人的美德，来源于海豚对子女的"照料天性"。

难道海豚真的具有高度的思维？看来，这个谜的解开还有待于人们对海豚进一步的认真研究。

鲸类动物是否存在文化

一些动物学家认为，在鲸和海豚的世界里，存在着带有文化特征的传统，这种传统通过它们的行为表现出来，并代代相传。以前的研究表明，黑猩猩也是一个拥有文化的物种，它们独特的使用工具和社交的方式带有地域文化的特征。而另一个拥有文化的物种就是人类，人并非以前认为的那样是唯一拥有文化的物种。

1."吹气泡"和"甩尾巴"

鲸和海豚属于鲸类动物，科学家认为，4 种聪明的鲸类动物有能力创造它们自己的"海洋文化"，它们是宽吻海豚、逆戟鲸、抹香鲸和座头鲸。它们的文化特征表现在交流、捕食、交配和抚养后代的行为上。

从宽泛的意义上说，文化强调一种行为的获得，是后代进行某种社交学习的结果，例如通过反复地看和模仿同类尤其是父母获得的一种行为。从严格的意义上说，文化反映在一些传统的行为上，它们是通过专门的学习、教养和模仿形成的。

科学家认为，鲸类动物显然具有宽泛概念上的文化行为，在有些时候，它们甚至也存在严格意义上的文化行为。人们发现，生活在夏威夷和墨西哥一带海域里的逆戟鲸有着共同的发声和歌唱形式,尽管它们的歌声每年都在变化,但逆戟鲸们却似乎有一种我们目前尚不知道的方法保证它们的歌声和谐一致。研究人员认为,逆戟鲸可能拥有灵敏的感觉能力学习和共享一种集体的歌声,这似乎是一种它们认同的共有的标准文化行为。

在逆戟鲸的群体中,进食的方式也是可以改变和流行的。在科学家韦因里奇的带领下,英国新英格兰鲸类动物研究中心的研究人员1991年曾对逆戟鲸进行过一次长期的跟踪研究。科学家们注意到,在逆戟鲸群中流行着一种有趣的进食方式,它们在水下吹出许多气泡,这些气泡会将鱼赶在一起,当鱼的数量聚集到足够多以后,逆戟鲸们才开始痛快地享用猎物。还发现,鲸群中有少数个体的进食行为同其他个体并不一样,它们先要夸张地甩一下尾巴,然后才潜到水下追逐鱼群。

而9年以后科学家发现,鲸群中有更多的个体采用"甩尾巴"的方式了,特别是那些小逆戟鲸,它们似乎对这种方式情有独钟。因此人们认为,"吹气泡"和"甩尾巴"的流行来自于模仿。

2. 声音部落

在温哥华岛附近的太平洋上也生活着一些逆戟鲸,它们遵循着两种截然不同的生存方式,好像分属于两种不同的文化模式。

研究表明,在这里生活的鲸群中,有一种鲸群中的成员是非常稳定的,它一般由10头~25头逆戟鲸组成,多是亲缘关系较近的成年雌性,它们的食物很固定,主要是鲑鱼和其他鱼类。科学家对这种鲸群观察了20多年,他们并没有发现鲸群中的成员会离开集体跑到另一个群体中去。

与此相反,另一种群体则非常松散,它们大多只有3~6个成员,而且相互之间没有很近的亲缘关系。在这样的鲸群中,有些成员会偶尔跑出去,成为另一个群体的成员,在这种松散群体中生活的鲸更喜欢海豹及其他海洋哺乳动物。

在这些群体中,声音似乎是逆戟鲸们显示自己文化特征的重要方式,因为每个鲸群都有自己独特的"方言"。加拿大大不列颠哥伦比亚大学的动物学家福特和他的同事们在水下录下了那些逆戟鲸的叫声。科学家通过分析发现,一个单独的鲸群往往有7~17个不同的音节,每个成员的叫声都来自这些音节,而且这样的"方言"可以流传几个时代。

在研究中科学家还发现,有些鲸群使用一部分共同的音节,福特将这些鲸群称为一个"声音部落"。福特认为,"声音部落"并不导致鲸群间的融合,恰恰相反,这种现象更有可能是为了将自己和其他"声音部落"区分开来。

根据这些科学家的理论,一个"声音部落"实际上是由几个亲缘关系较近的鲸群组成的,为了减少近亲繁殖,逆戟鲸通过声音识别它们的亲缘关系,这样可以避免与同一"声音部落"中的个体发生交配行为。

抹香鲸的叫声也显示了独特的"方言",每一个鲸群能发出3~12种短暂的"喀哒"声,它们和邻近鲸群的叫声往往部分相似。科学家曾经记录下两头雌性抹香鲸不断修改各自叫声的过程,最后它们的叫声竟趋向一致了。研究人员认为,抹香鲸这样做是为了向对方表示友好。

3. 多嘴的宽吻海豚

在鲸类动物中,最喜欢模仿声音的种类要数海豚了。科学家认为,海豚之所以要这样做是因为水下视野模糊而狭窄,相互之间需要用声音确定身份,以表示友好和警告,它们的声音一般都可以传得很远。

动物学家杰莱克使用水下麦克风记录下了活动在苏格兰沿岸的宽吻海豚的叫声。在7天的时间里,杰莱克共录下了39次海豚的呼应,那些海豚经常有10头或者更多。杰莱克说,他们的调查表明,宽吻海豚非常善于模仿,它们呼应式的叫声显示出了它们是很喜欢交流的动物。接受训练的海豚非常愿意学习新规则,它们还可以理解一些抽象的概念,甚至人类的语言。

但是,海豚是否传授它们的行为呢?例如一头宽吻海豚是否会教另一头宽吻海豚如何发声呢?人们现在依然不得而知,没有任何证据表明它们那样做了。然而,有些动物学家不赞成鲸类动物拥有文化的说法,他们甚至也不认为黑猩猩是拥有文化行为的物种。

看来,要彻底解开鲸类动物是否存在文化的谜团还需要一段相当长的时间。

小鱼吃太鱼之谜

人们常说"大鱼吃小鱼,小鱼吃虾米",然而在浩瀚无际、弱肉强食的海洋世界里也有例外。有许多弱小的鱼,由于身体具备某些特殊的器官,总能以小胜大,使一些大鱼甘拜下风。这些小鱼常常采用其特有的杀手锏,或发电击伤或分泌毒液,真是闻所未闻,充分展示了海洋鱼类的谋生术。

形如鳗鱼的七鳃鳗,其吸盘状的口内长满了角质齿,它能吸附在大鱼身上,将大鱼皮肤咬个洞,然后吸大鱼的血,并分泌出一种防止血液凝固的物质。大鱼由于失血过多,不久便死亡了。与七鳃鳗同类的盲鳗,嘴的周围长有三对或四对触须,它能在大鱼皮上咬个洞或从大鱼鳃孔直接钻入大鱼肚内。人们曾发现,在一条鳕鱼体内竟有123条这样的盲鳗。由于盲鳗的这种可恶的习性,人们便称它为"鱼盗"。

在海洋世界里的350多种鲨鱼中,有一种体形很小的鲨鱼,它身长只有40厘米,但牙齿却很厉害。这种小鲨鱼极其凶猛,甚至敢于向体重达七八百千克的大鲨鱼发动进攻,它能咬破大鲨鱼的皮肤,进入大鲨体内,使大鲨鱼丧生。

生活在海洋中的电鳐,身体虽小,却能从头部与胸鳍之间的肌肉纤维转化成电极发电,把处在它形成的电场中的大鱼击伤。海洋不少巨大的凶猛鱼类见到它后都要退避三舍,敬而远之。

在红海,人们发现有一种头上长着两只尖角的扁平的小鱼——豹鳎。它的嗅觉特别灵敏,能闻到几千米以外的血腥味。当它被大鱼吞食后,它也毫不在乎,待进到大鱼腹中后,它就用又硬又尖的双角钻破鱼腹,转眼之间便可从大鱼肚子里钻出,逃之夭夭,而那条大鱼却在疼痛之中慢慢死去。它还能分泌一种乳白色的毒液。这种毒液只需一小滴,就能使大鲨鱼暂时瘫痪。如果我们把这种毒提取出来,那真是再好不过的驱鲨剂了。

在深海中，食物缺乏。为了生存，那里的许多鱼都长着尖尖的牙齿，它们的口能像蛇的口一样张得很大，这类鱼有蜂鱼、叉齿鱼等。身体仅有 6 厘米长的叉齿鱼，却能吞下 13 厘米的鱼。进食后，它的胃胀得很大，腹部呈现所吞食的鱼的形状，之后这条大腹便便的叉齿鱼便可一连数天不用寻觅食物了。

小鱼吃大鱼的现象是对自然界弱肉强食法则的一个有趣的补充，可是这些不起眼的小动物们又是怎样具备这些非凡的本领的呢？又是在经历了怎样的自然选择过程才最终眷顾这些小巧而异常凶猛的动物的呢？

这一切的一切都有待科学的进一步发现。

龟的长寿之谜

人们早就知道龟鳖类是长寿的动物，因此自古就有了"千年王八万年龟"的谚语。可是你知道吗？在脊椎动物进化过程中，龟鳖类也有着漫长的历史呢。那么，龟的寿命到底有多长呢？

根据报道，一位西班牙海员曾经捕到一只海龟，长达 2 米，重 300 千克，有专家说它已经活了 250 年了。另外一位韩国渔民在沿海抓到过一只海龟，长 1.5 米，重 90 千克。背甲上附着很多牡蛎和苔藓，估计寿命为 700 岁。它可以说是龟类家族的"老寿星"了。

但这只是估计的岁数，并不能精确反映龟的实际寿命。有记录可查的才是比较准确的。

1971 年，人们在长江里捕获过一只大头龟，它的背甲上刻有"道光二十年"（即 1840 年）字样，这分明是记事用的。这一年，咱们中国发生了鸦片战争。也就是说，从刻字的那年算起，到捕获的时候为止，这只龟至少已经活了 132 年了。它的标本至今还保存在上海自然博物馆里。另外，还有一只龟，据说经过 7 代人的饲养，一直到抗日战争的时候才中断，它的饲养时间足足有 300 年啦。

1737 年，有人在印度的查戈斯群岛捕到过一只象龟，当时科学家鉴定它的年龄是 100 岁左右。后来，它被送到了英国，在一个动物爱好者的家里生活了很长时间，最后被送到伦敦动物园。到 20 世纪 20 年代，它就活了将近 300 年了。1983 年，在中国人民革命军事博物馆曾展出过一只海龟，有 120 千克重，在展出的时候，它还生了 30 个蛋呢。经专家鉴定，这只海龟已经活了 300 年。

龟虽然是动物世界中的"长寿冠军"，但在龟类王国里，不同种类的龟，它们的寿命也是有长有短的。有的龟能活 100 岁以上，有的龟只能活 15 年左右。即使是一些长寿的龟种，事实上，也不可能个个都"长命百岁"。因为从它们诞生的那天起，疾病和敌害就时刻威胁着它们。另外，海洋环境污染和人类的过量捕杀，也在危害它们的生命。

人们虽然知道龟是长寿动物，但对龟的长寿原因却说法不一。

有的科学家认为，龟的寿命与龟的个子大小有关。个头儿大的龟寿命就长，个头小的龟寿命就短。有记录可查的长寿龟，像海龟和象龟都是龟类家族的大个子。但我国上海自然博物馆的动物学家不同意这个观点，因为前边提到过的那只大头龟的个头就不大,可它至少已经活了 132 年了,这又怎么解释呢?

有些动物学家和养龟专家认为,吃素的龟要比吃肉或杂食的龟寿命长。比如,生活在太平洋和印度洋热带岛屿上的象龟,是世界上最大的陆生龟,它们以青草、野果和仙人掌为食,所以寿命特别长,可以活到 300 岁,是大家公认的长寿龟。但另一些龟类研究人员却认为不一定。比如以蛇、鱼、蠕虫为食的大头龟和一些杂食性的龟,寿命也有超过 100 岁的。

海龟

最近,一些科学家还从细胞学、解剖学、生理学等方面去研究龟的长寿秘密。有的生物学家选了一组寿命较长的龟和另一组寿命不太长的普通龟,作为对比实验材料。研究结果表明,一组寿命较长的龟细胞繁殖代数普遍较多。这就说明,龟的细胞繁殖代数多少,跟龟的寿命长短有密切关系。有的动物解剖学家和医学家还检查了龟的心脏,他们把龟的心脏取出来之后,竟然还能跳动整整两天。这说明龟的心脏机能较强,跟龟的寿命长也有直接关系。

那么,龟长寿的秘密是什么呢?

据科学家研究发现,在人和动物的细胞中,有一种关于细胞分裂的时钟,它限制了细胞繁殖的代次及其生存的年限。人的胚肺纤维细胞,在体外培养到 50 代时,就再难以往下延续了,而乌龟可以达到 110 代,这说明,龟细胞繁殖代数的多少,同龟的寿命长短有密切的关系。

还有的科学家认为,龟的长寿,跟它的行动迟缓、新陈代谢较低和具有耐旱耐饥的生理机能有密切关系。龟有与众不同的身体结构和生理机能。乌龟有一副坚硬的甲壳,使其头、腹、四肢和尾都能得到很好的保护,以免受外界的伤害。同时,乌龟还有嗜睡的习性,一年要睡上 10 个月左右,既要冬眠又要夏眠,这样,新陈代谢就显得更为缓慢,能量消耗极少。

科学家认为,龟的长寿与它的呼吸方式也有关系。龟因没有肋间肌,所以呼吸时必须用口腔下方一上一下地运动,才能将空气吸入口腔,并压送至肺部。由于它在呼吸时,头、足一伸一缩,肺也就一张一吸,这种特殊的呼吸动作,也是龟得以长寿的原因。

科学家们还认为,龟类是一种用来研究人类长寿的极好的动物模型。因此进一步揭开龟长寿的奥秘,对研究人类的健康长寿将有很大的启示。

总之,科学家们从不同角度探索和研究龟的长寿原因,得出的结果也不一样,至于究竟是什么原因,还需要进一步研究。

蟹的特异功能

蟹作为海味中的美味佳肴而为人所熟知,人们也常用它的行走方式来比喻那些横行霸道的人。可事实上,蟹有许多特性却是我们并不了解的。

螃蟹是一种节肢动物,全身有甲壳,眼有柄,足有五对,前面一对长成钳状,叫螯。蟹横着爬行,种类很多,通常生在淡水里的叫河蟹,生长在海里的叫海蟹,简称蟹。

蟹有很强的躯体再生功能。科学家研究发现,蟹的十肢都有预先长好的折断线,若有一肢给掠食的鱼咬到了,或受了伤,或夹在石头缝里,它便会立即收缩一种特别肌肉,断掉这一肢,在鱼全神对付那仍会扭动的断肢时逃走。断去的肢体并不流血,因为肢内有特别的膜,将神经与血管完全封断,又有特别的"门",能将断处关闭,血细胞立即供产脂蛋白质,开始长出新肢。

在美国佛罗里达州北部,捕蟹者拿起一只刚刚捕到的隆背哲蟹,当时正值这种螃蟹的最佳食用期。隆背哲蟹有一种特殊的本领,当一只蟹脚被抓住后,它能自断蟹脚和蟹螯以逃生,之后还可以重新长出。捕蟹者因此习惯在获得了鲜美的蟹脚后再将螃蟹放生。

蟹的再生能力同其他动物的躯体再生能力一样,是科学家正在努力探索而并未完全揭开的谜,还有待于人们不断地探寻。

另外,蟹还有一对很特别的复眼。由多个"小眼"组成的视觉器叫复眼。每一个"小眼"外部由六角形眼面组成,内部与感光细胞和神经连着,由多个"小眼"组成的复眼能感受物体的形状、大小,并可辨别颜色。虾、蜻蜓、蜘蛛等动物都具有复眼。

蟹的复眼视角达到180度,复眼的眼珠,下面连接着一个眼柄,藏在甲壳上的坚硬眼窝中,可以个别向外伸出。假使弄坏了一只眼睛,它很快又长出一只新的。不过科学无法解释的是:蟹的眼珠和眼柄要是全部损坏或割断后,就不能再长出新眼,只能在眼窝中多长一只触角。

蟹的另一个特异功能是:除了口器官和蟹螯的尖端外,另外的8条腿都有"辨味"的本领。1930年,生物学家放一只蟹在吸墨纸上,纸面有几处吸进了肉汁,这只蟹的最后一对腿碰到了肉汁,就立刻抓住不放,开始咬食。

科学家对一种澳大利亚沙泡蟹经过多年的观察和研究,发现它的足的基节上有一大的膜状圆盘,以前生物学界认为这种圆盘可能与听觉有关,而实验证实:它的这种奇特的足是用来呼吸的,足上的薄膜具有很大的表面积,膜内是一个复杂的血管系统,由此将含氧血和非含氧血运送交换。

科学家还发现蟹的腿非常敏感,可以觉察水中的震动,第一对足能侦察出很远的物体和液体的动荡。因此,不能小看蟹的这几对腿,它所蕴藏的复杂系统是需要我们仔细研究的。很多蟹体内都有一种"时钟",能使蟹壳颜色出现有规律的变化。1962年,生物学家研究发现,有一种蟹蟹壳上有红、白、黑三种色素,白天壳上散布着红、黑两种色素,使蟹壳的颜色比较深暗。夜里,这些色素减退,蟹的颜色变成浅淡。这种变化有何生物学意义,还有待揭示。

有些在水底下的蟹,能利用天体决定行动方向。1967 年,科学家实验证明,北美洲和南美洲水域内常见的招潮蟹离开了它原来栖息地能够找寻方向重返故居,只有在天空乌云密布时,它才失去行动方向的指示停留不动。

1960 年,生物学家又发现,蟹的动脉血压比人类少 20 倍。因为动脉血管大,蟹不会有高血压的毛病,也永远不会死于心脏病。为了帮助血液循环,有些蟹的腮底下还另外有辅助心脏。

一只小小的蟹竟然有如此多的特异功能,它是怎么形成的呢? 还有待科学家揭秘。

背着贝壳的隐士

寄居蟹,总是背着它寄居的贝壳生活,像个隐士一样隐居在贝壳里。遇到敌人就立刻缩入壳中,这种看似懦弱无能的个性,可是它的求生之道!

在遍布沙泥的海底,寄居蟹的壳如同沙漠中的绿洲,是许多的栖生物唯一可以立足之地,因此背着这个家,它可以在很多其他动物无法生存的地方过得很好。

寄居蟹的样子很特别,既像蟹又像虾。典型的寄居蟹和虾、蟹相像之处是有头脑部和五对胸肢,均属十足动物,第一对叫螯足,即足的末端像钳子的足,一大一小,当身体缩入螺壳,大螯可封闭壳口以御外敌;第二、三对细长,适于步行叫步足,末两对短小,末端粗糙,可以紧紧支撑着螺壳的内壁,使身体保持稳定,不致脱出。和虾蟹不同之处是,它虽然像虾一样有一对长触角,头胸尖狭,有腹部,但因向一侧卷曲,故将其列为十足目的歪尾类。腹部附肢退化,留下末对变成钩子,便于钩住螺壳。

通常从外表是分不出住在壳中寄居蟹的性别的,除非是抱卵的雌性,且卵团露出壳口外。所以,一定要把它自壳中取出才分得出性别。判断寄居蟹的性别可由生殖孔的位置得知,雄性的生殖孔开口于第五对胸足的腰节;而雌性则在第三对胸足。

基本上所有的寄居蟹都是海生的,至少它们的幼体是在海中成长,经过一段浮游期,然后着苗到适合的栖地;成体的陆寄居蟹类虽然是栖息在热带海滨附近的陆地上,但是仍然会回到海边释放幼体或寻找新壳。

常见的寄居蟹可分为三大类:活额寄居蟹科、寄居蟹科和陆寄居蟹科。陆寄居蟹科的成体是生活在海岸湿地上,而其他两科都是生活在海中的,全世界约有 86 属、800 多种的寄居蟹,台湾至今共记录有 15 属将近 60 种的寄居蟹。

不同种类的寄居蟹栖息范围并不相同,通常分布密度最高的地区常在珊瑚礁的潮间带上部,另外由于潮池里面的生态条件比较温和,不会受到波浪的冲击,低潮时也能保有水分,多数寄居蟹会聚集在潮池的边缘,或是池里的石块下方。

绝大多数的寄居蟹都是携带贝壳移动的,但有少数种类的栖所较为特殊,例如轻石寄居蟹是居住在岩石、竹片、海绵的穴孔等非贝壳的物体中;而属于陆寄居蟹科的椰子蟹只有在后期幼体和前两年的小蟹才住在壳中,之后就裸露腹部生活了。

一个合适的空壳对寄居蟹是非常重要的,空壳除了保护身体使它得以成长之外,还能够提供寄居蟹以下的好处:避免受捕食者所捕食,爬行时能保护柔软的腹部,避免受缺水、温度及盐度变化的影响以及保护雌性寄居蟹的卵团。另外,住在小的壳会使蟹的生长受抑制;但是住在过重、过大的壳所花费的能量较多,会影响个体的成长,行动也会变得比较笨拙。而当寄居蟹身体状况不同或环境改变,原本合适的家又变得不适当丁,因此它时时要为住处而奔波不已,这可由寄居蟹一见到贝壳或类似的物体就立即趋向前去探究一番而知。

寄居蟹是个具有环保概念的资源回收者,它们大多是住在贝类死后所遗留下的空壳里,只要清扫一番便可废物利用。贝壳虽然是寄居蟹的重要资源,但是在自然情况之下,寄居蟹并不会主动去杀死贝类以获得空壳,除非是在贝类受伤或无法逃走的情形下才有可能。因此寄居蟹必须依赖贝类的自然死亡才能够得到新的空壳,对于原主人还未死的贝壳,它可是一点办法都没有。但是寄居蟹会前往贝类常被捕食的地方,看看能否找到它理想中的家,尤其是住在破损得很厉害的贝壳的寄居蟹,更是会前往这种地方,不过,寄居蟹被捕食者吃掉的机会也是很大的。

在大多数寄居蟹可生存的海岸,可供寄居蟹使用的空壳数量都很少,所以可用的空壳对寄居蟹族群的数量是一个限制因子。能够遇见贝类刚死亡而留下空壳的寄居蟹并不多,大多数寄居蟹都要靠与其他同种或不同种寄居蟹换壳才能有新的住家。

寄居蟹约有1300多种,大多数栖居在螺壳内,因此人们也称它“白住房”。随着身体长大,小的螺壳容纳不下,它就要另找房子。通常换壳之前会有一连串的仪式化行为,称为壳战,其中最特别的就是主动的寄居蟹(通常是较大只的)抓住防御者的壳口,使双方壳口面对面,接着主动者运用腹部的力量,以自己的壳连续猛击对方的壳口,迫使对方让出壳来。此时防御者有两种选择,一是抵死不从,躲在壳中怎么也不出来;另一个就是乖乖让出壳,给主动者挑选,免得手脚被拉断。如果是后面的情况,主动者会将对方的壳翻来覆去、仔细地检查,甚至会试住一下,看看到底适不适合。最后,主动者会在两个壳中挑选一个它最满意的壳离去,在旁观看的防御者只好别无选择地住进剩下的空壳。

这个背着贝壳的隐士究竟还有怎样的秘密不为人知呢? 这还需要人们去进一步发现。

鲸鱼为什么集体自杀

我们有时可以从电视里看到这样的场面:退潮后的海边浅滩上躺着鲸鱼的尸体,就像搁浅的船一样。没有谁在驱赶,也没有谁在捕捞,鲸鱼为什么会自取灭亡地离开大海呢? 而鲸鱼大规模地冲上海滩集体自杀的现象就更令人惊奇了。

目前还是众说纷纭。荷兰学者范·希·杜多克认为,鲸搁浅可能与海岸地形气象条件有关,因为它们多发生在坡度平缓的海岸。当鲸向这里发射超声波信号时,其回声信号会失真,使它根本探测不出深水的位置,从而导致迷途。可是近年来研究证明,坡度平缓的海岸并不引起回声信号的混乱。搁浅的鲸群多发生在坡度平缓的海岸处是事实,这是因为在其他地形如海峡或悬崖峭壁等处不可能搁浅,因此地形的影响缺乏说服力。

美国伍兹霍尔海洋研究所的科学家最近在研究了搁浅致死的抹香鲸的骨骼之后认为，它们死亡的原因可能是由于它们浮上海面的过程过快造成的，抹香鲸可以潜到水下3200多米深的地方捕食。因此，如果它们突然迅速浮上浅海，体液中的氮气就会涌出形成气泡：如果气泡纠结在组织中压迫到神经，就会阻塞到毛细血管，导致其肌肉缺氧。如果影响到骨骼，那么骨骼组织会呈区域性坏死，留下多处小凹洞。

鲸鱼集体自杀场面

一般都承认鲸是由陆生祖先演变而来的，而在其由陆生到完全水生的漫长历史演变过程中，它们的祖先一定出现过许多中间类型，即水陆两栖生活。当它们在水里遇到不利情况时，就逃上陆地，寻找安全之处躲避风险，久而久之便形成鲸的一种习性。故有人提出一种假说，认为鲸搁浅是遵循其祖先所确立的道路所致。

不过，现在越来越多的注意力都集中在病因上。鲸之所以离水上岸，主要是由于病魔缠身，身体虚弱不堪，无力驾驭风浪，随波逐流被海水推上海岸，或是有意爬上海岸寻求喘息之机。因为在这里它不必每喘一口气都要挣扎着浮出水面。

对鲸鱼的自杀之谜，有着如此种种的推测。科学家对鲸鱼的基本生物原理及其环境做出更多的研究后，会做出进一步的分析与判断。目前来说，人们所能做到的保护鲸鱼的方法，只是尽量把搁浅的鲸鱼拖回大海，使它们继续自由自在地生活。

海龟为什么要"自埋"

前些年，在美国佛罗里达州东海岸的加纳维拉尔海峡，有人在淤泥里发现了一个"海龟壳"。可后来发现，那根本不是什么海龟壳，而是个活生生的大海龟。奇闻传开，令许多潜水员大惑不解，因为在他们的潜水生涯中，还从来没有见到过这种海龟自己把自己埋起来的怪事。

海龟是海洋中躯体较大的爬行动物，它们用肺呼吸，因此每下潜十几分钟就要浮到水面上换一次气，不然就会被憋死。究竟是什么原因导致海龟把自己活埋起来呢？它们全身埋在淤泥里为什么不会憋死？

海洋生物学家们马上就提出了自己的见解。有人说，这可能是海龟"冬眠"的一种方式，因为海底的动物和许多陆地动物一样，也有这种长时间睡眠的方式，比如海参就有"夏眠"的习惯。但是，有潜水员曾经在海底找到了一些海龟待过的泥窝，却再没有看到一只"自埋"的海龟。这说明，海龟的"自埋"仅仅是一个短时期的现象。要不就是它们将自己埋得太深，使人无法发现。而最新的观察表明，海龟在这一地区逗留、"自埋"的时间不长，所以不能认为它们是在冬眠。

也有人说,在一些大个儿的海龟身上也常常寄生着许多藤壶,这既影响它们游泳,又会使它们感到难受。因此,有人猜测,这是一些海龟清除身上的藤壶(一种海生软体动物)而采取的方式。在淤泥里长时间的"浸泡",会让这些讨厌的寄生虫窒息。但是,埋在淤泥中的海龟是头朝下,尾巴朝上,它们头部和前半身的藤壶因陷进淤泥较深而缺氧死掉,可后半身和尾部埋得很浅的藤壶却依然活着,这不是解决问题的办法。因此,关于藤壶的猜测就难以成立了。

还有人说,这是海龟在冰冷的海水里取暖的一种方式。可是这些猜测很快就都被不久后的各种发现给否定了。此后生物学家们又做了各种各样的假设。却都难以自圆其说。那么究竟为什么海龟要把自己藏起来呢?相信终有一天人们会揭开这个谜团的。

海兽为什么能长时间地潜入深海

我们在水族馆都看见过海豚、海豹、海狮等海洋动物,它们是深海中的哺乳动物,一般称为海兽。它们和人类一样也是用肺呼吸的,然而它们潜水本领却比人要强得多。徒手潜水的人一般也只能潜入几十米的深度,在水中只能停留很短时间;而海狮却能潜到几百米深,在水下可以坚持将近20分钟呢。以深海中的章鱼,乌贼鱼等头足类软体动物为食的抹香鲸可潜入深达2000米的海底,在水底停留一两个小时呢!

常识告诉我们,潜水越深,潜水者所受的水压就越大。如果海兽下潜到千米以下的海水深处,它所承受的压力达数百个大气压。那么,人们有理由提出这样的疑问,海兽为什么有如此之高的耐压性?海兽的身体组织究竟是如何适应水下的压力变化?

这是因为它们的血液比陆地兽类的血液含量大许多。血液中贮藏有大量的氧气。而且,海兽身上的肌肉富含肌红蛋白,肌红蛋白也能贮存氧气。正因为它们有遍布全身的贮氧仓库,所以,尽管海兽的肺容量并不比陆地兽类的肺容量大,它们潜入水中的时间却比陆地兽类长。抹香鲸的构造更特殊,它除了肺容量大之外,它有两个鼻孔,可是只用一个鼻孔呼吸,一个鼻孔已经闭塞。它用这个闭塞的鼻孔腔来贮存空气,其容量和肺容量相当。另外,它头部巨大的脂肪体也可以溶解空气,这样就有足够的氧气供它在深海中长时间地活动。

不仅如此,海兽既能迅速下潜,也能骤然上浮,在千米水深范围内,上上下下,而不会患潜水病。这是为什么呢?人们发现,鲸在潜水时,胸部会随外界压力的增加而收缩,肺也随之缩小,肺泡自然变厚,气体交换停止。这样氧气就不会溶解于血液中,鲸自然不会患潜水病了。人则不然,人在潜水时,仍需要不断补充空气,肺泡也不收缩,氧气必然会溶解到血液中去。

正是因为这样,它就不会患潜水病,就能长时间地潜入深海。

为什么鳄鱼会流眼泪

鳄鱼属脊椎类两栖爬行动物,其性情大都凶猛暴戾,喜食鱼类和蛙类等小动物,甚至噬杀人畜。除少数生活在温带地区外,大多生活在热带亚热带地区的河流,湖泊和多水的沼泽,也有的生活在靠近海岸的浅滩中。鳄鱼不但长相丑陋,而且生性极为残忍凶恶。它的一对眼睛向外凸起,看上去十分恶狠;一排像锯齿形的牙齿,锋利如钢;浑身上下全披着一张鳞甲;嘴十分大,如簸箕。鳄鱼种类很多,身体十分长,最长可以达到七八米。鳄鱼身强体壮,捕食猎物十分凶猛。不过当我们仔细观察的时候却发现鳄鱼会流眼泪。

同时,"鳄鱼的眼泪"是一句有名的西谚。古代西方传说,鳄鱼既有凶猛残忍的一面,又有狡猾奸诈的一面。当它窥视着人、畜、兽鱼等捕食对象时,往往会先流眼泪,作悲天悯人状,使你被假象麻痹而对它的突然进攻失去警惕,在毫无防范的状态下被它凶暴地吞噬。另一说是鳄鱼将猎物抓捕到手之后,在贪婪地吞食的同时,会假惺惺地流泪不止。它是因为伤心而流泪吗?

其实,鳄鱼流泪并不是同情死去的动物,而是将体内多余的盐分排出来。一般生活在海里的鳄鱼,喝进了大量海水,积蓄了不少盐分,于是,它就利用眼眶中专门处理盐分的器官功能,把多余的盐分浓缩起来。其它动物主要是通过肾脏将身体里的废物排出来,但是,鳄鱼肾脏的排泄功能不完全,无法排出体内多余的盐分,只能通过一种特殊的盐腺排盐,而它的盐腺正好位于眼睛附近。所以鳄鱼在排盐时,从眼角流出"眼泪"。

鲸类的相互救助之谜

有一次,捕鲸船用鲸炮击中了一头雌抹香鲸。这本来是件普普通通的事,可是后来发生的情况却使那些见多识广的海员们大吃一惊。

原来,鲸群不但没有逃跑保命,反而奔向受伤的抹香鲸,开始用吻去顶它,从一旁靠住它,尽力将它抬出水面,好让它多吸些空气,即使当它没力气时,也不致于呛水。这时,可看到许多鲸都挤在捕鲸船附近。

后来,生物学家弄清了这些抹香鲸奇异行为的含义——鲸类往往会不顾一切地去帮助受伤或疲劳的同伴进行呼吸。

生物学家曾观察到一只被网缠住的小海豚窒息而死,雌海豚依然用吻和鳍想把幼仔托出水面。

不仅齿鲸亚目具有保护物种的本能,须鲸亚目也具有这种本能。例如,座头鲸或灰鲸的幼仔被鲸炮击中了,这时的雌鲸会不顾喧嚣,不顾捕鲸炮的发射,甚至自己受了伤,也不会舍弃还在吃着奶的幼仔。

研究人员曾经观察过虎鲸攻击5头灰鲸的场面:凶猛的虎鲸几次靠近灰鲸群,很快就看见4头灰鲸怎样救助被咬伤的同伴。看来,那头受伤的灰鲸已经死了,但是灰鲸群仍然晃动着那受伤的同伴的尸体,从下面往上推,使它接近水面。

在成群的雌抹香鲸和幼仔中间,或者在成群的抹香鲸中间,可以出现特别强烈的救援反应。日本学者从飞机上成功地拍下了成群的抹香鲸救援受伤同伴的场面:抹香鲸群摆成花瓣形,簇拥着待在中央的那头受伤的抹香鲸前进。

鲸类的这种"拯救习性",不仅表现在对待同种间,而且还表现在对待其他种、属的个体上,也就是说,鲸类可以进行种间救援和属间救援。

现在,当我们了解了鲸类的这种救援本能以后,对于海豚救人的事例,也就不难做出解释了。

海豚义救抹香鲸

1983 年 9 月的一天,在新西兰北岛的托克芬海滩,80 条大大小小的抹香鲸随着潮水冲上海岸。

正当人们束手无策的时候,海面上突然出现了一群海豚,这些海豚显然是到海边寻找食物的。它们发现了困在浅水中的抹香鲸,好像领悟到抹香鲸的处境,就迅速地向抹香鲸游去。只见几十头海豚游到抹香鲸中间,在它们的身边穿行着,用身子轻轻地触碰抹香鲸,好像在安慰它们,经过这样一番活动后,海豚们便领着抹香鲸,朝深海方向游去。令人惊奇的是,抹香鲸竟十分顺从地跟随海豚,慢慢地消失在茫茫大海中。这些巨大的海洋动物终于得救了!岸上的人们目睹这动人的情景,不住地欢呼起来。

海豚和抹香鲸同属鲸目,一种鲸目动物在大海中求助另一种鲸目动物,这在动物世界是罕见的事例。

鱼也能发电吗

鱼可以发电点灯,可以带动小型电动机,甚至可以击毙比自身大得多的巨鲸,这简直令人难以置信。然而大千世界,无奇不有。

生活在温带海洋的电鱼,就是具有发电本事的鱼类。它们的发电能力即所谓电流的强弱,要视鱼的大小而定。一般刚出生的鱼能点亮袖珍手电筒,但时间比较短;成熟的鱼所发的电足以将人击倒。如果用电线将它和小型电动机接起来,能够带动电动机而且可以持续几分钟。它何以有这样强的功率?原来,在它们的头部两边,眼睛后面有一个较大的器官,它是由若干六边形细胞组成,和蜜蜂窝很相似,器官里充满胶状物质,并有一系列扁状的发电片,每个发电片的负极面布满了神经,与脑子里一根中枢神经相连,电流从器官正极流向负极,所以碰到鱼的两边,才能受到电击。

还有一种会发电的鳝鱼,它的发电力比电鱼更强。这种鱼的电流是纵向流动,由脊椎通向各条神经,即由鱼头通往鱼尾,它的发电器官主要是一组变相的肌肉,就像有的肌肉一样,运动时间长了就会感到疲乏无力,所以这种鱼发电时间不长。

发电力最强的要属电鳗鱼,它的发电力足以击毙一头巨大的抹香鲸。电鳗比起抹香鲸,个头要小得多,那么它的身体到底有多少电能,可以击毙如此的庞然大物?根据科学家测定,一只大电鳗鱼,每次可以放出 500 伏特电压,200 多安培电流,功率可达 100 千瓦,足以击毙海洋中任何生物。

据计算,电鳗每克体重平均输出功率为 1 瓦,可想一只大电鳗放出来的功率是多么惊人。电鳗不仅能放电,还拥有天然的"雷达"。它的尾部有一个"电眼",相当于雷达的发射机,头部的小凸起,则起着无线电定位器的天线的作用,用来捕捉从周围物体反射回来的电磁波。平时,它总是习惯地把尾针转向四面八方,或者击毙中意的食物,或者自卫敌害。

雌雄海象分居之谜

太平洋海象是白令海的"土著"居民。但它们喜欢旅游,不愿终年在一个地方待着。冬天,它们中的一部分要越过阿留申群岛到阿拉斯加湾去过冬,其余的则留在白令海过冬,在这里配偶、产仔。每年初夏,它们则从白令海的中部和南部向北迁移,去寻找自己的夏宫。

令人不解的是雄海象们为何那么狠心,纷纷抛下妻子儿女,独自到布里斯托尔湾或东西伯利亚的阿纳德尔湾去寻找海上乐园呢?

布里斯托尔湾有着极丰富的海洋生物资源,给海象们提供了美味佳肴。而诺德岛更是这个海湾中最美好的地方。在这儿,陪伴着它们的是皑皑雪山、凉爽的大海和南来的海鸟。海岸的沙滩上密密麻麻地挤满了肥肥胖胖的雄海象,它们尽情地享受着和煦的阳光、清新的空气以及大自然所赐予的一切。

而绝大部分母海象和它们的儿女,却要穿过海峡到北冰洋去度夏。它们为什么要分开呢? 真令人莫名其妙。

海豚睡眠的秘密

海豚作为用肺呼吸的哺乳动物,需要睡眠,睡眠时还要保持正常呼吸。可是海豚整天时刻不停地在水中游动,看不出它有睡眠时间。这可奇了,海豚究竟是怎么睡觉的呢?为了解开这个谜,世界各国科学家进行了许多研究实验。其中有两项实验特别有代表性,而且极有趣儿。

首先是美国学者 D·李力的实验。李力认为,海豚不能真正得到睡眠。

为了找到证据,他将海豚托出水面,放在平台上,给它注射了不能致死剂量的麻醉剂。半小时后,海豚非常难受,接着呼吸越来越弱,最后心脏停止了跳动。用同样方法给狗、猴子、猫注射麻醉剂后,它们虽然也被麻醉,但都能保持正常呼吸。这项实验证明了,海豚的呼吸与睡眠之间一定有很密切的联系。

这个问题引起了原苏联生物学副博士穆哈麦托夫的注意,他接着做了另一项实验。他把一只海豚经过两昼夜的强制兴奋后,放入池中,在它的背上缚着传感器,传感器的自动记录仪在纸上留下海豚的大脑、头部肌肉、眼睛、心脏和呼吸的活动记录。这些数据和其他哺乳动物睡眠时一样,证明海豚确实是在睡觉。但此时海豚正沿着池边一圈接一圈地游着,一分钟也不停歇。这实在令人费解。然而在记录海豚大脑的生物电波时,穆哈麦托夫发现一个意外的现象:海豚在睡眠时,两个半球的大脑处于完全不同的状态,当一个半球入睡时,另一个半球却处于兴奋状态,并且过一段时间就左右轮换。

海豚大脑的两个半球轮流值班,保证它在睡眠时能够随时应付来犯之敌及周围海水的险恶变化。而美国学者李力为海豚注射麻醉剂使海豚死掉,就是使它大脑的两个半球都处于睡眠状态,使其中枢神经失效,停止工作而死亡的。

粉身碎骨也死不了的海洋动物

在浅海世界里,海绵是最低等的多细胞动物,它的构造十分简单,体内没有器官系统,既无"手",也没"脚",更不能走动,因而不能主动寻找食物。那么,它是怎样维持生命的呢?原来,海绵的一切生命活动只能借助于流入体内的水来完成。它身上长有许许多多的小孔,这些小孔和体内的管道相沟通,水就从这里进进出出,为海绵带来了丰富的食品和氧气,同时,也把体内的废物带出体外。

海绵虽属最低等的动物,但它却有惊人的再生能力。如果把海绵撕成细小的碎块,不但不能危及它的生命,反而每块都能独立生存,而且还能逐渐长大成一个新海绵。即使把海绵撕得粉碎,再混合起来,也只需几天,就可以重新组合成一个新的小海绵体。动物学家做了一个有趣的试验,得到的结果更令人称奇:把桔红海绵和黄海绵分别捣碎,然后浸到水里做成细胞悬液,再将两种海绵的细胞悬液混合在一起,过不了多久,它们竟能按照自己的品种重新进行排列聚合,又形成了桔红海绵和黄海绵,没有一丝一毫的差错。

帝企鹅的"拳击赛"

一提起企鹅好像只有南极才有,其实企鹅在世界上虽然主要分布在南极,但也随着冷流水向北分布,在非洲到达南纬17°,澳洲到达南纬38°,甚至个别种延伸到拉丁美洲的加拉帕戈斯岛的赤道附近。

现在企鹅共有6属18种。

帝企鹅是企鹅中个体较大的一种,好群居,捕食鱼、虾、乌贼等,不会飞,善潜水,因两翼成鳍状、羽毛细如鳞状,称为鳍脚。游泳时,鳍脚起着推动的作用,两只脚长在身体后部,只起方向盘的作用。

动物在繁殖季节,两雄相争斗的场面很多;如雄鹿用树杈状的角相斗,两只雄海豹战斗时能打得遍体流血等等,然而两雌相争是比较少见的。在南极考察中,发现雌性帝企鹅有好斗的习性。两只雌企鹅面对面地站在冰雪上,挥动鳍脚互相拍打,好像一场拳击赛,一只雄企鹅站在中间好像是拳击场上的裁判。"拳击"胜利的雌企鹅与雄企鹅交配后生下蛋交给雄企鹅孵化,这时雄企鹅把蛋用双脚夹住,放在下腹部的孵卵囊内孵化,孵卵囊由裸露的网状皮肤构成。

七、八月的南极气温可达零下50℃,雄企鹅在冰雪上孵卵长达60~70天,在此期间它不吃食物,全靠消耗自己体内的脂肪维持生命。雌企鹅凭着健壮的身体游向大海去觅食。等雌企鹅返回原地,小企鹅已经出世,雌企鹅已养得体态丰满,接过小企鹅用嗉囊里吐出来的分泌物喂养小企鹅,雄企鹅由于长期绝食,已经"骨瘦如柴",见到雌企鹅已经在喂着小企鹅了,才跌跌撞撞奔向大海去饱餐一顿。

海洋动物"返老还童"之谜

英国和加拿大的科学家们对某些海洋动物能生存一个多世纪而且没有"精力衰退"

的现象进行了长期的观察和研究,结果发现它们有的具有"返老还童"的本领。

科学家们做了这样一个实验:他们把海底蠕虫放在实验室的暗室中并且让它们挨饿一段时间后,这些蠕虫变得越来越小,最后变成球状翅室,看上去和孵化蠕虫的卵差不多大小。过一段时间再把蠕虫从暗室中取出让它们重新见到光明,并给予足够的食物,它们又会继续生长,就像刚从卵虫爬出来的幼虫一样。

在芝加哥大学的实验室中,一些海底蠕虫已经在"返老还童"和"再次生长"的道路上来回"奔跑"过好几次了。

为什么把白鳍豚称为"活雷达"

白鳍豚又名白暨豚。生活在长江中游一带,是我国特有的珍贵、稀有水生哺乳动物,也是世界上现存的4种淡水豚类之一。

白鳍豚是鲸族成员,当然,在硕大无比的蓝鲸面前,它那3米的体长,500多斤的体重,是不配与蓝鲸试比高低的,然而,就其身体结构和水中生活的习性,则可与蓝鲸相比的。它身体呈仿垂形,皮肤光滑,体背面呈浅蓝灰色,腹面白色,一般看来全身似乳白色,故名白鳍豚。它嘴巴很尖,上颚和下颚都长着一排又尖又细的牙齿,它也有胸鳍、背鳍和尾鳍,乍一看,确实像条大鱼,然而,只要稍微仔细加以分析,就会发现它和鱼类有本质的区别。

白鳍豚用肺呼吸,靠头部背面有个朝天的鼻孔,与外界进行气体交换。它的肺容量很大,通过鼻孔吸一口气,就能在水中潜行半小时。

白鳍豚的鳍,虽然从外形看与鱼类的鳍相似,但一剖开,就会发现里面有如同兽类一样的前肢骨和后肢骨,而不是如同鱼类一样的骨质鳍条。

众所周知,鱼类是变温动物,而白鳍却是恒温动物。

鱼虽然有脑,但不发达,而白鳍豚的脑竟重达500克以上,并有许多沟和回,和许多哺乳动物相比,真是有过之而无不及。

白鳍豚生儿育女的方式,跟马、牛、羊一样,也是胎生。刚生下来的幼豚,将近1米长。雌豚有一对乳头,幼豚是靠吮吸母体乳汁长大的。

白鳍豚的感觉能力也很特殊,它的眼睛只有绿豆粒大小,视力已退化。它的鼻孔也只能起呼吸作用,嗅觉也不灵敏。既然如此,那么白鳍豚在水中是依靠什么来感知周围的一切呢?

原来白鳍豚在水中是依靠声音"看"东西的。

白鳍豚利用声音来"视察"周围的事物,似乎使人难以理解。其实,它和我们在夜间用手电照明的道理差不多。我们按一下开关,手电便发出一束闪光,当闪光遇到周围物体时,便射回来被我们的眼睛看到。这时我们只要根据反射光的性质(明暗和颜色),就可以辨别出周围的一切。

白鳍豚有一个发射声音的器官。它发出一束束声音,在水中很快地传播开去,当声音遇到鱼群或其他目标反射回来时,就能被它的耳听到。你千万别小看白鳍豚的耳,它虽然没有外耳,耳孔也只有针眼大,但听觉却异常发达,能听到水中很微弱的声音,白鳍豚就是凭借听到的回声来判断出前面有什么东西,这东西离自己有多远。

白鳍豚发出的声音,是一束束短暂的声脉冲,频率在20赫兹~2万赫兹之间,有人耳能听见的"可听声",也有人耳听不见的"超声",超声的最高频率达20万赫兹,比人耳听到上限频率大10倍。平时,它每秒钟只发出几个声脉冲,用以探测环境的动静,一旦发现鱼类目标,声脉冲数便大大增加,每秒钟可达几百个。那些鱼类游得再快,也难以逃脱白鳍豚的监视和追踪。

白鳍豚的回声探测系统的精确性,是令人吃惊的,其准确率竟达98%~100%。这就难怪人们称它为"活雷达"了!

据科学家研究,在2000多万年前,白鳍豚的祖先原在陆地生活,冰川期出现才迫使白鳍豚转移到水中。白鳍豚是我国的特产,因此被誉为长江里的"熊猫"。